U0022487

固有法制與當代民事法學

戴東雄教授六秩華誕祝壽論文集

戴東雄教授六秩華誕祝壽論文集編輯委員會　編

三民書局

TRADITIONAL LEGAL SYSTEM AND MODERN SCIENCE OF CIVIL LAW

ESSAYS IN HONOR OF PROFESSOR
TAI TONG SCHUNG

SAN MIN BOOK CO.,LTD
TAIPEI TAIWAN R.O.C.
1997.8.

戴教授與家人合影於南昌街老家。左起尊翁 戴炎輝先生、
太夫人 戴張緞女士、夫人周美惠女士、長女瑀如、
長男楠青及戴教授。

戴東雄教授，攝於1997年6月。

長女瑀如小姐臺大法律系畢業典禮。1995年6月合影於臺大法學院。
左起夫人周美惠女士，瑀如小姐，姪女蔣蓉小姐，
戴教授及長男楠青先生。

身分法學新領域的帶領者
——賀戴東雄教授六十大壽

今年三月梢，接奉臺大教授宗榮兄來箋，提及今秋適逢戴大法官東雄先生六秩華誕，其至朋好友及受業門生仰慕戴大法官風範，擬撰論文，集專輯祝嘏，囑我作序。一時之間，甚感為難。

戴大法官治學向來嚴謹，教學之餘，潛心研究，著作等身，於身分法及法制史尤為獨到。像我這樣疏懶的人，「牆不及肩」，胸無餘墨，根本無從窺見戴大法官牆高數仞內的室家之好，又從何下筆？何況要為其祝嘏專輯作序，則更戛戛其難了。

事實上，如由宗榮兄來為戴大法官祝壽論文集撰述壽序，我覺得更恰當不過了，他治學甚勤，數十年如一日，於春風化雨，成德達才之餘，亦著作等身，又與戴大法官誼屬前後期同學，先後在臺大法律系、所執教，朝夕共處。論學問，講私誼，由他執筆作序，可以說「繁星歷數，推他最為燦爛」，不作第二人想。

本擬如此這般，修書婉辭。孰意俗事纏身，蹉跎者再，竟爾為塵所封，迨再記此事，業已經月，逼近五月中旬了。一念及此，不覺冷汗直冒，於情於理自不敢再存推搪之想。管它螢火之光，總也不失寸芒。因此，就硬著頭皮，寫下此序，至於宗榮兄有無識人之明，那是他老兄的事，非我所能計及了。

戴大法官生於民國二十六年八月二十一日。父戴公炎輝，屏東望族，早歲負笈東瀛深造，東京帝大法律系既畢，高等文官考試及格，先後任屏東潮州郡守、高雄地院法官等職，並曾於日據時代在高雄執業律師。其後在臺大傅校長堅邀下，毅然放棄高收入，北上獻身法學教育，在臺大法律系、所作育英才，凡數十年，為法制史及身分法學奠下深厚基礎，迄今有關親屬、繼承等重要理論，仍不出其所授範圍，足見其鑽研之深，影響之遠。嗣經層峰倚重，獲膺司法院大法官、副院長、院長及總統府資政等職，極盡榮寵。母張太夫人緞，系出名門，屏東老縣長張山鐘長女，家學淵源，聰慧能幹，臺北女子高等學院畢業後即歸戴公，相夫教子，閫德遠播。

戴大法官賢昆仲，一門五傑，或攻法學、或治醫師乃至工程，皆卓然有成，各在自己之領域內帶領風騷，傳為美談，此與彼等幼承庭訓，父母言教身教，固大有關聯，然兄弟彼此勸進，有樣學樣，亦有影響。戴大法官在兄弟中排名居次，承啟之功，不容忽視。

戴大法官小學就讀臺北市龍安國小，聰穎過人，每年均名列前茅，初高中亦皆為師大附中高材生。民國四十五年順利考上臺大法律學系，聰敏好學，每學年成績均甚優異，屢得書卷獎。因此，四十九年秋畢業後，即獲聘法律系助教，公餘之暇，一心向學，孜孜矻矻，焚膏繼晷，廢寢忘食，如是者三年，於民國五十三年取得留德獎學金，赴德國邁因滋(Mainz)大學攻讀民法及法史學，五十八年二月取得法學博士學位。同年八月回國服務，以客座副教授在母校臺大法律系、所擔任身分法及中國法制史課程，六十三年改專任教授。

戴大法官於民國六十五年又獲德國鴻博學術基金會(Alixander von Humboldt-Stiftung)資助，再赴德國法蘭克福(Frankfurt)國立Max-Planck西洋法制史研究所專題研究「德國繼受羅馬法」，以明瞭「羅馬法近代的慣用」過程。為期共一年六個月。六十六年回國續在臺大法律系、所任教。七十二年至七十八年任臺大法律系主任暨法律研究所所長，七十九年至八十四年任臺大法學院院長。

在這一段期間，戴大法官潛心研究，迭有佳構。所著中國親屬法（與戴公炎輝合著）、中國繼承法（與戴公炎輝合著）、親屬法實例解說、繼承法實例解說(一)、親屬法論文集、民法親屬與繼承（與劉教授得寬合著）、民法概要（與邱教授聰智、劉教授宗榮合著）、從法實證主義的觀點論中國法家思想、中世紀意大利法學與德國繼受羅馬法、管子的法律思想等書，理論與實務兼顧，中外法制並重，頗為膾炙人口。另撰述民法親屬修正後法律解釋之基本問題——生父與非婚生子女之血統關係等論文三十餘篇，或就男女平權思想多所闡揚，或析述近代法學發展趨勢，或對現行法修正有所建言，為我國身分法學及有關親屬、繼承等實證法之研究，開闢嶄新領域，顯已成一家之言，望重士林。

不僅如此，戴大法官學有專精，對我國民法之修正尤多所獻替。他不辭勞苦，於課餘之暇，兼法務部民法修改委員會委員，參與民法總則、債編、物權、親屬、繼承各編的研修，每有所言，皆翕然為各家所從，視為讜言宏論。在其致力之下，已使我國之民法體系，愈益完整。除此之外，他並兼任法務部親屬編男女平等法修正委員會召集人，極力倡導男女平權觀念，一一將之落實於法條之中，使我國民法被譽為最進步的法律之一，一時播為美談。

戴大法官春風化雨、誨人不倦，蒙其教澤者，數逾萬千。他除在臺大法律系、政治系執教之外，並在司法官訓練所擔任民法講座，亦曾兼任國立政治大學、國立中興大學與輔仁大學等校教授，桃李滿天下，國家未來棟樑之材，或盡在此歟！

值得一述者，戴大法官於德國攻讀法律時，對於法思想史發生濃厚興趣，其深深體會法思想乃係一切法理論與制度的基礎，因之，其於鑽研德國民法及身分法之餘，發覺德國法理論的精闢和法制史的系統化，實歸功於法思想的發達。而我國於清末民初雖繼受歐陸近代法制，若欠缺其所具之法思想，欲求法治生根，何啻緣木求魚？而且事實上，以我國悠久的歷史傳統、歐亞地理上的隔閡以及儒家思想和近代歐陸法基本精神的差異，二者相距，亦不可以道里計。若不做深一層之研究，徹底加以思考，將成為繼受阻力。戴大法官有鑒及此，乃傾其全力，以比較法學之方法，從法實證的立場，逐一剖析我國法家思想的特徵，卒發現我國法家理論與近代歐陸法異中有同。並以科學邏輯的方法，對儒、法兩家的理論，作有系統的比較，覓出兩者的相異點。在長久比較分析演繹之下，終發現縮短我國固有法的基本精神和近代歐陸法思想差距的基本理論，遂以此為起點，愈益鑽研，鍥而不舍，並開始就此著書立說，冀將歐陸近代法制融於我國的民情國俗之中，以期達到歐陸之中國化，其用意之深，由此可以概見。戴大法官此項研究結果，不惟使德國法律學者大為嘆服，抑使我國繼受近代法律思想之可能性獲得澄清，功實不可滅。

戴大法官以其深湛學養，豐富的研究，終於民國八十四年獲得總統提名，並經國民大會高票當選司法院大法官，其以所學參與釋憲及統一解釋法令工作，更如魚得水。不少解釋，在其促成之下，都獲圓滿解決。其中尤以釋字第四一〇號解釋，基於憲法第七條男女平等原則之考量，對於夫妻聯合財產多所闡發，迄今仍令人津津樂道。

戴大法官配偶周美惠女士，賢淑聰慧，現為實踐設計管理學院講師，並兼新環境基金會秘書長，二人伉儷情深，深諳唱隨之樂，不知羨煞多少人。長女戴瑀如，克紹箕裘，臺大法律系畢業後，赴德深造中。長子戴楠青，頭角崢嶸，臺大造船系畢業，目前正服預備役。戴府後繼有人，令人羨慕。

戴大法官生於丁丑年，今年滿六十歲，又「還曆」回到丁丑，可以說是人生另一階段的開始，以他敏慧淹博，積極治學的精神，相信他在新到來的人生另一階段，必能為我國民主憲政奠下更深厚宏基，領導我國身分法學進入嶄新的領域。今欣逢他六十大壽，除竭誠祝福他福壽康寧外，到下一個丁丑年，如宗榮兄仍有意要我再為戴大法官作壽序，必不敢再作歷數天上繁星之想，當會滿口應允塗鴉，我們三人就等著瞧吧！

楊仁壽*

民國八十六年八月

*作者為臺灣高等法院高雄分院院長

固有法制與當代民事法學

戴東雄教授六秩華誕祝壽論文集

目　次

序

固有法學

財產法學

身分法學

附錄

Traditional Legal System and Modern Science of Civil Law

Essays in Honor of Professor Tai Tong Schung

CONTENTS

PROPERTY LAW

FAMILY AND SUCCESSION LAW

APPENDIX

固有法學

臺灣財產法在日治時期的西方化†

王泰升*

---

*作者為美國華盛頓大學法學博士，現任臺灣大學法律學系副教授

臺灣財產法在日治時期的西方化

壹、前　言

日本統治臺灣時期有關臺灣人民事法律的變革，係臺灣「民事」習慣從傳統中國法體制走向歐陸法制的第一步。日本領臺之初，其本國法律體制已確定採取近代西方（尤其是歐陸）法制，面對臺灣於清朝統治下長期施行傳統中國法制的事實，一方面固然希望臺灣能統合入日本帝國，他方面也不欲因急遽的改變而妨害統治秩序之安定。有關臺灣人的民事事項，於是被謹慎、逐漸地導向日本繼受自歐陸的民商法；且隨著與日本法統合程度的提升，臺灣民事法中所包含的西方法成分亦增高，故可謂之為「西方化」。其中尤以關於財產法事項的轉變，最為徹底。且其社會影響並未因日本離臺而戛然終止，因為戰後新來政權所攜入的中華民國民法典，與日本民法典同樣系出歐陸，極為相似。本文因此擬探究日治五十年間，關於臺灣人財產法事項的法律變遷。首先將一般性地論述國家實定法上臺灣人民事法律西方化的過程，接著再以當時最重要的財產法事項，亦即有關田園土地的法律關係，做為具體的例證。

關於臺灣民事法西方化，尚有許多研究主題，有待另以他文探討。日治時期關於臺灣人之民商法、身分法事項已在什麼程度內受到西方法的改造？乃延續本文所必須處理的問題。一九四五年國民（黨）政府領臺後迄今的民事法西方化歷程，更是欲了解臺灣現行法規範及當下法社會事實所不可或缺者。尤其是許多「民事特別法」已引進戰前少見的英美法制，使得臺灣民事法的西方化更加多彩多姿，殊值得未來深入研究。

貳、民事法西方化的過程

一、臺灣民事習慣法的形成與內涵

（一）依用舊慣

日本併吞臺灣之後，舊有的臺灣習慣規範被採用為有關臺灣人民事事項之法律。早在一八九五年年底，施行軍政的臺灣總督府即已規定：「審判官準任地方之慣例及法理審斷訴訟」❶。這項措施嗣後為一八九八年發布的律令所延續。其規定凡涉及日本人（或中國人以外的外國人）之民商事項，須依用日本民商法，但僅涉及臺灣人（及中國人）者，則依舊慣及法理，除非對臺灣地域或台灣人有特別規定。於一九〇八年的律令，再次確認此項「依舊慣」的原則❷。因此雖然自一八九九年日本的西方式民事程序法已被依用於臺灣人間的民事案件，但日本西方式民事實體法，卻絕大多數未被援用於確定臺灣人的

---

❶ 臺灣住民民事訴訟令，第二條。

❷ 有關民事商事及刑事之律令 (1898)，第一條；臺灣民事令 (1908)，第三條。一八九八年該律令之條文係規定：「依現行之例」，意指依照一八九五年以來之例，即依照「地方之慣例及法理」。 此外，臺灣民事令亦規定極少數的日本民法上條文，應依用於僅涉及臺灣人之民事事項。

民事法律關係，此情形直到一九二三年方有改變。總之，在所謂「律令民法時期」(1898–1922)，即民事實定法係依律令（非依日本法律）的形式所構成的時期，臺灣人的民事事項在法律上，以依從其沿襲自清治時期之「舊慣」為原則。

依上述律令民法之規定，臺灣人就其民事事項原則上，不能不受所謂「舊慣」的規範。一九二三年之前，在法律上臺灣人的民事事項，幾乎僅於「同時涉及日本人（或中國人以外的外國人）且非屬有關土地之物權事項」時，始能依用日本民商法。此因一旦涉及日本人（或中國人以外的外國人），則不符合「僅涉及台灣人（及中國人）」之依用舊慣的要件；且依法關於臺灣土地的權利，一律依舊慣而不依用日本民法物權編之規定，姑不論關係人為日本人或臺灣人❸。理論上，當一位臺灣人的「族籍別」有所改變，例如變成「內地人」，則其民事事項的準據法即隨之改變。但是在臺灣稱為內地人者，係指依日本戶籍法在日本內地有本籍而居住於臺灣者。由於該戶籍法始終未施行於臺灣，原依台灣戶口規則（府令）登錄於戶口簿上的本島人，根本無從依日本戶籍法為登記進而取得「內地人」身分。雖然自一九三三年三月一日起，內地人與本島人相互間可由婚姻、收養、認領等身分法上行為而由一家進入他一家，倘若係由本島人之家進入內地人之家，則將因此籍屬內地人。惟一旦該身分法上關係終止（例如離婚）致離去內地人之家，其族籍即回復本島人。故內地人與本島人之間，仍不得為永久性的轉籍❹。其結果，臺灣人事實上很難經由轉籍而就其民

---

❸ 見明治三十一年(1898)律令第九號「有關民事商事及刑事之律令之施行規則」，第一條。

❹ 日本於明治維新初期將全國人民依戶籍法登載於戶籍簿。參見細川龜

事事項改依日本西方式民商法。此外，依當時的律令民法，臺灣人亦無權就其民事事項自由選擇欲受舊慣或日本民商法之規範；換言之，臺灣人民事事項之依用舊慣，係屬強行規定❺。

（二）西方式民法上的「習慣法」

律令民法上「舊慣」的內容係參考（但非全然依照）臺灣在清治時期有效被施行的法律規範。按清治時期臺灣的法律可分為兩類，其一為官府制定法，即大清律例，另一類為民間習慣規範。在清律中，雖所占比例很小仍有一些關於「戶婚田土錢債」的規定，涉及今日所稱的「民事事項」。這些條或例，主要是規定有關犯罪之處罰。且由於清律的制定形式原本就是出於皇帝對司法官僚的「指示」，受條文規範者係官員而非一般百姓，故上述有關「戶婚田土錢債」之條文並非如西方民事法那般係針對各個人民彼此間法律關係所為之規定❻。例如

市，日本近代法制史，東京，1961，頁69，169，238～39。關於內地人及本島人的定義及其相互轉籍可能性的法律分析，參見姉齒松平，本島人ノミニ關スル親族法竝相續法ノ大要，台北，1938，頁7，20～22；黃靜嘉，日據時期之臺灣殖民地法制與殖民統治，臺北，1960，頁111，113。

❺ 學者岡松參太郎曾認為，有關財產法事項之依用舊慣，除了關於土地之權利者外，僅屬任意法，故臺灣人就此可依用日本民商法，但有關身分法事項之依用舊慣，則屬強行法矣。見岡松參太郎，台灣現時の法律，台灣慣習記事，三卷二號，1903. 2.，頁6。惟筆者尚未發現有總督府法院採取此項見解之例。

❻ 參見 William C. Jones, "Studying the Ch'ing Code—The Ta Ch'ing Lu," *The American Journal of Comparative Law*, vol. 22, 1974, pp. 338 ～ 39, 348，傳統中國原不存在西方法上「民事」的概念，故在此毋寧是以今

清律中戶律錢債門「違禁取利」條規定，凡「負欠私債違約不還者」，依欠債時間的長短及數額的多寡，分別課以笞杖的刑罰。雖該條文同時規定:「並追本利給主」，亦即指示司法官員須向欠債人追討並將之給付於債主；但此項規範的性質猶如今日政府機關內部對執法官員的指示性規定（例如「法院辦理某某應行注意事項」），而非規定債主這個「人」得在什麼範圍內、以什麼方式向欠債的那個「人」請求還債，或反之欠債人應如何償還債主。惟當時的民間習慣，則存在著關於各個人彼此間法律關係的規範。例如俗語謂「父債子還」，即指兒子這個「人」負有今日所稱的「義務」向其父親之債主那個「人」償還父之欠債。不過這些民間習慣規範的實施，通常須靠當事人自願的遵從或經過非官方的紛爭解決機制（例如村庄或家族內的調處），始能獲得確保。僅在有限的案例中，民間習慣規範才是透過官府的介入與裁決而獲致實現。尤有甚者，某些民間習慣規範的貫徹實施，可能為了顧及村庄或家族內部和諧的道德性考量而被犧牲❼。例如雖然欠債不還之事實並無爭議，但只因為欠債人窮苦，債主即被認為僅得取回債額的一部分❽。在此例中，「欠債還債」的習慣規範，未被貫徹實施。

臺灣民間習慣規範上各種義務之如何及能否被完全履行，與西方式民事法上的義務不盡相同。清代臺灣法律中有關「民事」之規定，

日有關民事的概念描述傳統中國法律的內容，俾能與後述西方法傳入臺灣後的法律內容相比較。

❼ 參見 Philip C. C. Huang, "Between Informal Mediation and Formal Adjudication-The Third Realm of Qing Civil Justice," *Modern China*, 19: 3, July, 1993, pp. 269, 287.

❽ 參見臺灣省文獻委員會，臺灣省通志稿卷三政事志司法篇，臺北，1955，第一冊，頁99。

不論係在大清律例或在民間習慣規範，皆無西方法的「權利」概念。依西方法上的「權利」，有請求權人得發動並控制整個實施具有實質內涵之法律規範的過程❾。易言之，權利是法律為使特定人享有一定之利益，所賦予該特定人可透過法律上之制度，得以貫徹實施之力或地位。當一項義務未被履行時，將因此項義務之履行而得到利益之「人」，被賦予法律上的權利，決定是否要求負有義務之「人」履行其義務(或當履行不能時要求其賠償)。若權利人已為此種要求，但義務人仍未履行，權利人得請求法院強制義務人履行其義務，而非僅課予刑事制裁而已。只要法院認定該項義務確實存在，即須完全依照權利人的主張實現該等利益，除非法律另有規定，故法院不能任意裁決義務人僅須部分履行。總之，在西方式民事法底下，一個做為「權利擁有者」的人民，對於法律上各種義務之能否被貫徹實施，扮演主控者的角色。相對的，在欠缺權利概念的傳統中國法裡，各種義務能否完全被履行，端視負有義務者的自動履行及司法官員或村庄家族調處者的裁決，將因義務之履行而得到利益者，顯得十分被動甚至無奈。

因此當這些沿襲自傳統中國法的臺灣原有習慣內容被吸納入日本殖民地法制時，需要進行若干調整或轉化，以適應整個帝國已西方化的法律體制，始能成為律令民法上的「舊慣」。日本領有臺灣時，其本身業已繼受近代歐陸法而建構一套以個人之權利為中心的私法體制。由大清律例和民間習慣所構成的臺灣原有習慣內容，因此必須以西方的權利概念加以表述，使其得以在整個日本近代法體制中運作。日本治台後不久即成立一個專責機構職司此項可謂為「權利化」的工作，亦即一九〇一年正式設立之由法學博士岡松參太郎主其事的「臨

❾ John Owen Haley, *Authority without Power*, New York, 1991, pp. 20～21.

時台灣舊慣調查會」(以下簡稱「調查會」)❿。調查會首先確定臺灣人對於那些慣行，具有「法之確信」，認為其應該普遍地被遵守。事實上某些大清律例上的規定在臺灣並未普遍地被遵行，這部分因此被排除於「舊慣」之外；相對的某些清治時期臺灣習慣規範，雖違反大清律例之規定，但只要在臺灣確係被普遍遵行，仍在日治時期被認為屬「舊慣」之內容⓫。接著日本學者即採行德國人以羅馬法概念及理論解釋說明日耳曼固有法之例，運用同樣淵源自羅馬法之近代歐陸法概念，說明這些稱為臺灣「舊慣」的法律規範之內涵⓬。調查會所提出的報告書中，將臺灣「舊慣」分別歸入「不動產」、「人事」、「動產」、「商事及債權」等四編，並就各個特定法律關係，列出相關的權利義務之內容，及其得喪變更的要件、效果等等⓭。包含權利在內的這些法律概念原本不存在於清治時臺灣法律，故日本政府此舉或許可稱為「台灣固有法的羅馬法化」，足以比擬德國之日耳曼固有法的羅馬法化。其法概念轉化的過程中，亦不免因勉強套用羅馬（歐陸）法之概念而導致若干失真。但是只有那些被法院或行政官署等有權解釋機關所承認的民間習慣規範，才構成國家法律上的「習慣法」。調查會的工作，僅在於「發現」由於反覆的慣行及社會的共識而存在的各種習慣規範。在近代西方式國家裡，民間的習慣規範必須經由特定機關依一定程序，始能成為國家的法律，直接自國家政治權威構成取得其法的

---

❿ 參見東鄉實，台灣植民發達史，台北，1916，頁95。

⓫ 岡松參太郎，台灣現時の法律，頁7～8。

⓬ 參見岡松參太郎，大租權の法律上の性質，台灣慣習記事一卷一號，1901.1.，頁7～8。

⓭ 詳見台灣臨時舊慣調查會，台灣私法，台北，1910～11，第一～三卷。

正當性（不必再仗恃反覆慣行及社會共識）⓮。在日治時期的臺灣，係由台灣總督府法院及有關的行政官署進行習慣規範的國法化，其於處理案件之際，為適用「依舊慣」之成文法上規定，須解釋說明系爭案件涉及臺灣舊慣中何種法律關係，及關係人應擁有何等權利、負擔何種義務，並據以做成裁決。換言之，國家實定法上的「舊慣」，是指經法院（於多數情形）或某些須「依舊慣」辦事的行政官署所承認的習慣規範；其可稱為「習慣法」，以有別於單純的民間習慣規範。眾多臺灣原有習慣規範，已因法院或行政官署等國家機關的「造法」與「執法」活動，而被改造成西方式國家法律體制下的習慣法。

就同一民事事項，由調查會所報告的舊慣內容可能與法院等所認定的習慣法內容不相一致。調查會報告旨在發現舊慣，但此項報告僅供法院認定舊慣內容時之參考，不能拘束法院等。一位殖民地判官即表示，調查會只須儘可能的發現舊慣並出以法律的形式即可，但法院的判例尚有「改進舊慣」的使命⓯。於國家法律中被援引的習慣，應不可違反「公共秩序善良風俗」。雖由於臺灣乃日本帝國內之特別法域，故在此所謂公序良俗應指臺灣的而非日本的公序良俗⓰。惟日本人判官於決定代表日本國家權威的法院應否承認某個臺灣習慣規範時，不可避免地會受到已西化的日本法之影響，須適用舊慣的行政官員亦不例外。以致日治時期的習慣法，實已異於清治時期習慣規範。

日本時代的台灣習慣法已經相對的較接近西方式民事法。殖民地

⓮ 參見Haley, pp. 5～9.

⓯ 參見姉齒松平，祭祀公業與台灣特殊法律之研究，臺北，1991，中譯版，頁380註（原日文版刊行於1937），以下簡稱「特殊法律」。

⓰ 山田示元，國法下舊慣の地位，台法月報九卷八期，1915. 8.，頁30。

的判官們比從事舊慣調查的學者，更喜歡使用日本西方式法律的術語，而較不願使用臺灣習慣上用語，故經常以日本民商法上相類似法律關係來解釋臺灣舊慣的內容。經由這般解釋，某些臺灣人習慣的實質內容已遭改變（詳見後述）。日本統治當局藉此或蓄意或無心的，將臺灣的習慣法統合於日本國家法律體系內⑰。甚至日本官員可能以「依法理」為由，在個案中直接引用日本民商法上規定。由於日本民商法典係繼受自歐陸，這種「日本化」的努力，就結果而言，倒促成了臺灣人民事法規範的「西方化」。

（三）制定法上對舊慣的限制

某些由總督府制頒的律令，則直接改變臺灣人原有習慣規範的內容。按臺灣人習慣之所以能被法院等援用於台灣人民商事項，係因為律令的條文中有「依舊慣」之規定。倘若另有律令已就臺灣人特定的民商事項為不同的規定，則由於「特別法優先於普通法」，該項規定將取代原本「依舊慣」之規定而適用於個案。譬如，原依台灣習慣法，某些土地上權利（如業主權）之移轉僅須雙方意思表示合致即告生效。但是當一九〇五年台灣土地登記規則（律令）頒行後，就已登載於土地台帳上土地之該項權利的移轉，必須再經登記始生法律上效力。顯然這號律令已改變原先「依舊慣」所得出之有關權利變動要件的法規範。換言之，臺灣人原有的習慣規範縱令已為法院或行政官署等執法機關所承認，仍可能因另有特別立法而遭排斥⑱。

（四）類似「判例法」體制的建立

---

⑰ 參見石坂音四郎，台灣に於ける土人法制定の必要（下），台法月報（原稱法院月報）四卷二號，1910. 2.，頁40～41。

⑱ 參見姉歯松平，特殊法律，頁142～43。本文稍後就此點將會詳述。

日治日期的臺灣法院，因而發展出一套類似「判例法」形式的民事法體制。就臺灣人的民事法律關係（含財產法及身分法），於一九二二年年底以前的日本時代，成文法條僅一般的規定應依舊慣及法理（一九二三年以後就身分法關係亦然，詳見後述），而未具體的表示特定法律關係所涉及之舊慣或法理的內容究竟是什麼。因此適用該條文判案的法院，必須決定相關的舊慣上規範是否存在、其權利義務關係的內容為何、是否違反公序良俗、若無相關的舊慣則應依據什麼樣的法理為裁判等問題，並將其見解表達於判決內。惟不同審級或不同庭的判官可能會有相異的見解，故須由在臺灣的最終審法院，即高等法院(1896–1898)、覆審法院(1898–1919)、高等法院上告部(1919–1945)負責統一法律見解，其於裁判時就上述與舊慣之適用相關的法律問題所表示的意見，羈束在臺灣的其他下級法院⑲。臺灣的最終審法院亦遵從其既有的一切判決先例（以下稱「判例」，與今日中華民國法制下「判例」的意義不同），但並不排除為因應臺灣社會變遷而修改其見解⑳。因此，台灣總督府各級法院於依用舊慣為裁判時，必須參考最終審法院既有關於舊慣的判例，並受其見解之拘束，除非最終審法院本身考慮到社會情事已變遷而重新解釋舊慣的內容。這種不依賴成文法

---

⑲ 見「台灣總督府法院條例」，第八之五條，這項條文係於大正八年(1919)改正該條例時增設的，原因是覆審法院將設置兩個獨立的裁判部，有統一其法律見解的必要，故規定「高等法院上告部」的法律見解具有羈束其他法院之效力。由此可見原本是由覆審法院擔任統一法律見解的工作。參見台灣總督府，台灣總督府警察沿革誌第二編：領台以後の治安狀況（下卷），台北，1942，頁31。

⑳ 參見石井常英，本島爭訟の特色，台法月報（原稱法院月報）二卷十號，1908. 10.，頁28；姉歯松平，特殊法律，頁379。

條文上規定而仰仗大量既有判例的法律適用方式，相當類似英美法系國家「判例法」(common law，或譯為普通法）運作的核心原則——「判例遵循原則」(stare decisis)。依美國法，法院為判決時應遵守該法院所屬法域內最高法院於先前既有判決內所確立的法規範；只須那些從先例所歸結出的原則(principle)，對於法院所擬做成的判決，邏輯上是必要的 (essential)，事理上為合理的 (reasonable)，且適合於當時的環境，即應受其拘束㉑。甚至台灣總督府法院於適用關於特定民商事項所為的律令時，就條文上所涉及舊慣上權利之內涵，亦須參考相關的舊慣判決例。例如前舉「台灣土地登記規則」中，有所謂「業主權」、「典權」、「胎權」、「贌耕權」，其意義及權利內容皆須參考當時覆審法院與此相關之判例。這跟英美法系於適用制定法(statute)時就其文義之解釋仍須受法院判例拘束，頗為相似。

但與英美法系國家不同的是，日治時期臺灣舊慣之所以能被法院據以判案，仍根源於該項規定著「依舊慣」的成文法條。英美法法官於適用判例法時，必須援引法院判例以做為裁判的法律上依據(法源)。而日治時期臺灣法官於依用「舊慣」時，固然經常援引相關的法院判例，但倘若其認為自己足堪知悉舊慣上權利之內容或參考調查會的調查報告（其非司法機關的判決）即可，且所持見解並不違背既有的最終審法院判例，則不必於判決理由中援引相關的判例；因為此項判決的法源基礎，係表示「依舊慣」的律令（一九二三年以後為特例勅令）上規定，而非法院的判決先例。試舉三例說明之。在某案件中，法院引用覆審法院兩則相關的判例，肯定舊慣上子先父而死時，可由過房

㉑ 參見 Frederick G. Kempin, Jr., *Historical Introduction to Anglo-American Law*, 2nd. ed., St. Paul, Minn., 1973, pp. 12～14.

子或螟蛉子掌其祭祀且繼承其（房）財產，但以本案事實中未經選定過房子或螟蛉子為由拒絕適用該項舊慣，亦即該項舊慣在邏輯上與本案事實不相干（似英美法上 distinguish 的觀念）㉒。在另一案裡，法院未引用任何資料，即於判決理由中陳明，於進行買賣時習慣上建築基地與其上房屋視為一體，除非特別地具有將其分別為兩項權利之意思㉓。又有一案，法院於判決中引用調查會的報告內容，指出習慣法上允許收養孫輩之人為養孫且由其繼承財產㉔。

台灣總督府法院判官對於臺灣人民事習慣法的「造法」工作，有時候似乎已逾越司法者角色而類似立法機關。一九〇七年制定的日本刑法典經律令的依用而實施於臺灣後，關於刑之加重減輕有時涉及親屬關係之有無及範圍，就此刑法典表示應依日本民法親屬編相關之規定，惟日本民法典中的這一部分並未施行於臺灣人之間，以致制定法上欠缺有關台灣人刑事事項中親屬範圍之規定。於是，由覆審法院長召集判官會議，做成「於刑法適用上台灣人間親屬範圍」之「解釋」。這項解釋雖以臺灣舊慣為本，但有些部分是與慣例背道而馳，例如依舊慣招夫與前夫之子不發生繼父子關係，但其規定為繼父母與繼子發生與親生子間同一的親屬關係；該解釋當然亦有參酌日本民法之規定，但其絕不等同於日本民法上親屬範圍㉕。這般既非依舊慣又非依日本

㉒ 參見大正十年(1921)上民一六、一七號判決，高等法院，高等法院判例全集，大正十、十一年，臺北，1923，頁12～13（以下不問原書名及相關年度，一律稱為「高院集」）。

㉓ 參見大正十年(1921)上民二號判決，同上，頁7。

㉔ 參見大正十年(9121)上民三二號判決，同上，頁58～59。

㉕ 參見臺灣省文獻委員會收藏，台灣總督府檔案（尚未出版，以下簡稱「檔

民法典的「法律解釋」，事實上已接近「立法」活動。

二、台灣民事習慣法的法典化

日本治臺當局並不想維持前述類似判例法的法律適用方式，因此有制定臺灣民事成文法典之舉。由於日本內地即是以法典規範人民的民商事項，在臺灣殖民地之應依法典處理臺灣人的民商法律關係，似已被視為當然。問題是臺灣究竟應施行什麼樣的民事法典？是一部特別為臺灣而制定的法典呢？還是以既有的日本內地法典即可？一九〇八年初，岡松參太郎為文力主採用前者，且認為這部為臺灣特別制定的民事法典應該包含臺灣的舊慣及日本的西方式民事法㉖。在同一年，台灣總督府決定對台灣民事習慣法進行法典化工作㉗。

總督府花費五年時間完成台灣民事法典的草案。由岡松等負責起草條文的法案審查會，從一九〇九年至一九一四年，計完成下列數種律令案：台灣民事令、台灣親族相續令（含施行令）、台灣不動產登記令、台灣競賣令、台灣非訟事件手續令、台灣人事訴訟手續令、台灣祭祀公業令、台灣合股令等。這些法案的內容，基本上係依照日本民商法典的編制體例，將原以類似判例法形式存在的台灣民事習慣法予以法典化，當然在法規範內容上亦相當程度修改原有習慣法之內容，

案」)，明治四十三年(1910)，永久保存第四十九卷，第六門：司法，六、刑法之適用與舊慣。至一九二二年勅令第四〇七號，才以第十四條就此事項為明文規定。

㉖ 參見岡松參太郎，台灣の立法，台法月報（原稱法院月報）二卷二號，1908. 2.，頁1～7。

㉗ 參見東鄉實，頁96～97。

使其更接近日本的西方式民法典㉘。耐人尋味的是，在討論法案內容時，學者出身者一般而言，似乎較支持沿用臺灣原有習慣，或許誠如岡松所云，為少數的日本內地人而破壞三百萬臺灣人的習慣是不適當的㉙；但某些出身司法官僚者，則經常主張應將日本西式民事法的內容納入㉚。無論如何，這是臺灣史上首次依據臺灣本身的法社會事實（雖然係出於日本人的觀察），揉合近代西方法律概念及法學理論，制定出適用於臺灣的民事法典草案。

日本中央政府之決定採內地延長主義的殖民地統治政策，使得台灣民事習慣法的法典化註定胎死腹中。臺灣獨特的民事法典之制定，將某程度強化臺灣在整個帝國中的特殊法律地位，意圖在「獨立的台灣」擁有廣泛權力的台灣總督府，因而在一九一四年將上述台灣民事法典以律令案方式送至中央政府，請求准予勅裁。惟日本中央政府，遲遲不願批准該律令案。迨一九一九年，於原有的殖民統治政策在日本招致嚴厲批判之後，日本非藩閥的政黨勢力決定在殖民地改採同化政策。在所謂的內地延長主義底下，臺灣於法律上的獨特性已相對被削弱許多，像台灣民事法典這類彰顯臺灣獨特性格的法案，已「不合時宜」，故其始終未獲日本中央政府的首肯。

三、以適用日本民商法典為原則

取而代之的是日本民商法典的施行於臺灣。一九二二年勅令第四

㉘ 参見臨時台灣舊慣調查會，法案審查會第一回會議議事錄，台北，無日期，頁5～6。共計有五回會議之議事錄。

㉙ 岡松参太郎，台灣の立法，頁3。

㉚ 例如見法案審查會第一回會議議事錄，頁8～9, 25, 70～78。

〇六號，規定日本的民法、商法、民事訴訟法、商法施行條例、家資分散法、民法施行法、人事訴訟手續法、非訟事件手續法、競賣法、不動產登記法、商法施行法及若干民商事法律，自一九二三年一月一日起施行於臺灣。惟一九二二年勅令第四〇七號卻針對前述將施行於臺灣的法律，設定許多特別規定以排除原規定在臺灣之施行，其中包括僅涉及臺灣人的親屬繼承事項，不適用日本民法親屬繼承兩編之規定，而係「依習慣」㉛。換言之，僅涉及臺灣人的財產法事項改依日本法典，但身分法事項仍依類似判例法的台灣習慣法。依台灣習慣法已發生之各類財產法上權利，因此皆須轉化為日本西方式民商法上相對應的權利種類。這使得臺灣人必須去適應一套原本是為了其他社會而制定的西方式民事法典。

為同化臺灣人以根除臺灣人自決的觀念，臺灣在地政府試圖將日本民法親屬繼承兩編亦施行臺灣人之間。按日本民法總則、物權、債等三編及商法典雖已施行於臺灣，但特例勅令仍將其若干不適合臺灣實情的規定予以排除㉜。於一九二九至三〇年間，台灣總督府欲仿效前述立法體例，建議將日本民法親屬繼承兩編施行於臺灣人之間，只需另設特別規定排除一些可能對臺灣人衝擊較大的條文即可。但是日本中央拓務省，並不採納此項提議。於一九三〇年代後期，台灣總督府為積極推動皇民化運動，再度研議以設特例方式將親屬繼承編適用於臺灣人，惟仍無成果㉝。直到一九四五年的三月，為了「改善台灣

㉛ 大正十一年(1922)勅令第四〇七號，第五條。

㉜ 大正十二年(1922)勅令第四〇七號，第六至十九條。

㉝ 参見近藤正己，「創氏改名」研究の檢討と「改姓名」，日據時期臺灣史國際學術研討會論文集，臺北，1993，頁226～27；姉齒松平，特殊法

人的待遇」，台灣總督府於帝國議會宣稱，除設有極少數特例外，日本民法親屬繼承兩編將適用於臺灣人；惟同年的八月間日本已戰敗，旋即退出臺灣，故這項計劃終未實現㉞。

參、田園土地法律關係的歐陸法化

日治時期臺灣人以從事農業者占多數㉟，故有關田園土地的法律關係勢必深深影響一般人民的生活。吾人可注意到日本當局欲進行舊慣調查時，首先著手的調查對象即是這類舊慣㊱。以下將討論臺灣在日治時期有關田園土地的法律關係，如何從以依用沿襲自清治時期法律的「舊慣」為主，一直發展到全面適用日本西式民事法。這些討論將使前述有關臺灣民事法西方化歷程的一般性考察，更加具體而清晰。

一、舊慣上各項權利

（一）業主及其權利化

律，頁136。

㉞ 参見向山寛夫，日本統治下における台灣民族運動史，東京，1987，頁1264。

㉟ 日治當時臺灣人約有70％於農業部門工作，另30％於非農業部門。參見Samuel P. S. Ho, *Economic Development of Taiwan, 1860–1970*, New Haven, 1978, p. 28.

㊱ 調查會的報告書分為四編，第一編即關於不動產者。且早在一九○○年，台灣總督府的臨時台灣土地調查局即編有清賦一斑、土地調查提要、台灣舊慣制度調查一斑等書。在此「不動產」一詞，非臺灣人原有的法律用語，但係日本人引進的歐陸法概念，故仍以之描述日治時期的法律。

依臺灣人原有的習慣規範（法律概念），老百姓對於土地不能享有近代西方法意義下的「所有權」，僅能擁有稱為「業主」的法律上地位。由於受到傳統中國「普天之下莫非王土」概念的影響，清治下臺灣漢人，尤其是曾受過教育的階層，認為土地是屬於皇帝的。因此做為臣民的老百姓，對於土地所能掌握的最大權力(power)，就是成為業主以經營該地（按「業」一字有「經營」之意）㊲。業主在此意義底下為擁有土地之人，亦即地主。但業主以「主人」身分對土地所擁有的排他性權力，不僅有來自「王土」等概念上的約束，有時也可能存在實質上的限制。

大租戶與小租戶間的關係，正足以說明身為業主仍可能受到某些實質的限制。於清治晚期，原本是大清律例上業主的大租戶，經常逐漸喪失其對於土地的實際控制力；相對的這些土地上的小租戶已被臺灣社會認定為是業主，但小租戶仍應向大租戶繳納租穀。換言之，身為業主的小租戶就該土地仍須對其他人負擔西方法上所謂的「私法上義務」。

既然以日本民法繼受自歐陸的「所有權」概念，並不能準確表達在臺灣稱為業主者所能擁有的權利內涵，日本人在依用「舊慣」時創造了「業主權」一詞指稱之。依臺灣人原有的習慣規範，業主可占有使用收益或處分其土地。依沿襲自西方法的「權利」概念，法律為使業主能享有前述的利益，已賦予其可透過法律上制度加以貫徹執行之力或地位，此稱為「業主權」。當擁有業主權之人的占有使用收益等利益受侵害時，其得發動並控制整個排除侵害的過程，包括要求法院以國家公權力為其排除侵害。因此進入日治時期後，在「業主」一詞後

㊲ 參見臺灣私法，第一卷上，頁229, 234～35。

面加上「權」字，是具有實質意義的。惟臺灣約有一半的田園土地存有大小租關係，這些土地上的小租戶雖為業主但因擁有土地而須向大租戶繳租，故其做為業主所得享受的法律上利益，不同於歐陸法上所有權人之可絕對排他的不向任何人負擔私法上義務。於是在大小租關係下，小租戶所得享受之利益被權利化為「小租權」，而且其被認為是舊慣下擁有業主權之人；另一方面大租戶可向小租戶收租的這項利益則權利化為「大租權」[38]。

（二）地基關係及其權利化

依臺灣人原有的民間習慣，地基（或稱「厝地」）關係之成立，係由於欲建造房屋者（厝主）向房屋擬座落之地的業主（地基主）給付相當的對價（地基租），以承給該塊土地供建屋之用。於地基關係成立後，就該厝地究竟孰為業主，端視地基關係的實際內容而定，此大致可分為三類：⑴地基主已全然對厝地喪失控制實權，故由厝主成為該厝地的業主，但厝主基於地基關係仍須向地基主繳納一定的租額。⑵地基主仍為厝地之業主，但厝主可長期使用該厝地築屋直到房屋倒塌為止。⑶此通常發生於在郊外或村落建造茅屋一類簡單房屋的地基關係，地基主為厝地之業主且厝主僅得短期的使用。日治時期依權利化以後的舊慣內容，上述⑴情形下地基主的權利，與大租戶的大租權類似，僅享有向厝主請求交付一定租額的權利。在⑵的情形，厝主使用該厝地的權利被稱為「地基權」，地基主當然亦有地基租請求權。在⑶的情形，地基主與厝主的關係被解釋為近似於法律上的租賃關係，

---

[38] 參見同上，頁286～89, 303～14, 329～36。臺灣私法的作者認為若以歐陸法學概念觀察，小租權可說是一種「附有負擔的所有權」。同上，頁335。

厝主對該厝地有稱為「贌權」的使用權，但必須交付類似租金的對價㊴。

（三）佃關係及其權利化

佃關係之成立，係由土地的業主（包括上述小租戶）將其通常已墾成農田之土地及田寮等附屬物交由佃人耕種，佃人則須繳納租穀或租銀予業主。此項關係亦有稱「贌耕」者。佃關係存續期間通常約定三至六年，約定期間十年以上者很少且大多是關於荒地的贌佃（已屬於下述的「永佃」）。至不約定佃之期間，則表示一年之後業主得隨時換佃，稱為「現年贌耕」，此大多僅以口頭約定而不立契字。日治以後，依用舊慣的結果，佃人在此關係底下得占有、使用、收益該土地的權利，被稱為「佃權」，但其負有向業主繳租之義務。且佃權人若未獲得業主之同意，不得讓渡佃權予他人或有轉分租的行為。此外，佃權人不得以其佃權對抗第三人（例如土地的新業主），故佃權於近代歐陸式民法體系中僅屬土地租賃的「債權」關係，不具有「物權」性質㊵。

（四）永佃關係及其權利化

依臺灣清治時期習慣，在贌耕關係底下，當佃人需投入工本改良田地時，通常與業主所約定之使用耕種期限會長達十年以上，或甚至永遠。日治後日本法學者特別將此類長期間的贌耕關係稱為「永佃」。由於依清代習慣，此類永佃之佃人對土地之占有使用收益，不因業主之更易而受影響（當然仍須向新業主納租），且可將此等利益典賣給他人，故其所擁有的「永佃權」，被認為是對該土地的物權關係，而非對某特定業主的債權關係㊶。

㊴ 參見同上，頁474～77。

㊵ 參見同上，頁577～93。

（五）典關係及其權利化

臺灣傳統上的典關係，雖近似但不等同於日本西方式民法上的質權關係。「典」制度淵源自古代中國，依清治時期臺灣習慣，某位需要用錢者，可將其土地本身或對土地可享有的某種利益（例如可收取大租），出典給另一位願支付一筆金錢（即典價）以占有、使用、收益該土地或利益之人（即典主或銀主），而出典之人則可無息地使用該筆金錢，雙方成立典關係；於約定的典關係期限（即典期）屆滿後，出典人得以原典價贖回原交付於典主的土地或利益，但亦可選擇不贖回。倘若出典人不願贖回，典主通常無法變賣該出典的土地或利益以回收原典價，只能繼續維持原有典之關係，故典期之約定其實僅關係著出典人至何時始能贖回，與典主何時能夠取回典價不一定相關[42]。從這一點來講，典關係毋寧說類似附有買回條款的買賣關係（但典主不同於買主之已成為業主）。也因此將典主在典關係中所得享有的利益權利化後所稱之「典權」，並不等於日本歐陸式民法上的「質權」。日本民法上不動產質權人可占有使用收益質權標的物，固然與臺灣舊慣上的典權人相似。惟不動產質權屬「擔保物權」，當其所擔保之債權屆期未獲完全清償時，質權人得就該質權標的物加以變價以受償債務人所欠債務，而典權人做為銀主卻不能為同樣的保全債權之行為[43]。

---

[41] 參見同上，頁595～611。

[42] 參見同上，頁659～63, 673～74。依清朝戶部則例之規定，出典人在典期屆滿不贖回時，典主雖不得強制出典人回贖，但可向出典人補足差額後買收典物，或將典物轉賣給他人以充典價，惟依臺灣私法所載，臺灣人習慣上很少如此做，而大多仍舊維持原有之關係或為轉典。

[43] 參見同上，頁161，692。

（六）胎關係及其權利化

依清治時期臺灣習慣，借款人常向銀主提出有價值之物以做為如期還款的信用憑物，此即「胎借」。為胎關係客體的有價值之物，大多是記載著出胎人取得土地、房屋或其上利益的契字，僅少數為土地或房屋本身。以該等契字為胎之客體時，承胎人（銀主）對於契字上所載土地、房屋或相關之利益，並不能像承典人般直接占有使用收益，但得向出胎人（借款人）收取利息。若該借款屆期不清償，承胎人亦無從變賣該契字所載之土地、房屋或利益以抵償，只能繼續占有該等契字，藉此迫使出胎人為了能取回契字以處分土地等（契字為交易時必要文件）而儘速返還借款本金及利息。日治後國家法律就承胎人所能享有的上述利益，賦予「胎權」的保障，然其做為一種債之擔保，仍相當薄弱。不過，為強化胎之擔保效力，於臺灣習慣原已存在許多可附加於普通胎借關係的特約條款。例如約定借期屆滿不還時，承胎人得使用收益、甚或取得做為胎之客體的不動產或不動產權；或約定「對佃胎借」,即承胎人不僅占有不動產字據且得向該不動產之佃耕人或贌厝人收取相當於利息的租穀或租銀；或約定「起耕胎借」，即承胎人除占有不動產字據外尚可占有使用收益該不動產，並以收益充做利息，惟超過利息額的收益須還給出胎人（就此點與承典人不同)。總之，舊慣上的胎權人，相較於一般金錢貸與人，在債權獲得清償的保障上，僅略勝一籌而已，除非另訂有特約[44]。

（七）地的役權

臺灣原存有約定土地須提供給某特定土地為一定使用、或給某特定人為一定使用之習慣，但對此並無總括性的稱呼，日本法學者於是

[44] 參見同上，頁710～14。

命名為「役權」。按臺灣習慣上，土地的業主或典主可能透過約定表示願以其土地提供給他人土地排水、引水、汲水或通行之便，甚至允諾在其土地不致於栽種足以遮蓋他人土地上墳墓之樹木。日本人於進行臺灣舊慣的權利化時，有鑒於上述法律關係皆是使該地對特定的「土地」提供一定的服務，乃參考日本歐陸式民法中與之相近的「地役權」制度，稱之為「地的役權」。另外將臺灣習慣上約定某地所生產之收益應提供給某特定人享用之法律關係（例如養贍租、酬勞租、隨奩、育才租），稱為「人的役權」，蓋該地係對特定的「人」提供一定的服務也。惟依臺灣舊慣，該存在著「地的役權」之土地的新業主或典主，並不必然須承受此役權關係，這跟日本民法上地役權之屬於可對抗任何第三人的「物權」，迥不相同㊺。

（八）土地調查與業主權人的確定

日治時期對田園法律關係的權利化，不單是在概念上引進權利的觀念，更具體的是確定究竟誰擁有權利，尤其是最根本的業主權。日治初期的土地調查事業，除具有整理地籍以增加政府地租收入的目的外，亦有促使人民之間土地法律關係具體明確的功能。依一八九八年律令第十四號台灣土地調查規則，業主（或典主）須檢附證據書類向政府申報其持有之土地及附隨的法律關係如大租或典，經地方調查委員會查定後，將各該土地之業主權人登載於土地台帳上，對前項查定不服者得聲請高等土地調查委員會裁決。日本統治當局因此必須面對臺灣自清治以來相當混亂且不明確的土地使用關係，依舊慣逐筆確定業主誰屬。在某些情形（例如出典人已失蹤且典關係於典限經過後仍持續），甚至逕以典主為業主；而就大小租關係，則以對於土地具有實

㊺ 參見同上，頁556～70。

質控制力的小租戶做為業主。總之，隨著土地調查工作的完成，各筆土地之業主權歸屬亦告明確化㊻。

然而某些不幸的臺灣人業主，卻可能在上述查定業主權的過程中被犧牲了。若臺灣人業主於日本政府為土地調查之際未申報其土地，依土地調查規則第七條之規定，其業主權將歸屬於（登載為）國庫。且依總督府法院之見解，高等土地調查委員會的裁決與地方土地調查會的查定，對於土地業主之歸屬具有創設且絕對的效力，不得以查定前之事由爭執其效力㊼。雖然在一九三二年曾有法院判決指出：由於未依台灣土地調查規則申告致未受查定之土地，乃土地台帳未登錄地，其仍為從前該所有者之所有土地，並不喪失所有權（即日治前期的業主權）㊽。但是該項判決僅係針對業主未申報其土地且未被登錄為其他人民所有而發，認為在此情形下，當年未為申告之土地，不當然即屬國有（推翻日治之初的見解）。若於土地調查之時，原屬自己之土地係遭查定為他人之土地，則就該土地在私法上已確定喪失業主權。此所以一九二四年時法院為求衡平，判認在這種情形底下，原業主之在土地上擁有家屋，應依法理解釋為已對該土地取得地基權或地上權。（若原業主仍對該土地擁有業主權則根本不需地基權或地上權）㊾。惟此項土地調查工作進行之時，即約一八九八年至一九〇四年之間，

㊻ 參見魏家弘，臺灣土地所有權概念的形成經過——從業到所有權，臺大法研所碩士論文，1996.6.，頁112～35。

㊼ 例如見大正十年(1921)上民七十號判決，高院集，頁71～74。亦參見魏家弘，同上，頁135～38。

㊽ 昭和七年(1932)上民三一號判決，高院集，頁45～58。

㊾ 大正十二年(1923)上民一二七號判決，高院集，頁312～15。

依舊慣臺灣人之移轉土地業主權僅以雙方意思合致為已足，本不以向政府申報為必要[50]。何況臺灣人民於清治時期，即有為逃稅不向政府申報土地之「隱田」習慣。如今於政權轉替之際，竟可能因疏於向新政府申報而致喪失土地，無疑過於殘酷且不合理。

二、舊慣內涵的歐陸法化

（一）存續期間的限制

有關土地之權利原本在舊慣並無限制其存續期間，但台灣總督府卻制定律令限制之。可能因為日本歐陸式民法上與土地借貸有關的永小作權及賃貸借皆有法定的權利存續期間，日本統治當局亦擬對台灣舊慣上相類似之權利加以規制。一九〇〇年律令第二號規定：「土地借貸之期間，賃貸借不得超過二十年，其他者不得超過一百年。如所定期間長於前項期間時，縮短為前項期間。」於是，原本沒有期間限制的前述地基權、永佃權、地的役權等舊慣上權利，都不得超過一百年；而佃權之存續期間亦不得超過二十年。超過上揭一百年或二十年之部分無效，這項期間自該律令施行後開始起算[51]。此號律令已變更舊慣原有權利內容，使其朝向歐陸式民事法規範發展，開啟此類律令之先河。

[50] 姉齒松平，特殊法律，頁326～27。

[51] 參見谷野格，台灣新民事法，臺北，1923，頁15；姉齒松平，特殊法律，頁 143, 177。例如日本民法第二七八第一項規定：永小作權之存續期間為二十年以上五十年以下，永小作權之設定超過五十年時，縮短為五十年。第六〇四條第一項規定：賃貸借之存續期間不得超過二十年，賃貸借之設定超過二十年者，其期間縮短為二十年。

（二）大租權的廢止

隨著前述業主權的確定，日本殖民地政府亦進行確定大租權的工作。一九〇三年台灣總督府以律令第九號公布關於大租權確定之件，其第一條規定：「本令所稱大租權，係指對於業主權之大租權」，說明了此律令欲處理者，乃是小租權被吸納成為業主權之後仍附隨於這項業主權上面的大租權。該令因此擬先確定各筆土地上有無存在大租權人，若有，則其姓名住所及租額為何；且規定本令施行後，不得設定大租權或增加其租額[52]。臺灣百餘年來藉民間習慣而發展形成的大租關係，至此已告凍結，等待日本統治當局的進一步處置。

俟大租權自一九〇四年被廢止後，舊慣上業主權的實質內涵已轉變為等同於歐陸法上所有權。一九〇四年台灣總督府再以律令第六號公布關於大租權整理之件，將該已確定的大租權自同年六月一日起加以廢止，並由政府發放大租補償金給予被消滅之大租權的享有者[53]。對於那些原本附有大租義務的業主權人（小租戶）而言，其業主權本身已不再附有任何私法上義務，而與原本未附有大租義務的業主權人一樣，享有如同歐陸法上所有權人之絕對排他性權利。當源自大小租關係的「一田兩業主」被日本人解釋為「一業主權人一大租權人」時，尚可謂其未背離臺灣原有習慣內容，但一旦大租權被消滅以致形成絕對的「一田一業主權人」時，則不能不說舊慣原有內涵業已變更。這項改變無疑的是使其趨向於日本歐陸式民法上「一地一所有權人」原則。

（三）土地登記規則對舊慣的改造

---

[52] 參見魏家弘，頁155～59。

[53] 參見同上，頁159～62。

日本治台當局於一九〇五年，建立一套關於土地（不含建物）私法上權利的登記法制[54]。依一九〇五年台灣土地登記規則（律令），關於已登錄於土地台帳之土地之業主權、典權、胎權、贌耕權（指以耕作、畜牧與其他農業為目的之土地借貸，相當於前述佃權與永佃權）等四種權利，須登記於以記載土地法律關係為主旨的土地登記簿上。至於上揭四種權利以外的地基權或地的役權，或關於「土地台帳未登錄地」的各種權利，則不必為登記，不在本規則之規範範圍內。尤要者，關於土地台帳已登錄地之上揭四種權利之設定、移轉、變更、處分之限制、或消滅，除由繼承或遺囑而發生者外，非依本規則登記不生效力；但其由繼承或遺囑而發生者，非經登記仍不得對抗第三人。此外，本規則施行（一九〇五年七月一日）前已發生之典權、胎權與贌耕權，須於本規則施行日起一年內為登記，否則不得對抗第三人。僅施行前已發生之業主權，不因未登記而致其法律效力受影響，但於施行後欲為處分行為時仍需先為登記以符合「非登記不生效力」的要求[55]。簡言之，台灣土地登記規則就土地台帳已登錄地之業主權、典權、胎權、贌耕權等權利之得喪變更係採取「登記生效主義」。然而台灣總督府法院原先依舊慣，認為上揭權利之得喪變更，以當事人間意思合致即為生效，毋需任何手續即可得對抗第三人[56]。故本項規則雖

---

[54] 台灣人有關建物之私權登記法制，須至一九二三年一月一日適用日本民商法以後始具備。參見谷野格，頁66。

[55] 姉齒松平，特殊法律，頁144～46，150，154～55；台灣土地登記規則，第一條。

[56] 例如見明治三九年控第一九〇號判決，覆審法院判例全集，明治廿九年至大正八年，臺北，1920，頁83。

名為登記規則，但實則已創設了原本舊慣所無的民事實體法內容。

日本政府在臺灣比在日本內地更強調私權登記之效力。日本內地的不動產登記法規定，不動產物權因法律行為變動時，僅需當事人意思表示即生效力，無須以登記為其生效要件，但辦理登記後得對抗第三人，故稱為「登記對抗主義」。惟依台灣土地登記規則的「登記生效主義」，未辦理登記的效果，不但不得對抗第三人，在法律行為當事人之間亦絕對無效。尤其是贌耕權當中的佃權，性質上根本不屬於「物權」，卻仍被要求須登記始生效力[57]。日本統治當局似乎並不在意臺灣殖民地人民能否於旦夕之間，從舊慣上以意思合致為生效及對抗要件轉為適應移植自德國法之以登記為生效要件。台灣總督府較關切的可能是如何有效率地在土地登記簿上顯示出土地法律關係，以使土地交易能迅速且安全地進行，故寧捨日本內地的法國式登記對抗主義，而採取最重視登記之法律效果的德國式登記生效主義。

台灣土地登記規則雖未改變舊慣上權利之名稱，但已變更其權利的實質內涵。本規則第二條規定：「具有經登記之典權或胎權者，就該提供債務擔保之土地，得先於其他債權人受自己債權之清償。競賣法中關於質權的規定，準用於典權；關於抵當權的規定，準用於胎權。」這已實質改造臺灣原有典、胎習慣之內涵。如前所述，擁有典權的典主，於典期屆至後出典人不回贖時，依臺灣舊慣通常不得變賣該出典之土地或利益以回收典價；擁有胎權的承胎人，於借期屆滿未獲清償時，依舊慣亦原則上僅得繼續持有該土地之契字，藉以迫使出胎的借款人儘速返還借款本利。但由於本規則上揭規定，典主或承胎人，得分別準用日本歐陸式民法關於不動產質權、抵當權之規定，於期限屆

[57] 臺灣私法，第一卷上，頁580。

至後將標的物拍賣並優先受償。此項法律效果，係僅將臺灣原有習慣內容加以權利化後的典權或胎權，所未具備者。故一九〇五年本規則生效後的典權、胎權，雖名稱依舊，但實質的權利內容已分別趨近歐陸式民法上的不動產質權、抵當權（今日法律用語稱「抵押權」）。再由同規則第五條：「依前條規定準用不動產登記法之場合，業主權依所有權，……」，可知在一九〇四年廢止大租權之後的業主權，雖名稱依舊，但性質上已被視同日本歐陸式民法上的所有權。顯然日本人是以「舊瓶」——典權、胎權、業主權，「裝新酒」——已改造為日本民法上類似的權利(58)。

三、完全轉化為歐陸式民法上權利

由於日本民事財產法自一九二三年以後適用於臺灣人之間，原本臺灣人有關不動產之舊慣上權利，皆需轉換成日本歐陸式民法上權利，依一九二二年勅令第四〇七號「有關施行於台灣之法律的特例」第六條，在「依舊慣」時期所發生的權利，須自本令施行日即一九二三年一月一日起依下列各款規定適用有關日本民法之規定：⑴業主權，適用所有權之規定。⑵地基權與為擁有工作物或竹木之存續期間二十年

(58) 台灣總督府法院在有關舊慣的裁判上，亦經常以「法理」為依據，將日本歐陸式民法物權篇當中許多法律概念引進舊慣。這也是以「舊瓶」——舊慣，「裝新酒」——納入日本民法物權編之法律概念。參見魏家弘，頁207～08。甚至一直是適用舊慣的台灣人親屬事項，法院亦以「法理」之名導入日本民法的觀念。例如以法理為由將日本民法的裁判離婚事由，適用於有關臺灣人的離婚案件，實質上變更了原本不允許妻向官府請求離婚的舊習慣。參見陳昭如，離婚的權利史——臺灣女性離婚權的建立及其意義，臺大法研所碩士論文，1997. 1.，頁135～36，166。

以上的贌耕權及其他永佃權（例如土地台帳未登錄地之永佃權），適用地上權之規定。⑶為耕作或畜牧之存續期間二十年以上的贌耕權及其他永佃權，適用永小作權之規定。⑷典權及起耕胎權（「起耕」表示約定該承胎人與承典人同樣可占有使用收益標的土地），適用質權之規定。⑸胎權（除起耕胎權），適用抵當權之規定。⑹不該當於上揭⑵⑶兩款（例如期限為十五年）的贌耕權或其他永佃權及佃權，適用賃借權之規定。同時關於不動產物權之變動，已由原來台灣土地登記規則之下的登記生效主義，改換成日本民法之下的登記對抗主義。此外，除了原依土地登記規則所為之登記，已視為依日本不動產登記法所為之登記，法律上另設有過渡性的辦理物權登記一年猶豫期間。亦即原本未登記而仍生對抗第三人效力的地基權、土地台帳登錄地之非以農業為目的之佃權或永佃權（其不屬於土地登記規則所稱之贌耕權），以及土地台帳未登錄地之業主權等各項舊慣上權利，須自該勅令施行日起一年內依規定登記為日本法上各項物權；若超過此一期限而未登記者，則於辦理登記以前，喪失對抗第三人的物權效力。再者，存續期間二十年以上的贌耕權，若未依規定於一年期限前辦理登記者，則僅能適用日本民法債篇賃貸借有關賃借權之規定，須至辦理登記後始能成為地上權或永小作權等物權[59]。

這項法制上轉換並非在一時之間急遽進行的，而是如下所述自日治初期即開始逐漸醞釀、發酵，而在此刻名實相符地完成轉化。⑴業主權早在一九〇四年即大體上被改造為近代歐陸法上所有權。⑵地基權雖至一九二三年才轉化為日本民法的地上權，但原未限制存續期間

---

[59] 參見姉歯松平，特殊法律，頁171～73，181～82；谷野格，頁126；魏家弘，頁210～11。

的地基權，於一九〇〇年即被限制為不得超過一百年。⑶佃權與永佃權（或合稱為贌耕權）則依其存續期間是否二十年以上，而劃分為屬物權者及屬債權（賃借權）者。就屬於債權者，在一九〇〇年即已有期間不超過二十年之限制。屬於物權者，再依權利創設的目的區別為地上權或永小作權。屬於地上權者，在一九〇〇年已有存續期間不得超過一百年的限制；屬於永小作權者，其存續期間在一九〇〇年以後有不超過一百年之限制，在一九二三年以後則有日本民法所規定之不超過五十年之限制。⑷典權係在一九〇五年被實質上改造為質權，且在一九二三年直接適用日本民法之後，被轉化為質權之原本的典權及起耕胎權，即有日本民法上有關質權存續期間不得超過十年之限制。⑸胎權亦在一九〇五年被實質上改造為抵當權。⑹被日本人命名為「地的役權」的臺灣舊慣上法律關係，自一九二三年以後則可以適用日本民法上有關地役權之規定，辦妥地役權登記後，即可取得舊慣時代所無之對抗第三人的效力。（參見下表）總之，在一九二〇年代初期的「內地法延長主義」底下，日本統治當局已改用「新瓶」──日本民法而非臺灣舊慣的語彙，以裝載已釀成的「新酒」──日本民法上各項權利。不過臺灣人對於這些「新酒」的「味道」，大體上自一九〇五年甚至更早，即已開始品嚐，從一九〇五年一直「喝」到一九二二年，其實已相當熟悉了，故一九二三年的轉變毋寧僅是換個「瓶子」而已。

附表：臺灣田園土地權利轉化過程，1895–1945

臺灣舊慣上權利	1900年之轉變	1905年之轉變	1923年之轉變
大租權	無	1904年廢止	無
小租權	無	業主權≒所有權，R	所有權，R
地基權	≦100年	無	地上權，R
佃權	≦20	贌耕權，R	賃借權（≦20年）
永佃權	≦100年	贌耕權，R	地上權，R 或永小作權(≦50年)，R 或賃借權（≦20年）
典權	無	典權≒質權，R	質權（≦10年），R
胎權	無	胎權≒抵當權，R	抵當權，R
地的役權	≦100年	無	地役權，R

說明：表中所謂「1905年之轉變」，僅指關於土地台帳已登錄地之舊慣上權利，且就佃權與永佃權，亦僅指以農業目的而設立故成為台灣土地登記規則上贌耕權者。"R"表示該項權利須經登記始發生法律上效力（1905–1922年）或始可對抗第三人（1923–1945年）。

四、對臺灣社會的影響

日本治臺當局花費四分之一個世紀的時間(1898–1922)，逐步將臺灣的土地法律關係從傳統中國式的，過渡到近代歐陸式的；接著在另一個四分之一世紀裡(1923–1945)，在臺灣有效地實施這套歐陸式的民事法律制度。因為日治當時絕大多數臺灣人或為佃農或為地主，故其不可避免的受到這項關於田園土地法律關係變革的影響。今天，臺灣人有時候仍使用沿襲自清治時期舊有習慣的法律詞彙，然而似乎已遺忘該詞彙原有的意義，而僅知由日本人所引進且強制施行的歐陸式民事法上概念。

例如，以「過戶」指稱有關「所有權移轉」之變更登記。一百餘年前清治末期臺灣社會所稱的「過戶」，即大清律例所規定的「過割」，意指典賣田宅時於官府地籍登記簿（魚鱗冊）上變更所載業主名義以移轉納稅義務。而所謂「戶」即是「業戶」或劉銘傳清賦以後的「小租戶」，其將田園典賣予他人時須辦理過戶手續，由買受人取得「過戶單」[60]。今天曾經歷日本時代或為其後裔的臺灣人，繼續使用該詞彙指稱關於不動產或動產之所有權的移轉，但全然不知所謂「戶」者，原指「業戶」或「小租戶」。原因在於，業戶或小租戶對土地所享有的利益，已在日治初期被轉化為具有歐陸法上「所有權」實質內涵的「業主權」，一九二〇年代前期以後在涉及官方的法律活動（例如向政府聲請登記）中，更是以「所有權」取代原先「業主權」之名稱。「過戶」的涵義因此從變更業戶或小租戶名義，變成變更業主權人名義，再演變為變更所有權人名義。且不僅對土地房屋之買賣，須辦理過戶，連日治時期始引進臺灣的汽車等買賣，亦須辦理過戶。以後「過戶」一詞所指者，已是經日本人改造後關於「所有權」的移轉，迄今亦然。

今天有關「胎權」的用法，更是一個明顯的例證。在當今臺灣的報紙有關民間借貸之廣告，或一般人的口語中，常提及：於就土地或房屋設定「胎權」後即可獲得貸款，且不拘「一胎」或「二胎」，或甚至「一、二、三胎皆可」。近日亦有甫設立不久的新銀行，正式推出所謂「二胎貸款」。於臺灣現行的中華民國民法典中，根本沒有所謂「胎」或「胎權」的法律名詞或制度，其應係淵源自臺灣清治時期民間習慣中的胎借。但是今日臺灣人所使用的胎或胎權，並非依從清治時期習慣的內涵，而是依從於日本時代一九〇五年被改造成為歐陸法上抵押權（抵當權）的那個「胎權」。蓋一胎、二胎、三胎當中的「一、二、

---

[60] 參見臺灣私法，第一卷上，頁224～27。

三」，係指當貸款期限屆滿未獲償還時，得將權利標的物（土地或房屋）拍賣後優先受償的次序，即現行民法所稱的第一順位、第二順位、第三順位抵押權人之意；而如前所述，依清治時期的胎習慣，承胎人原則上不能將契字（胎之客體）所指土地予以變賣後受償，根本沒有優先受償的問題。換言之，日本治臺當局在本世紀初對胎舊慣之權利內涵的改變，已相當為那時的臺灣人所接受。雖然當臺灣人欲到法院提起訴訟或聲請為登記時，於一九二三年之後須改稱為「抵當權」；於一九四五年中華民國民法施行臺灣之後須再改稱為「抵押權」；但臺灣民間仍一直沿用著看似固有但其實已被日本人改造過的「胎權」，「醉」至今朝，猶未知「舊瓶」內所裝盛者早已是「新酒」。

肆、結　論

西方歐陸式民法在日治時期已逐漸施行於臺灣社會。臺灣人在傳統中國法制底下各種習慣規範的內容，首先被日本統治當局以近代歐陸法概念重新詮釋，且賦予西方自羅馬法以來即有的「權利」概念。經日本國家機關承認之稱為「舊慣」的習慣法，其實質已某程度異於臺灣原本在清治時期存在的民間習慣。一些殖民地的制定法，更進一步直接修改臺灣既有習慣的內涵，使其益發接近西方法制。雖然一套針對臺灣社會情事而設計、揉合臺灣舊慣與西方民事法規範的法典，終未被制定；但一九二三年之後，另一套原為日本社會設計、但已大量採取歐陸法規範的日本民事法典，除親屬繼承編之外，仍施行於臺灣。至此，於國家實定法上，台灣人民事事項已大多依照來自西方的歐陸式民法規定。

臺灣有關田園土地法律關係之演變，即具體而微的說明民事財產法西方化的歷程。首先臺灣漢人原有習慣中關於土地的各種法律關係，分別被納入以「權利」為核心的歐陸式法概念中。一部分與土地相關舊慣的內容，經由權利存續期間的限制、承認小租權人為業主權人且終於廢除大租權、採取登記生效主義及典權胎權之享有屆期不清償時得拍賣標的物以優先受償的權利，論實質已幾乎等同於歐陸式民事財產法上權利關係。迨一九二三年一月一日以後，一切關於田園土地的舊慣上法律關係，已全部須改從日本歐陸式民法上關於不動產之物權或債權的規定。上述法制西方化的變革，縱非完全亦相當程度為當時的臺灣社會所接受，故七十餘年後的今天，臺灣民間於使用若干淵源自漢民族舊有習慣的名詞時，只知其在日本時代經過西方法改造後的法律意義，而遺忘了原始的內涵。

---

† 本文係以作者於一九九二年用英文撰寫之博士論文的第五章第一及第二節為本，經修改後用中文寫成。並承蒙臺大法研所鄭宏基同學擔任校對工作，特此誌謝。

從傳統身分差等到近代平權立法
——兼論沈家本的法律平等理念及其變革

黃源盛[*]

壹、序　說

貳、傳統法律身分秩序的差等性

一、皇室及官人官親的優遇

二、尊長權

三、男尊女卑

四、良賤有等

參、晚清沈家本的法律平等理念及其變革

一、統一滿漢法律

二、故殺子孫

三、夫妻相毆

四、禁革買賣人口與刪除奴婢律例

肆、結　論

---

*作者為臺灣大學法學博士，現任政治大學法律學系副教授

從傳統身分差等到近代平權立法

——兼論沈家本的法律平等理念及其變革

壹、序　說

傳統中國社會由於深受宗法制度的影響，建構成家國相通，親貴合一，天、君、忠、孝相連的政治體制，而在這種體制的牽引下，形成了以宗族為本位，以倫理為核心的「身分秩序社會」，個人在社會中，在法律上的權利義務，基本上取決於他在先天或後天所取得的身分。

從法制發展史看，中國舊律從濫觴時起，即帶有濃厚的宗法等級色彩，特別表現在「尊尊」的政治等級，以及「親親」的血緣等級之差異性精神上。西周實行的「宗親」之制、「八辟」之法、「公族無宮刑」，以及「禮不下庶人，刑不上大夫」❶、「凡命夫命婦，不躬坐獄訟；凡王之同族，有罪不即市」❷等，可以說是最初立法等差原則。

及至戰國，以「定分止爭」作為法律產生的原因和法律的主要功能，幾乎也是一些學派的共識。而「定分」簡言之，就是定名分，確

---

❶ 詳見禮記・文王世子及曲禮下。鄭玄注云：「禮不下庶人者，為其遽於事，且不能備物」；「刑不上大夫者，為不與賢者犯法，其犯法者則在八議，輕重不在刑書。」

❷ 見周禮・秋官・司寇。意即大夫及大夫以上的貴族及其正妻，不必親自出庭受審，亦不得在鬧市處死。

認貴賤尊卑；西漢之後，隨著儒家思想受到青睞，其學說中的「正名」論和「綱常」論的精神，更深深滲透到法律理念當中，於是，確立了以倫理身分為基礎的立法等差原則。

魏晉以降，有所謂「準五服以制罪」，唐律更是典型的「禮教立法」，「一準乎禮」，全面且完整地將等級名分的原則提升為具體的律文。而翻開明清法典，赫然列於卷首的，也是一幅幅服制圖表，服制何以在法典中居於如是顯赫地位❸？其作用何在？身分與整個傳統法律文化有何關聯？產生何種影響？

本文擬以法史學的觀點，首先回顧傳統中國社會的倫理身分差等立法，進而考察晚清變法修律期間（1902–1912年），修律大臣沈家本如何落實其法律「平等」思想於各項變革措施中，期能找出中國社會是如何艱辛地從「差等立法」初步邁向「平權立法」的斑斑軌跡。

貳、傳統法律身分秩序的差等性

中國舊律，自唐以降，其立法基礎既植根於禮教，而禮教又是建立於五倫之上。由於人倫有尊卑之別、上下之分、昭穆之序。因此，即使行為人所犯的罪行相同，法律每因犯人及被害人的身分、輩分、性別，甚至職業的不同，而差異其罪之適用，或分別其刑之重輕，有其明顯的「身分秩序」差等性。例如，基於君臣關係，尊崇君主的特

❸ 所謂「服制圖」，就是將喪服制度中所規定的各種親屬關係等級，以圖表的形式表現出來。而所謂「五服」，即指斬衰、齊衰、大功、小功、緦麻五個喪服等級而言；凡九族內親屬都可以包括在五服以內，故喪服制度亦簡稱「五服」。

別人格及官吏的特殊地位；基於親子關係，強調父母乃至祖父母的特殊身分；基於夫妻關係，婦女從夫，乃當然義務；基於良賤等級，奴婢隨主，視同資產。以下分列數端說明：

一、皇室及官人官親的優遇

自西元前二世紀（221 年 B.C.）秦建立統一的專制王朝以來，皇帝便居於國家首腦地位，受命於天，位居法律之上，集全國行政、立法、司法大權於一身，皇帝發布的詔、令、敕、諭等均為最權威的法律形式，並享有法律最周密的保障。歷代刑律始終將侵犯皇室的行為，列為最嚴重犯罪，而附以最嚴苛刑罰。以唐律來說，凡不忠之罪，列入十惡者，有謀反、謀大逆及謀叛等，又有所謂大不敬之罪❹。綜觀唐律事涉皇帝而致死罪者，約近二十條項。而其中最重者，莫過於謀反、謀大逆，犯者不分首從皆斬，家屬緣坐，父子年十六以上，皆絞。其他不忠及大不敬之罪，祇要事涉皇帝生命安全，即使過失犯，仍予處死。所以有人說，唐律之為歷代人君所喜，而承用不絕，就是以其特別保障皇室安全之故❺。

---

❹ 中國舊律中的十惡，是指謀反、謀大逆、謀叛、惡逆、不道、大不敬、不孝、不睦、不義和內亂。其中謀反「謂謀危社稷」；謀大逆「謂謀毀宗廟、山陵及宮闕」；謀叛「謂謀背國從偽」，或「謂謀背本國，潛從他國」；而大不敬則指對帝王不尊敬的言行，如「盜大祀神御物、服飾物、盜或偽造御寶、合和御藥誤不如本方或封題有誤、造御膳誤犯食禁、御幸舟船誤不牢固、指斥乘輿情理切害，及對捍制使而無人臣之禮」。

❺ 不過，也有認為：「唐律中犯君各罪，大多追緣前代，歷代相傳，非至於唐而特酷。而中國歷代法律之所以重君者，其深意所在，亦無非以其為國家象徵，蓋所以定秩序正綱紀，而非特以神聖視君主個人也」。詳參

此外，中國舊律對於居官之人在處罰上有其特例，官位愈高，特權愈多；一方面，基於「刑不上大夫」的觀念，對於官人原則上不科以真刑，予以各種殊遇，且及於其親屬，例如議、請、減、贖及官當等；他方面，則基於「有犯以禮責之」的理念，僅處以懲戒等從刑處分，如除名、免官或免所居官等是❻。

以八議言，從曹魏時起，即仿周禮「八辟」，在律典內明定八議制度，對於八種權貴之人在審判上賦予特權；其後，歷朝相因。依唐律，所謂八議，包括議親（皇帝之袒免以上親，太皇太后、皇太后之緦麻以上親，皇后之小功以上親），議故（故舊）、議賢（大德行）、議能（大才業）、議功（大功勳）、議貴（職事官三品以上、散官二品以上、爵一品）、議勤（大勤勞）、議賓（承先代之後為國賓者）；此等之人，「犯死罪，皆條所坐及應議之狀，先奏請議，議定奏裁。流罪之下，減一等」❼。名列八議之人，除非犯十惡者，非奉旨推問，不許擅自勾問。若奉旨推問者，開具所犯及應議之狀，先奏請議，議定奏聞，取自上裁；當然，皇帝幾乎均本於「宗緒之情，義越常品，宜加惠澤，以明等級」的精神予以寬宥的。

官當則為官吏用官抵罪的另一種特權，源於北魏，係依特定官人的官品及其所犯為公罪或私罪❽，折其應當徒的年數。質言之，官當

徐道鄰，唐律通論，頁42，臺北，中華，民55.3.，臺二版。

❻ 關於議、請、減、贖及除免、官當之詳細內涵，詳參戴炎輝，中國法制史，頁105～112，臺北，三民，民60.10.，三版。另參唐律，名例贖章、以官當徒條、以官當徒不盡條、名例減章及斷獄斷罪應絞而斬條。

❼ 唐律・名例，七品以上之官條。

❽ 傳統刑律中的「公罪」，亦稱「公坐」，是指官吏因公事而致罪的行為，

具有兩種機能：一、以官贖主刑，二、予以懲戒處分（如降一等停用一年）。唐律沿襲隋律，規定最為詳盡。在官當減贖制度下，居官之人犯罪即使處死配流，可不役身，不受杖，其待遇與庶民迥然不同，這些特權往往還擴張及其家屬，官爵愈高，庇蔭的範圍愈廣，凡七品以上官之祖父母、父母、兄弟、姊妹、妻、子孫，犯流罪以下皆聽贖。至於官吏的舍宅、車服、器物，甚至祖先的墳塋、石獸之類，也都有一定的規格，來顯著其品級身份。

降及明代，隨著專制政體的高度發展，為加強對官吏的操控，明律・名例篇對於唐律中的除名、官當、免官、免所居官等優待官吏的規定，一概刪去❾。清律因襲明律，規定大致相同，八議已名存實亡❿。惟若八議人及職事官犯罪，仍須先奏請議，奉旨才准推問。文武官犯罪，當笞杖者，原則上不處其刑，而易以罰俸；情節重者，則降級、革職或除名當差。顯見，清律對官僚貴族的恩典，比之唐律，雖大有遜色；但比之一般庶人，仍有其優越性⓫。

即官吏在行政方面的錯失行為與違法行為。「私罪」亦稱「私坐」，是指官吏不因公事所犯，或雖因公事但意涉阿曲、假公濟私的犯罪行為。詳參唐律・名例：「官當」條，「若犯公罪者」注：「公罪，謂緣公事致罪而無私曲者。」「私罪，謂不緣公事，私自犯者。」或「雖緣公事，意涉阿曲，亦同私罪。」

❾ 曾任清末刑部尚書的薛允升說：「唐律於官員有犯，除名、官當、免官、免所居官委實詳備，其優待群僚之意，溢於言外，明律一概刪去，古誼亡矣」。參閱氏著，唐明律合編，卷三，臺灣商務，上冊，頁32。

❿ 雍正六年三月，上諭不准援用八議之條。見大清會典事例，卷七二五，頁14449～14450。

⓫ 參閱張溯崇，清代刑法研究，頁53以下，臺北，華岡，民63. 12.。

二、尊長權

在傳統農耕社會裡，自然經濟把氏族隔成一個個孤立的群體，穩定的生活使父系家長制得以充分發展；個人並不是獨立的個體，他或是父之子、子之父、兄之弟、妻之夫等等。血緣以及某一程度婚姻的紐帶，為他創造一面人倫之網，將他安置其中。

禮教既以家族為中心，歷代社會又都以家族主義為本位，因此，宗法的倫理精神和原則滲入並影響著整個舊律時代。在家族主義下，一方面，家屬為家的構成分子，家長或尊長統理全家，握有宗教、財產、教令、主婚等權力⓬。另一方面，家長對於家屬的特定行為和家族對於家長的特定違法行為，亦須負連帶責任。嬴秦罰罪，動則夷三族，漢初也是如此。高后元年，曾除夷三族之令，然漢書鼂錯傳：「大逆無道……父母妻子同產，年少長，皆棄市」⓭。

唐律對謀反、大逆……父子年十六以上，皆絞。凡不在族誅之列者，如年十五以下之子及母女妻妾、祖孫兄弟姊妹……皆沒入官府充當奴婢⓮。明、清律，凡謀反、大逆，不在族誅之列的年十五以下男子及母女妻妾姊妹、子之妻妾，皆充為功臣之家奴。清律還擴大緣坐範圍，對於姦黨、交結近侍、反獄、邪教諸項，皆在緣坐之列。可見，

⓬ 參閱瞿同祖，中國法律與中國社會，頁4以下，臺北，里仁，民71.12.。

⓭ 魏代限於謀反大逆，始夷三族。晉書·刑法志：「魏法制新律，改賊律。但以言語及犯宗陵園，謂之大逆……家屬從坐，不及父母孫。又賈充定法令，除謀反、嫡養母出嫁女，皆不復追坐，父母棄市」。

⓮ 但有例外，凡「男夫年八十及篤疾，婦人年六十及廢疾者，並伯叔兄弟之子皆流三千里，不限籍之異同」。

自私力公權化以來，在某種要件下，完全受團體責任原則的支配，用以強化專制制度。

宗法制度同時亦造成「父系、父權、父治」的社會，歷代均以法律的強制力，確立父權，維護尊卑倫常關係。唐律疏議・戶婚篇說：「凡是同居之內，必有尊長。尊長既在，子孫無所自尊。」十惡中關於「不孝」、「惡逆」、「不睦」等罪，皆以違背倫常而加重其刑。宗族中所有成員，包括家長之妻妾、子孫與子孫之妻妾、未婚女兒、孫女，同居之旁系卑親屬以及宗族中之奴婢均操控在尊長權下。

在刑事法上，有些行為因違反倫理身分而構成特別犯罪要件；有些刑罰因倫理身分而為加減；一般而言，被害人與加害人之間，凡尊長侵犯卑幼的犯罪，其科刑較輕；反之，則加重。例如，唐律・鬥訟篇，「諸詈祖父母、父母者，絞。毆者，斬。過失殺者，流三千里；傷者，徒三年。若子孫違犯教令，而祖父母、父母毆殺者，徒一年半；以刃殺者，徒二年。故殺者，各加一等。過失殺者，各勿論」。清律・鬥毆篇：「凡子孫毆祖父母、父母，及妻妾毆夫之祖父母、父母者，皆斬。殺者，皆淩遲處死。過失殺者，杖一百，流三千里。傷者杖一百，徒三年。其子孫違犯教令，而祖父母、父母非理毆殺者，杖一百。故殺者，杖六十，徒一年……若違犯教令而依法決罰，邂逅致死及過失殺者，各勿論」⓯。

此外，法律還賦予尊長支配家內財產權和對於子女主婚之權，子孫在父祖未去世前，即使已成年成家，並已立業，依然不能保有私有財產或別立所戶籍，家產之管理、使用、收益、處分權總攝於尊長。

⓯ 關於中國歷代刑法親屬相犯的罪刑比較，詳參仁井田陞，中國社會の法と倫理ー中國法原理，頁26以下，清水，弘文堂，昭和四十二年六月。

尊長可以不必考慮子女個人意願，為子授室、為女許配，亦可命其子孫與媳婦離異⓰。

值得一提者，從有宋一代起，由於社會不斷激化，統治者為透過家長約束家內成員勿違法亂紀，因而支持當時流行的「家訓」、「宗規」等，推廣大族用棍棒維持家內紀律的經驗。家屬之有觸犯家規國法者，尊家亦得予以處罰，在特定要件下，並有將子女革除家外之權。尤以懲戒權有將子女殺傷者，而禮俗及律令，亦減免其刑。歷代律令均有子孫違犯教令論罪處罰的明文。凡此，均為父權思想的轉化。由宋迄清，形形色色的族內以及家內成文法，是對國法的重要補充，形成中華法系的另一特色。

三、男尊女卑

禮記・郊特牲云：「婦人從人者也，幼從父兄，嫁從夫，夫死從子」。儀禮・喪服亦云：「夫者，妻之天也。」舊律深受禮教「夫為妻綱」的影響，夫尊妻卑，地位顯有差等。在刑事法上，夫的地位係獨立的，妻妾乃附屬於夫，妻妾的服制，在夫宗則從夫（於尊長降夫一等，於卑幼與夫同），從夫緣坐，夫蔭及於妻，妻妾須隨夫流移⓱。就夫妻妾與罪刑的關係言，原則上夫優越於妻妾，妻則相對地優越於妾。夫妻與他方親屬間之關係，亦以夫宗為重要。

詳言之，在舊律，夫為尊長，妻為卑幼。夫對妻有教令及懲戒等

⓰ 詳參仁井田陞，中國身分法史，頁410，東京大學出版會，1983.2.，復刻版。

⓱ 例如唐律・名例：「諸犯流應配者，三流俱役一年，妻妾從之。父祖子孫欲隨者聽之，移鄉人家口亦準此」。

所謂「夫權」。夫妻在服制上，與父子同；妻妾為夫服斬衰三年，夫為妻只服期，夫於妾無服。夫妻於服表服違法或居喪嫁娶，從喪服而科⑱。唐律疏議說：「其妻雖非卑幼，義與期親卑幼同」，夫妻之間的相犯行為，大體上係按照尊卑相犯的原則處理，分別有不問與論處、加等與減等的不平等規定。例如唐律規定，過失殺傷，夫傷妻縱而不論，妻過失殺傷夫依律論處徒刑三年；鬥毆，夫毆妻致傷減凡人罪二等，妻毆夫致傷則加凡人罪三等。又如妻殺夫，入「惡逆」，殺妻則只論「不睦」（殺妾則否）。妻毆及告夫，亦入「不睦」，夫犯妻者則否。聞夫喪而匿不舉哀、作樂，釋服從吉及改嫁者，入「不義」，夫犯妻者則否。夫賣妻雖入「不睦」（賣妾則否），但妻並無賣夫者⑲。

在婚姻方面，自亦以夫為中心，舊律為維護宗法統治，雖不准多妻，但允許納妾。離婚為夫的專權，反之，夫縱有極大的惡行，妻亦不得離異夫，此或來自於「天尊地卑，男陽女陰」的哲學基礎。所謂：「夫有惡行，妻不得去者，地無去天之義也。」尤其，基於禮教思想，定七出——無子、淫佚、不事舅姑、口舌、盜竊、妒忌和惡疾，為棄妻之要件，特顯其男女不平等⑳。

就夫妻財產權利言，傳統法時期在一個大家庭中，財產支配權歸家長所有，丈夫如非家長，亦不能自由處分家中財產。但如果在一個

---

⑱ 唐律，夫同父母，妻同期幼；但明清律，夫對妻無此罪名。

⑲ 詳參長孫無忌，唐律疏議・名例。另參戴炎輝，唐律通論，頁61～62，臺北，正中，民53。

⑳ 為維護婚姻關係的穩定性及倫理道德，唐律・戶婚律規定：「諸妻無七出及義絕之狀而出之者，徒一年半。雖犯七出，有三不去而出之者，杖一百，追還合。若犯惡疾及姦者，不用此律」。

夫妻自立的小家庭中，則丈夫為當然的家長，擁有財產的完全支配權，妻子既然在人格上依附於丈夫，在家庭財產上也就只有使用權而沒有處分權，妻子如蓄私財，即犯「七出」中之「盜竊」條，丈夫可以此作為休妻的理由。妻子從娘家帶來的妝奩，婚後亦作為家庭共同財產的一部分，由丈夫支配，惟在丈夫兄弟分家時不作為應分財產處理。妻子亡後，其妝奩娘家不得索回。夫亡而妻子改嫁的，丈夫的財產和自己的妝奩均不得帶走。由於妻子對家庭財產無處分權，所以對於田土、家財等事亦無訴訟權，只有在夫亡無子的情況下始可「出官理對」。

舊律另規定夫妻之一方，如對他方一定範圍內的親屬有毆、殺等情事，必須強制離異，違者處徒刑一年，此即所謂「義絕」事由。但義絕之要件對妻亦有所不公，如「欲害夫者，雖會赦皆為義絕」，但卻無「欲害妻」的規定。妻除對夫一定範圍內的親屬有毆、殺等情事為義絕外，即使僅有詈、傷害情事，亦構成義絕；而夫唯在具有毆、殺等情事時始構成義絕㉑。

基於此，凡妻有七出或義絕之狀者，原則上皆得出之，係屬於不利於妻的片面規定。明清律立法意旨亦同，其戶律・婚姻門云：

「若背夫在逃者，杖一百，從夫嫁賣；因逃而改嫁者，絞。其因夫逃亡，三年之內不告官司而逃去者，杖八十，擅改嫁者，杖一百，妾各減二等」。

可知，就「背逃」罪言，夫背妻逃不祇不受處分，且三年內不准

㉑ 犯義絕之事，係法在必絕，義無可合，而不得不離者也。義絕之人於律令，初見於唐律・戶令。詳參戴炎輝，「中國固有法上之離婚法」，載：法學叢刊，第十六卷二、三、四期，民國六十年四、七、十月。另參王潔卿，中國婚姻──婚俗、婚禮與婚律，頁171以下，民77.8.，初版。

其妻改嫁；而妻背夫逃非但要受懲處，更聽令其夫嫁賣。

再以犯姦為例，唐律・雜篇規定，「諸姦者徒一年半，有夫者徒二年……」；「諸和姦，本條無婦女罪名者，與男子同，強者，婦女不坐。其謀合姦通，減姦者罪一等」。明、清律，刑律・犯姦門規定：「凡和姦杖八十，有夫者杖九十。刁姦者杖一百，強姦者絞……其和姦刁姦者，男女同罪。……姦婦從夫嫁賣，其夫願留者聽。若嫁賣與姦夫者，姦夫本夫各杖八十，婦人離異歸宗」。上引和姦諸規定，歷代法律均因有夫與無夫而異其刑，而不及有妻及無妻，其保護顯然亦偏於夫之一方。

此外，法律還單方面給予丈夫在捉姦時的生殺之權，元律規定，妻與人通姦，丈夫捉姦時如遇拒捕，「殺之無罪」；明律甚至刪除「拒捕」的條件，只要丈夫當場親自抓獲姦夫姦婦，「登時殺死者，勿論」。清律對當場殺死姦夫、姦婦者，亦僅杖八十了事。即使丈夫當時未殺與人通姦之妻，嗣後亦有將妻賣為娼妓的權利。反之，妻子捉姦則沒有以上權利，而且，也不能以此作為離婚的理由。甚至，丈夫逼妻賣淫，妻子不從而誤傷致丈夫於死，仍要依毆傷丈夫的法律條文處以死刑。

要之，傳統社會在禮教立法原則下，強調男尊女卑和夫權制度，欲求男女之平等，幾近不可能。蓋婚姻並非以個人的結合為中心，乃以家族為本位，重視兩姓的聯姻，側重在傳宗接代，維持家族的永久存續。故祭祀祖先與傳遞香火為家族的核心任務。為達此目的，自須立嫡作為宗祧繼承人。而立嫡原則有三，即採男系、直系及嫡長主義。立嫡的男系主義乃排他性的原則，女子及其子自始即被排除在外。

四、良賤有等

中國歷代統治者為鞏固專制政體，總是把社會成員按其不同的階級、身份、地位、職業，分為不同等級，賦予不同的法律地位。漢以後的法律，尤其，從唐律到大清律例，奴婢均被列為「賤民」，具有「半人半物」性質㉒。而所謂「賤民」，歷代名稱並不一致，唐代主要包括部曲、客女、樂人、蕃戶、雜戶、客戶、奴婢，清代則以士、農、工、商四民為良，「奴婢及倡優、隸卒為賤」㉓。

良賤等級制度，表現在舊律上最顯著的莫過於嚴禁良賤通婚；按唐律規定：「(一) 諸與奴娶良人女為妻者，徒一年半；女家，減一等；離之。(二) 其奴自娶者，亦如之。主知情者，杖一百。(三) 因而上籍為婢者，流三千里。(四) 即妄以奴婢為良人，而與良人為夫妻者，徒二年，奴婢自妄者，亦同；各還正之」。明、清律規定，家長與奴娶良人女為妻者，杖八十；女家減一等。妄以奴婢為良人，而與良人為夫妻者，杖九十。各離異、改正㉔。

此外，良民與賤民同罪異刑，良犯賤，其科刑較常人相犯為輕；賤犯良，其科刑則較常人相犯為重。以殺傷罪言，奴婢毆殺良人，處

㉒ 詳參同⑯仁井田陞前揭著，頁900；及同氏著，中國の法と社會と歷史，頁37～38，岩波書店，昭和四十二年六月。另參閱同⑲戴炎輝前揭著，通論，頁75。

㉓ 參閱清會典・戶部。「四民為良」，所謂「四民」即隸屬於「軍籍」、「商籍」、「灶籍」及「民籍」的百姓。

㉔ 見唐律・戶婚律：「奴娶良人為妻」。清律・戶律・婚姻門：「良賤為婚姻」。

罰極重，漢時奴婢射殺人者，皆棄市㉕。唐律官戶、部曲及部曲妻毆良人者，加凡人一等治罪。奴婢因身分較官戶、部曲為低，又加一等，等於加凡人二等㉖。明清二代奴婢無高下之分，凡毆良人者，一律加凡人一等治罪㉗。若奴婢毆良人，傷至折跌肢體、瞎目及篤疾者，唐明清各律皆處絞刑㉘；至死者，斬。

良人毆傷他人奴婢則皆減凡人論罪，唐律分別部曲、奴婢，一減一等，一減二等；明清律減一等㉙。唐、明、清律常人鬥毆殺人者絞㉚。唐代則僅殺部曲者絞，若為奴婢則不處死刑，止流三千里㉛。元代對於殺奴婢者科刑最輕，常人鬥毆殺人者，處絞刑；但毆死奴婢則止杖一百，徵燒埋銀五十兩㉜。一絞一杖，輕重懸殊如此，歷代僅見。而當時刑律規定「私宰牛馬，杖一百」，是直視奴婢與牛馬無異。此外，部曲、奴婢過失殺主，絞；主過失殺部曲、奴婢者，各勿論。

再以姦非罪為例，奴姦良者較常人相姦為重，良姦賤者則較常人

㉕ 後漢書・光武本紀云：詔除奴婢射傷人棄市律，知西漢有此律。

㉖ 唐律疏議・鬥訟：「部曲奴婢良人相毆」條。

㉗ 明律例・典律二・鬥毆：「良賤相毆」條；清律例・刑律・鬥毆上：「良賤相毆」條。

㉘ 同上揭㉖、㉗。按常人毆傷，按傷害程度論罪，至多滿徒滿流。見唐律疏議・鬥訟：「鬥毆折齒毀耳鼻」、「兵刃斫射人」、「毆人折跌肢體瞎目」。明律：「鬥毆」；清律例：「鬥毆」。

㉙ 見同㉖、㉗。

㉚ 參看唐律疏議・鬥訟：「鬥訟故殺用兵刀」；明律例・人命：「鬥毆及故殺人」；清律例・人命：「鬥毆故殺人」。

㉛ 參閱同㉖、㉗。

㉜ 參看元史・刑法志・鬥毆・殺傷二章；元典章・鬥毆：「踢打致死」。

相姦為輕。唐律、宋刑統，部曲、雜戶、官戶姦良人者，較常人相姦加一等論罪，徒二年或二年半；強姦者加一等，因姦折傷加鬥傷罪一等。奴姦良人加二等，徒二年半，強姦者加至流罪，因姦折傷者絞。如良人姦他人部曲妻或雜戶、官戶婦女者，則減處，杖一百，姦官私婢，又減一等，杖九十㉝。明、清律奴姦良人婦女，加凡姦罪一等，強姦由絞加至斬。良人姦他人婢者，減凡姦罪一等㉞。

至於有「主」「奴」關係之間的性關係，主婢之間姦非罪祇成立於婢女許嫁良人之後，如未許嫁或嫁者並非良人，主人無罪。歷代刑律，男性家長「主」對奴婢有性的權利，唐律疏議載「姦他人部曲妻，明姦己家部曲妻及客女，各不坐」。元律規定「諸主姦奴妻者，不坐」。清代始附加條例，規定家長姦家下人夫之婦者，笞四十。反之，對奴僕姦家長妻女則處罰甚重。唐律、宋刑統規定部曲及奴姦主者絞，強姦者斬；明、清律以及雇工姦家長妻女者斬。

參、晚清沈家本的法律平等理念及其變革

十九、二十世紀之交，中國社會已被深深捲入西方資本主義的漩渦，閉關自守已為海禁大開取而代之，國際通商交涉事益頻繁，涉外法律案件日益增多，尤面臨列強鯨吞瓜分和民族淪亡的嚴重危機。修律大臣沈家本從其改制圖治㉟，拯救清廷的立場出發，提出不能再「墨

㉝ 唐律疏議・雜律：「姦徒一年半」，「犯姦良人」。

㉞ 明律例・犯姦：「良賤相姦」。清律例・犯姦：「良賤相姦」。

㉟ 沈家本(1840–1913)字子惇，號寄簃，浙江歸安（今浙江省吳興縣）人。光緒九年(1883)中進士。歷任刑部郎中，秋審處提調，天津、保定知府，

守舊章」「宜隨世運而移轉」「甄採西法」的主張。

如上所述，傳統中國舊律似未涉及人格問題，尤缺「人權」觀念。而身處中國近代社會急遽變遷，職掌變法修律重責大任的沈家本，深刻比較了當時中西法制的發展以後，清晰地意識到當時世界法制發展的趨勢，明確提出「生命固應重，人格尤宜尊」的修律大方向。於是，將西方人格尊嚴及人權尊重的「人格觀」，作為改革舊律的一項基本原則。

沈家本首先將倫理意義上的「人格」與法律意義上的「人格」區分開來，以法律意義上的「人格」作為改革舊律的基礎。在擬定「大清新刑律草案」時，沈氏毅然將「無夫姦」、「子孫違犯教令」等罪名刪除，在「刑事民事訴訟法」草案中，又對三綱中的父、夫二綱有所動搖。以致於被禮教派的張之洞抨擊為：「襲西俗財產之制，壞中國名教之防，啟男女平等之風，悖聖賢修齊之教」㊱。而這正是沈家本將倫理的「人格」從法律中分離出來，向「人權」的法律基礎邁出的第

山西按察史，刑部左侍郎，大理寺正卿，法部右侍郎，修訂法律大臣，資政院副總裁等職。其中於光緒二十八年(1902)出任修訂法律大臣，宣統元年(1909)兼任資政院副總裁，宣統三年(1911)因修訂「大清新刑律」，與禮教派人士論爭，先後辭去本兼各職。清廷遜位，改官司法總長，旋即辭職。撰有沈寄簃先生遺書甲編二十二種八十六卷，乙編十三種一百零四卷。其中甲編係專門考訂、研究法制的，分為歷代刑法考與寄簃文存兩大部分。另外，未刻書目，有十六種一百三十二卷。其中秋讞須知、律例偶箋、律例雜說、讀律校勘記等，亦為精研法制的著作，現已出版問世。詳參黃源盛，沈家本法律思想與晚清刑律變遷，臺灣大學法律學研究所博士論文，民80.11.。

㊱ 參閱張之洞，張文襄公全集，卷六十九。

一步。

此外，沈氏也提出：「凡人皆同類，其人而善也者，茂林翹秀也；其人而惡也者，叢撥荒蕪也。法之及不及，但分善惡而已，烏得有士族匹庶之分？……使人但知士族匹庶之分，而不復知善惡之分矣，此大亂之道也。」㊲針對滿清舊律中的不平等，沈家本提出了一系列的改革措施。

在「大清新刑律草案」中，沈氏採擷西洋各國新立法例，所謂「法律之前，人人平等」，除若干涉及皇權政體及身分倫理關係，礙於時代局限，仍保持固有的差等規定外，大致上已遵循「法律平等」的方向，出現嶄新的面貌。最主要乃簡化犯罪類型，摒棄倫理身分決定罪責的原則。例如，舊律中有關官秩、服制等不平等規定，以家天下為根據的八議、議請減贖、官當、贖罪，以及以尊尊、親親、長長；和以家長制、家族主義為基礎的十惡不赦、犯罪存留養親等舊制，均在修正或揚棄之列；有關滿漢之間及良賤之間的法律地位也漸趨於形式上的平等。茲僅舉其與上述論點相關的犖犖大者數端：

一、統一滿漢法律

清朝統治中國的兩百多年間，為鞏固皇權，在「以夷變夏」的立國方針下，嚴格實行滿漢異制、民族異法，採取「區滿人與漢人而歧視之」的種族主義法律政策；在制定旗人法律地位的各類條款時，也始終堅持旗人享有特殊法律地位和司法特權。

以司法管轄權言，滿人和漢人處於不同司法權之下，理事廳係專管旗人，條例上雖規定在外居住的八旗、漢軍人等，與漢人一體編查

㊲ 參閱沈家本，歷代刑法考，刑制總考三。

保甲，所有民刑案件俱歸所屬州縣辦理，但州縣與理事、同知、通判同居一城者，仍須由州縣會同審理，理事等官非駐同城，方能由州縣官自行訊辦㊳。以致旗人往往驕縱滋事，地方官難於約束㊴。

最為旗人所有恃無恐因而驕縱滋事的，要屬旗人在刑事法上的特權。大清律例雖同樣適用於滿人與漢人，但另有如「犯罪免發遣條」係專為優待滿人而設㊵。又旗人初次犯竊罪止笞杖者，得免刺字，再犯才依民人，以初犯論。比漢人之初犯即刺字，三犯即處絞候者，輕重自不相侔㊶。

二十世紀初，以孫文為首的民主革命派，自揭櫫「驅逐韃虜，恢復中華」的旗幟以來，深得廣大民眾支持，對清政府構成威脅。另一方面，光緒三十二年（1906年）的官制改革，漢族部院督撫大臣的額數和權力廣被削減，此舉亦激起漢族官吏的反彈。面對這種內外政治壓力，光緒三十三年七月與九月，清廷兩次下諭，企圖化除滿漢對立，要求「內外各衙門各抒所見，將確實辦法妥議具奏，即予施行」㊷，並特令「禮部暨修訂法律大臣議定滿漢通行禮制刑律請旨頒行」㊸。

㊳ 詳參大清律例，八，戶律・戶役：「人戶以籍為定」，嘉慶十九年修改例。參閱刑案彙覽I，34a，b，嘉慶十九年，直隸司說帖。

㊴ 參閱瞿同祖著，前揭⑫書，頁320。

㊵ 詳參大清律例，四，名例上：「犯罪免發遣」及八旗都統原奏，刑案彙覽I，38a–39a。大清律例：「人戶以籍為定」，道光五年續纂例。

㊶ 詳參大清律例，廿四，刑律・賊盜・中：「竊盜」，乾隆五十七年上諭，道光五年修改例。

㊷ 參閱清末籌備立憲檔案史料，下冊，頁918，中華書局，著內外各衙門妥議化除滿漢畛域切實辦法摺。

㊸ 參閱大清光緒實錄，卷五七九。

沈家本環顧世局，慨念時艱，乃於同年八月與十二月兩度上書，陳明各民族法律地位平等的重要性和必要性，並擬定統一滿漢法律具體辦法。沈氏說：

「為政之道，自在立法以典民。法不一則民志疑，斯一切索隱行怪之徒，皆得乘瑕而蹈隙。故欲安民和眾，必立法之先統於一。法一則民志自靖，舉凡一切奇衺之說，自不足以惑人心。書曰：無偏無黨，王道蕩蕩；無黨無偏，王道平平，正謂此也」㊹。

顯然，「盡人在覆幬之內，而一輕一重，此成見之所以未能盡融」，從法理上言，法須統一；從統治效率上言，法也須統一。從形勢的變化看，清朝「入關之初，八旗生齒未臻繁盛，軍伍有空虛之慮，差務有延誤之虞」。因此，當時立法，滿漢異制，著重實際之需要，或尚可託詞。而今形勢已變，「八旗丁口日益蕃昌，與昔日情形迥異，若將旗人犯罪應發配者，概與民人一體辦理，亦無慮軍伍差務之乏人」㊺。為昭大信而釋群疑，沈氏委婉指出，舊日兩歧之法，自不得再因循不改，致法權不能統一。

此次改革，將大清律例有關「滿漢罪名畸輕畸重及辦法殊異之處」，共刪除、移改、修改或修併五十條，旗人犯罪俱照民人各本律本例科斷。

與此同時，對旗人案件由專門機構審理的司法體制也進行改革。所有旗人案件，統歸各級審判廳審理，其尚未設立審判廳的省分，概歸各州縣審理，毋庸再由理事、同知、通判等官會審。駐防旗人應入

㊹ 參見同㊷前揭書，頁940，修訂法律大臣沈家本奏旗人犯罪宜照民人一體辦理摺。

㊺ 參閱同㊹沈家本前揭奏摺。

秋審人犯，亦請改歸各督撫匯入民人秋審冊內，一體辦理，毋庸再由各將軍、都統核審，以昭統一而化畛域㊻。

二、故殺子孫

中國舊制既重孝道，凡謀殺祖父母、父母者，均處以極刑㊼。清律承襲歷代禮教立法傳統，對尊長卑幼間的互殺行為，有其輕重懸殊的處罰規定。即「凡謀殺祖父母、父母及期親尊長、外祖父母、夫之祖父母、父母，已行者杖一百，流二千里；已傷者絞，已殺者皆斬。其尊長謀殺卑幼，已行者，各依故殺罪減二等，已傷者減一等，已殺者依故殺法」㊽。沈家本根據平等的人權理念，認為：「凡臣民者，國家之元質，其生命非父母、尊長、本夫所能奪，此為歐美各國公認之原則。子孫、奴婢、妻妾若無應死之罪，固不待論。即有應死之罪，自有審判官在，非常人所能專擅也」㊾。因此，在「大清新刑律草案」

㊻ 參閱大清法規大全㈣，卷三，法律部，頁1743，「修訂法律大臣奏請變通現行律例內重法數端摺，臺北，考正。

㊼ 唐律正文雖未列殺親的條款，僅於名例律「十惡」惡逆條下，註云「謀毆及謀殺祖父母、父母」。但謀殺祖父母、父母者如何科刑，卻無明文，其賊盜篇亦僅規定，「諸謀殺期親尊長、外祖父母、夫、夫之祖父母、父母者斬」。據清代薛允升氏說：「唐律祇言毆父母者斬；其不言殺死者，不忍言也。爾時並無凌遲之法，故律無文」。又云：「唐律之無謀殺祖父母、父母罪名，蓋罪至於皆斬，法已盡矣。且逆倫大變，律不忍言也」。詳參薛允升著，讀例存疑，卷三十七。另參同❾薛氏著，唐明律合編，卷十八。

㊽ 參照清律・賊盜・人命條。

㊾ 參閱光緒三十三年「刑律草案」，第二百九十九條的立法理由，詳見大

中摒棄尊長「故殺卑幼」的特別處罰條款，而主張適用一般「殺傷罪」的罪責，即第二百九十九條規定：「凡殺人者，處死刑、無期徒刑或一等有期徒刑」。換言之，加重「故殺子孫」的刑事責任，調整刑事法上尊卑的法律地位。

禮教派的勞乃宣質難說：

「舊律，親屬相毆，卑幼毆尊長則加等，尊長毆卑幼則減等，所以重倫常、正名分，維持乎世道人心者至為深遠。今草案於傷害尊親屬之身體及對尊親屬加暴行者，均有加重於凡人專條，特於旁支尊長尚無加重明文。而尊長之於卑幼，則無論直系、旁支，皆無減輕之典。是雖祖父而毆傷子孫，亦將與凡人同論也，揆諸中國禮教，殊為未協」㊿。

勞氏建議對於「故殺子孫」條，改為「凡故殺子孫，處五等有期徒刑；若違犯教令，依法決罰，邂逅致死者不為罪」。對於「殺有服卑幼」條，則擬修改為「凡殺期功以下有服卑幼者，處死刑、無期徒刑、或一等至四等有期徒刑」(51)。

對於「故殺子孫」條，沈家本引經據典加以反駁：

「公羊傳僖公五年，『晉侯殺其世子申生，曷為直稱晉侯以殺？殺世子母弟，直稱君者，甚之也』。何休注：『甚之者，甚惡殺親也』。襄公二十六年，宋公殺其世子痤。殘虐枉殺其子，是為父之道缺也。此可見故殺子孫，實悖『春秋』之義。康詔稱於父不能字厥子，乃疾厥子，在刑茲無赦之列。古聖人於此等

清光緒新法令，第十九冊。

㊿ 參閱勞乃宣，修正刑律草案說帖，收於氏著，新刑律修正案彙錄。

(51) 參閱同㊿勞乃宣前揭說帖。

之人，未嘗稍恕之」[52]。

至於處罰，唐律規定：「子孫違犯教令，而祖父母、父母毆殺者，徒一年半；以刃殺者，徒二年。故殺者，各加一等（二年，二年半）。即嫡、繼、慈、養殺者，又加一等」。沈家本解釋刑律草案說：「凡殺人者，處死刑、無期徒刑或一等有期徒刑。如係故殺子孫，可處一等有期徒刑，再以酌量減輕條。犯罪之事實情輕，減二等之法減之，可減為三等有期徒刑。而三等之中，又可處以最輕之三年未滿」。如此，「則與唐律輕重亦差相等矣」，乃主張「故殺子孫」條可明定於「判決錄內」，毋庸另立專條[53]。

對於「殺有服卑幼」，沈氏亦辯說：

「宋李綖言，風俗之薄，無甚於骨肉相殘。是同宗自相殺傷，即尊長於卑幼，亦非風俗之善者。若必明定於律文之中，亦徒見其風俗之不良耳。且謀故殺卑幼，舊律之應擬死罪者，於新草案『同凡人論』，尚無甚出入，其毆死及毆傷者，照新草案，雖與凡人同論，而按之舊法，亦無大出入。此等但當於『判決錄』規定等差，不必多立專條」[54]。

沈家本此番尊卑之間，人權平等的立法說詞，禮教派終認「論俱平允」，未再堅持[55]。

三、夫妻相毆

---

[52] 參閱同[50]前揭書，沈大臣酌擬辦法說帖。

[53] 參閱同[52]沈家本前揭文。

[54] 參閱同[52]沈家本前揭文。

[55] 參閱同[50]勞乃宣前揭說帖。

中國歷朝遵循「三綱五常」、「三從四德」的倫理禮教，將夫妻關係視為主從或尊卑關係，夫對於妻有命令、懲戒之權，妻則有服從之義務；並且，用法律將此種不平等關係固定下來。

以「妻毆夫」與「夫毆妻」之立法例言，唐律·鬥訟篇規定：「諸毆傷妻者，減凡人二等；死者，以凡人論。」疏議注曰：「妻之言齊，與夫齊體，義同於幼，故得『減凡人二等』。『死者，以凡人論』，合絞。以刃及故殺者，斬」。至於「妻毆夫，徒一年；若毆傷重者，加凡鬥傷三等；死者，斬」。明律規定相差更為懸殊，即「毆妻非折傷，勿論；折傷以上，加凡鬥三等；篤疾，絞決；死者，斬；故殺者，淩遲處死」。顯然，夫則改輕，妻則加重。沈家本在「大清新刑律草案」中主張刪除舊律中此種輕重懸絕的條文，意即不設「妻妾毆夫加重處罰」的專條。

禮教派的勞乃宣認為：

「舊律妻毆夫者加等，夫毆妻者減等，與尊長卑幼同科，本乎夫為妻綱之義也。然夫妻有敵體之禮，與尊長卑幼略有不同。西國夫妻皆平等，日本本與中國同，今已改為平等。今草案無夫妻相犯專條，是亦視為平等也，但於中國禮俗尚不甚協。傳曰：『妻者齊也』，又曰：『婦人伏於人也』。是於平等之中，又有服從之義。考舊律：妻之子，毆夫妾者加等；妾毆妻之子者，以凡人論。此尊於彼，而彼不卑於此，與夫尊於妻，而妻不卑於夫，情形最為相近，可以比擬規定」[56]。

勞氏且自擬條文為：

「凡妻傷害夫之身體及加暴行未致傷害，與卑幼對尊長同；致死

[56] 參閱同[50]勞乃宣前揭說帖。

者處死刑。夫傷害妻者，照凡人處斷㊼。」

沈家本對夫妻在法律上的地位，提出不同於傳統的解釋：

「夫為妻綱，乃三綱之一，然夫之與妻，與君父之於臣子，微有不同。妻者齊也，有敵體之義；論情誼，初不若君父之尊嚴；論分際，亦不等君父之懸絕。西人男女平權之說，中國雖不可行，而衡情定罪，似應視君父略殺，庶為平允」㊽。

沈氏認為舊律「罪名之輕重懸絕如此，實非妻齊之本旨」。因此主張刪除舊律中輕重懸絕的條文，採取「夫從輕比，妻從重比，與凡人稍示區別」的辦法。如此，「似不致大乖乎禮教」，並主張於「判決錄」內詳細規定即可，不必另立專條㊾。

由此看來，沈家本雖猶未完全擺脫倫理綱常思想的陰影，但已初步形成夫妻在法律上平等的理念；當然，以當時沈氏所處的地位和環境，在面對禮教派人士咄咄質難下，不可能直接大聲疾呼倡導「西人男女平權之說」，而「中國雖不可行」，一個「雖」字，沈氏的良苦用心和思想傾向實已表露無遺㊿。

四、禁革買賣人口與刪除奴婢律例

中國買賣人口之事，始自周代，秦漢以後，變本加厲，以奴婢與

㊼ 參閱同㊿勞乃宣前揭說帖。

㊽ 參閱沈家本，寄簃文存，卷三，「死刑惟一說」，論「妻妾因姦，同謀殺死親夫」及「妻妾故殺夫」條。

㊾ 參閱同㊾沈家本前揭文。

㊿ 參閱杜剛建，論沈家本人格主義的人權法思想，中國法學，第一期，1991，北京，中國法學會。

財物同論，不以人類視之，舉動不能自由，生殺全憑主命。漢唐時雖有禁律，而買賣人口的風俗相沿未改；大清律文雖有買賣奴婢之禁，然條例復准立契價買，法令亦多參差㉛。

光緒三十二年（1906年）二月，兩江總督周馥認為買賣人口有傷天地之和，未洽文明之化，乃上奏道：

「天生萬物，人為貴。聖王御宇，首重民生。凡屬戴髮含齒之倫，皆在覆育生成之列。若於微賤無告之民，有所歧視，使不得自等於人類，非盛世仁政所宜有也……。嗣後無論滿漢官員軍民人等，永禁買賣人口。違者，以違制論。其使用奴婢，祇准價僱，納妾祇准媒說。從前原有之奴婢，一律以雇工論，身體許其自主，有犯按雇工科斷，所有律例內關涉奴婢諸條，悉予刪

㉛ 漢書，建武七年詔曰：「吏人遭饑亂及為賊所略，為奴婢下妻欲去留者，悉聽之。敢拘執不還，以賣人法從事。」注曰：「盜律略賣人和賣人為奴婢者死」。又唐律「諸略賣人為奴婢者，絞。和賣者，流二千里。略賣期親以下卑幼為奴婢者，並同鬥毆殺法。和賣減一等。賣餘親者，各從凡人和略法。知祖父母、父母賣子孫而買者，各加賣者一等」。清律「略賣良人為奴婢者，杖一百流三千里。和同賣良人為奴婢者，杖一百徒三年。略賣子孫為奴婢者，杖八十；弟妹及姪，姪孫、外孫，若己之妾、子孫之婦，杖八十，徒三年；同堂弟妹、堂姪、姪孫，杖九十徒二年半；和賣者減一等。賣妻為婢及賣大功以下親為奴婢者，各從凡人和略法，買者知情與犯人同罪。又庶民之家存養奴婢者，杖一百，即放為良。又凡收留良人家迷失子女不送官，而賣為奴婢者，杖一百徒三年。若收留在逃子女而賣為奴婢者，杖九十徒二年半。其自收留為奴婢者，罪亦如之。若買者賣者及牙保知情，減犯人罪一等。不知情者不坐。若冒認良人為奴婢者，杖一百徒三年」。

除」㊷。

清廷將周氏奏議批交政務處會同各該部議奏，並令知照修律大臣。沈家本於同年閏四月覆刑部謂：

「現在歐美各國均無買賣人口之事，係採用尊重人格之主義，其法實可採取。該督擬請永行禁止，係為革除舊習起見，自應如所奏辦理。惟律例內條目繁多，更改動關全體，自應通籌參考，核定辦法」㊸。

沈氏對於清律中諸多不平等的現象，曾批評道：「立憲之國，專以保護臣民權利為主。現行律中，以階級之間如品官制，使良賤奴僕區判最深，殊不知富貴貧賤品類不能強之使齊，第同隸帡幪，權由天畀，於法律實不應有厚薄之殊」㊹。乃恪遵「參酌中外，擇善而從」的修律方向，本其「生命固應重，人格尤宜尊」的基本原則，主張禁止買賣人口、奴婢、娼優等違反人權的人身奴役現象；酌擬十一條具體辦法如後：

(1)契買之例宜一律刪除　買賣人口，不僅奴婢一項，亦有為妻妾、子孫者。今既以不准買賣為宗旨，自應一律禁止。嗣後買賣人口，無論為妻妾、為子孫、為奴婢，概行永遠禁止，違者治罪；舊時契買之例，一律作廢。

(2)買賣罪名宜酌定　除略賣、和賣各律例，於新律未頒以前照舊遵行外，如有因貧而賣子女及買者，均科以一十五兩以下之罰金，身

㊷ 參閱沈桐生輯，光緒政要(五)，卷三十二，頁2233，兩江總督周馥奏請禁革買賣人口積弊。

㊸ 參閱同㊳沈家本著前揭書，卷一，禁革買賣人口變通舊例議。

㊹ 參閱欽定大清刑律，奏疏。

價入官，人口交親屬領回。其略賣、和賣案內不知情之買者，亦照此辦理。律內「買者不知情不坐」之文，先行刪除。

⑶奴婢罪名宜酌改　「奴婢」改為「僱工」，此後即永無奴婢名目，自不便沿用舊法。契僱貧民子女如及從前舊有之奴婢，均以僱工人論。遇有相犯，即按僱工人本律本例科斷。其與家長之親屬人等有犯，亦照此辦理。

⑷貧民子女准作雇工　荒歲貧民乏食，無力養贍子女，勢將流為餓莩；即尋常境遇艱窘者，亦有不能存活之時，若禁止買賣而不籌一善法，亦非兩全之道。嗣後貧民子女不能存活者，准其寫立文卷，議定雇錢年限，作為雇工。年限不問男女長幼，至多以二十五歲為斷，限滿聽歸親屬。無親屬可歸者，男子聽其自立，女子擇配遣嫁。其女子有親屬而無力遣嫁者，許伊主為之擇配，親屬不得藉端需索。

⑸旗下家奴之例宜變通　旗下家奴，概以僱工人論，不必限定年歲，伊主情願贖放者聽。若此項人等，恃有新章，或欺壓伊主孤幼，或盜賣主家田產，仍各照旗下家奴本律本例定罪，不得寬貸，以懲凶詐。所有「戶律」內各例，應修併簡明，以資引用。

⑹漢人世僕宜酌量開豁　各省昔年遺留之漢人世僕，其所生之子孫已過三代者，概行開豁為良。如未及三代者，有犯仍照僱工辦理。俟歷三代後，亦一體開豁為良，舊主子孫不得刁難勒索。

⑺舊時婢女限年婚配　舊時婢女年二十五歲以上，而無至近親屬可歸者，由主家婚配，不得收受身價，違者照例治罪。

⑻納妾只許媒說　凡納妾者，應憑媒說合，只用財禮接取，由妾之母家寫立為妾願書，不得再以買賣字樣立契。母家准令看視，以順人情。至妾媵名份，仍當遵守，不許僭越。

⑼發遣為奴之例宜酌改　發遣駐防為奴人犯，不論旗民男婦，均

改發極邊足四千里安置，仍照新章，應發配者發配，監禁應收所習藝者，毋庸發配，收所習藝。按其情節輕重，分別辦理。如係太監及旗下家奴，仍發黑龍江，交該將軍嚴加管束。

⑽良賤為婚之律宜刪除　舊律良賤之分，秩序判然，殆如涇渭之不可合流，東西之莫能異位，今既禁止買賣人口，則以後奴婢名目自當永遠革除，同是齊氓，似不應再分上下之品。因此，良賤不婚之律擬予刪除，凡雇工人與良人為婚，一概不加禁阻，並與主家無涉。

⑾買賣為娼優之禁宜切實執行　責成地方官吏，嚴密稽查，遇有買良為娼優案件，務須盡法懲治，勿事姑息❻❺。

以上各條，在在體現沈家本尊重人權乃至法律平等的思想。惟美中憾事者，在當時，泰西各國及日本先例，無論何人，不准置妾，亦無准令置妾明文。而沈氏認為「中國風俗民情與東西各國不同，未便遽加禁止」。是屈於現實？抑或擔心窒礙難行？頗堪細味。

事實上，上述諸項改革主張，與清廷王親貴族的既得利益攸關，致久被擱置。直至宣統元年（1909年）十二月，方以「買賣人口一事，久為西國所非笑，律例內奴婢各條與買賣人口事實相因；此若不早圖禁革，迨實行憲政之時，將有格不相入之勢」為由，奏請辦理❻❻。其後，沈家本編修「大清現行刑律」時，乃將上述十一項辦法悉數納入律條之內。

肆、結　論

---

❻❺ 參閱同❻❸沈家本前揭奏議。

❻❻ 參閱同❹❻前揭書，卷一，法律部，頁1671～1677，憲政編查館會奏彙案會議禁革買賣人口舊習酌擬辦法摺并清單。

歷史的演進，根源於時勢的形成與變動，時勢不斷變化，歷史也就不斷變異，因此，順勢而變與因革損益，自是自然之理。一代之法制，緣一代之政體而生，事為昔人所無者，不妨自我而創。

論者有將各別法律的內涵，分為時間度、空間度與事實度，統攝法律之諸象，構成「預測法律之坐標」者[67]。就時間度而言，所有的法律，均與歷史時間同其命運，須服從於時間，隨時代的推移而演變，時間能「吞食」一切事務的存在；因此，具體存在的法律，自也不能免於為時間所吞食。就空間度來說，所有的法律均在一定的領域，對一定的人民，發生效力，沒有一種法律，其效力是普遍天下的，也沒有一種法律，它的適用範圍是毫無限制的。就事實度來看，所有的法律，均與事實有關，每一法律均統制一定的事件，或一類的情事。易言之，法律並非僅如歷史法學派所言，純為民族歷史、民族精神與民族確信的反映[68]，而仍須顧慮到人類理性的創造，具有發展性與可變性。

以這樣的觀點來看法律平等性的演進，就其中身分秩序差等的立法原則，固然在中國法制史上有其歷史意義，也有其時代需求。但西洋自十六世紀文藝復興運動，發現「人」的價值後，西洋法律對於人與人的規範，是以個人為出發點，並以個人為歸宿點；此時，中國的

---

[67] 參閱吳經熊，法律的三度論，法學論集，頁1，中華學術院，民72.8.。

[68] 德國歷史法學派的創設人薩維尼（Friedrich Carl von Savigny, 1779–1861年），認為法律係民族歷史、民族精神與民族確信的反映，法律與民族之間富於有機的聯繫。法律的進化有其一定的軌跡，由經驗而生，隨經驗而變，非人類所能制定，亦非如自然法的理性一成不變。故反對法典的編纂，強調民族性，主張習慣法優越。認為法律現象的研究應根據歷史的事實，重視時間的因素。

家族主義所蘊育的法律差等，自然受到時潮的衝擊，不得不轉而重視「人」的尊嚴。

不過，人顯然也是無法超越歷史的，我們用歷史的標準來衡量，「法律之前人人平等」與「個人自由權利」等法律精神，對於近代中國人來說，祇是兩面高懸在前的目標。沈家本由於受到歷史包袱與本身職位的雙重侷限，不能也無法更大刀闊斧深化人權平等理念與作為㊾，但他很氣魄且具膽識地邁出這一步，可以說是中國法制歷史上相當具開創性的一大步，對於民國以降法律平等法制的落實起了先導作用。

㊾ 或謂：「從總體上看，沈家本的人權思想畢竟還屬於從傳統的仁愛——人道主義向近現代人權主義的過度。其中，許多成份都是從傳統人道主義立場出發的。人道主義是人權主義的理想前提，而人權主義則是人道主義在近現代法治社會條件下發展的必然結果。同人道主義相比較，人權主義具有更強的制度性和實踐性，在本質上同法律制度是不可分離的。人權主義必然首先是人道主義者，而人道主義者未必都是人權主義者。沈家本在思想體系上可以說是一個人道主義者，但還不完全是一個人權主義者。他的人格主義法律觀是人道主義向人權主義過渡的產物。」以上論點或可提供另一角度的評價，詳參同㊿杜剛建前揭論文。

從現行民法觀點論唐律上之侵權行為法

── 兼論繼受法與固有法之調和

韓毓傑*

壹、問題提出

一、研究動機

二、研究範圍

三、研究方法

貳、現行民法典上之侵權行為法

一、現行侵權行為法之法源

二、侵權行為之態樣

三、侵權行為之效果

參、固有法中是否有侵權行為法

一、肯定說

二、否定說

三、折衷說

* 作者為輔仁大學法學博士，日本國立京都大學法學研究科研究。曾任軍法官、講師，現任國防管理學院法律學系副教授

肆、唐律上之侵權行為法

一、唐律在固有法上之地位

二、侵權行為之態樣

三、侵權行為之效果

伍、繼受法與固有法之調和—— 代結論

一、我國之國民性

二、國民之法意識

三、今後努力方向

從現行民法觀點論唐律上之侵權行為法
──兼論繼受法與固有法之調和

壹、問題提出

一、研究動機

現行民法典關於侵權行為係規定於第二編（債）第一章（通則）第五款，自第一百八十四條至第一百九十八條，共十五條。係民國十八年十一月二十二日經國民政府公布，翌年五月五日施行。在內容上，可說是完全取法外國法，迥異於固有法之新規範。蓋自法律繼受(Reception)❶而言，繼受法與固有法間融合同化情形如何？係相當重要的課題；唐律向被公認係固有法中相當優秀的法典，亦為宋、元、明、清等朝律法所宗，影響我國民（民族）法意識甚深，究竟唐律當中是否有侵權行為法規定？若有之，其規定與現行民法典是否相同？現行民法典與唐律上侵權行為法規範調和的可能性如何？希藉由本研究，一則明我固有法制，一則使固有法與現行法產生結合，相得益彰。

---

❶ 所謂「繼受」(Reception)，如未特別說明，一般係指關於中世紀歐洲之繼受羅馬法。實則，欲定義之並不容易，本文所謂繼受，係指廣義的繼受而言。詳請參閱拙撰，論法律繼受──以中日民法侵權行為法現代化過程之比較為例，輔仁大學，民85.7.，博士論文，頁27～33。

二、研究範圍

為達上述目的，本文研究範圍擬包括：1.現行民法典上侵權行為法規定之研究、2.固有法中是否有侵權行為法規、3.唐律上侵權行為法規定之研究、4.繼受法與固有法之調和。

蓋近代法係建立在以個人權利為中心，強調所有權絕對、契約自由、過失責任的基礎上，而現代法則建立於以社會福祉為中心，強調所有權與契約自由限制，以及無過失責任的基礎上；唐律強調的是「義務」本位，究竟承不承認「權利」觀念？若然，家父長與子孫的權利是否等量等價？固有法思想是否可與現行法相融合以互補？時至今日，吾人是否需要此種固有法思想與現行法相融合的侵權行為法規範？皆為本文研究的課題。

三、研究方法

本文擬採法解釋學、法史學研究方法進行分析、歸納，進而以法社會學觀點提出我侵權行為法未來發展之私見。

貳、現行民法典上之侵權行為法

一、現行侵權行為法之法源

從法制史上觀察，我國以法典形式正式而全面繼受外國民法的情形僅有一次，即現行中華民國民法之繼受。雖大清民律草案（第一次民律草案）與民國民律草案（第二次民律草案）並未實施，但均係現行中華民國民法之重要參考，茲敘述其立法淵源如下：

（一）第一次民律草案

光緒三十三年，清廷將憲政編查館擴充為修訂法律館，派沈家本、俞廉三、英瑞為修訂法律大臣，招募歐、美、日之留學生分科治事，並聘請日本學者志田鉀太郎、松岡義正等起草民律。前三編（即總則、債權、物權）由二氏於宣統三年(1911)九月五日完成，公行於世，共有一千三百一十六條。後二編（即親屬、繼承）亦於是年由修訂法律館會同禮學館訂立（朱獻文、高種和二氏分任起草工作），統稱「大清民律草案」，亦通稱為我國第一次民律草案❷。該草案依德國羅馬法系統(Pandekten System)編成，採大陸最新立法主義，前三編悉以德國及日本民法為模範而作成，偏於新學理，對於我國舊習慣並未加注意❸。該草案未及公布，清已覆亡。

（二）第二次民律草案

民國成立後，附設法典編纂會於法制局。未幾改隸司法部，更名為法律編查會。嗣後於民國七年，更名為修訂法律館，於民國十年先後，開始著手編訂民法法典❹。制定民法當時，以司法院院長王寵惠博士為總裁，附加技術顧問法國人包道 (Podox) 與日本人板倉松太郎、岩田新，而當時法籍顧問艾斯卡拉(Jean Escarra)，旋即應聘至北京協

---

❷ 參閱桑原鷺藏著，支那の古代法律，收錄於氏著，支那法制史論叢，東京，弘文堂，昭和十年十月十五日發行，頁214～218。

❸ 參閱楊幼炯著，近代中國立法史，臺北，臺灣商務印書館，民55.9.，臺增訂一版，頁73。據載，親屬、繼承二編係由朱獻文、高種等二氏分任起草。

❹ 參閱胡長清著，中國民法總論，臺北，臺灣商務印書館，民65.4.，臺四版，頁15～16。

助該委員會從事民法典編纂的工作❺。民國十一年起，著手對前清民律草案進行修正，調查各省民商事習慣，並參照各國最新立法例，於民國十四年至十五年間陸續完成，即「民律草案」，世稱為「第二次民律草案」。惟適值政變，國會未恢復，故該草案未能成為正式民法典。❻

按該草案大致依第一次草案修訂而定，總則、物權二編變更較少，「債權編」則改為「債編」，兼採瑞士債務法，較第一次草案稍有增損。該草案雖未能成為正式民法典，但仍經司法部通令各級法院作為法理參考之用❼。

（三）中華民國民法

民國十七年十二月成立立法院，次年一月二十九日，該院第十次會議決定設民法起草委員會進行法典編纂。於十八年五月二十三日公布，同年十月十日施行民法第一編總則。於同年十一月五日通過民法債權編，呈請國民政府於同年十一月二十二日公布，並於十九年五月五日施行，計分二章，凡六百零四條。❽其中，侵權行為法規定於第二編第一章第五節，自第一百八十四條至第一百九十八條，共計十五條。大致上係模仿德日瑞立法而來。

---

❺ 參閱 Jean Escarra, *Le droit chinois, conception et evolution, institutions legislatives et judiciaire, science et enseignement*，谷口知平譯，エスカラ支那法，東京，有斐閣，昭和十八年一月十五日發行，頁126。

❻ 參閱潘維和著，中國歷次民律草案校釋，臺北，漢林出版社，民71.1.，頁29～31。

❼ 參閱潘維和著，前揭書，頁31。

❽ 參閱潘維和著，前揭書，頁34～35。

二、侵權行為之態樣

現行民法關於侵權行為，有一般侵權行為與特殊侵權行為之別，分述如下：

（一）一般侵權行為❾

民法第一百八十四條第一項規定：「因故意或過失，不法侵害他人之權利者，負損害賠償責任。故意以背於善良風俗之方法，加損害於他人者，亦同。」同條第二項規定：「違反保護他人之法律者，推定其有過失。」係關於一般侵權行為之規定，就其類型以觀，晚近學者通說認為可區分為：⑴保護法律之違反（民一八四條二項），⑵權利侵害（民一八四條一項前段），⑶利益侵害（民一八四條一項後段）等三類❿。而一般侵權行為，較嚴密之規定應為：侵權行為者，責任能力人，因故意或過失不法侵害他人權利，或故意以背於善良風俗之方法侵害他人利益，致生損害於他人之行為也。分析其要件，包括：

1.須有加害行為

此加害行為雖包括積極作為、利用他人之行為，甚至消極之不作為在內，但須限於有意識之行為始係該當，又以不作為而成立侵權行為，須以行為人於法律上本有積極作為義務為前提。

2.須侵害權利或利益

現行法所保護的侵權行為客體，包括權利與權利以外之法律上利益在內。此所謂權利，係指法典（包括委任立法規章）、習慣法、判例

---

❾ 參閱邱聰智著，民法債編通則，臺北，自印，民82.8.，修訂版，頁106～123。

❿ 參閱邱聰智著，前揭書，頁125。

等既存法律體系所明認之權利，如財產權（包括物權、準物權、無體財產權）、非財產權（包括生命權、身體權、健康權、名譽權、自由權、肖像權、姓名權、隱私權、貞操權、信用權等人格權，及親權、家長權、家屬權等身分權）即是。而茲所謂利益，則係指權利以外，法規及公序良俗所保護之一切利益。至於債權是否屬於權利，有否定說與肯定說者，然以後說為當。

3. 須致損害

雖然民法條文未明定須致損害，但通常民事責任係以填補損害為目的，故侵害須發生損害之結果，侵權行為始告成立，若純屬權利侵害，而無損害者，尚無侵權行為可言。惟此所謂損害之發生與加害行為間，須具有相當因果關係，始為相當。

4. 須行為違法

不法行為即違法行為。一般認為，對權利之加害行為，若無阻卻違法事由存在，便係違法行為。

5. 須行為人有責任能力

此所謂責任能力，其有無，須視侵權行為人能否負擔損害賠償責任之資格而定，故亦稱侵權行為能力。依民法第一百八十七條規定解釋，責任能力之成立，以行為人於行為時有識別能力者為限，此識別能力即認識其行為在法律評價上應負責任之能力；惟此所謂認識，並不以其對於違反法律之禁止、強制，或違背公序良俗有具體認識為必要，僅須抽象上知道其在法律上應被評價為非即可。我國文獻與實務通說認為，責任能力之有無，僅就行為時有無識別能力而具體決定之，殊無年齡限制問題；惟我國學者邱聰智博士認為前述看法有待商榷，而主張日本學說及判例通說（學說多認為未滿十二歲，不宜認有責任能力；判例則大體游移於十一至十四歲間）有相當參考價值⑪，實較合理。

6.須行為人有故意過失

此所謂故意過失，民法本身並無規定其意義，解釋時常援引刑法第十三條、第十四條規定；但侵權行為之成立，以發生損害為要件，犯罪則側重於犯罪構成事實，二者構成故意之認識對象仍有不同，故侵權行為法與刑法中所謂之故意，概念仍非盡同。民法上一般侵權行為採過失責任主義，雖故意與過失之惡性有別，但侵權行為法上，二者無論在侵權行為成立或賠償範圍方面，其法律上之價值判斷並無不同；只要能證明加害人有過失，即可請求完全之賠償，無庸證明加害人是否為故意。不過，若此侵權行為係屬於侵害利益者，僅於故意侵害之情形，始有成立侵權行為之可言，過失侵害則不與焉。至因過失不法侵害他人權利者，其過失之有無，應以是否怠於善良管理人之注意為斷（最高法院十九年度上字第二七四六號判例參照）。

（二）特殊侵權行為⑫

一般侵權行為之成立，係採過失責任；特殊侵權行為所以別於一般侵權行為者，在於其係採取介乎過失責任與無過失責任之中間責任。所謂中間責任係指責任人所負責任標準，在過失責任之上，無過失責任之下之意。蓋「責任人如能證明其於損害之防止已盡相當注意，或縱加以相當注意，仍不免發生損害者，不負賠償責任。」（民一八七條二項、一八八條一項但書、十九條一項但書、一九一條一項但書）即屬之。

⑪ 參閱邱聰智著，前揭書，頁119。

⑫ 參閱邱聰智著，前揭書，頁127～153。

我民法典上之特殊侵權行為，就責任性質以觀，並非完全屬於中間責任，如共同侵權行為、公務員侵權責任、定作人責任等，均係過失責任，其成立要件與一般侵權行為並無不同，但以其侵權行為主體特殊，而將其規定為特殊侵權行為，故其並非固有意義上之特殊侵權行為，而係便宜規定之特殊侵權行為；至於固有意義上之特殊侵權行為，如法定代理人責任、僱用人責任、動物占有人責任、工作物所有人責任均屬之。

惟揆諸現代侵權行為法之發展，無過失責任業已相當發達，我國亦有此趨勢，如礦害責任、航空責任、核子損害責任等皆屬之，雖均係特別法上之特殊侵權行為，但始為真正意義，且足以表徵無過失責任之特殊侵權行為；衡諸未來，頗有與一般侵權行為分庭抗禮之勢。

以下，即分別列述各種特殊侵權行為之規定：

1. 共同侵權行為

民法第一百八十五條規定：「數人共同不法侵害他人之權利者，連帶負損害賠償責任。不能知其中孰為加害人者，亦同。造意人及幫助人，視為共同行為人。」

2. 公務員侵權責任

民法第一百八十六條第一項規定：「公務員因故意違背對於第三人應執行之職務，致第三人之權利受損害者，負損害賠償責任。其因過失者，以被害人不能依他項方法受賠償時為限，負其責任。」是為公務員侵權責任之規定。同條第二項規定：「前項情形，如被害人得依法律上之救濟方法，除去其損害，因而故意或過失不為之者，公務員不負賠償責任。」是為公務員責任免除之規定。

3. 定作人責任

民法第一百八十九條規定：「承攬人因執行承攬事項，不法侵害他人之權利者，定作人不負損害賠償責任。但定作人於定作或指示有過失者，不在此限。」

4.法定代理人責任

民法第一百八十七條第一項規定：「無行為能力人或限制行為能力人不法侵害他人之權利者，以行為時有識別能力為限，與其法定代理人連帶負損害賠償責任。」同條第二項規定：「前項情形，法定代理人如其監督並未疏懈，或縱加以相當之監督，而仍不免發生損害者，不負賠償責任。」是為法定代理人之中間責任。但若無行為能力人或限制行為能力人，於行為時無識別能力，而法定代理人又具備免責要件時，被害人即無損害賠償請求權，對被害人而言，殊屬不公，故同條第三項規定：「如不能依前二項規定受損害賠償時，法院因被害人之聲請，得斟酌行為人與被害人之經濟狀況，令行為人為全部或一部之損害賠償。」同條第四項規定：「前項規定，於其他之人，在無意識或精神錯亂中所為之行為，致第三人受損害時，準用之。」是為無行為能力人或限制行為能力人之衡平責任。

5.僱用人責任

民法第一百八十八條第一項前段規定：「受僱人因執行職務，不法侵害他人之權利者，由僱用人與行為人連帶負損害賠償責任。」是為僱用人之代負責任，通稱僱用人責任。但若僱用人選任受僱人，及監督其執行職務已盡相當之注意，或縱加以相當之注意，而仍不免發生損害者，僱用人不負賠償責任（同條第一項後段），是為僱用人之中間責任。惟若僱用人具備免責要件時，被害人之損害賠償請求權極可能因受僱人無資力而難以實現，對被害人而言殊屬不公，故同條第二項規定：「如被害人依前項但書之規定不能受賠償損害賠償時，法院因其聲請，得斟酌僱用人與被害人之經濟狀況，令僱用人為全部或一部之損害賠償。」是為僱用人之衡平責任。但僱用人賠償損害時，對於為侵權行為之受僱人有求償權（同條第三項）。

6.動物占有人責任

民法第一百九十條第一項規定：「動物加損害於他人者，由其占有人負損害賠償責任。但依動物之種類及性質，已為相當注意之管束，或縱為相當注意之管束，而仍不免發生損害者，不在此限。」是為動物占有人之中間責任。而且同條第二項規定：「動物係由第三人或他動物之挑動，致加損害於他人者，其占有人對於該第三人或該他動物之占有人有求償權。」

7.工作物所有人責任

民法第一百九十一條第一項規定：「土地上之建築物或其他工作物，因設置或保管有欠缺，致損害他人之權利者，由工作物之所有人負損害賠償責任。但於防止損害之發生，已盡相當之注意者，不在此限。」是為工作物所有人之中間責任。但同條第二項規定：「前項損害之發生，如別有應負責之人時，賠償損害之所有人，對於該應負責者，有求償權。」

以上係民法典上關於特殊侵權行為之規定，至於特別法上之特殊侵權行為，如礦害責任、航空責任、核子損害責任等，雖係真正意義，且足以表徵無過失責任之特殊侵權行為，惟為節省篇幅，從略。

三、侵權行為之效果

損害賠償，以回復原狀為原則，若不能回復原狀，則例外以金錢為賠償。民法侵權行為之效果係損害賠償，且規定如下：

（一）侵害生命權之損害賠償

民法第一百九十二條第一項規定：「不法侵害他人致死者，對於支出殯葬費之人亦應負損害賠償責任。」同條第二項規定：「被害人對於第三人負有法定扶養義務者，加害人對於該第三人亦應負損害賠償責任。」

（二）侵害身體健康之財產損害賠償

民法第一百九十三條第一項規定：「不法侵害他人之身體或健康者，對於被害人因此喪失或減少勞動能力，或增加生活上之需要時，應負損害賠償責任。」同條第二項規定：「前項損害賠償，法院得因當事人之聲請，定為支付定期金，但須命加害人提出擔保。」

（三）被害人親屬非財產損害之賠償

民法第一百九十四條規定：「不法侵害他人致死者，被害人之父、母、子、女及配偶，雖非財產上之損害，亦得請求賠償相當之金額。」

（四）侵害身體健康名譽或自由之損害賠償及限制

民法第一百九十五條第一項規定：「不法侵害他人之身體、健康、名譽或自由者，被害人雖非財產上之損害，亦得請求賠償相當之金額。其名譽被侵害者，並得請求為回復名譽之適當處分。」同條第二項規定：「前項請求權，不得讓與或繼承。但以金額賠償之請求權已依契約承諾，或已起訴者，不在此限。」

（五）對物毀損之損害賠償

民法第一百九十六條規定：「不法毀損他人之物者，應向被害人賠償其物因毀損所減少之價額。」

是民法侵權行為之損害賠償，大致上係明定加害人應負賠償費用、金額、價額等金錢，即扶養權利、增加生活需要、喪減勞動能力者，亦均以金錢計算之，故深具金錢賠償色彩。惟解釋上宜認為：除性質上不能回復原狀者外，其回復原狀與金錢賠償應同時併存，被害人得自由選擇其一求償，不宜完全排除回復原狀之適用⓭。至於損害賠償之方法，如回復原狀、金錢賠償，及損害賠償之範圍，民法第二百十三條至第二百十六條設有規定，茲擬省略。

參、固有法中是否有侵權行為法

侵權行為法屬於財產法之一部分，就法制史之發展歷程觀之，人類之法律大致上先由非制定法中之「習慣法」的形式演進為「制定法」之「法典」。在我國，制定法出現時期頗早，固有法中稱「律」究竟有無「財產法」之性質或實際形式存在？學者不一其說，舉述如次：

一、肯定說

此說肯定固有法中具有「財產法」之規定，無論是民刑合一或民刑分立之看法均屬之。如梅仲協氏曰：「中華舊法，以唐律為最完備，惜乎民刑合一，其民事部分，唯戶婚、雜律中見其梗概耳。」⓮張晉藩氏曰：「戶婚律，……主要內容是關於戶籍管理、田地、租賦徭役以及婚姻家庭、繼承等。……雜律，……主要內容是關於……負債違契不償……等。」⓯足見唐律中有「財產法」之規定。徐道鄰亦謂：唐律中有關「孳息」（名例三十三條以贓入罪條，所稱蕃息即是）、「罰盜」（名例三十三條以贓入罪條，盜者倍贓即是）、「宿藏物」（雜律五十

⓭ 參閱邱聰智著，前揭書，頁137～138。

⓮ 參閱梅仲協著，民法要義，臺北，三民書局，民55.3.，臺九版），頁10。

⓯ 參閱張晉藩著，中國法制史，臺北，五南圖書出版公司，民81.9.，初版，頁247～248。

九得宿藏物條）合與地主中分等等，均與羅馬法不謀而合⑯。亦認為唐律中有「財產法」規定。而陳顧遠更詳細指出唐朝的財貨制度、錢幣制度、稅賦制度等均係有關「財產法」（商法）之性質⑰。

二、否定說

此說係根本否定我國固有法制中有財產法之存在。例如王伯琦氏曰：「在清末以前，根本沒有真正的民法。」⑱又曰：「惟觀之唐律以至大清律例之內容，仍未脫政事法及刑事法之範圍。其中戶役、田宅、婚姻、錢債等，雖亦含有個人與個人間應遵循之規範，但其所以制裁者，仍為刑罰，究其目的，仍在以政治力量安定秩序，仍為公法之範疇，不可與民事法之旨趣混為一談。若就公法與私法之區分為標準而言，吾國在清末以前無民事法之可言，諒無大謬。」⑲楊建華氏亦曰：「我國舊俗重農輕商，故我國商業雖遠肇於神農，但歷代典章，均係偏於刑名，不獨無所謂商事法律，即一般民事法律亦屬含混不清。」⑳

⑯ 參閱徐道鄰著，中國法制史略論，臺北，正中書局，民59.5.，臺五版，頁23～27。

⑰ 參閱陳顧遠著，中國法制史概要，臺北，三民書局，民66.8.，五版，頁39～354。

⑱ 參閱王伯琦著，近代法律思潮與中國固有文化，臺北，法務通訊社，民74.5.，第三版 ，頁24。

⑲ 參閱王伯琦著，民法總則，臺北，正中書局，民80.7.，臺初版，頁15。

⑳ 參閱楊鴻烈著，中國法律發達史，上冊，臺北，臺灣商務印書館，民77.3.，臺二版，頁2。

三、折衷說

此說認為我國古時重農抑商（漢代以降）， 商人益難抬頭，關於商事之法無由產生，況我國素重禮教，即民事亦遲至唐貞觀時，始摭取戶婚、錢債、田土入律，沿至清代，仍以刑律兼及民事規定。易言之，係肯認唐律中有債法及物權法但否認唐律有商法。林咏榮教授即主此說㉑。

以上各說以肯定說為通說，而主肯定說者又以「民刑合一說」之看法為多。所謂「民刑合一」係指民事法與刑事法典之合一，認為我國古代法中，民刑不分，而民事法規夾雜依附於刑罰之中，亦因此而認為我國古代法是公法與私法合一。如我國學者胡長清氏曾謂：「我國古無所謂法典。有之，自李悝之法經始，然皆屬於刑事，商鞅傳之，改法為律。漢相蕭何更加其所造戶、興、廄三篇，謂之九章律，於是戶婚之事，列入於律。至大清律例仍首名例，次吏律、禮律、兵律、刑律、工律、戶律，分列七目，共八十二條，雖散見雜出於刑律之中，然所謂戶役、田宅、婚姻、錢債者，皆民法也。謂我國自古無形式的民法則可，謂無實質的民法，則厚誣矣。」故採民刑合一說者，係依法典形式或內容為論斷之標準，以說明吾國古代法中確有實質民法之存在㉒。此說亦為筆者所肯認者也，蓋諸民族之刑法及損害賠償，大致淵源於復仇，而復仇係民族、血族等團體之報復。迨政治權威建立之

㉑ 參閱林咏榮著，商事法新詮，上冊，臺北，五南圖書公司，民78.4.，再版，頁13。

㉒ 參閱潘維和著，中國民事法史，臺北，漢林出版社，民71.8.，初版，頁50～51。

後，則以賠償方法為和解。而後，再演進為確立一定之賠償額，更進一步，則認識不法行為非但侵害個人，亦同時危害社會共同生活秩序，而加以公刑罰而禁止私復仇。唐律之中，已區別刑事責任與民事責任，故有「償而不坐」（賠償或清償而不科刑）、「坐而不償」、「令修立而不坐」（命其回復原狀而不判刑）等規定。不過，唐律中的規定大致上是民刑事責任夾雜規定在同一法律當中，如戶婚律之「違律為婚」、「收養違法」等條，雖規定有婚姻或收養無效之民事責任及效果，但亦規定要負刑事責任㉓。故固有法中不但有民事法，亦有侵權行為法之規定，不過，其內容與現今之侵權行為規定有所差異。

肆、唐律上之侵權行為法

一、唐律在固有法上之地位

西元六一八年至九〇七年的將近三百年間，在我國歷史上屬於唐朝。該朝代不但是我國歷史上著名的強盛朝代，其法律體系——唐律，可說是中國法體系的典型，亦是當時鄰近諸國，如日本、朝鮮、安南、西域、蒙古、契丹等國家或民族繼受模倣的對象。同時，唐律更是唐代以後以迄於清，各代律法之藍本。故日本法制史學家仁井田陞在其所著唐令拾遺中說：「耶林謂羅馬曾三度征服過世界，一次是以武力，一次是以宗教，另一次是以法律。而中國亦曾一次以武力，一次以儒教，另一次以法律支配東亞，但其武力並未及於東瀛。」日本法制史學家島田正郎說：「中國法系對於中國四邊諸侯後進的法文化而言，係居

㉓ 參閱戴炎輝著，唐律通論，臺北，正中書局，民53.11.，臺初版，頁4。

於母法的地位，其中較顯著者即為唐代及明、清兩代的法制。蓋因中國文化，一般而言，較諸鄰近諸國的法文化更為突出，故當這些地域（國家）與中國開始接觸之當時，中國文化便給與這些後進文化以重大之影響。」㉔

我國學者徐道鄰認為，中國法律，比較成一個系統，而且有一部成文法典，應當首推戰國時李悝所制的法經六篇（約 400 B.C.，包括盜、賊、囚、捕、雜、具)。後來商鞅傳之至秦(395 B.C.)，改「法」為「律」，是為秦律。蕭何相漢，加上三篇（戶、興、廄），為「九章之律」，是為漢律 (201 B.C.)。後來經過魏律（約227），晉律(268)，北魏律（約481)，北齊律(564)，隋律(583)，傳之至唐，一脈相傳的，都是這一個系統。中國法律，到了唐代，發達到了最鼎盛的時期，以後就再沒有多大的變化。五代及宋，完全是承用唐律。元朝時祇有極少的更改。明律(1397)的內容，十之七八，全是唐律，清律(1646)更是因襲明律。唐朝以後的法律，條目間有增損，刑名偶有輕重，但其整個系統精神與基本觀念，並未偏離唐律軌跡，所以中國過去的法律制度，唐律是最有代表性的㉕。

唐律可說是我國最具代表性的固有法典，不但集前此各朝歷代思想之精華，更啟以後累世諸朝法制之典範，故唐律在中國法制發展史上，誠可謂扮演承先啟後的角色。

㉔ 參閱林咏榮著，唐清律的比較及其發展，臺北，國立編譯館，民 71.8.，初版，頁4～5。

㉕ 參閱徐道鄰著，中國法制史論集，臺北，志文出版社，民 64.8.，初版，頁1～2。

二、侵權行為之態樣

按唐律中之侵權行為之態樣，就侵權行為人而言，包括公務員與一般人；就被侵害對象而言，包含國家與私人之利益與權利；就侵權犯罪意思而言，則包括故意或過失。就其效果而言，包括五刑、留還、備償（民事制裁，亦具賠償性質)、入官、還官主(即沒收或追徵、返還)、修立、改去、除毀、計庸抵償(均回復原狀性質)、追贓等情形，且其應受刑者多能贖之。故唐律當中關於侵權行為之處罰（效果),雖有填補損害、回復原狀之損害賠償性質，但絕大部分仍係出於刑罰性質。故若以現代之侵權行為法為標準觀察，其規範本質、侵權行為之態樣，以及侵權行為之效果均有差異，但因肯定固有法之民事入律，仍係有民事性質之規定(兼具民刑事性質)，故吾人不妨嘗試以現代侵權行為法之標準分析唐律中侵權行為態樣。

（一）一般侵權行為

唐律之一般侵權行為，就其類型以觀，可區分為：⑴保護法律之違反（如賊盜律中的「因盜過失殺傷人」條、「以毒藥藥人」條)，⑵權利侵害（如詐偽律之「醫違方詐療病」條、雜律中的「負債違契不償」條)，⑶利益侵害（如雜律之「博戲賭財物」條、雜律之「器用絹布行濫短狹而賣」條）等類型。分析其要件，通常包括：

1. 須有加害行為

此加害行為包括積極作為（如賊盜律之「以毒藥藥人」、雜律之「毀人碑碣石獸」條)、利用他人之行為(即教令犯，包括現今所謂之教唆犯與間接正犯在內，惟若係教唆犯，則應歸屬於特殊侵權行為之共同侵權行為)，甚至消極之不作為（如雜律之「得宿藏物隱而不送」條、「得闌遺物不送官」條）在內，但須限於有意識之行為始係該當，又以不作為而成立侵權行為，須以行為人於法律上本有積極作為義務為前提。

2. 須侵害權利或利益

唐律所保護的侵權行為客體，包括權利與權利以外之法律上利益在內。此所謂權利，係指法典（包括律、令、式）、習慣法等既存法律體系所規定之權利，如財產權、非財產權（包括生命權、身體權、健康權、名譽權、自由權、姓名權、貞操權、信用權等人格權，及親權、家長權、家屬權等身分權）即是。而茲所謂利益，則係指權利以外，法規及公序良俗所保護之一切利益。至於債權，因雜律中的「負債違契不償」條規定為侵權的對象，故亦屬於權利。

3. 須以致損害為原則

現行民法條文雖未明定須致損害，但通常民事責任係以填補損害為目的，故侵害須發生損害之結果，侵權行為始告成立，若純屬權利侵害，而無損害者，尚無侵權行為可言。惟於唐律，因民事夾雜於刑事，故侵權行為之成立，並不一定須致損害。蓋已著手於侵害而不遂（未發生損害），或尚在陰謀、預備階段者，若法有處罰明文，亦構成侵權行為。如雜律「私鑄錢」條規定私鑄錢而作具未備，以及作具已備而未鑄者（預備行為）；賊盜律之「恐嚇取人財物」、「竊盜」等未得財（未遂行為），亦應成立侵權行為。又此所謂損害之發生與加害行為間，須具有相當因果關係，始為符合。

4. 須行為違法悖理

不法行為即違法行為。一般認為，對權利之加害行為，若無阻卻違法事由存在，便係違法行為。唐律強調德禮為政教之本，故此所謂行為須違法者，並不同於現代刑法上所強調的罪刑法定主義，亦與現代民法若無阻卻違法事由存在，便係違法行為之主張有異。蓋名例第五十條規定，出罪當舉重以明輕，入罪當舉輕以明重；又因律文所定罪名有限，不能盡賅無窮之犯罪事實，故有比附援引之必要，如賊盜律第十三條又問所答曰：「奴婢、部曲身繫於主，主被人殺，侵害極深；其有受財私和，知殺不告，金科雖無節制，亦須比附論刑，豈為在律無條，遂使獨為僥倖。」縱因律、令、式均無明文，又不能運用入罪當舉輕以明重，且無法比附援引時，猶得依雜律第六十二條「不應得為」（即理不可為）條罰之。

5. 須行為人有責任能力

此所謂責任能力，其有無，須視侵權行為人能否負擔損害賠償責任之資格而定，故亦稱侵權行為能力。

唐律中有關侵權能力之規定如下：

⑴身　分

唐代把人民分為「良人」和「賤民」兩種。賤民中又分為三級，最下等的是奴婢，次為「番戶」，再次為「雜戶」。唐書・職官制曰：「都官郎中員外郎掌配役隸，凡公私良賤必周知之。凡反逆相坐，沒其家為官奴婢，一免為番戶，再免為雜戶，三免為良民。」番戶也稱官戶，蓋唐會要前文原註曰：「諸律令格式有言官戶者，是番戶之總號，非謂別有一色。」

至於，「部曲」的身分與「官戶」同，但國有的部曲稱為「官戶」，私有的部曲稱為「部曲」。如唐律・鬥訟律「部曲奴婢良人相毆」條原註曰：「官戶與部曲同。」唐書・高宗紀曰：「顯慶二年十二月，敕放還奴婢為良及部曲客女者聽。」此放奴婢為部曲，即等於「一免為番戶」。而部曲之女謂為「客女」，身分亦等於官戶。唐律疏議卷十三曰：「客女謂部曲之女，或有於他處轉得，或奴婢為之。至官戶與雜戶不同處即在於官戶惟屬本司，無籍貫於州縣；雜戶雖散配諸司驅使，仍附州縣戶貫。」唐律疏議卷三曰：「官戶者，謂前代以來配隸相生，或今朝配沒，州縣無貫，唯屬本司。雜戶者，謂前代以來，配隸諸司職掌，課役不同百姓，依令老免，進丁受田，依百姓例。」稱雜戶者，例如少府監所屬之工樂雜戶、太常寺所屬的太常樂人等皆屬之。所謂太常樂人，唐大詔令集，卷八十一，武德二年八月詔曰：「太常樂人……前代以來，轉相承襲，或有衣冠世緒，公卿子孫，一沾此色，後世不改，婚姻絕於士籍，名籍異於編甿，大恥深庇，良可哀愍。……宜得蠲除，一同民例。」

此外，更有「隨身」一種，則為契約僱傭的奴僕。在約限內亦與良人殊科。唐律疏議卷二十五註曰：「隨身之與部曲色目略同。」又卷二十一釋文：「二面斷約，年月賃人，指使為隨身。」是隨身即今之僱僕㉖。

也就是說，唐代將人分為良人與賤民。良人是指一般百姓，就職業而言，不外士、農、工、商，其中又以士的地位最高，一旦進入仕途，又根據品級高下，而在法律上享有各種特權，是民事法律關係中，享有完全權利能力與行為能力的權利主體。工、商的地位低下，不得為官。賤民的權利能力與行為能力均不如良人，且賤民當中又有階級（如部曲毆良人，加凡人一等，奴婢又加一等；其良人毆部曲，減凡人一等，奴婢又減一等），賤民當中又分為官賤民與私賤民兩大類。官賤民包括官奴婢、官戶、工樂戶、雜戶，和太常音聲人。私賤民則包括奴婢、部曲、客女、隨身。在這些賤民當中，奴婢的地位最低賤，「律比畜產」，毫無權利能力與侵權能力，也沒有自己的戶籍㉗。

㉖ 參閱楊鴻烈著，前揭書，頁506～507。

㉗ 參閱張晉藩著，前揭書，頁423。

(2)年　齡

論者或謂唐律當中，關於侵權能力，既無明確概念，亦無統一年齡規定，大體上與國家所確認之丁年相當。所謂丁制，始於漢，但歷代丁年有異。例如，晉朝曾一度以十六歲為全丁，十三歲為半丁。隋朝時，男女三歲以下為黃，十歲以下為小，十七歲以下為中，十八歲以上為丁。丁從課役，六十為老，乃免。開皇三年時，丁年改為二十一歲，隋煬帝時改為二十二歲。唐朝創建後，基本上沿用隋制。高祖武德七年四月定令：男女「始生者為黃，四歲為小，十六為中，二十一為丁，六十為老。」玄宗天寶三年時，令百姓十八為中，二十二為丁。廣德元年七月又詔：「天下男子，宜二十三成丁，五十八為老。」此所謂「成丁」即是指達到了為國家服徭役與交納賦稅的法定年齡，故成丁即已具有完全侵權能力。至於歷代丁年之差別，常受人口消長與徭役多寡之需求而定㉘。不過，從名例律第三十條「老小廢疾」、第三十一條「犯時未老疾」之規定以觀，似不難得知：唐律講究恤刑主義，因此規定，九十歲以上及七歲以下之老小，雖有死罪，不予處罰，教令（限於利用，不含教唆）其為不法行為者，處罰該教令人，若有不法利益或損害（贓）應追償或賠償（備）者，以得贓者（即法定代理人或教令人）備之，是九十歲以上及七歲以下之老小者，係無侵權行為能力人；七十歲以上九十歲未滿之老者及十五歲以下超過七歲之小者，及廢疾、篤疾者，為不完全侵權行為能力人；其餘之人則為完全侵權行為能力人。

(3)女　性

唐律當中對於女性的地位保障，相對於男性而言，顯然並不平等，

㉘ 參閱張晉藩著，前揭書，頁424。

蓋唐朝通行之觀念仍與殷、周以來父系社會的傳統相同，故唐律中規定家長可為卑幼包辦婚姻，子女無法不從。而且，父母還可以強迫守寡的女兒改嫁。

除此以外，唐律當中規定納妾為合法，如「婢女為主所幸，因而有子，聽為妾。」而且，妻年五十以上而無子者，以妾為妻㉙。

6. 須行為人有故意過失

漢朝董仲舒引春秋經以折獄，講究「原心論罪」的原則，故過失或偶發之事實行為或結果，基本上，並不坐罪。唐律承繼該觀念，在律上歸責行為人之根據，係其辨別道義之能力（前項已說明）與故意或過失㉚；唐律上歸責行為人之故意行為固無爭議，如鬥訟律第五條「鬥故殺用兵刃」規定：「以刃及故殺人者，斬。」惟過失行為之可責者，從罪刑以觀，當限於侵害法益嚴重，且律有明文者，如鬥訟律第三十八條「過失殺傷人」規定：「諸過失殺傷人者，各依其狀，以贖論。」此所謂過失，指耳目所不及、思慮所不周而言，如共舉重物，力所不制，又如乘高履危而足跌，又如因擊禽獸而誤殺傷人……皆為適例。然無論故意或過失，其有損害他人或國家之利益、權利或得不法利益者，均應賠償或追償。一般而言，律上對不可抗力之結果，不令行為人負責，如雜律第三十六條「失時不修堤防」規定：「即水殺雨過常，非人力所防者，勿論。」即為適例。

（二）特殊侵權行為

唐律上之一般侵權行為，係採過失責任；至特殊侵權行為，其責任性質及態樣若何？茲擬以現行民法理論為依據分析之。以下，即分

㉙ 參閱張晉藩著，前揭書，頁436～438。

㉚ 參閱戴炎輝著，前揭書，頁120～121。

別列述其各種特殊侵權行為之規定：

1. 共同侵權行為

唐律中名例第四十二條「共犯罪造意為首」與第四十三條「共犯罪本罪別」均係共犯之規定。此種共犯所為之侵權行為，即所謂共同侵權行為。

名例第四十二條「共犯罪造意為首」規定：「諸共犯罪者，以造意為首，隨從者減一等。若家人共犯，止坐尊長。侵損於人者，以凡人首從論。即共監臨、主守為犯，雖造意，仍以監主為首，凡人以常從論。」我國學者戴炎輝先生認為：唐律上共犯之概念，宜解為係採取所謂「廣義正犯」(Extensiver Täeterschaftsbegriff)之概念，凡共同實施犯罪行為者，不問其為現行法上之共同正犯或幫助犯，均為正犯。但日本學者小野清一郎認為唐律上共犯之概念，是否與「廣義正犯」之概念相同，尚有疑問；但唐律之共犯，似悉以二人以上共謀為其前提，故單純的教唆犯、幫助犯並不是「共犯」[31]。戴炎輝先生認為律上所謂「從者」或「隨從者」，只要分擔行為之一部（所謂加工），即是正犯，而非現行法所認之從犯之看法，固為正確；小野清一郎氏認為唐律之共犯，似悉以二人以上共謀為其前提，故單純的教唆犯、幫助犯並不是「共犯」之看法，亦屬事實，蓋教唆犯（包括造意犯及部分之教令犯）除造意犯（置身事內）外，並非唐律所稱之共犯。幫助犯亦同此理。依名例第四十二條第一項規定，是各負其責，惟從者減首者一等負其責。但若係「家人共犯」之類型，復區分為侵害國家法益與侵害個人法益二類；前者則以家長（男夫）負完全責任，家長依法免責時，由其次尊長負責，後者仍依通例，各負其責。至於公務員(監

[31] 參閱戴炎輝著，前揭書，頁380。

臨主守）與一般人共犯之類型，雖兼具共同侵權行為與公務員侵權行為之性質，但為便於說明，姑於此處討論；亦即，雖公務員係受一般人造意而共同為侵權行為，但為加重其責任，故律規定應以該公務員負首犯之責，而以他人負從犯之責。

名例第四十三條「共犯罪本罪別」規定：「諸共犯罪而本罪別者，雖相因為首從，其罪各依本罪首從論。若本條言皆者，罪無首從；不言皆者，依首從法。即強盜及姦，略人為奴婢，犯闌入，若逃亡，及私度、越度關棧、垣籬者，亦無首從。」本條係規定一般人與特殊身分人共同為侵權行為。依第一項規定，則各依本罪首從論，例如有卑幼勾結他人盜取家財，則卑幼當依賊盜律第四十一條「卑幼將人盜」第一項規定負責，而共犯之他人則依賊盜律第三十五條「竊盜」第二項規定負責。依名例第四十三條第二項規定，則若律文規定有「皆」時，不分首從，若無規定有「皆」者，分其首從。又依名例第四十三條第三項規定，則若係犯該項所列之罪，不分首從，同其責任。

惟宜注意者，名例第四十二條與第四十三條皆係刑事責任規定，其責任雖依律有差等或無差等之別，但若於損害之填補（即沒官與倍贓），則應認為以填補其損害為已足，故除「家人共犯」之類型外(以家長負完全損害賠償責任，家長依法免責時，由其次尊長負責)，解釋上係共同侵權行為人負連帶損害賠償責任。

2. 公務員侵權責任

唐律上稱「官人」，分為「官婦」、「去官」、「贈官」、「視品官」、「亡故之官」、「假版官」、「品官任流外及雜任者」七種，但並非悉屬現今所謂之公務員，而須其實際掌理公務者（如本司及監臨），始屬相當。此種公務員若故意為不法行為，侵害個人或國家權利時，其應沒官或備贓者固應如法，若係過失為不法行為，侵害個人或國家權利時，其應沒官或備贓者亦應如法，如職制律第三十八條「乘驛馬枉道」第三項規定：「經驛不換馬者，杖八十。」疏曰：「因而致死，依廄牧令，乘官畜產，非理致死者，備償。」但疏亦曰：「在驛無馬，越過者無罪，因而致死者不償。」故唐律上公務員侵權，負的是過失責任。

3.法定代理人責任

前曾論及名例第三十條「老小廢疾」規定九十歲以上及七歲以下之老小，雖有死罪，不予處罰，教令（限於利用，不含教唆）其為不法行為者，處罰該教令人，若有不法利益或損害（贓）應追償或賠償（備）者，以得贓者（即法定代理人或教令人）備之，是九十歲以上及七歲以下之老小者，係無侵權行為能力人；七十歲以上九十歲未滿之老者及十五歲以下超過七歲之小者，及廢疾、篤疾者，為不完全侵權行為能力人。是上開無行為能力人及限制行為能力人若犯罪當罰者，依名例第三十條規定，得予收贖，如疏曰：「盜者，雖是老小及篤疾，並為意在貪財；傷人者，老小疾人未離忿恨。此等二事，既侵損於人，故不許全免，令其收贖。」而若其不法行為依律當備贓者，亦應如法，如疏云「或所盜財物，旁人受而將用，既合備償，受用者備之。若老小自用，還徵老小。」只是，彼無行為能力人及限制行為能力人，事實上係無力為贖，亦無力賠償，故應由家長（法定代理人）負其責。

4.僱用人責任

唐律・擅興律第十九條「工作不如法」規定：「諸工作有不如法者，笞四十。不任用，及應更作者，併計所不任贓、庸，作贓論，減一等。其供奉作者，加二等。工匠各以所由為罪。監當官司，各減三等。」雖與現行民法所規定僱用人責任有異，但此所謂工作實與受僱無異。疏曰：「謂在官司造作，輒違樣式，有不如法者。」又疏曰：「不任用，謂造作不任時用，及應更作者，併計所不任贓、庸。」是若受僱人所交付工作物不合用及應從重作時，該受僱人應負損害賠償（即重作之材料與工）責任。且依第二項規定，若工作物係「供奉」（即供奉朝廷之衣服、飲食），更應加二等賠償。同條第四項規定監當官司（即僱用人）之責任為減工匠三等賠償，疏曰：「謂親監當造作，若有不如法，減工匠三等，笞十。不任用及應更作，減坐贓四等，罪止徒一年。供奉作，罪止徒二年之類。」是僱用人之過失責任。本條規定，其被害人為國家，賠償義務人則包含受僱人及僱用之公務員，雖亦有公務員侵權責任，但究與公務員故意、過失造成侵權者有別，故於本類型說明。而且，值得注意者，係本條所以令僱用人負責，乃因其身分而命連坐，且係僱用人與受僱人均應負責，不因一方賠償而得免責。

惟唐律・擅興律第二十一條「功力採取不任用」規定：「若有所造作，及有所毀壞，備慮不謹而誤殺人者，徒一年半。工匠、主司各以所由為罪。」雖規定受僱人及僱用人之工程不慎誤殺人罪，但疏曰：「或由工匠指為，或是主司處分，各以所有為罪。」故係由受僱人與僱用人各負過失殺人責任，彼此並不連坐。又此類型之侵權行為並未規定損害賠償，亦不得贖（因此無法以贖金填補被害人之損害）。

5. 動物占有人責任

唐律・廄庫律第十一條「犬殺傷畜產」規定：「諸犬自殺傷他人畜產者，犬主償其減價。餘畜自相殺傷者，償減價之半。即故放，令殺傷他人畜產者，各以故殺傷論。」是為動物占有人責任。分析其態樣，包含：①犬自殺傷他人畜產，應由犬主賠償其損價。蓋疏曰：「犬性嚙齧，或自殺傷他人畜，犬主償其價，以犬能嚙齧，主須制之，為主不制故令償減價。」故動物占有人應為其過失負損害賠償責任。②餘畜自相殺傷，應由畜主賠償損害之半。疏曰：「餘畜，除犬之外皆是。自相殺傷者，謂牛相觗殺，馬相踏死之類。假有甲家牛觗殺乙家馬，馬本直絹十疋，為觝殺，估皮肉，直絹兩疋，即是減八疋絹，甲償乙絹四疋，是名償減價之半。」故動物占有人應為其過失負損失半額之賠償責任。③故放畜產，令殺傷他人畜產，則飼主應負故殺傷馬、牛、餘畜罪。蓋疏曰：「或犬性好噬豕羊，其牛馬能相觝踏而故放者，責其故放，各與故殺傷罪同。」故動物占有人應為其故意負損失之賠償（準用「故殺官私畜產」）。

雖律無工作物所有人責任及定作人之明文，然依比附援引法理，亦各應責其所由。

三、侵權行為之效果

日本法學者仁井田陞認為，唐代與宋代法律，除了故意的情形以外，因過失損害他人生命、身體時，若徵贖銅給被害人家屬，得免科實刑。元代法律，因故意與過失的情形侵害他人生命、身體，則徵「燒埋銀」之類，給予被害者家屬，且必須於並非故意時，才能免除實刑。所謂「贖銅」乃至「燒埋銀」，並非純屬民事上之損害賠償，亦具有罰金的性質。在唐律等當中規定，保管官物與私物者，故意毀棄、損傷，或過失而損害官私物者，負損害賠償責任。但於被盜之情形，保管人得免除責任。負有保管倉庫存物者，除故意損壞之情形外，不負責任。於家畜加害他人生命、身體、財產之情形，若家畜的飼主有故意或過失，應負損害賠償責任。以上所述之賠償責任為法定責任，因法律並未對所有的侵權行為預定賠償責任，故法定賠償亦非僅限於完全填補實害，在現實社會中存在的其他種類賠償，亦實際有之㉜。

㉜ 參閱仁井田陞著，中國法制史，東京，岩波書店，1957.9.20.，頁345～346。

我國學者戴炎輝博士認為，我國固有侵權行為法自唐律至清律，大致分為侵身的賠償與侵財的賠償兩種效果與態樣。茲分述如下：

（一）侵身的賠償

關於過失殺傷的徵贖銅而交付被傷殺家，上已有所述。其故意殺傷，自唐至清律，禁止祖父母以下的有服親被殺而私和；因而受財重者，則準盜論。至於被傷者，舊律不禁止私和。唐宋代於命案，是否亦命加害人備償，律無明文規定。按殺人者償命，本於同害刑思想，似不命賠償。

（二）侵財的賠償

唐律規定凡被人侵損、備償之外，因而受財者，即坐贓致罪。易言之，通常於被人侵損時，可請求備償；若不超出實際損害，則不坐贓。而分篇內有其個別規定，其主要者如次：

1. 凡水火有所損敗，故犯者徵償，誤失者不償（但仍坐罪）。
2. 棄毀、亡失及誤毀官私器物者，各備償。
3. 受寄財物，非理死者（畜產）備償。
4. 故殺傷、誤殺傷官私牛馬或餘畜產者，償所減價。
5. 畜產毀食官私之物，畜主備所毀（臨時專制，亦為主；這是動物占有人）。

在上述各情形，故意犯，坐罪且備償。過失者，除水火有所敗外，不坐而備償。[33]

蓋唐律當中對罪人得財產上不法利益頗為重視，故犯罪計贓定刑者甚多。所謂「贓」，謂罪人所取之財物（名三四——疏）；此係形式

[33] 參閱戴炎輝著，中國法制史，臺北，三民書局，民80.2.，第九版，頁346～347。

上之定義。至贓之實質，即「貨財之利，謂之贓」(晉律張斐注，見晉書刑法志)。吏學指南（較名）亦謂：「財利謂之贓。」唐律當中關於贓之處理，諸如：名例三十二條規定沒官、還主及簿斂。名例三十三條規定應還官主贓物之免徵與不免徵。名例三十四條乃平贓（估贓）之法。

至於贓之種類有六種，名曰「六贓」，即：1.強盜贓（賊三四），2.竊盜贓（賊三五），3.受財枉法（職四八～一①），4.、受財不枉法（職四八～一②），5.、受所監臨財物（職五○），6.、坐贓（即非監臨主司因事受財，雜一）。其他罪名，或從、或同、或論以、或準此贓。即計贓定刑時，亦依據六贓之法。惟亦有不依據六贓者，即共化外人私相交易（衛三一～二），庫藏主守不覺盜（廄一五～二）及錯認奴婢、財物（雜一三～二）。又有以六贓區別為彼此俱罪之贓與否者；如共化外人私相交易，亦係彼此俱罪之贓。彼此俱罪之贓沒官，否者則還官主。會赦、降後之贓，則重視盜（竊及強）、詐（準盜贓）及受財枉法三種贓（名三三～三）㉞。

又唐律中，笞以上、死以下，皆有贖法。然贖刑並非起於唐律(不知起於何代)，唐律疏議名例五疏曰：書云：「金作贖刑。」注云：「誤而入罪，出金以贖之。」㉟唐律名例第一條「笞刑五」規定：「笞十贖銅一斤、笞二十贖銅二斤、笞三十贖銅三斤、笞四十贖銅四斤、笞五十贖銅五斤。」同律第二條「杖刑五」規定：「杖六十贖銅六斤、杖七十贖銅七斤、杖八十贖銅八斤、杖九十贖銅九斤、杖一百贖銅十斤。」

㉞ 參閱戴炎輝著，前揭書，頁313～314。

㉟ 參閱長孫無忌等撰，唐律疏議，臺北，弘文館出版社，民75.3.1.，初版，頁6。

同律第三條「徒刑五」規定:「一年贖銅二十斤、一年半贖銅三十斤、二年贖銅四十斤、二年半贖銅五十斤、三年贖銅六十斤。」同律第四條「流刑三」規定:「二千里贖銅八十斤、二千五百里贖銅九十斤、三千里贖銅一百斤。」同律第五條「死刑二」規定:「絞、斬贖銅一百二十斤。」是皆關於贖刑之規定。

綜上以觀,唐律有關侵權行為之損害賠償,或為填補損害,或為回復原狀,不但具有法定贖金之性質,且有與今日侵權行為法理論相類似之規定,堪稱為進步之法制。

伍、繼受法與固有法之調和——代結論

我國現行侵權行為法,係自民國十八年成立以迄於今,繼受德、日、瑞等國侵權行為法法典、學說、判例(甚至法思想)等在外國已客觀化的法形成體,而構成者也。法律繼受,不但為我國帶來法理、內容、效果完全迥異於固有法之以個人自由、平等與社會本位法律思想為基礎的法治觀;近代市民法的侵權行為法,亦將廣大的賤民階級與平民階級從固有社會階級當中解放,增進權利意識;更啟發了我國比較民法學之研究。但不容否認,固有法上崇禮教、尊經義、尚宗法之根本思想㊱,在現今社會仍然相當有力,吾人於國家、社會、學校、家庭當中的教育、風俗、習慣中仍隨處可見其影;部分侵權行為,雖然法有明文,加以規範,但被害人或基於宗法之情、或本於敦睦親鄰、或懍於好訟惡名,而息事寧人者,所在多有。

㊱ 參閱林咏榮著,中國法制史,臺北,三民書局,民78.6.,修訂九版,頁40～43。

究竟，繼受法與固有法互動調和之可能性如何？欲探討之，宜先從國民性要素與法意識要素觀察，蓋若繼受法所蘊含的價值取向與繼受國的國民性愈相近，則該新法制之推動與施行便愈容易。但若反之，便愈加困難。在法律繼受以後，繼受法與固有法間融合同化的過程，其理亦如此。至於法意識，係吾人對於「法」所具有的知識、感情、感覺、觀念、意見、信念、態度等包括的總稱。簡言之，其範圍涵蓋了知、情、意三方面。因此，若吾人法意識愈強烈，其對於法之認識、價值判斷、意見、觀念、感情便愈強烈。如果繼受法愈符合國民法意識，那麼同化之可能性便愈大，反之，機會便愈小。又因法意識之形成與國民性關係密切，因此國民性經常是左右法意識的根源，而法意識經常為國民性之指標。

一、我國之國民性

關於我國的國民性，我國學者文崇一教授以帕森思 (Talcott Parsons, 1902–1979)的三種價值取向，即：認知取向、評價取向和道德取向，作為分析的理想形態。三種價值取向導致了幾種主要性格，即：權威、保守、謙讓、謹慎、依賴、順從、忍耐、勤勞、節儉、安分等性格。這些性格，若加以分類，舉例來說，勤勞節儉與「重農」的特殊價值取向有較密切的關係；保守順從忍耐與「重功名」的特殊價值取向有關；謙讓謹慎與「道德」的特殊價值取向有關；「權威」價值取向則影響較大，幾乎涉及中國人的每一種性格。事實上，各種價值取向本身也有許多互相牽連的地方，並非絕對孤立。綜合起來，我們可以用下面的表來表示：

中國人的價值取向

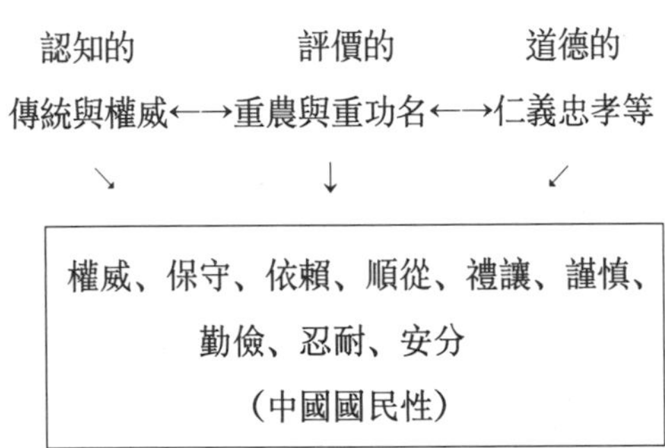

這些性格，雖因時代與環境的變遷而有些許變化，比如臺灣的工商界人士及知識份子就不像傳統的農業社會那樣保守，而具有若干創造和進取精神，甚至農人的保守性格也變了不少；一般人們也不會盲目的安貧樂道等等。但原有的性格也並未完全消失，甚至仍舊可以在目前的社群中找出任何一種性格，如政治、家庭及社會上的權威態度，對尊長要禮讓等等。這都說明，價值的轉變實在相當困難㊲。

二、國民之法意識

關於法意識，日本法學者滋賀秀三認為，在中國人的法意識當中，認為沒有必要完全受法律文字之拘束，在地方官的法意識當中，毋寧係以「情理」融通而具體妥善地解決紛爭為要務。此所謂「情理」，即「常識性的正義衡平感覺」，此所謂「正義衡平」與西洋已趨成熟的觀

㊲ 參閱文崇一撰，從價值取向談中國國民性，收錄於李亦園、楊國樞編，中國人的性格，臺北，全國出版社，民70.3.，五版，頁74～75。

念並非相同，中國人的正義衡平感覺便是情理，而情理卻是潛藏在個人心中的感覺，並不具有實證性，該感覺也是聽訟者作為判決的根據㊳。日本法學者仁井田陞更指出，傳統中國在權威主義之下，對於法律具有輕蔑意識，從傳統中國的規範意識性質與構造而言，包含道德意識之外在性、道德意識之閉鎖性、道德意識之果報性，血親與朋友之利己主義，公私不分，好面子甚於重法律等特質㊴。又東西洋的卓越法學家，尤其是第一流的法社會學者與比較法學者均堅信並主張西洋為法治主義。其不但禮讚法制、尊信法律家、依裁判解決糾紛，而且為權利奮鬥。反之，包含中國在內的遠東，係受德治主義支配，其不但輕視法、對法律家不信任、以調解解除紛爭，而且以互相忍讓做為和解之內容。蓋西洋學者認為，在遠東地區，當發生紛爭時，不但一般人認為應在某種程度上為忍讓，且推崇忍讓的一方為賢明德高之人，而視直接訴諸裁判者為惡人；因為這種人不僅無事生非，而且欠缺和平解決紛爭的能力與中庸的基本德性，故應視其為無教養之人。此即所謂儒教，亦係倫理之教㊵。

自從民國十八年民法債編制定公布實施以來，迄今已逾六十八載。然而，是否傳統中國人之法意識已完全在現代社會中消失了呢？我們不妨從以下民意調查的情形觀察。

㊳ 參閱滋賀秀三撰，中國法文化の考察，收錄於日本法哲學會編，東西法文化，東京，有斐閣，昭和六十二年十月二十日，頁50。

㊴ 參閱仁井田陞著，中國法制史研究，東京，東京大學出版會，1964.3.31.，頁495～542。

㊵ 參閱大木雅夫撰，極東の法觀念に關する誤解，收錄於日本法哲學會編，東西法文化，東京，有斐閣，昭和六十二年十月二十日，頁55～56。惟大木雅夫氏認為此種看法稍嫌誇張。

（一）民國八十年，二十一世紀基金會以各級民意機關代表（包含縣市議員、省市議員、縣市長、立法委員、國大代表、國是會議代表、法政學者）為對象進行憲政改革之民意調查，在該問卷之第二十七題問道：您曾經讀過（或看過）中華民國憲法嗎？結果受訪者當中，百分之八十三的人（一九〇人）回答讀過（看過），百分之十四的人（三十二人）回答看（讀）過一部分，百分之三的人（七人）回答未看（讀）過。在該問卷第四十一題問道：有人說從解嚴後的社會發展來看，臺灣實在不適合實行民主政治，請問您同不同意？結果受訪者當中，百分之二點七的人（六人）回答非常同意，百分之八點五的人（十九人）回答大致同意，百分之三十三點二的人（七十四人）回答不太同意，百分之五十三點八的人（一二〇人）回答非常不同意，百分之一點八的人（四人）回答沒意見[41]。足見絕大多數的人對於法已有所認識，而且對於實施民主的法意識、法感覺是強烈的。

（二）民國八十三年，二十一世紀基金會對民眾實施臺灣地區一九九四年政治滿意度之民意調查，在該問卷之第二題問道：對於法官的一般表現，請問您覺得滿不滿意呢？結果，百分之一點八的人（二十人）回答很滿意，百分之二十四的人（二六六人）回答滿意，百分之十八點一的人（二〇一人）回答不滿意，百分之四點九的人（五十四人）回答很不滿意，百分之三點二的人（三十六人）回答無意見，百分之四十五點九的人（五〇九人）回答不知道，百分之二點一的人（二十三人）拒答。可見，絕大部分民眾對法官之表現持懷疑之態度。該問卷第五題問道：在政府公務員、法官、民意代表，以及政府首長

[41] 參閱二十一世紀基金會編，憲政改革民意調查分析報告，臺北，二十一世紀基金會，民80.9.，頁43、45。

中，請問您平常最注意哪一類人的表現？結果，百分之九點七的人(一〇八人) 回答公務員，百分之三點六的人 (四十人) 回答法官，百分之二十八點七的人 (三一八人) 回答民意代表，百分之二十九的人(三二二人) 回答政府首長，百分之六點二的人 (六十九人) 回答無意見，百分之十八點六的人 (二〇六人) 回答不知道，百分之四點一的人(四十六人) 拒答㊷。可見，在民眾的意識當中，對於司法之關心與注意遠遠不及對於政治的關心與注意。值得注意的是這份問卷報告中的受訪者，大多是專科以下學歷、年齡在二十歲至四十九歲之間的人，這種現象充分顯示出中生代乃至新生代的中下階層國民，仍然存在政治領導法律的觀念。

從上述二項民調結果，透露出一項訊息，即人民對法的認識雖較往昔大有增進，但在法感情上卻仍受傳統觀念之束縛，故於權利觀念之整合落實，尚有一段艱辛路程，亟待努力。

三、今後努力方向

社會變動不居，觀念隨同換易，事理當然，本不足奇；時至今日，若仍一味抱殘守缺，迷戀過往，而主張完全復古，誠屬迂腐冬烘，然若以社會變動為由，盡去傳統美德良風，非但矯枉過正，恐亦將遭衛道人士與守舊階級之反動，尤其我民族性尚中庸，講謙抑，較保守、懷舊，故關於侵權行為法之今後發展，宜以現今社會為基礎，參酌中外古今之良法美制，與適應時代需要，且符合國民法意識要求，為其方向。

㊷ 參閱二十一世紀基金會編，臺灣地區一九九四年政治滿意度民意調查分析報告，臺北，二十一世紀基金會，民83.12.，頁89～90。

茲以法務部於八十四年十二月完成，呈送行政院審議之「民法債編部分條文及民法債編施行法修正草案」為例，其中關於侵權行為規定修正之內容包括以下十二點：

1.明定違反保護他人之法律，致生損害於他人者，為獨立之侵權行為類型，但仍許行為人舉證其無過失而免責，以免過度嚴苛。(修正條文第一八四條)

2.擴張公務員侵權行為責任之保護範圍，其保護客體應及於第三人之「利益」，以期周延。(修正條文一八六條)

3.無侵權能力人或限制侵權能力人衡平責任之斟酌對象應包括法定代理人之經濟狀況，以期更能保障被害人之權益。(修正條文第一八七條)

4.建築物或其他工作物致他人權利遭受損害時，推定其所有人就設置或保管有欠缺，俾減輕被害人舉證之負擔。(修正條文一九〇條)

5.甲案：增設商品製造人責任（增訂條文一九一條之一)。近代工商業發達，工商企業界所產製或加工之商品，在日常生活中已屬不可或缺，而因其生產，製造或加工之瑕疵所致消費者之損害，遂時有所聞。為保護消費者之利益，商品製造人之責任，宜採侵權行為說。乙案：關於商品製造人責任，消費者保護法第七條以下已有詳細規定，且所採者為無過失賠償責任，對於受害人較有保障，本條似無增訂之必要。

6.增設駕駛動力交通工具侵害他人應負較嚴格之賠償責任（增訂條文一九一條之二)。由於交通之發達，因動力車輛肇事致損害他人者，日漸增多，爰參照各國立法例及我國國情，增訂第一百九十一條之二規定：凡汽車、機車或其他不依軌道行駛之動力車輛，在行駛中加損害於他人者，其駕駛人應負賠償責任。然為緩和駕駛人之責任，並在本條第一項設但書規定，損害之發生係因不可抗力，或自己無過失且車輛無瑕疵而因第三人或被害人之過失所致者，可不負賠償之責。

7. 甲案：增設一般危險責任之概括規定（即增訂條文一九一條之三）。該案認為：近代工業與科學均突飛猛進，因工作或設備致他人發生損害之情形，與日俱增，從事工業或其他工作之人，既因其工作或設備而獲利，自應對因其工作或設備所致他人之損害負賠償責任。因此種工作或設備皆涉及專門之技術，如須由被害人負證明過失之責，將難獲賠償之機會，有失公平，故增設規定明定從事工業或其他工作之人，因其工作或設備所致他人之損害，應負賠償責任。但於防止損害之發生，已採取一切必要措施者，不在此限。乙案：一般危險責任之概括規定，各國似未見其例，而此項增訂條文初稿發表時，學者間亦有持反對見解者。此外，依歷年實務經驗所示，似亦無增訂此項概括規定之必要，是本條擬不增訂。

8. 修正為被害人支出醫療及維持生命必要費用之人得向加害人請求賠償（修正條文一九二條）。被害人因受不法侵害致死者，在其生前為其支出醫療及維持生命必要費用之人，依現行法之規定，不能直接對加害人請求賠償損害，僅能依無因管理或其他法律關係，請求償還該項支出，曲折而複雜，不僅影響其權益，進而阻礙助人之意願，甚且因此危及被害人之生命，殊非法律本意。爰修正第一百九十二條第一項，使此等支出醫療等費用之人與支出殯葬費之人相同，得逕向加害人請求損害賠償，以鼓勵熱心助人之風尚。

9. 加強人格權之保護（修正條文一九五條）。依民法第十八條第二項之規定，人格權受侵害時，以法律有特別規定者為限，得請求損害賠償或慰撫金。惟人格權為抽象之法律概念，內容與範圍，每隨時間地點及社會情況之變遷而有異，立法上自不宜限制過嚴，否則被害人不能獲得賠償，有失情理之平，惟如過於寬泛，亦易啟人民好訟之風，並非國家社會之福。現行法第一百九十五條第一項就受侵害得請求損害賠償之人格權，僅列舉身體、健康、名譽、自由四種，揆諸現代法律思潮，似嫌過窄；爰參照各國立法例與斟酌我國固有之道德觀念，擴張其範圍，使及於信用、隱私、貞操及其他人格法益而情節重大者，以符合首開規定之意旨，加強人格權之保護。

10.增設不法毀損他人之物者，除金錢賠償外，應負回復原狀義務，許被害人請求回復原狀。（修正條文一九六條）。

11.損害賠償之方法中，雖以回復原狀為原則，但仍應許被害人請求回復原狀所必要之費用以代回復原狀，俾合乎實際需要並周密保護被害人。（修正條文二一三條）

12.增設損益相抵之規定（增訂條文二一六條之一）。按損益相抵自羅馬法、德國普通法以來，即為損害賠償之一大法則。蓋損害賠償之目的，在排除損害，回復損害發生前之同一狀態，非使被害人因此而受不當之利益，故如被害人因發生損害賠償義務之原因事實，受有損害，同時受有利益時，即應由損害額中扣除利益，以其差額為賠償額。此項損益相抵之原則，雖散見於民法各條中，惟尚無專條規定，爰予增訂，以期周延。㊸

該草案修正之精神，可說是以我國民法制定以來，關於侵權行為法在適用上所得到之經驗（包括不合時宜與不敷所需）作為依據，加以擬定。且其中第8、9兩項亦有斟酌我國固有之道德觀念，以為擬定，誠屬可喜。惟因我民族性本即不嗜訴訟；復因現今民事訴訟，不但案

㊸　參閱法務部，民法債編部分條文及民法債編施行法修正草案，頁4～7，頁58～74。

件多，法官負荷超量，而且關係複雜（諸如責任舉證不易、無法計算損害金額……），判斷不易，致官司曠日費時；再加上一般人不諳民事訴訟技法，又無力聘請律師（有時是律師費與自己耗費之精神加起來遠超過勝訴所得），故要通常百姓（升斗小民）起而為權利戰鬥，恐怕心力皆有不足，但其不起而為權利戰鬥，並不等於沒有權利觀念。解決之道，除應針對前述影響民事訴訟諸因素，妥擬改善方策外，若能參酌我固有法上明定侵權行為損害賠償之額度（如計贓之法），且能將公權力介入同時兼具刑事犯罪與民事侵權行為性質事件之民事責任追訴當中（即法院依職權判決該類侵權行為應負之責任與效果），將有助於侵權行為法之落實，促進權利之保障。蓋如前述唐律上有關侵權行為法之規定，雖不免仍有民刑（甚至行政）不分之弊，但不容否認，在若干程度上，透過行政程序或刑事訴訟上強制手段，確能有效確保私益。在現今社會，科技日新月異，人民權益受他人（或國家）侵害之可能性與日俱增。而且，集體受害情形亦正快速增加當中，除有賴保險制度之補救、社會福利政策之落實外，如何以唐律上各種優良機制（如上所述，但去除民刑不分之弊），運用於現行民法（尤其是特殊侵權行為法）上，不失為值得思考之課題。此亦是唐律（固有法）與現行繼受法間調和之較佳模式。

財產法學

論人格權之經濟利益

謝銘洋*

---

*作者為德國慕尼黑大學法學博士，現任臺灣大學法律學系副教授

論人格權之經濟利益

壹、問題之提出

人格權之保護，向來一直為民法上重要之討論課題。然而過去所重視者主要為人格權受侵害時之損害賠償問題，特別是非財產上之損害賠償。因此當著名歌星鄧麗君過世後，有人擬用其肖像製作紀念銅幣，或使用其生前之簽名於商品上並販售營利，而其繼承人欲出面有所主張時，此時即突然讓法律人驚覺過去有關各種人格權保護之討論，於此時竟然絲毫派不上用場，因為肖像權與姓名權均屬於人格權，而人格權不得讓與或繼承向來為國內學界與實務之通說，其結果，鄧麗君之家屬對於他人之使用、營利行為，將無法為任何主張。此一結果，相信許多人都會覺得奇怪與不平，而法律人引用上述通說之回答恐亦無法令人信服。

面對此一問題，不禁令人對人格權不得讓與或繼承之前提，以及人格權之內涵有所質疑。人格權是否果真絕對不得讓與或繼承？人格權之內涵是否只限於人格利益之保護，上述案例所涉及之經濟利益，是否亦屬於人格權內涵之一部份?如果人格權果真有經濟利益之內涵，則應如何予以保護？人格權之權利人是否、以及在何等範圍內得將其權利授權他人使用，以實現其經濟利益？人格權之經濟利益內涵是否對人格權絕對不得讓與或繼承之前提有所影響？這些問題，已經隨著社會之發展與經濟活動之擴大，而逐漸浮現出來，值得吾人重視。本文參酌德國立法例、案例以及學說，嘗試對上述問題加以說明與探討，希望有助於這些問題之釐清與解決。

貳、人格權之概念

一般而言，人格權可以分為「特別人格權」(die besondere Persönlichkeitsrechte) 與「一般人格權」(das allgemeine Persönlichkeitsrecht)，前者係指法律（民法及其他法律）具體規範予以保護之人格權，例如民法所規定之姓名、生命、身體、健康等權利；後者則為民法第十八條所概括規定之人格權❶。

一、特別人格權

現行法中關於人格權之規範相當多，除民法外，在著作權法、專利法、個人資料保護法中，亦均有保護人格權之具體規範❷。

民法所規定之特別人格權，主要為姓名權（民十九條）。姓名不僅用以指稱特定之人，也是用以區別人與人之憑藉。姓名權所保護之客體相當廣❸，除自然人之姓名、筆名、藝名之外，私法人（包括社團、財團）與公法人之名稱、無權利能力團體之名稱、事業名稱❹，

---

❶ 王澤鑑著，民法總則，頁88。

❷ 當然，除此之外，刑法亦有許多規範與人格權之保護有密切關係，惟其並不屬本文論述之範圍。

❸ 見施啟揚著，民法總則，頁102以下。

❹ 我國實務上明白肯認公司商號之名稱屬於人格權之一種，見最高法院七

甚至政黨名稱等，亦均包括在內❺。另外，第一百九十四條與第一百九十五條所規定之生命、身體、健康、名譽、自由，亦屬於特別人格權之範疇。

其他法律所規定之人格權，以著作權法之規定最為清楚，其規定著作人就其著作享有公開發表之權利（著十五條），著作人於著作之原件或其重製物上或於著作公開發表時，有表示其本名、別名或不具名之權利（著十六條），著作人有保持其著作之內容、形式及名目同一性之權利（著十七條）。這些權利被稱之為「著作人格權」，亦屬於特別人格權之一種，其不同於其他人格權者，在於必須有精神上之創作，並符合著作權法保護之要件，始得享有之。著作人就其所享有之人格權，在著作權法有特別規定之情形，固然應優先適用著作權法之規定，然而在著作人格權無法涵蓋之處，著作人仍可享有其他人格權之保護❻，例如畫家於畫上之簽名被仿用於他人之畫上，著作人仍可主張其姓名權受侵害。著作人格權被侵害，被害人可請求損害賠償，對於非財產上之損害，被害人亦得請求賠償相當之金額，被害人並得請求表示著作人之姓名或名稱、更正內容或為其他回復名譽之適當處分（著八十五條）。

專利法中對於人格權亦有所規定，依該規定在雇傭關係及出資聘人關係中所完成之發明、新型、新式樣，其專利申請權及專利權歸屬於雇用人或出資人者，發明人享有姓名表示權（專七條四項）。此種姓

十一年臺上字七四七號判決。

❺ MünchKomm / Schwerdtner, § 12 RdNr. 21ff.; Palandt / Heinrichs, § 12 RdNr. 9ff.

❻ Fromm / Nordemann, *Urheberrecht,* 8. Aufl. 1994, Vor § 12, RdNr. 9.

名表示權亦屬於特別人格權之一種，在專利法規定之範圍內，固然應優先被適用，然而在其未規定之範圍內，民法有關人格權之一般規定仍有補充適用之餘地❼。是以發明人之姓名表示權受侵害時，其除得請求表示發明人之姓名或為其他回復名譽之必要處分（專八十八條四項）外，亦得根據民法第十九條之規定，請求損害賠償。

另外，民國八十四年公布實施之「電腦處理個人資料保護法」亦與人格權之保護有關，該法立法目的之一，即在於在保護人格權以免受到侵害，根據該法，資料之本人就其個人資料，享有若干權利，包括得查詢、請求閱覽、請求製給複製本、請求補充或更正、請求停止電腦處理及利用，以及請求刪除之權利（電四條）。該等個人資料保護權，在性質上亦屬於特別人格權之一種，其受到侵害時，被害人就財產上及非財產上之損害，均得請求賠償之（電二十七條）。

二、一般人格權

一般人格權可以說是要求別人尊重其人性尊嚴和人格發展之權利❽，性質上屬於一種「概括權利」（Rahmenrecht❾），其保護之範圍會隨著人類文化及社會經濟之變遷而逐漸擴大❿，並不容易界定，是以是否屬於受保護之範圍，應由法官就具體個案，依據利益衡量判斷之⓫，就目前而言，肖像權、隱私權⓬均屬一般人格權之範圍，其

❼ Bernhardt / Kraβer, *Lehrbuch des Patentrechts*, 4. Aufl., § 20 IV c), S. 241f.

❽ MünchKomm /Schwerdtner, aaO., § 12 RdNr.186.

❾ Fikentscher, *Schuldrecht*, 8. Aufl. 1992, RdNr. 1216f.

❿ 見王澤鑑著，民法總則，頁88。

雖未為法律所具體規範，然而亦為人格之重要表現。

我國民法第十八條仿瑞士立法例（民二十八條），對一般人格權明文加以規定，使一般人格權之保護有直接之法源依據，屬於較佳之立法方式。德國民法僅規定特別人格權，對於一般人格權並未明文規範，惟自二次戰後，隨著科技之進步，錄音機、錄影機、竊聽器等出現，利用這些科技之產物，很容易對他人之言行舉止加以探知，甚至於固著後加以利用，對於他人之隱私形成極大之威脅，而有損人性之尊嚴與人格之發展，然而這些情形並非民法所具體列舉之人格權所能涵蓋，是以聯邦最高法院於一九五四年之一項判決中，即認為這種情形構成法律漏洞，並以當時基本法第一、二條之規定為基礎，明白肯認一般人格權之存在，認為其屬於憲法所保障之基本權利⓭，迄今一般人格權在德國已具有習慣法之地位⓮。

我國雖有一般人格權之規定，然而對於人格權受侵害之精神上損

⓫ MünchKomm /Schwerdtner, aaO., § 12 RdNr. 188.

⓬ 司法院71.3.13司法業務研究會第一期，對於以透露幽會情節騷擾，致他人精神痛苦之情形，司法院第一廳研究意見即明白肯定隱私權亦屬於人格權之一：「按我國民法雖未就秘密權（亦稱隱私權）設有特別規定，惟秘密權亦屬人格權之一種。秘密權旨在保護個人之私生活為其內容，侵害秘密權，固常伴隨名譽權亦併受侵害，惟前者重在私生活之不欲人知；後者重在社會評價之低落，兩者仍有區別。本題甲男之行為係故意以背於善良風俗之方法加損害於丙女，丙女依民法第一百八十四條第一項後段規定，請求甲男賠償其非財產上損失，應予准許」。

⓭ BGHZ 13, 334, 338.

⓮ Larenz, *Allgemeiner Teil des Deutschen Bürgerlichen Rechts*, 7. Aufl. 1989, S.128.

害賠償，特別是慰撫金，則採德國立法例，以有法律規定者為限（民十八條二項）。惟在德國此一限制之妥當性，普遍引起質疑，因侵害一般人格權有時並未對被害人造成財產上之損害，然而卻對其精神造成鉅大之損害，在法律無明文規定之情形下，便無法請求任何賠償，對被害人甚不公平，保護顯然不周。為避免此種不公平之現象，德國聯邦最高法院已透過類推適用突破此一限制，而肯定對一般人格權之侵害，在一定之條件下，得請求精神上之損害賠償⓯。我國法院實務亦有類似之趨向，由最高法院許多案例可知其一方面試圖擴大民法第一百九十五條之適用範圍，例如將侵害貞操權認為同時構成對身體或名譽之侵害⓰，或認為該條規定所列被侵害之客體，僅是例示規定⓱，另一方面則認為如果受侵害者只是人格利益，而非人格權，不受民法第十八條第二項之限制，而可以根據民法第一百八十四條第一項後段就精神上之損害請求賠償⓲。而國內學者亦傾向於認為民法第一百八十四條所稱之損害賠償，包括財產上與非財產上之損害賠償⓳，以擴

⓯ BGHZ 35, 367, 39, 131，其對於因故意過失而嚴重侵害一般人格權之情形，類推適用德國民法第八百四十七條第一項之規定，肯定被害人就精神上之損害亦得請求損害賠償，而不受民法第二百五十三條（與我民法十八條二項類似）之限制，此一見解亦受到德國憲法法院之贊同，見BVerfG 34, 269=NJW 73, 1221; Larenz, aaO., S.128f.; Medicus, *Allgemeiner Teil des BGB*, 6. Aufl. 1994, RdNr. 1077ff.

⓰ 最高法院四十六年臺上字一八七七號判決。

⓱ 最高法院五十八年臺上字一三四七號判決，並因而認為夫妻共同生活之圓滿安全及幸福，亦應屬於民法第一九五條第一項所保護之客體。

⓲ 司法院71.3.13司法業務研究會第一期，司法院第一廳研究意見。

⓳ 詳見王澤鑑著，人格權之保護與非財產損害賠償，民法學說與判例研究

大精神損害賠償之請求依據。

參、人格權之經濟利益內涵

由上述對人格權概念之說明，可知過去國內外有關人格權之規範與討論，基本上大多集中於人格利益之保護上，特別是人格權受侵害時之損害賠償問題，此乃由於現代法治國家強調對個人權益之保護，是以人格權受侵害時之保護問題亦普遍受到重視。

人格權受侵害時之損害賠償固然重要，惟此畢竟屬於靜態面、消極面之保護，其所強調者為人格權之完整性與不可侵犯性。然而值得進一步探究者為，人格權之內涵是否果真以對其完整性與不可侵犯性之保護為限？做為具有排他效力之權利，人格權是否尚有其動態、積極之一面？人格權是否僅在於保護人之私的生活領域，或者亦及於人之經濟生活領域？人格權是否有其經濟利益？

在現代社會中，經濟活動已經成為人類社會生活中極為重要之一部份，而且隨著社會之發展與科技之進步，經濟活動之範圍亦隨之而擴大，有一部份之人格權所保護之客體也因而已經成為經濟活動之客體，最明顯之情形即為姓名與照片，例如著名之影歌星或運動選手同意或授權他人將其簽名或照片使用於商品上或廣告上。另外諸如事業名稱之讓與或授權他人使用、同意他人使用其個人之資料等情形，亦均屬之。這些情形，均迥異於傳統所討論之人格權保護之問題，並顯示出有一部份之人格權，並非只是單純具有人格利益之內涵，其尚包含有經濟利益之內涵，權利人透過權利之行使，可以享有一定之經濟

第一冊，頁31以下。

利益，而且這些行為符合社會發展之需要，並為社會通念所接受，在法律秩序上亦應該被肯認⑳。

至於哪些人格權具有經濟利益之內涵，則應依各個不同之人格權而各別認定之。原則上愈接近人格利益核心之權利，其經濟利益內涵就愈少，例如生命權，即應無容許其有經濟利益內涵存在之餘地，至於健康、身體、自由等人身權利，其經濟利益之內涵亦極為有限。另外，非人身性之權利，而是與社會接觸有關之人格權，例如姓名權、肖像權、名譽權、隱私權、著作人格權、個人資料保護權等，其具有之經濟利益內涵則較多。惟值得注意者，縱使在此種情形，人格權經濟利益內涵之實現仍有其界限，如果經濟利益之實現，對人格利益之影響，已經超出社會通念所能接受之程度，並對權利人之人格利益造成嚴重之損害，則仍不得為之，例如在拍攝照片專輯或錄影帶之契約中，約定在長達數天之拍攝過程中，被拍攝人完全不得任意行動或離開片場，或完全應該按照攝影師之意見擺出姿勢，而不得有任何異議，此即涉及對被拍攝者自由權之限制與損害。

以下分別就具有較高經濟利益內涵之人格權，以及該經濟利益內涵所受之保護，進一步加以說明。

---

⑳ Vgl. Forkel, Allgemeines Persönlichkeitsrecht und wirtschaftliches Persönlichkeitsrecht, Festschrift für Karl H. Neumayer, 1985, S.229ff. 在該文中作者對於有些學者認為人格權僅在於保護私的生活領域，而不及於經濟生活領域之保護，並因而另外提出「經濟人格權」之概念，嚴予批評，其並引述其他學者之見解，認為一般人格權中已經包含對經濟利益之保護，並無必要另外創設「經濟人格權」一詞。

一、姓名權

就傳統之見解而言，姓名屬於人格之表現，性質上屬於人格權㉑。惟近來此一見解已經漸受質疑，因為姓名之作用主要在於作為人與人在生活秩序上相區別之標記，而且姓名權保護之適用範圍已逐漸擴大，並不以自然人之姓名為限，尚且及於事業名稱之保護，是以新近有許多學者並不認為姓名權為單純之人格權，其認為姓名權只有在指稱自然人之姓名，且不涉及營業交易時，仍具有人格權之性質；除此之外，姓名在營業交易上有其財產價值，其已經成為經濟活動上重要之客體，例如自然人之姓名可以授權他人使用於商品或公司名稱上㉒，事業之名稱可以讓與或授權他人使用，就此意義而言，姓名權應屬於無體財產權㉓，其具有經濟利益之內涵，至為明顯。

以姓名權作為經濟活動之客體時，其人格之因素已被淡化，因此並不適當再完全以人格上之因素，來思考其所產生之問題，例如主張事業名稱屬人格權，而人格權不得讓與或繼承，因而認為事業名稱亦不得讓與或繼承㉔，或者不得成為強制執行之標的㉕。此時比較多的

㉑ 見大法官會議釋字第三九九號解釋。

㉒ 例如商業登記法第二十六條，即容許以負責人之姓名作為商業名稱，公司法第六十八條亦容許以股東之姓或姓名作為公司名稱之一部份。

㉓ Vgl. Staudinger / Weick / Habermann, § 12, RdNr. 35f., 41; MünchKomm / Schwerdtner, aaO., § 12 RdNr. 20; Palandt / Heinrichs, aaO.; § 12 RdNr. 2.，此一趨勢由德國最新商標法 (1995)，將營業交易上使用之名稱、商號等，均列入商標法保護之範圍（五條二項），亦可得到印證。

㉔ 就此，德國商事法 第二十二條、第二十三條即肯定商號之讓與和繼承之可能性。德國法院亦認為在公司破產程序中，破產管理人得將公司名稱

應該是交易秩序面因素之考慮，例如事業名稱可以與其所屬之事業之全部或部份一併讓與，但是否得與其事業分離而獨立被讓與，即應考慮其獨立讓與是否會在交易秩序上引起混淆㉖。

姓名由於經常成為經濟活動之客體，因此其往往亦成為經濟法規所規範之對象，例如公平交易法第二十條即禁止以相關大眾所共知之他人姓名、商號或公司名稱，為相同或類似之使用，致與他人商品或營業、服務相混淆之行為，而商標法第三十七條第十一款亦禁止未經同意而以法人及其他團體或全國著名之商號名稱或姓名、藝名、筆名、字號，申請商標註冊。

姓名權之經濟利益內涵除對於事業名稱重要外，對於自然人之姓名亦有其重要之意義，特別是該自然人死亡之後。例如自然人死亡後，他人未經其家屬之同意，擅自將其姓名利用於商品上或廣告上，或甚至用於事業之名稱上。就純粹人格權之觀點而言，人格權原則上隨著自然人之死亡，而歸於消滅，並不得成為繼承之客體，只有在例外之情形，例如被歪曲醜化，始能受到保護，其家屬得請求禁止之㉗，然而如果他人之利用並無歪曲醜化之情事，其家屬即無從禁止之。此顯然構成法律保護上之漏洞，德國法院為克服此一問題，改採較寬之態

連同營業讓與他人，股東不得異議，縱使公司之名稱中包含該股東之姓名亦同，BGH 27. 9. 1982, NJW 1983, 755.

㉕ 例如司法院第二十一期司法業務研討會中，司法院民事廳之研究意見即認為：「獨資商號依商業登記法辦理登記之名稱，與人之姓名權同屬人格權，不得為強制執行之標的。」

㉖ Palandt/Heinrichs, aaO., § 12 RdNr. 16.

㉗ Larenz, aaO., § 8 II, S.130; MünchKomm/Schwerdtner, aaO., § 12 RdNr. 193.

度，認為縱使未達到被歪曲醜化之程度，亦應賦予死者之家屬防止死者之姓名被擅行使用之權利㉘。惟學界則更進一步，認為應該在一定之範圍內類推適用德國「造型藝術與攝影著作權法」對肖像權之保護（就此詳見後述），肯定家屬於姓名權人死亡後之一定期間內，對其姓名享有管理權（Wahrnehmungsbefugnis㉙），而非只是有禁止權，根據此一管理權，不僅可以禁止他人使用，亦可授權或同意他人使用。由此可以了解，縱使是自然人之姓名權，如果純粹從人格利益保護之觀點出發，並無法提供周全之保護，而有必要肯認自然人之姓名權亦有其經濟利益，且有保護之必要，甚至於其死亡之後，保護其家屬在一定之範圍內仍得繼續享有該經濟利益。

二、肖像權

所謂肖像權，係指自然人就以其為內容之攝影（包括照片與錄影）所享有之權利。肖像既是以自然人為內容，則其為人格之表現，並含有濃厚之人格利益，自不待言。惟應注意者，肖像權人之權利與拍攝者所享有之攝影著作權，兩者並不相同，不可混為一談。就同一張結婚照片而言，新郎新娘為被拍攝之對象，並成為該照片之內容，是以新郎新娘分別享有一個肖像權㉚；攝影師為拍攝之人，決定照相之構圖、光圈等，對於照片之內容有所創作，是以其就該照片享有著作權，新郎新娘只是配合其安排而表現特定之姿勢，對於該照片之內容並未

㉘ BGHZ 107, 384 Nolde.

㉙ MünchKomm/Schwerdtner, aaO., § 12 RdNr. 68, 195f.

㉚ 縱使是夫妻，其人格亦是個別獨立，並無共有之問題，是以縱使一張照片中有數人，各人仍然各別獨立地享有一個肖像權。

參與創作，是以並無法享有著作權。當然，此時由於被拍攝者與攝影師對於該照片均享有權利，因此難免會發生爭議，特別是攝影師如果主張依著作權法,就其所創作之照片享有公開發表或公開展示之權利，而未經被拍攝者之同意，將該照片公開展示於攝影公司之櫥窗，以招徠客戶，被拍攝者是否得對其有所請求?

此一問題，首先會涉及著作權法與民法在規範上之競合問題。著作權法係為保障創作並促進國家文化發展而設之規範，著作權之內容雖然包含有著作人格權,此種特別人格權有其特殊之規範目的與作用，其與民法上之人格權並不相同。原則上民法上所保護之人格權在法律價值判斷上屬於較高位階之法益，因為其乃是人類生存發展上最基本之前提。是以不能單純認為民法是一般規範，而著作權法是特別規範，即認為著作權之保護應優先或排除民法人格權之保護；正確地說，應該認為著作權法雖然對創作人賦予特別之保護，但並不能因此而犧牲對其他人的人格權之保護。是以創作人在創作之過程中或於利用該創作時，如有侵害他人人格權之情事，例如撰寫文章故意歪曲事實以攻擊他人，未經他人同意而擅自拍攝或公開其私生活照片，未經他人同意即以其日記或所提供之祕密資料撰寫傳記並出版，均會構成對他人人格權之侵害，仍應就其行為負責㉛。因此在前述情形，攝影師如果將該照片做不正當之利用，而有損於被拍攝者之名譽㉜，則其仍應負責。

㉛ 然而此種情形並不表示著作權人就不能主張其任何權利，如果被拍攝之人未經攝影師同意，而將該照片自行翻拍圖利，仍然會構成對攝影師著作權之侵害。

㉜ 較常見之情形，例如攝影師故意公開一些影歌星之穿幫照片。

雖然如此，如果認為肖像權僅具有人格利益之內涵，則上述攝影師公開展示該照片於櫥窗之行為，只要無不當利用之情事，對於被拍攝者之名譽或其他人格未造成損害，此時被拍攝者欲主張其受侵害而有所請求，便有困難㉝。此種情形對於被拍攝者並不公平，因為該照片之內容畢竟是其人格之表現，而其對於攝影師之任何利用行為，只要不侵害到其人格，均不能有所主張，甚至如果攝影師將該照片大量印製銷售圖利或做其他營利使用，被拍攝者亦無法為任何主張，其結果顯然過度保護著作權人之利益，而忽視肖像權人之利益，並不妥當。

類似之情形，往往在公眾人物身上更容易發生。公眾人物，例如政治人物、演藝人員、知名運動員、新聞人物、參與公開活動之人物，固然一般認為其肖像權應該受到限制，惟其受到限制之原因在於保障社會大眾知的權利。因此如果其肖像被正當使用於報導性、傳播性之用途，肖像權人並不能禁止之，然而如果其被使用於其他商業用途，則已經超出肖像權人所應受限制之範圍以外，雖然其使用之方式未必會對肖像權人之人格造成損害，然而對於肖像權人之經濟利益，卻有可能造成損害。如果單純地認為肖像權僅具有人格利益，則肖像權人對於無權利用之人便無法有所請求。

最近德國法院在一項判決中，對於將在服裝展所拍攝之服裝模特兒照片，未經模特兒之同意，即用於報導以外之商業廣告之行為，認為該廣告之內容並無不妥，不會引起道德上之不當聯想，因而認定該模特兒之人格並未受到侵害，而不容許其主張非財產上之損害賠償，

㉝ 因為如果認為肖像權僅及於對人格利益之保護，則只要不構成對其人格之侵害，被拍攝者即無損害可言，此時無論其要主張侵權行為或不當得利均有困難，因兩者均以有損害為前提。

但仍准許其根據不當得利，請求給付相當之報償[34]。由此案例可知，肖像權除人格利益外，尚有其經濟利益之內涵。

除此之外，德國法對於肖像權(Recht am eigenen Bilde)亦有相當周延之保護。依「造型藝術與攝影著作權法」（KUG[35]）第二十二條以下之規定，其所賦予之肖像權包括「散佈權」與「公開展示權」[36]，任何人欲將他人之肖像散布或公開展示，原則上須得到被拍攝者之同意始得為之，而且於被拍攝者死亡後，其家屬（配偶、子女或父母）仍可繼續享有十年之權利。雖然德國一般學說皆認為肖像權屬於人格權，且屬於特別人格權[37]，然而由其所賦予之權利內容觀之，其所保護者並不以人格利益為限，而尚及於經濟利益之保護，特別是其中之散布權，以及死後仍容許其家屬繼續享有一段時間之權利，因為散布通常是實現經濟利益之方法，而純粹之人格權則無法成為繼承之客體。

三、其他人格權

除姓名權與肖像權之外，其他人格權亦不乏包含有經濟利益之內涵者。例如某知名人物將其私生活之情形或日記，授權某家出版社獨家報導或出版，或者個人將其個人資料提供給他人製作資料庫，並同意其將該資料在網路上供公眾查詢，這些均分別會涉及隱私權與個人

[34] OLG Koblenz, Urt. v. 2. 3. 1995, GRUR 1995, 771ff.

[35] 該法制定於一九〇七年，嗣後於一九六五年制定著作權法時並未被廢止，目前仍屬有效之法律。

[36] 此外，依通說肖像權人尚享有「拍攝權」，vgl. MünchKomm/Schwerdtner, aaO. § 12 RdNr. 164.

[37] 由於德國對於肖像權有明文規範，是以一般認為肖像權屬於特別人格權，而我國對肖像權並未規範，是以其應屬於一般人格權之範圍。

資料保護權之運用。至於著作人格權之經濟利益，則通常與著作財產權緊密結合在一起，而被共同運用，例如著作完成後，授權出版社出版，在出版契約中即會涉及公開發表權與姓名表示權；作曲家授權他人就其所創作之樂曲，授權他人重新編曲，或小說家授權劇作家將其小說改寫成劇本，則在授與改作權之同時，均會涉及同一性保持權。

上述情形，均可以說明這些人格權亦各自具有一定程度之經濟利益內涵，只要運用之方法正當，而為社會通念所接受，則權利人亦可以獲取一定程度之經濟利益。

肆、人格權經濟利益之實現

如上所述，許多人格權在人格利益之外，尚具有其經濟利益之內涵，而在實際社會中，透過人格權之運用而取得正當經濟利益之情形，亦屬常見。然而這些行為在法律規範下之意義如何？其性質如何？在人格權不得讓與之概念下，相對人透過契約所能得到之權利範圍如何？這些均值得進一步探究。

一、讓與契約

人格權之權利人是否得將其人格權讓與他人？由於人格權具有高度屬人性，而讓與屬於終局之處分行為，將使權利人終局地喪失其權利，與人格權之屬人性質並不相符，是以其原則上應不得成為讓與之客體[38]。只有在例外之情形，例如事業名稱之讓與，或者是自然人之姓名被用來作為事業名稱，而隨著事業名稱一併被移轉，這些情形由

---

[38] Vgl. Staudinger / Weick / Habermann, aaO., § 12, RdNr. 53.

於事業名稱與營業交易有密切之關係，具有濃厚之經濟利益內涵，其人格因素已經被淡化（就此詳見前述），而不再具有屬人性，是以其應具有可讓與性。至於其他的人格權，雖然有的亦具有經濟利益內涵，然而其人格之色彩仍然相當明顯，是以並不具有可讓與性，以此為內容之讓與契約，應屬無效（民二四六條一項）。

二、授權契約

人格權原則上雖不得讓與，然而此並不排除權利人單方面同意，或以契約之方式容許或授權他人使用之可能性。在人格權之領域通常將容許契約(Gestattungsvertrag)亦稱之為「債權效力之授權契約」，與此相對者則為「物權效力之授權契約」㊴。在人格權不得讓與之概念下，人格權之權利人除債權性之授權契約外，是否亦得為物權性之授權契約，為一值得探究之問題，此一問題不僅涉及此兩種授權契約之差異，亦涉及物權效力之授權契約之本質。

（一）債權效力之授權契約

債權效力之授權契約，係指雙方當事人約定，人格權之權利人對於契約相對人（即被授權人）之使用行為不得主張其權利，特別是不得禁止其使用，以及請求損害賠償，授權人根據此一契約所負之義務僅為債權性之義務㊵，其並未負擔讓與被授權人任何權利之義務。此

㊴ 授權契約在智慧財產權之領域極為重要，惟在該領域所稱之授權契約，不論是專屬或非專屬授權契約，一般均認為其具有物權之效力；見拙著，契約自由原則在智慧財產權授權契約中之運用及其限制，收錄於拙著，智慧財產權之基礎理論，頁62以下。

㊵ Staudinger / Weick / Habermann, aaO., § 12, RdNr. 42.

種授權契約之內容，通常是容許他人使用其姓名、照片或隱密性資料等。

由於此種契約只是具有債權效力，而不具有物權效力，被授權之人並不因之而成為權利人，其並不取得任何可以排除或對抗他人或其他被授權人之權利；但其可經由授權而行使姓名權人之權利㊶。此種同意契約之內容，特別是時間上、地域上之限制，以及被授權人得否將其權利再授與他人，悉依當事人之約定。由於此種契約屬於繼續性契約，是以若有重大事由，一方得終止之。惟此種契約，如果涉及姓名之授權使用，而且會導致營業交易上之混淆，則應屬無效㊷。

債權效力之授權契約由於僅對權利人產生債權性之拘束力，權利人根據此契約僅有容忍他人使用之義務，而未發生權利之移轉，權利人亦未喪失任何權利，其與人格權之本質並不相牴觸，是以此種契約之效力普遍獲得肯定㊸。

（二）物權效力之授權契約

比較有爭議的是物權效力之授權契約。物權效力之授權契約是指，經由契約之約定，被授權人在約定之範圍（時間與地域）內，取得權利人之權利，並得行使之。其與債權效力之授權契約不同之處在於：債權效力之契約僅在當事人間有其拘束力，而物權效力之契約則

㊶ Palandt / Heinrichs, aaO., § 12 RdNr. 17; MünchKomm / Schwerdtner, aaO., § 12 RdNr. 76.

㊷ BGHZ 1, 241, 246.

㊸ Vgl. MünchKomm / Schwerdtner, aaO., § 12 RdNr. 76; Staudinger / Weick / Habermann, aaO., § 12, RdNr. 43; Palandt / Heinrichs, aaO., § 12 RdNr. 17.

是權利人將其權利之全部或一部移轉於被授權人，被授權人不僅有使用之權利，尚得以權利人之地位排除或對抗他人。其與讓與契約不同之處，則在於讓與契約為終局之處分行為，而物權效力授權契約之被授權人只是在一定之時間和地區內取得權利，並非終局地取得其權利，權利人仍保有權利之本體㊹。

物權效力之授權契約由於仍然會涉及權利之移轉（雖然原則上只是一時性），因此當事人是否得就人格權訂立此種契約，即不免引起爭議。玆舉兩則德國發生之案例說明之。

首先為「NENA」案㊺。一藝名為NENA之歌星與原告（一仲介管理團體）訂立一契約，根據此契約，原告就NENA之肖像與姓名，享有使用於各種商品上之全球專屬權利，NENA並將此一商業使用所需要之肖像權與姓名權讓與給原告，契約之有效期限為七年。原告取得授權後，即由原告統籌負責與有意將NENA之照片使用於產品上之製造商分別簽訂授權契約，並收取權利金。嗣後原告發現被告未經其同意，亦未經NENA本人之同意，即擅自散發印有NENA照片商品之型錄（包括運動衫、項鍊、信紙、鑰匙圈、領巾等），原告以其已經取得肖像之專屬使用，遂對被告提起訴訟，請求被告償付相當於權利金之金額。被告抗辯主張原告取得專屬使用權之行為應屬無效，因肖像權屬於人格權，不得讓與。

此案件經法院審理後，地方法院判決原告勝訴，被告不服後提出上訴。高等法院接受被告之見解，認為肖像權屬於人格權，應不得讓

㊹ Vgl. Forkel, Zur dinglichen Wirkung einfacher Lizenzen, NJW 1983, 1764, 1765.

㊺ BGH 14. 10. 1986, GRUR 1987, 128.

與，且原告與NENA所訂立之契約僅具有債權之效力，原告並不因而取得對抗第三人之權利，被告就其擅自使用之行為僅對NENA本人負有賠償之義務，遂改判原告敗訴。聯邦最高法院肯定肖像權屬於人格權之一部份，認為被拍攝之人就其照片有自由處分之權利，其亦得同意他人使用其照片，該同意可以明示或默示之方式為之，亦可以有限制地或無限制地授與散布之權利，至於同意之效力如何，則應依個案之具體情況解釋認定之，在本案姑不論肖像權是否不得讓與，由於原告並非主張其不作為請求權，而只是請求相當於權利金之給付，其請求基於不當得利應准許之，且根據原告與NENA之概括授權契約，原告亦取得對第三人收取權利金之權利，因而推翻高等法院之見解，改判原告勝訴。

另一案例為「大學徽章」案㊻，一大學將其校名、校旗與校徽之商業利用權利讓與給原告，使原告取得將校名等使用於衣物（如運動衫）上並為銷售之權利，原告並得為次授權或與第三者訂立使用契約，惟該原告每年應依其營業額，給付大學報酬。而被告並未曾取得大學之授權，即自行銷售印有校名之運動衫。原告遂起訴請求禁止被告繼續銷售該類運動衫，並請求損害賠償，被告則對原告與大學所訂立之契約之有效性提出抗辯。地方法院駁回原告之訴，高等法院則推翻原判決，改判原告勝訴，其認為原告與大學所訂立之債權性契約應屬有效，並肯定原告自大學受讓取得防衛之權利。惟聯邦最高法院則認為高等法院一方面認為原告與大學所訂之契約為債權契約，另一方面卻又認為原告與大學間有權利之讓與，顯有矛盾，其並認為本案涉及姓名權，而通說認為姓名權不得為物權性之讓與，因而認為原告與大學

㊻ BGH 23. 9. 1922, NJW 1993, 918ff.

所訂之契約僅有債權效力而無物權效力，原告無法自大學取得權利，遂廢棄高等法院之判決並將其發回。

在上述NENA案中，德國聯邦最高法院對於人格權是否得為物權效力之授權，並未明白表示其意見，而在大學徽章案中則明白否定姓名權可以為物權性讓與之客體。由此二案例吾人可以明瞭，如果認為人格權之權利人僅得為債權效力之授權，則被授權人之地位就相當弱，其只能根據不當得利之規定對未經同意而擅自使用之第三人有所請求；反之，如果肯定具有物權效力之授權契約，則被授權人除不當得利外，尚且可以權利人之身分，對第三人請求侵權行為之損害賠償，並得請求其不作為。

由此二案例觀之，一般認為德國實務上對於人格權不得讓與之態度並未改變㊼。然而以研究授權契約著稱之Forkel教授則認為聯邦最高法院在 NENA 案中並未直接採取通說之見解，顯見其對於是否仍要堅持人格權絕對不得讓與之見解已經有所懷疑；此外，其對於聯邦最高法院嗣後在大學徽章案中所持之見解亦嚴格加以批評㊽。其認為基於社會發展之多樣化與分工，僅承認債權效力之授權契約，已經與現實社會之需要不相符合，因為權利人有時並不能或不願意自己管理所有之人格權，而必須透過他人之幫助，藉由他人之（專業）能力與資金，而實現其人格權之利益，此時如果能賦予被授權人較強之地位，使其得以自己之地位對抗第三人，且亦得為次授權，不僅對被授權人

㊼ Vgl. Staudinger / Weick / Habermann, aaO., RdNr. 42, 45, 49; Palandt / Heinrichs, aaO., RdNr. 17.

㊽ Forkel, Zur Zulässingkeit beschränkter Übertragungen des Namensrechtes, NJW 1993, 3181ff.

較有保障，對於人格權利人利益之實現亦有所幫助[49]。因此不應該拘泥於人格權絕對不得讓與之觀念[50]，而應該在「人格權不得讓與」與「人格權僅得為債權效力之授權」之間，尋找出一中間出路，以符合社會發展上之需要,亦即應肯定人格權在一定之程度內具有可讓與性,因而提出「限制性讓與」(Beschränkte，或稱「約束性或關連性讓與」Gebundene Übertragung）之觀念，認為被授權人所取得之授權，係由本體權利（即母權，Mutterrecht）所分離出來之部份權利內容（即子權，Tochterrecht)，此一分離並非終局之分離或讓與，其強調分離出來之權利與本體權利之間仍有一定之關連存在，人格權人之權利僅於達成契約目的與利益之必要範圍內,分離並移轉部份權能於被授權人,一方面被授權人之利益因取得部份權利而可以受到保護，另一方面其本體權利仍然保留在人格權人處，以確保人格權主體之利益，人格權人於有重大事由時，仍得隨時終止契約，而且一旦此一分離之子權歸於消滅，則其權利內容即自動回復到人格權人身上，而不須要有任何返還之行為[51]。

雖然德國法院實務與許多學者基於人格權不得讓與之立場，而對於物權效力之人格權授權契約，仍持否定之態度，然而此一見解是否妥當，近來已經逐漸引起質疑，除上述Forkel教授之見解外，一些學

---

[49] Forkel, Lizenzen an Persönlichkeitsrechten durch gebundene Rechtsübertragung, GRUR 1988, 492, 493ff.

[50] 許多研究人格權之重要學者，如Kohler, v. Gierke 及 Hubmann 均未採取人格權絕對不得讓與之嚴格立場，見 Forkel, Zur Zulässingkeit beschränkter Übertragungen des Namensrechtes, NJW 1993, 3181.

[51] Vgl. Forkel, Lizenzen an Persönlichkeitsrechten durch gebundene Rechtsü-bertragung, GRUR 1988, 395, 493.

者對於人格權之絕對不得讓與性亦有所鬆動，而肯定在一定情形下，仍有為物權效力之讓與之可能性[52]。

基本上，人格權絕對不得讓與性係基於人格權之屬人性質所為之考慮，有其正確之處，然而隨著社會進步，部份人格權之經濟利益色彩已經逐漸展現出來，並成為經濟活動上重要之客體，如果以人格權絕對不得讓與為理由，對於物權性質之授權契約一概予以否定，不僅忽視人格權在當今經濟生活上之地位，並將使經濟活動受限於形式上之法律概念而陷於僵化，並產生許多問題。在此一情形下，Forkel教授之見解有其獨到之處，並值得注意。其所提出之「限制性讓與」之概念，一方面使人格權人於授權之後仍然享有權利本體之地位，而使人格權之屬人性質得以維持，另一方面使被授權人之地位得以強化，以保護其利益。另外，更由於此一理論能兼顧雙方之利益，將使授權制度在此一領域之運用得以發揮，對於人格權人經濟利益之實現將有極大之幫助。

伍、結　論

過去對於人格權之規範，在於保障人格之完整性與不可侵犯性，亦即著重於人格利益之保護，然而隨著社會多元化之發展，部份人格權已經逐漸成為經濟活動上重要之客體，此時原來之法律即不足以有效規範由此所產生之問題，而形成法律規範上之漏洞。欲填補此一漏洞，吾人應對人格權之內涵重新加以檢視，以了解哪些人格權除人格

[52] MünchKomm / Schwerdtner, aaO., § 12 RdNr. 74; Staudinger / Weick / Habermann, aaO., § 12, RdNr. 53, 55.

利益外，尚且具有經濟利益之內涵，並針對此一特徵，就該人格權之保護重新加以檢討。

經由對各種人格權之檢視，本文認為非人身性之人格權，特別是姓名權、肖像權，以及著作人格權，所具有之經濟利益內涵最為豐富，其中著作人格權已有特別法加以規範，而對於姓名權與肖像權之經濟利益之相關規範則付之闕如。雖然如此，其在經濟活動中仍具有相當重要之地位，特別是姓名權，其在營業交易上甚至已經被認為具有無體財產權之性質。

由德國之立法例觀之，其對於肖像權之經濟利益已經有所考慮，其明文規定肖像權之內容包括散布權與公開展示權，且肖像權人死亡後，其家屬仍可繼續享有十年之權利，對於姓名權雖未有類似規定，惟學說認為應類推適用對肖像權之規定，使其家屬於其死亡後在一定期間內仍得對其姓名享有管理權。由此可見，人格權在一定之範圍內並非完全不具有被繼承之可能性。

在人格權經濟利益之實現方面，通常是透過訂立授權契約之方式為之，至於人格權之終局讓與因與人格權之屬人性質不符，原則上應不得為之。授權他人使用時，如果是債權效力之授權契約，原則上並無問題，至於是否得訂立物權效力之授權契約，將人格權之部份內容讓與他人行使，則有爭議。德國法院基於人格權絕對不得讓與而認為物權效力之授權契約應屬無效；惟此一見解由於未充分考慮到人格權之經濟利益內涵，不僅不利於被授權人，亦無法充分保障人格權人之利益，因此遭到學者之批評，學者並提出一突破性之概念——「限制性讓與」，嘗試突破人格權絕對不得讓與之藩籬，並肯定物權性質授權契約之效力，以兼顧人格權人與被授權人之利益，此一見解值得吾人重視。由此亦可了解，人格權絕對不得讓與之原則在考慮到人格權之經濟利益時，亦已逐漸受到挑戰。

從德國立法例、案例與學說觀之，人格權之經濟利益在德國已經受到重視，並受到相當程度之保護。而我國對於此一問題，不僅欠缺法律規範，最高法院迄今亦尚未有相關判決產生，而學者亦甚少論述及此。然而由本文開端所提之案例，可知此一問題在我國並非不存在，將來一旦果真因人格權之經濟利益而發生糾紛，前述德國之相關規範與判決，甚至學說之見解，均極具參考價值。

第三人精神上損害賠償之研究

謝哲勝*

壹、引　言

貳、美國法上第三人精神上損害之賠償

一、意　義

二、性　質

三、構成要件之探討

參、國內適用之可能性

一、國內學者之論述

二、請求權基礎之探討

三、經濟分析

肆、構成要件之建議

一、故意或重大過失

二、不　法

三、加害人侵害被害人之生命、身體、健康權

*作者為美國威斯康辛大學法學博士，現任中正大學法律學系副教授

四、加害行為限於極端的暴力性攻擊，對第三人造成驚嚇、或休克具有特別的可能性

五、該第三人所受損害須為嚴重的精神上損害或因精神上損害造成身體上損害

六、第三人（一）限於近親或親密的夥伴（二）任何人，假如此種精神上損害造成身體上傷害

七、加害人明知該第三人在場

伍、第三人精神上損害賠償類型之探討

陸、結　論

第三人精神上損害賠償之研究

壹、引言

有一年，國內某法律學研究所入學試題中有「休克損害」之字眼，據考生事後戲稱，大部分考生看見此一名詞就休克了。此語固然是笑話，但也表示此一名詞在國內仍相當陌生，國內已有民法學者就此一問題加以論述❶，惟以德國法和法國法為立論基礎。鑑於第三人休克損害之賠償，美國法發展較早❷，作者相信自美國文獻探討此一問題，對此問題的闡明自有助益，乃撰寫本文。

所謂第三人休克損害之英文原文之意思為被告針對第三人所為之行為 (acts directed at a third person)，造成原告精神上之痛苦 (emotional distress)，從被告加害行為之直接被害人而言，原告即為第

❶ 王澤鑑老師所著民法學說與判例研究㈠（頁72～73，1983. 4.，七版）已提出此一概念；曾世雄教授在其大著非財產上之損害賠償（頁71～79，民82. 7.，初版）亦有詳細的論述。

❷ 美國法院在十九世紀即有准許此一損害賠償請求之判決，例如 Hill v. Kimball, 76 Tex. 210, 13 S. W. 59 (1890); Phillips v. Dickerson, 85 Ill. 11 (1877). 而德國法方面，國內學者所舉之判決，則遲至一九六九年，參閱曾世雄著，前揭❶書，頁74。

三人。然而該第三人遭受精神上痛苦並不必然導致休克，因此，本文乃以第三人精神上損害稱之，以表示此種損害為精神上損害態樣之一種。

本文第二部分介紹美國法第三人精神上損害之定義、性質、及構成要件。第三部分參考國內學者之論述，探討請求權基礎，並以經濟分析方法評估其在國內適用之可能性。第四部分分析此一類型之損害賠償引入國內後，如何架構其構成要件。第五部分列舉第三人精神上損害之類型，說明依本文見解應准予賠償之類型。本文最後總結認為第三人精神上損害，可以依民法第一九五條請求賠償，而此種損害賠償之承認可以作為保障人格權之有效方法之一，也可以彌補我國關於精神上損害賠償範圍太窄之缺陷。惟作者才疏學淺，論述不免有疏漏之處，尚祈法界先進不吝指正，無限感激。

貳、美國法上第三人精神上損害之賠償

第三人精神上損害賠償在美國法上是精神上損害賠償之一種，美國法對於精神上損害之賠償也是從早期保守見解，即不輕易准許賠償之請求並且須附帶於其他侵權行為訴訟，到現在承認精神上損害賠償可以為獨立之訴訟，並且採取概括承認之態度，因本文在探討第三人精神上損害賠償，因此以下介紹亦以第三人精神上損害賠償為中心加以探討❸。

一、意　義

❸　參閱Prosser & Keeton, *Torts*，pp.54～57 (5th ed. 1993).

第三人精神上損害是精神上痛苦 (mental or emotional distress) 的一種。對於此種損害請求賠償之事實，可以敘述為極端的暴力性攻擊 (extreme cases of violent attack)，故意或重大過失不法侵害他人生命、身體、健康權，致在場之第三人受嚴重精神上損害者，對該第三人負精神上損害賠償責任。以上係為明瞭方便，所下的定義，至於構成要件則須參照下述三而定。

二、性　質

第三人精神上損害是一種心理上之創痛(mental anguish)，構成對人格權之侵害，第三人精神上損害之態樣，有心神崩潰、精神異常、或休克等狀態，從其態樣來看，第三人精神上損害乃是非財產上損害❹。但是第三人精神上損害亦可能伴隨財產上損害，例如因精神異常、休克而送醫而支出醫療費用。因此，第三人精神上損害可能為非財產上損害伴隨著財產上損害，亦可能為單純的非財產上損害。雖然如此，第三人精神上損害仍以非財產上損害為主❺。

三、構成要件之探討

第三人精神上損害既為精神上痛苦之一種，茲將其構成要件分析

❹ 精神上損害是否即等於非財產上損害，用語上並非無斟酌之餘地，因非財產上損害包括生理上和心理上之痛苦，心理上痛苦固為精神上損害，然而生理上痛苦應為肉體上損害而非精神上損害。因此，如認為精神上損害即為非財產上損害，則精神上損害一詞即應包括生理上和心理上的痛苦。

❺ 以上參照曾世雄著，前揭❶書，頁71。

說明如下：

（一）極端的暴力性攻擊

1. 極端且太過分的行為(extreme and outrageous conduct)❻

被告的行為必需是極端的(extreme)且太過分(outrageous)，單獨的侮辱，並不構成此一要件。亦即此一行為對一般人均會造成憤恨，而大呼「太過分了」❼。該行為之極端且太過分之特性，可能 (may) 源於行為人濫用其地位或與他人之關係，使行為人有權威或權利去影響他人之利益，因此，雖然逮捕他人，或威脅將予以逮捕本身並不成立此一要件，但以威脅將予以逮捕而去勒索金錢，如被視為太過分，將可能成立此一要件❽；也可能 (may) 從被告明知他人易受精神上創痛之事實中判定❾；然而合法權利之行使即使太過分也不構成侵權行為，例如出租人趕走付不出租金且貧病交迫之承租人❿；是否極端且太過分是由法院來決定，如一般理性之人(reasonable men)對此有不同之意見，則由陪審團來決定⓫。

2. 最嚴重的暴力攻擊

從准許第三人精神上損害賠償判決之事實看來，到目前為止均限於最嚴重的暴力攻擊(most extreme cases of violent attack)，在此種情形，驚嚇和休克具有特別之可能性，因此，威脅將判決監禁其兒子⓬、

---

❻ 參閱 *Restatement of the Law, Second, Torts* §§1～280，p.72 (1965, 1989 reprint).

❼ 同❻，頁73。

❽ 同❻，頁74。

❾ 同❻，頁75。

❿ 同❻，頁76。

⓫ 同❻，頁77。

對其丈夫為粗暴之言語⑬、過失非法逮捕其夫⑭、其子⑮均無法請求第三人精神上損害賠償。

最嚴重的暴力攻擊所侵害他人人格權之範圍，從其行為之性質看來，應只有在侵害生命、身體、健康權之情形，在其他人格權之情形，則難想見有以最嚴重的暴力攻擊加以侵害者。

（二）故意或重大過失

在此故意是指行為人有意造成嚴重的精神上痛苦(the actor desires to inflict severe emotional distress)，或他知道此一痛苦為其行為必然或相當確定的結果(he knows that such distress is certain, or substantially certain, to result from his conduct)⑯。重大過失是指刻意地忽視行為造成精神上痛苦之高度可能性。(in deliberate disregard of a high degree of probability that the emotional distress will follow)⑰此與國內對於重大過失之定義「民法第四百三十四條所謂重大過失，係指顯然欠缺普通人應盡之注意而言，承租人之失火，縱因欠缺善良管理人之注意所致，而於普通人應盡之注意無欠缺者，不得謂有重大過失。」⑱用語雖有不同，但所指稱者應係相同。

（三）嚴重的精神上痛苦(severe emotional distress)

---

⑫ Hunt v. Calacino, D. D. C., 114 F. Supp. 254 (1953).

⑬ Bucknam v. Great Northern Railway Co., 76 Minn. 373, 79 N. W. 98 (1899).

⑭ Ellis v. Cleveland, 55 Vt. 358 (1883).

⑮ Sperier v. Ott, 116 La. 1087, 41 So. 323 (1906).

⑯ 前揭❻書，p.77。

⑰ 同⑯。

⑱ 最高法院二十二年上字二五五八號判例。

精神上損害必須確實發生，而且嚴重的(severe)，精神上損害有各種不同之態樣及名稱，例如精神上的傷害 (mental suffering)、精神上創痛 (mental anguish)、精神或神經上驚嚇或休克 (mental or nervous shock) 等等。這包含所有高度不愉快的心智上反應 (highly unpleasant mental reactions)，例如害怕(fright)、恐懼(horror)、悲傷(grief)、羞愧(shame)、羞辱(humiliation)、困窘(embarrassment)、憤怒(anger)、惱怒(chagrin)、沮喪(disappointment)、憂慮(worry)和噁心(nausea)。然而只有在極端之情形，亦即特別嚴重之情形，才成立此一要件⑲。

在社會上完全精神上平靜是不可能，短暫的和輕微之精神上創痛是和他人相處之代價，只有在此種創痛之程度嚴重到一般理性之人均無法期待其忍受時，法律才加以介入⑳，使被害人可以據以請求損害賠償。

一般情形，嚴重的精神上損害均伴隨休克 (shock)、疾病 (illness) 或其它身體上傷害 (bodily harm)，此時易於判定損害之真實性及嚴重性。但這並不意味著只有對身體上造成傷害才可以請求賠償，假如行為充分顯示極端且太過分，雖無身體上傷害，被害人亦得請求賠償㉑。

（四）因果關係(causation)

早期的判決均要求被告行為造成原告嚴重的精神上痛苦，並隨之造成明顯的身體上傷害 (demonstrable physical injuries)，才具有因果關係㉒，然而，目前之見解則認為只要此一行為造成原告嚴重精神上

---

⑲ 前揭❻書，p.77。

⑳ 同⑲。

㉑ 同⑲，p.78。

㉒ 此一限制是用來預防詐欺的訴訟主張(fraudulent claims)，例如Wilkinson

痛苦。雖未隨之造成明顯的身體上傷害，也可以請求賠償㉓。亦即關於原告之損害，被告行為極端過分之性質可能是個比真實的身體上傷害更值得信賴之指標㉔。

此一極端且過分之行為係針對第三人時，例如甲在其妻子丙面前為乙所殺害，乙知道其行為造成丙嚴重精神上損害幾乎是必然的或具有高度可能性，因而認為乙應對丙之損害負賠償責任。如前述，對丙而言，甲為第三人；對甲而言，丙為第三人，因此以第三人精神上損害一詞來表示此一損害之類型。在此一類型，因果關係上需符合以下要件：

1. 原告必需當時在場(were present at the time)

此類案件到目前為止，均限於原告於行為當時在場目睹，有別於事後聞知該行為，這是為了使精神上創痛之真實性得以確定而劃的界線，雖然妻子目睹丈夫被殺害和五分鐘後聞知丈夫被殺害之區別可能不大，然而聞知甘迺迪總統被暗殺而遭受精神上損害的人可能無以計數，而妻子在十年後才聽到丈夫被殺害所受之精神上損害即不如妻子在命案當場來的真實㉕，法律為了精確性的要求，不得不設此界線。基於此一原則，發現被殺害妹妹的屍體㉖，之後聞知丈夫或子女被攻擊㉗，均不能請求精神上損害賠償。

---

v. Associated Retail Credit Men, 105 F. 2d 62 (D. C. Cir. 1939).

㉓ Marc A. Franklin, *Torts* 13 (1988).

㉔ State Rubbkish Collectors v. Siliznoff, 38 Cal. 2d 330 (1952).

㉕ 前揭❻書，p.79；Prosser & Keeton, 前揭❸書，p.65。

㉖ Koontz v. Keller, 52 Ohio App. 265, 3 N. E. 2d 694 (1936).

㉗ Ellsworth v. Massacar, 215 Mich. 511, 184 N. W. 408 (1921); Knox v. Allen, 4 La. App. 223 (1926).

2.被告明知原告在場

被告明知該第三人（原告）在場，才能合理地預期該第三人會遭受精神上損害㉘，這也是就被告對於第三人精神上損害應負損害賠償責任之歸責理論基礎。然而被告不須明知該第三人與行為之直接被害人具有特殊之關係存在，如下述，特殊關係之存在只是用來確定精神上損害之真實性和嚴重性，因此，如第三人與直接被害人有特殊關係，但不為被告所知，被告對於該第三人所遭受之精神上損害亦須負損害賠償責任。

3.該第三人

⑴限於近親或親密的夥伴(near relatives or close associates)或

⑵任何人，假如此種精神上痛苦造成身體上傷害

請求賠償之權利人是否限於被害人之最近親屬或親密的夥伴，是個值得討論之問題，因為以上關係之人所受精神上損害之真實性和嚴重性較能確定。幾乎所有准許請求第三人精神上損害賠償之判決，該第三人均是最近親屬 (immediate family)，即父、母、配偶、子、女、和兄弟姊妹，然也有二個判決之情形該第三人並非最近親屬㉙，判決理由中也並未明白闡述限於最近親屬。況且即使是初認識之兩個陌生人同行逛街，其中一人在另一人眼前遭受殺害，或者孕婦目睹血腥事件，其所受之精神上損害均十分真實且嚴重的，而應加以補償，因此，此種身分關係，論者認為並非必要的，尤其當此種精神上損害造成身體上傷害時，更是如此㉚。

㉘ Prosser & Keeton，前揭❸書，p.65。

㉙ Hill v. Kimball, 76 Tex. 210, 13 S. W. 59 (1890); Rogers v. Williard, 144 Ark. 587, 223 S. W. 15 (1920).

符合以上構成要件，即可請求第三人精神上損害賠償，而為一獨立請求權，不須附帶於其他侵權行為中請求㉛。

（五） 無阻卻違法事由(defenses)

此種侵權行為類型以被告行為極端過分為必要，因而普通法上阻卻違法事由，例如善意(good faith)、合理的錯誤(reasonable mistake)在此均無法適用。然而依美國憲法第一增補條款之規定，如准許賠償將被視為對於言論自由或宗教自由之壓制，即可以作為此類型侵權行為之阻卻違法事由㉜。

參、國內適用之可能性

以上第三人精神上損害賠償之法制，不僅美國法肯定，德國和法國亦肯定，本部分先介紹國內學者已有之論述，再就現有法律規定分析可以作為請求權基礎之條文，最後再以經濟分析方法加強採用之說明力。

一、國內學者之論述

對於第三人精神上損害應否賠償（「即因目睹或聞悉損害事實受驚嚇刺激而致健康遭受損害之人，能否請求賠償」），王澤鑑老師認為應視法規保護目的而定，「不宜絕對予以肯定或全部加以否定，蓋絕對予以肯定，難免增重加害人之負擔，而全部加以否定，對受損害之

㉚ 前揭❻書，p.79; Prosser & Keeton, 前揭❸書，p.66。

㉛ 前揭❻書，p.72。

㉜ Marc A. Franklin，前揭㉓書，p.14。

人實殊不利，故於解決此類問題時，為權衡當事人之利益，應斟酌二項因素，以定責任之有無，即 1.第三人受驚嚇刺激受害之可能性，於此應在考慮其受驚嚇刺激之方式究為目睹，或為聞悉，其與被害客體之關係及被害人究為人、動物或其他財產。2.加害人過失之程度。基此認識，我們認為父母目睹子女，或妻目睹夫遭人故意殺害而致精神崩潰，健康受損時，得請求賠償。反之，甲之朋友聞悉甲之狗被乙車壓死，因酷愛該狗，因受刺激而致患病，則不得請求損害賠償。其他情形，應斟酌前述原則決定之。」㉝

曾世雄教授則認為「基本上，第三人損害之賠償，應持否定之態度為妥，僅在例外之情形，始予肯定。例外之情形，應以左列要件為限界：一、損害事故侵害及被害人者，限以非財產權，方有第三人休克損害之賠償之可能。如所侵害者為被害人之財產權，為避免與非財產上損害賠償客體之法定界線相抵觸，只有否定其賠償之可能性。又侵害非財產權，現以情節最重之死亡，俾符合例外從嚴之原則。二、被害人與第三人間存在之特別關係，必須是加害人所預見，或一般情況下所可預見。因為唯有憑藉此一預見之標準，方可將性質上原屬反射損害、間接損害者，改變為直接損害。加害人於損害事故發生時，如已預見將導致第三人休克損害，則該損害事故即可視同第三人休克損害之損害事故，易言之，此時一個損害事故，視為侵害被害人及第三人之共同事故矣。果如此，則民法第一百九十五條侵害人格權中之健康權益之條文，即可振振有詞而適用。」㉞

二、請求權基礎之探討

㉝ 參閱王澤鑑著，前揭❶書，頁72～73。

㉞ 參閱曾世雄著，前揭❶書，頁77～78。

（一） 民法第一百九十四條

第三人精神上損害之第三人，可能為被害人之父、母、子、女、或配偶，亦可能為兄弟姊妹、未婚夫妻、同居人、男女朋友、同事、朋友等其他之人，如為前者，民法第一百九十四條固然可以適用，如為後者，因條文明文限制只有父母、子女、及配偶，才可請求非財產上損害，則民法第一百九十四條即不能直接適用[35]。又因民法第十八條對於慰撫金（非財產上損害）限於法律有特別規定者，雖然並不能以該條規定完全否定類推適用之可能性，因為類推適用是超越法律之文義而為解釋適用，屬於造法之範圍，本與法律條文規定有出入，但類推適用應極端慎重，因有民法第一百九十五條直接適用之可能性，仍以不類推適用為宜，以免無謂之爭議。

（二） 民法第一百九十五條

民法第一百九十五條之規定係針對不法受到身體、健康、名譽、自由之情形，被害人可請求非財產上的損害，所謂被害人能否擴及第三人，不免有疑義[36]。基於侵權行為損害賠償之成立，損害和行為以有相當因果關係為必要，如認為被告之行為和第三人所發生之損害，具有相當因果關係，而被告對此損害亦有預見可能性，則殊無排除第三人依民法該條請求損害賠償之理由。美國法即以移轉的故意(transferred intent)[37]或第三人精神上損害幾乎確定會伴隨被告之行為

---

[35] 同[34]，頁72。

[36] 同[34]。

[37] 移轉的故意是指下列情形：甲開槍欲殺害或傷害乙，但不料卻打到丙，則應負故意侵權行為責任，「故意跟隨著子彈」，即從乙移轉到丙，參閱State v. Batson, 339 Mo. 298, 305, 96 S. W. 2d 384, 389.

而發生，因而可認定行為人具有故意[38]，或強調被告對於第三人精神上損害具有預見可能性，而被告對此結果之發生有過失[39]，作為行為人對其造成第三人精神上損害應負賠償責任之理由。而一般來說亦只限於第三人在侵害行為現場，且為被告所明知之情形，才准許賠償之請求。因為在此情形，第三人精神上損害可為行為人合理地預期[40]，則第三人所受精神上損害即可視為直接損害，而直接適用民法第一百九十五條規定請求賠償。如該第三人所受精神上損害亦伴隨著財產上損害，財產上損害則應依民法第一百八十四條規定請求賠償。

三、經濟分析

第三人遭受精神上損害如為真實，則此一損害既已發生，法律即應決定此種損害由誰負擔，決定由誰負擔之標準無非公平、效率和精確[41]。公平在此應係指究為誰造成此一損害，由可歸責者負擔，方符合公平之要求，恰如一般侵權行為人對故意和過失行為負其責任相同。

---

[38] 在 Rogers v. Williard 一案，被告在孕婦面前為侵害行為，在 Knierim v. Izzo, 22 Ill. 2d 73, 174 N. E. 2d 157 (1961). 被告告訴原告他將殺害其丈夫，之後果然殺了，均可以認為被告對於第三人精神上損害之發生並不違其本意。

[39] Hill v. Kimball, 76 Tex. 210, 13 S. W. 59 (1890); Young v. Western & Atlantic Railroad Co., 39 Ga. App. 761, 148 S. E. 414 (1929); Duncan v. Donnell, Tex. Civ. App. 12 S. W. 2d 811 (1929); Watson v. Dilts, 116 Iowa 249, 89 N. W. 1068 (1902).

[40] Prosser & Keeton，前揭[3]書，p.65。

[41] 公平、效率和精確為法律之三個競爭價值，為經濟分析方法之三個價值判斷標準，作者將再為文詳細加以說明。

效率在此則指法律應如何規定，使此種損害發生之可能性降至最低程度。而精確在此則是使人們可以有規則可循，知道其行為之後果，如有此種損害發生，應負責任者即應加以賠償，如無責任，則第三人亦不致於濫訴造成高額之訴訟成本，減少糾紛解決之成本，亦是法律必須精確之一大理由。

在第三人精神上損害之情形，該加害人有故意或重大過失，如課其賠償責任，則具有懲罰之作用，可以減少其再犯之可能性，亦因嚇阻之作用，可以減少他人為此種加害行為之可能性，因此使加害人負擔此種損害是符合效率的。

對於此一損害為加害人所造成又有可歸責事由，而受損害之第三人為無過失之第三人，因此，由加害人負擔此一損害亦是符合公平的。

從以上所述可知，就第三人精神上損害，由加害人負損害賠償責任，符合公平及效率原則，有疑問者為此一賠償責任之建立是否符合精確性。精神上損害難於確定，為傳統法制上對於其賠償責任採保守立場之主要原因，我國民法亦限於法律有特別規定才可請求精神上損害賠償（慰撫金），而依民法第一百九十四條及第一百九十五條規定，在侵害生命權之情形，則限於被害人之父、母、子、女、及配偶才可請求精神上損害，在侵害身體、健康、名譽和自由權之情形，實務見解則似乎認為僅被害人本人得請求非財產上損害㊷，這些均是欲限制賠償之範圍，使每件賠償均有其真實性。因而在不違反精確性之原則，

㊷ 五十六年臺上字一〇一六號判例：「凡不法侵害他人之身體、健康、名譽、或自由者，被害人雖非財產上之損害，亦得請求賠償相當之金額，民法第一百九十五條第一項固有明定，但此指被害人本人而言，至被害人之父母就此自在不得請求賠償之列」。

賠償範圍應可放寬，因此可以設計較為嚴格之構成要件，而使遭到損害之第三人大多可以請求賠償，才能符合公平效率之要求。只有過分放寬到使無精神上損害之第三人，可利用詐欺訴訟主張，而巧取不應得之利益，方違反公平效率之要求。因此，制度上若能避免第三人混水摸魚，使得到賠償者均為實際受有損害者，則似乎無反對准許此一賠償請求之理由。再者，加害人針對某一被害人之侵害行為如造成被害人以外第三人財產上損害，該第三人可請求損害賠償，例如甲放火燒乙之房屋，因火勢凶猛，延燒至鄰居丙之房屋，此時丙可依民法第一百八十四條第一項向甲請求侵權行為之損害賠償，而甲如在丙面前殺害乙，造成丙精神上痛苦，甚至造成身體上傷害，反而不得請求賠償，豈不陷入「重物輕人」之譏，對於加強人格權保護之法律思潮，豈不是一大諷刺。以下即依本段所述原則，參考學者論述及美國立法例，提出第三人精神上損害之構成要件。

肆、 構成要件之建議

第三人精神上損害之賠償採肯定見解之說明如上，本文主張在修法之前，應適用民法第一百九十五條作為請求權基礎，然而民法第一百九十五條立法之目的係針對加害之被害人之精神上損害為規範，對於第三人之精神上損害顯有另外建立其構成要件之必要，以下即參酌國內學者論述和美國法規定，提出第三人精神上損害賠償構成要件之建議。惟此一建議，並無主張排除民法第一百九十四條適用之意。

一、故意或重大過失

一般侵權行為是過失責任，但第三人精神上損害賠償應限於被告對於該第三人精神上損害之發生有故意或重大過失之情形，因為精神上損害並不似財產上或身體上損害易於預期，因而必須對於故意造成精神上損害，或對於造成精神創痛可能性刻意加以漠視之情形，才課以賠償責任。

二、不　法

有損害之發生，即推定行為不法，只有在行為人有阻卻違法之事由，才可以推翻此一推定。例如警察逮捕逃犯，逃犯拒捕攻擊警察，而為警察擊斃，雖造成在場之第三人精神上損害，警察之槍擊行為因為是合法公權力之行使，即可以阻卻違法，而免負賠償責任。

三、加害人侵害被害人之生命、身體、健康權

第三人精神上損害賠償在我國如欲承認之初，有主張只限於侵害生命權之情形㊸，以符合例外從嚴之原則，但基於第三人精神上損害賠償限於嚴重的精神上損害，且加害之行為限於最嚴重的暴力攻擊事例(most extreme cases of violent attack)，才可請求賠償，認定上十分嚴格，因此應不以生命權之侵害為限，身體、健康權亦有可能以最嚴重的暴力攻擊加以侵害，因此，也應包括在內。

四、加害行為限於極端的暴力性攻擊，對第三人造成驚嚇、或休克具有特別的可能性

一般之加害行為，對於第三人是否造成精神上損害可能有諸多遲疑，但極端的暴力性攻擊，例如危害生命之行為或血腥之行為，對於

㊸ 參閱曾世雄著，前揭❶書，頁77。

造成第三人精神上損害即具有特別的可能性，較易確認損害之存在。

五、該第三人所受損害須為嚴重的精神上損害或因精神上損害造成身體上損害

精神上之損害，如為一般性的或輕微的是與他人相處所必須承受之代價，而且精神上損害證明較難，為了免除濫訴，因此限於嚴重的精神上損害，即嚴重到一般理性之人均無法忍受 (so severe that no reasonable man could be expect to endure it) 這可由醫學加以證明，或因精神上損害造成身體上的傷害，例如造成孕婦流產或使人心臟病發，因證明更容易，損害更具體明確，亦應加以賠償。

六、第三人（一）限於近親或親密的夥伴（二）任何人，假如此種精神上損害造成身體上傷害

第三人精神上損害賠償承認之初，對於第三人與被害人之關係似乎有限制之必要。即使美國對此發展有上百年之久，幾乎所有准許賠償之判決，均是最近親屬，因為在此種情形，發生精神上損害之真實性較高。然而並不應排除最近親屬以外其他有特殊關係之第三人，例如未婚夫妻、祖父母、甚至同居人間，此種感情上之關係必須十分親密，才能使法官對於該第三人發生精神上損害有較高之確信。然而精神上損害如造成身體上傷害，可由醫學加以證明，則損害具體明確，無庸擔心濫訴之弊，因此，假如對第三人因精神上損害造成身體上傷害，無論其與被害人之關係[44]，則亦應加以賠償。

---

[44] 依曾世雄教授之見解，似乎須具備特殊關係才可請求賠償，參閱曾世雄著，同[43]，頁76～78。

七、加害人明知該第三人在場

加害人明知該第三人在場，能合理地預期此種精神上影響時，則此時加害人等於以加害被害人之方法，而達到加害該第三人之目的，使其遭受精神上損害，此時，第三人精神上損害顯然為直接損害，而非間接損害或反射損害。而加害人對此結果之發生顯有故意或至少有重大過失，因此，才課加害人責任，這也符合一般侵權行為之歸責理論。

伍、第三人精神上損害賠償類型之探討

以上係參照國內學者論述和美國法，對於第三人精神上損害賠償構成要件之建議，本部分接著探討依該構成要件如何適用在各種類型之第三人精神上損害。因目睹或聞知損害事實，而受驚嚇刺激之主要類型可分析如下㊺：

1.甲之父、母、子、女、配偶目睹甲遭乙殺死，受到嚴重驚嚇刺激。

2.甲之父、母、子、女、配偶目睹甲遭乙殺成重傷，受到嚴重驚嚇刺激。

3.甲之父、母、子、女、配偶聞知甲遭乙殺死，受到嚴重驚嚇刺激。

4.甲之父、母、子、女、配偶聞知甲遭乙殺成重傷，受到嚴重驚嚇刺激。

5.甲之未婚配偶、同居人、兄、弟、姊、妹目睹甲遭乙殺死，受到嚴重驚嚇刺激。

㊺ 參照王澤鑑著，前揭❶書，頁73。

6.甲之未婚配偶、同居人、兄、弟、姊、妹目睹甲遭乙殺成重傷，受到嚴重驚嚇刺激。

7.甲之未婚配偶、同居人、兄、弟、姊、妹聞知甲遭乙殺死，受到嚴重驚嚇刺激。

8.甲之未婚配偶、同居人、兄、弟、姊、妹聞知甲遭乙殺成重傷，受到嚴重驚嚇刺激。

9.甲之其他有感情關係之人，目睹甲遭乙殺死，受到嚴重驚嚇刺激。

10.甲之其他有感情關係之人，目睹甲遭乙殺成重傷，受到嚴重驚嚇刺激。

11.甲之其他有感情關係之人，聞知甲遭乙殺死，受到嚴重驚嚇刺激。

12.甲之其他有感情關係之人，聞知甲遭乙殺成重傷，受到嚴重驚嚇刺激。

13.陌生人丙，目睹甲遭乙殺死，受到嚴重驚嚇刺激。

14.陌生人丙，目睹甲遭乙殺成重傷，受到嚴重驚嚇刺激。

15.陌生人丙，聞知甲遭乙殺死，受到嚴重驚嚇刺激。

16.陌生人丙，聞知甲遭乙殺成重傷，受到嚴重驚嚇刺激。

17.在前述案例中，受損害之客體為甲之動物或其他財產。

第一種情形，依民法第一百九十四條可請求非財產上損害賠償，無須照本文見解（指依第四部分之構成要件）依民法第一百九十五條加以請求。

第二種情形，依民法第一百九十四條不得請求非財產上損害賠償，但依本文見解則可以依民法第一百九十五條加以請求。

第三種情形，依民法第一百九十四條可請求非財產上損害賠償。雖不符合本文第四部分之構成要件，但被害人之父、母、子、女、配偶因聞知死亡之訊息，客觀上因關係十分密切，精神上痛苦較易判別，無礙法律精確性，本文贊成此一適用結果。

第四種情形，依民法第一百九十四條不得請求非財產上損害賠償，依本文見解亦不可以依民法第一百九十五條加以請求。

第五、六種情形，依民法第一百九十四條不得請求非財產上損害賠償，但依本文見解則可以依民法第一百九十五條加以請求。

第七、八種情形，依民法第一百九十四條不得請求非財產上損害賠償，依本文見解亦不得依民法第一百九十五條加以請求。

第九、十種情形，依民法第一百九十四條不得請求非財產上損害賠償，依本文見解須視情形而定，但該第三人受有身體上傷害，則確定可以依民法第一百九十五條加以請求。

第十一、十二種情形，依民法第一百九十四條不得請求非財產上損害賠償，依本文見解亦不得依民法第一百九十五條加以請求。

第十三、十四種情形，依民法第一百九十四條不得請求非財產上損害賠償，依本文見解須視情形而定，但該第三人受有身體上傷害，則確定可以依民法第一百九十五條加以請求。

第十五、十六、十七種情形，依民法第一百九十四條不得請求非財產上損害賠償，依本文見解亦不得依民法第一百九十五條加以請求。

以上第五種以下之情形，准許第三人精神上損害賠償，均以加害人明知該第三人在場為要件。茲將以上各種類型列表如下：

類型編號	民法第一九四條准許	本文見解依民法第一九五條准許	造成身體上傷害才確定准許依民法第一九五條請求
1	✓	✓	
2		✓	
3	✓		
4			
5		✓	
6		✓	
7			
8			
9			✓
10			✓
11			
12			
13			✓
14			✓
15			
16			
17			

符合第一、二、三、五、六、九、十、十三、十四之情形，本文主張受害之第三人均可依民法第一百九十四或第一百九十五條請求精神上損害賠償，如精神上損害亦伴隨著財產上損害，財產上損害則依民法第一百八十四條請求賠償。惟侵權行為所造成之損害如非殺死或殺成重傷，而是較為輕度之身體、健康權受損，則須視具體情形而定，未可一概而論。

陸、結　論

侵權行為法及侵權行為法理論，往往受當時之政治條件、經濟發展、社會結構、以及當時法學思想體系之左右㊻。侵權行為造成第三人精神上損害，其對該第三人之權益影響程度並不下於財產上的損害，對於財產上的損害，該第三人可主張加害行為和損害有因果關係而請求賠償，對於精神上損害如無救濟之途徑，實有違加強人格權保護並擴大非財產損害賠償範圍之現代法學思潮㊼；對第三人所受精神上損害加以賠償，參考外國之法例，落實於我國民法中，實屬刻不容緩之事。如能參酌本文提出之構成要件，依民法第一百九十五條規定，對於侵權行為造成第三人精神上損害加以賠償，將能使民法典跟上保護人格權之趨勢，人民所受精神上損害才能得到普遍的救濟，法律也才能與人民之日常生活體認相結合，符合人民之福祉，因而更受到人民之信賴。

㊻ 參閱朱柏松著，侵權行為理論發展之新趨勢，法學叢刊，第一五三期，83. 1.，頁41～42。

㊼ 實務和學說均主張擴大非財產損害賠償之範圍，請參閱王澤鑑著，前揭❶書，頁48；邱聰智著，民法債編通則，民82. 8.，修訂六版，頁164～166；曾世雄著，前揭❶書，頁47～53；施啟揚著，民法總則，民83. 9.，增訂六版，頁101～102。

買賣契約之債權性及要式性

——兩岸民法之比較

詹森林*

---

*作者為德國法蘭克福大學法學博士，現任臺灣大學法律學系副教授

買賣契約之債權性及要式性

——兩岸民法之比較

壹、前　言

買賣行為，係人類自創造貨幣制度以來即存在之交易型態。抑有進者，買賣交易，不受不同之經濟體制而影響其存在。易言之，在資本主義國家，買賣契約固係典型交易行為；在社會主義地區，買賣交易仍為重要經濟活動。大陸與臺灣，基本上分別屬於計劃經濟及自由經濟體制，但買賣交易，在海峽兩岸日常經濟活動中，均占有重要地位。

臺灣自一九四五年以來，即以民法為買賣契約最根本之規範依據，其中並以總則編第四章「法律行為」（民七十一條至一一八條）、債編第一章「通則」第一節「債之發生」第一款「契約」（民一五三條至一六三條）及第二節「債之標的」至第六節「債之消滅」（民一九九條至三四四條）、債編第二章「各種之債」第一節「買賣」（民三四五條至三九七條）暨物權編第一章「通則」（民七五七條至七六一條）等條文，最為重要。簡言之，在臺灣民法上，買賣，乃有名契約❶之一

❶ 所謂有名契約，係指民法第三百四十五條至第七百五十六條所規定之契

種，故應先適用債編各種之債中關於買賣之特別規定，其無明文者，則應適用債編通則及總則編上之一般規定，至於買賣契約中所涉標的物所有權變動問題，則應適用物權編之相關規定。

在大陸，買賣亦屬民事法律關係，但由於迄今尚無完整之民法典，而係以一九八六年四月十二日公布，翌年一月一日施行之民法通則及其他各種民事單行法構成實質民法體系。因此，關於買賣行為，當然應適用民法通則之規定，其中並以第四章「民事法律行為和代理」(五十四條至七十條)、第五章「民事權利」第一節「財產所有權和與財產所有權有關的財產權」及第二節「債權」(七十一條至九十三條)、第六章「民事責任」第一節「一般規定」第二節「違反合同的民事責任」(一〇六條至一一六條)、第七章「訴訟時效」(一三五條至一四一條)等有關條文，最應注意。此外，經濟合同法關於無效之經濟合同（七條)、購銷合同中產品數量、產品及包裝、質量、價格、交貨期限等事項（十七條)、違反購銷合同的責任（三十八條）❷，暨工業產品質量責任條例就出賣人的瑕疵擔保等規定❸，亦均為處理買賣交易之依據。

本文擬以買賣之債權性及要式性為核心，比較兩岸民法就此問題在理論及實務上之異同，以供參考。

約類型而言，即買賣、互易、贈與、租賃、承攬、保證等等。若係法律未設明文規定之契約，則稱為無名契約，如信用卡、加盟店等等。參閱曾隆興，現代非典型契約論，民75，頁1～5。

❷ 高珂、湯樹榮，債務與勞動爭議案件司法實務，1993，新時代出版社，頁54～56。

❸ 梁慧星，論出賣人的瑕疵擔保責任，收於民法學說判例與立法研究，1993，中國政法大學出版社，頁147以下。

貳、債權性

一、債權行為與物權行為

買賣，乃法律行為之一種。法律行為，可分為負擔行為與處分行為。所謂負擔行為，係指以發生債權債務為目的之行為，故又稱為債權行為。債權行為因行為人一方之意思表示即可成立者，即為單獨行為，例如捐助行為是。債權行為以雙方當事人之意思表示一致始得成立者，則為債權契約，例如買賣、贈與、租賃、保證等。所謂處分行為，係指以直接使某種權利發生、變更或消滅為目的之行為。處分行為，亦得或以單獨行為（如所有權之拋棄或債務之免除）為之，或以雙方行為（如所有權之移轉或債權之讓與）為之。因處分行為而直接發生、變更或消滅之權利，若以物（動產或不動產）為客體時，稱為物權行為；倘該權利為物權以外之權利者（如債權、智慧財產權、礦業權等），則稱為準物權行為❹。

立法上區分債權行為與物權行為者，係以德國民法為典型（參閱該國民法四三三條、八七三條、九二九條），臺灣民法繼受之。以買賣交易為例，買賣契約乃債權契約，故雙方當事人締結買賣契約後，出賣人取得請求買受人支付價金之債權（民三六七條），物之買受人取得請求出賣人交付標的物並移轉所有權之債權（民三四八條一項）；權利之買受人則取得請求出賣人移轉該權利之債權（民三四八條二項）。但標的物之所有權或出賣之權利，並不因買賣契約之締結而直接變為買

❹ 王澤鑑，民法總則，民85，頁196。

受人取得，縱使買受人已支付全部價金者，亦同❺。該所有權或其他權利，尚須由出賣人與買受人作成另一物權或準物權契約，才會發生變動。此項物權契約，即為動產之讓與合意及交付（民七六一條）或不動產之讓與合意及移轉登記（民七五八條）；而準物權契約，則為債權、智慧財產權或其他權利之讓與（民二九四條）。因此，不動產在經其所有人與他人締結買賣契約後，辦理移轉登記完畢前，仍為原所有人（即出賣人）之產權，買受人於此時仍未取得該不動產之所有權。倘若出賣人之金錢債權人於上述之移轉登記辦理完畢前，聲請查封該不動產者，其聲請為有理由，法院應予准許，原所有人（即出賣人）不得依強制執行法第十二條聲請或聲明異議；買受人亦不得依該法第十五條提起第三人異議之訴，地政機關經法院通知後，並應改辦查封登記，而不得繼續辦理移轉登記（土地登記規則一二六條二項）。

大陸民事法律，在法律體系和結構上，固然亦深受德國民法的影響❻，但其現行民法是否承認物權行為，似尚有爭論。以最近見解而言，多數學說認為，大陸民法並不承認物權行為。依民法通則第七十二條第二項規定，按照合同或者其他合法方式取得財產的，財產所有權從財產交付時起移轉，法律另有規定或者當事人另有約定的除外。解釋上，該條項所謂「合同」，係指債權契約，例如買賣、互易、贈與等；所謂「其他合法方式」，則為合同以外之其他法定事件及行為，例

❺ 反之，不動產之買受人雖未支付價金，而依物權法之規定，出賣人移轉所有權於買受人之法律行為已生效力者，自不能因買受人尚未支付價金，即謂其所有權未曾取得，參閱最高法院二十七年上字八一六號、三十二年上字二〇五五號判例。

❻ 董安生，田土誠，民法，1993，月旦出版公司，頁7。

如繼承、遺贈、時效、添附等事件，及先占、善意取得、征用等行為；所謂「法律另有規定」，專指土地、房屋的物權變動，應辦理登記手續（土地管理法一〇條、城市私有房屋管理條例六條後段）。由此可見，在市場經濟中，債權契約係物權變動的主要原因，法律不要求另有移轉所有權合意的所謂物權行為，而係以所有權移轉作為債權行為及其他合法方式的當然結果，但要求以交付（動產）或登記（不動產）為生效要件❼。

據上所述，臺灣民法與大陸民法均認為買賣契約乃債權契約（債權合同）。但臺灣民法尚認為另有移轉標的物所有權合意之物權契約，動產所有權，因有此項移轉之合意及交付之行為，而由出賣人移歸買受人取得；不動產所有權，亦因有此項移轉之合意及登記之手續，而由出賣人移歸買受人取得。大陸民法則不承認有物權行為可言，惟買賣標的物為動產時，該動產所有權從交付時起，始移轉為買受人取得；其為不動產時，則應辦理所有權移轉登記，買受人才取得該不動產之所有權。

二、出賣他人之物

（一）臺灣法

如前所述，臺灣民法認為買賣契約乃債權行為，在買賣契約之外，另有移轉買賣標的物所有權必須之物權行為。因此，買賣契約遂具有債權性之性質。所謂債權性者，係指買賣契約性質上僅屬債權行為，

❼ 梁慧星，我國民法是否承認物權行為，同作者，論我國民法合同概念，分別收於民法學說判例與立法研究，1993，中國政法大學出版社，頁126，243；董安生，田土誠，同❻，頁110～113。

故買賣契約之締結，僅使出賣人負擔交付買賣標的物及移轉所有權之債務，但買受人並不因買賣契約之締結，即當然成為標的物之所有人❽。最高法院三十八年臺上字第一一一號判例謂：「買賣契約不過一種以移轉物權為目的之債權契約，尚難謂即為移轉物權之物權契約」，最足表現買賣契約之債權性。

由於買賣契約之債權性，故出賣他人之物之買賣契約，係屬有效；且正因為出賣他人之物之買賣契約為有效，故買受人始得依民法第三百四十八條第一項請求出賣人交付標的物並移轉所有權，並於出賣人無法履行是項給付義務時，依民法第二百二十六條規定請求出賣人賠償損害。出賣他人之物之買賣契約，並不使該「他人」（即物之所有人）因而喪失其所有權，故甲就乙之物與丙訂立買賣契約者，該物仍為乙所有，丙有無支付任何價金，均無不同，故甲與丙訂立之買賣契約，並非就乙之物為無權處分，該買賣契約自始有效，乙是否承認該契約，在所不問，縱乙表示承認該契約，對甲、丙間買賣契約之效力而言，亦無任何意義❾。換言之，他人之物之買賣，在債權法上仍屬有效（大理院三年上字四號判例）；買賣契約與移轉所有權之契約不同，出賣人對於出賣之標的物，不以有處分權為必要（最高法院三十七年上字第七六四五號判例）；縱買受人於締結買賣契約時，明知出賣人就出賣之土地並未取得所有權，但如買賣契約訂明出賣人負責保證確係完全所有物並無瑕疵，則在出賣人最後不能履行移轉所有權之情形下，對買

---

❽ 黃茂榮，買賣法，民80，增訂版，頁68；林誠二，民法債編各論（上），民83，頁61；邱聰智，債法各論上冊，民83，頁74。

❾ 王澤鑑，出賣他人之物與無權處分，民法學說與判例研究第四冊，民80，頁136以下。

受人要應負違約之責任（最高法院五十八年臺上字第三一四一號判決參照，民三五三條、三五一條）；買賣契約為債權契約，契約當事人之出賣人並不以所有人為限，上訴人辯稱，被上訴人並非上開土地及房屋之所有人，無權出賣該土地及房屋，兩造所訂買賣契約依法無效等語，顯無可採（最高法院六十九年臺上字第三九七號判決）。

出賣他人之物之買賣契約，係屬有效，已如上述。如出賣人為履行該買賣契約，而讓與標的物之所有權予買受人時，由於出賣人並非所有人，欠缺處分該物之權限，故此項讓與所有權之物權行為，構成無權處分，應經所有人承認，始生效力。因此，如買受人為惡意者，在所有人承認前，買受人仍未取得所有權；所有人拒絕承認者，買受人確定地未取得所有權，所有人得依民法第七百六十七條所定所有物返還請求權之規定，請求買受人返還其占有之標的物，標的物為不動產且已登記為買受人所有時，該登記狀態構成對原所有人所有權之妨害，原所有人得依民法第七百六十七條之所有權妨害除去請求權，請求買受人塗銷該登記。惟若買受人為善意者，出賣人雖為無權處分，買受人仍得依善意取得之規定（民八〇一條、九四八條、土地法四三條）取得所有權，喪失所有權之原所有人不得對買受人請求不當得利之返還，而只得請求為無權處分之出賣人依侵權行為或債務不履行之規定賠償損害，或對該出賣人依不當得利之規定請求返還其所受領之利益❿。

（二）大陸法

大陸民法雖亦認為買賣合同乃債權合同，但因基本上並不承認買

❿ 王澤鑑，三論「出賣他人之物與無權處分」，民法學說與判例研究第五冊，民81，頁77以下。

賣行為外另有所謂物權行為之存在，故在大陸民法上是否亦有所謂買賣契約債權性之概念，誠有疑問。惟出賣他人房屋之買賣行為，在大陸民法下，係屬無效，則有海南省瓊北中級人民法院一九九〇年瓊北法民一字第六號及海南省高級人民法院一九九一年瓊高法民上字第七號判決可稽⓫。

在該兩件判決中，出賣人甲以自己之名義將其兄長乙所有而委託甲代管之磚瓦木結構前鋪一間和後鋪兩眼出賣並交付予瓊山縣大致坡供銷社（丙）。乙請求法院確認甲、丙間之買賣合同無效，丙應返還房屋予乙。

海南省高級人民法院經開庭審理、調查、收集和核實有關證據後，查明訟爭房屋係乙之個人財產，未經乙本人授權或徵得其同意，他人無權出賣。本件買賣雙方甲、丙明知該房屋的產權人係乙，卻以甲為出賣人訂立買賣草契，其行為侵犯了乙的合法財產。參照最高人民法院於一九七九年「關於貫徹執行民事政策法律的意見」、一九八四年「關於貫徹執行民事政策法律若干問題的意見」中均規定：非所有權人出賣他人房屋的，應宣布買賣關係無效，故海南省高級人民法院遂撤銷一審法院認定事實不清、適用法律不當的判決，並改判⑴甲、丙就本案訟爭房屋的買賣關係無效、⑵確認該房屋為乙所有，丙應交還予乙，乙則應支付丙於占有期間內支付之房屋修理費及建造費、⑶甲應返還房屋價款予丙。

出賣他人之房屋，其買賣契約係屬無效⓬，買受人雖為善意，仍

⓫ 載於民事審判案例（上），月旦出版社，1993，頁359；請併參閱同書，頁241，所載上海市松江縣人民法院一九九〇松法民字第七一一號判決：贈與契約。

無法因善意而取得該房屋之所有權，因為對不動產所有權，並不適用善意取得制度。惟如出賣他人之動產，而買受人為善意，且出賣人轉讓該動產予買受人者，則出賣人雖為無權處分，但買受人仍得取得所有權，蓋依最高人民法院「關於貫徹執行民法通則若干問題的意見」第八十九條，受讓人通過交易而善意、有償取得可流通的動產者，得因善意而取得該動產之所有權⓭。

三、部分共有人出賣共有物

（一）臺灣法

在臺灣民法上，財產權之共有可分為分別共有及公同共有。分別共有者，數人按其應有部分，共有一物之所有權或共有他財產權也（民八一七條、八三一條）。公同共有者，依法律規定（如繼承，民一一五一條）或依契約（如合夥，民六八六條），數人成立一公同關係，並基於該公同關係而共有一物之所有權或共有其他財產權也（民八二七條、八三一條）。分別共有與公同共有之最大不同有二：⑴分別共有人相互間，係按其各自之應有部分，而共同享有所有權或其他權利，各分別共有人並得自由處分其應有部分（民八一九條一項）；公同共有人相互間則無應有部分可言，而係基於公同關係共同享有所有權或其他權利。⑵各分別共有人，原則上得隨時請求分割共有物；各公同共有人，在公同關係存續中，則不得請求分割公同共有物（民八二三條、八二九

⓬ 例外情形，參閱高珂、湯樹棨，同❷，頁42：信託合同中的經紀人有權以自己名義出賣委託人之物品；承運人有權出賣超過保存期限而無人認領的承運物。

⓭ 董安生、田土誠，同❻，頁130。

條)。

不論係分別共有或公同共有，如就共有物為處分時，均應得共有人全體之同意（民八一九條二項、八二八條二項)。但依土地法第三十四條之一規定，分別共有土地或建築改良物（如房屋）者，如經共有人過半數且其應有部分合計過半數之同意時；或部分共有人之人數雖未逾半數，但其應有部分合計超過三分之二者，經其同意時，雖未得全體共有人同意，仍得處分該分別共有之土地或建築改良物。土地或建築改良物雖非分別共有，而係公同共有時，亦得準用上開規定，而經部分公同共有人同意，即得處分之。

應強調者，買賣契約並非前揭民法第八百十九條第二項、第八百二十八條第二項或土地法第三十四條之一所稱之處分，故分別共有人或公同共有人中之一人或數人，未經全體共有人同意，或未達土地法第三十四條之一規定之人數及應有部分或公同共有權利，而以共有物為標的，與第三人訂立買賣契約者，該買賣契約依然有效，既不待其他共有人之承認；其他共有人縱表示承認，亦無任何意義可言。蓋法律所以規定，共有物之處分應得全體共有人之同意，其目的在避免因部分共有人之處分行為，致其他不同意之共有人喪失其對共有物之所有權。惟基於買賣契約之債權性，標的物之所有權並不因買賣契約之締結而有任何變動。出賣人為單獨所有人時（出賣自己之物)，固然；出賣人非所有人時(出賣他人之物)，亦然；出賣人為部分共有人時(出賣共有物)，仍然。因此，在共有人中之一人或數人出賣共有物之情形，其他不同意之共有人並不因該買賣契約而喪失其對共有物之所有權，自無必要使該買賣契約之效力，繫於其他不同意共有人之承認。故該買賣契約為有效，並有拘束締結契約之部分共有人及買受人之效力。買受人不得以該契約未經全體共有人同意而拒絕支付價金；締約之部分共有人亦應負出賣人之義務，並於無法使買受人取得所有權時，負債務不履行之責任⓮。買受人雖為惡意，但出賣之部分共有人與其約定將使其取得所有權者，亦同（民三五一條但書）。

以上所述，最高法院著有下列判決或判例，足供參考：「上訴人出賣與被上訴人之土地，雖據稱係與子女公同共有，現尚未得子女之同意云云，然既不能謂其買賣契約即債權契約尚未合法成立，則在該項債權契約未解除前，究不能謂其得以請求被上訴人返還訂約時所立之字據」（三十七年上字第七四六〇號判例）、「買賣並非處分行為，故公同共有人中之人，未得其他公同共有人之同意，出賣公同共有物，應認為僅對其他公同共有人不生效力，而在締約當事人間，非不受其拘束」（七十一年臺上字第五〇五一號判例）、「公同共有人中之一人或數人，以公同共有物所有權之移轉為買賣契約之標的，其移轉所有權之處分行為，雖因未經其他公同共有人之承認，不能發生效力，但其關於買賣債權契約，則非無效」（七十年臺上字第一五三六號判決）、「上訴人將公同共有之房屋出售於被上訴人，對於其他繼承人是否有效，固應以其處分是否經全體公同共有人之同意以為斷，然兩造訂立讓渡書係屬債權契約，對於上訴人仍具效力，上訴人應受其拘束，不能因未經全體公同共有人之同意而解免契約責任。……被上訴人依兩造所訂讓渡書，請求上訴人將其所分管之系爭房屋交付被上訴人，既未涉及物權之處分，尚不發生給付不能問題」（八十年臺上字第一六四六號判決）、「共有人將共有物讓與他人，固為共有物之處分，非得

⓮ 王澤鑑，再論「出賣他人之物與無權處分」，民法學說與判例研究第四冊，民80，頁143以下；同作者，私賣共有物，無權處分與最高法院，律師通訊，民83. 6.，頁58以下。

共有人全體之同意，對於其他共有人不生效力，但為讓與之共有人與受讓人間之債權契約行為並不當然亦歸於無效……」（八十四年臺上字第二二〇〇號判決）。

應注意者，部分共有人未經其他共有人同意，出賣共有物，並移轉共有物之所有權予買受人時，如買受人為善意者，則該部分共有人雖係就共有物為無權處分，但買賣人仍因善意取得所有權。此時，喪失所有權之其他共有人不得對買受人主張不當得利，而僅得向為處分之共有人請求侵權行為之損害賠償或不當得利之返還。其情形與出賣他人之物，殆無不同。

（二）大陸法

在大陸，財產可以由兩個以上的公民、法人共有。共有分為按份共有和共同共有。按份共有人按照各自的份額，對共有財產分享權利，分擔義務。共同共有人對共有財產享有權利，承擔義務。按份共有財產的每個共有人有權要求將自己的份額分出或者轉讓。但在出售時，其他共有人在同等條件下，有優先購買的權利（民法通則七十八條）。

按份共有關係，在實踐中常見者為數人因共同出資、共同購買或合夥經營而形成⓯，在按份共有人相互間，各有其對共有物之應有份，並得於共有期間自由分出或轉讓其份額，但對於共有物之處分，原則上應徵得全體共有人同意，共有人無法達成一致協議者，得依擁有半數以上份額之共有人的意思處理，惟仍不得有損其他共有人之利益。部份共有人處分共有財產，其他共有人明知而未為異議者，視為同

⓯ 董安生、田士誠，同❻，頁136。

意⑯。

共同共有，通常係基於特定的身份關係而發生，常見者為夫妻共有及家庭共有。前者即婚姻法第十三條之規定，夫妻在婚姻關係存續期間所得的財產，除雙方另有約定者外，歸夫妻共同所有；例如夫妻之勞動收入、繼承或受贈所得、婚後共同購置的財產等等。後者則如家庭成員共同勞動所得的合法收入、共同累積的財富、共同建造的房屋等等⑰。應注意者，依最高人民法院「關於貫徹執行民法通則若干問題的意見」第八十八條規定，若共有人不能證明其共有關係為按份共有者，則應認定為共同共有。對共同共有財產的處分，應得全體共有人的同意。依最高人民法院「關於貫徹執行民法通則若干問題的意見」第八十九條規定，在共同共有關係存續期間，部分共有人擅自處分共有財產的，一般認定無效。但第三人善意、有償取得該項財產的，應當維護第三人的合法權益；對其他共有人的損失，由擅自處分共有財產的共有人賠償。

由於大陸民法上並無物權行為與債權行為的區分，故前開所謂部份共同共有人之「處分」，亦包括買賣契約之締結。換言之，部份共同共有人未得其他共有人同意，擅自以共有物為標的，而與第三人訂立買賣契約者，該買賣契約一般認定為無效。此時，如第三人（買受人）為善意，則仍得取得標的物之所有權，其因而喪失所有權之其他共有人，只得向擅自締結買賣契約之部份共有人（出賣人）請求賠償。但如第三人為惡意，則不受法律之保護，故其與部份共有人間之買賣契

⑯ 董安生、田土誠，同❻，頁137；中共民法通則之研究，法務部印行，民80，頁91。

⑰ 劉素萍主編，繼承法，中國人民大學出版社，1988，頁178。

約係屬民法通則第五十八條第一項第五款所稱之「違反法律而無效之民事行為」，依同條第二項規定，無效的民事行為，從行為開始起就沒有法律約束力，故買方沒有取得標的物的所有權，而且買賣雙方應將其收取的款物返還對方（參閱上海市南匯縣人民法院一九九一年匯法民字一〇一四號判決、浙江省金華市中級人民法院金中法（九十）民上字三六八號判決）⓲。

由是可知，部份共有人擅自出賣共有物時，如買受人為善意者，在該出賣之共有人、買受人及其他共有人三方面之權利義務上，臺灣法與大陸法兩者間，雖有概念上之差異，但無結論上之不同。惟如買受人為惡意者，則依臺灣民法，該買賣契約仍為有效，故買受人雖因惡意而不受善意取得之保護，但仍得依有效之債權契約（買賣契約）請求出賣之共有人賠償損害（民三五三條、三五一條、二二六條）；而依大陸民法，則買賣契約確定無效，買受人只得請求返還已付之價金，似無請求賠償之權利（參照民法通則六十一條一項）。

應特別指出者，依大陸民法之實踐經驗，如夫妻雙方有長期隔離於兩岸之情形時，則在大陸上之配偶未經在臺灣配偶同意，出賣雙方在大陸上之共同共有財產者，由於係屬特例，故不再適用前揭最高人民法院關於貫徹執行民法通則若干問題的意見第八十九條之規定，而應認為在臺灣之配偶（即未同意之共有人）不得請求在大陸之配偶（即擅自出賣共有財產之共有人）賠償（參照湖南省零陵地區中級人民法院（一九九一）零法民終字四〇五號判決）⓳。

四、二重買賣

⓲ 分別載於民事審判案例（上），同⓫，頁247，頁279。

⓳ 載於民事審判案例（上），同⓫，頁332。

（一）臺灣法

在臺灣法，如出賣人就同一標的物分別與數人締結買賣契約者，基於買賣之債權性，該多數之買賣契約均為有效。因此，全部之買受人均得依民法第三百四十八條第一項規定請求出賣人交付標的物並移轉所有權。至於其中之何一買受人得成為標的物之新所有人，關鍵在於出賣人係向何人為移轉所有權之物權行為，而非在於該多數買賣契約相互間締約時間之先後。故甲就其所有之物，雖先與乙締結買賣契約，價金一百萬元，嗣因丙出價一百五十萬元，甲遂再與丙就同一物締結買賣契約者，甲、乙間及甲、丙間之買賣契約均為有效。此時，如甲為多得五十萬元，乃本於讓與之意思而移轉標的物之所有權予丙，並為移轉登記（不動產）或交付（動產）者，丙即確定成為標的物之新所有人。乙不得以其與甲之締結買賣契約在前，而主張甲、丙間之買賣契約（債權行為）無效或甲、丙間之所有權移轉合意（物權行為）無效（最高法院八十三年臺上字第三二四三號判例）；亦不得對丙主張不當得利，因為丙之取得所有權，係基於有效之甲、丙間的買賣契約，具有法律上之原因。此外，依最高法院三十一年上字第八九一號判例，乙僅得在丙係故意以背於善良風俗之方法加損害於乙之情形下，始得對丙主張侵權行為之損害賠償責任，否則，原則上，丙縱明知甲業已先和乙締結買賣契約，乙亦無從請求丙賠償損害。然而，由於甲、乙間之買賣契約有效，故乙得請求甲依民法第二百二十六條規定，負債務不履行之賠償責任。依最高法院最近見解（七十九年臺上字第一八〇四號判決），甲自丙所多獲得之五十萬元價差，乃乙因甲之債務不履行而喪失之利益，故乙得請求甲給付五十萬元以為賠償[20]。

---

[20] 王澤鑑，二重買賣，民法學說與判例研究第四冊，民80，頁153；詹森

（二）大陸法

大陸法係如何解決二重買賣中出賣人先後買受人間之糾紛，實踐上尚乏案例查考，學說上似亦欠缺討論，在此不擬逕行揣測，倘有確切資料，再為補充說明。

參、要式性

一、概 說

買賣，係法律行為之一種。法律行為者，以意思表示為要素，因意思表示而發生一定私法效果之行為。法律行為，以意思表示須依一定方式為之始能成立者，稱為要式行為。反之，意思表示無須依一定方式為之亦能成立之法律行為，稱為不要式行為。

在臺灣民法上，法律行為以不要式為原則，要式為例外（民一五三條一項）。要式的法律行為，或基於法律之規定，或基於當事人之約定。法定要式行為的方式，或為書面（民四十七條、六〇條、四二二條、七三〇條、七六〇條、九〇四條、一〇〇七條、一〇五〇條、一〇七九條一項前段、一〇八〇條二項、一一七四條二項、一一八九條），或為書面、二人以上證人之簽名並向戶政機關登記（民一〇五〇條），或為公開儀式及二人以上之證人（民九八二條）。至於約定要式行為之方式，常見者除書面外，即為作成公證書（公證法四條）。法律行為違反法定要式之要求者，原則上無效，但另有明文規定者，不在此限（民

林，雙重買賣中，標的物所有權之移轉與買賣契約之效力，萬國法律六十六期（民81. 2.），頁3、六十七期（民81. 4.），頁8。

七十三條、四二二條)；契約當事人就其契約有一定方式之約定者，在完成該方式前，推定其契約不成立(民一六六條)。法律行為不要式原則，其目的在方便交易進行、節省交易成本、促進交易成立，俾實現私法自治㉑。

在大陸民法實踐中，多數法律行為係屬不要式，要式的法律行為乃例外情形㉒，例如：婚姻行為應履行特別登記程序（婚姻法第七條）㉓；經濟合同，除即時清結者外，應當採用書面形式（經濟合同法三條前段)；借款合同必須採用書面形式，由當事人雙方的法定代表或者憑法定代表授權證明的經辦人簽章，並加蓋單位公章（借款合同條例五條二項前段、三項）㉔；一般財產租賃合同雖為非要式合同，但房屋租賃合同，除應採取書面形式外，並應履行規定的手續，才能生效（城市租房條例第十五條）㉕。總的來說，在大陸，法定要式行為的方式共有四種：⑴書面形式要求；⑵特別書面形式要求；⑶登記形式要求；⑷審批程序要求㉖。

㉑ 王澤鑑，民法總則，民85，頁256；林誠二，民法總則講義下冊，民82，頁32；施啟揚，民法總則，民85，頁203。

㉒ 董安生、田土誠，同❻，頁63。

㉓ 在臺灣，結婚不以登記為生效要件，民法第九八二條。

㉔ 在臺灣，借款合同（消費借貸契約）並非要式行為，民法第四七四條，最高法院二十七年上字三二四○號判例。其他經濟合同（債權契約)，除民法第七三○條之終身定期金契約外，亦均為非要式行為。

㉕ 湯樹榮，房地產案件司法實務，新時代出版社，1993，頁 47；董安生、田土誠，同❻，頁241。

㉖ 董安生、田土誠，同❻，頁62。

二、買賣契約

（一）臺灣法

如前所述，在臺灣法上，買賣契約乃債權契約，而出賣人與買受人於締結該買賣之債權契約後，為移轉標的物之所有權而為之讓與合意及交付（動產）或登記（不動產），則為物權契約。

依最高法院一貫見解，買賣契約（債權契約），不論其標的物為動產或不動產，均為不要式行為，故如當事人雙方已就標的物及其價金互相意思表示一致時，買賣契約即為成立，出賣人即有交付標的物並移轉所有權之義務，買受人並有支付價金及受領標的物之義務，雙方均不得以尚未訂立任何書面為抗辯（民三四五條二項，最高法院十八年上字第三一六號、第二九五六號、十九年上字第三三五號判例）。

實務上曾有爭議者，係不動產之買賣契約，是否應以書面為之？蓋依民法第七百六十條規定：「不動產物權之移轉或設定，應以書面為之」，學說上因而有如下之主張：「如甲就其特定之不動產（土地或房屋）與乙達成買賣之合意，但尚未以書面記載其合意者，則甲、乙仍不受該合意之拘束，因甲、乙尚未成立買賣契約也」㉗。

惟是項學說主張，並未為最高法院接受。最高法院認為，民法第七百六十條所稱之不動產物權之移轉或設定，係指所有權之讓與或其他物權（如地上權、抵押權等）之設定之物權行為而言，並非指該等物權行為之原因關係（即債權行為，如買賣、贈與、設定抵押權之約定）。故「不動產物權之移轉，應以書面為之，其移轉不動產物權書面未合法成立，固不能生移轉之效力。惟關於買賣不動產之債權契約，

㉗ 李模，論移轉不動產物權之書面契約，法令月刊，民78.9.，頁11。

乃非要式行為，若雙方就其移轉之不動產及價金業已互相同意，則其買賣契約即為成立。出賣人即負有成立移轉物權之書面，使買受人取得該不動產物權之義務（最高法院五十七年臺上字第一四三六號、二十二年上字第二一號判例）㉘。

應予強調者，最高法院此項見解是否妥當，仍有疑義。立法論上，民法債編修正草案擬予變更。該草案第一百六十六條之一規定：「契約以負擔不動產物權之移轉、設定或變更之義務為標的者，應由公證人作成公證書。未依前項規定公證之契約，如當事人已合意為不動產物權之移轉、設定或變更而完成登記者，仍為有效。」依此規定，不動產之買賣契約，應由公證人作成公證書，否則不生效力；但當事人未將其買賣不動產之合意請求公證人作成公證書，卻仍辦理所有權之移轉登記手續者，該買賣契約仍為有效。此項立法係效仿德國民法第三百一十三條，以宣示不動產買賣債權契約要式性之原則，其有意以立法方式廢棄前引最高法院所持不動產買賣契約亦為非要式行為之判例，至為顯然。除前述民法債編修正草案條文之外，內政部草擬之「不動產交易法草案」，亦規定不動產之交易（含買賣契約在內）應以書面為之，併此敘明，用供參酌。

（二）大陸法

依民法通則第五十六條規定，民事法律行為可以採取書面形式、口頭形式或者其他形式。法律規定特定形式的，應當依照法律規定。該條所謂法律特別規定，就買賣而言，「城市私有房屋管理條例」第七條第一項第二款，即為適例。依該款規定，購買城市私有房屋而辦理

㉘ 王澤鑑，論移轉不動產物權之書面契約，民法學說與判例研究第七冊，民81，頁197。

所有權移轉手續時，須提交原房屋所有權狀、買賣合同和契約。因此，學說上認為，買賣行為得由當事人口頭協商，達成一致後訂立書面買賣合同。但房屋買賣則為法定要式行為，買賣雙方應訂立書面合同(民間俗稱「草契」)，並於其上載明房屋之地理位置、房屋四至、面積、結構、間數、價款、房屋交付之期限和方式，違約責任等事項，經當事人簽署。房屋買賣合同違反要式行為之要求者，該買賣契約無效㉙。

房屋買賣未簽訂書面契約者，雖為無效，但如雙方已訂有書面，只是尚未辦理移轉登記者，則依最高人民法院一九八四年八月三十日「關於貫徹執行民事政策法律問題若干問題的意見」第五十六條，買賣雙方自願，並立有契約，買方已交付了房款，並實際使用和管理了房屋，又沒有其他違法行為，只是買賣手續不完善的，應認為買賣關係有效，但應著其補辦房屋買賣手續㉚。此項見解，與上述臺灣民法債編修正草案第一百六十六條之一第二項之規定，尚有差異。換言之，在大陸，係以買賣契約之書面及付款、交屋之事實，補正移轉登記之欠缺；在臺灣，則為以移轉登記之事實，補正買賣書面之欠缺。

肆、結　論

海峽兩岸之民法體系，基本上均繼受歐陸法制，尤其深受德國民法之影響；買賣交易，在兩岸經濟活動中，亦同占重要地位。本文以買賣之債權性及要式性為對象，探討兩岸民法之異同，茲簡述要點於後：

㉙ 湯樹棠，同㉕，頁44；孔海飛，載民事審判案例（上），同⑪，頁251。

㉚ 引自金偉泉，載民事審判案例（上），同⑪，頁269。

1. 臺灣民法認為買賣契約為債權行為，移轉買賣標的物所有權之合意及交付或登記為物權行為。大陸民法並不承認有物權行為之概念，但買賣動產者，非經交付，買賣房屋者，非經移轉登記，均不發生所有權移轉之效力。

2. 出賣他人之物，在臺灣民法上，完全有效，買賣雙方應依債權法則負履行責任，不履行時，負違約責任；在大陸民法上，根本無效，當事人如有交付標的物或支付價金之事實者，應相互返還予對方。

3. 擅自出賣共有物，在臺灣民法上，不論買受人善意或惡意，均屬完全有效，出賣人及買受人仍應向對方負履行及不履行之責任；在共有土地或房屋之情形，並有土地法特別規定之適用。在大陸民法上，擅自出賣共有物，一般均屬無效，但買受人為善意時，應受保護，亦即例外地成為有效。倘買受人為惡意時，則買賣契約即自始無效。

4. 二重或多重買賣，在臺灣民法上，仍為均屬有效；大陸民法上，其效力如何，尚待研究。

5. 臺灣民法上，買賣契約並非要式行為，惟就不動產之買賣，立法者擬予改為要式行為，但得因所有權之移轉登記而為補正。大陸民法上，買賣契約原則上亦為非要式行為，但不動產買賣則屬要式行為。

合夥人責任與求償權

邱聰智*

---

* 作者為臺灣大學法學博士；現任臺灣省政府法規委員會主任委員、輔仁大學教授

合夥人責任與求償權

壹、問題之提出

合夥財產不足清償合夥債務者，各合夥人對於不足清償數額之部分，負連帶責任（民法六八一條——以下引用時，省略民法一詞），是為通稱之合夥人責任。由於合夥負有債務者，係由合夥財產先行清償，迨合夥財產有不足清償情事時❶，合夥人始以其固有財產清償合夥債務，在清償順序上，具有後位補充之性質，學理上爰稱之補充之連帶責任❷。

---

❶ 合夥財產是否不足清償，究以執行結果為斷，或證明其計算上已有不足即可，學理通說及實務立場，均持計算說，應屬可採。茲舉實務見解於下，以供參考：廿八年上字第一八六四號判例：「合夥財產不足清償合夥之債務時，各合夥人對於不足之額連帶負其責任，為民法第六百八十一條之所明定。所謂合夥財產，不僅指合夥債權人向合夥人請求連帶清償時屬於合夥之動產、不動產而言，即其時合夥對於第三人之債權及其他有交易價額之一切財產權，得為強制執行之標的者，亦包含之。如就此等財產按照時價估計，其總額並不少於債務總額，固非所謂不足清償，即使財產總額少於債務總額，各合夥人亦僅對於不足之額連帶負責，並非對於債務全額負有此種責任。」

❷ 參照史尚寬，債法各論（下），自刊，民56，（以下引用時稱「史著」），

法律規定之連帶責任，於債務人間之內部分擔及相互求償如何？民法於各該連帶責任類型，少有直接規定，此於合夥人責任亦無例外。學理及實務，於此等責任類型，大都援用如下思考模式，作為法律適用依據。此即：

「連帶責任等於連帶債務，其內部分擔及相互求償，適用連帶債務一般規定之民法第二百八十條及第二百八十一條，亦即平均分擔原則及平均求償原則」❸。

然則，上述原則於合夥人責任，是否全盤適用？理論上不無疑義。尤其，於此之合夥人，如有加入合夥人（六九一條）及表見合夥人（最高法院十九年上字九七三號判例❹——以下引用時，省略最高法院一

頁667；李洋一，民法上合夥之研究，中興大學碩士論文，民60，（以下引用時稱「李著」，民法上合夥之研究），頁54；錢國成，合夥財產與合夥債務，法令月刊，第廿卷第十二期，民60，（以下引用時稱「錢著」，合夥財產與合夥債務），頁10；鄭玉波，民法債編各論（下），三民書局，民81，（以下引用時稱「鄭著」），頁677～678。又學理上或稱之附條件之連帶責任（季于文，民法債編分則釋義（下），會文堂新記書局，民37，（以下引用時稱「季著」），頁123。

❸ 敘述較為具體之國內文獻主要參照洪文瀾，民法債編通則釋義，文光圖書公司，民48，頁333；史尚寬，債法總論，自刊，民43，頁635～636；王伯琦，民法債篇總論，國立編譯館，民51，頁243；鄭玉波，民法債編總論，三民書局，民74，頁429；孫森焱，民法債編總論，自刊，民68，頁645；王澤鑑，連帶侵權債務人內部求償關係與過失相抵原則之適用，收於民法學說與判列研究第一冊，台大法學叢書，民64，頁54。

❹ 十九年上字第九七三號判例，意旨如下：「非合夥股東而有可以令人信甚為股東之行為者，對於不知情之第三人與股東負同一之責任。」

詞)，其疑義將更顯著。鑑於學理及實務，相關於此之深入研究，尚不多見，於問題之廓清，不無缺憾，爰不揣駑鈍，提出本問題，以期有助疑義之釐清，並探索法定連帶責任之相關面貌。

貳、事例舉隅

為便於探討各合夥人責任中合夥人求償權之行使，當可就合夥人責任區分為三種類型，並各舉相關事例說明如下：

一、一般合夥人責任類型

所謂一般合夥人責任，意指合夥人責任發生時，合夥並未發生中途退夥、入夥情事，亦無表見合夥人出現之責任類型。於此情形，合夥人之求償關係，最不複雜，本文爰以一般合夥人責任類型稱之。至其事實，當可設例如下：

(A例)

甲、乙、丙、丁各斥資新臺幣（以下同）壹佰伍拾萬元，共同經營勵學出版社。越三年，因景氣低迷，勵學出版社不僅資產全數賠盡，且積欠癸參佰貳拾萬元。癸訴請勵學出版社給付❺，於取得確定判決後，聲請法院拍賣執行甲之土地，全部獲得清償❻。

---

❺ 合夥雖為契約而非團體，惟實務承認其具有團體性，並賦與合夥以當事人能力。因之，合夥涉訟者，應亦僅能以合夥之名義為原告或被告而起訴或應訴。不得同時與合夥人或對合夥人起訴；亦不得於合夥起訴後，再對合夥人起訴或以合夥人應訴。

❻ 實務上，既認合夥有當事人能力，因同一合夥事務關係（同一事件），不

以上事例，甲各得向乙、丙、丁求償捌拾萬元，固無問題。不過，此一結論，究係直接適用平均分擔、平均求償而得？抑或是另有法律上依據？理論上仍不無可議。

其實，在一般合夥人責任類型中，合夥人間出資如此單純者，事例恐不多見。其較為常見者乃是，合夥人間出資比例並不一致，且其間尚有勞務出資者。如是，則上述事例，略可變動如下：

（B例）

甲、乙、丙、丁共同出資經營勵學出版社，乙出任總經理（甲以價值貳佰肆拾萬元之房屋作為資本，乙以前二年薪資折價壹佰貳拾萬元作為資本，丙出資壹佰捌拾萬元，丁出資陸拾萬元）；越三年，因景氣低迷，勵學出版社不僅資產全數賠盡，且積欠癸參佰貳拾萬元。癸訴請勵學出版社給付，於取得確定判決後，聲請法院拍賣執行甲之土地，全部獲得清償。

得由合夥人再行起訴，亦不得再對合夥人起訴。為配合實務上需要，學理上爰同時認為，對合夥取得執行名義者，其致力及於合夥人。如是，於合夥財之產不足清償者，得以對於合夥之確定判決，執行合夥人之財產。主要實務見解之依據為：

司法院廿二年院字第九一八號解釋：「來呈所述原確定判決，雖僅令合夥團體履行債務，但合夥財產不足清償時，自得對合夥人執行，合夥人如有爭議應另行起訴。」同院廿三年院字第一一一二號解釋：「院字第九一八號後段所謂合夥人有爭議者，係指合夥人否認合夥或合夥人間之爭議等須另待裁判者而言，如合夥人之爭議，係以確定判決僅令合夥團體履行債務，不得向其執行為理由時，自無庸責令債權人另行起訴，該號前段解釋，業已示明。」（同旨高法院六十六年第九次民庭庭推總會決議）。

以上事例，甲如何求償，已較為複雜，擬待實例分析乙段說明之。

二、加入合夥之合夥人責任類型

合夥經營期間，中途加入為合夥人者，本與加入前之合夥債務無關，惟民法為加強對債權人債權之保護，規定加入為合夥人者，對於其加入前合夥所負之債務，與他合夥人負同一責任（六九一條二項）。所謂負同一責任，意指與他合夥人，對於合夥財產不足清償部分，同負連帶責任而言❼。誠然，為保護合夥之債權人，類此規定或屬無可厚非；不過，此之連帶責任，果為連帶債務乎？其間又可適用平均分擔、平均求償原則乎？為期疑義得以清晰浮現，爰依上例略作調整如下：

（C例）

甲、乙、丙、丁共同出資經營勵學出版社（甲、乙、丙、丁出資之不同，情形如B例）；越三年，因景氣低迷，勵學出版社不僅資產全數賠盡，且積欠癸參佰貳拾萬元。甲、乙、丙、丁之摯友戊聞悉後，經甲、乙、丙、丁同意，斥資壹佰貳拾萬元加入為合夥人；不久，癸訴請勵學出版社給付，於取得確定判決後，聲請法院拍賣執行戊之土地，全部獲得清償。戊如何求償？

---

❼ 參照戴修瓚，民法債編各論（下），三民書局，民53，（以下引用時稱「戴著」），頁264；史著，頁696；錢國成，合夥人之退夥及加入，法令月刊，第廿四卷第十一期，民62，（以下引用時稱「錢著」，合夥人之退夥及加入），頁12；薛祀光，民法債編各論，三民書局，民49，（以下引用時稱「薛著」），頁327；鄭著，頁683；李洋一，民法上合夥之研究，頁91。實務則如條文用語，僅稱同一責任，並未進一步表明是否為連帶責任（四十七年台上字第一五五二號判例）。

以上事例，如同時有退夥情事發生，其求償關係或將更為複雜。至其事例，或可略為變動如下：

(D例)

甲、乙、丙、丁共同出資經營勵學出版社，乙出任總經理（甲、乙、丙、丁出資之不同，情形如B例）；越三年，因景氣低迷，勵學出版社不僅資產全數賠盡，且積欠癸參佰貳拾萬元；甲將其股份讓與於戊，並經乙、丙、丁同意，甲因而退夥，戊同時入夥。不久，癸訴請勵學出版社及戊給付❽，於取得確定判決後，聲請法院拍賣執行戊之土地，全部獲得清償。甲如何求償？

三、表見合夥之合夥人責任類型

合夥人責任中有表見合夥人者，本文稱之表見合夥之合夥人責任類型。表見合夥人、乃至表見合夥人責任云者，於我國民法學上，堪稱頗具特色。緣以民法本身，於此二者，本無明文；不過，實務為保護合夥債權人之債權，特以判例創設表見合夥人責任之概念，於補充法律漏洞、甚至體現法官造法而言，堪稱甚具意義❾。

依實務見解，非合夥人而有可以令人信其為合夥人之行為者，是為表見合夥人。例如，明知友人經營合夥事業，為幫助友人經營，對

---

❽ 加入合夥人，於加入前仍非合夥人，解釋上似尚不宜認其亦為合夥起訴效力所及。換言之，於此情形，對合夥之起訴，尚不及於加入合夥人，本文爰以其與合夥同列為被告。惟此涉及訴訟效力之難題，是否允當，筆者尚不敢自以為是。

❾ 實務此一規定，或係受自公司法第六十二條表見股東責任而來，判例意旨中以合夥股東或股東用語稱之，當可佐證。

他人謊稱其亦為合夥人者，即是表見合夥人。表見合夥人，對於不知情之第三人，應與合夥人負同一責任，是為所謂表見合夥人責任。此所謂負同一責任，解釋上與前述之加入合夥同，亦即就合夥財產不足清償部分，與合夥人負連帶責任❿。惟其何以負同一責任，實務並未就其相關法理為深入而詳盡之探索說明，理論上應與表見代理作同一解釋⓫。

合夥人責任而有表見合夥人者，其求償關係如何？當可依前例而略作調整如下：

(E例)

甲、乙、丙、丁共同出資經營勵學出版社，乙出任總經理（甲、乙、丙、丁出資之不同，情形如B例）；乙之友人庚頗有資力，且又古道熱腸，不僅時常代為招呼客戶，而且對癸表示渠亦為合夥人，癸大可放心與勵學往來，致癸信以為真，多次貸款於勵學出版社。勵學出版社不僅資產全部賠盡，且積欠癸參佰貳拾萬元，適巧甲、戊經乙、丙、丁同意，由甲讓與甲之股份於戊。不久，癸訴請勵學出版社及庚給付⓬，於取得確定判決後，聲請拍賣庚之土地，全部獲得清償。庚如何求償？

---

❿ 表見代理，依民法規定，以相對人善意而無過失，始有適用（第一六九條但書），表見合夥人，依判例所示，只要相對人善意即得援用，二者適用標準宜否求其同一，應屬有待深入研討。

⓫ 參照梁宇賢，論民法上合夥規定之修正，中興法學，第十二期，民66，頁83～84。

⓬ 表見合夥人，非為合夥人，其對合夥起訴者，在效力上，宜認為不及於表見合夥人，本文爰認應對合夥（勵學出版社）及表見合夥人（庚），分別或一併起訴。是否允當，仍願訴訟法學界多賜教益。

參、合夥人責任與連帶債務

合夥人之求償權如何行使？民法於合夥乙節既無規定，解釋上須回溯債之通則、亦即通稱債務之相關規定，以為適用之依據，其核心則為連帶債務（二七二條～二八二條）之相關規定。基此，論及合夥人責任是否為連帶債務？其涉及之問題領域，尚可說明如下：

一、連帶債務之意義

依民法規定，數人負同一債務，因明示或法律規定，對於債權人各負全部給付之責任者，是為連帶債務（二七二條）。民法所以有此規定，蓋以數人負同一債務，而其給付可分者，債務人原則上各僅就其應分擔部分，負其責任之故（未經約定或規定分擔部分者，各自平均分擔而負其責任）。基此，連帶債務於債權人債權之確保，特具積極作用，殆無疑義。

從學理認知言，連帶債務之概念範疇，尚非如此廣泛，且於以下二點，尚有釐清必要：

（一）給付可分

數人負同一債務，而其給付不可分者，是為不可分債務，雖其法律效果準用連帶債務之規定（二九二條），惟於債之體系上，其為另一獨立法律概念及制度，尚不得歸類於連帶債務，乃無待多言。例如，甲、乙、丙出售A車於丁，甲乙丙給付A車於丁之義務即係不可分債務，尚不（直接）適用連帶債務之規定。

（二）同一給付為標的

數人所負債務，須以同一給付為標的，同一與否，通常係以發生原因及給付之經濟上目的是否同一為斷。法律規定為連帶債務者，得因法定而擬制為同一給付⓭。

合夥人就合夥債務，明示各對合夥債權人負（補充）連帶責任者，堪稱絕無僅有。民法所以有第六百八十一條、第六百九十條、第六百九十一條等規定，旨在彌補此一現象，藉以保護債權人之債權⓮。因此，有關合夥人責任，如均解釋為連帶債務，其成立係因於上述法律規定，並因該等規定而強調或擬制其給付目的同一，殆無疑問。

二、連帶責任與連帶債務

（一）法定連帶債務之由來

民法第二百七十二條第二項規定，對於有關連帶債務之成立，具有負面排除之意義。亦即連帶債務，僅得因明示（法律行為）及法律規定而成立；除此之外，尚不得因法律解釋而創設，判例亦然。

連帶債務因法律規定而成立者，是為法定連帶債務。嚴格言之，法定連帶債務之存在，幾如鳳毛麟角，難得一見。蓋以純就民法各編及其他相關法律所使用之法律文字言，直接規定債務人負連帶債務者，可謂少之又少。至於學理或實務所以認為法定連帶債務事例尚夥，主要係依據連帶責任之相關規定而來。換言之，亦即民法各編、乃至其

⓭ 參照史尚寬，前揭，債法總論，頁615。鄭健才，債法通則，自刊，民75，頁267。

⓮ 參照第六八一條立法理由：「本法明定各合夥人應連帶負其責任，使各合夥人對於不足之額，各負全部清償之責，債權人亦得對於合夥中之一人，請求全部清償，蓋為保護合夥債權人之利益，及增進合夥事業之信用計也。」

他法律，如有債務人負連帶責任之相類規定者，一般均將其列為法定連帶債務。在此思考模式下，法定連帶債務乃有事例尚夥之結論，此既國內法學之共通看法⑮，實務立場亦然⑯。合夥人責任亦在此思考模式下，被列為連帶債務重要類型之一。惟此思考模式，是否絕對可採，似不無商榷餘地，下段將有進一步說明。

（二）法定連帶債務之類群

仔細觀察民法所使用之法律文字，一般所稱之法定連帶債務，其間尚可因文字之不同而分為如下二大類群：

1.連帶責任之法定連帶債務

法定連帶債務，因法律規定債務人負連帶責任而成立者，屬於此一類群，亦法定連帶債務之一般型態。如法人責任（二八條）、共同侵權行為責任（一八五條）、法定代理人責任（一八七條）、僱用人責任（一八八條）、共同使用借貸人責任（四七一條）、相繼運送人責任（六三七條）、合夥人責任（六八一條）、保證連帶責任（七四八條等均是）。

2.同一責任之法定連帶債務

⑮ 國內債總文獻，直接指明法律有關連帶責任規定者，即為連帶債務者或屬不多。惟自民法施行以來，有關債總文獻，於論及法律連帶債務成立時，均舉諸法定連帶責任類型以對，且少有認其非為連帶債務者，即拙著，民法債編通則（頁416～417）亦然，謂其為共通看法，誠不為過。相對筆者以前簡略觀點，本文當具深化及修正意義。

⑯ 實務於此，大都泛稱依民法第二八一條規定行使求償權（與本文有關，亦即於合夥人責任之例，請參照㉕所引判例文字），惟以相關判例意旨，從未表示民法第二八〇條無其適用，謂其與通說立場相埒，當無誤解。不過，法院判決，未就此類重大法律適用問題，於理論上詳予分析解說，誠不能謂無缺憾。

法定連帶債務，因法律規定債務人與他債務人負同一責任而成立者，屬於此一類群，相對於上述類群，堪稱較為特殊型態之法定連帶債務。如退夥人責任（六九〇條）、加入合夥人責任（六九一條）、債務併存承擔人責任（判例）⓱、表見合夥人責任、表見出名營業人責任（七〇五條）⓲、連帶保證人責任（判例）⓳、表見股東責任（公司法六二條、一二一條）⓴。

⓱ 參照廿三年上字第一三七七號判例：「第三人與債權人訂立契約承擔債務人之債務者，其債務固於契約成立時移轉於該第三人，惟第三人與債權人訂立之契約，係由該第三人加入為債務人，而與原債務人就同一債務各負全部給付之責任者，雖學說上稱為重疊的債務承擔，究與民法第三百條所規定之免責的債務承擔不同，原債務人就其債務仍與該第三人連帶負其責任。」

⓲ 參照我妻榮，中華民國民法：債權各則（下），日本評論社，1933，頁780；季著，頁159；薛著，頁343；李洋一，民法上合夥之研究，頁113。

⓳ 參照四十五年台上字第一四二六號判例：「保證債務之所謂連帶，係指保證人與主債務人負同一債務，對於債權人各負全部給付之責任者而言，此就民法第二百七十二條第一項規定連帶債務之文義參照觀之甚明。故連帶保證與普通保證不同，縱使無民法第七百四十六條所揭之情形，亦不得主張同法第七百四十五條關於檢索抗辯之權利。」（同旨，四十六年台上字三八六號判決）

⓴ 參照陳聰富，連帶債務之研究，臺灣大學碩士論文，民79，頁172以下；一般之債總教科書亦多持相類立場，茲舉數例於下：洪文瀾，前揭，民法債編通則釋義，頁324；史尚寬，前揭，債法總論，頁619；王伯琦，前揭，民法債篇總論，頁232；鄭玉波，前揭，民法債編總論，頁414；孫森焱，前揭，民法債編總論，頁629。

法律規定債務人負連帶責任者，將其歸屬於法定連帶債務，固為國內學界及實務共通接受之見解，其間少有反對論點。不過，法律規定債務人與他債務人負同一責任者，是否盡為法定連帶債務，一般尚不肯定。多數見解以為，於此類規定，須視個別規定之意旨而定，其間具有同一債務性質者，固屬法定連帶債務，如上舉各例是；反之，其間不具同一債務性質者，尚非連帶債務，僅係（對債務）人的債權（請求權）競合而已，如謂其與連帶債務有關，充其量不過是學理上所稱之不真正連帶債務㉑而已。如承租人代負責任（四三三條）、承租人轉租責任（四四四條二項）、違法複委任人責任（五三八條一項）、違法轉寄託人合夥人責任（五九三條一項）等是㉒。

合夥人責任之有關類型，既有連帶責任之類群，民法第六百八十一條規定（一般合夥人責任類型）是；亦有同一責任之類群，民法第六百九十一條規定（加入合夥之合夥人責任類型）是。如是，則合夥人相關責任，是否盡為法定連帶債務，理論上誠不無探討餘地。

（三）法定連帶債務範圍之釐清

㉑ 關於不真正連帶債務之國內基本文獻，請參照陳聰富，前揭文，頁132～154、頁230～282；劉春堂，論不真正連帶債務，輔仁法學，第五期，民75，頁271以下；早期文獻，請參照溫汶科，論不真正連帶債務，法律評論，第卅五卷第七期，民58，頁2以下；孫森焱，論不真正連帶債務之裁判，法令月刊，第十六卷第八期，民54，頁5以下。

㉒ 有關於此，文獻相當零散，茲僅以拙著為範圍，說明相關文獻出處。邱聰智，民法債編通則（修訂六版），輔仁法學叢書，民85，（以下引用時稱「邱著」，債編通則），頁260；邱聰智，債法各論（上），輔仁法學叢書，民83（以下引用時稱「邱著」，債各（上）），頁381，頁444及註214；債各（中），頁219，頁396，頁398。

同一責任類群之法律規定，非盡為法定連帶債務，固係不可否認；即連帶責任類群之法律規定，是否盡為法定連帶債務，法律解釋論上，亦不無檢討餘地。事實上，類此檢討，在先進國家亦早已展開並獲致相當成果，有力學說並認為連帶責任尚非盡為法定連帶債務㉓。此一見解當有足資吾人注意及借鏡之處。

連帶債務須以同一給付為標的，何為同一給付？學理見解雖不盡同一，惟其或須本於同一原因，或須主觀上具有共同目的，應屬不可否認。換言之，非本於同一原因，主觀上亦無共同目的者，即不宜歸類為連帶債務，縱法律明定其為連帶責任，亦應作同一解釋。

按連帶債務之債務人，主觀上有牽連關係；判斷牽連關係之存否，主要在於內部分擔之有無。因此，理論上或可以為債務人間有內部分擔關係者，為連帶債務，反之則非連帶債務；法律規定為連帶責任者亦然。惟此論點，恐與制度實情不符。蓋就前者而言，縱有內部分擔關係，但當事人未約定或法律未規定各負全部給付責任者，仍非連帶債務。反之，就後者而言，法律規定為連帶責任或同一責任者，同時有內部分擔之具體規定者為數甚少，解釋上亦難當然適用平均分擔原則，如依此觀點論究是否連帶債務，則法定連帶債務，似難有存在餘地。如是，不僅與實務及通說論點南轅北轍，恐亦與連帶債務之制度構想有悖，其不宜作為判斷連帶債務成立之準據，當可肯定。

㉓ 參照我妻榮，事務管理，不當利得，不法行為，日本評論社，1951，頁192；加藤一郎，不法行為，有斐閣，1973（增補版），頁205以下；於保不二雄，債權總論，有斐閣，1983（新版），頁227；德本鎮，共同不法行為，收於注釋民法(19)：不法行為，有斐閣，1965，頁328～329；幾代通，不法行為，筑摩書房，1987，頁226。

誠然，如上所述，民法及其他法律有關連帶責任之規定，尚非盡為連帶債務(特別是同一責任之規定，恐殆非為連帶責任)，似可肯定。學理上亦有檢視各該具體責任類型而個別判斷，並重新為之歸納分類之必要。惟本文非以重新構成法定連帶債務為目的，其深入檢討暫予從略，以下爰僅就合夥人責任之部分而為說明。

三、合夥人責任之屬性

合夥人責任之屬性為何？亦即其是否盡為法定連帶債務？其答案似應認為，因其類型之不同而可分述如下：

（一）一般合夥人責任

合夥債務，係因經營合夥事業而發生，其舉債之目的，在於合夥事業經營之順遂推動。在一般合夥人責任之類型，各合夥人間，既均出資以經營共同事業，則經營共同事業為其同一目的，不言而明。足見，合夥債務，就各一般合夥人言，不僅債之發生本於同一原因，其主觀上亦具有共同目的，民法第六百八十一條所稱連帶負其責任，規範上寓有連帶負其給付義務之意義，其為連帶債務，當可肯定。此亦學理通說㉔，並為實務所肯定㉕。

㉔ 參照陳瑾昆，民法通義債編各論，北平朝陽學院，民20，（以下引用時稱「陳著」），頁345；鄭著，頁679；薛著，頁313；李洋一，民法上合夥之研究，頁69。一般文獻，大都僅言及連帶責任，而未進一步表明是否為連帶債務；惟其於相關求償部分，均又主張合夥人得依連帶債務之例（第二八〇條至第二八二條）求償。如是，其真意為連帶債務，應堪肯定（如戴著，頁253；季著，頁123；史著，頁669；蔡章麟，民法債編各論（下），自刊，民53，頁101）。

㉕ 參照二十年上字第二六五號判例：「民法債編施行前已發生而迄施行時

於退夥之情形，合夥人之資格，自退夥生效時喪失，不生溯及既往之效果㉖。換言之，退夥人於退夥前仍屬一般合夥人，對於退夥前之合夥債務，仍應本於合夥人之身分，與他合夥人負（補充）連帶給付義務㉗，民法第六百九十條之規範意旨，當在於此㉘。因此，一般

尚未履行之合夥債務，並不因民法之施行而變為連帶債務。」（其後之二十年上字第四四二五號判例，似採不同見解，認有連帶債務之適用）；廿九年上字第一一〇號判例：「合夥財產不足清償合夥之債務時，依民法第六百八十一條之規定，各合夥人對於不足之額雖連帶負其責任，但合夥之債權人為合夥人中之一人時，自己亦為連帶債務人中之一人，其對於合夥之債權與其所負之連帶債務已因混同而消滅，依民法第二百七十四條之規定，他合夥人亦同免其責任，故該合夥人對於他合夥人僅得依民法第二百八十一條、第二百八十二條之規定，行使其求償權，不得更行請求連帶清償。」

㉖ 參照陳著，頁357；戴著，頁259；錢著，合夥人之退夥及加入，頁4；季著，頁137；李洋一，民法上合夥之研究，頁88；史著，頁693；蔡著，頁103；鄭著，頁688；薛著，頁323～334。

㉗ 參照四十二年台上字一一五〇號判例：「合夥未定有存續期間，合夥人聲明退夥，應於兩個月前通知他合夥人，否則不生退夥之效力，此觀民法第六百八十六條第一項但書之規定自明。上訴人所稱聲明退夥之日期係為民國四十一年五月十日，即使屬實，而被上訴人於同月二十九日因出賣魷魚與上訴人合夥之某商行所取得之價金支付請求權，尚在上訴人聲明退夥未生效力之前，依同法第六百八十一條、第六百九十條之規定，上訴人仍應連帶負其責任。」

㉘ 民法第六九〇條立法理由，謂本條意旨，在於保護他合夥人利益，而未強調債權人債權之確保，嚴格言之，恐有輕重失據。蓋其既已退夥，並就財產結算，是否對債權人負連帶清償，於他合夥人利益已無希圖免責

合夥人責任云者，解釋上尚不排除退夥人，惟退夥人僅就退夥前之合夥債務負其責任而已。再者，退夥人此部分連帶責任，尚不因他合夥人之承受而影響債權人之權利㉙，於合夥人讓與股份於他人之案例，亦應作同一解釋㉚。

（二）加入合夥人責任

對合夥債務，負補充給付義務者，應以合夥債務存在時，其是否為合夥人而定。因之，合夥債務發生時，已非合夥人或尚非合夥人者，縱其曾為合夥人或事後成為合夥人，於債之原理上，本無給付義務可言。有關前者，於上述退夥有關說明，已足佐證。不過事後加入為合夥人者，則因民法第六百九十一條第二項之規定，而有突破。加入合夥人所以對加入前之合夥債務亦負責任，係因民法本條項所創設，意在保護合夥債權人㉛；民法本條項立法理由，強調其係合夥本質而

之可言。

㉙ 參照十八年上字第二四七三號判例：「合夥人於退夥後所有新欠債務固不負責，若退夥以前之合夥債務，縱其他之合夥人已為債務之承擔(在合夥人間之內部關係當然有效)， 然非通知債權人得其同意，仍不發生債務移轉之效力。」

㉚ 參照廿一年上字第一六七九號判例：「合夥人將自己之股分轉讓於他人時，雖已將自己應分擔之損失交付受讓人，並約明以前合夥所負之債務由受讓人清償，亦僅得請求受讓人向債權人清償，俾自己免其責任，對於債權人則依民法第三百零一條之規定，非經債權人承認不生效力。惟轉讓後合夥所負之債務，如受讓人為他合夥人，或雖非他合夥人而其轉讓已得他合夥人全體之同意者，應由繼承該合夥人地位之受讓人負其責任。」

來㉜，恐有誤會。

中途加入為合夥人者，於加入前之合夥債務發生時，既尚非合夥人，債之發生原因尚與其無關，合夥事業之經營，於當時亦與其主觀目的無涉，民法本條所以課其負給付責任，係為保護債權人而設，充其量僅係客觀上目的為之共同而已，解釋其為連帶債務，恐屬過於牽強。愚見以為，加入合夥人與他合夥人間尚無主觀牽連關係，債之屬性上僅係所謂不真正連帶債務之類型而已。民法本條項避免使用連帶責任用語，而以同一責任稱之，亦足佐證民法於二者之制度設計，本有異其屬性之本意。

（三）表見合夥人責任

表見合夥人並非合夥人，既無出資，亦未經營共同事業，其與合夥人間，並無經濟上目的，其間亦無債之發生原因之關係，其所以須與合夥人負同一責任，係法律（判例）所創設。況者，表見合夥人所負之所謂同一責任，係僅指對債權人而言，非謂其與合夥人間有主觀牽連關係。因此，表見合夥人非連帶債務人，表見合夥人與合夥人形成之給付上責任，亦非連帶債務，充其量應僅係上述所謂不真正連帶債務形態之一㉝。

㉛ 參照我妻榮，前揭，債權各則，頁749；陳著，頁363；季著，頁141；錢著，合夥之退夥及加入，頁12；蔡著，頁106；史著，頁696；鄭著，頁683。

㉜ 參照第六九一條立法理由：「至允許他人加入為合夥人後，對於加入前合夥所負之債務，其中途加入之合夥人，仍須與他合夥人負同一之責任，蓋以合夥之本質間應如是也。」（學理上支持此一論點者，清參照薛著，頁327）。

㉝ 表見合夥責任，與表見出名營業人責任相埒。後者，國內學理上認係不

按連帶債務，除當事人明示外，以法律規定者為限。在此立法政策下，嚴格言之，法院尚不得創設連帶債務。足見，如將表見合夥人責任解釋為不真正連帶債務，則法院破壞立法政策之疑義，將可彌除，不僅表見合夥人責任之債務上屬性可以正本清源，於固守連帶債務之立法政策，亦具意義。筆者於以前著述，依通說將表見合夥人責任列為連帶債務類型，並認法院立場尚未固守立法政策㉞，或有調整必要，併此敘明。

最高法院判決，具有強力促進法學進步之嚴正教育功能，此於具有突破意義之判例，於其所據法理，尤應詳為剖縷解析。惟本件判決，或因出現時期較早，當時國內民法解釋理論，尚在初起階段，於相關法理分析，尚有未見詳盡之處，致表見合夥人責任之屬性及其相關求償等問題面貌，仍未釐清，殊為可惜。

肆、合夥人之求償權

合夥人於清償合夥債務後，如何行使求償權，民法合夥乙節尚無直接明確規定，解釋上理應斟酌債總（連帶債務）及債各（合夥）之相關規定及體系互涉關係而定。至其相關問題，尚可分述如下：

一、合夥人與內部分擔

真正連帶債務者，似為通說（參照史著，頁725；鄭著，頁719）。準此則謂其認表見合夥人為不真正連帶債務，當亦可肯定也。

㉞ 參照邱著，債編通則，頁 417。學理上，或謂其係「明示」立法政策之緩和。參照陳聰富，前揭文，頁168。

（一）內部分擔之類型分析

法定連帶債務，於債務人間之內部分擔，有無類型必要，乃至如何進行類型分析，於我國民法學上，堪稱饒富意義而尚待討論之課題。茲為配合合夥人責任分析，略述要點如下：

1. 法律規定

由於國內實務及學理通說，於法定連帶責任之規定，殆均解釋其為連帶債務。本段敘述，亦暫以此立場作為敘述依據。

法定連帶債務，於各該條文所定類型，對於連帶責任人間之內部分擔，予以直接明文規定者，殆屬難得一見。乍見之下，似可認為，若非法律上有重大漏洞，即係法律上業已完足而無庸重複規定；惟無論如何，均可認為，無從由各該責任類型規定而獲得答案。

如認為法定連帶債務之內部分擔，法律業已完足而無庸於各該責任類型重複規定，則其結論，勢將適用平均分擔模式（二八〇條），並適用平均求償（二八一條）。不過，如此思考模式，於絕大多數類型，均將發生嚴重違背公平正義情事。例如於法人責任、公司責任（公司法二三條）、共同侵權行為人責任、併存債務承擔責任，如嚴格貫徹平均求償，勢必重大乖離公平正義，實難否認；合夥人求償權之不宜適用平均分擔或平均求償，情形亦然。如何調整法律體系（規定）不足，並使其與公平正義銜接吻合，法律解釋存有相當發揮空間，應係事實。因其屬性，區分連帶責任規定，分為連帶債務及不真正連帶債務兩種類型，不失為可行思考模式之一，並願國內民法學展開探討研究。

2. 法律解釋

誠然，由於債之通則採取平均分擔原則，而個別具體類型規定又不明確，欲藉法律解釋力求突破，於法律解釋方法論上不無面臨重大挑戰。不過，於立法政策尚無任何調整徵兆之現實下㉟，就「法律規定」之用語，作擴張解釋，不失為可行途徑之一。愚意以為，斟酌法條文義及法律體系所體現之法律原則，以之作為法律適用之依據，力求法律解釋之結論，符合權利平等保護原則及公平正義理念，至少在現階段債法學上，允宜肯定。基此，則法定連帶責任（債務）之內部分擔，解釋論上似可歸納說明如下：

⑴零和類型

法定連帶債務之債務人，其內部分擔或為全部負擔，或為全部不負擔者（亦即部分債務人之內部分擔為零，部分債務人之內部分擔為全部者），殆可歸屬於此一類型。基本上，法人責任、法定代理人責任（一八七條）、僱用人責任（一八八條）、公司責任、票據追索責任(票據法九六條)，均可歸類於此一類型㊱。其中，僱用人責任有求償權之明定（一八八條三項），為最明確㊲。法定連帶責任規定，其得歸類於不真正連帶債務者，似以此類型為主。

⑵利害比例類型

㉟ 有關民法第二八〇條內部分擔之規定體例，是否允妥，不僅國內學界少有討論，民法債編條正草案，亦未曾觸及，謂其立法政策尚無任何調整徵兆，當係實情。

㊱ 決定零和分擔之依據，解釋上應以相對於損害發生之關係為準。一般言之，對於損害之造成，較為直接而接近之債務人，為終局責任者，應負全部分擔義務，其相應之間接責任者，不負內部分擔義務。

㊲ 零和類型之連帶債務，其求償之結果，與讓與請求權（第二二八條）之行使，幾至形異而實同。如法律未以連帶字眼而為規定，解釋上似將適用或類推適用讓與請求權之規定。足見，其與不真正連帶債務，事實上猶如一紙之隔而已。

法定連帶債務之各債務人，對於連帶債務發生之基礎（原因）事實，有一定之（利害）參與比例關係時，其內部分擔依各該債務人所參與之利害比例而定者，是為此一類型。例如各侵權行為人對於共同損害之發生，多數情形均各有不同之參與程度，並依此程度而形成一定分擔比例是[38]。

除共同侵權行為債務外，屬於此一類型之連帶債務，主要尚有共同使用借貸人責任（四七一條）、保證連帶責任（七四八條）、票據共同簽名責任（票據法五條）。有關於此，國內相關文獻，動輒以適用（債總）連帶債務之規定一語帶過[39]，恐屬有待商榷。

⑶平均分擔類型

法定連帶債務之債務人，依債總一般規定（二八〇條）適用平均分擔原則而定其內部分擔者，屬於此一類型。

法律體系之形式上，平均分擔類型之適用範圍，似屬甚廣，甚至可說絕大部分之法定連帶債務，均得歸屬於此一類型，蓋以法定連帶債務而直接明文規定內部分擔關係者，堪稱少之又少也。不過，依本文如上所述，則法定連帶債務而可歸屬於本類型者，殆有如羚羊掛角，典型難尋。勉強言之，如共同使用借貸人使用利益均等，多數保證人之保證債務數額均屬相等者，其結果即有平均分擔原則之適用。惟此

---

[38] 國內相關文獻，幾乎一致認為適用債總連帶債務相關規定，甚或明言平均分擔（史著，債法總論，頁169），似有商榷必要。筆者於債總講述上，雖多闡述參與比例觀點，但於拙著（民法債編通則）並未正式探討，不無為德不卒之憾。

[39] 為免蕪雜，相關文獻引註暫以共同使用借貸人責任為範圍。如是，則可參照陳著，頁131；邱著，債各（上），頁525。不過，學理上或以為，於內部分擔，應依借用人之過失定之（參照薛著，頁134～135）。

適用，乃係利害比例相等之結果，理論上應係利害比例類型適用之偶然，非謂平均分擔原則之當然適用。如是，則於法定連帶債務，內部平均分擔類型有無適用，不無重新全盤正視必要㊵。

本文此一論點，與學者通說及實務見解，直如天壤雲泥之別，是否有當，允宜深入審慎研析，惟此業已涉及連帶債務重新檢討之本題，於此暫予割愛。

（二）合夥人責任之內部分擔

1. 一般合夥人責任類型

基本上，於一般合夥人責任類型，各合夥人之內部分擔如何？法律（民法合夥乙節）亦屬尚無直接明文。不過，民法合夥乙節，於合夥人既有出資額比例之規定（六七七條一項、六九八條），亦有損益分配成數之明文（六七七條）。因此，解釋上或可以為，此等規定得據為解釋合夥人內部分擔之法律上依據。換言之，於法律體系關係上，此等規定即為民法第二百八十條所稱之法律另有規定。如是，合夥人責任之內部分擔，當可歸屬於上述之利害比例類型。

誠然，將一般合夥人責任類型之內部分擔，歸屬於利害比例類型，顯較允當。唯此之比例，究應採出資額比例？抑採損益分配成數？學理上或尚有討論餘地。理論上，合夥人之出資額為損益分配成數主要依據之一（六七七條之一），亦為返還合夥剩餘財產之計算標準（六九八條），於合夥人間利害關係之計算判斷，有其重要意義。因之，解釋（一般）合夥人責任內部分擔適用合夥人出資額比例，應有堅強依

㊵ 實際案例上，共同使用借貸而未約定使用比例，合夥而未約定出資種類及成數者，或亦可歸類於此一類型。

據㊶。

不過，合夥人縱有出資，仍得因約定或法律規定而不負擔損失，後者，如勞務出資之合夥人即是(六七七條三項)。有此情形之合夥人，對債權人雖不能解免連帶給付義務㊷，惟其既因約定或法定而不受損失之分配，於合夥人內部關係上應認為無內部分擔部分（勞務出資合夥人，以契約約定損失之分配者，依其約定定其內部分擔比例，是為特例)。解釋（一般）合夥人責任之內部分擔，應以合夥人之損益分配成數為準，但其損失分配成數與利益分配成數有不同者，則以損失分配成數為準㊸。

基此，有關（一般）合夥人責任類型之合夥人內部分擔，其適用標準之先後順序，當可析述如下：

㊶ 參照錢著，合夥財產與合夥債務，頁11。曾隆興，民法債編總論，自刊，民77，頁344；前大理院三年上字第二九二號判例意旨，亦認各合夥人之責任分擔部分，以股份多寡定之。（惟其所稱分擔，係指對債權人清償責任之分擔，與此之內部分擔，概念層次尚有不同，是否可直接援用，或有可議)

㊷ 依約不負分擔損失責任者，實務及學理，亦均作同一解釋，實務請參照廿六年上字第九七一號判例：「合夥契約訂定，合夥人中之一人，於其出資之限度外不負分擔損失之責任者，在各合夥人間，固非無效，但不得以之對抗合夥人之債權人。合夥財產不足清償合夥之債務時，該合夥人對於不足之額亦連帶負其責任。」；學理請參照史著，頁669～670、671；薛著，頁315；李洋一，民法上合夥之研究，頁707。

㊸ 參照陳著，頁 345（惟陳氏見解，同時認為損失分配成數即股分，似亦有概念區分未盡明確儼然之處)；季著（下)，頁123，孫森焱，前揭，民法債編總論，頁645。

⑴合夥人就合夥債務約定內部分擔比例者，依其約定定其內部分擔；

⑵合夥人就合夥約定損益共通分配成數者，依其約定定其內部分擔；

⑶合夥人就合夥約定損失分配成數者，依其約定定其內部分擔；

⑷合夥人僅就合夥約定利益分配成數者，依其約定定其內部分擔；

⑸合夥人未就債務、損失或利益分配為約定，無論有無勞務出資之合夥人，均依合夥人財產出資額之比例定其內部分擔；

⑹同上情形，各財產出資之合夥人，其出資額均等者，內部分擔平均之㊹。

以上適用順序，有退夥人者，就退夥前之合夥債務，亦屬（一般）合夥人而同其適用。

2.加入合夥人責任類型等

加入合夥人就加入前之合夥債務、表見合夥人就合夥債務，並無同一給付目的，本質上應屬於不真正連帶債務，業已如上所述。相對於出資之合夥人，就合夥債務之履行，彼等均非終局責任者。因之，彼等對出資合夥人言，應無內部分擔可言。即使解釋其為連帶債務，亦應認為彼等並無內部分擔（內部分擔為零）。

同一案例，如有加入合夥人，亦有表見合夥人者，其彼此間如何定其內部分擔，理論上或可採取平均分擔而各負擔二分之一，或認無庸分擔。基於公平原理，似以平均分擔為當；本於法無明文，並使法

㊹ 於此部分，筆者以前見解，依民法第六七七條而特別指明出資比例，其論點或許粗略（邱著，債編通則，頁423），應予調整，併此敘明。

律關係單純便捷，或以無庸分擔為宜。愚見雖基於誠信原則（一四八條二項、二一九條）而偏於前一立場㊺，惟其理論如何構成，仍待深入探討；實務僅謂其為不真正連帶債務，於問題之廓清，仍屬半途而廢，未真正本清源㊻。其加入合夥人或表見合夥人為多數者，亦應作同一解釋。

二、合夥人求償權之行使

合夥人求償權之行使，與內部分擔，殆如一體之兩面，即求償權因內部分擔而存在，其範圍因內部分擔而分別行使（二八一條），其間之理論上爭議較少。以下，爰舉前述之B例及E例之分析，作為說明依據：

（一）一般合夥人責任類型（B例分析）

㊺ 學理及實務，於此雖未見深論，但於相類之法定代理人責任（第一八七條），僱用人責任（第一八八條）競合之情形，係採不真正連帶債務之見解，則於此當亦可同理肯定之。詳請參照王澤鑑，連帶債權責任與內部求償關係，收於民法學說與判例研究第三冊，台大法學叢書，民70，頁289；邱著，債編通則，頁417，註2。（實務部分，請參照㊻所引述函示）。

㊻ 參照司法院⑺院台廳一字第六七五九號函示：「查連帶債務之成立，以債務人數人負同一債務而明示對於債權人各負全部給付之責任，或法律另有規定者為要件，此觀民法第二百七十二條第一項及第二項之規定自明。本件某甲與某丙，某乙與某丁依民法第一百八十七條第一項之規定固應連帶賠償原告所受損害，某丙與某丁則無負連帶賠償責任之規定，核其性質為不真正連帶債務，不得遽命其連帶賠償原告所受損害。」（同旨⑺廳民一字第二九九一號函示）。

甲、乙、丙、丁共同出資經營勵學出版社，乙出任總經理（甲以價值貳佰肆拾萬元之房屋作為資本，乙以前二年薪資折價壹佰貳拾萬元作為資本，丙出資壹佰捌拾萬元，丁出資陸拾萬元）；越三年，因景氣低迷，勵學出版社不僅資產全數賠盡，且積欠癸參佰貳拾萬元。癸訴請勵學出版社給付，於取得確定判決後，聲請法院拍賣執行甲之土地全部獲得清償。甲如何求償？

結論：甲得向丙求償壹佰貳拾萬元，向丁求償肆拾萬元，對乙尚無求償權。

說明：

1.合夥人甲、乙、丙、丁就合夥債務，並未約定負擔比例，亦未就損益（包括損失或利益）約定分配成數，其內部分擔應依出資額比例定之。

2.乙為勞務出資人，未約定負擔損失之分配，無內部分擔可言。計算內部分擔之總額，應予扣除，亦即僅計算財產出資合夥人之出資總額。於本例所舉事實，其總額為肆佰捌拾萬元（240萬元＋180萬元＋60萬元＝480萬元）。

3.甲、乙、丙、丁之分擔比例可得如下：240:0:180:60＝4:0:3:1

從而，其各自擔與總額之比例，經依以上相關數據加以換算後可得如下：

$$甲=\frac{240}{480}=\frac{4}{4+3+1}=\frac{4}{8}$$

$$乙=0$$

$$丙=\frac{180}{480}=\frac{3}{4+3+1}=\frac{3}{8}$$

$$丁=\frac{60}{480}=\frac{3}{4+3+1}=\frac{1}{8}$$

4. 合夥不足清償之總額為參佰貳拾萬元，經計算結果，甲、乙、丙、丁之分擔數額各為如下：

$$甲=320萬元\times\frac{4}{8}=160萬元$$

$$乙=0$$

$$丙=320萬元\times\frac{3}{8}=120萬元$$

$$丁=320萬元\times\frac{1}{8}=40萬元$$

5. 求償權依各債務人而分別獨立存在（乙、丙、丁對甲不負連帶給付義務——非為連帶責任）。因此，甲自行分擔壹佰陸拾萬元，求償範圍為：

甲得向丙求償壹佰貳拾萬元。

甲得向丁求償肆拾萬元（對乙無求償權）。

（二）加入合夥人責任類型等（E例分析）

甲、乙、丙、丁共同出資經營勵學出版社，乙出任總經理（甲、乙、丙、丁出資不同，情形如B例）；乙之友人庚頗有資力，且又古道熱腸，不僅時常代為招呼客戶，而且對癸表示渠亦為合夥人，癸大可放心與勵學往來，致癸信以為真，多次貸款於勵學出版社。越三年，因景氣低迷，勵學出版社不僅資產全數賠盡，且積欠癸參佰貳拾萬元；適巧甲、戊經乙、丙、丁同意，由甲讓與甲之股份於戊。不久，癸訴請勵學出版社給付，於取得確定判決後，聲請拍賣庚之土地，全部獲得清償。庚如何求償?

結論：

1. 庚得向甲求償壹佰陸拾萬元、向丙求償壹佰貳拾萬元、向丁求償肆拾萬元，但對乙無求償權。

2.庚對戊或認為無求償權，或認為得求償壹佰陸拾萬元。

說明：

1.甲、乙、丙、丁之內部分擔及求償關係，如前例說明1～3，茲不重複。

2.戊受讓甲之股份，甲因讓與而發生類如退夥之效力，甲雖已非合夥人，仍應依退夥人之例，與他夥人對癸負連帶給付義務。至於戊則以加入合夥人之地位，與甲、乙、丙、丁對癸負連帶給付責任。

3.庚之行為，足使癸誤認其亦為合夥人，對不知實際內情之癸而言，庚為表見合夥人，應與甲、乙、丙、丁、戊對癸負連帶給付責任。

4.戊、庚所以對癸負連帶給付責任，係本於法律規定，其意旨在保護債權人，戊、庚與甲、乙、丙、丁尚無同一給付目的，均無內部分擔可言。因此，本例甲、乙、丙、丁、戊、庚之分擔比例依次如下，即：

甲：乙：丙：丁：戊：庚＝4:0:3:1:0:0

5.甲、乙、丙、丁、戊、庚之分擔數額各為如下：

甲＝320萬元× $\frac{4}{8}$ ＝160萬元

乙＝0

丙＝320萬元× $\frac{3}{8}$ ＝120萬元

丁＝320萬元× $\frac{1}{8}$ ＝40萬元

戊＝0

庚＝0

6.庚既無內部分擔，其為清償後，得就全額而為求償，至其求償權之對象及其範圍分別為：

①對甲求償壹佰陸拾萬元。

②對丙求償壹佰貳拾萬元。

③對丁求償肆拾萬元。

④對乙無求償權。

⑤對戊之求償權，因見解之不同，或為無求償權，或得求償壹佰陸拾萬元，惟依本文立場，則偏於後者。

至於讓與人甲給付於庚後如何求償，解釋上應依讓與契約定之；讓與契約未約定者，向受讓人求償之㊼。

伍、歸納及說明——代結語

合夥人責任及其求償權之行使，涉及法定連帶債務性質及其求償規定之重新檢討，其理論體系構成尚待學理及實務深入研討。有關於此，本文雖稍有接觸，並指出問題所在，然為德不卒，半途而廢，自己亦深感惶恐。

加入合夥人責任、表見合夥人責任，與（一般）合夥人責任之關

㊼ 學理上或以為，於此情形，退夥人係依不當得利法則，向他合夥人請求償還（參照錢著，合夥人之退夥及加入，頁4）；如是，則加入合夥人，乃至表見合夥人均得作同一解釋。惟此看法，或與不當得利之構成要件不盡相符（退夥人所以清償，係本於法律規定之責任，非無法律上原因所可盡數說明），且與連帶債務求償權或不真正連帶債務讓與請求權之規定，意旨亦未見契合，於他合夥人間如何計算不當得利數額，亦將大費討論。是否允妥，不無斟酌餘地。

係，謂其為不真正連帶債務，似更恰當；惟國內學理及實務於此亦泛體系研究，其尚待努力者，非僅任重道遠即可盡為說明。

關於合夥人就合夥債務之內部分擔及求償權行使，本文於理論探討及實例分析之兼顧，雖已相當盡力，並略有一得之愚，惟其是否適當可行，有待學理及實務淬礪，敬祈師友賢達，多賜教益。其間所舉事例，基於避免重複，未便一一解析說明，惟其於相關問題之廓清，如能解說，仍有相當助益，但願在學讀者，參酌相關論述，自行解讀之[48]。

---

[48] A例為最單純類型，法律關係亦不複雜，於此類案例，通常宜注意解析合夥當事人能力之訴訟上效力問題（包括當事人為誰？判決確定後如何對合夥人執行等）；C例宜側重戊（加入合夥人）之內部分擔及求償權行使之理論依據；D例則於同時發生入夥及退夥之求償關係有其特別意義。

論人事保證

林誠二[*]

壹、案例提示

貳、人事保證與債務保證之區別

參、人事保證之意義及其性質

一、人事保證係一有名契約

二、人事保證係一有名債權契約

三、人事保證係附停止條件之債權契約

四、人事保證係對受僱人因職務上行為而應對他方為損害賠償所做之保證

五、人事保證具有繼續性與專屬性

六、人事保證之保證人所保證者係代負賠償責任非代履行責任

七、人事保證係要式且為無償片務契約

八、人事保證係從契約

肆、人事保證之期間

---

* 作者為美國伊利諾州立大學法學博士，現任中興大學法律學系教授兼系主任

一、最長期間之限制

二、保證期間之更新

三、保證期間之擬制

伍、人事保證之消滅

一、當然終止

二、因行使終止權而消滅

陸、人事保證責任之斟酌事由

柒、保證人賠償責任之限制及損害賠償請求權之消滅時效

一、保證人賠償責任之限制

二、損害賠償請求權之消滅時效

捌、一般保證之準用

玖、當事人特約排除本節有關人事保證規定而不利於保證人者之效力如何？

拾、結　論

論人事保證

壹、案例提示

甲男於金融業務高考及格，經職前訓練結業後，分發到某銀行服務，報到前銀行要求甲覓乙為其保證，保證書中約明:「乙方於甲受僱於其銀行期間內造成損害於銀行者，應由乙方代負賠償責任。」 十年後，甲已升當分行經理，因超額貸款給客戶，造成該銀行有一千萬元之損害。試問此種保證之性質如何？與一般保證是否相同？乙於十年後是否仍須負保證責任？

貳、人事保證與債務保證之區別

1. 按人事保證，在我國社會上慣行已久，自民國五年大理院上字第一〇三二號判決以來❶，實務上迭見相關案例，惟現行民法則無規定。但考日本「身元保證に關する法律❷」(以下稱人事保證法)，對人

❶ 民國五年大理院上字一〇三二號判決：「保證不限於金錢債務，即就僱傭契約言，亦得為之保證，故保證人於締約之時曾約明被保人任事之後倘有舛錯等弊概歸保證人承管，則其保證之目的當然包含被保人因違反義務所生損害賠償之責任在內。」

事保證則有詳盡規定。此次民法債編修正草案為使此一民間慣行甚久之人事保證，能對當事人間權利義務關係，在自由約定外，有明確之法律規定，特參考日本人事保證法之規定，並參酌民間實情，兼顧當事人約定之權益保障，爰增設人事保證之規定，俾便適用。

2.本次民法債編修正案，增訂人事保證之規定條文共有九條之多（七五六條之二至七五六條之十）。舉凡人事保證之定義、約定保證期間之限制、終止、保證人賠償金額之減輕或免除及準用一般保證等，均有詳盡規定。問題在於人事保證是否為保證之一種類型？若是，則宜增訂於民法第二章各種之債第二十四節保證中；若不是，則宜另增訂專節規定之。經會議討論之結果認為，四十九年臺上字第二六三七號判例明白指出，職務保證與一般之債務保證不同，蓋一般保證係指保證契約之保證人於主債務人不履行債務時，由其代負履行責任，而職務保證則係指保證人對於因被保證人之職務行為致損害於僱主時，應負之獨立損害賠償責任之契約，故前者有主債務與從債務之關係，但後者係獨立債務，無所謂主從債務之問題。從而，二者性質既有不同，自宜獨立設專節規定。但考慮人事保證性質上固與一般債務保證不同，但仍有其相類之處，爰增訂：「除本節有規定者外，準用關於保證之規定。」例如民法第七百四十八條有關共同保證，第七百四十九條有關保證人之代位權是。

---

❷ 日本「身元保證に關する法律」，係於昭和八年四月一日公布，同年十月一日施行，總計六條文。就立法技術而言，我國係將人事保證編入民法債編第二章第二十四節之一，而日本係獨立之立法。

參、人事保證之意義及其性質

民法修正草案第七百五十六條之二規定：「稱人事保證者，謂當事人約定，一方於他方之受僱人因職務上之行為而應對他方為損害賠償時，由其代負賠償責任之契約。前項契約，應以書面為之。」茲分述之：

一、人事保證係一有名契約

人事保證之意義，係採直接立法解釋，且以節名明定之，故為有名契約之一種。俗稱為職務保證，日本法稱為身元保證❸。

二、人事保證係一有名債權契約

人事保證依民法第一百五十三條規定，經雙方當事人相互意思表示一致即為成立，但保證人僅代負賠償責任，亦即僅係一種負擔行為之債務，故其性質為債權契約。此之「代負賠償責任」與民法第七百

❸ 依錢國成教授著，債篇各論講義，頁254說明，人事保證包括職務保證及僱傭保證，可分三種：第一種謂人的身元保證，舉凡被保證人違反任用契約所致損害賠償及因執行職務所加於僱主之損害賠償，均應負保證責任；第二種謂之物的身元保證，即被保證人依任用契約或法律規定對僱主應負之損害賠償債務，負保證責任；第三種則為損害擔保契約，即不問被保證人造成僱主之損害是否與職務有關，保證人均應負賠償義務。我國最高法院四十九年臺上字二六三七號判例，係採獨立負擔損害賠償義務之契約，但觀之草案「代負賠償責任之契約」，顯採創新見解，兼採既獨立而又不失補充性之契約，並非完全獨立之契約概念。

三十九條所規定之「代負履行責任」類似，同具補充性質，必也被保證人不負損害賠償責任時，保證人始有代負賠償之責。

三、人事保證係附停止條件之債權契約

人事保證雖與一般債務保證同具有補充性，但二者性質卻不同，亦即人事保證為獨立負擔損害賠償責任之契約，而一般債務保證則為從屬於主債務已存在之從契約。人事保證既為獨立負擔損害賠償責任之契約，則人事保證契約雖經當事人雙方意思表示一致而成立，但係附以他方（雇主）之受僱人因職務之行為而應對他方為損害賠償時，始由保證人代負賠償責任之附約款。故其性質應為附積極條件之債權契約，亦即以被保證之受僱人對雇主發生具體確定之損害賠償時為條件成就之時❹，故有其未必性存在。或有認為人事保證，乃一種將來債務之保證，但將來債務之保證，通常係指發生債務之原因在保證時已存在，亦即係就一定債之關係範圍內不特定而隨時會發生之債務做保證，最高限額保證（七十七年臺上字第九四三號判例❺、八十一年

❹ 請參閱日本學者佐藤隆夫著，債法各論要說，勁草書房，1986. 4. 20.，初版，頁153。

❺ 七十七年臺上字九四三號判例：「保證人與債權人約定就債權人與主債務人間所生一定債之關係範圍內之不特定債務，預定最高限額，由保證人保證之契約，學說上稱為最高限額保證。此種保證契約如定有期間，在該期間內所生約定範圍內之債務，不逾最高限額者，均為保證契約效力所及；如未定期間，保證契約在未經保證人依民法第七百五十四條規定終止或有其他消滅原因以前，所生約定範圍內之債務亦同。故在該保證契約有效期間內，已發生約定範圍內之債務，縱因清償或其他事由而減少或消滅，該保證契約依然有效，嗣後所生約定範圍內之債務，於不

臺上字第一〇一一號判決參照）即屬之。日本民法第七百六十五條第二項規定「對將來或負有條件之債務，亦得為保證。」亦指此意旨。國內學者謝在全教授，亦採此看法❻。準此以觀，對於受僱人履行提供勞務義務，不論現時已存在或將來發生者所為之保證，應別稱為「僱傭」保證；而對於受僱因職務行為造成僱傭人損害賠償責任所為之保證，則應稱之為「人事」保證，瑞士債務法即採此見解❼。

四、人事保證係對受僱人因職務上行為而應對他方為損害賠償所做之保證

1. 何謂受僱人？依修正草案增訂意旨謂，本條稱受僱人者，與民法第一百八十八條所稱之受僱人同其意義，凡客觀上被他人使用為之服務而受其監督者均屬之。蓋參照最高法院五十七年臺上字第一六六三號判例，人事保證之被保證的受僱人，不以事實上有僱傭契約之受僱人為限，舉凡有被選任及監督關係而受他人使用者，均包含在內。茲有問題者，乃人事保證所保證者既為受僱人因職務上之行為而應對雇主為損害之賠償，但此項損害，有因受僱人侵權行為而生者，亦有因履行受託債務因故意或過失而生者，是否可依據民法第一百八十八條有關侵權行為之規定及其判例而作為判斷是否具受僱人地位之標準？容或尚有爭議。但就民間慣行之人事保證，亦常有約定適用於無事實上僱傭契約關係之情形。就此現象以論，增訂條文之規定似有相當道理存在。

逾最高限額者，債權人仍得請求保證人履行保證責任。」

❻ 法務部民法研究修正委員會會議記錄財產法組第六十二集，頁42。

❼ 請參閱蔡明收撰，論身份保證，收錄於中興法學，第二卷第一期，頁78。

2.何謂職務行為？此之職務行為，應僅指受僱人依約定所授予之職務而言，不及於與受僱人職務無關之行為，如受僱人於假日外出傷害他人之行為（應由受僱人依民法第一百八十四條規定，自行負侵權行為損害賠償之責任），但與職務有關之行為，亦應屬之。故與民法第一百八十八條所謂僱傭人執行職務係採凡客觀上足認與其執行職務有關而受他人監督者，亦應包括在內（四十二年臺上字第一二二四號判決、五十七年臺上字第一六六三號判例參照）之見解，應作同一之認定。蓋受僱人之侵權行為固係對外之不法行為，而人事保證受僱人之侵害係對內之賠償責任，而且其賠償責任，並不以侵權行為造成者為限，即因故意或過失不履行受託債務而造成雇主之損害，亦包括在內。此所以增訂條文僅謂「因職務上之行為」，而不謂「因職務上之不法行為」。由是以觀，凡利用執行職務之機會或惡意利用執行職務權限所生之損害，均在人事保證之範圍內。例如銀行出納員A請假，銀行臨時命工友B代管出納，B因而起意侵佔銀行款項，應認與執行職務無關，不能令B之保證人負賠償責任；但如A為助其友人C周轉資金，慫請同事B對並無存款之C所提示之支票加以貼現，以致造成銀行損害，應認與A之職務有關之行為，A之保證人應對銀行負保證責任。又收費員A，將應收之款項予以侵占，致公司受有金錢損害，亦應認係利用執行職務之機會之行為，A之保證人應對公司負賠償責任❽。

3.職務上之不法行為是否均在人事保證範圍內？關於此問題，我國最高法院六十一年臺上字第二一七號判決❾，頗具見地，其認為並非受僱人所為之不法行為均得認定為與執行職務有關之事由，而應視

---

❽ 請參閱曾隆興著，現代非典型契約論，民77. 1.，修訂三版，頁146。

❾ 法令月刊，第二十四卷三期，民62. 3. 1.，頁83～84。

受僱人就所掌管事項有無管理監督權限而作不同認定。例如於在職期間共同侵吞公款之行為，其犯罪事實就為侵占或竊盜，對於人事保證人是否應負保證賠償責任具有決定性。易言之，若認定其為竊盜罪，即非與執行職務有關之事由，難命人事保證人負擔保證責任；若認定其為侵占罪，則為與受僱人執行職務有關之事由，人事保證人應負擔保證責任。蓋受僱人對經管財產有管理監督權，侵占乃其職務有關之一般犯罪行為；反之，竊盜則係對其無管理監督權之財產所為之不法行為，自係與其執行職務無關之不法行為，當難令其人事保證人負擔保證責任。

又此所謂職務上行為，係指受僱人「將來」因職務上之行為，而應負之損害賠償責任，故就職務上已發生之損害賠償而為保證者，乃係就已存在之債務為保證，應屬一般債務保證，而非人事保證，其理至明。

再人事保證所保證者，既僅限於他方受僱人將來因職務上之行為而應負之損害賠償責任，其保證範圍自不及於非損害賠償之債務，例如受僱人（如外勞）因故逃匿而代為搜尋之債務是。

五、人事保證具有繼續性與專屬性

人事保證係就僱傭或其他職務關係中將來可能發生損害賠償之債務為保證，故具有繼續性，因此亦屬繼續性契約之一種，但為附有以發生損害賠償債務為停止條件之契約。其情形有如國際貿易之基本契約 (Basic contract)，但附以個別契約（Individual contract，如訂購單）為每宗買賣契約生效之停止條件。故當受僱人每為一件損害賠償債務時，基本的人事保證契約即個別的因停止條件成就而發生效力。其情形又如最高限額抵押貸款契約，因銀行每筆放款而發生效力。

再者，人事保證因具有濃厚人情信任關係，故具有專屬性。因此，如受僱人所生損害賠償之債務由第三人承擔時，承擔人之不履行承擔債務，保證人應無代負賠償責任之義務。非僅如此，人事保證契約成立時，被保證人對雇主尚未有具體確定之賠償債務，故人事保證人死亡時，應以其繼承開始時之權利義務狀態為準，而定其人事保證責任，如繼承開始時，被保證人尚未負有具體確定之賠償義務，保證人自亦無代負賠償責任之理，自不在其繼承範圍內，從而保證人之繼承人當不負賠償責任，是人事保證人之責任因其死亡而消滅，但有特約者，不在此限。❿

六、人事保證之保證人所保證者係代負賠償責任非代履行責任

所謂代負賠償責任者，兼指二意，一則指保證人所代負者，僅限於受僱人因職務上之行為而應對其雇主為損害賠償者；另則指保證人僅代受僱人負賠償責任。其意義應與民法第七百三十九條所謂代負履行責任之「代負」同，僅具補充性質，故民法第七百四十五條之先訴抗辯權，理應有準用。因此，當受僱人因職務上行為造成其雇主損害而應負賠償責任時，若雇主逕向保證人請求代負賠償責任，保證人可依據民法第七百四十五條規定主張先訴抗辯權。問題在於，人事保證人可否依民法第七百四十六條第一項第一款拋棄先訴抗辯權？可否為連帶保證？愚以為不可準用，蓋人事保證通常因人情關係而為之，若許為拋棄或為連帶保證，則人事保證常會被濫用而由雇主與受僱人通謀而為損害賠償之債務，對保證人造成極大不利，且似與公序良俗不符，故以不準用為宜。

---

❿ 曾隆興，前揭書，頁153。五十一年臺上字二七八九號判例。

七、人事保證係要式且為無償片務契約

人事保證依增訂條文第七百五十六條之二第二項規定，人事保證契約，應以書面為之，故為要式契約，以求慎重。又依民法第一百五十三條規定，只須雙方當事人意思表示一致即可成立，對保與否，並非人事保證契約之成立要件（四十六年臺上字第一六三號判例參照）。再人事保證係當事人約定一方於他方之受僱人因職務上之行為而應對他方為損害賠償時，由其代負賠償責任之契約，雇主對於保證人並無對價債務可言，故與一般保證同為無償片務契約。

八、人事保證係從契約

人事保證契約通常係於典型僱傭契約或其他類型勞務契約成立之同時締結之。此之所以兼指於其他類型勞務契約，蓋我國人事保證草案第七百五十六條之二僅規定：「……受僱人因職務上之行為……」，而所謂受僱人又採客觀廣義概念，凡有選任及監督關係者均屬之，不以典型僱傭契約為限，故勞務契約、公務員任用契約或約聘契約，均可能發生人事保證契約。由是觀之，不問被保證人與僱傭人間勞務關係契約之性質如何，必於其先存在後，始有人事保證契約之可能，故其應為從契約。

但「從契約」與「從債務」應分別以觀，以免對人事保證契約為獨立損害賠償契約之性質有所誤解。人事保證與一般債務保證，固均為從契約，但就保證之實質內容言，人事保證為「代負賠償責任」，而一般債務保證為「代負履行責任」，明顯可知，人事保證人並不代負履行責任，僅於被保證人發生職務上損害於僱傭人時，應獨立負擔損害賠償責任之義務，並無相對之主債務概念存在，故係獨立債務，不宜因

係從契約即認其性質為從債務，亦即並非從契約必然產生從債務⓫。

肆、人事保證之期間

一、最長期間之限制

增訂條文第七百五十六條之四規定：「人事保證約定之期間，不得逾三年。逾三年者，縮短為三年。」按人事保證，固為民間用人慣行已久之特別保證制度，但可說係源於人情關係而為，且人事保證契約係以將來內容不確定之損害賠償債務為保證對象，而且保證後受僱人與其雇主之關係要較保證人與被保證人之關係為密切，理當由雇主盡其指揮監督之責，是約定保證期間不宜過長，否則對於保證人極為不利，爰參考日本「人事保證法」第二條，於第一項規定人事保證約定之期間，不得逾三年，逾三年者，縮短為三年。

所謂「不得逾三年」，解釋上言，與民法第四百八十條所定買回之期限不得超過五年同，係指保證之存續期間。但買回有始期約定之情形，而人事保證則無始期約定之可能，蓋其無如買回權之行使問題也，故寧可謂其類似於一般保證之定期保證（民七五二條參照）。由本條規定觀之，草案之人事保證，僅有定期保證，而無所謂不定期保證，蓋約定期間既不得逾三年，未約定期間者，當宜以人事保證契約成立之日起算，有效期間為三年，乃是合理之解釋，故修正草案第七百五十六條之三第三項乃有三年期間之擬制，亦即人事保證未定期間者，

⓫ 張鳳清，以日本法制為中心論人事保證草案條文，中興大學法律研究所碩士論文，頁14～15。

自成立之日起有效期間為三年。

二、保證期間之更新

為保障人事保證保證人之權益，人事保證約定之期間固有加以最長限制之必要，但契約自由之原則仍須尊重，故增訂同條文第二項，仿日本前述法律第二條之規定，「前項期間當事人得更新之」以符合契約自由原則。又本項規定之更新，類似民法第四百四十九條第二項有關另行交付無瑕疵物，並無更新次數之限制。但更新之期間是否仍應受第一項最長三年之限制，我國草案規定不明顯，日本人事保證法第二條第二項則有更新之期間不得逾五年之規定。愚以為我國草案亦應作同一解釋，蓋草案既言「前項期間」，自當解為仍應受最長三年之限制，修正意旨同此見解，其情形應與我民法第四百四十九條第二項有關定期租賃之更新仍應受第一項租賃期限不得逾二十年規定之限制同。

三、保證期間之擬制

（一）擬制之理由

按契約之有效期間，宜委由當事人依契約自由原則約定之。但人事保證之保證人責任係獨立負擔損害賠償，且多因人情及信用關係而為，若當事人未約定期間，其責任過重且苛，殊非公允，故有本項法定擬制保證期間之規定。

（二）三年期間之擬制

增訂同條文第三項規定：「人事保證未定期間者，自成立之日起有效期間為三年。」本項之規定，可作如下分析說明：

⑴查民法第四百四十九條第一項規定：「租賃契約之期限，不得

逾二十年，逾二十年者，縮短為二十年。」又耕地三七五減租條例第五條規定：「耕地租佃期間不得少於六年，其原約租期超過六年者，依其原約定。」前者為最長存續期間之限制，後者為最短期間之限制，是有謂耕地並無不定期限租賃。

⑵但觀本項規定，人事保證未定期間者，自成立之日起有效期間為三年，是為法定擬制期間，以免保證人負擔無限期限之責任。惟此之「三年」之性質，應與耕地三七五減租條例之六年不同，蓋前者之三年僅係法律之擬制期間，仍容許當事人約定較短之保證期間，但後者係最短期間之限制，不容許當事人約定較六年為短之期間。反觀日本人事保證法第一條後段則規定，人事保證未定期間者，自成立之日起有效期間為三年，但工商業見習者，其有效期間為五年，要比我國草案統一規定為三年較具實際。

⑶本項規定之三年既為法定擬制期間，則在當事人無約定較短期間下，吾人或可謂人事保證亦不生不定期間或未定期間之問題。則此法定三年期間屆滿後，自亦有第二項之適用，亦即當事人得更新之或重新訂約。

伍、人事保證之消滅

人事保證之消滅，除協議終止外，有因期間屆滿而消滅，有因僱傭關係而消滅，亦有因行使終止權而消滅，亦有因死亡、破產或喪失行為能力而消滅，茲分述如下：

一、當然終止

（一）因期間屆滿而消滅

增訂條文第七百五十六條之八第一項第一段規定:「人事保證關係因保證期間屆滿而消滅。」人事保證定有期間者,其保證關係於期間屆滿時消滅,乃當然之理。此應與民法第七百五十二條一般保證之規定為相同之解釋,亦即對發生於保證期間內之損害,債權人於保證期間屆滿時仍不請求賠償,其權利即歸於消滅。蓋此係對保證定有期間,而非對被保證之損害賠償債務定有期間。又依修正要旨,所謂保證期間屆滿,解釋上當然包括約定保證期間屆滿,及未定期間之保證而其法定有效期間已滿三年者而言。

(二)因被保證人或保證人之死亡而消滅

我民法原修正草案對人事保證是否因被保證人或保證人之死亡而消滅,並未作規定,日本人事保證法亦無明文規定,按債之主體言,被保證人死亡時,已失權利能力(民六條),不得再為權利義務之主體基礎,應有其專屬性存在,人事保證債務自不得繼承,故除有特約外,人事保證之責任,亦應因保證人死亡而消滅,最高法院五十一年臺上字第二七八九號判例⓬,即採此見解。茲有問題者,乃人事保證固因被保證人或保證人死亡而消滅,但有無溯及效力?愚以為應無溯及效力,最高法院八十一年臺上字第一〇一一號判決⓭要旨指出,保證人

⓬ 職務保證原有專屬性,除有特約或特殊情形外,保證人之責任因其死亡而消滅。蓋此種保證於保證契約成立時,被保人尚未有具體的賠償之債務,必待被保人發生虧損情事後,其賠償之責任始能具體確定,而遺產繼承應以繼承開始時被繼承人之權利義務狀態為準,倘繼承開始時,被保證人尚未發生具體而確定之賠償義務,則此種保證契約自不在其繼承人繼承範圍之內。

⓭ 保證人與債權人約定就債權人與主債務人間所生一定債之關係範圍內之不特定債務,預定最高限額,由保證人保證之契約,學說上稱為最高

死亡後，已不得再為權利義務之主體，保證人死亡前已發生之債務，在約定限度之範圍內（指最高限額保證），固應由其繼承人承受，惟保證人死亡後始發生之債務，則不在其繼承人繼承之範圍。錢國成教授在前揭講義頁二五五，亦採此見解。故待修改草案定稿時，增訂條文第七百五十六條之八第一項第二、三款規定，人事保證關係，因保證人或受僱人之死亡而消滅。至於被保證人死亡，人事保證關係應消滅固為當然之理，但不影響其死亡前已生之人事保證責任，不可不注意也。

（三）因被保證人或保證人之破產或喪失行為能力而消滅

我民法原修正草案對人事保證是否因被保證人或保證人之破產或喪失行為能力而消滅，並未作規定，日本人事保證法亦無明文規定，我民法修正草案定稿時增訂之為法定終止事由。蓋考慮人事保證係以信用為基礎，亦應以有行為能力為前提，始為公允，良以受破產宣告者，其信用已喪失；喪失行為能力者，其已不能為有效法律行為，自當立法保障之。

二、因行使終止權而消滅

（一）任意終止權

增訂條文第七百五十六條之五第一項後段規定，人事保證未定有

限額保證。此種保證，除訂約時已發生之債權外，即將來發生之債權，在約定限額之範圍內，亦為保證契約效力所及。而保證人死亡後，已不得再為權利義務之主體。保證人死亡前已發生之債務，在約定限度之範圍內，固應由其繼承人承受，負連帶償還責任；惟保證人死亡後始發生之債務，則不在其繼承人繼承之範圍。

期間者，保證人得隨時終止契約。其立法理由謂人事保證既未定有期間者，應當賦予保證人得隨時終止契約之「任意終止權」。此與增訂條文第七百五十六條之四第三項規定：「人事保證未定期間者，自成立之日起有效期間為三年。」並無矛盾之處，蓋增訂條文第七百五十三條之三第四項三年有效期間之擬制規定，係為保障保證人之利益，不致因保證人不知適時終止而讓該契約繼續存在，至於當事人得隨時終止契約本為未定期間契約之特性，且身分保證人於訂立未定期間契約當時，恐亦有將來得隨時終止之意思，故對於未定期間之身分保證，雖一方面為保障保證人之立法目的而有三年期間擬制規定，另一方面為維持未定期間契約之特性而有保證人得隨時終止契約之規定，二者併同規定應與契約法之原理並無牴觸⓮。

惟為免僱傭人因保證人之行使終止權而遭到不利益之不合理現象，特於增訂條文第七百五十六條之五第二項中規定有預告期間，即原則上保證人欲終止契約時，應於三個月前通知僱傭人，俾僱傭人及受僱人得於通知期限內另覓保證人。惟如當事人另有約定時，基於契約自由原則，應從其約定。此時，在解釋上，約定之期限不宜過長，蓋人事保證之立法，主要在保護保證人，以免其負擔過重之責任，且預告之期間過長，亦將使保證人之任意終止權徒具虛名，故第二項後段規定：但當事人約定較短之預告期間者，從其約定。亦即約定較三個月為長者，無效。

日本人事保證法並不承認保證人有任意終止權（日本稱終止權為解除權），但不問定有期間或未定期間之人事保證，於有終止權之原因發生而受僱傭人通知或知有該法定通知原因事實時，保證人得向將來

⓮ 法務部民法研究修正委員會會議記錄財產法組第六十二集，頁100。

終止保證契約（日本人事保證法三、四條），是僅採特別終止權，對保證人較為不利。

（二）應通知事由及特別終止權

依增訂條文第七百五十六條之六第二項規定，保證人受前項通知者，得終止契約，保證人如有前項各款情形者，亦得終止契約。所謂前項通知，指僱傭人有法定應即通知保證人之事由言，故人事保證之保證人有特別終止權，亦即，如有法定通知事由發生時，而保證人受通知或自知有應受通知之情形，在定有期間之人事保證不問所定期間是否屆滿，在未定期間之人事保證亦無需為預告之通知，均得終止契約。但終止與否，仍屬人事保證人之自由。僱傭人應即通知保證人之事由如下：

1. 僱傭人依法得終止僱用契約，而其終止事由有發生保證人責任之虞者

本款規定主要係參照勞動基準法第十一條第五款規定及第十二條第一、四、五、六款規定而來，蓋該等事由發生時，僱主均有終止勞動契約之權，若僱主有權終止而不終止，影響保證人之利益甚鉅，且於僱傭關係存續中，受有利益之人多為僱傭人，受僱人係在僱傭人監督下工作，從而不應將事業經營之風險轉嫁給保證人，故為保障保證人之利益，宜規定僱傭人應即通知保證人，俾能及時處理，並有終止保證契約之權，惟為免掛一漏萬，特規定為「僱傭人依法得終止僱傭契約，而其終止事由有發生保證人責任之虞者」，僱傭人即有通知保證人之義務⓯。日本人事保證法有類似規定，其第三條第一項第一款規定：「僱傭人之受僱人有不適任或不誠實之情事，致有發生人事保證

⓯ 法務部民法研究修正委員會會議記錄財產法組第六十二集，頁118。

人責任之虞者，僱傭人應即通知保證人。」而保證人依第四條規定：「於受該通知之時起，得向將來終止契約。」似又有異曲同工之妙，蓋所謂不適任或不誠實之情形，即我國僱傭人得依法終止僱傭契約之情形。

2. 受僱人因職務上之行為而應對僱傭人負損害賠償責任，並經僱傭人向受僱人行使權利者

本款在解釋上應屬當然之理，蓋一旦因受僱人之不法行為使僱傭人遭受損害，保證人即應對此已發生的具體保證債務，負損害賠償責任。此時保證人對受僱人的信賴關係已不存在，為免將來繼續發生或加重保證人之責任，僱傭人自應即通知保證人使其及時處理並有終止保證契約之權。日本人事保證法對此並未明文規定，考其原因，或認為受僱人因職務上之行為而應對僱傭人負損害賠償責任者，已可包含在前述所謂「受僱人有不適任或不誠實之事實致有發生保證人責任之虞者」之概念內也。（我修正草案意旨謂仿日本人事保證法第三條規定增定第一項）

3. 僱傭人變更受僱人之職務或任職地點，致加重保證人之責任或使其難於注意者

所謂受僱人之職務或任職地點之變更，應係指有顯著變化，致加重保證人之責任或使其難於注意之情形。蓋就人事保證性質而言，保證人不僅保證受僱人之人品，並保證其工作不出紕漏，故保證人對於受僱人應負相當程度之注意義務⑯。因此於僱傭人變更受僱人之職務或任職地點，致加重保證人之責任或使其難於注意時，保證人對於已發生之賠償責任，固難脫免，惟為免將來繼續發生或加重保證人之責任，僱傭人自應即通知保證人，並應許其有終止保證契約之權。由條

⑯ 法務部民法研究修正委員會會議記錄財產法組第六十二集，頁117。

文觀之，僱傭人雖有變更受僱人之職務（例如由組員平調為行員）或任職地點（例如同區遷廠），但未加重保證人之責任或並未使保證人難予注意之情形，保證人仍不得行使終止權，反之，由組員升為專員，或不同縣市遷廠，則應解為有加重保證人之責任或使保證人難於注意之情形，故僱傭人應即通知保證人應許保證人行使終止權⓱。日本人事保證法亦有本款類似之規定，與我修正草案僅在於用語之不同。日本人事保證法第三條第一項第二款後段規定：「或使其監督困難者」，而我修正草案本條第一項第三款後段則規定為：「或使其難於注意者」，實則二者之規定，並無實質差異。至於所謂「難於注意者」，例如僱主公司之營業讓與、公司合併或公司重整等情形，致受僱人之職務或任職地點有變更是。

陸、人事保證責任之斟酌事由

增訂條文第七百五十六條之七規定：「有左列情形之一者，法院得減輕保證人之賠償金額或免除之：一、有前條各款之情事而僱傭人不通知保證人者。二、僱傭人對受僱人之監督有疏懈者。」其立法理由謂，僱傭人於前條各款足使保證人責任發生或加重之情事之一時，應有通知義務，又僱傭人對於受僱人，有監督義務，故若有前條各款之情事而僱傭人怠於為前條之通知，或對於受僱人之監督有疏懈，其對損害之發生或擴大與有過失，自應依其比例自負其責，方稱公允，爰參考最高法院四十九年度臺上字第二六三七號判例⓲意旨而設第一項

⓱ 錢國成教授在其前揭講義，頁255指出，保證人亦得依情事變更原則終止人事保證契約，日本大審院大正四年十月二十八日判例，亦採此見解。

規定。關於僱傭人之通知義務，我修正草案亦如日本人事保證法第三條直接明文規定，在草案第七百五十六條之七第一項規定僱傭人應即將該事由通知保證人，當其不為通知時，法院得減輕保證人之賠償金額或免除之。

與日本法之比較：

日本人事保證法第五條規定：「法院於決定人事保證人之損害賠償責任及其金額時，應斟酌僱傭人對受僱人之監督有無過失，人事保證人所以為保證之原因及其為保證時之注意程度，受僱人之職務、本身之變化及其他一切之情事。」與我國修正草案第七百五十六條之七之規定相比較，人事保證人責任之斟酌同屬法院之權限，但仍有下列數點之差異：

1.關於保證人責任之斟酌事由，我國修正草案採類型化，並列舉規定，且係得減輕或免除。反觀日本法，則未分別列舉事由，採例示性規定，法院應斟酌一切之情事而為認定，並就賠償責任及金額為一體之斟酌。

2.關於僱傭人對受僱人之監督，我國修正草案規定為「有疏懈者」，日本則規定為「有無過失」。實則二法制並無差異，蓋有無疏懈，有無過失，要均以是否欠缺注意義務為判斷基準。可惜二法制均未對

⑱ 本件契約係職務保證性質，與一般保證之金錢債務保證不同，其保證書所載「保證擔任職務期間操守廉潔、恪遵法令暨貴公司各種規章，倘有違背情事或侵蝕公款、財務及其他危害公司行為，保證人願放棄先訴抗辯權，並負責指交被保人及照數賠償之責」字樣。如係對於被保證人職務行為致損害於被上訴人時，負賠償責任之意思，即為獨立負擔損害賠償義務，非無民法第二百一十七條之適用。

注意程度如何作明定，愚以為不妨依我民法第二百二十條第二項規定，由法院依事件特性之輕重加以酌定。

3. 日本法將人事保證人所以為保證之原因及其為保證時之注意程度例示為斟酌事由，我國修正草案則未列入斟酌事由。二法制之比較，日本法較我國修正草案更具人性規定。

4. 日本法將受僱人之職務或本身之變化，規定為僱傭人有通知保證人之義務，且例示為斟酌事由，我國修正草案則於第七百五十六條之六列為僱傭人應即通知保證人之事由，倘在終止契約前已生對僱傭人應負損害賠償責任之事由時，則以僱傭人不將該事由通知保證人時，法院得減輕保證人之賠償金額或免除之。二法制比較，日本法法院得斟酌者，並不以僱傭人不通知保證人為必要，而我國修正草案則於僱傭人不通知保證人時，法院始得為斟酌，似以日本法較保護人事保證人。

柒、保證人賠償責任之限制及損害賠償請求權之消滅時效

一、保證人賠償責任之限制

按人事保證係無償之單務契約，又恆因人情關係而為，對保證人至為不利，故僱傭人能依他法獲得賠償者，自宜要求僱傭人先依各該方法求償，也必其有不能受償，或有不足受償時，始令保證人負其責任，以減輕其責任。故我民法修正草案第七百五十六條之三規定：「人事保證之保證人，以僱傭人不能依他項方法受賠償者為限，負其責任。」所謂他項方法受賠償者，例如僱傭人已投保受僱人職務之保證保險（保險九十五條之一至三），或第三人為受僱人向僱傭人設有職務損害之最

高限額抵押權是。本條規定，頗類似現行民法第一百八十六條第一項規定。公務員因過失致第三人權利受損害者，以被害人不能依他項方法受賠償時為限負其責任。

二、損害賠償請求權之消滅時效

我民法修正草案第七百五十六條之九規定：「僱傭人對保證人之請求權，因二年間不行使而消滅。」按人事保證人既係基於人情信任關係而為受僱人作職務保證，保證人負擔之責任，不宜持續過長，懸而未決，對保證人至為不利。故僱傭人依法對於人事保證人所得主張之損害賠償請求權，應另行規定較短之二年時效，不宜適用民法第一百二十五條之十五年規定。至於本條所定損害賠償請求權消滅時效之起算點，仍應依民法第一百二十八條之規定，以自請求權可行使時起算，亦即僱傭人受有損害而得請求賠償時起算，但如僱傭人尚有他項方法可受賠償時，解釋上，應自不能依他項方法受賠償時起算，自不待言。

捌、一般保證之準用

人事保證固與一般債務保證不同，已如前述。但一般債務保證有關規定，仍有可適用於人事保證之法律關係者，例如人之擔保性、無償性補充性等是，故修正草案第七百五十六條之十規定：「人事保證，除本節有規定者外，準用關於保證之規定。」問題在於一般保證第七百三十九條至七百五十六條在性質上，究有那些條文可以準用？那些條文不能準用？愚以為應逐條按人事保證之性質研判之。茲分述如下：

⑴第七百三十九條，係定義規定。人事保證既性質上與一般債務保證不同，當無準用餘地。

⑵第七百四十條，係一般保證債務之範圍規定。人事保證既係對受僱人因職務上之行為而應對僱主為損害賠償之代負責任，人事保證之範圍理應限於被保證人職務上行為所生之損害賠償。蓋人事保證既為獨立負擔損害賠償之契約，係以將來具體發生之保證賠償債務為範圍，並無現時的主債務存在，則主債務之利息、違約金及其他從屬於主債務之負擔，自不在準用之內。但若代負之損害賠償所含之利息，自仍應在人事保證責任內，應不待言。

⑶第七百四十一條，係一般保證債務負擔從屬性規定。按人事保證既以被保證人職務行為應負之損害賠償為內容，人事保證人之負擔，自不可能較被保人為重，故無所謂應縮減至主債務人之限度，況人事保證本無主債務之問題，且得特約減輕人事保證範圍，由是觀之，基本上不生準用之問題。

⑷第七百四十二條，係一般保證人抗辯權規定。與人事保證之性質並無牴觸，應可準用。故被保證人所有之抗辯，人事保證人均得主張之，而被保證人拋棄其抗辯者，人事保證人仍得主張之，方得公允，並免受僱人與僱主之串通，故生損害賠償，而轉嫁於保證人。

⑸第七百四十三條，係一般無效保證之例外規定，與人事保證全然無關，應無準用之餘地。

⑹第七百四十四條，係一般保證人之拒絕清償權規定。與人事保證亦全然無關，自亦無準用之餘地。

⑺第七百四十五條，係一般保證人之先訴抗辯權規定。人事保證人既僅為「代負賠償責任」而非「負損害賠償責任」，自亦許人事保證人於僱主未就被保證之受僱人之財產執行而無效果前，得對僱主拒絕賠償，方得公允，並避免僱主與受僱人串通，故生損害賠償轉嫁於人事保證人，愚以為二者性質上並無牴觸，理應有準用。錢國成教授在

前揭講義，頁二五四，亦採此見解，但其認為若人事保證人與受僱人對僱主特約負連帶保證者，仍有連帶保證之適用，且喪失先訴抗辯權。由民法第二百七十二條有關連帶債務產生之規定觀之，愚亦同其見解。

⑻第七百四十六條，係先訴抗辯權之喪失規定。愚以為本條除第一款規定，依現行實務見解有其準用外，最好全條刪除，以貫徹保障保證人之權益，否則第七百四十五條先訴抗辯權盡失其美意，蓋本條中第二、三、四款規定，均不足以構成先訴抗辯權喪失之理由。

⑼第七百四十七條，係一般保證請求履行及中斷時效之效力規定。人事保證既屬獨立負擔損害賠償之契約，自應與被保證人應對僱主負擔之損害賠償債務有別，時效自應個別起算，且時效之中斷應個別處理，愚以為性質上有牴觸，應無準用之餘地。反之，若被保證人不為時效抗辯，依民法第七百四十二條規定，人事保證人應仍得援以抗辯之，方為合理。但僱傭人向受僱人為請求履行損害賠償之行為，就人事保證人之補充性（代負賠償責任）及利益言，應有其準用，始為合理。

⑽第七百四十八條，係一般共同保證規定。性質上與人事保證不生牴觸，故數人保證同一受僱人之職務行為所生損害賠償債務者，除另有訂定外，對僱主應連帶負人事保證責任。此時，人事保證人間之內部關係，應依民法第二百八十條至第二百八十二條之規定處理之。

⑾第七百四十九條，係保證人之代位權規定。按人事保證既係代負賠償責任，而非連帶賠償責任，則損害賠償責任本為受僱人即被保證人對僱主因職務上行為而應對僱主為損害賠償，其性質與一般保證債務人代償之情形，並無不同，自無不予準用之道理。非僅如此，一如一般保證人，亦得對被保證人求償，此項求償權之基礎，在未受被保證人委任下，應屬於無因管理，依民法第一百七十六條之規定求償；

若在受被保證人委任下而保證，人事保證人亦得依民法第五百四十六條規定求償。至於代位及求償之範圍，自亦應限於人事保證人所代償之限度內。又本項代位權，亦宜解為在人事保證人代負賠償後，當然代位，與民法第三百一十二條第三人清償之當然代位相同。

⑿第七百五十條，係保證責任除去請求權。愚以為人事保證既採獨立負擔損害賠償之契約，雖亦有因被保證人之委任而為保證，但為突顯人事保證之獨立性，且係在求損害賠償之確保，並非一般保證之先有主債務存在，又第七百五十條所列各款情形，均在求主債務之確保，殊與人事保證之獨立代負被保證人之不確定損害賠償不同，愚以為不宜準用，否則縱能準用而請求除去保證責任，但對人事保證之當事人僱主亦無拘束力可言，形同無意義之準用。

⒀第七百五十一條，係保證責任因債權人拋棄擔保物權而減免規定。愚以為人事保證既係以尚未發生而不確定之損害賠償為客體，則在損害賠償債務尚未發生前，從屬的擔保物權自不可能設定，因其無所附麗。但若採現行最高限額抵押之實務見解，似又無不許予準用之理。惟解釋上，必須於損害賠償債務發生後，損害賠償請求權人拋棄擔保物權，始有本條準用之餘地。又在損害賠償債務發生後，始設定擔保物權者，愚以為性質上並無牴觸，應有準用餘地。

⒁第七百五十二條，係定期保證之免責規定。愚以為性質上言，與人事保證不牴觸，反為常見之情事，故應有準用餘地。從而，約定人事保證人僅於一定期間內，例如被保證人受僱時起三年內為保證者，如被保證人於該三年內未對其僱主造成職務行為上之損害賠償或縱在三年有生損害賠償情事，但損害賠償請求權人即僱主對於保證人不為審判上之請求，為求保證責任之早日確定，保證人應免其代負賠償責任，方為公允，且符立法本旨。

⒂第七百五十三條，係未定期限保證責任之免除規定。愚以為人事保證既係保證人對被保證人因職務上行為而應對他方為損害賠償所做之獨立損害賠償契約，並不發生主債務清償期屆滿之問題，僅問被保證人是否有其職務關係之存在，若其職務關係消滅，人事保證當然隨之消滅，故應無準用之餘地。至於被保証人之職務損害賠償責任發生後，其僱主是否向保證人請求其代負賠償，乃消滅時效問題，亦與是否準用無關。

⒃第七百五十四條，係連續債務保證之終止規定。愚以為性質上言，與人事保證相牴觸，應無準用之餘地。蓋我國修正草案第七百五十六條之五第一項第二款規定:「受僱人因職務上之行為而應對僱傭人負損害賠償責任者」，保證人得終止人事保證契約，亦即不問定有期間或未定期間之人事保證契約，只要有本款情形發生，均得隨時終止契約，故人事保證雖係對將來不確定之損害賠償債務為保證，然因有本款之隨時終止權，民法第七百五十三條之終止權已失其意義，是無準用之必要。

⒄第七百五十五條，係定期債務保證責任之免除規定。人事保證並無所謂定期債務，不發生允許主債務人延期清償之問題，況僱傭人對於被保證之受僱人之損害賠償請求權，只有請求權與否或免除與否，故無準用之餘地。但如僱傭人給予免除損害賠償，則保證人得依民法第七百四十二條抗辯之。

⒅第七百五十六條，係有關信用委任之規定。本條規定與人事保證性質全然不同，當無從準用。

玖、當事人特約排除本節有關人事保證規定而不利於保證人者之效力如何？

查日本人事保證法第六條規定：「違反本法規定之特約而對人事保證人不利者，其特約無效。」日本法此項規定，顯係採折衷式強行規定。申言之，違反其規定之特約，如對人事保證人並無不利者，本諸契約自由原則，其特約仍有效，例如日本人事保證法第二條第二項之規定：「人事保證契約得更新之，但更新之期間不得逾五年。」如特約更新之期間不得逾三年，其特約對保證人有利，應為有效；但如特約更新之期間不得少於五年，則其特約對保證人不利，依其第六條規定，應為無效。我國修正草案，並無如日本法第六條之規定，是否應作同樣解釋？法務部法律事務司原擬民法第七百五十六條之八，採日本法設有特約對保證人不利者無效之強行規定，惟經民法修正委員會財產法組討論結果，認為除民法第七百五十六條之二有關人事保證之意義規定外，其餘各條文規定均應認為係強行規定，如以特約排除而對於人事保證人不利者，解釋上依民法第七十一條之規定，當然無效，故無特別增訂之必要。愚以為人事保證，固為一落伍不合時代之制度，為免人事保證人之責任過苛，有特予保護之必要，與其透過解釋而認定特約不利保證人無效，不如明示規定其為無效，較無爭議。

拾、結　論

人事保證制度，乃我國民間慣行事實，過去雖無法律明文規定，但實務上相關事例及判決先例亦復不少，惟仍未建立完整體系，適用上難見完美，故特參考日本人事保證法增訂之。本體上言，我國修正草案之內容，係沿用日本法，但仍有少數用語及觀念，為求符合民間慣行而作與日本法不同規定（均詳如本文說明）。本制度之法典化，旨在補民間慣行之不足，求對人事保證人作最公允之保障，而免一日為保，終生為難之苦，並非在鼓勵推行人事保證制度，良以人事保證既為無償契約，對人事保證人並無益處，多於人情不得已之情形下為之，洵屬相當落伍之制度。在無法廢除而又須法典化、且不宜鼓勵下，我國保險法第九十五條之一乃增訂有保證保險制度，依該條規定：「保證保險人於被保險人因其受僱人之不誠實行為或其債務人之不履行債務所致損害，負賠償之責。」即其以保證保險制度取代人事保證制度也。

最高限額抵押權所擔保債權之研究

吳光明*

---

*作者為臺灣大學法學博士，現任中興大學法律學系副教授

伍、實　行

一、須所擔保債權之一已屆清償期而未受清償

二、抵押權人須證明債權存在

三、抵押權人行使最高限額抵押權須該所擔保債權已確定

陸、結　語

最高限額抵押權所擔保債權之研究

壹、概說

最高限額抵押權為特殊抵押權之一種，我國現行民法，並無明文規定，但就將來未發生之債權，亦得設定抵押權，此觀諸民法第二百六十五條與同法第三百六十八條第一項但書及土地登記規則第八十五條等規定，應為當然之解釋。大陸法系國家，如德國民法第一千一百九十條與法國民法第二千一百三十二條均對最高限額抵押權分別皆有明文規定。民國六十年初，日本正式將「根抵當」經國會立法，編入第四章「抵當」內，其全文共計二十餘條，均保留原有條文，而以原條文之一之二等分別列入，於同年初公布，並於民國六十一年四月間施行❶。

---

❶ 德國法有關最高限額抵押權，參閱Karl Heinz Schwab, *Sachenrecht*, 1985, S. 289. Heinrich A Reinecker, Das Hypotheken - und Pfandbriefgeschäeft in der Bundesrepublick Deutschland und in Frankreich, 1974, S. 43. 趙文伋等合譯，德國民法，民81，頁256。其餘部份請參閱，史尚寬，物權法論，民68，頁290；錢文穎，論最高限額抵押權之受償範圍，法令月刊，三十八卷，十一期，頁10；吳光陸，最高限額抵押權之理論與實務，頁1。

按最高限額抵押權，乃預定抵押物應擔保債權之最高限額所設定之抵押權，而其債權額在未決算前，尚屬不確定狀態。最高限額抵押權係為因應商業交易行為所生之多數債權，於將來決算期，在一定數額內，加以擔保，其所擔保之債權數額係不確定，故有異於一般抵押權。

最高限額抵押權之最高債權額與實際發生債權額並不一致，其所擔保債權數額將來得隨時增減，惟最高債權額之限制，因設定登記時之最高額度為限，不及此一額最高限額度時，以其實際發生之債權為限，屆期債務人不清償時，債權人得就擔保物拍賣，就其賣得價金優先受償。

理論上言之，所謂最高限額抵押權，乃對於由繼續之法律關係或一種商業交易由現在及將來所可能發生之債權，預定一最高限制額度，於清償期屆至時，確定實際債權額，而以抵押物擔保之特殊抵押權。此種抵押權，係在「債權金額最高額度範圍」內，擔保現在及將來一定期間內所發生之不特定債權❷。依上述定義，再析述如下：

一、最高限額抵押權係擔保債權人在一定範圍內之不特定債權

最高限額抵押權係擔保債權人對於債務人之債權，以確保債權之清償為目的，此與一般抵押權相同，且因同係擔保物權，對於標的物交換價值之支配範圍，自須以登記方式加以公示，而為公示之需要，即須就此項支配之範圍予以限制。限制之方法有二：一即擔保債權數量上之限制，此即最高限額之問題。其次是擔保債權性質之限制，故最高限額抵押權所擔保債權必須為自一定範圍內發生之債權，準此以

❷ 劉得寬，抵押權之附從性與特定性，政大法學評論，四期，頁1。

觀，最高限額抵押權不僅有其特性，且其仍係從屬於一定範圍之法律關係，最高限額抵押權所擔保者，即係由此項法律關係所不斷發生之債權。

最高限額抵押權所擔保之債權固有一定之範圍，但均為不特定之債權，此即一般所謂擔保債權之不特定性，與一般抵押權所擔保之特定債權，其自始即確定者不同，且上述不特定債權以將來發生之債權為常❸，蓋抵押權設定後，基礎關係不斷發生，故與一般抵押權僅擔保現在之債權亦不同。惟當事人約定就該基礎關係已發生之現在債權或其他已經存在之債權為擔保❹，亦無不可，但此項特約所擔保之特定債權，亦須辦理登記，始為抵押權擔保效力所及。

二、最高限額抵押權係預定最高限額

最高限額者指抵押權人基於最高限額抵押權所得優先受償之最高限度數額債權，例如登記簿上設定最高限額一千萬元即屬之。最高限額之存在，實為最高限額抵押權與一般抵押權區別之主要所在，當事人如欲設定最高限額抵押權，即必須有最高限額契約約定與設定登記，才能生最高限額抵押權之效力。惟最高限額並非最高限額抵押權所擔保之實際債權額，實際債權額之多寡須最高限額抵押權確定後方能確定，於未確定前，實際擔保債權額，會有所變動。如果債權確定時，債權額超過最高限額時，以實際發生之債權額為其擔保額，簡言之，債權人與債務人決算確定時所擔保之債權額，以不超過最高限額為準。

---

❸ 參閱六十九年度臺上字一七四三號判決。

❹ 參閱六十六年度臺上字一〇九七號判決。

三、最高限額抵押權係特殊抵押權

最高限額抵押權與一般抵押權有下列不同：

1.其所擔保之債權為不特定債權；2.擔保之債權通常為將來之債權；3.擔保之實際債權為不確定；4.須預定最高限額；5.成立上與消滅上之從屬性放寬；6.移轉或處分上之從屬性與一般抵押權不同；7.實行時需證明債權之存在，故為特殊之抵押權。

基此，法務部民法修正草案第八百八十三條之一規定，債務人或第三人與債權人得約定提供自己之不動產為擔保，對於債務人一定範圍內之不特定債權，在一定金額限度內，設定最高限額抵押權。有關最高限額抵押權之其他問題，亦分別規定在草案第八百八十三條之二至十五之中。本文乃係針對最高限額抵押權之實務見解以及上開草案，包括擔保範圍、原債權確定等問題，提出個人淺見，以供參考。

貳、設　定

最高限額抵押權係由抵押權人與抵押人，即債權人與債務人基於相互間之合意而設定之，此與一般抵押權之設定無異，而抵押權人即債權人，與一般抵押權並無不同，然因最高限額抵押權設定登記時，通常並無債權存在，且因其擔保債權之不特定性，故抵押權人應係最高限額抵押權擔保債權範圍之重要基準，從債權人之角度言之，惟有該抵押權人之債權始為抵押權所擔保之範圍。其次，最高限額抵押權之抵押人為抵押物之所有人，且得為自己債務之擔保而設定，抵押人為債務人，亦得為第三人債務之擔保而設定，此際抵押人為物上保證人，該第三人始為債務人，凡此均與一般抵押權同，然因最高限額抵押權之不特定性，從債務人之角度言之，債務人亦成為決定最高限額抵押權擔保債權範圍重要基準之一，蓋決定債權是否相同，以債務人與債權人是否相同為首要因素，故最高限額抵押權設定時，自應先確定債務人。

又當事人於設定最高限額抵押權時，雖然約定抵押權存續期間，此項約定固足以使該抵押權存續期間之屆滿而歸於確定，且足以提供為決定擔保債權範圍之標準，然此尚非最高限額抵押權契約絕對必須約定事項。當事人於未約定抵押權存續期間之情形，僅成為未定存續期限之最高限額抵押權，並不至於使該抵押權歸於無效，蓋法律上尚有其他使抵押權確定或決定擔保債權之方法。

最高限額抵押權之標的物如為動產，其設定應以書面為之，且須登記始得對抗善意之第三人，標的物如為不動產，其設定係物權行為，亦應以書面為之，且須經登記始生效力。抑有進者，此項登記之內容，除應包括標的物、當事人、債務人及最高限額外，並應及於擔保債權之範圍，亦即最高限額抵押權之基礎關係，如約定擔保債權之範圍及於現有之債權時，此項債權亦須登記，自不待言。最高法院實務上，在目前得以當事人聲請登記時提出之最高限額抵押權設定契約書，視為登記簿之附件，在該契約書上記載之該抵押權所擔保之債權，均為抵押權效力所及❺。

參、效 力

最高限額抵押權之效力，與一般抵押權相同者，限於篇幅，茲不

❺ 謝在全，最高限額抵押權之探討，東吳法律學報，民79，頁35, 39。

贅述，本文僅就其具特殊性部份，詳予說明如下：

一、所擔保之債權

最高限額抵押權係擔保現在及將來在一定期間內所發生之不特定債權，於存續期間內，其所擔保債權得隨時增加或減少，以發生之債權縱因清償而消滅，其抵押權亦不消滅，仍未擔保將來債權而存在，已如前述，然而抵押物，在一般抵押，必先有所擔保之債權存在，而後抵押權使「抵押權人聲請拍賣得成立」，故只需抵押權已經登記，且登記之債權已屆清償期而未受清償，法院即應准許拍賣之。惟最高限額抵押權可不必先有債權存在，縱經登記抵押權，因未登記其所擔保債權數額，如債務人或抵押人債權存在，或於抵押權成立後曾有債權發生，而從抵押權人提出之其他文件為形式上之審查，又不能明瞭是否有債權存在時，法院自不得准許拍賣抵押物❻。足見最高限額抵押權所擔保之債權，在發生、處分、消滅上，雖具有獨立性，但在實行拍賣取償階段，卻具有從屬性。

又所擔保之債權具有不特定性，係指最高限額抵押權所擔保之債權係依繼續性法律關係而逐次發生之債權，例如存戶與銀行間訂立之透支契約、票據貼現貸款契約、交付計算契約、行紀間以及批發商與零售商間連續供應商品、繼續之買賣關係或一定種類之交易等均是。如當事人間所擔保之債權，非由於所約定之繼續性法律關係所發生者，則不在抵押權擔保範圍之內。實務上，批發商與零售商之間就商品買賣之債權設定最高限額抵押權，抵押權設定契約書卻約定擔保債權為借款、票據、保證等，而未包括買賣在內。屆期如僅提出訂購單、送

❻ 參閱最高法院七十一年臺抗字三〇六號裁定。

貨單、發票、買賣契約等交易證件，而無借據、票據等資料，即不能行使抵押權❼。

再者，所擔保之債權應否限定發生之原因及種類問題，亦即在立法政策上應否承認日本所謂「包括根抵當」之存在問題，學者間屢有爭議。為考量立法政策上利益衡量，本文認為最高限額抵押權所擔保債權之範圍應予適當限制，蓋如承認「包括根抵當」則債權人將要求擔保一切債權，債務人在雙方立足點不平等下，為求迅速獲得資金之融通以便周轉，勢必勉強承受此項不合理要求，而設定以上之擔保物權，則將妨礙抵押物擔保價值之有效利用及金融交易之合理營運。且如實際債權額不設定最高限額時，抵押權人與無擔保債權人勾結，以不正當方式收集或受讓債權，致抵押人、後順位抵押權人及其他無擔保債權人之權益將受損害❽。日本民法第三百九十二條之二第一項即表明，最高限額抵押係擔保「一定範圍內之不特定債權」之抵押權。同條第二項亦指出所擔保之債權，限於「與債務人特定之繼承交易而生」或「與債務人一定種類之交易所生」之債權。換言之，所擔保之債權係受雙重之限制——法律規定與當事人約定，前者用以決定何者為適格之擔保債權，原則上，以當事人間之交易債權為擔保對象；後者用以決定擔保債權之標準，即當事人於法定之適格債權內，得依自由意志約定其所限定之債權。並從債權人、債務人、債權範圍等因素，在具體情況下確定所擔保債權之範圍，此種立法，兼顧經濟立法原則，

❼ 藍文祥，最高限額抵押權之理論與實務，法令月刊，三十七卷，九期，頁10。

❽ 陳石獅，有關最高限額抵押之幾個問題，臺大法學論叢，七十五年民商事裁判研習會研究報告，頁317。

又能衡平當事人間之權益，頗值得我國將來立法之參考。

二、優先受償之範圍

按民法第八百六十一條規定，抵押權所擔保者為原債權、利息、遲延利息及實行抵押權之費用。最高限額抵押權既係擔保最高限額範圍內之債權，則在適用民法第八百六十一條時，其所謂最高限額，究係指債權原本，抑或連同利息等均應合併計算在內，即有疑義。有謂民法第八百六十一條既已明定利息、遲延利息等，均在所擔保債權範圍內，自有優先受償之效力，故僅債權本金應受最高限額之限制，遲延利息及違約金縱然超過最高限額，仍屬抵押權所擔保之範圍❾。有謂最高限額之限制，係屬於民法第八百六十一條但書所指「契約另有訂定者，不在此限」而言，故最高限額抵押權既有最高限額之限制，其所擔保優先受償之效力，自應包括本金、利息、遲延利息、違約金在內，均受最高限額之限制，亦即其超過最高限額部分，應無優先受償效力。關於此點，我國實務上採後說❿。

然而，我國迄今尚未對最高限額抵押權完成立法程序，並無法律明確定義最高限額抵押權之意義，地政機關受理抵押權設定登記時，亦僅由抵押權人在登記申請書之總金額欄，填寫為「本金最高限額」，而與最高限額抵押權有所區別。按其目的顯然在規避上開實務見解，擴大抵押權擔保範圍，使所擔保債權中僅債權原本受最高額之限制，

---

❾ 參閱臺灣高等法院臺南分院六十三年上字二九號判決。

❿ 最高法院六十八年臺上字二三四三號判決，以及臺灣高等法院臺南分院暨轄區各地院六十三年六月法律座談會，民事法律問題彙編，第一冊，頁414。

至於利息、遲延利息、違約金等如與本金合計超過最高限額，仍有優先受償之效力。惟實務上，對「本金最高限額抵押權」之效力，見解仍甚分歧。有判決著重於當事人之真意，承認僅本金受最高額之限制，且並不因土地登記簿漏記載「本金」二字，而受影響[11]。又有判決從契約文義而為反對解釋，認為當事人既已明定為「本金最高限額抵押權」，則利息、遲延利息、違約金等即不在抵押權所擔保範圍之內[12]。亦有判決認為無論係本金或最高限額抵押權，如其所預定擔保之債權，非僅限於本金，則其利息、遲延利息、違約金等連同「本金」合併計算，均應受最高額之限制[13]。最高法院為統一裁判上見解，乃召開民刑庭會議，並達成決議，認為其利息、遲延利息、違約金等連同「本金」合併計算，如超過該限額者，其超過部分，即無優先受償之權[14]。

然按最高法院民刑庭會議決議，雖僅統一最高法院各庭之法律見解，而無法律效力，但實務上仍有拘束力，其最明顯者，即地院民事執行處均已按上開決議要旨製作分配表，剔除該超過最高限額部分，不列入優先分配，抵押權人惟恐遭受損失，乃依強制執行法規定，對分配表聲明異議，進而提起分配表異議之訴，不但無法疏減訟源，且造成執行法院甚大之困擾。足見該決議有「造法」之嫌，且對法律之安定性有所妨礙。另有學者認為，我國民法並無明文規定最高限額抵

---

[11] 最高法院六十八年臺上字二三四三號判決。

[12] 最高法院七十三年臺上字三八一九號判決。

[13] 最高法院七十三年臺上字三九〇七號判決。

[14] 最高法院七十五年五月第十次民刑庭會議。其中甲說即引用最高法院六十八年臺上字二三四三號判決，乙說引用最高法院七十三年度上字三九〇七號判決，決議採乙說。

押權，僅在動產擔保交易法第十六條第二項有關於最高限額抵押權之問題，故上開決議僅能適用於動產抵押，似不應適用於不動產抵押⑮。

按所謂本金最高限額抵押權，係根據一九三八年十一月一日日本大審院裁判：「……根押當之登記，如其限額指明為原本，依日本民法第三百七十四條之規定，限額以上之利息，仍屬於擔保之內容……。」然而，日本民法修正後第三百九十八條之三第一項明定：「最高限額抵押權人就已確定原本及利息、其他定期金，及因債務不履行所發生損害賠償之全部，於最高額限度內，實行其抵押權。」故上開大審院裁判已無參考價值。再者，日本民法第三百七十四條第一項規定，利息、遲延利息僅得就其屆滿之最後兩年實行抵押權。而我國民法就抵押權所擔保範圍內之利息、遲延利息、違約金並無時間限制，如再解釋為利息等超過最高限額抵押之金額，確仍有優先受償效力，則將影響後順位抵押權人或無擔保債權人之受償，而顯失公平。此外，我國實務上認為，抵押權所擔保之遲延利息不以登記為必要⑯，縱抵押權設定契約書所記載之遲延利息為「無」，仍認為有遲延利息而為抵押權最高限額之範圍。因此，如遲延利息不受最高額限制，將無法估計所擔保債權之金額，此亦將影響其他債權人設定後順位抵押權之意願，對抵押物之利用價值有所妨礙。故學者多認為，縱記載為「本金最高限額抵押權」，亦非僅本金受最高額之限制，而應認為本金、利息、遲延利息、違約金等全部計算，不能超過最高限額，如此始能維護交易安全⑰。換言之，從最高限額抵押權之規範意義而言，最高限額抵押權

---

⑮ 陳石獅，前揭文，第三章第二節，最高限額抵押與契約自由之關係。

⑯ 參閱最高法院七十三年臺抗字二三九號裁定。

⑰ 陳向榮，土地建物登記精義（下），頁240。

僅有一種，根本不應有所謂「本金最高限額抵押權」之存在。最高法院上開決議，符合最高限額抵押之理論，結論正確。然而，類似此種爭論問題，應循立法途徑解決。最高法院之決議，在法無明文下，為避免上述不合理現象，使本金、利息等均受最高限額之限制，可謂用心良苦，民法物權修正草案已注意及此，並於草案第八百八十三條之一至十五之中明文規定，以杜爭議。

三、最高限額抵押權之處分

最高限額抵押權之次序與一般抵押同，亦得自由處分，如拋棄或讓與等是。惟此等處分，僅有相對效力，即以當事人間就其最高限額範圍內之現有債權額為準，而非僅以其最高限額計算之。

最高限額抵押權本質上仍屬抵押權，係財產權之一種，故具有讓與性。惟因最高限額抵押權在我國尚未經立法，明文承認其獨立性，因此，不能認為最高限額抵押權性質上得與所擔保債權分離而獨立讓與，日本民法第三百九十八條之十二至第三百九十八條之十三所承認之最高限額抵押權具獨立性，我民法尚無承認之餘地，而因其本質上屬抵押權，是以仍受抵押權處分上從屬性之規範，自有民法第八百七十條：「抵押權不得由債權分離而為讓與，或為其他債權之擔保。」規定之適用。

肆、確　定

一、意　義

最高限額抵押權之確定，係指最高限額抵押權所擔保之一定範圍內不特定債權，因有一定事由之發生，使之歸於具體特定。嚴格言之，其係指最高限額抵押權所擔保債權之確定。惟因擔保債權之確定，使最高限額抵押權所擔保之債權，已由不特定債權轉變為特定債權，致最高限額抵押權在性質上發生變更，故學者基於此項效果，而簡稱其為最高限額抵押權之確定。按一般抵押權所擔保者為特定之債權，故不生擔保債權確定之問題。而最高限額抵押權所擔保之債權為一定範圍內之不特定債權，在一定期限屆至前，此項受擔保之不特定債權，一直維持流動性，最高限額抵押權亦不因該債權之消滅而受影響，此即最高限額抵押權消滅上從屬性之例外，已如前述。然最高限額抵押權仍屬擔保物權，其畢竟無法完全脫離債權而獨立存在，至於其實現擔保價值，亦即其實現抵押權之際，關於其優先受償之內容，即須視所擔保之債權而定。易言之，最高限額抵押權係擔保債權之優先受償，故實行抵押權時，其所能受優先受償之範圍，自仍須依實際確定之擔保債權定之，由此可表現最高限額抵押權實行上之從屬性。因之，此種憑以決定最高限額抵押權優先受償具體內容之擔保債權，須在一定之時點予以確定。一旦該時點屆至，最高限額抵押權擔保債權之流動性即停止。惟該擔保債權之存在時點如不超過最高限額內者，始為最高限額抵押權優先受償之範圍，由此可見最高限額抵押權中有必要確定擔保債權⑱。此項時點，謂之最高限額抵押權之決算期⑲。而此項擔保債權被確定之狀態，謂之最高限額抵押權之確定。

二、原　因

⑱ 王昱之，最高限額抵押權所擔保債權之確定，民法物權論文集（下），頁7168；劉俊良，最高限額抵押權之確定，月旦法學，頁83。

⑲ 鄭玉波，民法物權，民56，頁287；史尚寬，前揭書，頁291。

依最高限額抵押權之特性以及擔保物權之機能，其確定之原因，理論上，大致可分為兩種：

（一）確定請求權之行使

最高限額抵押權受定後，如雙方當事人未約定確定之期日，則對抵押物所有人甚為不利，蓋最高限額範圍內之抵押物擔保價值，將因未確定，一直處於不利狀態，因此，我民法修正草案第八百八十三條之四第三、四項⑳，乃仿日本民法第三百九十八條之十九規定，在一定條件下，賦予最高限額抵押權標的物所有人，得請求確定最高限額抵押權之權利，此即一般所謂確定請求制度。

1.確定請求之當事人

依民法修正草案第八百八十三條之四第三項規定，所擔保之原債權未約定確定之期日者，自設定之期日起經過三年後，抵押人得隨時請求確定其所擔保之原債權。因之，行使請求權之人為抵押物之所有人，而其相對人為最高限額抵押權人。至於抵押物為數人共有時，究應得其全體同意或個別單獨之意思表示即可行使，法律並無明文規定，學說有不同見解：

(1)共同行使說

共同行使說所持之理由有二，一即抵押權設定之際，係本於共有人全體之同意而為之，則抵押權設定時，自應經共有人全體一致之意思表示而使其確定。另一即最高限額抵押權確定之請求，將使最高限額抵押權之內容發生變動，故其請求權之行使，並非共有物之保全行為，自不得本於共有人一人之意思表示而為之。

(2)單獨行使說

⑳ 參閱民法物權編修正草案初稿，法務部，民82，頁336。

單獨行使說之理由乃指確定請求權之行使，性質上為保存行為，僅須共有人中一人單獨行使即可；又最高限額抵押權之確定，對共有人中並無不利之影響，且共有人中之一人如欲脫離最高限額抵押權之擔保關係，而他共有人不願脫離，造成原共有人亦無法脫離時，對原共有人而言，未免過苛，因此，學者認為，解釋上共有人中一人單獨行使確定請求，即可發生效力㉑。

⑶本文見解

本文採單獨行使說，蓋最高限額抵押權所確定者為其所擔保之債權，最高限額抵押權並未使物權直接產生得喪變更之效果，尚難認為係處分行為。再者，最高限額抵押權之確定，一般均係為保存現存標的物之擔保價值，性質上屬於保存行為之一種，故應可由共有人中一人單獨行使。

2.成立要件

依民法修正草案第八百八十三條之四第三項規定，其要件為當事人間就原其所擔保之債權未約定確定之期日，以及最高限額抵押權設定後已滿三年。此二要件必須均具備，始得行使確定請求權。然而，對未定存續期間之最高限額抵押權，應如何處理，民法修正草案則未規定，故解釋上亦有爭論，茲分述如下：

⑴任意終止說

採此說者認為此種最高限額抵押契約如未定存續期間，其性質與民法第七百五十四條第一項所定，就連續發生之債務為保證，而未定有期間之保證契約相似，類推適用同條規定，抵押人因得隨時通知債權人終止抵押權契約，至於對終止契約後所發生之債務，則不負擔保

㉑　劉俊良，前揭文，頁83。

責任[22]。

⑵相當期間通知說

採此說者認為，即使未定存續期間者，不問有無債權存在，當事人得約定「相當期限」通知相對人終止契約，對「期間經過」後，其契約即為終了[23]。

然而，本文認為以修正草案較為可採，因行使確定請求權，使最高限額抵押權人與抵押人杜絕其間之交易關係，從而抵押物所有人得將該抵押物在抵押權確定後之剩餘價值轉向其他人融資對抵押物所有人或甚有利。但從抵押權人而言，如抵押人隨時提出確定之請求，且確定後之債權不受最高限額抵押之擔保，則將因此而斷絕其與抵押權人之交易行為，使抵押人無法貸款，故為兼顧雙方之利益，於設定最高限額抵押權一定期間經過後，抵押物所有人始得行使確定請求權較妥，至於我國民法修正草案第八百八十三條之六，對於抵押權人或債務人為法人時，如有合併之情形，參照公司法第七十五條規定，其權利義務應由合併後存續或另立之法人概括承受，本非為確定之事由，然基於情事變更原則，立法理由中表示為減輕抵押人之責任，故例外賦予抵押人請求確定之權，而除法人合併外，並未列入例外規定，似有不妥。原國內實務及通說見解均未限定期間，以保障抵押權人，然為兼顧抵押權人之利益，故仿照日本民法修正案，限定期為三年後始得行使，而今既發生顯著之情事變更，顯係當事人所無法預期者，似

---

[22] 最高法院六十六年臺上字一〇九七號判例，學者謝在全、吳明軒亦採相同見解，參閱吳明軒，最高限額抵押權實務上可能發生之問題，法律評論，五十二卷，十二期，頁2, 3。

[23] 史尚寬，前揭書，頁293。

無法再兼顧抵押債務人之利益，而應保障抵押權人之利益，以免其受不測之損害。而且現行民事訴訟法第三百九十七條之情事變更原則僅適用於法院增減給付之判決，其他規定亦無法援用以為得確定請求之依據，而以明文規定較妥。故學者認為，於修正草案第八百八十三條之四宜增設下列兩項，即第五項：「第三項之規定，如遇有顯著之情事變更者，抵押權人亦得請求確定。」第六項：「最高限額抵押權縱有約定確定期日，倘債務人資產狀況顯著惡化，抵押人亦得於確定期日前請求確定。」㉔確有其道理。

3.行使

一般而言，確定請求權之行使，必須明確表達確定請求權之意思表示；換言之，行使確定請求權並非要式行為，只是為避免舉證困難，仍以具備一定之形式為妥。

4.效果

依修正草案第八百八十三條之四第四項規定，係以經過十五日始發生確定之效力，但抵押人與抵押權人另有約定或抵押人請求期日較十五日長時，從其約定。換言之，於請求確定後十五日內所生之債權，仍為最高限額抵押權之擔保範圍，於十五日以外始發生者，則非其效力所及。按立法目的在使最高限額抵押權人有心理上準備，對於最高限額抵押權之確定，有充裕時間為適當處理，以免遭受不利。

（二）決算期之屆至

1.約定當事人

民法修正草案第八百八十三條之四第一項並未明定約定決算期之當事人，立法理由中則參照日本民法第三百九十八條之六第一項規

㉔ 劉俊良，前揭文，頁85。

定，由最高限額抵押權人與抵押物所有人合意約定之。

2.決算期所約定之期日

(1)此項約定通常於抵押權設定時同時為之，惟在最高限額抵押權設定後始合意決定者，亦無不可。

此項決算期性質上為「期日」，而非「期間」，故登記時載明「○年○月○日確定」，不得僅載「自抵押權設定後○年確定」。

(2)又在日本法制下，就物權之變動採取登記對抗主義，決算期依當事人之合意即生效，不以登記為必要，但如未登記時，不得對抗第三人。然我國民法物權編係採登記生效主義，故在我國決算期須經登記始生效力。

(3)為發揮最高限額抵押權之功能並兼顧抵押權人與抵押人之權益，促進現代社會交易活動之迅速與安全，似亦不宜過長或太短㉕，本修正案定為十年。

又如當事人所定之決算日，於抵押權設定後數日即行屆至，是否有效之問題，日本學者認為在此場合，可依個別具體情況，解釋為違反最高限額抵押權設定之意旨，而認該項約定無效，或認為此種抵押權設定行為本身非當事人之真意，而為無效，我國亦應採相同之解釋。

(4)決算期一經約定，此後該日期屆至時，最高限額抵押權所擔保之債權即自動確定，另一方面，決算期日之約定，可排除確定請求權之行使，抵押物所有人不得行使確定請求權，而使最高限額抵押權所擔保之債權於決算期屆至前確定，從而最高限額抵押權人之地位，因有決算期之約定而具有安全性。

3.決算期之變更

㉕ 參閱民法物權編修正草案初稿，法務部，民82，頁336, 337。

依民法修正草案第八百八十三條之四第一項規定，當事人得於約定確定期日前，約定變更之，然其第二項並未如日本民法第三百九十八條之六第三項規定，變更之決算期間須在變更後五年內，因此，學者認為可能有以下三種解釋㉖：

⑴不論約定或變更期日均須在十年內說

此說以民法第九百一十二條規定，典權約定期限不得逾三十年，而為相同之解釋。然民法第九百一十二條根本未明文可約定變更，故此是否得做相同推論，尚有疑義。依修正草案文義，「確定期日」則似可解釋為「自設定時起不得逾十年」。

⑵變更期日亦受十年限制說

此說參照現行民法第四百四十九條租賃契約之更新，在本條租賃契約於受二十年限制外，尚得更新之，而依學者通說，此更新期日係自更新時起算，惟須受二十年之限制㉗。在參酌決算期之變更時，似可採用在日本含有更新期日之解釋方式㉘。

⑶變更期日不受限制說

本文認為，修正草案中第二項規定係「自抵押權設定時起」，不得逾十年，故變更期日自不可能如第⑵說之見解，而受第二項之限制；然一般而言，最高限額抵押權之決算期變更，係為便利當事人之更新期日而設，如硬性限制絕不可逾設定時起之十年期間，當事人自須再重行設定最高限額抵押權，致徒增勞費，似宜僅在限制其變更後之日

㉖ 劉俊良，前揭文，頁86。

㉗ 鄭玉波，民法債編各論（上），頁184。

㉘ 參閱日本法務省民事局第三課編，例解新抵當登記之實務，昭和四十七年。轉引自劉俊良，前揭文，頁86。

期，其餘則委諸當事人之合意似較妥當。故第八百八十三條之四第二項改為：「前項確定之期日，自抵押權設定時或『變更時』起，不得逾十年。逾十年者，縮短為十年。」㉙

三、效 力

最高限額抵押權確定後，發生如下之效力：

1. 僅於確定時存在之債權原本為抵押權擔保之範圍，至嗣後所生之債權原本係源於最高限額抵押權所擔保之基礎關係，亦非擔保效力所及。且對於確定時存在之債權原本，於確定後如有清償或其他原因消滅，致擔保債權額未達最高額之情形，縱有依基礎關係新生之債權，亦不得再計算入最高限額內。又確定時存在之債權原本不限於已屆清償期之債權，其他未屆清償期之債權或附有條件之將來債權，亦可包括在內。

2. 確定時存在之擔保債權，其利息、遲延利息、違約金等，於確定時已發生者，如與債權原本合計未逾最高限額時，固可計入該擔保債權，嗣後發生者，如未逾最高限額，亦為擔保效力所及。甚至因確定時存在之債權原本，因清償等原因消滅，致最高限額未額滿時，其後所生之利息等，仍可繼續計入擔保債權，此與確定後債權原本所受之拘束不同。

3. 確定時得計入之擔保債權，如已於最高限額時，其得計入最高限額之債權種類或次序，參照民法第三百二十一、三百二十二、三百二十三條之規定，依債權清償之抵充順序定之。

4. 最高限額抵押權一經確定，無論其原因為何，即喪失擔保債權

㉙ 劉俊良，前揭文，頁83～86。

之流動性，該抵押權所擔保者由不特定債權變為特定債權，且該抵押權與擔保債權完全回復結合狀態，亦即抵押權之從屬性，此與一般抵押權完全相同。準此而言，亦可謂最高限額抵押權因確定而轉為一般抵押權。然因最高限額抵押權所擔保之利息等，仍具流動性，此與一般抵押權尚有不同㉚。

伍、實　行

最高限額抵押權之實行，除與一般抵押權相同者外，尚應注意下類各點：

一、須所擔保債權之一已屆清償期而未受清償

擔保債權已屆清償期而未受清償，固為抵押權實行要件之一，惟因最高限額抵押權所擔保債權為不斷發生之債權，因之，此項實行要件，通常僅以擔保債權中有一已屆清償期而未受清償，即為已足。蓋此種不特定債權既個別發生，則清償期是否屆至，自應按各個債權而論，在抵押權設定契約中當事人約定清償期「依各個債權定之」或者「各別訂明於借據內」之情形，則更無庸置疑㉛。至於當事人如未約定債務清償期時，自仍有民法第三百九十一條、第四百七十八條之適用。故理論上，應以最高限額抵押權之存續期限或決算期限確定為準，不生擔保債權清償期未約定之問題㉜。

㉚ 謝在全，前揭文，頁55。

㉛ 參閱最高法院七十二年臺抗字四六九號裁定。

㉜ 史尚寬，前揭書，頁291。

二、抵押權人須證明債權存在

在一般抵押權，抵押權人聲請拍賣抵押物時，抵押權已經登記，且登記之債權已屆清償期而未受清償，法院即應准許其聲請拍賣。換言之，其無須證明債權之存在。惟最高限額抵押權於抵押權成立時，不必先有債權存在，縱經登記抵押權因擔保債權未登記，且其後擔保債權縱曾發生，但因具有流動性，是亦不能確保抵押權實行時，必有擔保債權存在，故實行抵押權時，如債務人或抵押人否認已有債權存在，或於抵押權成立後，否認曾有債權發生，而從抵押權人提出之其他文件為形式上之審查，又無法證明是否有債權存在時，法院自無法准許其拍賣抵押物之聲請㉝。申言之，最高限額抵押權人聲請法院為許可拍賣抵押物之裁定時，抵押權人應同時提出債權存在之證明文件，否則如債務人或抵押人否認有擔保債權之存在者，法院應駁回其聲請㉞。此為基於最高限額抵押權擔保債權之不特定性，以及擔保債權之不確定性使然。實務上，一般抵押權在發生上之從屬性，已從寬解釋，認為擔保債權無須於抵押權設定時存在，而只須於抵押權行使時已存在為已足，故一般抵押權人聲請法院拍賣抵押物，本於同一理由，亦應提出債權存在之證明文件。

三、抵押權人行使最高限額抵押權須該所擔保債權已確定

㉝ 參閱最高法院七十一年臺抗字三〇六號裁定及七十五年臺抗字一六二號裁定。

㉞ 參閱最高法院七十三年臺抗字三四九號裁定及七十四年臺抗字二〇九號裁定。

在最高限額抵押權因其他原因確定之情形，使抵押權人行使抵押權常須在抵押權確定之後，然而，抵押權之確定並非行使抵押權之唯一要件，且因最高限額抵押權在我國尚無「因法律規定」而發生者，故依法律行為設定而生，自須經登記始生效力，因之，債權存在與否，須以登記之證明文件，如土地登記謄本、他項權利證書等，以證明其存在，自不待言。

最高限額抵押權之消滅原因，與一般抵押權相同，然最高限額抵押權在確定以前，縱該所擔保債權全數不存在，最高限額抵押權並不消滅，此為抵押權消滅上從屬性之例外，已如前述。至於所擔保債權確定後，最高限額抵押權並非當然消滅，故無論其原因為何，必須該抵押權已無擔保債權存在，基於該確定後抵押權之從屬性，該抵押權始歸於消滅㉟，此與一般抵押權並無不同。

又如最高限額抵押權係由物上保證人所設定，或者抵押物係由第三人取得時，則於債權確定後，縱其擔保債權超過最高限額，該物上保證人或者抵押物之第三人取得人，得僅給付或依法提存相當於最高限額之債權金額，使該抵押權歸於消滅。蓋最高限額抵押權設定後，如其所擔保債權已確定，而上述物上保證人或者抵押物之第三人取得人所負擔者為物之有限責任，僅於最高限額範圍內之確定擔保債權，而負其責任。此與債務人兼為抵押人時，須清償已確定之全部擔保債權後，始能使抵押權歸於消滅者不同㊱。

㉟ 最高法院七十六年第三次民刑庭會議紀錄。

㊱ 謝在全，前揭文，頁56～58。

陸、結　語

我國現行民法物權編並無最高限額抵押權之規定，而後最高法院以判例承認之，從最高限額抵押權之概念中，可以看出其具有下列特徵：即 1.最高限額抵押權係由抵押人與抵押權人協議確定之一種抵押擔保形式；2.最高限額抵押權所擔保之債權有最高額限制；3.在最高限額抵押限度內，債權之發生具有連續性、不特定性；4.最高限額抵押權係對一定期間內，連續發生之債權作擔保。

基於上述特徵，所擔保債權總額並無法確定，只有在抵押人與抵押權人決算期屆至時，所擔保之債權總額方可確定，故為確保最高限額抵押權契約之功能與效力，民法物權編修正草案乃增設規定，明定以「一定法律關係所生之債權或基於票據所生之權利」，始得為最高限額抵押權所擔保之債權。修正草案亦新增，須於最高限額抵押權確定時，不超過最高限額範圍內之擔保債權，始為抵押權效力所及。此外，又增設最高限額抵押權之抵押人與抵押權人變更債權範圍或債務人之規定。另一方面，最高限額抵押權所擔保原債權確定期日，以及其移轉問題，亦予以明定。還增設其抵押權人或債務人為法人之規定。凡此種種均為避免實務運作與最高限額抵押權之法理發生扞格，致適用上產生疑義，所為修正。因此，為因應世界潮流，切合國內工商界實際需要，並杜絕最高限額抵押權法理上之爭議，統一實務上之歧見，早日完成立法，以創設健全之最高限額抵押權制度，實為當務之急。

物權行為的獨立性與無因性

蘇永欽*

壹、前　言

貳、物權行為的獨立性

一、民法規範的邏輯

二、民法政策的批判

參、物權行為的無因性

一、要因為有因(kausal)或無因(abstrakt)

二、無因原則的政策考量

肆、從交易成本觀點評估

一、財產交易規範的幾種設計

二、交易成本分析的幾個觀點

伍、民事財產法修正草案簡評——代結論

* 作者為臺大法律系法學士，德國慕尼黑大學法學博士，現任政治大學法律學系教授

物權行為的獨立性與無因性

壹、前　言

物權行為的獨立性與無因性，在我國民法上引起的爭論至今未休❶。所謂獨立性，指的是可發生物權變動效果的法律行為獨立於作

❶ 早期重要民法學者均曾置意此一關鍵問題，而幾乎都對物權行為的獨立存在持肯定立場，如胡長清，中國民法總論，頁213；史尚寬，物權法論，頁22；洪遜欣，中國民法總則，頁266等。近期重要物權法學者如謝在全、王澤鑑也多維持此一見解，惟少數受英美法思想影響較深的學者挑戰此一看法，如尹章華，物權行為理論之質疑與辨正，法學叢刊，一四〇期，民79，頁84以下；謝哲勝，物權行為獨立性之檢討，收錄於所著：財產法專題研究，三民書局，民84，頁79～109；至於實務上，則最高法院四十年上字四四一號判例即已明確指出：「不動產之出賣人於買賣契約成立後，本有使物權契約合法成立之義務」，顯採肯定見解，但以後在許多判決例中見解又不完全一致，其整理可參胡國棟，土地審判實務之研究，司法研究年報，9輯，上冊，司法院發行，民78，頁616～619。有關無因性原則，學者間也以承認者居多，如梅仲協，民法要義，頁68；史尚寬，前揭，頁22；鄭玉波，民法物權，頁37；李肇偉，民法物權，頁57；但不乏從政策上加以檢討者，如史尚寬，論物權行為之獨立性與無因性，法學叢刊創刊號，民45，頁63以下；登記主義與有

為變動基礎的法律行為而存在，此一立法原則又稱「分離主義」(Trennungsgrundsatz)，與以一行為同時作為物權變動的原因並直接發生變動效果(translativ)的「合一主義」(Einheitsprinzip)，正相對立。無因性則是指發生物權效力的行為，其效力不受其基礎原因消滅的影響，此一立法原則又稱「無因主義」(Abstraktionsgrundsatz)，與物權行為效力當然因原因不存在而消滅的「有因主義」相反。獨立性是無因性的前提，在行為合一的情形基本上都是有因。不過理論上無因倒不以其原因為一法律行為（債權行為）為限（他如人民因政府命令而繳出違禁物），只是通常只在此種情形會有主張無因的餘地。

物權行為有其獨立性與無因性是我國學說與實務的通說，雖然就文義而言，民法實在找不出很「直接」的依據❷，一如採分離且無因原則的德國民法。不過包括德國和我國，更多學者是從立法政策的角度提出質疑，認為這樣的原則與現實生活脫節，或其背後保護交易安全的功能已因種種善意保護規定而變得多餘❸。這是不是一個重大瑕

因主義或無因主義之結合，法律評論，十九卷五、六期合刊；劉得寬，對物權行為的獨立性與無因性之探討，收錄於民法物權論文選輯(上)，五南，民73；王澤鑑，物權行為無因性理論之檢討，收錄於所著：民法學說與判例研究，第一冊，民72，頁291以下；謝在全，民法物權論，上冊，民81，修訂版，頁66～67，70～71。

❷ 學者大體以民法第七百五十八條、第七百六十一條為物權行為獨立存在的證明，如洪遜欣，前註，頁134～135；王澤鑑復以第一百一十八條無權處分規定與給付不當得利類型的承認為物權行為獨立且無因的有力證據，前註。

❸ 早在一八八九年德國民法典受到廣泛討論時，Otto v. Gierke就質疑這是「理論對生活的強暴」，引自 Zweiger4/ Kötz, *Einfühung in die Rechtsvergle-*

疵而使民法這部分變成惡法，或者，我們還可以進一步從交易成本的角度來分析檢討，看看是不是另有更好的立法選擇。適值我國民法物權翻修之際，壽星公戴師領導修法，本文特再挑起此一論題，先分別探討獨立性與無因性的涵意與其在民法體系中的必要性(第貳、參章)，再從交易成本觀點探討其合理性（第肆章)，據此提出對修正初草的評論與建議（第伍章)。

貳、物權行為的獨立性

我國民法的確沒有在任何地方使用「物權行為」的概念，但是正如「阻卻違法」、「事實行為」或「負擔行為」等，某些從整個規範體系足以推導出來的概念，不因未表現於法條內即不存在或僅為無拘束力的學說。尤其像德國民法那樣的法典，實為學者經長期討論就既存學說、習慣與判例加以體系化後的結晶，故物權行為就和行為能力、時效消滅等Pandekten的概念一樣「先驗」於民法典，其規範性並不因是否以明文見諸法條而有不同。我國民法當初大量參考了德國、瑞士與日本民法混合編成，在碰到像物權變動這樣各國剛好有不同立法原則的情形（參見第肆章第一節)，解釋上自然不宜輕易認定是否有一先驗於法典的物權行為概念或制度存在，但經由體系分析仍不難推出這部分應該以何國為本、採何種原則，運作起來最為順暢，從而得到肯定或否定的論斷。至於此種邏輯與生活經驗是否果真存有重大矛盾而對生活構成某種妨礙或造成法感的疏離，則是當肯定獨立性的「法律

---

ichung, Bd. 1, 1971, S.218；類此質疑始終不斷，我國學者的批評也多從此角度出發；王澤鑑則強調保護交易安全功能的多餘，前註。

解釋」後，必須面對的「立法政策」問題。

一、民法規範的邏輯

（一）財產權與法律行為的二分法

把財產權區分為對世權(Jus in rem)與對人權(Jus in personem)，是羅馬法就開始的二分法。十八世紀的自由主義思潮使得繼受羅馬法的德國法賦予更新的內涵，Savigny從「法律關係」出發，即「個人意志對於外在世界獨立支配的領域」，認為不可避免的要區分為無自由意志的物的領域，與同樣有自由意志的人的領域，而各展現其特色。物權是對特定物的支配，債權則只是對人為「一定行為」的請求。物權必然是絕對的、標的物範圍特定且排他的，從而需要公示及類型法定；債權則是相對的、可能不涉任何物（勞務之債）或縱涉及範圍也不特定、且不當然排他，故原則上也無需公示或限定其類型❹。

德國法學另外一個重大貢獻則是從許多交易制度裡抽理出一個高度抽象的「法律行為」概念，它是一種經由自由意志的展現而對外發生一定法律效力的行為，從而法律行為的效力一定緊扣在行為人所表示的意思上。其中負擔行為使一方負擔義務、他方取得請求(Anspruch)，處分行為則使一方喪失或減少、而由他方取得某種權利(Recht)。兩者性質上皆為自由意志單方或相互的約束，但前者僅為特定人間「關係」(Beziehung)的調整，故行為的結果必然只發生債權債務關係；後者則為特定權利與特定人間「歸屬」(Zuordnung)的調整，故在以物權為標的的情形，行為的結果是物權另有歸屬，在以債權為

---

❹ 有關債權與物權二分的理論與實際，可參拙文：物權法定主義的再思考，收錄於經濟法的挑戰，五南，民83，頁5～15。

標的的情形，又發生債權另有歸屬的結果❺。負擔行為只會發生新的債權債務，故又稱債權行為；處分行為則會使「既有」物權、債權或其他財產權減少或消滅（就處分一方而言），在物權的情形即一般所稱的物權行為（德文dingliches Geschäft或sachenrechtliches Geschäft），非物權的情形，有稱之為「準物權行為」者。適用於物權的原則，如公示、特定，基本上也適用於動態的物權行為，始稱一貫❻。至於物權行為的態樣可能為契約、單獨行為或共同行為，效果可能為物權移轉、設定、變更或消滅，則不待言。

（二）權利變動決之於法效意思

財產權與有關財產權的法律行為既如上述，負擔行為只發生創設債權債務的結果，別無其他；處分行為而以物權為目標者，也只能發生物權變動的效果，這可以說是最簡單的邏輯引申，違反邏輯必須付出體系混亂的代價，除非有堅強的理由，自然以避免為宜。如果一個法律行為即能從無到有的創設買賣關係，並直接發生物權移轉的效果(translative Wirkung)，唯一合理的說明就是該法律行為逕以整筆交易為其內容，不存在負擔行為與處分行為的二分，英美法的契約即是如此❼。

我國民法既如德國採取五編制，將法律行為置於總則，另以處理

❺ 參閱Kegel, *Verpflichtung und Verfügung, FS Mann*, 1977, S.59; Westermann, *Sachenrecht*, 3A., 1956, 12ff.

❻ 參閱Baur, *Sachenrecht*, 13A., 1985, S.29, 31.

❼ 但美國商法典(UCC)似乎分得很清楚，如§§2～301:"The obligation of the seller is to transfer and deliver and that of the buyer is to accept and pay in accordance with the contract."

債之關係與物權的規範各自獨立成編，其體系非直接建立於生活中的各個交易類型，而為自交易抽離觀察的理念類型，可說甚明。以買賣為例，實僅指該交易中的債權行為部分，僅發生一方負有移轉所有權於他方，他方則負給付價金的義務（民三四五條），債編的任務僅限於就債之關係如何發生、存續中如何分配權利義務、如何因履行或其他原因而消滅，並不及於物權如何移轉。買賣發生效力，物權未隨之移轉，則為自明之理。至於為履行債務而要移轉標的物與價金所有權，則既同屬出於自由意志的移轉，勢需另有以此為內容的法律行為，也就是處分性質的物權行為。此時在物權行為的建構上，唯一可能存在的彈性，就是契約（德民）或單獨行為（瑞民）。捨物權行為而以單純的事實行為（交付）或公法行為（登記）代替，如學者所主張，將立即面臨此一物權變動是否還是基於法律行為的疑問：試問物權變動如何能基於單純負擔移轉所有權義務的法效意思而發生，如若不能，法效意思與行為效果不一致，又豈非與法律行為理論扞格？

瑞士民法對於物權變動所以能簡化為單方的移轉行為，是在理論上認定買賣不僅對出賣人發生為所有權移轉的義務，而且強調買受人同時取得了獲讓所有權的請求(Anspruch auf Zusprechung des Eigentums)，從而只需讓與人一方為處分的表示，在不動產此一處分的表示通常即與登記申請並存，不必如德國法另為物權移轉的合意(Auflassung)❽。如讓與人未依買賣契約處分標的物，買受人得直接訴請獲判所有權（依瑞民第六六五條一項），基於勝訴判決即取得不動產所有權，嗣後的登記僅有宣示意義，是採「現實執行」(Realexekution)

❽ *Berner Komm. zum schweizerischen Privatrecht*, Meier-Hayoz, N. 34 zu Art.656.

原則，亦不同於德國及我國，勝訴判決僅能取代物權移轉的合意，仍須據此完成登記始取得所有權，使登記有創設意義❾。時間在德國民法之後的瑞士民法，有意修正德國民法的原則，不過在處理動產權利移轉時，瑞民又與德民一樣要求物權契約 (traditio)，只不過也如不動產採有因原則而已（詳後）。

（三）債權行為而生物權效果

如果不再對國家的角色略加探討，我國民法有關法律行為的規範邏輯自然還不算完整。原則上，國家對於法律行為只基於公共利益的考量，就成立條件或生效要件設定積極的限制（民七十三條），或就效力為消極的排除（民七十一、七十二條），而不對當事人形成法效意思的內容加以干預。少數的解釋規則（民九十八、一一九條）、效力轉換（民一一二條、八四二條二項）、意思補充（民一五三條一項）乃至合意替代（民八二四條二項、八七六條一項），都只是從協助交易、簡化成本的考量，作有限的介入，未動搖私法自治原則的核心。

就債權行為與物權行為而言，值得注意的是某些債權行為依法可生物權變動效果，而物權行為則又使物權人之間產生某種債權關係。前者的例子如合夥契約中的出資成為公同共有（民六六八條）而不需有建立共有的合意，新建或修繕不動產承攬契約可發生承攬人對完工

❾ 我國實務見解如五十七年臺上字一四三六號判例：「買受人若取得出賣人協同辦理所有權移轉登記之確定判決，則得單獨聲請登記取得所有權，移轉不動產物權書面之欠缺，即因之而補正」；德國法院在此情形也不認為登記僅有宣示意義，參 Staudinger-Kober, Anm.I6 u. II4 zu BGB § 925；瑞士法院則認為判決不僅取代物權承諾，如德國，而是直接判給物權，使嗣後的登記僅有宣示意義（相當於我國的民七五九條），參ZBGR. 9 S.58 = SJZ. 10 S.142。

不動產的抵押權（民五一三條），後者的例子則如供役地所有人分擔設置維持費用（民八五五條三項），地上權人有承諾依時價出賣地上物給土地所有人的義務（民八三九條二項）。物權行為而生一定的債權債務關係，因為物權種類的法定，行為內容無異均已「定型」，從而此類法定的附隨債務，或「物上負擔」，尚可說是物權法定主義政策下的副產品——物權行為留給當事人「自治」的空間本來就只有是否與何種類型——，像永佃權的佃租這樣甚至成為必要登記事項的附隨之債，其設定自不妨認為是某種「處分與負擔聯立的行為」❿，其不同於附地租地上權設定契約之處僅在於一為強制一為非強制，且佃租為物上負擔，地上權地租則尚須視其是否登記而定其效力是否為物上負擔。總之，與法律行為的效力需為行為的法效意思所涵蓋，還不能說有何牴觸。

比較特別的，是債權行為而能生物權變動的效果。在「是否」與「如何」都完全由當事人自治的債權行為領域，如何能超越當事人的意思而強制發生物權變動效果；即在當事人並無作成一負擔與處分行為聯立的法律行為之意時，負擔行為卻同時發生處分行為的效果？可說無論如何都是「法效意思決定行為效果」邏輯的逆反。不過這少數幾種被稱為「法定物權」的情形，包括不限於何種債權契約類型的留置權，其性質皆為附隨而非主要給付的內容，從而還不至於「顛覆」上述規範邏輯——負擔行為僅生負擔而不直接發生主要給付已因處分

❿ 史尚寬認為此處為無因原則的例外，參所著民法總論，頁285，實則佃租為物上之債（Realobligation），其效力仍來自永佃權設定契約，此一附負擔內涵的物權行為則又是履行另一負擔行為所生義務，尚不能逕認其為無因原則的例外，詳見下節無因性的分析。

而履行的效果。債編修法者可能也考慮到此類法定物權變動對交易干預過於強大，以及對第三人保護不足，修正草案已將第五百一十三條的抵押權改為承攬人得請求定作人設定的抵押權，使其發生仍繫於定作人一方的物權行為。

如果根本否定物權行為的存在，使所有依法律行為而生的物權變動都只須有債權行為的基礎，則例外變成原則，負擔與處分行為的二分將徹底打亂，五編制的民法典也將面臨重新制定，而不僅是重新詮釋而已。

二、民法政策的批判

物權行為的獨立存在，縱屬規範邏輯的要求，如果對於經濟生活構成妨害，在法律政策上即有檢討必要，事實上在採物權行為獨立原則的德國與我國，諸如「與現實生活脫節」、「違反一般人的法感」一類的批評，可說自始即未曾間斷。惟脫節或違反法感云云，與「妨害」經濟生活未必能劃上等號，這裡還涉及民法的規範性質與社會生活如何「涵攝」(subsumieren)於法律規範的方法問題，恐怕還不宜輕下論斷。如果證明物權行為只是分析現代經濟生活使用的比較精緻的法律概念，而非純粹基於邏輯要求所用的法律擬制，它既有助於涵攝多樣的經濟生活，又可為經濟立法者提供更具彈性的立法選擇，則在民法政策上反而較為可取，分析如下。

（一）法律人法（裁判法）與自治法

在以法律而非案例為其主要法源的大陸法系國家，法律的適用基本上是從抽象的法條演繹，找出可解決個案爭議的具體規範，故概念精準、邏輯嚴密是體制成功運作的先決條件，而且概念抽象度愈高，愈能掌握多變的經濟現象。但也不可避免的，會使其語言與自然語言愈離愈遠。這種語言的分歧是否會造成人民對法律的疏離感，應視法律的性質而定。民法是高度技術性的法律，一般又歸類為法律人法(lawyer's law)或裁判法，又是自治法，以定分止爭為目的，而非約束或改變人民的行為（至少財產法部分是如此），從而並不需要人民充分了解其內容知所遵從才能發揮其社會功能，只要人民知道在人際往來發生無法解決的衝突時，可以找到法院，由具有專業、了解民法精義的法官作成裁判即可⓫。故民法的語言能建立在自然語言上固然很好，如果為了使規範更能系統的運作而脫離自然語言，也不是什麼悲劇。

從法社會學的觀點來看，真正會造成疏離的不是語言，而是規範背後的價值判斷、公平理念。因此民法的立法者仍應該在某些必須作價值權衡之處，審酌社會普遍存在的價值偏好，再轉換為一套與此平行的規範語言——德國學者輒以「非法律人的平行評價」(Parallelwertung der Laiensphäre)稱之——⓬，這才是疏離不疏離的關鍵所在。就此而言，物權行為是否獨立實在是一個高度技術性的選擇，完全不涉及任何價值理念的選擇。因此合一主義下的法律行為也許比較接近自然語言中的交易——比如買賣即指以物易錢交易的全部，但若分離主義下的法律行為制度能藉更精準的概念與邏輯同樣發揮規範的目的，甚至對多變的經濟實務有更大的包容性，則作為裁判者分析工

⓫ 自治法與強制法不同，需要民眾的「認同」更多於「認知」，就此請參拙文：韋伯理論在儒家社會的適用——談臺灣法律文化與經濟發展間的關係，收錄於經濟法的挑戰，前揭，頁59～81。事實上以民法之充滿技術語言與概念，絕不多一個「物權行為」，若要使一般人對民法的論述不感到疏離，恐怕也不是僅僅改變負擔行為／處分行為的二分就夠，學者這方面的批評似乎少了一點社會學的觀察深度。

⓬ 如Kegel, aaO., 64。

具的語言縱與自然語言距離再遠，也可能反而是較佳的選擇。以下即對物權行為用之於現代社會生活是否扞格不入，是否全然多餘，再加以檢討。

（二）債權行為與物權行為並存

在以物權移轉或設定為主要義務的交易，如買賣、互易、贈與、消費借貸或設定限制物權，倘屬比較單純的情形，即作成交易與履行幾乎同時或時間相距不遠，所謂物權行為，也就是讓與或設定物權的合意，應該與承諾負擔此一義務的債權合意並存於一個表示內，在當事人明示的情形固不待言，非明示的情形，通常也可以藉真意的探尋而認定。德國與瑞士民法就物權合意得於登記（不動產）或交付（動產）前作成，而只需在登記或交付時「仍然存在」(Einigsein) 即可，有相當一致的看法。實際運作則以合意仍然存在為一種「事實推定」(tatsächliche Vermutung)，只要未明示撤銷即可⓭。至於一手交錢一手交貨的現物買賣(Barkauf)，如右手持一百元，左手自小販手中接過一包檳榔，依雙方真意轉換為法律語言，應該也不是沒有承諾移轉所有權及履行此承諾而為移轉的合意，而是負擔與處分的合意合併於一個表示（至多可說其間有「邏輯的一秒鐘」)，其特別之處，僅在整個交易簡單到三種合意（一個債權合意、兩個物權合意）可與事實行為

⓭ 德國民法明文規定提前作成的合意，在登記或交付前都可撤回，是其與債權合意最不同之處，可參Müller, Klaus, *Sachenrecht*, 3A., 1993, S.334, 787；惟少數學者對動產移轉合意可否在交付前撤回持異議，如Wetermann, *Sachenrecht* Bd.I, 1990, 38,4；實務上則推定合意仍存在，參RG 135, 367; BGH NJW 92, 1163 mN；瑞士法部分請參Komm. zu ZGB, N. 11 zu Art. 656

的「交付」同時完成，以致物權得即時移轉而已。果若不作如此解釋，則買檳榔者如何能於取得檳榔後當成自己之物而即大嚼之；發現檳榔有瑕疵，又可折返請求更換？可見法律語言分析起來的三個行為雖不同於自然語言的一個行為，只要分析推演的結果符合一般人的公平價值觀，即不致妨害經濟生活。不動產交易則因為需要登記，兩種合意並存且同時完成登記的可能性幾不存在。物權合意或提前作成，或於簽立所謂「公契」時作成，當然也可能在共同提出登記申請時作成，應就事實來認定。

在常見的自動販賣機買賣，基本上類似前述與小販所作的現物交易，其特殊之處僅在機器啟用時，為就存貨對不特定人的要約 (ad incertas personas)，投幣則一方面為對指定物買賣的承諾，另一方面又是對受讓該物及讓與錢幣所有權的承諾。物權行為的獨立存在也不至與現實生活扞格不入。

（三）現代經濟生活中的物權行為

當然不是所有物權行為都與債權行為並存，事實上現代經濟生活中物權行為刻意獨立存在的，所在多有：

1. 遠距或遠期交易

事實上，日常生活中即時作成並履行的交易固不在少，從達成買賣合意到履行有相當時間與空間距離的交易，因為現代商業爭取時效，且大量使用電子傳播工具，也益趨普遍。這種遠距交易 (distanzierter Kauf)是否同時就物的移轉提前作成合意，便不能一概而論⑭。現代商

⑭ Kegel 認為這種獨立的物權合意在經紀生活中寧為常態，aaO., S.73; Zweigert / Kötz 也認為相隔一段時間的履行，確實存有新的合意，aaO., S.225。

業存在的各種合理考量，包括賣方仍保留所有物一段時間，嗣後才由雙方作成移轉所有權的合意——不論是基於賣方繼續利用的需要，或基於同時履行降低風險的考量；乃至容許買方或賣方得在移轉前隨市場反應而另覓對象作成更好的交易，再與對方就原買賣重作安排，都使得多數這類交易的當事人有意分階段完成交易，給彼此保留一定空間，不在買賣階段即就物的移轉作成合意。這樣的解釋不僅較符合當事人的真意，也較符合交易的客觀需要，從而更能忠實反映社會交易的實際狀況。此處買方在移轉前即「出賣他人之物」，如製造商甲批貨與中間商乙，乙隨即轉賣與丙，而由甲直接把貨運送丙處；賣方則有可能在移轉前「一物兩賣」，如甲在與乙訂立買賣契約後，再以更高價賣給丙，而依約支付乙一定數額的解約金。類此交易商場上並不鮮見，因可減少交易成本而為該行業所接受，非如學者所斷言，必與多數國民的公平觀念牴觸⑮。

足見區隔負擔行為與處分行為，從而肯定物權行為的獨立性，不僅未與現實生活脫節，當交易形態愈來愈多樣化，因距離而保留交易彈性的需求也增加以後，分離主義反而比所有權當然隨買賣合意而移轉的合一主義更貼近生活。

2. 種類物、未來物交易

在種類物與未來物（如預售屋、期貨）的交易，物權行為依嚴格的特定原則 (Spezialitäts-bzw. Bestimmtheitsprinzip) 根本無從在債權行為的合意階段就同時作成。就種類物而言，總要到給付物特定時，才有為物權合意的可能，其合意可能在交付時才發生，也可能提前於債權人同意指定時（民二百條）。未來物則要到該物完工或獨立成形

⑮ 謝哲勝，前❶，頁98。

時，始處於可被處分的狀態。在兩種情形，物權移轉都要等到債權契約有效成立後一段時間才能進行，物權行為縱不想獨立也非如此不可，個案中何時作成物權移轉合意通常不難探求認定，故採分離原則全無窒礙。

3. 整批交易

「一括買賣、分批履行」則是社會中另一個常見的交易方式⑯，比如企業買賣，或包括多筆不動產、動產及權利的共有財產的分割。此時物權移轉的合意可能提前於債權合意中即作成，但依個案情形，當事人也常常有就其中某些給付視情況始為移轉所有權合意者。國際貿易更常見一筆訂單卻須分船裝運或分批交貨的情形，買受人何時取得物權，有各種可能的安排。很難想像物權移轉一律只能基於一次買賣合意，而不允許當事人因交易需求與條件的不同而有視情況為個別變動合意的安排。就此獨立物權行為也更能反映此類交易的現實。

4. 代理交易

法律行為透過代理人作成，如果涉及物權移轉，同樣可能由代理人一併為債權行為與物權行為合意的代理，乃至同時完成（交付為事實行為則不得代理）；但也可能本人僅就債權行為授與代理權，而刻意保留物權行為自行為之，或另外授權他人為之。

5. 附所有權保留

區隔債權行為與物權行為在現代交易中最明顯的實益，即在行為的附條件與期限。此一把不確定因素納入交易，一方面促成交易，另一方面又使一方或雙方對訂約時仍無法確切掌握的因素保留一定彈性的制度，只有在物權行為獨立時才能發揮最大的功能。簡言之，當事

⑯ 參Oertmann, Zum Problem der Sachgesamtheit, AcP136, 88.

人既可選擇就負擔行為附加條件期限，也可使負擔行為確定生效，而僅就處分行為附加條件期限——此時物權合意同樣可能與債權合意並存或嗣後作成。事實上動產擔保交易法中的附條件買賣即為債權行為不附條件而物權行為附停止條件（該法直譯Conditional sale為附條件買賣，極易引起誤會），藉所有權保留來擔保債權、促成交易。信託制度的建立，是另外一個適例。益可證明獨立的物權行為不僅未脫離現實生活，反而可以藉更精細的概念，使複雜的經濟需求得到最大滿足。

（四）經濟社會立法可有更多選擇

如果再從今天許多社會經濟立法大量使用民法制度作為其政策工具的角度來看，把物權行為區隔出來，可使立法者在干預社會過程的「強度」上又多了一些彈性。民法對法律行為以違反強制或禁止規定，違反公共秩序善良風俗為其概括界限（民七十一、七十二條），一旦被定性為法律行為的社會行為可再依其目的區分為負擔行為與處分行為，則立法者可視管制目的與實現該目的必須干預的強度，決定否定其效果者僅限於負擔行為，或併及於處分行為。當立法意旨不夠明確時，法律的適用者也可以通過解釋作一選擇。我國立法者在管制性法律中有規定禁止「買賣」者（如野生動物保育法十六條二項），也有規定禁止「售讓」者（如槍砲彈藥刀械管理條例六條一項），明確規定禁止物權行為，其違反將使物權行為無效者，則以土地法第三十條為典型。最高法院對本條的解釋，認為此處禁止者確以物權行為為限，但買賣契約間接也因以不能給付者為標的而不生效力⑰。

不僅管制行為的立法如此，政策性鼓勵交易時，也因採分離主義而有較多的選擇。比如在地狹人稠的臺灣，為使許多處於共有狀態的

---

⑰ 參六十四年臺上字一三五二號判例。

不動產不致因少數共有人的杯葛而造成土地無法透過交易作更有效率的利用，特別修正土地法增列第三十四條之一，其第一項規定：「共有土地或建築改良物，其處分、變更及設定地上權、永佃權、地役權或典權，應以共有人過半數及其應有部分合計過半數之同意行之。但其應有部分合計逾三分之二者，其人數不予計算」。所謂處分、變更與設定，目的顯然都在降低物權變動上的限制（民八一九條二項要求全體同意），而與共有人以何種「原因」交易，即處分的基礎行為無涉。處分行為仍然「要因」，從而若買賣未得所有共有人同意而僅以部分共有人名義與第三人訂立，對未同意的少數共有人而言，物權處分雖有效，仍屬「無因」（詳下節），至少可依不當得利請求返還就其應有部分所得利益。土地法第三十四條之一的立法者所要干預的，只是「處分」限制的降低，使多數共有人所為處分不至因無權而根本不生效力（民八一九條二項、一一八條一項）， 無意也無從去對各種情況下共有人間、共有人與第三人間的利益交換（買賣、贈與、互易或其他），作合理公正的干預，少數學者和地政機關對此顯有誤解⓲。此例亦可說明，

⓲ 參謝哲勝，共有土地的出租與土地法第三十四條之一第一項的適用，收錄於所著財產法專題研究，前❶，頁145～156，以土地法該條文所稱處分應包括債權行為，始符立法之旨；早期史尚寬也認為民法第八百一十九條所說的處分包括設定負擔，參閱物權法論，頁 143，實則不論買賣或出租，既都只是負擔行為，即不對物權發生任何影響而僅對行為人發生使物權變動的負擔，本不以行為人有處分權為生效要件，又何須規定一定比例的應有部分或人數始得為之，顯不合理。若說應有部分或人數達到一定比例即可「有權」代理不同意的共有人，將對私法自治形成甚大的侵害，如其交易條件顯然不利於少數共有人，仍要強制共有人接受，殊難想像。內政部所定「土地法第三十四條之一執行要點」第二點規定，

物權行為概念的獨立確實可使立法者有更多政策工具的選擇。事實上，民法的立法者針對債權行為與物權行為不同的性質、功能，還可就要式或要物的成立生效要件作不同的設計，如德國和我國的情形(詳後)，使國家對財產交易的控制達到更高的效率。這或許可以說是建立一套嚴密的概念體系後的附加利益吧。

參、物權行為的無因性

肯定我國民法上有一獨立的物權行為，且其存在並無礙於交易，是否可再進一步肯定物權行為的無因性，亦有從立法政策角度加以剖析的必要。但首先須釐清無因性的真義。

一、要因為有因(kausal)或無因(abstrakt)

任何財產利益的移動 (Zuwendungen) 都要有法律上的原因

處分包含買賣、交換等法律上處分，「但不包括贈與等無償之處分」，區分不同原因，同樣沒有任何法律基礎。故唯一合理的解釋，就是回到「處分」的正常概念，認為本條僅為無權處分的例外規定。至於未同意買賣（或其他債權契約）的共有人，或得基於不當得利，或得依物權法上以償金作為對應物權調整的特殊債權調整法理，就此請參拙文：論動產加工的物權及債權效果，收錄於民法經濟法論文集㈠，民77，頁205～325，許其向處分的共有人依市價計算請求償金。至於法院實務對這個問題的處理倒一直堅持狹義處分的概念，如六十六年臺上字第六十、七十年臺上字第一五三六、七十一年臺上字第五〇五一、七十二年臺上字第六七九等號判決，乃至最高法院79. 5. 29第二次民事庭會議決議，都認為出租無土地法該條的適用。

(Rechtsgrund, causa)，這是羅馬法以來的原則，現行法中不當得利制度即是針對無法律原因的利益移動而設計。所謂的財產移動，負擔行為、處分行為與單純事實給付皆是。又所謂法定原因，可能源於私法行為，也可能源於國家的法律。其類型則以設定(credendi)、清償(solvendi)與贈與(donandi)的三分法最常被提到，雖然不限於此⑲。就私法行為所生的原因而言，其性質實為行為人明示或默示約定的「目的」⑳，未約定則為單純「動機」。那麼，所有財產移動都需要法律原因，又何來有因與無因之分呢？無因原則適用在何種財產移動，其背後又有何種考量？

（一）有因無因的概念

所有財產利益的移動都需要法律原因作為正當性基礎，自始缺乏原因或原因嗣後不存在，都會使其移動變成不當得利。但在財產利益是因法律行為而移動時，其原因即為約定的目的而為行為的一部，用德國學者Jahr的話來說，即法律行為之所以受到法律秩序肯定而有效力，不僅在於其意思表示表達了「要不要」(ob)，更在於它表達了「為什麼要」(warum)。但無因卻把此一約定的目的抽離於法律行為，使法律行為的生效不必考慮原因的存在與否，Jahr稱此為「內容的無因」(inhaltliche Abstraktion)。若物權行為的原因源於一基礎行為或法律規定（如侵權行為），則該原因縱因基礎行為或法律規定的事實動搖而消

---

⑲ 參閱黃立，民法總則，民83，頁237～238；有關要因行為概念及其與法律上原因的關聯（後者為上位概念），參曾世雄，民法總則之現在與未來，民82，頁204～212。

⑳ 原因(Ursache)與目的(Zweck)實為一體的兩面，Kegel說得好，「我買麵包是因為肚子餓，或為了可以吃飽，其實是一樣的」，aaO. S.59 (Fn. 10)。

滅（目的無從達成），物權行為的效力仍不受影響，是為「外部的無因」(äusserliche Abstraktion)㉑。相對於此，原因若為法律行為的一部分，即為內容有因；原因嗣後消滅若使該行為隨同失效，則為外部有因。故所謂有因或無因，指的即是法律原因（目的）與該法律行為（方法）結合或抽離，使行為的效力受制於原因（有因），或獨立於原因（無因）。但法律行為縱採無因原則而不因原因的瑕疵在「效力」上受到影響，仍因財產利益的移動需有原因，而有不當得利規定的適用。反而在採有因原則時，因為原因不存在會使法律行為失效，不當得利在利益未移動的情形下無其適用。

由此可見，財產利益移動的「要因」，與以法律行為為財產利益移動方法的「有因」或「無因」之間，尚不存在任何邏輯的必然關聯。不當得利制度是要因引申出來的必要制度，卻也與有因、無因無邏輯關聯。又，原因如果是法律行為的目的，而經濟上的一筆交易法律上又常須藉數個法律行為來完成（見前章），則所謂有因、無因，是否與「原因行為」、「履行行為」之間存有何種關聯？在法律邏輯上，要因縱非當然可推出有因，是否至少傾向有因？或剛好相反，物權行為既已獨立，則採無因原則應可推定㉒？這些概念和推論上的混沌，皆有待進一步釐清。

首先，既然所有財產利益的移動，包括物權的變更，或單純對物權變更的負擔，都需要原因，則顯然不只是物權行為有有因無因的問

㉑ Jahr, *Romanistische Beiträge zur modernen Zivilrechtswissenschaft*, AcP 168(1968), 9ff.(16).

㉒ 認為從承認獨立性即必走向肯定無因性，否則無意義，如謝哲勝，前❶，頁92。

題，債權行為也有。在常見的以物權行為來「清償」債權行為所承擔債務的情形，債權行為確實就是物權行為的原因，但嚴格言之，仍只能說債權行為創設了以物權變動為標的的債務，「清償」該債務才是物權行為的原因㉓。債權行為若無效或被撤銷，所生債權債務關係連帶溯及失效，既無可清償的債務，物權行為便缺其原因。故一般常以債權行為，如買賣，為物權行為的原因，可說只是較籠統、跳躍的講法。非所有權的讓與，而僅為限定物權「設定」的情形，亦復如此。比如土地所有人為他人設定地上權，此一物權變動的原因，也源於雙方負擔設定與支付地租的債權契約（可能與物權合意並存），究其性質，其實也是買賣，僅其價金為分期給付而已。甚至抵押權的設定，其原因也是為了履行抵押人（債務人或第三人）與債權人或債務人（在第三人提供抵押的情形）之間約定設定抵押權的債權契約，此一債權契約可能與金錢借貸契約並存，如銀行與借貸人在借貸契約中加入由借貸人提供抵押的約款，當然也可能是第三人與債務人間的獨立契約㉔。故抵押權從屬於借貸債權的從屬關係，與抵押權設定行為的有因無因是兩回事，對物權行為縱採無因原則，也只是說抵押權的效力不受約定設定抵押權的債權契約失效的影響，與抵押權始終從屬於借貸債權，並無原則例外的關係。有因性(Kausalität)與從屬性(Akzessorität)本來就是不同的概念㉕。

㉓ 參閱Flume, AT-BGB, Bd. 2, 3A. 1979, S.154。

㉔ 可參王澤鑑，買賣、設定抵押權之約定與民法第七五八條之法律行為，收錄於所著民法學說與判例研究第五冊，頁143～145，區分約定與設定。

㉕ Westermann即明確指出此點，前❺，S.23；而我國學者史尚寬認為抵押權設定契約為有因則顯有誤會，民法總論，頁 285；謝哲勝亦混淆約定

物權行為通常均以清償（債權行為所生債務）為原因，但理論上自不排除其他原因。土地法第一百零二條規定基地所有人與承租人「應」設定地上權，民法第五百一十三條修正草案亦採類似模式，規定承攬人得「請求定作人為抵押權之登記」，一方面仍由當事人合意設定，另一方面又由法律賦予一方一定的強制力，不需另有源於債權契約的強制，實可定性為「法定原因的意定物權處分」㉖。反過來說，在出賣人不履行移轉標的物義務時，買受人得以勝訴判決「代替合意」逕為登記請求，又是「意定原因的物權事實變動」。這些都是「原因行為——履行行為」模式下的變態，但都無礙於物權利益移動的要因原則，也都不能推導出物權行為應為有因或無因的結論。

綜上可知，正因為物權利益的移動為要因，原因存在與否對物權行為的效力是否發生影響，亦即有因或無因，便成了必須決定的問題。由於不當得利足以處理要因而無因所生的問題，因此即使不能以不當得利制度的存在證明物權行為的無因性，至少也不能從要因而推定物權行為的有因性。同樣，物權行為的獨立性既為債權／物權、負擔行為／處分行為二分法邏輯上推導出來的結果，並無其他目的，即不能說獨立則應採無因始有意義。尤其前面已釐清「物權行為以債權行

與設定，前❶，頁106。

㉖ 此處設定地上權與抵押權的原因都不是源於該基地租賃契約與承攬契約——兩約均未以物權設定為目的。其真正原因為保護基地使用人與降低有先付義務的建築承攬人風險的「法律」。法律廢止同樣會造成原因不復存在的狀態，只不過法律有不溯既往的原則，從而不生不當得利的問題。但租賃或承攬契約雖未創造原因，卻是該保護規定的「基礎」，故反而在此一基礎契約被撤銷時，法律保護失其基礎，物權行為間接變成無原因狀態，從而產生不當得利的問題。

為為原因」的籠統說法，強調債權行為、物權行為均屬要因，而且均可作有因或無因的選擇；物權行為的原因未必來自債權行為，債權行為提供物權變動的原因也未必以清償債務的物權行為為限。有因或無因不同於物權行為的獨立或不獨立，不是邏輯推導的結果，而必須另外尋找其正當性㉗。或者說，獨立性是選擇了一套規範體系後的必然結果，無因性則是在該規範體系下，立法者或解釋法律的司法者所面臨的一種選擇。故首先要問的是，我國的立法者或司法者到底作了什麼選擇?

（二）無因原則的適用

在民事法中，無因原則不僅見於以物權行為為典型的處分行為，還用在債務承認、票據行為等負擔行為；甚至在無涉財產利益移動、從而嚴格說「不要因」的情形，如代理權授與，也有類似的運用。足見無因，或使行為效力抽離於其基礎關係，是一個相當好用的立法技術。以下即整理這三種常見的類型，理論上自無須以此為限。

1. 處分行為類型

⑴物權行為

我國通說及實務都肯定物權行為在現行法下應有無因原則的適用。物權行為效力的發生，固僅就物權行為本身要件是否合致，而無須審視原因的合法存在，任何人嗣後亦不得以基礎行為有瑕疵，致原因消滅而主張物權當然回復變動前的狀態，至多只能依不當得利請求回復（為反向的物權行為）。在變動後的物權基礎上，物權人得行使包括處分在內的一切權能，當然也可以為物上的請求，完全不受基礎行

㉗ Flume即認為採無因原則無關乎任何先驗的「正確性」，而是一種立法目的下的考量，aaO., S.176; Mot. III, 7(Mugdan III, 4)。

為瑕疵的影響。相反的，創造物權變動原因的債權行為卻是要因且有因，若約定的目的（原因）不達，債權行為即可能失效。比如約定為婚禮而購置婚紗禮服，如婚禮取消，買方可解除買賣契約，但已移轉所有權的婚紗仍為買方所有，並不因買賣契約解除而有改變，僅賣方得請求返還而已。

⑵債權讓與、債務承擔

債權讓與也有無因性，債權讓與的原因可能源於買賣、贈與、委任、信託等債權行為，實務上讓與合意大多即與此一債權行為並存。一般債權的讓與雖不要式，也無須登記或交付，但仍以有處分權為前提，否則不生效力（民一一八條），民法對一般債權的處分僅在三種情形加以限制（民二九四條）。和物權行為一樣，基礎行為的瑕疵不影響債權讓與的效力。這一點和德國民法的立場頗為一致，瑞士債務法第一百六十五條雖也明確區分債權讓與的負擔行為（非要式）與處分行為（書面為之），但對後者是否有因則未加規定，聯邦法院的態度倒是從來未改其無因主義立場（與對動產物權變動的立場很不一樣，見下節）。惟此時標的既為債權，該債權所由生的債權行為仍屬有因，從而受讓的債權雖不因作為讓與基礎的債權行為失效而受影響，卻仍可能因本身所由生的債權行為失效而溯及消滅，是其異於物權處分之處。

債務承擔的型式與性質雖有不同，但一般認為和債權處分一樣不受原因的影響。

⑶智財權行為

理論上所有智慧財產權的處分也應該和物權、債權的處分一樣是無因的。德國著作權法採所謂「目的移轉理論」(Zweckübertragungstheorie)，是加強對無經驗著作權人保護的一個解釋規則，縮小授權範圍至移轉目的所及，常被認為得以負擔行為有效作為默示條件，從而相當程度排除了無因原則，其出版契約更因出版法第九條一項的規定而為有因㉘，但除此仍有民法一般原則的適用。我國著作權法則迄未明示採目的移轉理論，解釋上所有智財權的處分都應適用無因原則。

2. 負擔行為類型

⑴債務約束、債務承認

我國民法未如德國民法在債編各論中明文規定此種使一方負有給付義務(Schuldversprechen)或承認債的存在(Schuldanerkenntnis)的債權契約，但依契約自由原則似無不許當事人訂立之理㉙。此類契約的特色正在於其無因性。

⑵票據行為

我國票據法上的各種票據，基本上也和德國票據法一樣採無因原則，可說是學者與實務向來的通說，除了保障交易安全外，也較可貫徹民商合一的體制㉚。

3. 非財產利益移動類型

代理權的授與：本身不涉財產利益移動，而單純使他方取得代理

㉘ 參 Heinrich-Hubmann, *Urheber-und Verlagsrecht*, 2⑴,1966, § 43I, § 45II2.

㉙ 此類無因債權契約早在羅馬法時代即有，德國民法雖特別加以規定，實際意義則不大，可說以為票據所取代，參Flume, aaO., S.167。

㉚ 票據行為有無因性在我國的學說與實務上鮮有爭議，可參二十七年滬上第九十七號判決及四十九年臺上字三三四號判例，施文森，票據法新論，民76，頁20；有關其實質內涵與功能侷限請參陳自強，票據之無因性及其基礎關係，發表於柯芳枝教授祝壽文集：財經法論集，民86，頁261～320。

權限的代理權授與行為，在我國一直有有因與無因的爭議，多數學者認為可從民法第一百零八條第一項：「代理權之消滅，依其所由授與之法律關係定之」證明為有因，實則誠如施啟揚所指出，無基本關係而先為授權仍為有效，足見基本關係未必是授與行為的原因㉛。本條應視為一解釋規則，授與人當然可以另定代理權消滅的期日。本質上授與代理權既無涉財產利益的移動，則根本應屬不要因，其與內部法律關係之間自也以解為無因為當。

二、無因原則的政策考量

（一）交易安全、便利與權利保護

德國民法對處分行為原則上採無因主義，而對負擔行為原則上採有因主義，主要是著眼於交易安全的考量。但此處所謂交易安全，顯然不是指處分行為所涉的交易，因為如前一再說明，基於財產利益移動皆要因的原則，處分行為的效力雖不因基礎行為有瑕疵而受影響，無原因而為處分者仍得基於不當得利請求回復原權利，從而受處分者還是不能終局的保有交易的利益，又何來交易安全？此處所謂交易安全，指的還是在權利變動後基礎上作成的「下」一個交易。比如甲將土地讓與給乙，乙再為丙設定抵押權，此一抵押權不至因甲乙的買賣出了問題，以致甲撤銷買賣、請求乙回復所有權而受影響。從另一個角度看，「前段」的負擔行為有因，「後段」的處分行為無因，政策目的顯然在於避免前一交易的爭議妨害後一交易的進行，在權利尚未發生變動的前段，聽由當事人正本清源回到交易目的去解決；一旦到了後段權利已生變動，即須考慮下一交易的第三人利益，而寧採取不當

㉛ 參閱施啟揚，民法總則，民82，增訂五版，頁297。(❷)

得利這樣不至影響第三人利益的解決方式，從而可使交易不斷進行。故保護交易安全的另一面，也就是促進交易的暢通。

不過對於性質上屬「對世權」的物權與智慧財產權來說，除了交易，也就是其「處分」權能得因無因原則而受充分保障外，其管理、使用、收益及物上保護的權能，也因採無因原則而可受到較充分的保障。相較於有因原則下這些權能的行使溯及成為無權，而不只是無原因從而只須返還利益（以仍存在者為限），不僅較為有利，而且顯然單純得多。這應該是保障交易安全以外，採無因主義的另一個政策考量吧。

債務約束或債務承認的目的既在方便債權人實現債權，排除債權疑慮，其功能也是保障交易安全，不同的只是此處不在保障「下」一筆交易，而在確保上一筆交易的圓滿履行。至於代理權授與行為採無因原則，則是以保護交易相對人為唯一考量，也就是單純保護該筆代理交易，非如此代理制度很難發揮其社會功能。至於以票據作為支付工具，要把流通性的障礙減到最低，更是非採無因原則不可。

綜上可知，無因原則在不同領域的採行或許有若干不同的考量，但保障交易安全則為共同的主要目的。

（二）善意保護與無因原則

交易安全的保障在工商社會自應給予高度重視，但民法若已有完整的善意保護，也就是使不了解前筆交易的下筆交易相對人無須承擔太多風險，則處分行為的無因化是否還有必要，即不能無疑。德國民法決定對處分行為採無因原則時，顯然沒有注意到其制度功能與善意保護的重疊[32]。然而兩者重疊究有多大，以致無因原則還有多少意義，

---

[32] 參閱 Wiegand, *Die Entwicklung des Sachenrechts im Verhältnis zum*

對同樣有相當完整善意保護制度的我國民法，應有略加比較的必要。

簡單的說，針對動產民法有善意取得的制度，使信賴權利外形的善意相對人在處分人「無」處分權的情形下仍有效取得權利。至於不動產，民法雖無特別規定，但土地法第四十三條規定：「依本法所為之登記有絕對之效力」，實務上即解為不動產登記的公信原則，故所謂絕對，並非真實權利會因為錯誤登記而消滅；真實權利人仍得請求塗銷錯誤登記（就此而言實為相對效力）。惟若第三人信賴錯誤登記而為進一步交易，其信賴應受保護，該建立於錯誤登記基礎上的處分可終局生效。最高法院認為本條「係為保護善意第三者因信賴登記而設」㉝，顯然即將本條解為不動產權利的善意取得。從而涉及物權處分，皆有善意保護。

和無因原則的適用，在某些情形明顯重疊。比如某甲與某乙就某物作成交易，嗣後甲撤銷買賣，該物卻已由乙取得並轉讓給不知情的丙。此時乙所取得的物權不受買賣契約溯及失效的影響，在依不當得利返還給甲以前，若已轉讓給丙，既屬有權處分，效力自無問題，僅甲對乙的不當得利債權標的發生變化而已。就此縱採有因原則，因第三人受讓時為善意，讓與仍然有效，結果並無不同。但至少在以下六點兩者並未重疊：1.在讓與人尚未取得物權，但已有權利外形時，丙僅能主張善意取得，不發生有因無因的問題；2.在讓與人讓與（動產）時若已取得物權，卻尚無權利外形，如其取得物權是依占有改定方式，從而讓與時僅間接占有標的物，其讓與亦僅能以讓與返還請求權方式為之，此時債權行為的瑕疵若非依無因原則而不動搖處分的效力，將

Schuldrecht, AcP 190(1990), S.120.

㉝ 參六十三年臺上字一八九五號判例。

溯及消滅處分行為效力，而使善意受讓人在無從主張有值得保護的信賴下，連帶亦無法有效受讓；3.受讓人對於該讓與的前手行為有重大瑕疵而無效若屬惡意，則於採有因主義的情形即對前手處分無效、讓與為無權處分亦屬惡意，從而無善意取得可言。但此時如採無因原則，因讓與人的物權不受基礎行為失效的影響，受讓人縱使知悉前手處分的基礎行為有重大瑕疵，也不動搖讓與的效力；4.無因原則使取得的物權不受基礎行為瑕疵的影響，物權人得行使各種物權的權能，非如採有因原則於基礎行為被撤銷時，不僅其前此的行為溯及成為「無權」狀態，在返還前亦無權再行使該物權。若採無因原則，則在物權人因不當得利應請求回復物權以前，其行使均屬「有權」狀態，如使用、收益或排除妨害等，僅其所得「利益」溯及成為無法律原因而以現存者為限須與物權一併返還而已；5.我國民法一如德國，並未對所有處分行為均給予完整的善意保護，故如債權讓與或各種智慧財產權的處分，受處分人均不因不知處分人無處分權而有效取得債權或智慧財產權，民法第二百九十四條第二項僅就債權讓與的處分權有特約限制時，賦予善意受讓人保護；但並未對其他無權讓與的情形一體規定善意取得，故如債權讓與的「基礎行為」有瑕疵而採有因原則致讓與無效，受讓人即不得因善意而受保護。就這些善意保護的不足之處，不能說無因原則為多餘[34]。6.動產受讓人雖屬善意，但基於某些考量若有不取得的例外規定，如義大利特別排除汽車的善意取得，此時在讓與人原非無處分權，僅其基礎行為有瑕疵而被撤銷、溯及成為無權處分的

---

[34] 債權讓與採無因原則的實益，可參Brox, AT-BGB, 19A., 1995, S.64；對物權行為採有因原則的瑞士，對於債權的處分，法院卻始終站在無因的立場，參BGE 67 II 123。

情形,採有因主義將使處分一併無效而相對人又無法因屬善意而取得。若採無因原則,則只要處分時尚未依不當得利返還所有權,其處分即終局有效,不受善意取得例外規定的影響。

僅以上述六端,即知民法上對交易相對人的善意保障還不能完全取代無因原則的功能。就其中第1點而言,善意取得可補無因原則的不足,第2、4、5、6各點,無因原則又顯然可補善意保護制度的不足。只有第3點,無因原則使惡意的交易相對人受到保護,似有鼓勵不當得利債務人脫產之嫌,與採有因原則而使惡意相對人無法有效受讓相較,顯然不妥。惟此時惡意如達故意加害程度,不排除由原物權人依第一百八十四條第一項後段請求負共同侵權責任;如讓與一方非惡意但讓與為無償時,亦可依第一百八十三條直接向受讓人請求得利返還。故倒也不至於完全不公平。

(三)無因原則的沖淡

無因原則的採取雖可使交易安全受到更完整的保護,與善意保護制度在功能上相輔相成,但與採有因原則(配合善意保護)相比,不僅有時較不公平,而且對物權人或同屬對世權的智慧財產權人而言,無因原則使其從絕對權人變成不當得利債權人,亦明顯較採有因原則為不利。在德國與我國遂有所謂「沖淡」無因教條的嚴苛性之說,簡單評述如下,至於整體而言,政策上採無因原則究竟是否較為妥當,則留待下一節中再作進一步分析。

沖淡的努力大約有兩個方向,其一著重於負擔行為與處分行為的扣合(Verknüpfung von Vertrag und Verfügung),另一則強調契約無效的穿透(Durchgriff der Vertragsnichtigkeit)[35],除此以外,本文認為或

---

[35] 此一分類參Wiegand, aaO., S.122ff.

許還可以從「非法不得產生權利」(Ex iniuria ius non oritur)的法理，限制惡意交易相對人主張無因原則而取得權利，以還原無因原則保障交易安全的本旨，作為第三個沖淡無因原則嚴苛性的思考方向。

1. 負擔與處分行為扣合

處分行為儘管獨立而無因，但若當事人有意聯結處分行為與形成其原因的負擔行為，則無異在法律抽離行為的原因後，仍以合意使兩行為的效力相扣合，藉此降低其本身交易的風險，法律秩序自無否定其效力之理。有問題的是，何時可作這樣的認定。

⑴行為一體性(Geschäftseinheit)

重新聯結最徹底的做法，是把處分和負擔行為解釋成具有一體性，從而依「一部無效，全部無效」（民一一一條）的法理，使無因原則根本用不上，此說遇到最大的質疑就是當民法依其概念邏輯已把經濟上一體的行為法律上分析為數個後，當事人在相當於各法律行為的事實行為儘管可能在時間空間上並存，甚至存在於同一文件上，是否另有結合各法律行為為一行為的意思，須就個案認定。更重要的是，即使在雙方明確表示將兩行為視為一體時，此一「一體性之意思」是否還有納入審酌的餘地，理論上仍大可商榷。德國學者普遍否定這種迂迴無因原則、從而使保護交易安全之旨實質落空的解釋方法㊱。

就我國而言，則最多可說就移植自美國的某些特殊契約制度，如動產擔保交易、信託等，因為自始未充分考量我國民法對債權契約與物權契約的嚴格區分，若完全否定此處有將債權契約與擔保物權設定溶為一體的意旨（動產擔保交易法二十七條、三十三條，信託法一條、二條、六條、六十二條可參），勢將導致制度運作的困難。既為一體，

㊱　參閱Staudinger-Dilcher, 12A., Rz.19 zu §139.

則有一部無效全部無效的問題，實質上即可能排除無因原則。惟此類跨法系混合移植對體制的衝擊既廣且深，有待未來作更全面的探討。

(2)處分行為附條件(Bedingungszusmmenhang)

與此類似卻不盡相同的論點，是在不否定兩行為的前提下，解釋兩者間存在某種條件關聯。即處分行為以負擔行為失效為其解除條件，則一旦負擔行為因任何原因失效，處分行為即因條件成就而隨之失效。這在雙方明示此一意思時，固無問題。若未明示時，可否如某些學者所主張，「推定」當事人間有此默示，則實不能無疑。契約的解釋恆須探求當事人的真意，概括推定顯然不符社會事實。德國物權法重要學者 Westermann 則主張只有當雙方對基礎行為都明知其不確定而顯然(Erkennbar)是在兩行為互為條件的前提下為處分行為時，始得作此推定，多數學者從之㊲。另有學者認為可對日常生活中的簡單交易為此推定，對於較為複雜的交易則仍須有足夠事證，不得推定㊳。兩種說法對我國似乎都較具參考價值，特別是那些在時間或空間上都保有相當距離的交易，無因原則尚不宜輕易推定處分行為附條件而實質排除。

2. 負擔與處分行為瑕疵共同(Fehleridentität)

不直接從行為的聯結著眼，而消極的從行為的瑕疵同一性下手，也是沖淡無因原則過苛性的一種解釋方法。在某些瑕疵，如行為能力不備，或在脅迫下為現物交易，此一瑕疵共同性可說非常明顯。但在負擔行為的瑕疵涉及禁制規定的違反或公序良俗的牴觸時，其瑕疵常在於行為的目的，而剛好無因原則的意義即在目的的抽離於處分原則，德國民法早在一八五〇年左右就發展出所謂「處分行為價值中立」的

㊲ Wiegand, aaO., S.123.

㊳ 如Palandt-Heinrich, 50A., 3f. vor § 104.

理論，後來雖然已不再強調此理論[39]，但負擔行為這方面的瑕疵如果也都當然可以穿透到處分行為，無因原則究竟還有多大意義，即不免令人懷疑。近年德國最高法院對信用擔保的定型化契約條款所為控制已及於物權契約，但仍只是原則中的例外[40]。我國運用瑕疵共同觀點來沖淡無因原則時，恐怕也不宜作概括的推論，而須就個案依事實來認定。

3.惡意者不得主張無因原則

在前面有關無因原則與善意保護相關性的分析中已提到，無因原則推到極致，將使惡意第三人，即進一步處分的相對人，雖明知前一處分所據的負擔行為有重大瑕疵，卻利用無因原則的屏障以妨害原處分人為返還請求的惡意為該進一步的交易，可說完全扭曲了無因原則保護交易安全的美意。此時受害一方除視情形得依侵權行為或不當得利而為主張，業如前述外，是否還可依「惡意者不得主張權利」法理，認為惡意第三人不得主張無因原則，作為另一個未受到注意的沖淡方式，值得探討。無因原則作此限縮，無疑較符合公平，但技術上無因原則適用於前一交易中的處分行為，如何可由後一交易的相對人排除，理論似乎很難自圓其說。

綜合以上的整理，可知種種沖淡無因原則嚴苛性的嘗試，都只在一定事實下有其適用，絕大部分情況都不能排除無因原則。

---

[39] Raiser認為此說已完全過時，參Woiff-Raiser, *Sachenrecht*, 10A. 1957, § 38 Fn.11。

[40] 詳參 Staudinger-Wiegand, 12A., Anhang zu §§ 929～931, Rz. 169ff; Wolf, Die Inhaltskontrolle von Sicherungsgeschäften, FS Baur, 1981, 147ff.

肆、從交易成本觀點評估

不論是規範邏輯推導的結果，或基於立法政策的決定，我國民法對物權行為所採獨立與無因的原則，到底妥不妥當，都還可以再從經濟分析的角度，主要是交易成本的角度來加以評斷。誠然，物權行為的需要不以交易為限，非基於交易而作成的物權行為另有其公共政策的考量，但物權行為作為交易一部分，顯然是最主要的一種類型，故本節再就幾種可能的立法選擇，從交易成本的觀點作一評比。

一、財產交易規範的幾種設計

在類型化上，除了獨立不獨立、有因或無因外，物權行為的生效要件在交易成本評估上也是重要因素，可作為次類型一併加以分析，至於物權行為以外的其他處分行為，此處就省略了。

（一）無獨立物權行為

財產變動以法律行為為其規範基礎，但不要求獨立物權行為的，是一種立法類型。既無獨立物權行為，自不生有因無因問題。但就物權如何發生變動仍有頗為不同的立法原則，可再分以下三種次類型：

1. 合一主義——登記／交付對抗

物權在意思表示合致時即發生變動，可以法國所代表的拉丁法系為典型，北歐法系以及日本基本上也採此立法原則。就動產而言，英國法亦屬之[41]。不動產登記與動產交付，在此一類型中僅能發生對抗善意第三人的效果，尚非生效要件。

---

[41] 參閱Larenz, *Schuldrecht*, Bd.II, 12A. 1981, § 35II.

2.合一主義——交付生效

物權在意思表示合致時尚未發生變動，須待交付的履行行為完成。西班牙民法即是如此，德國早期的普魯士普通法(1794)也採相同立法原則㊷。理論上當然還可有就不動產以登記為生效要件的另一種選擇，我國學者常以瑞士民法屬此類型，實際上瑞士民法沿襲德國民法採分離原則，僅政策上認該獨立的物權行為為有因而已㊸（詳後）。

理論上應該還可以有一種純粹合一主義的立法選擇，也就是維持諾成性質，物權僅因交易雙方意思合致即發生變動，雖然實際上恐怕沒有這樣的立法：

3.合一主義——諾成

（二）物權行為獨立而無因

1.要物或要式

德國民法可以說是此類型的代表，動產的處分行為必須移轉占有（德民九二九條)，不動產的處分行為則須由公證人公證或在地政機關前作成合意並完成登記（德民八七三條、九二五條)，始生效力。德國模式確實相當特殊，成為德國民法最具風格的一部分㊹，效法的國家

㊷ 參閱 Nolting, Norbert, Die wichtigsten Grundsätze des Erwerbs von Rechten an Grundstücken in Spanien, Frankreich und der Bundesrepublik Deutschland, ZfRV 1985, 263～271.

㊸ 如史尚寬，論物權行為之獨立性與無因性，法學叢刊，創刊號，民 45，頁 64 ～ 65；謝哲勝，前❶，頁 108。Rey, Heinz, Die Grundlagen des Sachenrechts und das Eigentum, Grundriss des schweizerischen Sachenrechts, Bd. I, Bern, 1991, 78～91

㊹ 故 Zweigert / Kötz 的名著，比較法入門一書特以此為德國法系最具風格的特徵，前❷。

不多，我國是其一。

不過純從模型設計而言，在採獨立而無因制時應該還可以有以下兩種選擇，茲不贅：

2. 諾成

3. 以完成一定事實為對抗要件

（三）物權行為獨立而有因

1. 要物或要式

同樣基於規範邏輯採取獨立（分離）原則，而為避免無因主義的缺點，明確採有因主義的是比德國民法晚出的瑞士民法。其主要起草者Huber 認為動產善意取得（瑞民七一四條、九三三條）與不動產登記公信制度（瑞民九七三條、九七四條）已足以保障交易安全，不必對物權行為重複採無因原則。表現在法條上，第九百七十四條第二項明定基礎行為無效將使不動產處分連帶失效，解釋上全無異議。動產方面較不明確，早期判例偏向無因的解釋，一九二九年聯邦法院在一件原則性判決中首次清晰的採取有因原則㊺，以後也成為通說。奧地利民法雖制定於一八一二年，比德國民法早了將近一世紀，但在二十世紀初曾大修三次，也採獨立而且有因的原則（奧民三八〇條、四二五條），所有物權的變動都需要名義(Titel)，也就是原因㊻。

和上一種類型一樣，理論上還可以有下面兩種立法選擇：

2. 諾成

3. 以完成一定事實為對抗要件

㊺ BGE 55 II 302.

㊻ 參閱 Koziol-Welser, *Grundriss des bürgerlichen Rechts*, Bd.I, 10a., Wien, 1995, 102.

二、交易成本分析的幾個觀點

以下即分從是否獨立與是否無因作交易成本的分析。

（一）獨立還是不獨立

1. 交易成本的增加與交易風險的降低

從交易成本的觀點思考，分離原則使同一筆交易必須多作一次或多次法律行為，涉及的直接成本（協商合意、檢驗資格、簽訂書面或完成其他形式）與因增加猶豫機會而提高的交易風險，間接形成的防險成本（如不動產交易先為「預告登記」，或增加違約金約定等），似乎當然高於採債權合意直接發生物權變動效果(translativ)的合一主義。仔細分析，卻又不完全如此。

首先，就增加物權行為所增加的直接交易成本來說，簡單的交易，如動產現貨交易，物權的合意可探求當事人真意而認定即與買賣或其他債權合意並存於同一份文件或口頭協議乃至默示的行為中，不至於增加協商或檢驗成本。在遠距或遠期交易，物權合意必須獨立作成，當事人有關意思無瑕疵、是否合致、如經代理有無合法授權、行為能力是否具備、如未成年有無法定代理人同意等的檢驗，確實都無法省略，比只作一次法律行為，自然要支出較多成本，而採物權行為以單獨行為完成的立法（瑞民就不動產部分），顯然又優於要求物權契約者。但從另一個角度看，當事人既選擇作成這樣的交易，必以其較現貨或即時的交易為有利（見下節），則因遠距或遠期所增加的直接交易成本在一般情形應可視為當事人願意支出的防險成本，整體而言未必會使社會付出較高的交易成本。

再就間接產生的防免風險的成本而言，物權即時變動固然可大幅減少不履行的風險，但這也只是就本筆交易而言，對交易雙方都可能在完成該物的交付前所作的下一筆交易，如讓與人一物兩賣，或受讓人轉賣，風險都反而大增。故如果不對下一筆交易以某種公示設計來降低防險成本（即採純粹的合一主義），因為每一筆交易對當事人來說都可能是某一尚未完結交易的「下」一筆交易，勢將使得所有交易的防險成本都大幅增加，其不經濟至為明顯，這可能是現實上找不到此種立法例的原因。採合一主義的國家大概都以交付或登記為生效或對抗要件，藉一定公示方法來降低交易風險，從而減少社會的防險支出。但這又使得合意到完成公示之間有一段不確定期，債權關係已經發生，物權卻未即時變動，這「上」一筆交易的不履行風險與另有物權行為並無太大差異。不履行風險實在是存在於登記或交付前，故防險成本大小與要不要公示比較有關，與物權行為獨立或不獨立反而無關。

2.交易方式選擇愈多，愈能以最小成本滿足需求

另一個影響交易成本的重要因素是交易制度提供的選擇性。簡言之，交易方式的選擇愈多，愈能以最小成本滿足交易者的需求，無需藉助於迂迴的、耗費成本的替代方式。契約自由之所以在現代工商社會扮演如此重要的角色，其故正在於此。物權與債權二分，乃至物權行為與債權行為二分——正如英美契約法上具有關鍵地位的二分法：「待履行契約」(Executory contract) 與「已履行契約」(Executed contract)[47]——，從這個觀點來看，絕對是比較有效率的制度。現行法採相當僵化的物權法定主義固然不盡符合現代經濟生活的需求而亟需調整[48]，但即在未調整的情形下，維持債權與物權的選擇仍比兩者

---

[47] 參閱李清潭，資本主義下現代契約法的變遷，桂冠圖書公司，民86，頁2，16。

[48] 拙文，前[4]

間沒有明確界限的制度要有效率[49]。

從增加選擇以便因事制宜的觀點，合一主義使一行為只能籠統發生負擔與處分效果，在當事人有分離處理需要時，唯得透過附條件或期限的方式勉強達到類似效果，卻未必完全符合需要。特別是在前述遠距、遠期交易，未來物交易，貿易商、中間商的轉手交易（買賣他人之物），乃至附有解約金或違約金的投機交易（一物兩賣），整批交易分批給付，或所有權保留的交易等，當事人都只有藉獨立的物權行為才可使雙方的利益與風險分配更為平衡，反之，若採合一主義則至多可用迂迴而風險較高的方式達到相同目的——如訂立預約來作未來物交易的準備。就此分離主義又顯然優於合一主義。在分離主義的立法中，採單獨行為即可發生物權變動者，因為解釋上當然不排除當事人仍選擇以物權契約方式作成，而又較僅採物權契約一種方式的立法更有效率。

在物權行為獨立的立法下，尚須研究採取何種類型最可減省交易成本。如前所述，獨立物權行為可能增加若干直接交易成本，一定的公示又是一般的降低防險成本所必要，據此推論，則負擔行為與處分行為是否要式，如何公示，大體可分以下幾點來說：第一，以書面或公證為成立要件，只有在交易標的大而有較高履約風險時，有其必要。此類形式具有保全證據與避免輕率行事的作用，一般而言不動產交易即非常適合為要式的規定。第二，即使要式有其功能，為降低交易成本，仍只需就能發揮最大功能的負擔行為定為要式即可；不動產交易

[49] 就此請參拙文：相鄰關係在民法上的幾個主要問題——並印證於Teubner的法律發展理論，第參節，法學叢刊，一六三期，民85，頁1～28(18～23)。

到處分階段時，若採由國家機關辦理的登記制度，實無需再就物權行為規定書面或公證的形式，只要申請登記者到場，如我國土地登記規則第二十五條所規定即可。德國民法規定負擔行為的形式要件雖不備，若果真依承諾處分，該形式瑕疵即被治癒（德民三一三條），也是減省交易成本的必要設計。第三，就登記制度而言，採登記對抗原則，即未登記仍可生物權變動，惟不得對抗善意第三人而已，因可使當事人又多一層選擇而較登記生效原則更有效率。第四，動產因為種類繁多、價值不一，除航空器、船舶等體積大、價值高昂可作不同處理外，一般動產的交易，既不宜要式也不宜登記，而寧可由當事人自行計算風險，就負擔行為採取某種保全證據的妥善方法，而處分則採成本最低的公示方法：交付。

整體而言，在幾種可能的立法選擇中，分離主義（物權行為獨立）配合要式（限不動產及特殊動產）的負擔行為，與採登記（不動產及特殊動產）／交付（動產）對抗原則的處分行為，應該是綜合利弊可使交易成本降到最低的一種。

（二）有因還是無因

從前面的討論出發，當決定採分離主義，並配合一定的要式與公示規定以後，必須進一步思考的是，獨立的物權行為採有因還是無因較有效率。這也可以從交易發生的直接成本與為降低風險所生的間接成本來判斷。

1. 檢驗基礎行為有效性的成本

不動產若非採登記制度不可，則登記機關檢驗物權變動合法性的範圍是否涵蓋基礎行為，檢驗到什麼程度，其成本自不相同；當物權行為的原因抽離於行為時，即行為效力不必考慮其原因時，登記機關對於原因行為相關資料可以完全不要或僅供參考，檢驗成本當然較低。

反之，物權行為若屬有因，則為貫徹公信原則登記機關對於原因行為的生效或法定原因的存在，便不能不作某種實質審查，確認此一處分確有名義 (Titel)[50]。故無因原則在登記機關的合法性檢驗成本上無論如何會小於有因原則。另一方面，採無因原則而不對原因作實質審查的立法，如德國民法，卻不能不要求物權的處分需基於「契約」，因為若採「單獨行為」又不對原因作實質審查，則連是否確實存在該筆交易都無法檢驗，公信原則將因登記不實的機率太高而很難貫徹。只有採有因主義的瑞士民法同時採單獨行為的設計，以減省交易成本，應可說明。

2. 降低交易風險的成本

如先前所作的分析，這裡涉及的交易風險，包括第一筆交易中因基礎行為失效而標的物已另為處分，原處分人無法回復的風險；與下一筆交易中受第二次處分的交易相對人，面對該處分溯及成為無權處分的風險。採無因原則，原處分人即只能以不當得利債權人地位向其買受人請求返還，而不得為「所有物」返還的請求，乃至在對方受強制執行或破產宣告時，以所有人身分行使異議或別除權，風險較大。採有因原則，卻使下一筆交易的相對人面臨無權處分而溯及失效的巨大風險。不過比較起來，前一風險存在於交易雙方，不難透過注意力的提高，如加強徵信或履約上的相互牽制(Zug um Zug)而降低。後一風險卻存在於一方與第三人的交易，非其相對人所能控制，故防險成本也將相對提高。有因原則造成下一筆交易增加的防險成本，原則上應大幅高於無因原則對第一筆交易造成的防險成本。

[50] *Berner Komm. zum schweizerischen Privatrecht*, Meier-Hayoz, 1964, N IV4 zu Art. 656.

不過，縱採有因原則，如瑞、奧，若能藉登記制度的公信原則與動產善意取得保護下一筆交易的相對人,則其防險成本亦可大幅降低，只不過善意取得與無因原則在交易安全的保護上尚不能完全替代，這在前一節已做了比較分析，而無因原則所減省的防險成本，可能仍大於有因原則對第一筆交易處分人所減省的防險成本。此處還應注意的是無因原則「沖淡」的理論，到底以擴大其沖淡效果，即朝連結兩行為的方向「推定」為當，或仍應嚴格探求當事人真意，非有連結兩行為的意思，並不輕易排除無因原則的適用。從當事人是利益與風險的最適安排者觀點出發，顯以後說為是。如果當事人以防免第一筆交易的風險為優先考量，則會設法作連結兩行為的安排，否則仍應回歸法律所定的無因原則，以防免下一筆交易的風險。非基於當事人本意而以司法解釋任意沖淡無因原則，反而較無效率。

伍、民事財產法修正草案簡評——代結論

綜上所述，物權行為獨立或不獨立，涉及的是規範體系的邏輯，我國民法既仿德國民法採五編制，將財產法中的債與物截然二分，則物權行為獨立雖未見諸條文,卻是顯然比較能與整套體系相容的解釋，瑞士、奧地利民法也莫不如此。獨立的物權行為一直受到「概念法學」的質疑，但隨著社會經濟生活的複雜化，愈精緻的概念體系反而因更具開展性與包容性而愈能因應調適，並無脫節問題。物權行為的有因或無因，則毋寧是在同一概念體系下立法政策的選擇，而非任何規範邏輯的要求。德國民法採無因原則，成為其民法的特色，目的則在於保障交易安全。我國民法物權在體例與用語上雖更接近晚出的瑞士民法，但學說與實務於此卻一向以德國為本，而未採有因原則／單獨行

為的瑞民模式。由於解釋上兩說皆有其空間，如何採擇，經濟分析中的交易成本觀點最值參考。本文分析的結果顯示，不僅採獨立原則——就不動產再配合要式的債權行為（書面／公證）與公示的物權行為(登記）——較有效率，無因原則也比有因原則有效率。善意保護的規定雖可使有因原則造成的較高交易成本降低，但仍不能完全替代無因原則。不過登記生效與登記對抗兩種模式比較起來，若純從交易成本來分析（不考慮諸如登記在稅務行政上的附屬效益)， 後者似又優於前者。當事人如果要作特別的防險安排，法律應容許物權行為的效力與其基礎行為連結，但不宜忽略當事人真意的探求，輕易作此推定或擬制，以「沖淡」無因原則的嚴苛，其結果可能反而較無效率。

據此評論民法債編和物權編最近的修正草案，可發現大體與本文所分析的結論若合符節，但仍有若干出入：

第一百六十六條之一：「契約以負擔不動產物權之移轉、設定或變更之義務為標的者，應由公證人作成公證書。未依前項規定公證之契約，如當事人已合意為不動產物權之移轉、設定或變更而完成登記者，仍為有效。」

簡評：本條配合民間公證人的開放，使不動產的負擔行為一律改為要式，而不再是諾成，對事證保全與審慎決定大有幫助，第二項使處分的完成可治癒負擔行為形式上的瑕疵，也符合資源效率原則。依此修正，涉及不動產物權變動的負擔行為非經公證應不生效力，但此形式瑕疵得因嗣後補癒而溯及生效。

第七百五十八條：「因法律行為而取得、設定、喪失或變更不動產物權者，非經登記，不生效力。前項登記，應依當事人之書面為之。」

第七百五十九條之一：「不動產物權經依法登記者，推定登記權利人適法有此權利。因信賴不動產登記之善意第三人，已依法律行為為物權變動之登記者，其變動之效力，不因原登記有無效或撤銷之原因而受影響。」

本條的立法說明為：「登記與占有同為物權公示方法之一，民法就占有既於第九百四十三條設有權利推定效力之規定，登記自亦應有此種效力，爰仿德國民法第八百九十一條、瑞士民法第九百三十七條第一項規定，增設第一項，以期週延。又此項登記之推定力，乃為登記名義人不得援以對抗真正權利人之前手，為貫徹登記之效力，此項推定力應依法定程序塗銷登記，始得推翻，乃適用上所當然。」「不動產物權之登記有無效或撤銷之原因，而信賴不動產登記之善意第三人因信賴登記已依法律行為再為物權變動之登記者，其效力如何？現行法尚無明文規定，惟實務上見解均承認其效力（司法院院字第一九五六號解釋、最高法院四十一年臺上字第三二三號判例參照）。為確保善意第三人之權益，以維護交易安全，爰將上開解釋判例明文化，增設第二項規定。」

第七百六十條（刪除）

本條的立法說明為：「不動產物權之得喪變更，應否具備書面方式？目前實務上有二種處理方式：（一）買受人與出賣人會同申辦登記，須具備當事人意思表示之書面。惟買受人若取得出賣人協同辦理所有權移轉登記之確定判決，則得單獨申請登記取得所有權，移轉不動產物權書面之欠缺，即因而補正（最高法院五十七年臺上字第一四三六號判例參照）。（二）第七百五十九條之情形，不須具備當事人意思表示之書面（指公定契紙），即可完成登記。故原條文規定「書面」之意義不甚明確，易使人產生誤解。何況地政機關之作業，不但因法律行為而致不動產物權移轉或設定者，須具備書面，即變更或喪失者，亦須具備書面，始可完成登記手續，原條文規定與登記制度，尚不能完全配合。書面與登記關係既極密切，應於同一條文規定為宜，茲已於第七百五十八條增設規定，故將本條刪除。」

簡評：

1.將書面的要式規定改置於依法律行為變動的條文下，使其不再是所有不動產物權變動的一般規定，目的即在凸顯其僅為法律行為的要式規定，而此一法律行為，既有「取得、設定、喪失或變動不動產物權」的效力意思，且對照第一百六十六條之一有關法律行為的要式規定，在彼僅曰公證而不要求書面，在此則不要求公證，僅要求書面，似乎更可斷定為兩不同行為，立法者堅守物權行為獨立性之旨可說呼之欲出。惟從減省交易成本的角度觀之，物權行為既須登記，雙方當事人必會同辦理（僅拋棄時為單獨行為），負擔行為則另有公證書足以保全證據，物權行為再要求書面豈非蛇足？若此一書面僅為完成申請登記程序（性質為公法程序）填具的書紙，而非獨立於登記的要件，則又顯然沒有規定於民法的必要，徒滋解釋的爭議，實以刪除為當。

2.增設登記推定與公信原則的規定，固然只是把現行土地登記實務見解訂入民法，但所謂「不因原登記有無效或撤銷之原因而受影響」，可能引起是否改採有因原則而以善意保護調和的疑義，或縱非改採有因原則，其不影響亦以對原因瑕疵為「善意」者為限，則惡意者是否將不得受無因原則保護，以沖淡無因原則的嚴苛性？此從瑞士民第九百七十三條規定類似動產善意取得的不動產登記受信賴保護後，緊接著就在第九百七十四條規定：「物權之登記係屬不當時，第三人明知其瑕疵，或可得而知者，不得援引該登記。無法律原因或基於無拘束力之法律行為所為之登記，係屬不當。物權因不當登記而受損害者，得直接對惡意第三人主張登記之瑕疵」即知。草案說明對於物權變動的無因原則顯然並無改弦更張之意，且依前面交易成本分析也以維持無因原則為妥適，則增訂的第七百五十九條之一第二項的文字最好改為:「因信賴不動產登記之善意第三人，已依法律行為為物權變動之登記者，其變動之效力，不因原登記之權利與真實權利不符而受影響。」使善意保護基本上只是「補充」無因原則的不足，即僅針對登記錯誤，原登記的物權所依據的讓與或設定契約無效（無權處分、違反禁止規定等），或該登記物權依法律規定不待登記即已發生變動等，登記簿上的權利狀態與真正權利狀態不符合的情形，而不包括該登記權利所由變動的「基礎行為」為無效或被撤銷的情形（此時登記權利與真實權利相符，交易相對人乃受無因原則的屏障），以免未來引起無謂的解釋爭議。至於對基礎行為有瑕疵為惡意的情形，可否例外認為不得主張無因原則的利益，亦以留待未來法院就個案權衡，逐漸發展為宜。

3.草案仍維持登記生效的原則，未改採理論上較能減省交易成本的登記對抗原則，如海商法或動產擔保交易法，可能是考量稅務行政或其他公共政策的因素，藉登記生效原則的強制性來達到保存不動產物權變動完整記錄的目的，則尚不能說有何不當。

從載貨證券的特殊文義性論海商法相關條文之修正

劉宗榮*

* 作者為臺灣大學法學博士，現任臺灣大學法律學系系主任兼研究所所長

從載貨證券的特殊文義性論海商法相關條文之修正

壹、序論

交易安全以及交易敏活是決定法律行為效果立法政策上的兩大重心。重視交易安全者，法律行為之一方當事人因法律行為所取得之權利恆等於或少於前手（讓與人）之權利；重視交易敏活者，法律行為後手（受讓人）可取得比其前手（讓與人）較大或較多之權利。一般言之，民法上之買賣比起票據權利之讓與重視交易安全，因此，買受人因買賣行為而取得買賣標的物，亦承繼前手之瑕疵，前手之物，有物之瑕疵者，後手取得之物亦必有該瑕疵。前手之權利有被抗辯之事由者，後手所取得之權利亦得被對抗；反之，在票據權利，因法律行為而移轉之情形，因票據行為而取得票據權利之善意第三人，其取得之權利恆相當或大於其前手之權利。依票據法規定:「票據之發票人不得以其抗辯前手之事由對抗因票據行為取得票據權利之善意第三人」，以同時履行抗辯為例，票據權利前手之票據權利縱然存在有被同時履行抗辯之事由，票據債務人亦不得以同時履行抗辯權對抗因票據行為取得票據權利之善意第三人。

從較重視交易安全或較重視交易敏活的觀點分析，民法上之買賣或其他交易顯然較為側重交易安全，而票據法上之票據行為則較為重視交易之敏活。介於側重交易安全與側重交易敏活之間，有一種有價證券——載貨證券——其重視交易安全之程度不如民法上之買賣或其他法律行為，但其重視交易敏活之程度亦不如票據行為。鳥瞰民商法中的交易安全與交易敏活的光譜，載貨證券恰恰介於中間地帶。為達到票據保護交易敏活之目的，不但建立票據行為無因性理論，而且賦予票據所記載之文義有決定票據債務人與善意第三人之間的權利義務的效力。載貨證券之交易敏活性不若票據之高，其文義性究竟與票據之文義性有無不同？若有不同，立法上如何因應？殊值討論。

貳、問題之提出

載貨證券是一種有價證券，既然其在交易安全與交易敏活的定位上介於民法上買賣與票據法上票據行為之間，海商法上關於載貨證券文義性之理論自然與票據法上票據行為文義性之理論有所不同。基於此一觀點，參酌海牙規則的有關條文、外國立法例以及學者的見解，擬就下列三個問題加以討論：第一、海商法上載貨證券之文義究竟存在於運送人與託運人間，抑或存在於運送人與善意第三人間？第二、所謂載貨證券之文義性究竟是指運送人對於載貨證券所記載的「一切內容」皆應該負文義責任？抑或是指運送人只就載貨證券所記載的「某些特定內容」負文義責任？第三、海商法第九十八條第一項第三款所列應記載事項是否皆應賦予文義性？抑或只就該款所列「某些內容」賦予文義性即可？若係後者，則該條該款又應如何修正？

參、載貨證券的文義性

一、載貨證券的意義

關於載貨證券的意義，海牙規則並沒有規定。但是一九七八年聯合國海上貨物運送公約（簡稱漢堡規則）及國際商會都對載貨證券界定定義。

漢堡規則第一條第七款規定：「稱載貨證券者，指證明海上貨物運送契約之存在及運送人受領貨物或裝載貨物，且於交還該證券時，運送人即有交付貨物義務之證券。載貨證券記載貨物應向證券所載之人或託運人所指定之人或持有人為交付者，即構成運送人應交付貨物與該特定人之義務」❶。國際商會關於裝船載貨證券則界定為：「由運送人或其代理人所簽發，作為運送契約之證明及貨物交付裝船之證據」❷。總合以上漢堡規則及國際商會對於載貨證券所界定之意義，載貨證券不但是運送人與收受貨物之證據及貨物裝船之證明，而且是

❶ 漢堡規則對載貨證券的定義是：Bill of lading means a document which evidences a contract of carriage by sea and taking over or loading of goods by the carrier, and by which the carrier undertakes to deliver the goods against surrender of the document, a provision in the document that the goods are to be delivered to the order of a named person, or to order, or to bearer constitutes such a undertaking.（漢堡規則第一條第七款）

❷ 國際商會對載貨證券的定義是：A shipped bill of lading, issued by or on behalf of the carrier, is an evidence of a contract of carriage as well as a proof of delivery of the goods on board the vessel.

運送契約的證明，更是用於表彰貨物的物權證券，此即載貨證券的三大特性。

載貨證券與票據雖同為有價證券，但與票據仍有極大差異：

第一、載貨證券原則上不得背書轉讓（但在我國，因海商法有準用提單之規定，原則上仍可背書轉讓），票據則以得背書轉讓為原則，以不得背書轉讓為例外。

從交易敏活賦予有價證券之流通性言，載貨證券重視流通之程度不如票據。在英美國家，載貨證券原則上不得背書轉讓，只有在例外情況，當載貨證券記載有「得背書轉讓」之意旨時，例如：Order或者Negotiable 之類的文字時，該載貨證券才可背書轉讓。反之，票據原則上得背書轉讓，只有在例外情形，當票據記載有得背書轉讓之類的文字時，其可讓與性才被排除外，所謂「票據，除其可背書讓與性被明示地排除外，是可讓與的；載貨證券只有作成可背書讓與時，才具備背書讓與性 (While a bill of exchange is negotiable unless its negotiability is expressly excluded, a bill of lading is only negotiable if made negotiable)」可以概括地說明兩者異同。

我國的載貨證券與票據流通之理論有異於英美國家，在我國，二者同樣皆以得背書轉讓為原則，以禁止得背書轉讓為例外，與上述英美國家之票據或載貨證券理論有明顯差異，所以如此，乃因海商法第一百零四條規定：「民法第六百二十七條至六百三十條關於提單之規定於載貨證券準用之」。而依民法第六百二十八條規定解釋，提單縱為記名式仍可以背書轉讓給他人，但提單上有禁止背書之記載者，不在此限。可見，我國提單採得背書轉讓為原則，以不得背書轉讓為例外。載貨證券既然準用提單之規定，其結果，載貨證券自亦是原則上得背書轉讓。

第二、載貨證券並非嚴格意義之要式證券

載貨證券與票據雖同為有價證券，同具有要式性，但載貨證券是低度有價證券，其要式性不若票據之嚴格，一般稱為「非嚴格之要式證券」。票據採嚴格要式主義，欠缺票據法所規定之應記載事項之一者，票據固然無效，記載票據法所不規定事項者，亦不生票據上之效力，此觀票據法第十一條第一項「欠缺本法所規定票據上應記載事項之一者，其票據無效，但本法別有規定者，不在此限。」可知，舉例言之，支票為要式證券，支票之作成，必須依票據法第一百二十五條第一項第一款至第八款所定之法定方式為之。支票之必要記載事項如有欠缺，除票據法另有補充性規定（例如票據法一二五條二、三項）外，其支票當然無效（六十三年臺上字第二六八一號判例），又票據法第十二條規定「票據上記載本法所不規定之事項者，不生票據上之效力」（按：但非絕對不生通常法律上之效力，依其事實，仍可生背書效力，請參閱五十年臺上字第一三七二號判例，五十三年臺上字第一九三〇號判例），皆堪為證明。

載貨證券之要式性，較為寬鬆，海商法第九十八條第一項雖然規定該條應記載該條第一項第一款至第七款所列事項，但若某些項目未完全記載，並非無效；反之，若記載該項第一款至第七款所列事項以外之事項，亦非當然不生載貨證券之效力。舉例言之，海商法第九十八條第一項規定載貨證券應記載第一款至第七款所列項目，其中第三款關於貨物之描述為「三、依照託運人書面通知之貨物種類、品質、數量、情狀，及其包皮之種類、個數及標誌。」但運送人或船長實際上無須記載「種類」、「品質」、「數量」、「情狀」、「其包皮之種類、個數及標誌」的全部項目，依其情形，只記載其中一個項目或數個項目足以識別「貨物之同一性」為已足，不以記載全部項目為必要。又運送人或船長若記載海商法第九十八條第一項所未規定之項目，亦非不生載貨證券之效力，例如記載「八件，重量及品質不詳(8 packages, weight and quality unknown)」所謂「不詳(Unknown)」並非海商法上載貨證券應記載事項，但此一記載，仍具有載貨證券之效力。

二、載貨證券文義性

（一）載貨證券在運送契約當事人間只有推定運送契約內容之效力——推定效力

載貨證券在運送人與託運人間，或運送人與惡意的載貨證券持有人間只有推定運送契約內容的效力。載貨證券與運送契約係兩個獨立的概念。運送契約決定契約當事人的權利義務，簽訂運送契約可以不簽發載貨證券，但簽發載貨證券，必有運送契約。在簽發載貨證券的情形下，載貨證券之內容推定為運送契約之內容，即在託運人與運送人間，或運送人與惡意載貨證券持有人間，不論運送人、託運人或惡意的載貨證券持有人之任何一方有與載貨證券之內容為不同之主張者，需對載貨證券內容提出反證，否則即以載貨證券之內容為運送契約之內容。

（二）載貨證券在運送人與託運人以外之善意第三人間，運送人須負文義責任——文義性

1. 對託運人以外之善意第三人負文義責任

在運送人與託運人以外之善意第三人間，運送人應就載貨證券記載內容負文義責任。海牙規則就載貨證券在運送人與託運人間具有推定運送契約之效力作了規定，但並未就載貨證券因法律行為轉到善意第三人時，運送人是否需就載貨證券負文義責任加以規定，如須負文義責任，是否就載貨證券所記載之「一切內容」對善意第三人負文義

責任，抑或只就載貨證券所記載之「某些事項」對善意第三人負文義責任？亦未規定。直到一九六八年，布魯塞爾議訂書才開宗明義在第一條作了補充修正海牙規則的規定❸，賦與載貨證券文義性的地位。換言之，當載貨證券轉入善意第三人時，載貨證券不再只是推定運送契約的內容而已，而是運送人不得以舉證證明運送契約內容與載貨證券不符的方法對抗善意第三人，運送人須依載貨證券的文義對善意第三人負擔義務。需注意者，玆所謂善意第三人必須是因法律行為而取得載貨證券之善意第三人，包括因移轉權利而背書交付以及因設定質權而背書交付……等情形在內。至於非因法律行為而取得者——例如因繼承而取得——，縱然取得載貨證券之第三人係出諸於善意，仍非玆所謂之善意第三人。海商法第一百零四條規定：「民法第六百二十七條至六百三十條關於提單之規定於載貨證券準用之，而民法第六百二十七條規定「提單填發後，運送人與提單持有人間，關於運送事項，依其提單之記載。」兩條文合併解釋，似以為一俟運送人簽發提單（陸上運送）或簽發載貨證券（海上運送），運送人與「任何提單持有人」或「任何載貨證券持有人」間關於運送事項，一律以提單或載貨證券之記載內容為準，實則依上述海牙規則與布魯塞爾議訂書所揭示的法理，民法第六百二十七條中「提單持有人」一辭，應係指「託運人以外之提單持有人」而言，運送人與託運人間關於運送契約之權利義務，

---

❸ Article One of Protocal to Amend the International Convention for the Unification of Certain Rules of Law Relating to Bills of Lading:

1. In Article 3, paragraph 4 shall be added:

"However, proof to the contrary shall not be admissible when the Bill of Lading has been transferred to a third party acting in good faith."

應以運送契約為準，提單只有推定運送契約內容之效力而已。其在海上貨物運送契約，依海商法第一百零四條之規定，亦應有相同之結論。

2. 運送人負載貨證券文義責任之範圍——限於「外觀明顯可見的事項」

(1)我國海商法第九十八條規定：

「載貨證券，應載明下列各款事項，由運送人或船長簽名：

①船舶名稱及國籍。

②託運人之姓名、住所。

③依照託運人書面通知之貨物種類、品質、數量、情狀，及其包皮之種類、個數及標誌。

④裝載港及目的港。

⑤運費。

⑥載貨證券之份數。

⑦填發之年月日。

前項第三款之通知事項，如與所收貨物之實際情況有顯著跡象，疑其不相符合，或無法核對時，運送人或船長得不予載明。」

依海商法第一百零四條準用民法第六百二十七條之結果，運送人對於善意第三人必須負擔之文義責任者為海商法第九十八條第一項第三款所列的事項，也就是：①貨物種類。②貨物品質。③貨物數量。④貨物情狀。⑤貨物包皮之種類、個數及標誌。

(2)海牙規則之規定

依海牙規則第三條第三項前段規定，載貨証券應記載的事項包括：

「①依其情形，託運人書面所提供之包或件之個數，或數目，或重量。

②貨物之表面及情狀。

③為識別貨物所必要之主要標識。是項標識應與託運人於裝載開始前提供者相同，但是以該標識係印於或依其他方法明確顯示於未經包裝之貨物或經包裝之貨物之箱皮或包皮上，並能保持清晰易辨直至航行終了者為限。」

⑶德國商法之規定

德國商法第六百四十三條第八款規定：

「載貨證券應記載的事項包括：①外觀可見到之品質。②貨物之數量、個數、重量。③外觀可見到之情狀。」

⑷小結

比較以上我國海商法第九十八條第一項第三款、海牙規則第三條第三項前段與德國商法第六百四十三條第八款等關於貨物描述之必須記載事項，雖用語上有輕微的差異，但主要項目及立法精神均大致雷同。就貨物的種類而言，海牙規則與德國商法均無規定；就貨物品質言，海牙規則沒有規定，德國商法則限於「外觀可見到之品質」；就貨物數量言，我國海商法只用「貨物數量」四個字，而海牙規則與德國商法則就數量之內容再加以細分；就貨物之情狀言，海牙規則規定為「貨物之表面情狀」，德國商法規定為「外觀可見到之情狀」；就貨物包皮之描述言，我國海商法規定為貨物包皮之種類、個數及標誌；海牙規則規定為識別貨物所必要之主要標誌；德國商法未就貨物包皮的記載做特別規定。據以上分析，海牙規則及德國商法之用語雖然稍有不同，但從應記載內容之用語分析，實已直接間接指出載貨證券關於貨物描述之必須記載事項，只限於「外觀明顯可見」之事項，且以「外觀可以核對者」為限。所以然者，因為貨物裝載，不宜耗時太久，增加成本，故運送人或船長之注意義務，僅止於「外觀易於辨識者」為限。海商法第九十八條第一項第三款之條文，為期簡要，只規定其項目，未述說各項目只以「外觀明顯可見者」為限，但在解釋上應同此限制。

運送人對善意第三人就載貨證券所記載內容所以只就「外觀明顯可見」之事項負文義性責任，其理由可以從國際公約的發展歷史以及權威學者的解釋獲得支持。按海牙規則第三條第四項的規定「依照第三項(a)、(b)、(c)三款所記載之載貨證券作為貨物已經運送人收受之表面證據」❹，其後布魯塞爾議訂書第一條第一項規定：「原文第三條第四項增列下列文字：『但載貨證券已轉讓與善意第三人者不得提出反證』」❺。從海牙規則配合布魯塞爾議訂書可以得到一個結論：載貨證券轉入善意第三人時，運送人雖必須對善意第三人負文義責任，但是應負文義責任者只限於海牙規則第三條第三項(a)、(b)、(c)三款所列舉的事項。對於海牙規則第三條第三項(a)、(b)、(c)三款所列舉事項以外之其他事項運送人無須負文義責任。這也是海牙規則及布魯塞爾議訂書並不規定運送人須對善意第三人就載貨證券所記載之一切事項均負文義責任，相反地，只規定就第三條第三項(a)，(b)，(c)三款所列事項負文義責任的理由。需特別指出者，海牙規則第三條第三項所

❹ Aritcle 3, Section 4 of International Convention for the Unification of Certain Rules of Law Relating to Bills of Lading, Signed at Brussels on August 25, 1924.
"Such a Bill of Lading Shall be Prima Facie Evidence of the Receipt by the Carrier of the Goods as therein Described in Accordance with Paragraph 3 (a), (b), and(c)."

❺ 參閱❸。

列的應記載事項無一不是外觀肉眼可以看到的。德國商法在繼受海牙規則改寫成該國商法條文的型式時一再使用「外觀可見到」的字樣，例如條文中使用「外觀可見到之品質」、「外觀可見到之情狀」等文字，其旨意在此。

上述的論點亦可從Professor Schmitthoff在*Export Trade*一書中的論證得到支持，Professor Schmitthoff指出海牙規則第三條第三項(a)款至(c)款所記載之事項，依布魯塞爾議訂書之規定，當載貨證券轉入善意第三人之手時是終結性證據（Conclusive evidence——即不得提出反證推翻之意），Proffesor Schmitthoff特別指出，具有終結性證據之事項是指海牙規則所訂的「必須記載事項」而言。即「關於這些事項，載貨證券轉入善意第三人時是終結性證據(The bill shall be conclusive evidence regarding those particulars in the hands of a third party acting in good faith)」。什麼叫做「這些事項」(Those particulars)？Professor Schmitthoff特別說明，所謂「這些事項」就是海牙規則第三條第三項(c)款所列的事項❻，而海牙規則第三條第三項(c)款所列之必須記載事項其不是「外觀明顯可見之事項」。

據上所述，不論從海牙規則及布魯塞爾議訂書解釋，或參照Professor Schmitthoff的見解，載貨證券有文義性者，只限於外表顯而易見之必須記載事項（即海牙規則第三條第三款所規定之事項），載貨證券上記載其他項目者，該其他項目並不具有文義性。

3. 運送人就載貨證券不負文義責任之情形

運送人就載貨證券不負文義責任之情形主要有：

---

❻ Schmitthoff's *Export Trade*, Ninth Edition 1990, by Clive M. Schmitthoff pp.584～590.

⑴運送人對善意第三人就載貨證券之「任意記載事項」不負文義責任。

載貨證券並非嚴格意義的有價證券，因此，關於貨物的描述之必須記載事項以外，尚可記載其他事項，稱為任意記載事項，例如記載貨物的品質或價值。由於貨物的品質、價值都不是運送人在裝船時明顯可見的貨物描述事項，因此無法期待運送人或船長對此種任意記載事項負注意的義務。既然沒有期待的可能性，運送人自然無須就任意記載事項負文義責任。此時，只要運送人依託運人託運單的內容製作載貨證券，縱因託運單關於任意記載事項之內容不實致運送人所製作之載貨證券內容與運送契約不符，運送人亦不負文義責任，惟運送人需就運送契約內容與載貨證券記載內容不符負反證責任。至於載貨證券持有人因運送人不負文義責任所致之損害只有依侵權行為請求託運人損害賠償。

⑵運送契約當事人間,運送人對託運人不負載貨證券文義責任。

載貨證券之文義性既是為保護交易之善意第三人，則運送契約之當事人間權利義務自應依運送契約之權利義務決定。載貨證券的記載內容只具有推定運送契約內容的效力而無視為運送契約內容的效力，因此，運送人對託運人不依運送契約內容對託運人負文義責任。

⑶運送人對惡意的第三人不須就載貨證券負文義責任。

惡意第三人不受保護是一種法律的基本原則，因此布魯塞爾議訂書在肯定載貨證券文義性的同時也只規定載貨證券已轉讓與「善意第三人」時不得提出反證。換言之，若第三人為惡意，不得以載貨證券所記載之內容對運送人主張權利。

⑷解釋上，運送人對善意第三人就載貨證券外觀不可見之應記載事項應不負文義責任。

海牙規則及布魯塞爾議訂書之所以只科令運送人就載貨證券關於貨物描述之必須記載事項（即海牙規則第三條第三項(a)，(b)，(c)三款）對於善意第三人負文義責任，乃因為載貨證券之關於貨物描述之必須記載事項，一般均為「自外觀能夠加以辨識者」為限，並不科運送人或船長以擔保記載內容與客觀事實完全相同之責任，運送人只需記載肉眼觀察所得，證實貨物外表狀態並且裝載於船舶之事實而已。申言之，運送人對於外觀不可見之應記載事項並不負文義責任。我國海商法第九十八條第一項第三款將品質列為必須記載事項有欠妥當，此與德國商法第六百三十四條第八款將載貨證券應記載事項限於「外觀可見到之品質」或「外觀可見到之情狀」等比較可以知之。海商法第九十八條第二項規定「前項第三款之通知事項，如與所收貨物之實際情狀有顯著跡象，疑其不相符合，或無法核對時，運送人或船長得不予載明。」即運送人或船長若懷疑託運人所填之託運申請書與所收貨物之實際情況有顯著跡象，疑其不相符合或無法核對，自得不於載貨證券之中載明貨物品質。本條項之規定稍微緩和海商法第九十八條第一項第三款關於載貨證券應記載品質的缺點，但若運送人或船長仍然記載「品質」，依現行法規定，則仍須負文義責任，運送人需負甚重之責任，但在立法錯誤未及修正以前，宜以司法解釋方式，將文義性限於「外觀可見」之記載項目，至於海商法第九十八條第一項第三款規定之應記載事項之「非外觀可見」者，則解釋上以不具文義性為宜。

肆、相關條文之修正

基於載貨證券文義性的特性，海商法有下列條文，建議配合修正：

1. 海商法第九十八條第一項第三款建議刪除「品質」、「情狀」，或將「品質」修正為「外觀可見之品質」、「情狀」修正為「外觀可見之情狀」。析言之。

甲案：將第三款全文修正為「依照託運人書面通知之貨物種類、數量及其包皮之種類、個數及標誌。」

乙案：將第三款全文修正為「依照託運人書面通知之貨物種類、外觀可見之品質、數量、外觀可見之情狀及其包皮之種類、個數及標誌。」

2.海商法第一百零四條「民法第六百二十七條至六百三十條關於提單之規定，於載貨證券準用之」之規定，應刪除第六百二十七條，並增訂載貨證券在託運人與運送人有推定運送契約之效力，在運送人與託運人以外之善意第三人間就外觀可見之載貨證券必須記載事項具有文義效力。即建議修正條文為：

第一百零四條

「載貨證券所記載之內容推定為運送契約之內容，但運送人就第九十八條第一項第三款所記載內容不得對抗善意第三人。民法第六百二十八條至第六百三十條關於提單之規定，於載貨證券準用之。」

伍、結　論

載貨證券是有價證券的一種，但是由於立法歷史的原因，其文義性一直未被徹底釐清以至於將載貨證券之文義性與票據的文義性同視，產生諸多誤解。實際上，載貨證券是流通於運送人、託運人、通知銀行、押匯銀行、開狀銀行……及受貨人等特定人間。而其中最重要的是託運人、運送人和受貨人，其他人只是制度運作過程中涉及的權利主體而已。正因為如此，載貨證券在西方國家原則上是不可背書轉讓，是後手必須承繼前手瑕疵。當載貨證券因法律行為而移轉於善意第三人時，善意第三人雖亦得受文義性之保護，但其受保護之程度也與票據法上票據執票人受文義性保護之程度有相當的區別。我國由於海商法第一百零四條的規定將民法第六百二十七條關於提單文義性之規定準用到載貨證券來，造成載貨證券的文義性與提單的文義性沒有差異。提單的文義性又與票據的文義性沒有不同，使得載貨證券的文義性被高度擴張，在立法及海運實務上與外國的立法例及國際公約的規定不符，此種缺點，應透過司法解釋及立法修正加以改進。

在司法解釋上，應將海商法第九十八條第一項第三款「品質」、「情狀」二詞縮限在外觀可見的品質及外觀可見的情狀。為期明確，杜絕爭議，以維護法律的安定性，從長遠考慮，應在立法修正上尋求根本的解決，亦即將海商法第九十八條第一項第三款「品質」、「情狀」二詞根本刪除，或將條文中「品質」、「情狀」二詞分別修正為「外觀可見之品質」、「外觀可見之情狀」。又為區別載貨證券文義性與提單、票據文義性之不同，避免解釋上之困擾，民法第六百二十七條之規定，不宜準用於載貨證券。亦即，海商法第一百零四條（條文為「民法第六百二十七條至第六百三十條關於提單之規定，於載貨證券準用之。」）應修正為「民法第六百二十八條至第六百三十條關於提單之規定，於載貨證券準用之」。此外，載貨證券所記載之內容推定為運送契約之內容，當載貨證券因法律行為而轉入第三人時，該善意第三人得向運送人主張文義性者限於海商法第九十八條第一項第三款所列的「外觀可見事項」為限，亦應定為條文，以杜爭議。

身分法學

禁治產與成年人監護制度之檢討

——德國輔導法及其對於臺灣之啟示†

郭明政*

---

* 作者為德國慕尼黑大學法學博士，現任政治大學法律學系副教授，主授社會法及法律社會學

†作者在德國Max-Planck-Institut für ausländisches und internation-ales Sozialrecht研究期間(1985–1990, 1996)承蒙Schulte教授多方協助，

在本問題上更是受教良多，謹此申謝。Schulte自一九八三以降有關輔導法之著作更是本文之主要參考文獻，其包括

1. Entmündigung-wohin? in: Dörner (Hrsg.), *Die Unheilbaren*, 1983, p.87～
2. Anmerkungen zur Reform des Entmündigungs-, Vormundschafts- und Pflegschaftsrechts, *ZRP*1986, p.249～
3. Die Rerform der Entmüdigung und des Anhalterrechts in Österreich aus der Sicht der Bundesrepublik Deutschland, *Der Sozialarbeiter*, 1987, p.4～
4. Juristische Überlegungen zu den rechtlichen Grundlagen fuer Entmü digung, Vormundschaft und Pflegschaft, *Öff. Gesundh. -Wes*. 49, 1987, p.338～
5. Das Österreichische Bundesgesetz über die Sachwalterschaft für behinderte Personen, *Archiv für Wisschenschaft und Praxis der sozialen Aarbeit* 2/1988, p.77～
6. Hilfe statt Bevormundung, in: *Justitiartagung* 1988, p.17～
7. Sachwalterrecht und kunftiges Betreuungsrecht in der Bundesrepublik Deutschland und in Österreich im Vergleich, in: *Rechtsfürsorge und Sachwaltersrecht*, 1989, p.55～
8. Reform of Guardianship Laws in Europe-A Comperative and Interdisciplinary Approach, in: Eekelaar/Pearl (eds.), *An Aging World*, 1989, p.591～
9. Zur Reform des Rechts der Entmündigung, Vormundschaft und Pflegscahft-der Diskussionsentwurf eines Betreuungsgesetzes, *Öff. Gesundh. -Wes*. 51, 1989, p.132～

10. Die “sozialstaatliche Umsetzung” des Betreuungsrechts, in: *R&P* 1991，p.161～

禁治產與成年人監護制度之檢討
——德國輔導法及其對於臺灣之啟示

壹、前　言

如眾所共認，臺灣現行之民法主要係繼受德國民法，並兼採瑞士等國之民法而制定。以現行民法所規定之禁治產及成年監護制度為例，其縱非完全繼受德國民法，但此等制度深受德國民法之影響，應屬肯定❶。事隔近七十年之後，當禁治產及禁治產者之監護制度在德國分別遭受廢除及全面修改並重新建立輔導制度之際，臺灣之法學界對德國之發展顯然僅有極其有限的資訊，更遑論深入研究❷。

然而一項具有悠久歷史之法律制度何以遭受廢棄及全面修訂，必

❶ 就此，胡長清及黃又昌皆曾謂：就不區別禁治產與準禁治產，可謂與德國民法相似；就不論精神喪失或精神耗弱皆無行為能力，則與瑞士與俄國相似。見胡著，中國民法總論，1948，頁 84；黃著，民法總則詮解，1946，頁96。

❷ 就此，陳惠馨於法學叢刊，其後收錄於其所著親屬法諸問題研究，1993，頁 347 以下之德國有關成年人監護及保護制度之改革——德國聯邦照顧法；以及黃立著，民法總則，1994，頁83以下，乃是國內極為有限之相關論述。

有其原因，而不能不加以注意。何況身為德國民法之繼受國，對於德國民法如此重大之改革，更應特別加以探究。惟本文之主要目標並不在於詳細介紹輔導法之內容，而在探討何以德國會有此等改革，如何改革以及其改革之基本原則為何？又此等改革能給臺灣何等啟示？

貳、臺灣及德國原有禁治產與成年人監護制度之比較

一、禁治產制度之比較

按禁治產制度雖濫觴於古羅馬法及古日耳曼法，但將精神病人之行為能力完全剝奪，則始於位於當今德國境內之一七八二年薩克森監護條例Die sächsische Vormundschaftsordnung❸。此後，此等法例再出現於一七九四年之普魯士一般法。當法國一八〇四年 Code Civil 制定之時，該法典雖亦採行精神病人得以主張無行為能力之制度。惟依據法國民法之規定，精神病人所從事之法律行為，除非經監護人主張，否則並非當然無效。在一九〇〇年實施之德國民法典中，除了規定精神喪失者為無行為能力外（德民修正前（已刪除）第六條及一〇四條第三款），對於精神耗弱者、浪費之習慣者、酗酒者則規定為限制行為能力人（德民修正前（已刪除）第六條及一一四條）。亦即，將禁治產人之行為能力區分為無行為能力及限制行為能力兩種。此外，在德國民法第一千九百一十條則尚有孱弱照護 Gebrechtigkeitsschaftspflege 之規定，而特別針對因精神或身體之孱弱致不能親自處理之法律事務者，

---

❸ 有關歷史之說明主要參見 Jürgens 等人之所著 *Das neue Betreuungsrecht*, 3. Aufl., 1994, p.1以下。

得經本人之同意選定特定人為全部或特定事務之代理人。但本人因精神或身體狀況，而無法期待時，則不以同意為必要，此即所謂強制照護Zwangspflegschaft。由於法律並未對孱弱照護之被照護者之行為能力特別規定，因此此等被照護者之行為能力原則上並不受到剝奪或限制，而概以實際上是否有意識能力為斷。

至於程序法，由於禁治產之宣告係規定於該國民事訴訟法，而孱弱照護及監護則規定於非訟事件法，而呈現至為分散之現象。

依據官方之統計，一九八八年年底原西德境內受禁治產宣告者之總人數約為六萬人，受孱弱照護者約為十九萬人❹。

經由以上說明，臺灣雖不若德國將浪費習慣、酗酒及吸毒列為禁治產原因，但將精神喪失及精神耗弱同一處理，而概為無行為能力之宣告，則使得臺灣民法對於禁治產者行為能力之剝奪，遠甚於德國。此外，孱弱照護制度，亦不見於臺灣之民法。對此，史尚寬即曾謂：我民法鎖定之宣告原因極少，而並以達於不能處理自己事物之狀態為要件，實無特別區別之必要（即區別心神喪失與心神耗弱）❺。對此，洪遜欣則以為：「民法之規定：凡禁治產人，不論其精神喪失人，或精神耗弱人，皆為無行為能力人，形式上似甚妥當，而其實不然。法律保護個人之旨趣，一方面在於尊重個人之個別的存在性格，使其能為自律的意思主體之具體人，發展其個性……依民法規定，精神耗弱人苟受禁治產宣告，則喪失行為能力，殊有保護方法失妥之嫌。蓋精神耗弱人仍有某種程度之意思能力，在此範圍內，有時仍須尊重其創意及能力，使之受監護人補助，能為自由活動而發揮其社會功能。」❻至

---

❹ 引自Jürgens等，同❸，p.4。

❺ 史尚寬，民法總論，1970，頁103。

於晚近之發展，尤其在一九八二年民法總則修正之時，除了就禁治產制度是否應予擴張有所討論（即是否比照德國引入因酗酒、賭博、毒癮或浪費等特定原因之禁治產）外，並未有是否廢除禁治產之討論❼。

就程序法而言，臺灣將禁治產事件規定於民事訴訟法，並將監護事件規定於非訟事件法之制度設計，可謂與德國改革前之二元制度無所差別。

依司法院之統計，自一九八五年至一九九四年計有3925件禁制產宣告之案件。❽又依一九八九年十二月衛生署署長於立法院所作之報告，當時全台應接受積極性醫療的精神病患者，至少佔全人口千分之三，即六萬人，其中約有二萬人須接受住院治療。❾

二、成年人監護制度之比較

依修法前德國民法之規定，成年人之監護，原則上適用未成年人監護之規定(德民修正前一八九七條)❿。在臺灣，由於成年人之監護原則上亦比照未成年人,因此臺灣與德國原有成年人監護制度之異同，基本上乃是未成年人監護制度之異同。臺灣與德國監護制度之主要差異除了繁複與簡易之差別外，德國由非訟事務官執行監護事務、監護人應受監護法院監督以至特定事務應經由監護法院許可之制度設計，

---

❻ 洪遜欣，中國民法總則，1976，頁91以下。

❼ 黃立，同❷，頁89以下。

❽ 司法院，司法案件分析，1994，頁94。

❾ 立法院公報第七十九卷，第七十一期，頁223以下。

❿ 有關德國未成年人之監護制度及其與臺灣監護制度之比較請參見陳惠馨，同❷，頁291以下。

可謂與臺灣之監護制度概委由親屬會議加以監督之規定，截然不同。按德國於一九八〇年以前，雖亦有親屬會議之規定，惟此一制度已因一九八〇年之修法而遭受廢除⓫。針對臺灣概委諸親屬會議予以監督之制度設計，胡長清曾以為，其目的乃是為了避免公力之干預⓬。惟此等說明，卻受到梅仲協之嚴厲批評，並認為胡氏之見解為「誠迂論也」⓭。依梅氏之見解，兒童為民族將來命脈之所繫，心神喪失或精神耗弱不能處理事物者，亦為社會之損失，因此不宜將監護制度認謂係個人私事，且國家也因此不宜不加干涉。依從梅氏之主張，劉紹猷亦曾藉由比較觀察而對現行監護制度加以批評，並以為監護制度乃是我國民法最弱之一環⓮。

就德國法院之監督加以觀察，除了德國民法原有偏重於財產保障之法律規定外，最值得注意者乃是，一九六〇年聯邦憲法法院針對以限制自由措施所作成之違憲判決⓯。基於此一判決所為之相關修法，可謂二次大戰以後德國監護制度最為重要之發展。依德國民法第一千八百條第二項所曾有之修訂，舉凡涉及自由限制之治療或安置，皆應經由監護法院之許可。此後，此等許可尚及於所有未成年子女。（德民一六三一條之b）相對於此，臺灣民法第一千一百十二條僅規定：禁治產人之監護人如將監護人送入精神病醫院或監禁於私宅者，應得親

⓫ 陳惠馨，同❷，頁312。

⓬ 胡長清，同❶，頁24。

⓭ 梅仲協，民法要義，新版(1954)，頁14。

⓮ 劉紹猷，改進監護制度芻議，法律評論，第三十七卷第四期，頁8以下；修正現行監護制度芻議，載：身分法之理論與實用——陳棋炎祝壽論文集，1980，頁453以下。

⓯ BVerfG，NJW 1960，p.811。

屬會議之同意；但父母或與禁治產人同居之祖父母為監護人時，不在此限。由此可見，依臺灣之法律，此等事件之監督者並非法院，而是親屬會議，而且只要符合但書規定，則連親屬會議之監督亦可免除⑯。此外，由於此等監督僅限於禁治產人，因此雖有精神病但未宣告禁治產者，則未能適用此一條文而受保護。依司法院之統計，一九八五年至一九九四年全臺依非訟事件法處理之監護事件計有1928件。⑰由此可見，此一案件數遠較禁治產之案件數為低，何況監護案件尚包括未成年人之監護。至於民法以外之法律，諸如兒童福利法、少年福利法及兒童與少年性交易防治條例等雖有安置應經法院裁定之規定⑱，惟此等規定原則上並不適用於禁治產人，除非此等兒童或少年恰為受禁治產宣告之極端例外者。至於精神衛生法，對於精神病人雖有保護人設置之規定，惟此等保護人只要不以強暴脅迫或其他不正當方法，則得因醫療、復健、教育、訓練及就業輔導之目的，限制嚴重病人之居住場所（該法第二十四條）。又依該法之規定，強制住院治療縱需要二

⑯ 當本文定稿之際(1997. 7. 10)，報紙（中國時報及自由時報）正刊載一名被家人囚禁達五十八年精神病人之「新聞」。此等人之人權何在？社會曾否關心？法學界又如何？此外，在精神病院中，有多少被誤診而被處以監禁治療者，更有待實證調查。前此，報紙即曾報導因更年期症狀而被誤診為精神病人者。又作者個人亦曾目睹精神科醫師及病人家屬(為了健保給付、政府之補助以及藉以擺脫家人之照護）將重病（非精神病）後亟待復健之病人診斷為嚴重精神病人並與其他嚴重精神病人共同處以監禁治療者。這是一九九七年發生在臺灣的真實故事。

⑰ Jürgens等，同❸，p.252。

⑱ 例如兒童福利法第十六條、少年福利法第二十二條及兒童與少年性交易防治條例第十六條等。

位以上專科醫師之鑑定，但並未規定應由其他醫院或特定機構之醫師，同時也不以法院之裁定為必要（該法第二十一條以下）。

參、德國輔導法（禁治產與成年監護制度）之改革

一、改革之原因與過程

德國之禁治產與成年監護制度自從德國民法於一九〇〇年付諸實施以後，除了前述影響自由之治療或安置曾加以修改外，直到此次輔導法之全面改革，其他改革並不多且僅止於特定事項，例如前述一九八〇年將親屬會議廢除之改革。惟全面改革之要求，至少在二十年前即已開始。其中，最引起注意者乃是一九七五年所公佈之心理醫學報告Psychiatrie-Enquete⑲。按此一報告除了指出專業醫師不足，監護人、照護人以至醫師等之資訊不足，監護人及照護人負擔過於沈重等實務問題，尚對於過於分歧之程序以及過高比例之禁治產宣告提出批評。針對此等問題，該報告建議應於既有之禁治產及監護程序外，另行建立輔導制度。此外，一九七七年之非訟事件法委員會亦建議，有關程序應加以統一。自此之後，此一問題遂受到各方之注重，而有大量之學術與社會（尤其社會福利團體）之討論。

由此可見，最早注意此等問題者並非法學界，惟此一問題畢竟與法律具有密切關係，因而在八〇年代出現了極為大量的法學討論⑳。一九

⑲ BT-Drucks. 7/4200. 有關之說明參見前述附註†2.，Schulte 所著 Anmerkungen...一文。

⑳ 成百上千的文獻請參照Jürgens 等人著作（❷），Knittel之注釋書 *Betreu-*

八八年之德國法律人會議亦以禁治產及監護制度之改革為其議題㉑。

綜合各種法學論述，其對於原有法制之批評主要為：

1. 法律之有效度

就改革前之法規範加以觀察，其內容主要著重於財產上之保障，而少人格權之保護。因此，既有之法制先天上已難以發揮保障人性尊嚴或人格發展之功能㉒。何況，經由法事實之研究，大部分之禁治產事件，主要是為了解決既有之法律問題，而此等法律問題之解決，又每為了第三人之利益或公共利益㉓。其結果，遂使得禁治產制度用以保護禁治產人之目的無法達成。

2. 社會變遷／福利需求

由於醫療科技及經社條件之改變，雖使得壽命延長，但亦增加了為數可觀的臥病或癱瘓老人。對於此等需要照護的老人，自一九九五年實施之照護保險 Pflegversicherung 乃是針對其日常生活之照護需求而建立之第五大社會保險㉔。按此一照護保險之受照護者，約有一百四十萬人。至於此等人之法律生活應如何加以扶助、輔導，則是另一

*ungsgesetz*及*Bienwald*之注釋書*Betreuungsrecht*之文獻彙編。

㉑ Deutscher Juristentag (Hrsg.), Empfielt es sich, das Entmündigungsrecht, das Recht der Vormundschaft und der Pflegschaft über Erwachsen sowie das Unterbringensrecht neu zu ordnen, 1988.

㉒ Zenz et al., Vormundschaft und Pflegschaft füer Volljährige-Eine Untersuchung zur Praxis und Kritik des geltendes Recht, 1987，p.33。按此一經由德國聯邦法務部所委託之法事實研究乃是此次改革重要之前置作業。

㉓ 參見†1.，Schulte “Wohin...”一文以及Zenz，同㉒。

㉔ 請參見郭明政等，福利服務與社會救助現況分析暨其法治整合之研究 ——行政院研考會委託研究(1997)，頁135以下。

項龐大的社會工程㉕。

3.合憲性之考量

德國憲法法院除了曾就監禁治療等影響自由之措施作成違憲判決外，並未直接針對禁治產制予以違憲審查。惟一九八六年五月十三日聯邦憲法法院針對德國民法第一千六百二十九條所作成之違憲判決，則曾引起行為能力制度是否違憲之進一步檢討。就此，Canaris即認為整個行為能力制度業已違背踰越禁止之憲法規範㉖。依此見解，禁治產制度與基本法保障人格發展自由之憲法規範有違。

又除了德國本國之檢討與反省，在此改革過程中，外國法制之比較觀察亦扮演了極為重要之角色。其中，尤其奧國一九八四年將原有禁治產制度廢除，而用以替代之管理人法Sachwalterrecht更是德國此次改革之主要參考對象㉗。

就立法之準備與程序而言，聯邦政府雖早在一九七九年即已承諾就禁治產及其相關制度加以修改，惟遲至一九八七／一九八八年始提出初次草案。正式草案則於一九八九年提出，並於一九九〇年九月廿一日完成成年人監護及照護改革法 Gesetz zur Reform der Vormundschaft und Pflegscahft fuer Volljährige（簡稱輔導法Betreuungsgesetz）之立法程序並公佈。由於此一法律乃是以修改既有法律（總計超過五十種

㉕ 參見Schulin, *Soziale Sicherung der Behinderten*, 1980，p.115。

㉖ Canaris, Verstöße gegen das verfassungsrchtliche Übermassverbot im Recht der Geschäftfähigkeit und im Schadenersatzrecht, JZ 1987，p.993以後。

㉗ 就此，請特別參照†中Schulte所著3.“Die Rerform der Entmuedigung...”，5.“Das Oesterreichische Bundesgesetz...”，7.“Sachwalterrecht...” 及 8.“Reform of Guardianship Laws...”等論文。

法律，其中最重要者為民法，其次為非訟事件法等）為主之包裹立法，因此所謂輔導法乃是法案的名稱或為學術上之用語，而非指特定法律。一九九二年一月一日此一新法付諸實施。

二、改革之內容

關於改革之內容，僅扼要就其基本原則說明如下：

1.個人自由及自主之加強——禁治產制度之廢除

經此改革之後，原有民法之禁治產及強制照護制度已成為歷史名詞。原有之監護人及照護人則改為單一名稱之輔導人。此輔導人為受輔導者之法定代理人（德民一九零二條）。惟受輔導者，仍得自行從事法律行為。至於有效與否，則視行為時有否識別能力而決定，除非法院已將特定事務做了應經輔導人許可始為有效之宣告，此乃所謂許可之保留（德民一九〇三條）。惟輔導人之許可每又受到法院之監督，甚且應經法院之許可，例如財產之處分、租約之終止、結紮及涉及限制自由之治療與安置等措施（德民一九〇五條以下）。此外，基於個人自由與自主之基本原則，精神病人或孱弱者，亦可以任意代理之方式委由特定人代為處理其事務，而不須依法選定輔導人（德民一八九六條二項）。

2.社會團結與社會責任之加強——輔導制度之建立

此次改革雖一方面加強受輔導者之自主與自由，他方面則希望藉此強化受輔導者身心之保障。為了達成此等保障之目的，除了在法律中明定輔導人之輔導義務外，則期望藉社會扶助，亦即以「以扶助代替監護 Hilfe statt Bevormundigung」之方式，達成受輔導者之保障㉘。

㉘ 請特別參照†6.，Schulte所著 Hilfe statt Bevormundigung 一文。

由於此等社會扶助除了經由政府之直接行政外，更為重要的乃是經由政府之獎助或補助而由私人團體完成之輔導措施。

就直接行政而言，在改革之前禁治產人及受照護者之監護及照護，係委由青少年局主管，惟經此改革後，為了加強輔導工作，依據輔導法所特別制定之輔導機關法Betreuungsbehördengesetz，則授權各邦另定邦法以規定各邦之主管機關。各邦之輔導機關除自身亦擔任輔導之職務外，其主要之任務，則在對個人提供諮詢服務，並提供輔導人或輔導團體予以必要之協助㉙。

就民間輔導團體之獎助與補助，此等民間機構係以由一定符合特定資格之成員所組成之社團為限（德民一九〇八條之f）。此等團體之財源除了依法得以向受輔導人收取一定之費用外（德民一八三五條、一八三六條、一八三六條之a、一九〇八條之e），主要係來自政府之補助。由於各邦之規定至為歧異，因此並未有統一標準，其中雖有高達80％或75％由政府補助者，惟大部分則由邦政府補助三分之一，縣市補助三分之一，其餘三分之一則自行負擔㉚。在各邦法中，僅Rheinland-Pfalz明文規定，各輔導機構有請求補助之權利㉛。以 Baden-Württemberg邦為例，該邦對於一名全職人員年補助額為33,000馬克；若非為全職者，則依其情況補助30％，40％或50％㉜。

㉙ Jürgens，同❷，p.203以下。

㉚ 同㉙，p.211以下。

㉛ 同㉙，p.9。

㉜ Alber, LandesausfÜhrungsgesetze zum Betreuungsgesetz-Ein Überblick, in: Wienand et al., Betreuungsgesetz auf dem Pruefstand, 1992，p.11 以下(16)。

就整體法律文化加以觀察，此等對於輔導團體之促進實遠較直接行政更具意義。經由此等措施，可見輔導之工作並非止於個人輔導或官方輔導之兩極形態，而是包含第三種團體輔導之中間形態。而此種經由人民自願形成之團體，不但分擔了國家公共事務之責任，也使關懷弱者的社會道德得以成長並獲得鼓勵。當親屬會議因社會變遷而無法期待之時，此等輔導團體可謂替代了親屬會議之團體功能。就此而言，德國輔導法之制定，除了具有民法公法化之現象，更具有民法團體化及社會化之特徵㉝。相對於行為能力制度屬於「法治國」層面之改革，此等輔導措施之強化則可謂「社會國」層面之改革㉞。惟經由

㉝ 相對於照護保險外化解決之社會化，即另行創立一套制度或法律關係之解決方式，此等輔導制度基本上乃屬民事法本身之改革，而屬內化之社會化。惟對於福利機構之獎助應屬外化之方式。有關內化與外化之概念，請參照Zacher, Verrechtlichung im Bereich des Sozialrechts, in: Kübler (Hrsg.), *Verrechtlichung von Wirtschaft, Arbeit und sozialer Solidarität*, 1985，p.11以下，p.23以下。有關民法之社會化，黃又昌於1946年所著之民法總則（同❶）即已提出此一概念（頁3以下）。惟黃氏所提出之社會化主要著眼於Otto von Gierke所提出團體法之觀念，而仍少有社會保障之目的。

㉞ 不論是法治國或社會國原則概屬德國基本法所衍生出之德國國家基本原則。相對於基本法對於基本人權等法治國原則所作之詳細規定，社會國原則卻僅見於基本法第二十條及第二十八條「社會國家」之規定。關於社會國原則，請參照Zacher, Das soziale Staatsziel, in: Isesee/Kirchhof (Hrsg.), *Handbuch des Staatsrechts der Bundesrepublik Deutschland*, 1987，p.1045以下。關於輔導法與社會國原則之關連請參見†10.，Schulte所著Die “sozialstaatliche Umsetzung”...一文。

行為能力制度之改革，社會化或社會國之充實，並不意味個人自由之壓抑；從輔導團體之促進觀之，社會化或社會國之具現也不表示國家權力之當然擴張㉟。

3. 法律可及性之加強——程序之改革

經由此次改革，原分散於民事訴訟法及非訟事件法之程序，業經統一於非訟事件法。經此改革，法條叢林的現象至少已有所改善。法律的可及性Access to Law也將有所改善。「更少的法律，更多的權利」雖是一個艱難的目標，但此次改革至少顧及了此一目標。

肆、德國之改革對於臺灣之啟示

一、對於民法及相關法律改革之啟示

從以上說明，德國所以實施輔導法，乃是針對原有法制「既不夠尊重個人又缺少社會保障」之問題，力求建立一種「既尊重個人又力求社會保障」的法律制度。從比較法之第一要務「經由比較藉以認識自己」出發，臺灣現行之禁治產及成年監護制度，是否正是此種「既不夠尊重個人又缺少社會保障」之制度？如果要加以改革，究應何去

㉟ 此等觀念於一八八一年十一月十七日德皇所發表的社會保險詔書中即已見之。按該詔書明白指出：社會保險乃是建立在民間真實力量之一種社會措施，國家不應因此擴大其權力。請參見Zöllner, “Deutschland”, in: Köhler /Zacher(Hrsg.), Ein Jahrhundert Sozialversicherung in der Bundesrepublik Deutschland, Frankreich, Grossbritannien, Österreich und der Schweiz, 1981，p.45以下(87)。

何從？就此，德國此次改革「既尊重個人又力求社會保障」之基本原則，當有足資臺灣借鏡之處。然而經由德國之反省與改革，得知德國法亦每有其界限與缺陷。此次改革中，德國此一得以稱為法制與法學皆屬高度發展的國家，尚能對於他國法律，尤其奧國之管理人法予以高度肯定並學習的態度，不只說明比較法之重要，更說明德國以外其他國家法制亦每有參考價值。就此而言，臺灣對於外國法之研究，實不能過於偏重德國㊱，而應及於奧國以至其他國家。

考諸目前之發展，精神衛生法保護人之規定，雖可謂有所突破，惟此等保護人制度，顯未與民法監護制度一併考量。此二制度應如何配合及整合，當是往後修法所應計及者。至於依甫修訂之身心障礙者保護法第四十三條之規定，主管機關應會同相關目的事業主管機關共同建立殘障者安養監護制度及財產信託制度。針對立法者對於監護制度改革之明確要求，當有更為積極之修法或立法計畫。至於應如何修法或立法，經由德國修法之經驗，吾人所應學習者與其是法制的內容，毋寧是發現問題與解決問題的方法。就此，不論是修法或立法，實應針對以下問題予以嚴肅檢討，即：

——法律實效性之問題，尤其檢討現行禁治產及監護制度是否達成保護禁治產人之任務；

——規範饑渴之問題，尤其檢討精神病人及孱弱老人法律生活之扶助需求與親屬會議之期待可能性。此外，現行法對於影響自由之治

㊱ 至於已相當德國導向之臺灣法學界竟對德國之法制發展，尤其社會層面之法律，何以仍未能充分掌握，則是另一個嚴肅問題。以臺灣大學法律系及政治大學法律系為例，此二系之教師中擁有德國法學博士學位者幾佔半數。

療或安置是否缺少必要之公權力監督，而出現法規範不足之現象？

——合憲性之問題，尤其檢討禁治產制度是否已違背踰越禁止之憲法規範。至於涉及限制自由之醫療及安置，亦涉及合憲與否之問題。

二、對於法律發展及法律文化之啟示

相對於前述法律有效性等微視法律社會學之研究，若從巨視法律社會學加以觀察，則應檢討臺灣法律究應何去何從之問題。

經由前述法實證研究，果若得以證實臺灣確實存在現行法制既成效不彰且又不足以因應社會變遷，以致出現規範饑渴之現象，則正如同七十年前對德國民法之繼受，亦如同德國對奧地利管理人法之「繼受」，法律繼受當仍屬重要之解決途徑㊲。就此，身為一個繼受法國家，尤應體認：法律之繼受乃是長期的社會程序㊳。正如德國對於羅馬法之繼受，即屬之㊴。雖然一般所稱之「繼受程序」主要係指繼受法融入繼受國社會之程序，惟既然繼受不是特定時點的社會事件，而是長期的社會程序，因此此等繼受程序實應包括繼續追蹤被繼受國之繼續發展並予以繼續繼受。

其次，比繼續繼受更為重要者，乃是繼受法律本土化之可能性。亦即，應觀察所繼受之法律在繼受國社會之融入程度；甚至在所繼受法律之形式下，考量本國之經社條件與文化思想，建立本國之法律內

㊲ 規範饑渴與法律繼受之論述請參見Rehbinder, *Einführung in die Rechtsqwissenschaft*, 6. Aufl., p.50以下。

㊳ 參見Hirsch, *Rezeption als sozialer Prozess*, 1981.

㊴ 參見戴東雄，中世紀意大利法學及德國對羅馬法之繼受，1981。

涵❹⓪。就此，洪遜欣於四十年前即已針對禁治產制度提出批判，實屬難能可貴。同樣的，梅仲協對監護制度之批評，亦屬重要之反省。惟此等批評與反省竟幾成絕響。若以此為斷，則顯示臺灣法學成長之有限。就此，不但幾未曾有見行為能力制度，尤其禁治產制度之批判，竟連限制自由之治療與安置是否有違憲之嫌，亦幾未曾被提出討論。此亦暴露臺灣法學界對於精神病人等社會弱勢者之忽視，也是對於人權之忽視。就此，繼劉紹猷所說「監護制度是民法中最弱的一環」，或亦應指出：精神病人及孱弱者之輔導與保護乃是法學研究最弱之一環[41]。

針對此等問題，與其檢討臺灣法律之發展，毋寧更應討論臺灣法學發展之現象與問題。就此，當前法學界所應嚴肅思考者乃是：

---

[40] 參見戴東雄，同[39]，頁 239 以下；Hirsch, Rezeption als sozialer prozess, 1981.

[41] 以業已制定多年之精神衛生法為例，該法所規定之保護人制度以及第十九條第二項所規定之社會補償制度皆屬法律制度之重大變革，然而國內法學界對於此一法律之關心卻極其有限。黃立所著民法總則（頁89）對於此一法律曾略為提及並稱此一法律乃是民法社會化之一大進展，乃屬少數處理此一問題之書籍。若將其與經濟屬性之法律或高考科目之法律相較，此等社會屬性之法律在法學界實形同不存在。當中文文獻幾未有任何論文可言之時，在外文文獻中，反而有諸如 Salzberg 所著 Taiwan's Mental Health law, *China Law Reports*, vol. 7，1993，p.161以下。就此，臺灣的法學界是否應反省，整個法學界是否過度經濟導向、以至金錢導向？惟由此出發，更應檢討者乃是金錢導向的訴訟制度以及過於僵化落伍的考試制度。對律師而言，本文所探討精神病人保障之問題，應是一個少有經濟利益的問題，而難以獲得其重視。

——如何對外國法制及法學之發展，尤其屬於社會層面之法制，得以更為精確之掌握；

——如何透過法律社會學之實證觀察，探討法律之實效性以及法律與社會變遷之關連性，例如本文所探討精神病人之問題，建立具有本土色彩之相關法制；

——思考民事生活由「家族法轉向個人法」[42]，再由個人法進入既強調個人尊嚴又強調社會保障的後民法以至社會法時期法律秩序之應有原則與內涵。

---

[42] 戴東雄，清末民初中國法制現代化之研究，第一輯，民法親屬繼承編，1973，頁72。

從大法官會議第二四二及第三六二號解釋看我國一夫一妻婚姻制度之困境†

陳惠馨*

---

* 作者為德國雷根斯堡大學法學博士，現任國立政治大學法律學系教授

從大法官會議第二四二及第三六二號解釋看我國一夫一妻婚姻制度之困境

壹、前　言

我國司法院大法官會議於民國七十八年六月二十三日做出釋字第二四二號解釋，該解釋文係針對民國七十四年六月三日修正公佈前之民法親屬編第九百八十五條及第九百九十二條有關一夫一妻婚姻制度是否與憲法抵觸所做；而民國八十三年八月二十九日大法官會議又做出釋字第三六二號解釋；此一解釋則是針對民國七十四年六月三日修正民法親屬編即民法第九百八十五條及第九百八十八條第二款有關一夫一妻婚姻制度之新規定，在具體案件適用時，是否侵害人民憲法上所保障之權利而作。此二號解釋在解釋文中均肯定上開民法規定係維持一夫一妻婚姻制度之社會秩序所必要，與憲法並無抵觸。但兩號解釋文卻又同時強調有一種重婚事件與一般重婚事件不同，若上開民法規定於此類事件適用將與憲法第二十二條保障人民自由及權利之規定有所抵觸（釋字第二四二號解釋）或將與憲法保障人民結婚自由權利之意旨未盡相符（釋字第三六二號解釋）。由於此二號解釋結果均發生限制我國民法有關重婚效果之規定，對於一夫一妻婚姻政策的執行產生影響，本文想藉對此二號解釋之分析評論，以便了解此二號解釋在法解釋學上之意義並藉此分析一夫一妻政策在法律落實上之困境為何？另將引用外國立法例與本國法律比較，希望提供我國未來立法及法律適用上之參考。

本文係作者為戴東雄大法官六秩生日紀念論文所寫。筆者於近十年來研究及教授親屬法期間，受益於戴大法官甚多，僅以本文表示筆者對戴大法官之敬意與謝意。

貳、我國傳統法律中有關一夫一妻婚姻制度之立法沿革

一、傳統中國法律中有關一夫一妻多妾的規定

傳統中國法律究竟是否採一夫一妻制眾說紛云❶。戴炎輝教授在其中國法制史一書中認為：「我國過去婚姻關係的形式唯一夫多妻制（包括妾而說）。制訂法及禮制雖以一夫一妻為基本形式，但是庶人得納妾……」。而從唐、明、清律的規定中，可以發現法律基本上是允許一夫一妻多妾。

在唐律・戶婚律有妻更娶條、以妻為妾條規定中可以看出唐律甚至允許一位男性在妻妾之外尚有婢、客女及媵。唐律規定一位男性如果要有妻及妾，則必須嚴格區分妻與妾的關係，一旦有了妻之後，便不得再娶妻，但是再有妾則非法律所禁止，從唐律・戶婚律「為婚女家妄冒條」「以妻為妾以婢為妻條」看，妻與妾的差別乃在妻係經由一

---

❶ 參考瞿同祖，中國法律與中國社會，頁130；向綺雲，唐代婚姻法與婚姻實態，臺灣商務印書館，80. 11.，頁153，認為「自周代以來即已存在一夫多妻……」。

定的婚姻程序與夫結合的，所謂一定的程序如「為婚之法，必有行媒，男女嫡庶長幼，當時理有契約女家通約」❷，而妾則係經由買賣而與夫發生關係的。而在清律律文中僅規定夫與妻妾關係，不再提及婢與媵的問題，清律・戶律・婚姻，妻妾失序條規定：「凡以妻為妾者杖一百。妻在以妾為妻者杖九十。並改正。若有妻更娶妻者亦杖九十。離異。」，從上述清律律文可以確定清律亦是允許一妻多妾婚姻制度的存在的。

二、法律中夫、妻、妾的關係

由上述可以看出傳統中國法律上並不堅持嚴格的一夫一妻制，法律上所允許的是一夫一妻多妾制，這與西方國家一夫一妻制的內涵有所不同。從法律的規定可以看出夫、妻、妾間並非處於平等的關係。法律中明文規定妾的地位低於妻的地位，妻的地位又低於夫的地位。例如唐律・鬥訟篇・毆傷妻妾條中規定：「諸毆傷妻者，減凡人二等。死者，以凡人論。毆妾折傷以上，減妻二等。若妻毆傷殺妾，與夫毆殺傷妻同。（皆須妻妾告乃坐。即至死者，聽餘人告。殺妻仍為不睦。）過失殺者，各勿論。」，妻毆詈夫條中規定：「諸妻毆夫，徒一年。若毆傷重者，加凡鬥傷三等。（須夫告乃坐。）死者，斬。媵及妾犯者，

---

❷ 唐律「為婚女家妄冒條」規定：「諸為婚，而女家妄冒者，徒一年。男家妄冒者，加一等。未成者依本約。已成者離之。」此句是本條疏議中的見解。另在「以妻為妾條」中則規定：「諸以妻為妾，以婢為妻者，徒二年。以妾及客女為妻，以婢為妾者，徒一年半。各還正之。若婢有子，及經放為良者，聽為妾。」以上條文引自長孫無忌著，唐律疏議，臺灣商務印書館發行，79. 12.，臺6版，頁178。

各加一等。(加者，加入於死。) 過失殺傷者，各減二等。即媵及妾詈夫者，杖八十。若妾犯妻者，與夫同。媵犯妻者，減妾一等。妾犯媵者，加凡人一等。殺者，各斬。(餘條媵無文者，與妾同)」。從上述規定顯見法律在夫毆妻或妻毆妾時採減刑主義，而在妻毆夫或妾毆妻時則採加刑主義。依唐律規定一般人相毆僅笞四十，傷人或以他物毆人時，則杖六十。上述條文卻規定夫毆傷妻時減凡人二等，即杖四十，夫毆妾時只在妾折傷時才受到處罰，而且也是減妻兩等。在妻毆傷妾時，妻所受到的處罰，則如夫毆妻般可以減二等的。相反的；若妻毆夫，徒一年；只要妻動手即成立罪名，不論有傷無傷。而在媵及妾詈夫者，則杖八十；在妾侵犯妻時，則受到如妻侵犯夫般的制裁。❸

上述唐律的規定在清律妻妾毆夫條亦有相類似的規定：「凡妻毆夫者杖一百。夫願離者聽。至折傷以上。各加凡鬥傷三等。至篤疾者絞。死者斬。故殺者凌遲處死。若妾毆夫及正妻者，又各加一等。加者加入於死。其夫毆妻妾非折傷勿論。……妻毆傷妾與夫毆妻罪同。過失殺者各勿論。若毆妻之父母者杖六十。徒一年。折傷以上各加凡鬥傷罪二等。至篤疾者絞。死者斬。」也就是妻毆夫杖一百；而夫毆妻妾時卻僅在妻受到折傷時才受到法律的制裁。妾若毆夫及正妻時，將受到加刑的處罰。❹

---

❸ 在清律・戶律・婚姻，「妻妾失序條」中規定：「凡以妻為妾者杖一百。妻在，以妾為妻者杖九十。並改正。若有妻，更娶妻者亦杖九十。離異。」「典雇妻女條」中規定：「凡將妻妾受財典雇與人為妻妾者。杖八十。典雇女者。杖六十。婦女不坐。若將妻妾妄作姊妹嫁人者。杖一百。妻妾杖八十。知而典娶者。各與同罪。並離異。財禮入官。不知者不坐。追還財禮。」以上條文引自焦祖涵著，中國歷代法典考輯，67. 1.，再版，頁484。

清末民初的變法讓上述這種婚姻制度有所變化，在民國十九年十二月二十六日公布，二十年五月五日施行之民法親屬篇中，從當時民法第九百八十五條及第九百九十二條規定看來法律已經採取西方國家的一夫一妻婚姻制度，當時民法親屬篇的訂定受到民國十九年七月二十三日中國國民黨中央執行委員會政治會議第二百三十六次會議所議決之親屬法先決審查意見書九點的影響，該審查意見書可謂係立法理由，在該審查意見書第七點中僅謂「妾之問題無庸規定」，也因此在整個民法親屬篇中並未對妾的法律地位有所規定，至此民法親屬篇乃不再如傳統中國法律般有妾的制度存在。我國在法制上因此走向一夫一妻之婚姻制度。

然而一個在任何國家中行之千百年的制度，並不會因為法律的不再規定而自動消失；法律的改變並無法一時改變人民生活中的習慣，也因此在中國文化影響的社會中，一個男性在有了妻子之後，又有妾的情況時有所聞；對於這種情形，立法者、司法者如何因應，過去五十年來因為臺灣與大陸兩岸政治法律制度的不同而有不甚相似的發展，本論文在此將以臺灣法律之發展情形及過去十年內大法官會議的兩號解釋（二四二號、三六二號）來分析一夫一妻制度在臺灣實施的情形及其法律意義。

參、民國七十四年六月三日以前民法親屬編之規定及其在實務上適用之情形

---

❹ 有關夫妻妾間的法律地位參考：瞿同祖，中國法律與中國社會。

一、法律的規定

我國的憲法雖未明文規定一夫一妻的婚姻制度，但是如前所述，民國十九年訂定之民法親屬編第九百八十五條規定：「有配偶者，不得重婚」；當時的民法親屬編第九百九十二條並規定：「結婚違反第九百八十五條之規定者，利害關係人得向法院請求撤銷之。但在前婚姻關係消滅後，不得請求撤銷」。所謂利害關係人，依司法院院解字第三〇〇〇號解釋例：「民法第九百九十二條所謂利害關係人，係指於結婚之撤銷有法律上正當利益者而言。各當事人或當事人之配偶為利害關係人，固不待而言。當事人之親屬或家長如撤銷結婚，即可免其扶養義務者，亦為利害關係人」。此一解釋意旨在擴大撤銷權人之範圍，使重婚撤銷之機會增加，而使重婚無法得逞。❺至於有關重婚撤銷權行使之限制，民法第九百九十二條僅限制「因前婚姻關係消滅而消滅」，並未如其他結婚撤銷權行使般有一定時間之限制。惟在當時有關親屬法的書籍中，並未有學者針對此一問題加以討論。在胡長清著中國民法親屬論一書中，頁一一七後半段僅曾提到：「……外國法律，關於婚姻之撤銷權，有永久不消滅者，例如日本民法關於重婚相姦者間之婚姻及近親婚姻，其撤銷權永久不消滅是（日民七六六條、七六八條至七七一條）」。❻

另外在民法第一千零五十二條第一項第一款、第二款規定，夫妻之一方有（一）重婚者；（二）與人通姦者，他方得向法院請求離婚。

❺ 戴東雄，二十八年的老公怎麼沒了？——從鄧元貞重婚撤銷案談起，法學叢刊，第一三三期第三十四卷第一期，頁25～35，78. 1.。

❻ 胡長清，中國民法親屬論，臺灣商務印書館，75. 11.，臺五版。

此均顯示我國民法親屬編對於一夫一妻婚姻制度的宣告。此外我國刑法第十七章妨害婚姻及家庭罪中於第二百三十七條規定:「有配偶而重為婚姻或同時與二人以上結婚者，處五年以下有期徒刑。其相婚者，亦同。」刑法第二百三十九條規定:「有配偶而與人通姦者，處一年以下有期徒刑，其相姦者，亦同。」

上述這兩條規定基本上係對一夫一妻婚姻制度加以保障。然而上開民法第九百九十二條對於重婚之民事效力由於僅規定「利害關係人得向法院請求撤銷之。但在前婚姻關係消滅後，不得請求撤銷」，因此只要無利害關係人提起撤銷婚姻之訴，那麼理論上我國民事法律是允許有一夫多妻或一妻多夫甚至多夫多妻情形存在的。這樣的規定與刑法的規定顯有不一致的地方。刑法第二百三十七條有關重婚罪的規定係屬公訴之罪，因此任何人對此一犯罪的行為人均得加以告發，一經告發被提起公訴，該行為人則將受到五年以下有期徒刑之處罰。行為人在服刑完畢後只要利害關係人未提起撤銷婚姻之訴，行為人依民法親屬編民國十九年公布之規定仍得擁有兩個配偶。由此可見我國當時民事立法政策與刑事立法政策顯有不一致之處。

民國七十四年六月三日民法親屬編修正時將原民法第九百九十二條刪除，同時修正第九百八十五條，並於第九百八十八條規定:「結婚，有下列情形之一者，無效:(一)不具備第九百八十二條第一項之方式者;(二)違反第九百八十三條或第九百八十五條之規定者。」因此自民國七十四年六月五日開始，依中華民國之法律，一個人重婚時，後婚姻不再是得撤銷，而是當然無效，自此理論上我國民法親屬編已採絕對一夫一妻制。未來發生合法一夫多妻或一妻多夫的情形應不會再出現。民國十九年有關重婚得撤銷之規定原本將因法律的修正而成為歷史痕跡之際，卻在民國七十八年間因鄧元貞案的發生，使得學界及實務界熱烈討論民法親屬編有關重婚的舊規定。大法官會議並因此做出釋字第二四二號解釋。

二、當時實務狀況

從上述，可知民法親屬編有關重婚效力的舊規定，在實際生活中可能造成一夫多妻或一妻多夫，甚至多夫多妻的情形，此種情形在當時實務上亦曾發生過並引起媒體的注意。例如在董世芳大法官於民國六十年初版的「家庭法律問題叢談」一書中舉了兩個案例都是牽涉因重婚所產生之一夫多妻或一妻多夫之情形，並在當時的媒體上引起注意。

案例一：根據董世芳大法官「家庭法律問題叢談」一書中「十二歲新娘與一女二夫——談結婚的要件及其效力」一文中提到：「臺北一位三十七歲的婦人，於民國四十年和一位姓張的男子結婚後，張因賭輸離家，迄無音訊，她又於民國四十一年和一位姓周的男子結婚，已有子女四人，最近才向地檢處自首重婚，檢察官認為她重婚已逾十年，追訴權已消滅，不予起訴。」……報章也引述「法界人士」的意見，認為「這位婦人的重婚罪，應係自四十一年十月十日即告成立，而十八年來兩宗婚姻的存續狀態，因追訴權的消滅，已被認為正常，由於檢察官對她的犯罪行為不能追究，使她與後來重婚的婚姻關係，成為合法婚姻，但她並未與從前的丈夫離婚，其合法的婚姻關係依然存在，所以從此她擁有兩位合法的丈夫」。

董世芳大法官在文章中對此案子表示下列之法律見解：「那位在十八年前先後和兩位男士結婚的婦人，在刑事上，她的重婚罪的追訴權已因時效而消滅，不能再予處罰，所以雖然她自首，檢察官也不予起訴；在民事上，她和前夫的婚姻關係，雖可離婚，但離婚前仍然存續，她和後夫的婚姻關係，雖可撤銷，但撤銷前仍然存續，所以她擁有兩位合法的丈夫，這是沒有錯的。但是，她擁有兩位合法的丈夫，並不是從現在開始，也不是從她的重婚罪追訴權消滅時開始，而是從她十八年前重婚時便開始。而且縱使她的重婚罪被起訴或被處刑，她的兩個婚姻關係未經離婚或撤銷，她還是有兩位合法的丈夫，反之，縱使她的重婚罪已不能追訴和處罰，她還是重婚的婦人，她的前夫仍可提出離婚，與她的後婚姻關係有利害關係的人也仍可向法院請求撤銷她的後婚姻關係。所以，她這次自首重婚而不起訴，對她的婚姻關係是不生任何影響的。」❼

案例二：根據董世芳大法官「家庭法律問題叢談」一書中「一男二女和兩天兩次的結婚——再談結婚的要件重婚及同時與二人結婚」一文中提到：

「最近，臺灣曾先後發生兩件怪事；一是南投一位男子和兩位女子同時舉行結婚，一是三重市一個男子在兩天內先後和兩個女子舉行結婚。」「三重市重婚事件的兩位女性，在先一天結婚的，根本不是重婚，她的結婚自然有效，和那位男子成立合法的夫妻關係。……但在後一天結婚的女性，雖然只遲了一天，便地位懸殊：無論她是否知道對方已在早一天結婚，她和他的結婚都是重婚，雖然不是當然無效，但只要有利害關係人向法院請求撤銷，這婚姻便歸消滅。而她自己也是利害關係人之一，如果她認為對方竟在和她的『佳期』的前一天去『另結鸞儔』，足見情盡義絕，縱然另一位女性不提出撤銷的請求，她也可以向法院請求撤銷，以解除她和這位『齊人』的重婚關係。不過，不管是誰提出請求，在未撤銷前，她和他仍發生婚姻關係，這位男士

---

❼ 董世芳，家庭法律問題叢談，三民書局印行，60. 12.，初版，頁21。

可以暫享『齊人之福』。」

從上開節錄的文章中；可以看出民法親屬編有關重婚可能產生一夫多妻或一妻多夫的情形為當時法學界甚至輿論所明知。然而立法者對此現象並未採取任何修法行動，直到民國七十四年民法親屬編修正時才加以修改。當然此一情形與當時國內立法院功能不彰有關，但另一方面可能與此種案件之發生並非常見，因此立法者不認為有修法的急迫性。民國七十八年間，由於發生鄧元貞重婚案，在臺灣社會引起熱烈討論民法第九百九十二條規定有關重婚得撤銷的效力問題；由於整個討論與大法官會議第二四二號解釋均牽涉對於一夫一妻制度的看法；因此下面將先探討鄧案發生始末。

肆、大法官會議第二四二號解釋所牽涉的事實與法律問題

一、第二四二號解釋所牽涉之事實、法律文件、聲請解釋目的、時代背景

（一）本案之事實

本案的法律事實乃聲請釋憲的當事人鄧元貞氏於民國二十九年抗戰期間，在福建省龍巖縣小池鄉卓然村與陳鸞香氏結婚。其後大陸淪陷後，鄧氏乃至臺灣臺中定居，並於民國四十九年四月七日與吳秀琴氏依法定程序結婚。並經戶籍登記在案。而至鄧氏聲請大法官解釋之際，鄧氏與後婚配偶間的婚姻關係已維持將近三十年，其二人並育有三子兩孫，民國七十五年，大陸元配前來香港居住，並委託律師在臺中地方法院，以鄧元貞與吳秀琴之後婚為重婚，依據民法舊規定第

九百九十二條，而訴請撤銷後婚。本案於最高法院在七十六年十二月做出判決確定鄧元貞與後婚配偶的婚姻撤銷後（最高法院七十六年臺上字第二六〇七號民事判決），鄧元貞與其後婚配偶乃向最高法院提起再審之訴；七十七年十一月最高法院駁回鄧氏所提起再審之訴（七十七年臺再字第一〇四號民事判決）後，鄧元貞及其後婚配偶乃於七十八年四月十三日向大法官會議提出釋憲聲請書。

（二）本案所牽涉之法律文件

1. 臺灣臺中地方法院七十五年家訴字第六二號民事判決
2. 臺灣高等法院臺中分院七十六年家上字第四二號民事判決
3. 最高法院七十六年臺上字第二六〇七號民事判決
4. 最高法院七十七年臺再字第一〇四號民事判決

（三）聲請解釋目的

請求大法官會議解釋上開二個民事確定判決「適用民法第九百八十五條所為之解釋，及所依據之就民法第九百九十二條適用於聲請人之撤銷婚姻案件，牴觸憲法」。[8]

（四）本案時代背景

從法律事實看，鄧元貞一案的重婚與前述第參章第二節中所提兩個案例之重婚情形並無大差異，但是由於當時在臺灣，類似鄧元貞般，因為大陸與臺灣的政治情勢，使得在大陸有妻小的大陸籍同胞，於離開大陸後因為無法與在大陸的配偶聯繫，因此在臺灣再婚情形的人甚多。許多臺灣的家庭因此面臨類似鄧元貞與其後婚配偶的命運，鄧元貞的後婚姻經判決確定撤銷後，經媒體披露後，乃在臺灣引起很大的震撼。許多類似鄧氏情形的臺灣後婚家庭不免擔心鄧氏後婚姻被撤銷

---

[8] 參考司法院釋字二四二號解釋，司法院公報第卅一卷第八期，頁5。

的命運將發生在其身上。報章雜誌及媒體紛紛討論此事的影響，學者及實務界亦紛紛撰文從法律觀點討論此一法律問題。

二、 鄧元貞於聲請釋憲時所提的重要法律見解

鄧氏在其釋憲聲請書中提出下列理由：

1.就民法第九百八十五條第一項之解釋違反憲法第二十二條及第七條的主張：

⑴聲請人提出民法親屬編之規定，從消極面而言，係限制人民遵守「一夫一妻」制度，但從積極面而言，尚應保障人民仍擁有「娶一妻」「嫁一夫」之機會，是則民法第八十五條第一項「有配偶者不得重婚」之解釋，即不能侵害人民追求擁有實質婚姻生活以及養育子女之權利。且擁有婚姻「生活」之自由，不能僅從法定形式意義了解。❾……

⑵聲請人認為：「……最高法院解釋民法第九百八十五條，僅從婚姻形式意義考量，並未參考該條文之憲法法源，實質婚姻自由權。因為，聲請人與陳鸞香之婚姻，從法定形式意義而言，固受法院認定為有效；從實質意義上卻無有憲法保障之婚姻關係。因我國處於長期分裂狀態，兩岸之阻隔非個人人力所能挽回，既無實質婚姻關係，又限制其『不得重婚』，則無異剝奪其擁有實質婚姻生活之憲法權利。」故主張：「最高法院認為，聲請人與其原配之婚姻既未解除，故法律上，仍為『有配偶』之人，乃有第九百八十五條之適用，與憲法婚姻自由的精神顯有不合。」

---

❾ 下列聲請人之主張均出自司法院公報第卅一卷第八期有關釋字二四二號解釋資料中。同❽，頁6。

(3)聲請人主張其基於下列因素實質上無法解除與原配偶形式上的婚姻關係：

①聲請人無法依民法規定請求離婚。依我國民法第一千零五十二條舊規定來看聲請與其原配偶若要判決離婚，只可能考慮民法舊規定第一千零五十二條第九款的情形，即主張夫妻之一方生死不明已逾三年。然而依當時判例解釋認為：若僅因戰事交通阻隔，或限於國家法令，一時無從探悉其行止，則與所謂「生死不明」之情形不同，即不得據以請求離婚。參考四十三年臺上字第五三八號、二十四年院字第一三三八號、三十一年院第二三七五號❿。

②中共竊據大陸後，政府禁止在臺軍民與大陸親友通信，以致對陷身大陸親屬，固然常發生下落不明情形，但若僅因無法交流通信，仍難謂為失蹤，而與「生死不明」之情形有殊，自不得對之聲請死亡宣告。

聲請人於民國五十三年得知其原配尚在人間，配偶生死既已分明，其離婚姻權當然消失。(參考二十二年臺上字第一一一六號)。

③聲請人也無法以其原配「未履行同居之義務」解除其婚姻，蓋無「惡意遺棄他方在繼續狀態下」之事實。

④從平等權的角度觀之（憲法第七條），民法若僅允許在臺無實質婚姻生活之婚姻予以解除，使其有機會再享有婚姻，卻不准聲請人在臺另婚，顯然也與憲法保護「人人享有平等之婚姻權」理念不符。

聲請人因此主張，其所發生一夫二妻的情形，應從實質面解釋，聲請人形式上固然同時擁有兩個婚姻關係，然而其仍只得享有單一之實質婚姻關係，此乃憲法所保障之基本權利。聲請人同時具備兩個形

---

❿ 同❽，頁7。

式婚姻關係乃基於政治現實所造成不得不然之結果。其無法享受或解除與原配偶之實質婚姻關係，亦與個人意志無關。

2.就舊民法第九百九十二條適用本案違憲的主張：

聲請人認為：

⑴「本案所適用之舊民法第九百九十二條之規定，對於重婚關係中之後婚姻，係採取得撤銷主義，即係有條件地承認後婚姻合法，而為一夫一妻制度開設例外。然而，舊民法規定婚姻得受撤銷之事由，凡九種之多，其中僅有重婚之撤銷未設固定之除斥期間，其他八種得撤銷婚姻事由，如詐欺脅迫婚、不能人道婚……，均設有短期除斥期間，逾越除斥期間，撤銷權人即不得再行撤銷原本具有瑕疵之婚姻，業已構建之家庭關係與人倫秩序乃得趨於穩定。可是，舊民法規定重婚之得受撤銷，卻無除斥期間之認定，其結果，使得重婚之撤銷在舊民法中屬於一種可以無限期行使之權利，後婚姻及其所建之家庭關係及人倫秩序，因此均長期陷於不穩定之狀態。以致聲請人之婚姻雖然歷經二十九年，仍不能避免受撤銷之結局。」

⑵「捨舊民法其他八種得撤銷婚姻之事由均設有短期除斥期間不論，單從民法為求財產權秩序之穩定亦設有十五年之一般請求權之消滅時效而言，相較之下，可知舊民法對因後婚姻所得而建立之家庭人倫秩序之保障之規定，實尚不如對於財產債務人之法律保障。茲者舊民法既已承認後婚姻可以合法構建，亦即容認民間可有建立第二次的家庭關係及人倫秩序之餘地，則此第二次的家庭關係與人倫秩序一旦建立，自應同受憲法保障，立法者尚不能予與予奪，任意以違憲之方式侵害後婚配偶之婚姻權。是故舊民法第九百九十二條容認撤銷權人可以不問久暫隨時以訴訟撤銷後婚，準乎憲法第二十三條採取比例原則以防止立法恣意限制人權之規定言，立法者賦予未設除斥期間之婚

姻撤銷權而適用於個案時，即可生逾越憲法所規定之立法裁量界限之問題。」

(3)「本案所涉及舊民法第九百九十二條之規定，採取得撤銷主義以控制重婚，立法者自應預見後婚姻之合法締結及構建家庭關係與人倫秩序，是立法者復允許後婚姻得受撤銷，自屬對於後婚姻配偶之婚姻及其家庭關係之一種立法限制；其限制之目的，無非在阻卻後婚姻之締結，以保護前婚姻之配偶，惟此一限制目的，立法者縱加設除斥期間，亦同可達成。易言之，設有除斥期間之得撤銷制度，對於後婚姻之締結，仍可具有阻卻效用，……舊民法第九百九十二條適用於本案，其違反憲法第二十三條比例原則之情形，尤其明顯。按聲請人吳秀琴女士結婚二十九年之後，遽受陳鶯香以訴訟方式撤銷婚姻，使業已合法締結之婚姻與所構建之家庭關係與人倫秩序均遭破壞，而該一法條於本案中所維護者，為數十年隔海分居、名實不符之前婚姻所僅存之形式關係下殘留之婚姻排他性而已，是該法適用本案之結果，不啻為求矜全名義上婚姻關係之排他性，竟不惜犧牲祖孫三代之人倫秩序，焉得謂為憲法保障婚姻權及家庭倫理關係之「必要」限制？遍觀民法之規定，未有設定除斥期間達二十九年者，故可推知立法者若就撤銷重婚設有除斥期間者，聲請人歷經二十九年之婚姻，必不至受到撤銷，祖孫三代之人倫秩序，即可因一定時間之經過而趨穩定確保，而舊民法此一不設除斥期間之得撤銷制度，竟使後婚姻之家庭人倫秩序因重婚瑕疵而遭受撤銷之法律風險，歷經二十九年而仍然降臨，又豈能符合憲法應保障已合法取得之婚姻權與家庭關係之本意？故該一條文，縱非在所有之案均將產生違憲之效果，惟在聲請人案件或與聲請人類似情形之案件（其類似情形案件之數量恐不在少數）中適用，所周全者小，而所毀壞者大，其不能符合憲法應保障婚姻權與家庭倫理關係之要求，應屬無疑。」

三、就鄧元貞案的事實，當時學者及實務界的意見

針對鄧元貞案的事件，當時學者及實務界的討論內容基本可分為兩大點：

（一）針對重婚之撤銷權行使不設定除斥期間的規定加以討論。

（二）針對民法第九百八十五條及第九百九十二條規定對上開事實的適用是否違憲及其理由為何加以討論。

（一）針對重婚之撤銷權行使不設定除斥期間的規定的討論：

有部份學者指出：重婚撤銷權不設定除斥期間係立法者的意旨。例如：

1. 戴東雄教授認為：「權衡重婚違反公序良俗之法益與身分行為安定之法益，其結果仍以前者之法益應優先受保護，故身分安定不得不犧牲，使有撤銷權人隨時行使其撤銷權，期使後婚盡可能被撤銷。」⓫

2. 陳瑞堂大法官在第二四二號解釋的不同意見書中認為：「重婚撤銷未設除斥期間既非立法上疏漏，亦非為一夫一妻制開設例外，實有其立法上之相當理由存在。」⓬

3. 蘇永欽教授認為：「第九百九十二條就請求撤銷未定行使期間，僅以前婚姻的存續為必要條件，和其他結婚撤銷的規定比較，可知當時立法者有意在採取較寬的撤銷主義的同時，使利害關係人受到無限

⓫ 戴東雄，同❺。

⓬ 陳瑞堂大法官對於釋字第二四二號解釋之不同意見書，收於司法院公報，第卅一卷第八期，頁3～4。

期的保護，目的在鞏固前婚姻的優勢地位，實現一夫一妻的原則。從憲法的觀點來看，我國憲法雖未如某些國家特別宣示維護家庭制度之旨，但以中國傳統上重視倫常而言，應可認為這種家庭制度保障可從人民的生存權及『其他自由權利』引申出來，從而有關親屬法的規定，立法者尚不得恣意傷害正常家庭制度，同屬公權力一環的司法者，自亦不得任意剝奪利害關係人為維護健全家庭不可或缺的撤銷請求權。」⑬

4.另有學者及專家則持不同之看法，例如：

劉鐵錚大法官則在二四二號解釋的不同意見書中認為：「……就民法第九百九十二條未設合理除斥期間之規定不合乎法之正義性及目的性，並牴觸憲法第二十二條及第二十三條，自應為無效之解釋」。

另劉鐵錚大法官並進一步指出：「人民有免受嚴苛、異常制裁之自由權。……重婚在舊民法相對無效主義下，後婚姻當事人雖已經過長期不安、恐懼、折磨歲月後，縱已子孫滿堂，家庭幸福，如猶不能免於日後生活於婚姻被撤銷之陰影中，此對其本人及子孫心靈之創傷、精神之威脅，豈可以筆墨形容！此種法律制裁，非嚴苛、異常者何！能不抵觸憲法所保障之人民有免受嚴苛、異常制裁之權利乎！婚姻以及由婚姻所建構之家庭倫理關係，是構成社會人倫秩序之基礎，也是民族發展之礎石。憲法第一百五十六條特別強調國家應保護『母性』，即係本意旨。……舊民法既已肯認後婚可以合法建立，亦即容認人民可以建立第二次的家庭關係與人倫秩序，則其一旦建立，自應同受憲法保障，立法者不能予與予奪，任意以違憲方式侵害後婚配偶之婚姻權。」⑭

---

⑬ 蘇永欽，法內情怎麼才能維繫，律師通訊第一一二期，頁17～18。

5.另外實務界中亦有人認為，不設除斥期間或許是立法的漏洞。例如：

詹森林律師認為：「就體系觀之，民法第九百八十九條至第九百九十七條係規定於結婚有法定之瑕疵時，其得訴請法院撤銷該婚姻之特定權利人，以及其撤銷之訴之限制。特別引人注意者，對撤銷婚姻之訴，民法第九百八十九條及修正前第九百九十二條並未明文規定受有除斥期間之限制。」

「按婚姻之撤銷，牽涉當事人、其他利害關係人之利益甚鉅，且與公益之維持亦有重大關係，故為及早確定婚姻狀態，民法在婚姻得予撤銷之情形，多設有提起撤銷之訴除斥期間之限制。此項期間均屬短期（六個月、一年或三年），且期間一旦經過，撤銷權即為消滅。既不得依當事人意思增減之，且法院亦應依職權審查，原告起訴時已逾除斥期間者，被告縱未以此為抗辯，甚或拋棄該抗辯，法院仍應駁回原告之訴。」

「……所應檢討者，立法者在全部撤銷婚姻之訴中，為何獨就民法第九百八十九條結婚違反法定最低結婚年齡，及修正前第九百九十二條違反禁止重婚等二事，未設除斥期間之明文限制?」⓯為了填補這個法律漏洞，因此詹森林律師其在文中認為「準此以言，本文認為民法第九百九十條以下就撤銷婚姻之訴所設除斥期間之限制，應類推適用於以重婚為理由所提之撤銷婚姻之訴。」⓰

⓮ 司法院公報，第卅一卷第八期，頁1～3。

⓯ 詹森林，海峽兩岸雙重婚姻之抗爭——最高法院判決撤銷在臺之重婚於方法論上之檢討，萬國法律第四十四期，頁14～24，78. 4. 1.。

⓰ 同⓯。

（二）針對民法第九百八十五條及第九百九十二條規定對上開事實的適用是否違憲及其理由為何加以討論：

1.認為最高法院依法判難謂有何違法之處，應依大法官會議法第四條第二項規定諭知不受理，例如：

陳瑞堂大法官認為：「我國於民國七十四年六月修正民法親屬編時將重婚得撤銷修正為無效。其修正理由略謂：『我民法親屬編所定婚姻制度，既採一夫一妻制，而最足以破壞一夫一妻制者，莫過於重婚，僅得由利害關係人向法院請求撤銷之。如未經訴請撤銷，則重婚將繼續有效，似與立法原則有所出入。為貫徹一夫一妻制，妥於本條第二款中增列結婚違反第九百八十五條之規定者，亦屬無效』。由此可知，世界各文明國家均致力於維護一夫一妻制，而我國民法將重婚得撤銷修正為無效更顯示法制上積極貫徹一夫一妻制之趨勢。至於重婚撤銷未設除斥期間既非立法上疏漏，亦非為一夫一妻制開設例外，實有其立法上之相當理由存在。」「查法律之解釋固應針對社會情勢之需要與情勢變遷之現況而為機動之適用。但解釋之機動仍有其極限，兩岸重婚問題所形成尷尬困局誠屬歷史悲劇之產物，堪令同情。但此究屬常態社會之部分特殊事例。修正前民法第九百八十五條及第九百九十二條係正常情況下貫徹一夫一妻制所設，就此常態法言，多數人民對於一夫一妻制之價值判斷不但未因此部分特殊事例而有所影響，毋寧因民法修正重婚效力之修正而更趨嚴格化。在此情形下，法律與部分特殊現象之脫節，唯有循修法或訂定特別法之途徑以資補救，而非期求執法者為救濟特殊個案不顧該常態法之公益性與社會意義，任意為逸出常軌之解釋。否則親屬法一夫一妻之基本原則以及基本人倫關係將因此特殊案例之救濟而發生動搖。」

「依我國民法之規定男女有配偶而與他人長期實際共同生活無

法使其身分發生改變，更不能因此使其地位優於有正式婚姻關係之配偶，同居如此，重婚亦然。況且刑法上重婚被認為較單純同居通姦對於正式婚姻之傷害更大，因而其重婚之刑度亦遠重於通姦，若長期實際共同生活結果，其重婚成為得對抗前婚配偶之自由與權利，則長期同居者更可對於正式婚姻之配偶主張其續行通姦之自由與權利。據此觀點最高法院依法判難謂有何違法之處。」

2.認為民法第九百九十二條舊規定抵觸憲法；應為無效。但其法學論理的理由卻各有所不同，例如：

⑴劉鐵錚大法官認為：「中華民國七十四年六月三日修正公佈前之民法親屬篇，其第九百九十二條對重婚撤銷權，未設合理除斥期間，任令利害關係人可無限期地行使權利之規定，抵觸憲法第二十二條及第二十三條，依同法第一百七十一條應為無效」。

在不同意見書中劉鐵錚大法官並進一步指出：

「惟問題在於後婚姻如已經過一長時期之合法存在狀態，例如十年或數十年，則在此情形下，法律是否可忽視此長期實際共同生活事實之後婚姻關係，對撤銷權不設合理除斥期間以限制之，而任令利害關係人得隨時嚴重影響後婚配偶之家庭生活，破壞久已或家長如撤銷結婚，即可免其扶養義務者，亦為利害關係人。此解釋意旨在擴大撤銷權人之範圍，使重婚撤銷之機會增加，而使重婚無法得逞。建立之人倫社會秩序？論者或認為重婚之撤銷，不設除斥期間，正所以貫徹一夫一妻制。惟如前述，修正前民法，並未採絕對一夫一妻制，此由該第九百九十二條對重婚採「得」撤銷之規定，即可知之，否則現行民法第九百八十八條何必畫蛇添足改採絕對一夫一妻制，而規定重婚為無效，並犧牲重婚子女之婚生性；或曰撤銷雖不設期限，但法律對重婚者及其子女，已盡保護之能事。殊不知重婚經撤銷者，不但後婚配偶繼承權消滅，更何況身分之喪失、家庭之拆散、精神之痛苦，豈能斤斤於若干保護耳！」

劉大法官並從下面三個觀點指出，民法第九百九十二條舊規定對重婚撤銷權，未設合理除斥期間，不合乎法之正義性及目的性，並抵觸憲法第二十二條及第二十三條，依同法第一百七十一條自應為無效之解釋。

①身分行為之瑕疵，應顧慮身分行為之安定性，撤銷權之行使皆有一定期限，如逾越該期限時，即不得撤銷，以免破壞長期存在之現存秩序，而無裨於公益。

②「人民有免受嚴苛、異常制裁之自由權利，此在法治先進國家為其憲法所明文保障，……重婚在舊民法相對無效主義下，後婚姻當事人雖已經過長期不安、恐懼、折磨歲月之後，縱已子孫滿堂，家庭幸福，如猶不能免於日夜生活於婚姻被撤銷之陰影中，此對其本人及子孫心靈之創傷、精神之威脅，豈可以筆墨形容！此種法律制裁，非嚴苛、異常者何！能不牴觸憲法所保障之人民有免受嚴苛、異常制裁之自由權利乎！」

③「舊民法既已肯認後婚姻可以合法建立，亦即容認人民可以建立第二次的家庭關係與人倫秩序，則其一旦建立，自應同受憲法保障，立法者不能予與予奪，任意以違憲方式侵害後婚姻配偶婚姻權。是故舊民法第九百九十二條容許撤銷權人可以不問久暫，隨時得以訴訟撤銷後婚姻之規定，既為限制人民自由權利之規定，其必須接受憲法第二十三條之考驗，殆為當然。……是以未設除斥期間之得撤銷制度，對於人民婚姻權及家庭倫理關係之限制，並非對人民損害最輕、負擔最低之手段，與憲法第二十三條限制人民自由權利之規定不符」。

⑵戴東雄教授認為：

「鄧氏如主張海峽兩岸隔絕四十年之情勢變遷，實際上雙方已無法履行同居義務，而無違背一夫一妻之婚姻政策；或夫妻散居海峽兩岸，分居已長達二十八年，依法理抗辯大陸婚姻因事實上之離婚而不存在，其在臺灣之結婚，並非舊法第九百九十二條之重婚，前婚配偶無撤銷之權。鄧氏如此主張或許尚有勝訴之可能。」戴東雄教授並進一步從法的安定性、法的正義性及法的合目的性等觀點主張本案中就民法第九百九十二條所稱利害關係人之撤銷權，宜參考法國『誤想婚』，因長期不行使而失效。戴教授在文中提到：「(1)法的安定性在於嚴守舊法第九百九十二條所規定一夫一妻之婚姻政策。有重婚者，依據重婚不受撤銷期間之限制，利害關係人隨時對後婚予以撤銷，卻不必顧慮重婚之特殊原因，亦不顧慮撤銷後果所生之不公平。(2)法之正義性在於維持身分行為之人倫秩序，應具有事實規範之先在性。大陸前婚姻不可歸責於雙方配偶而分居達二、三十年，其實際夫妻共同生活早已不存在。戴炎輝教授認為此種長期廢止共同生活之婚姻與兩願離婚同其效果，而構成事實離婚。反之，臺灣之後婚姻因實際夫妻共同生活已維持二、三十年，且彼此信賴其結婚因海峽兩岸之隔絕而無瑕疵，因此後婚繼續維持而免於利害關係人之撤銷，合於法的正義性。(3)法的合目的性在於法律因應特殊環境或特定時間或具體之婚姻政策。兩岸政治對立長達四十年，在此情勢變遷下，散居海峽兩岸夫妻之婚姻政策，不能一成不變，期以釐定適合於此特殊環境之婚姻生活。有鑑於此，台灣之後婚不能與通常享齊人之福的重婚同等看待，從而前婚配偶或其他利害關係人，不能任意撤銷後婚，期以保護後婚配偶之身分安定」。其並進一步指出「基於以上分析，海峽兩岸通盤解決之方法，從法的正義性與法的合目的性觀察，宜以臺灣後婚之保護為優先，故法安定性之撤銷後婚，在此過渡時期，不得不退居於後，而使後與前婚並存。舊法第九百九十二條所稱利害關係人之撤銷權，宜參考法國『誤想婚』因長期不行使而失效。」「……臺灣之後婚姻配偶應推定其結婚為善意，並信賴其與重婚人之結婚為無瑕疵之婚姻，故不宜遭受撤銷後婚之後果，才是維護社會妥當性。」⓱

⑶蘇永欽教授雖認為：「……有關親屬法的規定，立法者尚不得恣意傷害正常家庭制度，同屬公權力一環的司法者，自亦不得任意剝奪利害關係人為維護健全家庭不可或缺的撤銷請求權。」⓲但就本案確認為至少可以斟酌適用「權利失效」法理，使得撤銷權的行使為違反公共利益或誠實信用原則而不予撤銷。其指出：

「本案婚姻撤銷的法律依據是七十四年民法親屬編修正前的第九百九十二條，因為依民法親屬編施行法第一條的『時際法』規定，修正前的婚姻不適用現行更嚴格的規定。……故最高法院判決大陸原配請求撤銷有理由，實有其實定法上的堅強基礎。然而法律保障支撐社會的家庭制度，為什麼反而造成社會大眾的不平與不安？道理很簡單，法律忽略了國家分裂這個重要事實……。」

兩岸長期分隔造成的種種規範問題，最直接觸及的就是耶林內克提出的「事實規範力」法理。民法中，這個尊重事實、賦予事實規範力的原則，本來就用得很廣，比如以習慣作為法源，侵權行為法中承認「社會相當性」作為阻卻違法原因，契約法上有「社會典型行為」、「情事變更原則」，請求權因時間經過而罹於時效，物權因時間經過而取得，身分法上，有事實收養、事實認領、甚至事實婚姻，團體法上賦予非法人團體準法人地位等，可說不勝枚舉。就兩岸重婚案例來說，

⓱ 戴東雄，同❺。

⓲ 蘇永欽，同⓭。

至少可以斟酌適用『權利失效』簡言之，即以請求撤銷在兩岸分隔情形下建立了幾十年的後婚姻為違反公共利益或誠實信用原則（民一四八條）從而不予撤銷。」⓳

⑷陳棋炎教授認為：

「……身分本身就是人倫秩序，應重現實層面考慮，大陸妻子既已三、四十年未履婚姻的同居義務，可視為婚姻關係不存在，保障台灣太太的權益。」⓴

⑸詹森林律師亦認為丙女之撤銷權已因長久之不行使發生權利失效之結果，而不得再為主張。其在文章中指出：

「……在本案中，甲、丙分離四十餘年，甲男且已再婚生子，難以期待其離去乙女及其家庭而遷往香港與丙女重聚。徜丙女基於我國法令而無法前來臺灣者（動員戡亂時期國家安全法施行細則第一二條），尤難預見甲、丙重營夫妻生活之可能性。而甲男對於丙女撤銷重婚之訴再三上訴，再審，更見其不願捨乙女而就丙女之強烈意願。故於此情形下，應認為丙女之訴不可能達法律賦與其撤銷權之目的；再予主張，即屬權利之不法行使，純為破壞甲、乙之婚姻及家庭，於其人格利益之恢復，毫無裨益。……

惟自本最高法院判決確定之日起，甲乙即喪失法律上之夫妻關係：故其仍續營夫妻生活者，丙女本於配偶之資格，得告訴甲乙二人通姦（刑二三九條、二四五條、刑訴二三四條二項）！夫妻共處二十餘年，今後竟成通姦罪犯，誠屬不敢想像。此不但侵害甲乙二人之人格

⓳ 蘇永欽，同⓭。

⓴ 參考章景岳，撤銷鄧元貞與吳鸞琴婚姻案之震撼，律師通訊第一一二期，頁13。

利益深鉅，對其子女心靈之影響，亦堪憂慮。本文誠不願遽稱：最高法院於判決之前忽視此項顯而易見之法律狀態，卻又難以另尋適當之解釋」。「……就本事件具體個案而言，使丙女之撤銷權因除斥期間而消滅，亦為符合甲、乙、丙三人之利益狀態：蓋因海峽兩岸長期分隔，甲男難以期望再和前妻丙女共營夫妻生活。而甲男不能依法定方式與丙女協議離婚，既如前所述；其無法依民法第一千零五十二條規定，訴請判決離婚，亦可預見。在此情形下，甲男雖欲在與乙女結婚之前或其後，以離婚之方式消滅其前婚，俾除去其後婚係重婚之瑕疵者，亦有不能。在丙女方面，甲男與乙女再婚後，即將之告之丙女，則在歷經幾近三十年之期間，若丙女均無異議之表示，即足令甲男及乙女信賴丙女將不再就其後婚有所爭執，易言之，丙女之撤銷權已因長久之不行使發生權利失效之結果，而不得再為主張。」㉑

⑹刁榮華律師認為：

「此一判決固然於法有據，然情理而言則不無可議之處，鄧某之元配雖獲勝訴判決，然並不能因此來臺與其夫共同生活；而鄧某與其後婚之配偶雖有夫妻之實，然今後將僅有同居之名；從而鄧某因其在臺婚姻所建立之種種親屬法關係，亦將無所附麗。」㉒

小結：綜合上述學者及實務之見解，可以發現不論其對於民法第九百九十二條舊規定對於撤銷權不設除斥期間的看法如何？除陳瑞堂大法官外，均傾向於維持在臺灣的後婚姻。其理由不外於：「認為前婚

㉑ 詹森林，同⑮。

㉒ 刁榮華律師，海峽兩岸婚姻法律問題之探討，律師通訊第一一二期，頁20～23。

姻配偶丙女之撤銷權已因長久之不行使發生權利失效之結果，而不得再為主張。」「即以請求撤銷在兩岸分隔情形下建立了幾十年的後婚姻為違反公共利益或誠實信用原則（民一四八條）從而不予撤銷。」㉓「依法理抗辯大陸婚姻事實上之離婚而不存在，其在臺灣之結婚，並非舊法第九百九十二條之重婚，前婚配偶無撤銷之權」㉔「民法第九百九十二條未設合理除斥期間之規定不合乎法之正義性及目的性，並牴觸憲法第二十二條及第二十三條，自應為無效之解釋」。㉕

從上述學者及專家的論述，可以發現大部份的傾向於維持本案中後婚姻的存在的專家學者，主張以「權利失效」理論來限制前婚姻配偶的撤銷權行使。大部份的學者對於前婚姻配偶因為不能行使對後婚姻撤銷權，因此所造成一夫多妻的情形是否影響我國民法親屬編所欲達到的一夫一妻的制度以及其補救之道亦未詳加討論。大法官第二四二號解釋的結果固然也符合了大部份學者專家的意見，但其所提的法學理論則不同於上述學者專家的見解，其解釋之結果亦破壞了民法親屬編一夫一妻的婚姻制度。而從上述專家學者乃至下面所提大法官會議的見解，可以發現他們對於親屬法一夫一妻制度是否能維持，並不十分在意。本文將在下面對於大法官會議解釋文中所提之法律見解加以評論。

四、大法官會議第二四二號解釋文

㉓ 蘇永欽，同⑬。

㉔ 戴東雄，同❺。

㉕ 劉鐵錚撰，釋字第二四二號解釋，大法官會議不同意見書之實際，月旦出版社，83.6.，頁71～80。

大法官會議於民國七十八年六月二十三日就鄧氏之釋憲聲請做出釋字第二百二十四號解釋，其解釋文內容如下：

「中華民國七十四年六月三日修正公布前之民法親屬編，其第九百八十五條規定：『有配偶者，不得重婚』；第九百九十二條規定：『結婚違反第九百八十五條之規定者，利害關係人得向法院請求撤銷之。但在前婚姻關係消滅後，不得請求撤銷』，乃維持一夫一妻婚姻制度之社會秩序所必要，與憲法並無牴觸。惟國家遭遇重大變故，在夫妻隔離，相聚無期之情況下所發生之重婚事件，與一般重婚事件究有不同，對於此種有長期實際共同生活事實之後婚姻關係，仍得適用上開第九百九十三條之規定予以撤銷，嚴重影響其家庭生活及人倫關係，反足妨害社會秩序，就此而言，自與憲法第二十二條保障人民自由及權利之規定有所牴觸。」

伍、對於大法官會議釋字第二四二號解釋文之評論與重建

一、評論：第二四二號解釋文文義之邏輯有不連貫性

大法官會議於第二四二號解釋文中，一方面認為：修正前之民法第九百八十五條及第九百九十二條有關禁止重婚之規定係為維持一夫一妻婚姻制度之社會秩序所必要，與憲法並無牴觸。另一方面卻認為「國家遭遇重大變故，在夫妻隔離，相聚無期之情況下所發生之重婚案件與一般重婚案件究有不同，對於此種有長期實際共同生活事實之後婚姻關係，仍得適用上開第九百九十二條之規定予以撤銷，嚴重影響其家庭生活與人倫關係，反足妨害社會秩序，就此而言，自與憲法

第二十二條保障人民自由及權利之規定有所牴觸。」顯有邏輯上的不連貫性；本文將在此嘗試將其有問題之處提出，並加以分析如下：

（一）所謂「國家遭遇重大變故，在夫妻隔離，相聚無期之情況下所發生之重婚案件」究竟與一般重婚有何不同？何謂一般重婚案件？其與本案重婚案件究竟應如何區隔？大法官會議並未加以說明。

（二）為何此種有長期實際共同生活事實之後婚姻關係，與其他重婚所發生之長期實際共同生活事實之後婚姻關係有所不同？不同之處何在？以至於前者之家庭生活與人倫關係應加以保護，而不得適用民法第九百九十二條之規定加以撤銷？

（三）為何此案後婚姻如果被撤銷反將妨害社會秩序？一般重婚所發生之長期實際共同生活事實之後婚姻關係如果被撤銷難道就不足妨害社會秩序？

（四）為何就此而言，自與憲法第二十二條保障人民自由及權利之規定有所抵觸？究竟人民的哪些自由與權利受到侵害？

二、大法官會議第二四二號解釋內容的重新架構

本文在此想從上述所提大法官會議解釋文邏輯上不連續性上，重新建構解釋文之內容，試加以分析如下：

（一）首先針對所謂「⑴國家遭遇重大變故，在夫妻隔離，相聚無期之情況下所發生之重婚案件」究竟與一般重婚有何不同？⑵為何此種有長期實際共同生活事實之後婚姻關係，與其他重婚所發生之長期實際共同生活事實之後婚姻關係有所不同？不同之處何在？⑶所謂「就此而言，自與憲法第二十二條保障人民自由及權利之規定有所抵觸？究竟人民的哪些自由與權利受到侵害?」等問題，加以討論。

在一般婚姻生活中會發生夫妻隔離，相聚無期之情形並非僅在國

家發生重大變故時，始會產生。有的夫妻因為情感不合；或因為一方離家出走；或生死不明而會有夫妻隔離相聚無期之情形發生，究竟這種情形所發生的重婚與國家遭遇重大變故所發生的重婚是相同的重婚或是其屬於不同的重婚，無法從第二四二號解釋文中知悉。如果分析鄧案的特殊性，或許可能找到較好的答案。事實上鄧案的特殊性不在其夫妻隔離、相聚無期這點上，其特殊性乃在於，當鄧氏面對因國家遭遇重大變故，以至於夫妻隔離相聚無期時，其無法如其他婚姻當事人般，依法解銷其前婚姻關係，此在鄧氏聲請釋憲的理由書中已明白說明。依我國親屬法規定，一個有效的婚姻如果要解銷，依法僅有兩個途徑：一是配偶一方死亡，一為離婚。在兩岸自民國三十八年不通信、不通航、不通郵的情況下鄧氏至民國七十六年，其前婚姻配偶提起撤銷其後婚姻之訴為止，依法並無提起裁判離婚或取得兩願離婚的可能。因此兩岸政治上的敵對狀況，使得鄧元貞無法如他人般享有平等的離婚權，並因此無法享有實質婚姻上的權利。（前婚姻因為前配偶無法來臺與其相聚，而空有婚姻之名，無婚姻之實。）而此時國家並未立法或透過司法解釋使得鄧氏得以解銷前婚姻。然而鄧氏在此種情形顯然亦未採取任何途徑要求國家立法，使其得以解銷其前婚姻，以便合法再婚而享有婚姻權。若欲追究其原因，除了因為解嚴前人民並不習慣爭取自己權利外，民法親屬編對於重婚僅規定得撤銷之效果或許亦有影響。這或也是大法官會議在第二四二號解釋理由書中所提到：「而國家遭遇重大變故，以至於夫妻隔離相聚無期，甚或音訊全無，生死莫卜之情形下所發生之重婚事件，有不得已之因素存在，與一般重婚事件究有不同，……」之意義。

（二）針對為何大法官會議認為此案後婚姻如果被撤銷，反將妨害社會秩序的觀點加以討論。

按一般重婚案件事實上亦會發生長期實際共同生活事實，在此我們不禁要問為何大法官會議在此認為：「國家遭遇重大變故，在夫妻隔離，相聚無期之情況下所發生之重婚案件與一般重婚案件究有不同，對於此種有長期實際共同生活事實之後婚姻關係，仍得適用上開第九百九十二條之規定予以撤銷，嚴重影響其家庭生活與人倫關係。」而如果係一般重婚，後婚當事人之間如亦有十年或數十年的婚姻關係，難道此時後婚姻被撤銷，就不足妨害社會秩序？或許社會秩序之所以會受到妨害，主要係因為在臺灣當時社會類似鄧元貞情形的案件不在少數，因此如果前婚姻配偶的撤銷權不加以限制；將會有不少的在台灣結婚的後婚姻家庭被破壞，如此自會妨害社會秩序。

三、大法官會議面臨此種案件，在做出釋憲解釋時應考慮的幾種因素

（一）如何從保障人民權利觀點釋憲

在本案中由於牽涉三位婚姻當事人；因此必須衡量當事人間權利與權利的關係，以及其彼此間是否有先後順序的關係。首先從鄧氏的立場考量：如前面所提，鄧氏在國家遭遇重大變故，在夫妻隔離，相聚無期之情況下；所造成的結果是使原婚姻之實質意義喪失，此時對鄧元貞本人而言，不啻在非可抗力且無過失的情況下，不能如一般人享受婚姻權。此時其再婚，由於依民法親屬編規定此一再婚並非無效；因此對其而言，此種規定反而使得鄧元貞得以再次享有婚姻的權利。而對鄧氏的前婚姻配偶而言；其與鄧氏的婚姻，因為兩岸處於長期分裂狀態，因此並無實質上的婚姻關係，其依民法第九百九十二條之規定撤銷鄧氏的後婚姻，並無法改變外在因素，使其享有婚姻的實質內涵。而對鄧氏的後婚姻配偶吳氏而言，由於鄧氏在與其重婚之時，戶

籍上所記載者為無配偶，其與鄧元貞結婚時，無從知悉其為再婚，因此其應屬善意，其婚姻狀況應受保障。如果從上述分析來看，由於鄧氏前婚姻配偶的後婚撤銷權的行使並未能為其帶來任何實質意涵的權利保障，且其權利的行使將使善意的鄧氏及吳氏的婚姻權受到侵害。也因此，此種有長期實際共同生活事實之後婚姻關係，與其他重婚所發生之長期實際共同生活事實之後婚姻關係有所不同，以至於其家庭生活與人倫關係應加以保護，而不得適用民法第九百九十二條之規定加以撤銷。而從法學觀點看，因為兩岸政治情勢所造成類似鄧氏的重婚案件情形；的確是民法親屬篇訂定當時立法者所未預見，面對此一法律漏洞，此時大法官會議從憲法第二十二條及二十三條保障人民權益的觀點看；自可傾向於限制鄧氏前婚姻配偶的撤銷權。

（二）如何從一夫一妻的婚姻制度觀點釋憲

如前所述，我國的憲法雖未明文規定一夫一妻的婚姻制度，但是民國十九年訂定之民法親屬編第九百八十五條規定：「有配偶者，不得重婚」；當時的民法親屬編第九百九十二條規定：「結婚違反第九百八十五條之規定者，利害關係人得向法院請求撤銷之。但在前婚姻關係消滅後，不得請求撤銷」。然而上開民法第九百九十二條對於重婚之民事效力規定，因此只要無利害關係人提起撤銷婚姻之訴，那麼理論上我國民事法律是允許有一夫多妻或一妻多夫甚至多夫多妻情形存在的。這樣的規定自民國七十四年六月三日開始民法親屬編修正後，因為法律已規定重婚時，後婚姻不再是得撤銷，而是當然無效，自此理論上我國民法親屬編已採絕對一夫一妻制。因此大法官會議在否定鄧氏前婚姻配偶的後婚撤銷權時，必須考量如此一來民法親屬編所欲建立的一夫一妻制度是否會遭到破壞。不過從大法官會議的解釋文中，並未看到此一考量。此時大法官會議若要維持一夫一妻婚姻制度時，則必須考慮如何在前後婚姻中僅維持其中一個。然而在前面（一）的考量中既已認為鄧元貞的後婚姻應予維持，則能考量者僅是前婚姻是否應使之歸於消滅。但是由於前婚姻配偶本身對於其婚姻會成為無實質意義的婚姻亦非因其過失所造成，如果要使其承擔後果顯不相當，大法官會議似乎因此並未為如此考量，但從維持一夫一妻制的觀點看，大法官會議應要求立法者在未來立法時應對此一問題加以規範，例如應修法讓類似鄧氏情形之人得以離婚。但從解釋文中我們僅看到大法官會議僅限制了本案後婚姻配偶的撤銷權行使，對於上述問題並未討論。大法官會議未做如此之解釋，究竟是因為法律推論上的疏忽，或是在其做出解釋之時，對於一夫一妻制度有其內在的價值決定考量，從文獻上不得而知。但是從解釋的結果來看，這項解釋造成一個印象，那就是我國一夫一妻的婚姻制度的維持因此受到挑戰，此號解釋不啻宣稱一夫一妻制僅具有法律的效力，它並非如西方國家的一夫一妻制度般享受憲法上制度性保障，因此當它與人民權益相抵觸時，必須退居次位以保障人民的其他權利。

（三）如何從社會秩序維護的觀點釋憲

我國憲法第二十三條規定：「以上各條列舉之自由權利，除為防止妨害他人之自由、避免緊急危難、維持社會秩序或增進公共利益所必要，不得以法律限制之。」由於類似鄧案情形在臺灣甚多，因此為了維持當時的社會秩序，有必要對前婚姻配偶的撤銷權加以限制。

四、我國立法院對於兩岸婚姻狀況的反應：兩岸人民關係條例之訂定

在大法官會議做出釋字第二四二號解釋後，我國立法院於民國八十一年七月三十一日公布臺灣地區與大陸地區人民關係條例（下面簡

稱兩岸人民關係條例),在第六十四條明文規定如何解決兩岸因政治因素所造成的重婚情形。

兩岸人民關係條例第六十四條:「夫妻因一方在臺灣地區,一方在大陸地區,不能同居,而一方於民國七十四年六月四日以前重婚者,利害關係人不得聲請撤銷;其於七十四年六月五日以後七十六年十一月一日以前重婚者,該後婚姻視為有效。前項情形,如夫妻雙方均重婚者,於後婚者重婚之日起,原婚姻關係消滅。」

從上面規定可以看出立法者為了兼顧大陸地區及臺灣地區配偶的權益,以特別法排除了民法親屬編一夫一妻制的原則(包括七十四年六月三日修法後絕對一夫一妻制度),例外的同意一夫多妻或一妻多夫的現象。此一規定再次顯示民法親屬編一夫一妻婚姻制度,在我國法律體制上僅具有普通法律的效果,於政策所必要時可以依特別法加以排除。而民國八十三年八月二十九日大法官會議第三六二號解釋做出後,顯示必要時七十四年六月三日民法親屬編所建立的一夫一妻制度原則亦可透過釋憲將其排除。

五、大陸對於因兩岸政治因素所造成的婚姻問題的處理方式

一九八八年一月九日大陸最高人民法院副院長馬原,在其法院第一次新聞發布會上提出:「關於人民法院處理涉臺民事案件的幾個法律問題」,在其談話內容中可看出在大陸類似鄧元貞的案子,有下列幾種處理方式:

(一)有的單方在大陸依法辦理了離婚手續;此顯示依大陸法律留在大陸的配偶要依法離婚,並無困難。

(二)有的一方或者雙方已經再婚,或者長期與他人以夫妻的名義同居生活,生育了子女。

馬原先生並進一步提出：「對這種由於特殊的歷史原因造成的婚姻糾紛，我們將充分考慮海峽兩岸人民長期分離的實際情況，從有利於穩定婚姻家庭關係的現狀出發，根據我國婚姻法一夫一妻制的基本原則，妥善處理。」㉖究竟其所謂妥當處理是如何處理？根據馬原先生的說法這類案件有以下幾種情況：

「第一、對已經人民法院判決離婚的案件，不論是單方訴訟還是雙方訴訟，也不論對方是否接到判決書，法院的判決都是有效的。如果雙方均未再婚，現在請求恢復夫妻關係的，人民法院可以用裁定註銷原來的判決，宣告婚姻關係恢復。但經判決離婚後，一方或者雙方又另行結婚的，如因其再婚的配偶已經離婚或者已經死亡，現在雙方要求恢復夫妻關係的，應當到有關婚姻登記機關重新辦理結婚登記手續，如果再婚配偶還健在，必須在辦理離婚手續後，才可以與原配偶重新結婚。我們認為，這樣實事求是地處理海峽兩岸由於長期隔離而造成的特殊婚姻關係，是符合各方當事人的利益的。」

「第二、對雙方分離以後未辦理離婚手續，大陸一方又與他人結婚，或者長期與他人以夫妻關係同居生活的，我們原則上承認這種婚姻關係。現去臺一方回來，大陸一方為與原配偶恢復關係，提出與再婚配偶離婚的，是否准予離婚，人民法院應當依照中華人民共和國婚姻法第二十五條關於「人民法院辦理離婚案件，應當進行調解；如感情確已破裂的，調解無效，應准辦離婚」的規定處理。如果認定感情尚未破裂的，則判決不准離婚。去臺一方回大陸定居後向人民法院提出要求與在臺的配偶離婚的，人民法院應當受理，並根據婚姻法的規

㉖　參考曾憲義、郭平坦主編，海峽兩岸交往中的法律問題，河南人民出版社，1992. 9.，頁536～540。

定，作出是否准予離婚的判決。」

「第三、對於雙方分離後未辦理離婚手續，一方或者雙方分別在大陸和臺灣再婚的，對這種由於特殊原因形成的婚姻關係，我們不以重婚對待。當事人不告訴，人民法院不主動干預；如果其中一方當事人提出與其配偶離婚的，人民法院應當按照離婚案件受理。」㉗

從馬原先生的談話中我們可以發現其雖強調要根據婚姻法上一夫一妻的原則處理，但事實上對於可能造成一夫多妻的情形亦未積極介入加以解決。此從「現去臺一方回來，大陸一方為與原配偶恢復關係，提出與再婚配偶離婚的，是否准予離婚，人民法院應當依照中華人民共和國婚姻法第二十五條關於『人民法院審理離婚案件，應當進行調解；如感情確已破裂的，調解無效，應准予離婚』的規定處理。如果認定感情尚未破裂的，則判決不准離婚。」

或「對於雙方分離後未辦理離婚手續，一方或者雙方分別在大陸和臺灣再婚的，對這種由於特殊原因形成的婚姻關係，我們不以重婚對待。當事人不告訴，人民法院不主動干預」等說法中可以看出。

陸、民國七十四年六月三日以後民法親屬編之規定與一夫一妻制度的政策

一、法律的規定

我國民國十九年訂定之民法親屬編第九百八十五條規定：「有配

㉗ 最高人民法院副院長馬原——關於人民法院處理涉臺民事案件的幾個法律問題，人民法院出版社，涉外涉港澳臺民事手冊，1992。

偶者，不得重婚」；第九百八十八條規定：「結婚，有下列情形之一者，無效：（一）不具備第九百八十二條第一項之方式者；（二）違反第九百八十三條或第九百八十五條之規定者。」至於刑法的相關規定並未在七十四年民法親屬編修正有所變更；學者指出我國自此應邁向絕對一夫一妻婚姻制度了。然而民國八十三年八月二十九日我國司法院大法官會議做出釋字第三六二號解釋後，一夫一妻的制度再度受到挑戰。

二、大法官會議第三六二號解釋與一夫一妻婚姻政策

（一）大法官會議第三六二號解釋所牽涉的事實

本文在此參考聲請人所提之「爭議事實經過」以及各法院有關本案之判決說明本案所牽涉之事實：

1. 聲請人許辰月之配偶陳周豐與其前配偶蔡玉鳳係於民國六十二年二月二十一日結婚，嗣經陳周豐以蔡玉鳳違背同居義務，顯有惡意遺棄為理由，訴請判決離婚。並經臺灣高雄地方法院於七十七年五月四日判決准陳周豐與蔡玉鳳離婚確定，於七十七年六月十四日辦妥離婚登記後，聲請人始於七十七年七月四日與陳周豐結婚。㉘

2. 七十七年八月十一日蔡玉鳳以陳周豐知其住所竟指為其住所不明而興訟，所取得之離婚確定判決有再審原因，提起再審之訴，請求廢棄前審履行同居及離婚事件之確定判決，經高雄地方法院七十七年再字第七號、臺灣高等法院臺南分院七十八年家上字第八一號、最高法院七十九年臺上字第一二四二號民事判決，判決蔡玉鳳獲得廢棄離婚確定判決之再審勝訴確定判決。

㉘ 參考高雄地方法院七十七年婚字二七九號履行同居事件、及高雄地方法院七十七年婚字九八號離婚事件判決。

3.蔡玉鳳乃再提起確認婚姻無效訴訟。經高雄地方法院七十九年家訴字第七三號判決、臺灣高等法院高雄分院八十年家上字第三十六號、最高法院八十年臺上字第二六一一號民事判決、台灣高等法院高雄分院八十二年家上更一字第一號判決、最高法院八十一年臺上字第一六二一號民事判決，於八十一年七月二十四日確定判決確認聲請人與陳周豐之婚姻無效。

4.聲請人乃提起釋憲聲請，主張與陳周豐結婚當時，陳周豐與蔡玉鳳之婚姻關係業已消滅，遂相互結婚。前婚姻關係業已消滅，聲請人與陳周豐之婚姻自無重婚之可言。

（二）大法官會議第三六二號解釋本案所牽涉的法律文件

1.高雄地方法院七十七年婚字第二七九號履行同居事件

2.高雄地方法院七十七年婚字第九八號離婚事件

3.高雄地方法院七十七年再字第七號離婚事件

4.臺灣高等法院臺南分院七十八年家上字第八一號民事判決

5.最高法院七十九年臺上字第一二四二號民事判決

6.高雄地方法院七十九年家訴字第七三號判決

7.臺灣高等法院高雄分院八十年家上字第三六號

8.最高法院八十年臺上字第二六一一號民事判決

9.高雄地方法院八十二年易字第一七八九號刑事判決

10.臺灣高等法院高雄分院八十二年度上易字第一九六九號刑事判決

11.臺灣高等法院高雄分院八十二年家上更一字第一號判決

12.最高法院八十一年臺上字第一六二一號民事判決

13.高雄地方法院檢察官不起訴處分書

14.最高法院臺再字第一號民事判決

15.臺灣高等法院高雄分院八十四年家上更一字第三號民事判決

16.最高法院八十五年度臺上字第七二五號民事裁定

（三）聲請解釋目的

本案之法律關係牽涉三位婚姻之當事人，案情複雜，依聲請釋憲案的當事人所提之釋憲書內容看，聲請人主張：聲請人於民國七十七年七月四日與其配偶陳周豐結婚。其婚姻關係卻於民國八十一年七月二十四日因為其配偶陳周豐之前配偶蔡玉鳳主張前婚姻關係並未解銷，因此請求法院確認聲請人與其配偶之婚姻無效，經最高法院以八十一年臺上字第一六二一號民事判決確定在案。聲請人主張與陳周豐結婚當時，既不發生違反民法第九百八十五條不得重婚之規定情事，聲請人與陳周豐之婚姻關係自非因重婚而無效，聲請人主張，最高法院上述確定判決適用民法第九百八十八條第二款所謂結婚違反民法第九百八十五條不得重婚之規定，不論重婚相對人善意與否概屬無效之規定，確認聲請人與陳周豐之婚姻無效，顯然違背憲法第七條所定平等權，第二十二條所定婚姻自由權，為此聲請進行違憲審查，予適當之解釋，以確保人權。[29]

（四）聲請人於聲請釋憲時所提的重要法律見解

聲請人在其釋憲聲請書中提出下列理由：

1.婚姻自由權為憲法第二十二條所保障之其他權利。

2.民法第九百八十八條第二款之規定違反憲法第二十二條及第七條，其等所提之理由如下：

⑴民法親屬編之規定，從消極面而言，係限制人民遵守「一夫一妻」制度，但從積極面而言尚應保障人民應擁有「娶一妻」「嫁一夫」

[29] 司法院八十三年院臺大二字一六〇七六號，參考許辰月聲請書。

之機會，是則民法第九百八十八條第二款所謂結婚違反民法第九百八十五條不得重婚之規定者，不論重婚相對人善意與否，概屬無效之規定，顯然侵害人民追求善意婚姻生活及養育子女之權利，而與憲法第七條保障「人人享有平等之婚姻權」之理念不符。

⑵陳周豐與蔡玉鳳於六十二年二月二十一日結婚，該婚姻業經臺灣高雄地方法院於七十七年五月四日判決准陳周豐與蔡玉鳳離婚確定，並於七十七年六月十四日辦妥離婚登記後，陳周豐始於七十七年七月四日與善意之聲請人結婚。按該離婚判決一經確定，即發生陳周豐與蔡玉鳳前婚姻關係消滅之既判力，縱令蔡玉鳳對該離婚確定判決提起再審之訴，在再審之訴廢棄原確定判決前，原確定判決仍不失其效力。聲請人與陳周豐結婚當時，既不發生違反民法第九百八十五條不得重婚之規定情事，聲請人與陳周豐之婚姻關係自非因重婚而無效，聲請人當然取得婚姻權利。最高法院確定判決未見及此，遽認聲請人與陳周豐之婚姻關係自始無效，聲請人自始既無取得任何婚姻權利之可言云云，其適用民法第九百八十八條第二款所謂結婚違反民法第九百八十五條不得重婚之規定，不論重婚相對善意與否概屬無效之規定，顯然違反憲法第二十二條及第七條之立法精神。

⑶大法官會議釋字第一六八號解釋，及民事訴訟法第五百零六條規定「再審之訴之判決，於第三人在起訴前，以善意取得之權利無影響。」均旨在保護財產交易安全，強調善意第三人之保護，應重於當事人之保護。婚姻自由及由婚姻而構成之家庭關係、人倫秩序，均係現代文明組織之基礎。婚姻訴訟足以影響婚姻關係之存否或家庭之和諧。事關公益，故民事訴訟法人事訴訟程序之規定，兼採職權主義（或稱干涉主義），有別財產訴訟程序之採辯論主義（或不干涉主義）。衡諸舉輕明重原則，若謂善意重婚相對人婚姻自由權不受法律之保護，顯

背憲法保障婚姻自由權及婚姻平等權之立法精神。另提起再審之期間之限制，長達五年（民訴法五百條三項），甚至有不受五年限制之情形（同條但書規定），如果善意重婚相對人之婚姻自由權不受法律之保護，則試問第三人豈敢輕易與取得撤銷婚或離婚之確定判決之當事人結婚？蓋其婚姻及其所建立之家庭關係暨人倫秩序勢必長久處於不確定狀態。聲請人於蔡玉鳳提起再審之訴前，基於善意所取得之合法婚姻關係，揆諸前開司法院大法官會議釋字第一六八號解釋意旨，善意第三人之保護，應重於當事人之保護，自再應解釋為不受再審判決之影響。亦難遽認具有無效之原因。

（五）就本案的事實，當時學者及實務界的意見

由於本案在當時係個別的案件，因此不若鄧案引起學者注意並提出對於本案的法律見解。不過由於本案經不同審級之法院判決，因此本文在此分析各個法院判決中不同之法律見解。基本上判決書的法律見解大約可分為下列兩種：

1. 認為釋憲聲請人之婚姻並無重婚，聲請人基於善意所取得之合法婚姻應受法律保障。

採此見解的判決包括：高雄地方法院七十九年家訴字第七三號判決、臺灣高等法院高雄分院八十年家上字第三六號，其所提理由如下：

⑴七十九年家訴字第七三號判決認為：「按再審之訴之判決，於第三人在起訴前以善意取得之權利無影響，民事訴訟法第五百零六條定有明文。申言之，判決確定後即發生實質確定力，形成判決確定，兩造當事人在實體法上之法律關係，則上應自判決確定之日起，兩造婚姻關係即歸消滅，除應受民法第九百八十七條之限制外，兩造均得任意與他人結婚，縱該離婚之確定判決，如經再審程序廢棄，並駁回離婚之請求確定，後婚之配偶如為善意，不知前配偶之離婚判決具有

再審原因，其婚姻關係自不因再審判決而受影響。」……「足見被告陳周豐與許辰月結婚時，前婚姻業已不存在，自不具有重婚之故意，其婚姻自無重婚之可言，縱嗣後原告提起再審之訴，獲勝訴判決確定，要難執此即認被告間之婚姻為重婚，是原告主張被告間之婚姻為重婚，應為無效云云，尚非可採。原告主張被告許辰月係惡意取得婚姻一節，亦無足採。被告許辰月既係善意取得婚姻，依民事訴訟法第五百零六條規定，其取得之權利無影響。原告與被告陳周豐之婚姻關係，已屬回復不能，從而，原告訴請確陳周豐與許辰月之婚姻無效，其戶籍結婚登記予撤銷，暨被告陳周豐應協同原告辦理撤銷七十七年六月四日所為離婚登記，自非正當，不應准許。」

(2)八十年家上字第三十六號判決認為：

①「判決確定後，即發生實質確定力，形成判決確定，兩造當事人在實體法上之法律關係，原則上應自判決確定之日起發生形成之效果，因之，離婚之形成判決，自判決確定之日起，兩造婚姻關係即歸消滅，除應受民法第九百八十七條之限制外，兩造均得任意與他人結婚。本件被上訴人陳周豐訴請與上訴人蔡玉鳳離婚，原審法院於民國七十七年五月四日判決准許兩造離婚，並於民國七十七年六月四日確定，而於同年六月十四日辦妥離婚登記，已如前述，則陳周豐於民國七十七年七月四日與被上訴人許辰月結婚時，陳周豐與蔡玉鳳之婚姻關係早已消滅，應堪認定，陳周豐與許辰月之婚姻，並非重婚，亦甚灼然，是上訴人蔡玉鳳指被上訴人陳周豐與許辰月之結婚係重婚云云，即無可採。惟前揭離婚之確定判決，嗣既經再審程序廢棄，並駁回離婚之請求確定，亦如前述，則陳周豐與蔡玉鳳之婚姻關係，是否又回復至未離婚前狀態，陳周豐與許辰月之婚姻是否因之動搖?」

②「按再審之訴之判決，於第三人在起訴前以善意取得之權利無

影響，民事訴訟法第五百零六條定有明文。因婚姻關係之成立夫妻雙方既發生親屬法上各種權利義務關係，應認為有上述法條之適用。是本件系爭之點，端視於再審之訴提起前取得其權利之第三人——被上訴人許辰月是否善意；而此處所謂善意，當係指不知有再審原因而取得其權利之謂。被上訴人許辰月始終否認其知情被上訴人陳周豐對上訴人蔡玉鳳提起離婚訴訟過程有與陳周豐共謀向法院隱瞞上訴人蔡玉鳳之住居所情事。而上訴人所主張被上訴人許辰月於原審自認「於五十九年在日立公司認識被上訴人陳周豐」「每年均有寄賀卡至陳家」「在公共場所見過面」「在臺中幫他收集資料」「七十七年五月底我打電話給陳周豐要他為我找工作」「陳周豐隨即安插我到他公司上班」「六月份去他公司上班」「同月中旬陳周豐給我看他的離婚判決書，且向我求婚」「我沒問及他太太的事情」「當時我就答應」云云各節（見上訴人八十年四月十日上訴理由狀載）及陳周豐好友吳榮寬與「李先生」之錄音證詞等（見同上理由狀載），無非係指被上訴人於婚前渠等來往甚為熟絡而已，並不能證明被上訴人許辰月知有再審原因而惡意與被上訴人陳周豐結婚之情事。被上訴人許辰月其為善意，不知陳周豐與蔡玉鳳間之離婚判決具有再審原因，……則揆諸前揭說明，其婚姻關係自不因再審判決而受影響，而陳周豐與蔡玉鳳間之婚姻亦因再審程序廢棄原確定（離婚）判決而應予回復，則前後兩個婚姻關係同時並存之狀態。」

採此見解之判決的立場，係認為民事訴訟法第五百零六條有關善意第三人之保護亦適用婚姻事件。[30]

---

[30] 此一見解過去民事訴訟法學者的教科書中並未加以討論，惟前大法官楊建華教授於其八十三年四月初版之民事訴訟法要論一書中則特別提到：

2.認為釋憲聲請人的婚姻係自始無效，聲請人自始無取得任何婚姻權利：

採此見解的判決包括：最高法院八十年臺上字第二六一一號民事判決，臺灣高等法院八十一年家上更㈠字第一號判決，最高法院八十一年臺上字第一六二一號判決。其所提理由如下：

⑴最高法院八十年臺上字第二六一一號判決認為：「按再審程序之判決，係廢棄原判決者，於該判決確定後，溯及既往發生效力，亦即當事人間之法律關係，於原確定判決經再審判決廢棄確定後，回復未為判決確定前之狀態。本件被上訴人陳周豐前訴請與上訴人離婚，既經再審判決廢棄該離婚確定判決，駁回陳周豐離婚之訴確定，陳周豐與上訴人之婚姻關係即溯及結婚（六十二年二月二十一日）時，自始始終存在。陳周豐於七十七年七月四日又與被上訴人許辰月結婚，能否謂非重婚，即滋疑義。又七十四年六月三日修正後之現行民法採絕對的一夫一妻制（看民九八八條），結婚違反民法第九百八十五條之規定（重婚）者，無效。此所謂無效，係指自始、確定的無效而言。被上訴人陳周豐與許辰月結婚，倘屬重婚，則自始無效，相婚者許辰月自始即無取得任何婚姻權利之可言，能否援引民事訴訟法第五百零六條規定，主張其與陳周豐之婚姻關係，不因再審判決而受影響，亦有審酌之餘地。」

⑵臺灣高等法院八十一年家上更㈠字第一號認為：「本件所應審究者，為被上訴人之婚姻有效與否，有無民事訴訟法第五百零六條之

「甚至在婚姻事件亦適用此項原則」，然而在楊建華教授所增訂，石志泉原訂之民事訴訟法釋義一書及王甲乙、楊建華、鄭健才等合著之民事訴訟法新論一書中則未有此一見解。

適用。陳周豐與上訴人之婚姻關係及其等兩人於六十二年二月二十一日結婚時，自始始終在，陳周豐於七十七年七月四日又與被上訴人許辰月結婚，即屬重婚。又七十四年六月三日修正後之現行民法採絕對之一夫一妻制，第九百八十八條第二款即規定，結婚違反同法第九百八十五條不得重婚之規定者無效。此所謂無效，係指自始，確定的無效，則被上訴人陳周豐與許辰月間之結婚，係自始無效，相婚者許辰月自始即無取得任何婚姻權利可言。……又民事訴訟法第五百零六條所謂第三人取得之權利，係指第三人自前確定判決之當事人或其繼受人受取得之權利而言，非繼受取得權利之婚姻、收養及其他身分上之情事，無該條之適用。本件被上訴人許辰月自始即無取得任何婚姻之權利，已如前述，縱有取得，所取得之婚姻權利，依上述說明，亦無民事訴訟法第五百零六條之適用，自無受保護之餘地。」

⑶最高法院八十一年臺上字第一六二一號判決之見解與臺灣高等法院八十一年度家上更㈠字第一號判決見解相同。不過其在判決書中進一步提出：「所謂第三人取得之權利，係指第三人自前確定判決之當事人或其繼受人受取得之權利而言，因婚姻、收養及其他身分上之法律適時發生之法律關係，並非自前確定判決之當事人或其繼受人受取得其權利，自無該條之適用。」

由上述各地方高檔及最高法院的判決見解可以發現實務界對於本案聲請人婚姻是否能維持有效的有兩種不同的見解，而其主要不同的癥結乃在於對於民事訴訟法第五百零六條所規定：「再審之訴之判決，於第三人在起訴前以善意取得之權利無影響」是否適用於本釋憲案聲請人之婚姻事件。

最高法院民事判決八十年度臺上字第二六一一號判決、臺灣高等法院八十一年度家上更㈠字第一號判決以及最高法院八十一年臺上字第一六二一號判決對民事訴訟法第五百零六條的規定明顯為限縮性適用的解釋，由於這種限縮性解釋已超越原法律條文規定之文字內涵，故顯然為消極的不適用法規，顯然影響裁判者，依大法官釋字第一七七號解釋自屬民事訴訟法第四百九十六條第一項第一款所定適用法規顯有錯誤之範圍，應許當事人對之提起再審之訴。

但本案之當事人卻未提起再審之訴，而直接聲請大法官會議為釋憲解釋。大法官會議在接到當事人釋憲聲請時，自應以程序不合而駁回。但第五屆大法官在其任期屆滿前最後一個月卻做出釋字第三六二號解釋。

（七）大法官會議第三六二號之解釋文內容

大法官會議於民國八十三年八月二十九日就上開之釋憲聲請做出釋字第三百六十二號解釋，其解釋文內容如下：

「民法第九百八十八條第二款關於重婚無效之規定，乃所以維持一夫一妻婚姻制度之社會秩序，就一般情形而言，與憲法尚無牴觸。惟如前婚姻關係已因確定判決而消滅，第三人本善意且無過失，信賴該判決而與前婚姻之一方相婚者，雖該判決嗣後又經變更，致後婚姻成為重婚，究與一般重婚之情形有異，依信賴保護原則，該後婚姻之效力，仍應予以維持。首開規定未兼顧類此之特殊情況，與憲法保障人民結婚自由權利之意旨未盡相符，應予檢討修正。在修正前，上開規定對於前述因信賴確定判決而締結之婚姻部分，應停止適用。如因而致前後婚姻關係同時存在，則重婚者之他方，自得依法請求離婚，併予指明。」

柒、對於大法官會議釋字第三六二號解釋文之評論與重建

本文在此想從上述所提大法官會議解釋文及解釋理由書中，評論大法官會議內容，分析李鐘聲大法官所提不同意見書以及學者對本解釋之見解，並嘗試重新建構解釋文之內容。茲嘗試從下列幾個觀點來分析：

一、大法官會議解釋之內容的評論

（一）從解釋文的文義看大法官會議第三六二號解釋對於一夫一妻的婚姻制度是否應加以維持並未深思

解釋文中認為重婚分為兩種，一為一般重婚，另外則為特殊重婚。解釋文中認為對於特殊重婚依信賴保護原則，該後婚姻之效力，仍應予以維持。所謂特殊重婚係指：「因信賴確定判決所導致之重婚，以及其他類似原因所導致之重婚。」大法官會議在解釋理由書進一步說明：「如當事人之前婚姻關係已因確定判決（如離婚判決）而消滅，自得再行結婚，後婚姻當事人基於婚姻自由而締結婚姻後，該確定判決又經法定程序（如再審而變更），致後婚姻成為重婚，既係因法院前後之判決相反所致，究與一般重婚之情形有異。……」，然而縱使重婚確實存在有一般重婚及特殊重婚，但並不表示特殊重婚之效果應必然與一般重婚相異，或者縱使相異也並不一定要破壞一夫一妻制婚姻制度原則，大法官會議亦可考慮僅維持一個婚姻。然而其卻採取破壞一夫一妻婚姻制度的解釋，使前後婚姻均有效維持。大法官會議在解釋時似乎未曾意識到，後婚姻配偶在後婚姻被維持時，由於前婚姻關係並未

消滅，因此其必須與前婚姻配偶共有一夫，其所享受的婚姻權是不完整的。也因此當其婚姻被維持之際，如果前婚姻關係不消滅，其就不能如一般人般享有平等的婚姻權。而對前婚姻配偶而言，其前婚姻雖未消滅，但由於後婚姻的維持，因此也如後婚姻配偶般不能享有平等婚姻權。大法官此號解釋的瑕疵顯而易見。無怪乎李鐘聲大法官於不同意見書中指出本件解釋「打破重婚無效規定所以貫徹之一夫一妻制度，危害堪虞。」

（二）大法官會議第三六二號解釋有侵害立法權之嫌

學者李玲玲教授在其「論婚姻之自由與重婚——試評司法院大法官會議釋字第三六二號解釋」一文中指出「本解釋又將重婚之效力分為三種，若為一般重婚，則依民法第九百八十八條第二款規定，婚姻自始，當然無效。若為特殊重婚，則尚須判斷重婚、相婚者是否出於善意且無過失。若出於善意，則後婚姻之效力，仍應予以維持；反之，若出於惡意，則須另經法院之判決程序始能認其無效，未經判決無效者仍為有效。」李玲玲女士並進一步指出：「所謂特殊的重婚，乃我大法官會議所創造。而重婚之效力，究竟為無效或為撤銷，固因各國立法政策之不同，而有不同之規定。觀之我國規定，重婚為無效，此無效，依國內學者之解釋，為自始、確定的無效，不待法院之判決而當然無效，此點與德國之宣告無效有所不同。將重婚之形態區分為一般重婚與特殊重婚已屬不妥，再又將重婚之效力，區分為三，於法無明文之情形下，創造重婚之宣告無效，似已明顯侵害了立法權。」㉛李鐘聲大法官所提不同意見書中亦指出：本件解釋「……對於重婚無效規

㉛ 李玲玲，論婚姻之自由與重婚——試評司法院大法官會議釋字第三六二號，東吳大學法律學報第十卷第一期，86. 1.，頁7～8。

定之第九百八十八條第二款，撰一般重婚與特殊重婚情況之別，前者無效，後者有效，直到法院判決無效為止。此不僅本解釋使新法不能全面施行，且與新法背道而馳，和舊法之重婚得撤銷一樣，同循法院判決程序，使新法走回舊法老路，新法開倒車，……」㉜

（三）大法官會議在本釋憲文中過度膨脹善意信賴保護原則的效果，以至於只考慮後婚姻配偶的婚姻權，卻忽略了前婚姻配偶的婚姻權，並使惡意的重婚者受到保障

如同李文所指：「……換言之，法律不應藉著保護善意之相婚者，而間接保護惡意之重婚者，同時損害具有合法婚姻關係之前婚姻配偶的權益，此種解釋之結果，將使合法之前婚姻，隨時處於可能成為合法重婚之不安定狀態，此非憲法保障婚姻權及家庭生活權之當然結果。」㉝李文中更進一步認為：「就本案重婚的二個婚姻，受到憲法第二十二條所保障的，應是依法成立的前婚姻，而非後婚姻。本大法官會議之解釋，將後婚姻認定為享有憲法第二十二條之保障，已混淆了憲法基本權利之受益對象。」㉞另李鐘聲大法官於不同意見書亦謂：「聲請人係七十七年七月四日結婚，在新法公布施行生效之後，而前妻係六十二年二月二十一日結婚，育有子女，如聲請人後婚姻應受憲法人民結婚自由權利之保護，則前妻尤應受憲法人民結婚自由權之保護。何況，憲法第一百五十六條『國家為奠定民族生存發展之基礎，應保護母性』，內含我國許多人倫道德。本解釋法依聲請人主張而為之，

㉜　同㉙，參考李鐘聲大法官不同意見書。

㉝　同㉛，頁11。

㉞　同㉛，頁6。

全置前妻合法保護婚姻於不顧不論，有失憲法平等保護人權原則。」[35]

於此另有學者鄧學仁教授提出不同意見，在其「現代重婚問題之新解」一文中主張應維持後婚姻，在其文內指出：「若強使後婚無效，回復前婚，縱使於形式上後婚解銷，然於實質上前婚之夫妻關係，恐亦難以維繫，對於實際問題仍未解決，倒不如課以再婚者賠償責任後，彼此再重新出發似乎較為實際，否則再婚者對於前配偶已無情意，前婚姻配偶再繼續僵持下去，所為何事，是否值得？值得深思。」[36]

（四）大法官會議在本釋憲文中顯有為第四審判決之嫌

如前所述，本聲請釋憲案之解釋內容，事實上係針對不同審級之法院判決，對於如何法律適用的見解提出看法，此本為聲請再審的案件，如再審判決確定後，當事人之權益人未受保障才有聲請釋憲之必要。無怪乎李鐘聲大法官認為：「本解釋推論結婚自由，敘述前婚姻消滅得再婚，出於善意且信賴判決，為民法第九百八十八條第二款之特殊情況等一系列文字，未免偏於個案處理。致最高法院確定終局判決對於聲請人主張善意與信賴判決云云，欲與駁回在案，則本解釋儼然為第四審判決。解釋為著重於法令合憲抑違憲之原則問題，乃深入於一個特殊情況，以偏概全，而犧牲一夫一妻制度，亦滋訟端似非大法官釋憲之道。」大法官在收到釋憲聲請時未能明察，不免讓人認為其實為第四審之判決，如果大法官會議真有此一功能，則有必要修改大法官審理案件法之規定，使人民之所適從，否則僅針對特殊案例為之不免有違憲法平等原則。

---

[35] 同[32]。

[36] 鄧學仁，現代重婚問題之新解，月旦法學雜誌第十二期，1996. 4.，頁104。

二、大法官會議解釋之內容的重建

大法官會議在第三六二號解釋文的內容裡提到下列幾個重要原則，從這幾個原則中，作者將做為其釋憲解釋內容重建之考量：此一解釋文的內容所提幾個重要原則包括：一夫一妻婚姻制度的原則、信賴保護原則、及憲法人民結婚自由權利應受保障等。究竟三者之間關係如何有釐清之必要。人民權利之保障是憲法層次之問題，無庸置疑，要深思者乃是：究竟一夫一妻婚姻制度之原則與信賴保護原則之間的關係如何？在此探討之必要。

（一）一夫一妻婚姻制度的原則並非僅為法律規定而係憲法上平等權的延伸

大法官會議認為民法第九百八十八條第二款關於重婚無效之規定，乃所以維持一夫一妻婚姻制度之社會秩序，就一般情形而言，與憲法尚無牴觸。究竟一夫一妻婚姻制度之原則僅為法律（民法親屬編）規定之原則或是憲法規定層次之原則，則有討論的必要。然而若仔細思考，事實上會發現一夫一妻制原則，也牽涉到憲法上平等權的問題。容許一夫多妻或一妻多夫的存在，將使某些人可以享受與他人不同的婚姻權，因此消除一夫一妻制就是違反平等原則。因此一夫一妻婚姻制度應是釋憲案過程中不可放棄的原則。如此來看第三六二號解釋文所造成之一夫多妻之結果事實上已違反憲法。其因此如果要做合憲解釋前提必須維持一夫一妻制度。至於信賴保護原則之性質為何，將在下列（二）中加以討論。

（二）信賴保護原則

究竟信賴保護原則在我國法律體系，係法律上規定層次原則或憲法規定所引出之原則，則有討論之必要。從大法官會議解釋文可知，大法官們認為：若「前婚姻關係已因確定判決而消滅，第三人本善意且無過失，信賴該判決而與前婚姻之一方相婚者，雖該判決嗣後又經變更，致後婚姻成為重婚，究與一般重婚之情形有異，依信賴保護原則，該後婚姻之效力，仍應維持」，觀察上述文義，第三六二號解釋認為特殊重婚與信賴保護原則間有一定的關連性。從大法官整個解釋理由書可知大法官們認為當信賴保護原則未被考慮時，則憲法所保障的人民結婚自由權將受到損害。事實上，此一情形，如前所述，在民事訴訟法中第五百零六條中已有規定，而且該條文只規定第三人善意取得的權利不受影響，並未要求該第三人必須善意無過失。而從大法官會議解釋文中亦未說明信賴保護原則究竟從憲法何規定所導出，不過從解釋文所提：「依信賴保護原則，該後婚姻之效力，仍應予以維持。首開規定未兼顧類此之特殊情況，與憲法保障人民結婚自由權利之意旨未盡相符，應予檢討修正。」語意來看，信賴保護原則應是從人民權利中導出。若真如此，則接下來要考量的事是：本案牽涉多位當事人之權利，維持後婚姻，固然保護了後婚姻配偶之權利，但是否可能侵害前婚姻配偶或其他當事人之權益呢？下列將討論的是大法官會議究竟如何衡量釋憲所牽涉事實中前後婚姻配偶之權利？

（三）本件釋憲案所牽涉之三位當事人憲法上保障之結婚自由權利在大法官會議第三六二號解釋中如何被衡量

在本次釋憲案中，事實上牽涉了三位當事人的婚姻自由權，由於該重婚者如果不願意維持其前婚姻關係，而想再婚，基本上民法親屬編對於離婚有兩願離婚及裁判離婚之規定，因此只要其依法解銷前婚姻關係，其自可享有另一結婚自由權，然而該重婚者（男性配偶）不合法依循法律途徑達到離婚目的，而採取惡意不法手段達到離婚目的，因此其婚姻自由權的保障應不在我們的考量中，在此要考量的僅是前後兩位配偶的婚姻權，而如前所述，一夫一妻婚姻制度應是釋憲時不可放棄之原則，因此前後婚姻中僅能維持一個婚姻，對前配偶來說其婚姻既未依合法程序解銷，則其婚姻權應屬既得之權利。而對後婚配偶而言，其結婚時如基於善意而不知結婚對象的婚姻尚未合法解銷，其既得之婚姻權也受到民事訴訟法第五百零六條既得權之保障，二人之權利在此無法衡量孰重孰輕，兩者一樣重要，因此要考慮的是：如果維持了前後婚姻中的一個婚姻，那麼不被保護的婚姻配偶，如何透過法律途徑得到補償。茲分別討論如下：

1.維持前婚姻：在本案中，如果維持前婚姻，那麼後婚姻配偶一方面可依刑法第二百三十八條規定告訴該重婚配偶詐術結婚罪，另一方面亦可依民法第一百八十四條規定向其請求損害賠償，如此對於脫法的該男性配偶有所制裁，應較符合社會公益。

2.維持後婚姻：相反的，如果維持了後婚姻配偶的婚姻，則前婚姻配偶至多可依民法向其配偶請求損害賠償，並無法依刑法規定向其提出告訴。其在法律上尋求保障的機會顯然少於後婚姻配偶。因此大法官會議在維持一夫一妻制度的前提下，應先保障前婚姻配偶。至於後婚姻配偶的信賴利益之保障則可透過損害賠償制度加以彌補。

捌、一夫一妻制在西方國家的歷史發展背景——以德國為例

本文在前言中提到傳統中國法律上並不堅持嚴格的一夫一妻婚姻制度，法律上所允許的是一夫一妻多妾制，這與西方國家一夫一妻制的內涵有所不同。究竟西方文化中一夫一妻婚姻制度的意義為何？

是本文在此所欲探討的。由於西方國家婚姻制度亦會因不同國家歷史背景而有不同，為避免過於籠統討論，因此本文在此將以德國為例，探討其有關一夫一妻婚姻制度及其相關法律規定。

一、一夫一妻婚姻制度在德國法哲學及法制史上的考察

德國法哲學家Gustav Radbruch在其所著法哲學Rechtsphilosophie一書的各論中有一專章討論婚姻(die Ehe)，在其文內簡短討論婚姻制度如下:「配偶的自由只有一個對象，那就是結婚者是否確實要走入婚姻，以及是否要與這人走入婚姻。相反的，婚姻的本質是排除所有人類的自由的；任何人一旦走入一個婚姻，則受到神所定之法律及婚姻的基本特色的拘束。(原文如下：Die Freiheit der Ehegatten hat nur Eine zum Gegenstande, ob die Eheschliessenden wirklich eine Ehe eingehen und ob sie dieselbe mit dieser Person eingehen wollen. dagegen ist das Wesen der Ehe der menschllichen Freiheit vollstaendig entzogen, so dass jeder, nachdem er einmal die Ehe eingegangen ist, unter ihren von Gott stammenden Gesetzen und wesentlichen Eigenschaften steht)。[37]

而所謂神所定之法律及婚姻的基本特色，事實上，是受到歷史背景的影響。德國法制史學者Hermann Conrad在其所著：德國法制史一書第一冊(Deutsche Rechtsgeschichte Band 1, Fruehzeit und Mittelalter)中提到在早期日爾曼法中對於男性是允許有多妻的。但當天主教及教會的影響逐漸增加後，許多婚姻的禁忌受到教會的影響。教會尤其禁止重婚及妾的制度。而逐漸的，自中世紀以來，一夫一妻婚姻

[37] Gustav Radbruch, *Rechtsphilosophie*，1963. 6., Aufl.，p.251。

制度乃在德國被徹底執行。[38]

二、現代德國法中的一夫一妻婚姻制度

1.德國基本法的規定

不同於中華民國憲法，德國基本法第六條規定國家與婚姻制度的關係。德國基本法第六條規定：「(1)婚姻與家庭受到國家規範的特別保護。(2)子女的照護與教育是父母的自然權利以及其優先有的義務。國家共同體對於父母行使權利履行義務應加以監督。(3)子女僅在有教育權者無法為行為或子女因其他原因而處於不受保護之情形時，依法律規定，違反有教育權者意志而使其自家庭中分離。(4)任何母親有權要求共同體給予其支持及照顧。(5)非婚生子女應依法律有同樣條件，使其身體的、心靈的發展及在社會中的地位與婚生子女一般。」

依據德國學者的意見上述第六條第一項所指「婚姻」應受保障的婚姻乃係一夫一妻制的婚姻[39]，此種一夫一妻婚姻制度的維持不僅有歷史及文化考量因素，另外也是基於基本法第三條第二項所規定的平等原則的考量[40]。

2.法律的規定

(1)有關重婚的一般規定

德國有關一夫一妻婚姻制度的規定主要規定在婚姻法中。依德國

---

[38] Hermann Conrad, *Deutsche Rechtsgeschichte Fruhzeit und Mittelalter 2*, Neubearbeitete Auflage 1962，pp.38，155。

[39] Albert Bleckmann, *Staatsrecht II-Die Grundrechte*, 3., eweiterte Aufl., pp.750～751。

[40] 同[39]，p.753。

婚姻法（Ehegesetz）第五條規定：「任何人在前婚姻未被宣告無效或解銷前，不得結婚」（原文：Niemand darf eine Ehe eingehen, bevor seine fruehere Ehe für nichtig erklaert oder aufgeloest worden ist.）。違反婚姻法第五條之規定而結婚者，依該法第二十條規定其婚姻為無效。婚姻法第二十條規定：「⑴配偶之一方於結婚時與第三人有有效的婚姻關係時，其婚姻為無效。⑵如果在結婚前，該前婚姻關係之離婚或婚姻撤銷已被宣告，那麼，當結婚後，前婚姻之離婚或撤銷已確定，則新的婚姻視為自始有效。」雖然依德國婚姻法規定重婚為無效，但是不同於我國學者及實務界見解的是：我國學者與實務界一般認為婚姻無效係自始、確定、絕對無效。（此一見解曾為陳榮宗教授於「婚姻無效與股東會議決議無效之訴訟」一文中加以質疑）。

德國則於婚姻法第二十三條明文規定婚姻無效須經裁判為之。德國於婚姻法第二十三條規定：「任何人在婚姻未被法院宣告無效時，不得主張婚姻無效。」另外婚姻法第二十四條第一項規定有權提起婚姻無效訴訟之人為檢察官、配偶之任一方、以及前婚姻之配偶。除此之外，任何第三人均不得提起。當然由於配偶雙方均可提起婚姻無效之訴，因此不排除惡意配偶一方可能提起婚姻無效之訴，實務界認為此時由於有公共利益存在：重婚的排除，因此並無不可。但亦有學者主張，此時由於有權利濫用之情形，應將該訴訟加以駁回。[41]而檢察官如認為有必要自得再行提起婚姻無效之訴。婚姻法第二十四條第二項並規定婚姻無效之訴，在配偶雙方均死亡後則不得提起。依德國婚姻法第二十六條規定在婚姻經無效宣告後，雙方的關係依離婚效果的規定處理。此外德國刑法並於第一百七十一條規定重婚應受刑罰的制裁。

---

[41] Guenther Beitzke *Familienrecht*, 25. Aufl., Muenchen 1988，p.59。

⑵對於因配偶一方之死亡宣告被撤銷，所發生的重婚事件的特別規定

德國婚姻法中特別於第三十八條、第三十九條中針對配偶一方因死亡宣告被撤銷，所發生的可能重婚事件有特別規定。婚姻法第三十八條第一項規定：「配偶之一方於他方配偶受死亡宣告後再婚，其新婚姻並不因該受死亡宣告的配偶仍活著而無效。但若該再婚的雙方配偶結婚時，均知道受死亡宣告者仍活著時，不在此限。」該條文第二項進而規定：「當新的婚姻締結時，舊婚姻因此解銷。縱使該此一解銷不因死亡宣告而受影響。」依此規定，如果再婚配偶雙方知道前婚姻配偶的死亡宣告不正確；則前婚姻將仍有效，再婚則因重婚而無效。但如果再婚配偶的一方對於死亡宣告不正確並不知情，則前婚姻在新婚姻締結時即解銷。學者認為此一規則對於受死亡宣告後回來的前婚姻配偶雖然有些苛刻，但是他對於自己長期的失蹤，亦應有所擔待。㊷

德國婚姻法第三十九條進一步規定：「⑴受死亡宣告的前婚姻配偶如果仍活著，則其原配偶得請求撤銷新婚姻。但若該配偶於再婚時，明知受死亡宣告的前婚姻配偶，仍活著時，則不在此限。⑵原配偶若依前項之規定撤銷婚姻；則其在其前婚姻配偶生存期間，若欲結婚，僅得與原配偶為之。婚姻撤銷效果依第三十七條第一項之規定。若被告配偶於結婚時知悉受死亡宣告的前婚姻配偶仍活著，則適用第三十七條第二項第一款之規定。」，婚姻法第三十七條第一項規定婚姻撤銷之效果依離婚之效果。而第三十七條第二項第一款則規定在某種特殊情形下，可由配偶之一方於撤銷之訴確定後六個月內，聲明第一項所提離婚效果中，有關財產之效果不予適用。

㊷ 同㊶，p.51。

究竟前婚姻配偶依婚姻法第三十九條規定撤銷新婚姻的權利應如何為之，並未在德國婚姻法規定。而規定在婚姻法補充及施行細則第十九條。依該條之規定，第三十九條規定，撤銷新婚姻僅能在前婚姻配偶知悉受死亡宣告的前婚姻配偶仍活著時，起算一年內為之。

從上述可得知德國法中有關配偶一方受死亡宣告後，可能因死亡宣告被撤銷所造成危害一夫一妻婚姻制度之情形有週延的規定。反觀我國對於此種情形則僅於民事訴訟法第六百四十條規定:「撤銷死亡宣告或更正死亡之時之判決，不問對於何人均有效力。但判決確定前之善意行為，不受影響。」依此規定，受死亡宣告的前婚姻配偶如果仍活著時，則在其死亡宣告被撤銷時；如果其原配偶已再婚；則只要其再婚配偶為善意，則後婚姻將受到法律的保障，而當前婚姻失蹤配偶的死亡宣告被撤銷後，前婚姻既為消滅，那麼一夫多妻或一妻多夫的現象便可能發生。我國現行法律體制未來有必要對此做規定，以保障一夫一妻制的存在。

3. 德國實務上有關重婚案件的情形

(1)重婚但未受婚姻無效判決之情形

由於德國婚姻法規定婚姻無效須經法院裁判後始能生效，因此實務上可能發生一個生活在兩個婚姻中的配偶死亡後，留下兩個與其同婚的配偶。此時由於兩者均有繼承權及夫妻間淨益分配請求權，因此在實務上可能發生分配的困難。尤其是淨益分配請求權可能會因婚姻的長短而有不同。[43]

(2)特殊情形下的重婚

在德國實務上曾發生類似我國釋字第三六二號解釋的案例，也就

---

[43] 同[42]，p.60。

是說有配偶的一方在前婚姻關係因為無效、撤銷或離婚的確定判決後再婚，卻因為再審之訴，導致前婚姻繼續有效，這時學者認為此時前婚姻關係從未解銷，因此新的婚姻關係是無效的，縱使再婚的雙方配偶是善意的。[44]

玖、結　論

本文藉著對大法官會議第二四二號及第三六二號解釋的分析評論，試圖了解我國一夫一妻婚姻政策在法律落實上的情形。從整個分析過程來看，大法官會議上述兩號解釋均表現出大法官們對一夫一妻婚姻制度的執行並無決心。大法官會議第三六二號解釋做出之後，後婚姻的雙方配偶據此提起再審之訴，由最高法院以八十四年臺再字第一號判決「本院八十一年臺上字第一六二一號判決及臺灣高等法院高雄分院八十一年家上更㈠字第一號判決關於確認再審原告間之婚姻無效並命塗銷其戶籍之結婚登記暨各該訴訟費用部分廢棄，發回臺灣高等法院高雄分院。其他再審之訴駁回。……。」臺灣高等法院高雄分院以八十四年家上更㈠字第三號判決：「後婚配偶許辰月對離婚判決，不可能明知或可得而知，有再審原因之存在，是許辰月與陳周豐之結婚，係屬善意，且無過失，堪以認定，自不受事後再審判決之影響，原審為上訴人敗訴之判決，經核尚無不合，應予維持。」[45]

前婚姻配偶蔡玉鳳不服上開判決而上訴，惟其上訴已遭駁回，因

[44] 同[42]，p.55。

[45] 參考台灣高等法院高雄分院以八十四年家上更㈠字第三號判決。

此本案在法律上已是確定。㊻然後從整個判決結果來看，司法者雖然

㊻ 台灣高等法院高雄分院以八十四年家上更㈠字第三號判決是在實體上認定再婚的配偶許辰月係善意而無過失。其認定的依據為何，可從判決書本文中略為看出。其重要內容如下：「四、查上訴人與陳周豐間，原審七十七年婚字第九十八號離婚判決,於民國七十七年六月四日確定，六月十四日辦妥離婚登記，被上訴人間（筆者按：指陳周豐、許辰月）七十七年七月四日結婚，已在離婚判決確定，且已離婚登記之後，當非重婚，雖上訴人主張，被上訴人許辰月於原審自認『於五十九年在日立公司認識被上訴人陳周豐』『每年均有寄賀卡至陳家』『在公共場所見過面』『在台中幫他收集資料』『七十七年五月底我打電話給陳周豐要他為我找工作』『陳周豐隨即安插我到他公司上班』『六月份去他公司上班』或陳周豐自認，其前經營之澄源松實業公司，財務危機時，向許辰月調借六萬元，於許辰月在其母住處，步行五分鐘附近，購買新居時，始開票償還等情為真，然上訴人既迭陳，許辰月為其與陳周豐結婚時之女方伴娘，上開情形，亦無非一般世俗往來。許辰月自六十九年一月起，至七十七年五月卅一日止，均在台中力加公司任職，有扣繳憑單，附原審卷六十三頁背面。六月初，至陳周豐公司任職，已在判決離婚之後，因陳周豐離婚後之小孩，需人照顧，由陳周豐之妹陳惠祝，試探雙方意思，再帶往母親處，雙方始自己交往。經陳惠祝在本院證述明確。足見，被上訴人間之結婚，由陳惠祝撮合，時間在離婚確定後，乃有後續之陳周豐給我看他的離婚判決書，且向我求婚之發展。按陳周豐為中年再婚之人，許辰月則為少女初婚，當陳周豐求婚時，縱許辰月追問前妻究竟，陳周豐亦必信誓旦旦，盡掩飾之能事，豈能反洩瑕疵，許辰月對離婚判決，不可能明知或可得而知，有再審原因之存在，是許辰月與陳周豐之結婚，係屬善意，且無過失，堪以認定，自不受事後再審判決之影響，原審為上訴人敗訴之判決，經核尚無不合，應予維持。」

保障了後婚姻配偶的婚姻權，但卻可能侵害前婚姻配偶（女方）的婚姻權。而最重要的是對於一個透過脫法行為而達到再婚目的的前婚姻配偶（男方）而言，法律不僅未能對之加以制裁，甚至使其享有一般人所無法擁有的兩個配偶的權利。這樣的結果是否符合我們社會的正義觀，值得深思。

大法官會議第二四二號及第三六二號解釋的內容或許受到傳統中國法律文化的影響，然而我國現行法律體制已非傳統中國法律體制。一夫一妻的婚姻制度不僅僅是民法親屬編所明文規定，更是落實憲法平等權所應努力的目標。一夫一妻制的破壞，將使人民的平等權受到侵害。因此未來如何落實一夫一妻制應是立法者與司法者努力的目標。

† 本文之完成要在此感謝政治大學法學院法治斌教授、顏厥安副教授及政治大學研究所陳文禹同學、王效文同學、尤伯祥同學參與討論並提供不同的思考角度。

夫妻財產制修正評述

黃宗樂*

前　言

壹、夫妻財產制之引進

貳、聯合財產制之缺失

參、夫妻財產制之修正及其檢討

肆、民法親屬編施行法第六條之一之增訂

伍、有關夫妻財產制之修正意見

一、學者專家之意見

二、各方反應之意見

陸、有關夫妻財產制之再修正草案

一、新晴版民法親屬編修正草案

---

* 作者為日本大阪大學法學博士，現任臺灣大學法律學系及法律學研究所教授

夫妻財產制修正評述

要制定一理想的夫妻財產制，至少應以維護夫妻的平等、保護交易的安全與達成婚姻共同生活目的為立法的基礎。

——戴東雄

前 言

夫妻財產制，乃婚姻法上之一大迷宮，尤其在立法論上更是動輒陷於兩難之棘手問題。就我國夫妻財產制法而言，民國七十四年修正前固勿論，即在修正後，批判之聲仍不絕於耳，而於進行再修正之際，究竟應採何種財產制為法定夫妻財產制，又有勞力所得共同制與所得分配制相對立，而在該二制中究竟應包涵如何內容，亦仁智互見，顯見要制定能為各方所滿意或接受之法定夫妻財產制，殊非容易，甚且幾不可能。

所幸，壽星戴大法官東雄教授，洞見癥結，掌握機先，發表論夫妻財產制之立法準則、夫妻財產制之研究、從西德、瑞士普通法定財產制檢討我國聯合財產制之修正草案❶等多篇論文，揭示我國夫妻財產制法改革之指針，而使吾人於修法時有所遵循。

---

❶ 以上各論文均收錄於戴東雄著，親屬法論文集（東大圖書公司印行）。

本稿乃參照壽星之立論，評述我國夫妻財產制之修正，特別就目前各修正草案加以評析，並提出個人淺見，用供目前修法之參考，同時聊表祝賀之寸心。

壹、夫妻財產制之引進

我國固有法並無夫妻財產制，民法親屬編制定之初，中央政治會議通過送交立法院之親屬法先決各點審查意見書❷第六點說明謂:「各國民法關於夫妻財產制度，規定綦詳，標準殊不一致。我國舊律向無此種規定；配偶之間亦未有訂立財產契約者。近年以來，人民之法律思想逐漸發達，自當順應潮流，確定數種制度，許其約定擇用其一。其無約定者，則適用法定制度。」民法親屬編乃仿傚一九〇七年瑞士民法立法例（瑞民一七八條以下），詳細規定夫妻財產制（一〇〇四條以下）。其中，法定財產制係仿照瑞士民法之聯合財產制(一九四條至二一四條)；約定財產制係仿照瑞士民法之共同財產制(二一五條至二四〇條)、分別財產制(二四一條至二四七條)。所不同者，統一財產制，瑞士民法視為一種變相的聯合財產制，附帶規定於聯合財產制之內(瑞民一九九條)；反之，我民法則以之為獨立的夫妻財產制，而列為約定財產制之一種，特設一目而為規定❸。

為何以瑞士之聯合財產制為通常法定財產制？前揭意見書第六點說明謂:「瑞士之聯合財產制，既便於維持共同生活，復足以保護雙方權利，折衷得當；於我國情形，亦稱適合，故擬採之，定為通常法定

❷ 中華民國民法制定史料彙編下冊（司法行政部印行），頁581以下。

❸ 史尚寬著，親屬法論（著者自行出版），頁400。

制。遇有特定情形，例如一方破產時，當然改行分別財產制（參看瑞民一八二條）。又夫妻中一人因債務被強制執行而不能清償時，法院因他一人之聲請，宣告改行分別財產制（參看同法一八三條）。故以分別財產制為非常法定制，亦採用瑞士等國之成規也。」再者，約定財產制為何以共同財產制、統一財產制、分別財產制三種為限？前揭意見書第六點說明又謂：「約定財產制所以限於法定種類者，蓋恐配偶間任其自由訂約，漫無標準，則人各異其制，而第三人與之交易殊感困難，在社會上亦覺不便也。」

貳、聯合財產制之缺失

聯合財產制原係封建社會的產物，富有家父長制的色彩❹，因此自瑞士移植過來後，自然存在許多偏袒於夫之不合男女平等原則的規定。茲舉其犖犖大者如次：

一、第一千零十七條第二項：「聯合財產中，夫之原有財產及不屬於妻之原有財產之部分，為夫所有。」依此規定，聯合財產中，除妻之原有財產（妻於結婚時所有之財產，及婚姻關係存續中因繼承或其他無償取得之財產）外，均為夫所有。因此，妻於婚後取得之財產(在不動產縱令登記在妻名義之下)，如不能舉證證明為其特有財產（民一〇一三條、一〇一四條）或原有財產（民一〇一七條一項）時，其所有權屬於夫，夫亦無庸就此為任何之舉證，即可取得該財產之所有權，勿論其屬夫之特有財產或原有財產❺。

❹ 詳見林秀雄著，家族法論集㈠──夫妻財產制之研究，輔仁大學法學叢書專論類(6)，頁18以下，頁195以下。

二、第一千零十七條第三項：「由妻之原有財產所生之孳息，其所有權屬於夫。」依此規定，妻僅對其原有財產之原物有所有權，由該原物所生之孳息，悉歸夫所有。

三、第一千零十八條：「聯合財產由夫管理……」依此規定，聯合財產（妻之原有財產亦包括其內），惟夫得管理，妻不得為管理。

四、第一千零十九條：「夫對於妻之原有財產，有使用、收益之權。」依此規定，妻對其自己原有財產，既無使用權，亦無收益權。

五、第一千零二十條但書：夫對於妻之原有財產，為管理上所必要之處分，不必得妻之同意。

六、依第一千零二十九條、一千零三十條及一千零五十八條規定，聯合財產制終了時，妻祇能取回其原有財產，而婚姻關係存續中夫所增加之財產，悉數歸夫所有，完全無視妻對婚姻生活管家與育幼之貢獻❻。

當然，民法亦有袒護妻之規定，例如：妻因勞力所得之報酬，為妻之特有財產，在夫則否（民一〇一三條四款）；聯合財產之管理費用由夫負擔（民一〇一八條後段）；妻對於夫之原有財產，於日常家務代理權限內，得處分之（民一〇二一條）；家庭生活費用，妻次於夫而負擔之（民一〇二六條）。然此等規定，祇不過對於夫之專權具有某程度之平衡作用而已。

須附帶說明者，臺灣在日治時期，以條理承認：依契約自由之原

---

❺ 詳見戴東雄，論聯合財產制財產所有權之歸屬，前揭親屬法論文集，頁239以下；陳棋炎、黃宗樂、郭振恭著，民法親屬新論（三民書局印行），頁154以下（郭）。

❻ 詳見戴東雄前揭❶書，頁149以下，頁226以下。

則夫妻得以契約約定其夫妻財產制，其內容並無限制；夫妻於結婚前未以契約約定其夫妻財產制者，依習慣法上所定之夫妻財產關係❼。所謂習慣法其實係指明治三十一年日本民法而言❽。

日本民法舊親族編所定之夫妻法定財產制（七九八條至八〇七條），違反男女平等原則之規定俯拾即是：

一、妻或贅夫於結婚時所有之財產及婚姻中以自己名義取得之財產為其特有財產(八〇七條一項)。屬於夫妻何方不明之財產，推定為夫或女戶主（女家長）之財產(八〇七條二項)。女戶主招贅時，贅夫為其家之戶主，但當事人結婚當時表示反對之意思時，不在此限(七三六條)，可見女戶主究屬例外。

二、夫或女戶主依用法對於其配偶之財產有使用及收益之權利(七九九條一項)。

三、夫管理妻之財產(八〇一條一項)，縱使妻為戶主，其財產仍應由其夫管理。夫不能管理妻之財產時，妻始得自己管理之(八〇一條二項)。

四、夫以管理之目的處分其妻之財產之孳息時，無須妻之同意

❼ 詳見姉齒松平著，本島人ノミニ關スル親族法竝相續法ノ大要，頁116以下。

❽ 日本領臺後，關於親屬、繼承事項，仍依臺灣民事習慣。其後，依大正十一年敕令第四〇六號「關於民事之法律施行於臺灣之件」，自大正十二年（民國十二年）一月一日起，日本民法及其他民事法律施行於臺灣，但依同年敕令第四〇七號「關於施行於台灣法律之特例之件」特例第五條之規定，而排除日本民法第四編親族及第五編相續之適用。不過，實際上，台灣總督府法院判例，以日本民法為條理而加以適用，而學理上稱日本民法為臺灣之習慣法。

(八〇一條二項)。

當然，袒護妻之規定亦散見其間，例如，夫負擔因婚姻所生之一切費用，但妻為戶主時，由妻負擔之(七九八條)；夫或女戶主應由其配偶之財產之孳息支付其債務之利息(七九九條二項)等。

總之，日本民法舊親族編之夫妻法定財產制係採管理共同制，與民國民法之採聯合財產制並無二致。

參、夫妻財產制之修正及其檢討

民法親屬編於民國十九年十二月二十六日公布，二十年五月五日施行。施行未幾，司法行政部曾草成民法親屬編修正案（民國二十年完成，但日期不明，按應在本編施行之後)，其中，就夫妻財產制，作大幅變革，而將原定之四十五條簡化為十五條。約定財產制，法律不設一定類型，而任由夫妻以契約訂定；夫妻未以契約訂定其夫妻財產制者，以分別財產制為法定財產制，各保有其財產，而管理及使用收益之，爰規定「妻於結婚前所有之財產，及結婚後所取得之財產，均為其自己所有，夫無管理或使用收益之權。」至於妻以其財產交夫管理者，另為特別之委任，十五條之中就有九條規範妻以財產交夫管理時之法律關係。❾但此修正案未曾成為法律。

民國三十四年十月二十五日國民政府接收臺灣，中華民國民法自是日起施行於臺灣（三十六年院解字三三八六號)。

民國三十六年一月一日中華民國憲法公布，同年十二月二十五日施行。同法第七條規定：「中華民國人民，無分男女……在法律上一律

❾ 詳見前揭❷文獻，頁741以下。

平等。」民國三十六年一月一日公布憲法之同時，公布憲法實施之準備程序，其中明定：「自憲法公布之日起，現行法令之與憲法相牴觸者，國民政府應迅速分別予以修正或廢止，並應於依照本憲法所產生之國民大會集會以前，完成此項工作。」但政府當局卻因戡亂，一直未依上開規定，將民法親屬編與憲法男女平等原則相牴觸之條文予以修正或廢止。

迨民法親屬編施行五十四年（在臺灣施行三十九年）後之民國七十四年六月三日，始完成首次修正⑩。其修正之基本原則中，特重「貫徹男女平等原則」與「修正夫妻財產制，使其更為合理」。有關夫妻財產制之重要修正如次：

一、第一千零十條，將原定「應宣告」修正為「得宣告」，並增訂改用分別財產制之事由，即「夫妻之一方對於他方之原有財產，管理顯有不當，經他方請求改善而不改善時」、「夫妻難於維持其共同生活，不同居已達六個月以上時」、「有其他重大事由時」，而擴大夫妻改用分別財產制之可能性。依舊法規定，有所列各款情形之一時，法院因夫妻一方之請求，必須宣告改用分別財產制，並無緩衝之餘地，於夫妻情感、家庭幸福設想似欠周延，爰予修正，俾法院就夫或妻改用分別財產制之請求，應否准許，有斟酌裁量之權限（見修正理由）。對此，論者有謂：本條前五款既具體列舉其事由，並認有其事由之發生時，夫妻適用分別財產制，較能保障其權益，始規定夫妻得請求法院宣告改用分別財產制，則法院經調查認定有其事由時，即應宣告，

⑩ 修正後之民法，我國學者專家習慣以新民法稱之，而修正前之民法則稱為舊民法，筆者認為不妥，因原民法典依然施行，並未廢止；宜稱為民法新法、民法舊法或民法新規定、民法舊規定，不知讀者諸賢以為然否？

否則此五款規定將形同虛設，至第六款「有其他重大事由時」，法院於認定是否有其他重大事由，雖有斟酌裁量之權，但一旦認定有重大事由存在時，亦應宣告改用分別財產制。因此，本條之「得宣告」，不如舊法之「應宣告」來得合理⓫。另有認為：新法擴大夫妻適用分別財產制之機會，尤其增設第六款概括之規定，則例如「夫妻之一方將自己原有財產移轉為他人所有或任意浪費時」(見修正理由)、「聯合財產管理權人受禁治產之宣告時」⓬，夫妻之一方得請求宣告改用分別財產制，而使分別財產制在我國夫妻財產制之規定中，占有重要之地位，其意義相當重大⓭。

二、第一千零十三條刪除第四款。修正理由謂：夫因勞力所得之報酬，既不列為特有財產，為貫徹男女平等之原則，妻因勞力所得之報酬亦應不列為特有財產，且第一千零十七條第一項已就「婚姻關係存續中取得之財產」規定為屬於夫妻之原有財產，各保有其所有權，新增第一千零三十條之一復有「分配剩餘財產」之規定，更無將妻之勞力所得列為特有財產之必要，爰將第四款規定予以刪除。論者有謂：此之修正，結束半世紀來妻之特權，如能在夫妻財產制中保障夫妻完全之平等，維護妻之利益，則此特權之刪除，應為稱許⓮。反之，亦有謂：妻因勞力所得之報酬被納入妻之原有財產之範圍，依第一千零十八條及第一千零十九條之規定，原則上由夫管理、使用收益，則舊

⓫ 林菊枝著，我國民法親屬編修正法評論（五南圖書出版公司印行），頁47。

⓬ 林秀雄前揭❹書，頁245。

⓭ 林秀雄前揭❹書，頁246。

⓮ 林菊枝前揭⓫書，頁49。

法時妻仍得就自己之勞力所得，有管理權、使用收益之權，如今修正後，反剝奪妻對自己勞力所得之管理權、使用收益權，此對妻而言，未必即為公平。於新法之下，維持第一千零十三條第四款之規定，則對夫不公，若刪除該款之規定，則對妻不公，而會陷於如此左右為難之狀態，乃因維持聯合財產制之形態所致⓯。

三、改善聯合財產制之結構：

（一）第一千零十六條修正為：「結婚時屬於夫妻之財產，及婚姻關係存續中夫妻所取得之財產，為其聯合財產。但特有財產，不在其內。」修正理由謂：本條舊法僅規定妻之法定特有財產而不包括約定特有財產在內，學者多認為解釋上約定特有財產，亦應包涵在內（見史尚寬著親屬法論第三三五頁，羅鼎著親屬法綱要第一三五頁）。又本條但書獨將妻之特有財產，排除於聯合財產之外，而夫之特有財產仍計算在內，似亦有違男女平等之原則，且解釋上易滋疑義，爰將但書予以修正，凡夫妻之特有財產，不問其為法定或約定，概不包括在聯合財產之內，以與修正之第一千零十七條相配合。

（二）第一千零十七條修正如次：

1.第一項修正為：「聯合財產中，夫或妻於結婚時所有之財產，及婚姻關係存續中取得之財產，為夫或妻之原有財產，各保有其所有權。」修正理由謂：為貫徹男女平等之原則，並維持聯合財產制之精神，夫妻原有財產之範圍，應求一致。舊法本條本項對於妻之原有財產僅以繼承或其他無償取得者為限，而夫之原有財產範圍則並無限制，顯欠平衡，爰予修正，使夫妻原有財產之範圍完全相同。依本項修正，修正後，於婚姻關係存續中取得之財產，在不動產，如登記為妻之名

⓯ 林秀雄前揭❹書，頁281。

義，即為妻所有，縱使由夫出資而登記為妻之名義，因登記有絕對之效力，在塗銷登記前，不能否認登記之公信力，夫或夫之債權人提起確認之訴，主張該不動產仍屬於夫所有，應認為無理由（參照七十六年臺北地方法院法律座談會）。然修正後之本條規定並無溯及效力，而自民國七十四年六月五日起發生效力（詳見後述）。

2.第二項修正為：「聯合財產中，不能證明為夫或妻所有之財產，推定為夫妻共有之原有財產。」修正理由謂：舊法本條第二項規定聯合財產中不屬於妻之原有財產部分均屬夫所有，似有違男女平等原則，爰予刪除。除第一項已明定夫或妻之原有財產各保有其所有權外，關於聯合財產中不能證明誰屬之財產，於第二項規定：「推定為夫妻共有之原有財產」，以杜爭議。此之所謂共有，係指分別共有而言，蓋於聯合財產制，夫妻之原有財產既各保有所有權，則共有情形並非常態，規定為分別共有，對於夫妻家庭經濟生活，亦不致有所影響。

3.第三項刪除。修正理由謂：修正後之本條第一項既規定夫或妻於婚姻關係存續中取得之財產，為夫或妻之原有財產，各保有其所有權，則妻之原有財產所生之孳息，當然歸屬於妻，舊法本條第三項規定，與修正後第一項之原則有違，自應予以刪除。

（三）第一千零十八條第一項修正為：「聯合財產，由夫管理。但約定由妻管理時，從其約定。其管理費用由有管理權之一方負擔。」修正理由謂：舊法原仿瑞士立法例，聯合財產由夫管理，其管理費用亦由夫負擔（瑞民二〇〇條），似與男女平等之原則有違，爰將本條第一項予以修正，使聯合財產，通常雖由夫管理，但約定由妻管理時可從其約定，其管理費用則由有管理權之一方負擔。對此修正，論者指摘：增訂聯合財產得約定由妻管理，似較舊法能維護男女平等，但實質上對妻並無多大意義，因約定由妻管理，必如約定夫妻財產制，畢竟不多。而約定，須夫妻合意，夫不同意時，妻即無取得管理權之可能。何況享有管理權，可享有不少權益（見民一〇一九條、一〇二〇條一項但書），夫豈有輕言放棄之理。因之，此規定，對於保護妻之權益，可能成為具文⑯。

（四）第一千零十九條增設但書：「但收取之孳息，於支付家庭生活費用及聯合財產管理費用後，如有剩餘，其所有權仍歸屬於妻。」修正理由謂：依第一千零二十六條規定，原則上由夫負擔家庭生活費用；又依第一千零十八條第一項規定，夫管理聯合財產時，其管理費用亦由夫負擔，是故本條規定，夫對於妻之原有財產有使用、收益之權，自甚合理。且依第一千零十八條第二項規定，如聯合財產約定由妻管理時，則妻對於夫之原有財產，有相同之權利，亦無違背於男女平等之原則。惟聯合財產中妻之原有財產所生孳息，如為數甚鉅，於支付聯合財產管理費用及家庭生活費用之後，猶有剩餘時，仍應歸屬於妻，方符修正後第一千零十七條第一項之立法意旨，爰於本條增設但書，明定此旨。對此修正，論者認為：增設本條但書，固較能保護妻之利益，但實際上仍未能符合男女平等之原則，且滋生矛盾。詳言之，夫管理聯合財產時，卻以妻之原有財產所生之孳息支付聯合財產管理費用，與民法第一千零十八條由有管理權之一方負擔管理費用之規定相矛盾，對妻亦有不公；依第一千零二十六條規定，家庭生活費用，夫應優先負擔，卻以妻之原有財產所生之孳息，優先支付家庭生活費用，如有剩餘，始歸妻所有，縱令夫有支付能力，亦僅於妻之原有財產所生之孳息不足時，始支付不足部分，亦與民法第一千零二十

⑯ 林菊枝前揭⑪書，頁55；林秀雄前揭④書，頁257；楊芳婉，夫妻財產制再修正問題之探討，法學叢刊，一四八期，頁147以下。

六條夫優先負擔之原則有悖，對妻亦不公平⑰。

（五）新增第一千零三十條之一，規定聯合財產關係消滅時剩餘財產差額之分配請求權

我國聯合財產制雖仿傚瑞士民法，但未設如瑞士民法第二百二十四條「夫之財產與妻之財產經劃分後，尚有盈餘者，盈餘之三分之一歸屬於妻或其直系血親卑親屬，其餘歸屬於夫或其繼承人」之規定，漠視妻管家與育幼之貢獻，素為論者所詬病⑱。七十四年修正時，增訂第一千零三十條之一，以解決此問題，其修正理由及規定內容如次：「聯合財產關係消滅時，以夫妻雙方剩餘財產之差額，平均分配，方為公平，亦所以貫徹男女平等之原則。例如，夫在外工作，或經營企業，妻在家操持家務，教養子女，備極辛勞，使夫得無內顧之憂，專心發展事業，其因此所增加之財產，不能不歸功於妻子之協力，則其剩餘財產，除因繼承或其他無償取得者外，妻自應有平均分配之權利，反之夫妻易地而處，亦然。」爰增設本條第一項：「聯合財產關係消滅時，夫或妻於婚姻關係存續中所取得而現存之原有財產，扣除婚姻關係存續中所負債務後，如有剩餘，其雙方剩餘財產之差額，應平均分配。但因繼承或其他無償取得之財產，不在此限。」「惟夫妻一方有不務正業，或浪費成習等情事，於財產之增加並無貢獻者，自不能使之坐享其成，獲得非分之利益。此際如平均分配，顯失公平，應由法院

⑰ 林菊枝前揭⑪書，頁57以下；林秀雄前揭④書，頁261；楊芳婉前揭⑯文，頁148；李玲玲，從男女平等之觀點論我國法定財產制之修正，軍法專刊四一卷一二期，頁25等。

⑱ 胡長清著，中國民法親屬論（臺灣商務印書館發行），頁164；戴東雄前揭①書，頁151，頁155以下。

酌減其分配額或不予分配。」爰增設第二項：「依前項規定，平均分配顯失公平者，法院得酌減其分配額。」又，本條第一項所定聯合財產關係消滅時之剩餘財產分配請求權，宜從速確定，以免影響家庭經濟及社會交易之安全，爰設本條第三項規定其請求權之消滅時效期間為二年。若夫妻之一方就第一項剩餘財產有所隱匿，而他方「知悉」在後已罹二年時效者，雙方權益顯失均衡，乃增列規定，延長其時效期間為五年；並以「聯合財產關係消滅時」之確定時點起算，俾夫妻剩餘財產之分配狀態能早日確定。

本條規定，對於家事勞動予以評價，肯定妻管理家務與育幼之貢獻，殊值喝采。但本條規定過於簡陋，在解釋適用上包藏許多問題，是否能確保剩餘財產差額之分配，不無疑問，因而招致論者之批評⑲。惟須一提的是，一九八九年十一月，筆者參加在日本東京舉行的亞洲三國家族法會議，於論文報告中提及我國導入剩餘財產分配制度，與會日、韓學者均認為相當可取。

（六）刪除第一千零四十二條及第一千零四十三條關於統一財產制之規定。修正理由謂：我民法將統一財產制採為獨立之夫妻財產制，將妻之所有財產移轉歸屬於夫，妻僅保有於婚姻解消時之返還請求權，不但有背男女平等之原則，亦非我國習慣所能接受，以此規定列為獨

⑲ 戴東雄，民法親屬編修正後法律解釋之基本問題——民法第一〇三〇條之一剩餘財產之分配，法學叢刊一三七期，頁38以下；魏大喨，聯合財產關係消滅時之剩餘財產分配請求權——評釋新增民法第一〇三〇條之一，軍法專刊三二卷七期，頁25以下；楊芳婉前揭⑯文，頁148以下；李玲玲前揭⑰文，頁26以下；陳惠馨，民法親屬編之修正與社會變遷，律師通訊，一九五期，頁43等。

立之約定財產制，尤非允妥，爰予刪除。

從上述可知，民國七十四年修正後之現行夫妻財產制，雖較之舊法為合理、進步，在保護婦女權益上頗有改善，但仍欠周延，與貫徹男女平等原則，猶有一段距離。

肆、民法親屬編施行法第六條之一之增訂

夫妻財產制之修正，是否應賦予溯及效力？七十四年修正時於立法院民法親屬編施行法修正草案審查案二讀時曾引起爭論⑳。最後於三讀時以「溯及既往會影響許多人的權益，為免夫妻財產作太多變更，並減少訟累」為由，維持審查修正條文，即除修正之第一千零十條外，其他夫妻財產制修正之各條，均不溯及既往㉑。

因不認有溯及效力，故民國七十四年六月四日以前結婚，於同年月日以前所已取得之財產，仍適用舊法之規定，致對於妻之權益之保護，未免為德不卒，而為論者所批議㉒。法務部第三階段民法親屬編研究修正委員會第十六次會議中，林菊枝委員認為修正後之第一千零十七條無溯及效力，「對妻毫無保障，有違憲之虞」，而提議先行討論，「盡早修正施行法，增訂溯及既往之例外規定」，幾經討論後，於

⑳ 詳見民法親屬編部分條文修正及民法親屬編施行法修正案下冊（立法院秘書處編印），頁918以下。

㉑ 詳見前揭⑳文獻，頁929，頁948以下。

㉒ 見身分法研究會第三次研討會紀錄，論我國通常法定夫妻財產制——聯合財產制，臺大法學論叢，廿卷一期，頁287以下，陳惠馨、郭振恭、黃宗樂等之發言。

八十五年三月四日擬定民法親屬編施行法第六條之一條文草案㉓，嗣經函請立法院審議；而同年七月十九日司法院大法官會議釋字第四一〇號解釋謂：「由於民法親屬編施行法對於民法第一千零十七條夫妻聯合財產所有權歸屬之修正，未設特別規定，致使在修正前已發生現尚存在之聯合財產，仍適用修正前之規定，由夫繼續享有權利，未能貫徹憲法保障男女平等之意旨。對於民法親屬編修正前已發生現尚存在之聯合財產中，不屬於夫之原有財產及妻之原有財產部分，應如何處理，俾符男女平等原則，有關機關應儘速於民法親屬編施行法之相關規定檢討修正。」立法院遂於同年九月六日修正通過前揭條文草案，其條文如次：

「中華民國七十四年六月四日以前結婚，並適用聯合財產制之夫妻，於婚姻關係存續中以妻之名義在同日以前取得不動產，而有左列情形之一者，於本施行法中華民國八十五年九月六日修正生效一年後，適用中華民國七十四年民法親屬編修正後之第一千零十七條規定：一、婚姻關係尚存續中且該不動產仍以妻之名義登記者。二、夫妻已離婚而該不動產仍以妻之名義登記者。」㉔

對此規定，評價兩極化，有謂：本條之增列，對於舊法之因登記為妻名義不動產所生適用上之困擾與不合理情形，有所改進㉕；本條雖僅適用於七十四年六月四日前適用聯合財產制夫妻，於婚姻關係存續中取得之不動產，但至少已將最令人批評之部分加以修改，其意義

㉓ 詳見法務部民法親屬編研究修正委員會第十六次及第廿一次會議紀錄。

㉔ 關於本條之解釋適用，詳見郭振恭，男女平等與夫妻聯合財產制之適用，李鴻禧教授六秩華誕祝賀論文集——現代國家與憲法，頁530以下。

㉕ 郭振恭前揭㉔文，頁532。

非常深遠㉖。反之，亦有認為本條之增訂，違反法律不溯既往原則，影響既得權益，紊亂法律秩序，徒增訟累，而嚴加抨擊㉗。

伍、有關夫妻財產制之修正意見

一、學者專家之意見

（一）民國七十四年民法親屬編修正以前

民國七十四年民法親屬編修正以前，就夫妻財產制提出立法論上之意見者頗多，例如：

1.鄭玉波教授

鄭教授認為：我國夫妻財產制之修正，應採共同財產制為法定財產制，而以分別財產制為約定財產制，以期簡明。至於統一財產制既不合男女平等原則，而我社會上又無先例，故應刪除；而聯合財產制，往往為糾紛之源，不平之階，故亦不宜再存留。至所以祇留共同財產制與分別財產制兩種制度者，因財產權在我民法上一般祇有共有與單獨所有兩種情形，夫妻財產制亦不應例外更張，以免徒增紛擾。又所以以共同財產制為法定財產制者，因夫妻營共同生活，自以具有共同財產為原則，且亦合乎男女平等之義，至於以分別財產制為約定財產制者，因夫妻一體，究屬二人，故例外亦得分別其財產也。㉘

㉖ 陳惠馨，我國民法親屬編修正之困境──以夫妻財產制為例（臺灣法學會「臺灣法制新展望」研討會論文），頁6以下。

㉗ 詳見魏大喨法官於本論文集發表之論文。

㉘ 鄭玉波，夫妻財產制若干問題之商榷，民商法問題研究㈡（臺大法學叢

2. 陳棋炎教授

陳教授主張：為貫徹夫妻平等之民法立法原則，應以夫妻分別財產制為法定夫妻財產制。在立法政策及立法技巧上，宜參照日本民法立法例（日民七五五條至七六二條），以分別財產制為法定財產制；約定財產制則任由夫妻自由約定，並無另作典型的約定財產制規定之必要。至於建議以分別財產制為法定財產制之理由，則引用日本身分法學之父穗積重遠之高見：「關於財產之所有及收入之歸屬，姑且不論，設使關於財產之使用收益或生活費等，均約定由夫妻各自負擔，則於夫妻關係圓滿時，上述約定，仍可由夫妻協議變通妥予設法處理。萬一發生別居、離婚等情事時，因為原來夫妻財產各有區別，故不致引起複雜的糾紛，反而有其巧妙的作用，而且其對外部債權人之關係，亦因夫妻財產有別，隨而不致家產完全消滅，而使一家人走投無路。」㉙

3. 馬元樞庭長

馬庭長認為：為正本清源計，實際不若以「分別財產制」為法定財產制之為愈。分別財產制者，結婚後夫妻之財產各別獨立存在，不因結婚而受何種影響之夫妻財產制也。此種夫妻財產制，最能維護交易之安全，保障妻之財產之獨立，省卻許多無謂紛擾。㉚

4. 林菊枝教授

林教授認為：男女平等原則，既為憲法第七條所表彰，夫妻財產

書），頁170。

㉙ 陳棋炎，關於修改民法親屬、繼承兩編之管見——親屬、繼承法基本問題（臺大法學叢書），頁628以下。

㉚ 馬元樞，法定夫妻財產制概述，戴東雄主編，民法親屬繼承論文選輯（五南圖書出版公司印行），頁136。

制，自也應以此為立法之最高原則。完美之夫妻財產制，不僅應保護交易之安全以及達到婚姻生活本質之目的外，更應維護夫妻平等之原則，兼顧夫妻雙方之利益。經濟獨立之夫妻財產制，較能貫徹夫妻平等之精神，故以分別財產制為法定之夫妻財產制，似較為合理，但基於婦女之生理特殊及社會對婦女之偏見，法律應承認為妻為母之貢獻，使妻對於夫在婚姻存續中所取得之財產也能分享，如此，婦女就不會競相就業，置家庭於不顧，且能心甘情願專管家務，教養子女。㉛

5. 戴東雄教授

戴教授從西德、瑞士普通法定財產制檢討民國六十八年民法親屬編修正草案後，稱讚德、瑞立法例在普通法定財產制上之表現，頗能遵循夫妻財產制立法之準則，即兼顧夫妻平等之精神、維持婚姻生活之和諧及維護第三人之利益與交易之安全，進而認為：我國聯合財產制之修正內容，雖較現行法有顯著之改善，尤其在夫妻平等方面，妻之利益多方受到照顧；但與公平合理之立法準則，仍有距離。有鑑於此，宜將聯合財產制從根本上予以廢除，重新以財產分離為出發點，另構想一合於我國民情風俗之普通法定財產制，使其更能兼顧夫妻平等、婚姻共同生活及交易安全之本質要素。㉜

6. 林秀雄教授

林教授認為：若要達到真正的男女平等，則除了採取分別所有、分別管理之原則外，別無他法。先進諸國之廢止聯合財產制並非毫無理由的。我國現行法既然從先進諸國繼受聯合財產制，則於先進諸國

㉛ 林菊枝，親屬法與男女平等原則，親屬法專題研究（政大法學叢書），頁22。

㉜ 戴東雄前揭❶書，頁235。

廢止聯合財產制之今日，何不也繼續效法先進諸國之改革，而廢止聯合財產制。㉝又謂：聯合財產制與男女平等之原則無法兩立，在聯合財產制之下，欲達到男女平等之目的，無異是緣木求魚。民國六十八年民法親屬編修正草案初稿公布後，即有學者主張應將聯合財產制從根本上予以廢除，但不為立法者所採納，誠屬遺憾。㉞林教授復強調：於今日，要尊重夫妻各自獨立之人格，確保其經濟能力之獨立，則除採取分別所有、分別管理的制度，別無他法。換言之，唯有分別財產制才是夫妻家族之夫妻財產制的當然理想形態㉟；鑑於主婦勞動者之不斷增加與法之指導機能，我們應採取分別財產制以順應時代潮流，同時引導其向著實現男女平等的目標前進㊱。

要之，此六位學者專家均主張廢除聯合財產制，而除鄭玉波教授主張以共同財產制為法定財產制外，陳棋炎教授、馬元樞庭長、林菊枝教授、林秀雄教授均主張改以分別財產制為法定財產制，而戴東雄教授傾向於以德、瑞普通法定財產制為藍本構思我國法定財產制，林菊枝教授特重家事勞動之貢獻，似亦含有此意㊲。然民國七十四年修正時，仍墨守聯合財產制，而稍作改善而已，並未從善如流，作徹底改革。

㉝ 林秀雄前揭❹書，頁190。

㉞ 林秀雄前揭❹書，頁282。

㉟ 林秀雄前揭❹書，頁63。

㊱ 林秀雄前揭❹書，頁41。

㊲ 林菊枝教授最近明確主張：我國現階段應採以分別財產制為基礎之「勞力所得共同制」，作為法定夫妻財產制，詳見教授，個人對修正夫妻財產制之提案——「勞力所得共同財產制」，政大法學評論，五十五期，頁73以下以及後述。

（二）民國七十四年民法親屬編修正以後

民國七十四年民法親屬編修正以後，與民間婦女團體推動民法親屬編修法改革相呼應，就夫妻財產制發表立法論上之意見者亦不少，例如：

1.黃宗樂教授

筆者附和廢除聯合財產制，根據分別財產原理，重新釐定法定財產制之意見，認為親屬編第二章第四節「夫妻財產制」應全部修改，並主張參酌德、瑞最新立法例，即德國之淨益共同制、瑞士之所得分配制，重新建構能兼顧貫徹夫妻平等、維護婚姻共同生活及保護交易安全之法定財產制，並粗擬若干條文，用供參考。㊳

2.魏大喨法官

魏法官從各國立法趨勢及社會之進化檢討我國聯合財產制，主張廢除聯合財產制，以瑞士之所得分配制為藍本修訂我國法定財產制，進而根據瑞士所得分配制之立法精神與原則，並參考其立法技術，試擬十二條條文，作為具體建議（以下簡稱魏擬條文）。魏法官謂：「於現階段法定夫妻財產制之立法，由各國立法之趨勢所示，含保護法性質之夫妻財產制，仍為立法之主流。且現存於各國之法定夫妻財產制中，以分別財產制為體系，兼含保護法性質之德國淨益共同制與瑞士之所得分配制，為最理想之夫妻財產制，以其能符合夫妻財產制所應具備之男女平等、維護婚姻生活本質和諧與保護交易安全之立法準則。如於彼兩國制度中選擇，則修法在後之瑞士所得分配制，於立法技術

㊳ 黃宗樂，終戡後家族關係法規的重整與展望──為我國邁向民主法治的新紀元而作──，中國比較法學會，戡亂終止後法制重整與法治展望論文集，頁447以下。

方面又略勝一籌，足為我國未來立法方向之參考。」㊴

3.李玲玲講師

李講師基於戴東雄教授所揭示，一理想的夫妻財產制，宜以維護夫妻之平等，保護交易安全及貫徹婚姻共同生活之本質目的為主要的立法原則，對我國法定財產制之修正，做以下原則性之建議：⑴夫妻對自己之財產享有獨立所有權、管理權及使用收益權，不明財產推定為夫妻共有。⑵家庭生活費用由夫妻共同負擔。⑶日常家務所生之債務由夫妻負連帶責任。⑷日常家務以外之債務，夫妻各自負清償之責。⑸婚姻關係消滅時，設置剩餘財產分配之規定。㊵

4.陳惠馨教授

陳教授於其大作民法親屬編之修正與社會變遷中，就夫妻財產制，提出如下之修法建議：⑴原則上法定夫妻財產制採夫妻財產之所有權、使用、收益權各自分別原則，然為防止夫妻之一方侵害他方剩餘財產分配請求權，則在處分權上加以限制。⑵將夫妻財產分為應與他配偶分配之財產及自有之財產，並仿瑞士規定，以法律條文明定此二財產之內涵。⑶明定夫妻間有互負提供財產狀況資料之義務。⑷對於未經夫妻之他方同意所為之贈與（在法定夫妻財產制消滅前一定期間）或故意為減損配偶剩餘財產分配請求權所為之財產移轉之行為均應計算入剩餘財產中。㊶

㊴ 魏大喨撰，從各國立法趨勢及社會之進化檢討我國法定夫妻聯合財產制（臺灣大學法律學研究所博士論文，民82.1.)，頁207以下，尤其頁224以下。

㊵ 李玲玲前揭⑰文，頁27。

㊶ 陳惠馨前揭⑲文，頁46。

5. 鄧學仁副教授

鄧副教授認為：雖然過去法律之修正，已改善若干聯合財產制之缺失，但為保障夫妻財產之平等，尊重夫妻之獨立人格，並兼顧交易安全，今後於分別財產制中，若加入對於妻（或夫）從事家務勞動之評價（例如導入剩餘財產之分配），使得經濟弱勢之妻（或夫）得以獲得保障，則我國夫妻法定財產制似仍以朝向分別財產制發展為宜。[42]質言之，鄧博士預測聯合財產制必將由分別財產制所取代，而其所構思之分別財產制乃剩餘補償之分別財產制。

要之，此五位論者均主張廢除聯合財產制，並建議參照德、瑞最新立法例尤其瑞士之所得分配制，全面修正我國法定財產制。

二、各方反應之意見

司法院大法官會議釋字第三六五號解釋公布後，法務部決定分三階段，進行民法親屬編之研究修正工作；為集思廣益，曾廣徵各方意見，彙整成冊[43]。其中有關夫妻財產制，特須一提者有三點：

（一）就夫妻財產制通盤提出意見者有四：

1. 有主張：「關於夫妻財產制方面，其修正方向多以夫妻平等為原則，並參考外國立法例，但夫妻關係，其基礎在雙方之感情，夫妻生活非事事求法律保障所能竟其功，於結婚前即斤斤計較於婚後財產之分配，置夫妻愛情於不顧，能否獲致美滿之婚姻，令人起疑，況外國立法例，是否合乎我國國情，亦不無商榷餘地。」（臺灣高等法院高

---

[42] 鄧學仁，聯合財產制與男女平權之落實，月旦法學雜誌，廿四期，頁86以下。

[43] 法務部法律事務司印行，民法親屬編各方反應意見彙整表，民84. 8.。

雄分院意見）㊹

2.亦有主張：「第一千零十六條至第一千零三十條之一有關夫妻法定財產制（聯合財產制）之規定，施行至今產生不少問題，實因夫妻各有其獨立之人格，均得為財產上權利義務之主體。且由社會環境及各國立法潮流觀之，瑞士所得分配制合於男女平等原則，其以分別財產為基礎，且規定於婚姻關係存續中之所得，他方配偶亦得為分配，得以實現男女平等，而無聯合財產制之弊端，並保障辛苦持家未外出工作之一方，同時亦可達婚姻生活本質和諧維護之目的。綜上，我國有關夫妻法定財產制部分，似可參考德國、瑞士之立法，對夫妻財產制作一通盤性之檢討（參考資料：臺灣大學法律學研究所研究生魏大喨君所著：從各國立法趨勢及社會進化檢討我國法定夫妻財產制）。(行政院公平交易委員會意見）㊺

3.復有主張：將第一千零十六條至第一千零四十一條（聯合財產制、共同財產制）全部刪除，僅保留分別財產制，尊重夫妻獨立人格。（基隆律師公會意見）㊻

4.更有主張：「就男女平權之精神觀之，分別財產制之規定顯較有利於妻子並確符男女平權，分別財產制雖為現行民法規定之一種夫妻財產制，但因被列為約定財產制須書面訂約且至法院登記始生效，而依臺灣各法院夫妻之財產登記為分別財產制者極少，究其原因：一為人民仍不願前往法院，一為妻子顧及夫妻感情避免引惹丈夫不悅，無法啟齒邀同丈夫前往法院登記『分別財產制』，故宜修正分別財產制

㊹ 前揭㊸文獻，頁70以下。

㊺ 前揭㊸文獻，頁73以下。

㊻ 前揭㊸文獻，頁75以下。

為法定財產制，以符男女平權之精神。」（臺灣省婦女會意見）[47]

前述1.算是非常獨特之意見。

（二）針對民法第一千零十八條提出意見者最多：

1.關於聯合財產管理權之歸屬：除主張刪除或就夫妻財產制為通盤檢討者外，有九個機關團體主張「由夫妻共同管理，但另有約定者，從其約定」；有八個機關團體主張「由夫妻約定」，各占多數[48]。

2.關於聯合財產管理費用之負擔：有十三個機關團體主張「由有管理權之一方負擔」，占絕對多數[49]。

（三）為貫徹男女平等原則，第一千零三十二條「共同財產由夫管理」，有建議修正為「共同財產得約定由夫妻之一方管理」；亦有建議修正為「共同財產由夫妻共同管理，但約定由夫或妻管理者，從其約定」[50]。

陸、有關夫妻財產制之再修正草案

目前，就夫妻財產制提出修正之修正草案，共有四種，即新晴版民法親屬編修正草案、法務部版民法親屬編夫妻財產制修正草案初稿、林菊枝版民法親屬編夫妻財產制修正草案、沈富雄版民法親屬編部分條文修正草案（依時間順序）。

---

[47] 前揭[43]文獻，頁106以下。

[48] 前揭[43]文獻，頁75以下。

[49] 前揭[43]文獻，頁77以下。

[50] 前揭[43]文獻，頁104以下。

一、新晴版民法親屬編修正草案

近年來，民間婦女團體推動親屬法修法改革不遺餘力。民國七十九年十月，婦女新知基金會、臺北市晚晴婦女協會、臺北律師公會婦女問題研究委員會組成「民間團體民法親屬編修正委員會」，之後歷經四年多之研修，於八十三年十一月公布其草案，稱為「新晴版民法親屬編修正草案」，翌年三月八日，婦女團體將此草案送入立法院，並由立法委員葉菊蘭等八十六人連署提案（院總一一五〇號、委員提案一一七八號）。

本修正草案將夫妻財產制列為一大修正重點，其修法方向之說明謂：「保障妻之財產權，並兼顧第三人利益：廢除聯合財產制，改採瑞士所得分配制為法定財產制，明訂夫妻財產各自所有、各自管理、各得自由處分，肯定家事勞動非義務勞動，應予以評價，重視夫妻之協力，強化盈餘分配請求權。」

本修正草案於親屬編第二章第三節婚姻之普通效力增訂二條（一〇〇三條之一及之二）；於同章第四節夫妻財產制第一款通則第一千零一十條增訂第五、六款；同節第二款規定「法定財產制——所得分配制」，計十六條（一〇一六條至一〇三〇條之一）。

二、法務部版民法親屬編夫妻財產制修正草案初稿

法務部為進行第三階段民法親屬編之研究修正工作，於民國八十四年七月組成「法務部民法親屬編研究修正委員會」（委員十五人，大法官戴東雄為召集人）[51]，首先就夫妻財產制進行研修，於一年後之

[51] 筆者因一直非常忙亂，始終未克出席。

八十五年八月底完成暫定初稿，並於十月十九日舉行公聽會，決定以此修正草案送行政院函請立法院審議。

本修正草案關於法定財產制係以新晴版為藍本[52]，經委員會詳細討論後定案，其以所得分配制為法定財產制，並就第一款通則、第三款約定財產制第一目共同財產制、第二目分別財產制予以修正。

三、林菊枝版民法親屬編夫妻財產制修正草案

法務部民法親屬編研究修正委員會進行研修夫妻財產制之際，委員之一林菊枝教授個人自行提案，以「勞力所得共同財產制」為法定財產制，但委員會未予討論採用，乃於八十五年九月底由立法委員謝啟大等九十九人連署提案（院總一一五〇號、委員提案一五三一號）。

本版本就親屬編第二章第四節夫妻財產制，設十二條（一〇〇四條至一〇一五條），比現行法之四十五條，精簡甚多。依其規定，「夫妻在婚姻關係存續期間，除法律另有規定外，以勞力所得組成共同財產，由夫妻共有、共同管理、使用收益及處分。勞力所得以外之財產，適用分別財產制之規定。前項之勞力所得，指薪資、工資、紅利、年終獎金、退休金、共同財產之孳息及其他與勞力所得有關之財產。」（一〇〇五條一、二項）；「夫妻於婚姻關係存續期間得約定，除勞力所得外，加上其他財產之一部或全部為共同財產，適用勞力所得共同制之規定。夫妻亦得約定採用分別財產制，由夫妻各保有其財產之所有權、管理權、使用收益權及處分權。但未成年之夫妻，不在此限。」（一〇一一條一項）。

---

[52] 委員會中，關於夫妻財產制之提案，主要為尤、楊版，而尤美女律師正是新晴版委員會總召集人，而楊芳婉律師則為夫妻財產制組召集人。

四、沈富雄版民法親屬編部分條文修正草案

繼上述各版本之後，立法委員沈富雄國會辦公室比較所得分配制與勞力所得共同制，並分析其利弊得失後，建議以勞力所得共同制為法定財產制，將所得分配制列為約定財產制之一種，並分別以林菊枝版與法務部版為基礎，充實其內容，使其更完善。

本版本就夫妻財產制，修正四十條，增訂九條，計四十九條，較法務部版之三十六條多十三條。

柒、各修正版本內容之概觀

一、新晴版與法務部版均以所得分配制為法定財產制。反之，林菊枝版與沈富雄版則均以勞力所得共同制為法定財產制。

二、新晴版就第三款約定財產制未加修正，法務部版與沈富雄版就此則均加以修正。

三、林菊枝版不分第一款通則、第二款法定財產制、第三款約定財產制，而一併規定在十二個條文之中。沈富雄版將所得分配制列為約定財產制之一種，而與共同財產制、分別財產制並立。

四、所得分配制——通常法定財產制

所得分配制係仿自一九八八年一月一日施行之瑞士民法之所得分配制，而瑞士之所得分配制則深受一九五八年七月一日施行之德國民法之淨益共同制之影響[53]。此二制均本於分別財產制之精神，規定

---

[53] 西德淨益共同制，有謂係源於瑞士民法第二百十四條一項「夫及妻之財產分出後尚有剩餘者，三分之一屬於妻或其繼承人，其餘歸於夫或其繼

夫妻財產自始分別所有、各自管理、使用、收益、處分，而於法定財產制關係消滅時，分配淨益或剩餘；為保障淨益或剩餘分配不致落空，並設種種措施。茲以法務部版為中心，介述所得分配制：

（一）夫妻財產之所有權關係

1.固有財產與所得財產之區分

夫或妻之財產分為固有財產與所得財產。（一〇一六條）

2.固有財產之範圍

夫或妻之固有財產包括：⑴專供夫或妻個人使用之財產。⑵法定財產制開始時屬於夫或妻之財產。⑶婚姻關係存續中夫或妻因繼承或其他無償取得之財產。⑷固有財產之代替利益。⑸慰撫金。（一〇一七條）

3.所得財產之範圍

夫或妻之財產，除第一千零十七條所列固有財產外，為其所得財產。夫或妻不能證明為其固有財產者，推定為夫或妻之所得財產。夫或妻不能證明為其個人所得財產者，推定為夫妻共有之所得財產。(一〇一八條)

4.夫妻財產之分離

夫或妻對其固有財產及所得財產各保有其所有權。（一〇一九條）

（二）財產之管理、使用、收益及處分權

夫或妻各自管理、使用、收益、處分其固有財產及所得財產。前項管理費用，各由夫或妻之固有財產或所得財產分別負擔。（一〇二〇條）

承人」規定之思想（見史尚寬前揭❸書，頁298），若然，則兩國係互相影響。

（三）清償債務之責任

夫妻各自負擔其債務。夫妻之一方以自己財產清償他方之債務時，雖於婚姻關係存續中，亦得請求償還。(一〇二二條)

（四）家庭生活費用之負擔

家庭生活費用，除契約另有訂定外，由夫妻各依其資力、家事勞動或其他情事分擔之。因前項費用所生之債務，夫妻負連帶責任。(一〇二三條)

（五）剩餘財產差額之分配

夫妻法定財產制關係消滅時，夫或妻現存之所得財產，扣除所得財產所負債務，如有剩餘，其雙方剩餘財產之差額，應平均分配。依前項規定，平均分配顯失公平者，法院得酌減其分配額或不予分配。第一項剩餘財產差額之分配請求權，自請求權人知有剩餘財產之差額時起，因二年間不行使而消滅。自夫妻法定財產制關係消滅時起逾五年者，亦同。(一〇二四條)

（六）保障所得財產剩餘差額分配請求權之措施

1. 互負所得財產報告之義務

夫妻之一方對他方就其所得財產，互負報告之義務。(一〇二一條)

2. 所得財產與固有財產互流時之加算

夫或妻以其所得財產清償自己之固有財產所負債務，或以其固有財產清償自己之所得財產所負債務，於夫妻法定財產制關係消滅時，應分別納入現存之所得財產或所得財產所負債務計算之。(一〇二五條)

3. 不當減少所得財產時之加算

夫或妻於法定財產制關係存續中，為減少他方對所得財產之分配

而處分者，應將該財產追加計算，視為現存之所得財產。但為履行道德上義務所為之相當贈與，不在此限。(一○二六條)

4.分配權利人之不當得利請求權

於第一千零二十六條（不當減少所得財產）之情形，分配權利人於義務人不足清償其應得之分配額時，對受領之第三人，得就其不足額依不當得利之規定，請求返還其價額。但受領為有償者，以第三人受領時，知其情事，且以顯不相當對價取得者為限。前項對第三人之請求權，於知悉其分配權利受侵害時起二年間不行使而消滅。自夫妻法定財產制關係消滅時起，逾五年者，亦同。(一○二八條)

5.財產估價之時點

夫妻現存之所得財產，其價值估算以夫妻法定財產制關係消滅時為準。應追加計算之所得財產，其價值以處分時為準。(一○二七條)

（七）與夫妻財產關係之其他效力

夫妻為維持共同生活之必要，得使用他方之住居所及家庭用物。(一○○二條之一)

五、勞力所得共同制——通常法定財產制

勞力所得共同制，係以勞力所得組成共同財產，由夫妻共有，勞力所得以外之財產則適用分別財產制之夫妻財產制。此制，在我民法第一千零四十一條所得共同制之規定，已有前例，所不同者，林菊枝版與沈富雄版將之採為法定財產制，並就共同財產之管理、處分等基於男女平等原則，而予以規定。茲以林菊枝版為中心，介述本財產制如次：

（一）夫妻財產制適用之順序

在婚姻關係存續期間，夫妻未有財產約定者，以法定財產制為其夫妻財產制，並適用以下之規定。(一○○四條)

（二）法定財產制——勞力所得共同制

1.法定財產制之構造

夫妻在婚姻關係存續期間，除法律另有規定外，以勞力所得組成共同財產，由夫妻共有、共同管理、使用收益及處分。勞力所得以外之財產，適用分別財產制之規定。(一〇〇五條一項)

2.勞力所得之範圍

所謂勞力所得，指薪資、工資、紅利、年終獎金、退休金、共同財產之孳息及其他與勞力所得有關之財產收入。是否屬於勞力所得之財產有爭議，而夫妻之任何一方均不能證明為其所有之財產，推定為共同之財產。(一〇〇五條二、三項)。

3.共同財產之管理、處分

共同財產，原則上由夫妻共同管理。夫妻之一方不能管理或無意管理時，由他方單獨管理之。夫妻之一方亦得授權他方單獨管理。授權行為，應經法院之公證。共同財產之管理費用，由共同財產負擔。共同財產之處分，由夫妻共同為之。未得他方同意之處分，無效。(一〇〇七條)

4.違反義務及濫用權利時之救濟

在婚姻關係存續期間，有勞力所得之夫或妻，應繳出其所得財產，由夫妻共同使用之。夫妻之一方違反前項之規定，拒絕繳出或隱藏其勞力所得或濫用權利時，他方得請求公設家庭協談機構調解，或訴請法院諭知其交出勞力所得或糾正其濫用。有損害發生時，法院並得命其賠償損害。違反第一千零十三條之規定者，亦同。共同財產，縱以夫妻一方之名義登記或開戶，並不影響他方之權利。(一〇〇八條)

5.共同財產之債務

夫妻因共同財產所負之債務，由共同財產負清償責任。共同財產不足時，由夫妻個人之財產負連帶責任。夫妻以個人之財產清償共同財產之債務，或以共同財產清償個人之債務時，雖在婚姻關係存續期間，亦得請求補償。（一〇一〇條）

6.共同財產之分割

共同財產關係消滅時，夫妻各得共同財產之半數。但夫妻一方無正當理由拒絕勞力取得，也未從事家務勞動者，法院得減免共同財產之分配額。退休金之分配，依夫妻婚姻期間之長短比例計算之，計算方式另以法律定之。夫妻之一方死亡時，其分割所得之部分，由其繼承人繼承之。（一〇一〇條）

（三）非常法定財產制——分別財產制

有左列各款情形之一時，夫妻之財產制改用分別財產制：⑴夫妻之一方被宣告破產時。⑵夫妻廢除婚姻共同生活而別居時。⑶夫妻之一方拒絕交出或隱藏勞力所得時。⑷夫妻之一方無意識能力，或受禁治產宣告時。前項第三款、第四款之情形，由夫妻之他方請求法院宣告改用分別財產制。（一〇〇六條）

（四）約定財產制

夫妻於婚姻關係存續期間得約定，除勞力所得外，加上其他財產之一部或全部為共同財產，適用勞力所得共同制之規定。夫妻亦得約定採用分別財產制，由夫妻各保有其財產之所有權、管理權、使用收益權及處分權。但未成年之夫妻，不在此限。前項夫妻財產之約定，應以書面為之，並經法院之登記，始得對抗第三人。（一〇一一條）

夫妻於婚姻關係存續期間，得廢止其約定之財產制或改用他種約定財產制。前條第二項之規定，於前項準用之。（一〇一二條）

（五）住居及家庭生活用具之使用

婚姻關係存續期間，夫妻之一方得無償使用他方所有或所租之住

居及家庭生活用具，他方不得拒絕。（一〇一三條）

（六）婚姻家庭生活費用之負擔

婚姻關係存續期間之婚姻家庭生活費用，由共同財產負擔之。共同財產不足時，由夫妻依其個別財力分擔之。夫妻約定採用分別財產制者，其家庭生活費用由夫妻分擔之。無財產且無勞力所得之一方，得以從事家務勞動之方式分擔。因婚姻家庭生活費用所負之債務，由夫妻雙方負連帶責任。夫妻之一方不履行婚姻家庭生活費用分擔之義務時，他方得請求公設家庭協談機構調解或訴請法院強制履行。

（七）請求權之消滅時效

夫妻相互間因財產關係而生之請求權，自婚姻關係消滅後二年間不行使而消滅。（一〇一五條）

捌、檢討與分析——其一，應以何種財產制為法定財產制

在我國，夫妻以契約訂立夫妻財產制者，並不多見[54]，實踐上夫妻幾乎都適用法定財產制，因此法定財產制顯得格外重要。其實此種現象，非我國所獨有，各國亦莫不皆然[55]。從而，究竟應採何種財產制為法定財產制，各國在立法或修法過程中，無不集思廣益，絞盡腦汁。

自目前的修正草案觀之，面臨抉擇者乃所得分配制或勞力所得共同制。本來，改採瑞士之所得分配制為法定財產制，大致已形成共識，僅對若干條文仁智互見而已，勞力所得共同制之提出可說是半路殺出

[54] 詳見司法院每年印行之司法案件分析。

[55] 參閱青山道夫編集，注釋民法⒇親族⑴，頁356（有地亨執筆）。

程咬金，但亦不可不予重視。瑞士於一九七九年修正夫妻財產制時，受考慮之新普通法定財產制有所得共同制與所得分配制，二者擇一，經謹慎分析其利弊，反覆推敲，尤其權衡婚姻普通效力、交易安全及繼承法上之考慮，立法者終於決定以所得分配制為瑞士新的普通法定財產制㊻。同樣情形，又在我國歷史重演。

關於分別財產制與共同財產制、所得分配制與勞力所得共同制以及淨益共同制與所得分配制之利弊優劣，我國學界已有比較分析㊼，足可供選擇判斷之基礎。當筆者置身於必須有所抉擇的十字路口時，起初稍為猶豫，但最後仍認為宜採所得分配制為法定財產制，理由如次：

一、夫妻財產制乃不折不扣的舶來品，民法採聯合財產制為通常法定財產制，係仿照一九〇七年瑞士民法立法例而來，第二次世界大戰後，先進諸國率皆捨棄聯合財產制而改採分別財產制為通常法定財產制。例如，日本民法舊親族編原採以分別財產而夫管理、收益為原則之管理共同制（即聯合財產制），一九四七年日本民法親族編全部改正時，改採以分別財產、分別管理為原則之分別財產制；一九六〇年一月一日施行之韓國民法，廢止從來之管理共同制，師法日本民法新法，改採分別財產制。又，例如，德國在一九五三年以前，仍以管理共同制為法定財產制，一九五三年四月一日起管理共同制因與一九四九年波昂基本法第三條第二項相牴觸而失效，多數法院認為廢止管理共同制，而以分別財產制代之，一九五七年以分別財產制為法定財產

㊻ 戴東雄前揭❶書，頁210。

㊼ 例如，戴東雄前揭❶書，頁163以下，頁173以下；陳惠馨前揭㉖文，頁20以下；魏大喨前揭㊴文，頁212以下等。

制，一九五八年七月一日起改以淨益共同制取代分別財產制；一九〇七年瑞士民法以聯合財產制為法定財產制，但因有第二百十四條剩餘分配之規定，在本質上為管理共同制與剩餘共同制之複合形態，一九八四年十月五日公布、一九八八年一月一日施行之夫妻財產制，以所得分配制為通常法定財產制。從各國尤其瑞士之立法趨勢觀之，我國此時改採所得分配制為通常法定財產制，可謂是歷史的必然。

二、純粹分別財產制，夫妻對其財產各自有所有權、管理權、使用收益權及處分權，不受他方之干涉與支配，自尊重夫妻雙方各自獨立之人格，確保夫妻雙方之經濟獨立而言，固為最理想之制度，然純粹分別財產制，對於「夫主外、妻主內」之家庭，則夫為職業勞動，而其所得歸其單獨所有，妻專事家務，將一無所得，不僅與男女平等之原則有違，抑且不無鼓勵主婦競相就業，而置家務於不顧之嫌，殊非得當。因此，日本、韓國均致力於專事家事勞動之家庭主婦之協力與貢獻之理論構成㊽，而離婚時之財產分與制度（日民七六八條、七七一條；韓民八三九條之二、八三四條）亦發揮相當的調節功能㊾。德國之淨益共同制，一面注重保障主婦勞動者之經濟獨立，一面又重視家庭主婦對於婚姻所得之參與分配。為了保障主婦勞動者之經濟獨立，須使其能管理、收益、處分其財產，因此，須採分別財產制；但

㊽ 詳見林秀雄前揭❹書，頁108以下，頁151以下；金容旭，家事勞動之法的評價，金容旭著，韓國家族之法與歷史（韓國耕巖金容旭教授停年紀念論文集），頁451以下。

㊾ 日本於一九四七年全面改正民法親族編時，即已承認離婚時財產分與請求權；韓國亦於一九九〇年仿照日本民法，承認離婚時財產分割請求權。財產分與與配偶繼承權具有緩和純粹分別財產制之功能。

為了保障專事家務之家庭主婦之利益，對於家事勞動應給予適當之評價，即將妻之家事勞動與夫之職業勞動視為有同等價值，使家庭主婦對夫之職業勞動所得有參與分配權。亦即，於婚姻關係存續中，以分別財產、分別管理為原則，以確保夫妻之經濟獨立，而於婚姻關係解消之際，給予家庭主婦有淨益分配請求權，以保護家庭主婦之利益。[60]故此制其實乃分別財產制所改良之特別形態[61]，而學者多主張為使名實相符應稱為淨益補償之分別財產制[62]。瑞士之所得分配制制定於德國淨益共同制之後，曾充分參考德國淨益共同制，而於精簡條文；創設所得之概念及範圍（瑞民一九七條）；不分死亡或其他原因之終止財產關係，夫妻任何一方或其繼承人，均各得享有他方盈餘之半數（瑞民二一五條）；將為維護婚姻生活目的而設之住居房屋及其他一定財產價值等處分權之限制，規定於婚姻之普通效力中（瑞民一六九條、一七八條）各點，顯然比德國之淨益共同制為優[63]；而在繼受夫妻財產制的系譜上，瑞士法之於我國法又有母法子法之關係，則於瑞士廢止聯合財產制而改採所得分配制後，我國追踵其後，為相同之變革，乃順理成章、極其自然之事。

三、勞力所得共同制之設計，旨在兼顧夫妻共同生活之本質，並給予從事家事勞動為適度之評價，使夫妻雙方共享婚姻關係存續中共同努力之成果。其實，德、瑞之淨益共同制、所得分配制，透過淨益財產分配請求權、剩餘財產分配請求權，仍可達到相同之目的。祇不

---

[60] 林秀雄前揭[4]書，頁120。

[61] 戴東雄前揭[1]書，頁102。

[62] 戴東雄前揭[1]書，頁193。

[63] 參見魏大喨前揭[39]文，頁212以下。

過此種請求權僅具有債權的效力，不若勞力所得共同制，於共同財產關係消滅時，使夫妻原則上各得共有財產之半數（林菊枝版一〇一〇條），而具有物權的效力，對於從事家事勞動之一方，保護之周到耳。惟須注意，德、瑞之制，對此請求權，設有種種措施，以加強其保護，故雖僅具有債權的效力，但仍受強度之保障[64]。

四、一般對共同財產制之批評是，共同管理，相當麻煩，夫妻意見不一致時尤甚，如由一人管理，亦難免有不公平之情形，且夫妻性格難期一致，一方勤勞節儉，而他方怠惰浪費者，一方勞力所得，竟與他方共有，亦非公允[65]。尤其依勞力所得共同制之設計，共同財產之處分，由夫妻共同為之，未得他方同意之處分，無效（林菊枝版一〇〇七條三項），不僅帶來不便，抑且有害於交易之安全。不寧唯是，共同財產，縱以夫妻之一方之名義登記或開戶，並不影響他方之權利（林菊枝版一〇〇八條三項），亦難免破壞登記之公信力，妨礙交易之安全。論者對此提出質疑[66]，值得吾人深思。況且臺灣實施聯合財產制五十餘年（如加上日治時期實施管理共同制更達七十多年），一般人均已習慣於夫妻財產分別所有之觀念，而在少數以契約訂立夫妻財產制中，選擇共同財產制（包括所得共同制）者更屬罕見，因此採勞力所得共同制為法定財產制，國人必須重新適應此制度，則採此制度所帶來之利益是否大於可能付出之社會成本？亦有待評估[67]。

---

[64] 德國民法一三六五條至一三六九條、一三七九條、一三八九條、一三九〇條等；瑞士民法一六九條、一七〇條、一七八條、二〇一條二項、二〇八條、二二〇條等。

[65] 參見戴東雄前揭[1]書，頁165以下；魏大喨前揭[39]文，頁211以下。

[66] 陳惠馨前揭[26]文，頁24。

五、我國憲法保障男女平等（憲七條）； 憲法增修條文更規定：「國家應維護婦女之人格尊嚴，保障婦女之人身安全，消除性別歧視，促進兩性地位之實質平等。」（增修條文十條六項）， 夫妻財產制自應以此為最高指導原理；而今日我國社會，婦女教育普及，就業率提高，家庭結構丕變，聯合財產制之社會基礎已生動搖，適合於普遍以夫為中心之家庭形態之聯合財產制，其歷史使命業已完成，理應功成身退。德國淨益共同制尤其瑞士所得分配制，既尊重夫妻各自獨立之人格，確保其經濟能力之獨立，且重視家事勞動之貢獻，保護家庭主婦之利益，又能維護婚姻共同生活以及保護交易安全，最值得我國借鏡。

總之，徵諸先進諸國，廢除以分別財產而夫管理、收益為原則之聯合財產制（管理共同制），改採以分別財產、分別管理為骨幹，而於財產制關係消滅時分配剩餘財產之所得分配制（剩餘補償之分別財產制）為通常法定財產制，乃今日立法之主流；而在採純粹分別財產制之國家，亦透過解釋，對於家事勞動予以適當評價，以保護家庭主婦，與所得分配制並無二致。我國如廢除聯合財產制，改以所得分配制為通常法定財產制，而以共同財產制（包括所得共同制）、分別財產制為約定財產制，並擴張宣告改用分別財產制之事由，斯乃符合先進諸國潮流，當然亦是相當公平、合理、靈活之設計。

玖、檢討與分析——其二，法務部版所得分配制是否尚待充實

本文既支持以所得分配制為法定財產制，接著自有以法務部版為中心進一步探討之必要。

---

67 陳惠馨前揭26文，頁23以下同旨。

通觀法務部版所擬所得分配制諸條文，文句洗練，內容得當，堪以贊同。但仍有若干問題，須要再加以檢討。

一、法務部版第一千零十七條「包括」二字之下，宜加「左列財產」四字或「左列各款財產」六字；第一千零二十一條「對」字之下，宜加「於」字；第一千零二十四條第三項「因」字應予刪除，以符法條表達之一般慣例。又，第一千零二十六條「為減少他方對所得財產之分配而處分者」，宜改為「為減少他方對於剩餘財產之分配而處分其所得財產者」；第一千零二十八條第三項「於知悉」，宜改為「自分配權利人知悉」，比較明確。再者，第一千零十八條第三項「個人」二字；第一千零二十四條第一項、第二項、第一千零二十五條、第一千零二十七條、第一千零二十八條第二項「夫妻法定財產制」中「夫妻」二字，宜予以刪除。此外，第一千零二十七條第一句中「估算」宜改用「估計」，第二句中「價值」二字之下，宜加「估計」二字。

二、瑞士民法第一百九十九條規定：「①夫妻得於婚姻契約中約定從事職業或營業所需之財產為固有財產。②夫妻亦得於婚姻契約中約定固有財產之收益不計入所得財產。」仿此規定，魏擬條文第一千零十七條第二項規定：「夫妻得約定夫或妻因職業或營業所必需之財產為固有財產。」新晴版第一千零十八條規定：「夫妻得以契約約定以固有財產之收益為固有財產。」新晴版又參考美國加州法第五千一百十八條，於第一千零十七條第六款規定：「夫妻之一方與他方分居後，其固有財產之收益及勞力所得之財產」為夫妻法定固有財產。法務部版則未設類似規定。基於宜擴張所得財產範圍，以利剩餘之分配，以及為期適用之簡單明確之考慮，筆者寧採法務部版之立場。

三、瑞士民法第一百九十五A條規定：「①夫妻之一方得隨時請求他方協同編制並公證財產目錄。②財產目錄於財產提出後一年內制成者，其應被推定為正確。」仿此規定，魏擬條文第一千零十八條第三、四項規定：「③夫妻得請求他方共同開具財產目錄清冊向主管機關登記。④依前項為財產目錄之登記，得對抗第三人。」新晴版第一千零十七條第四項規定：「夫妻得請求他方共同開具財產目錄清冊向法院辦理登記。」法務部版則未設此類規定。按固有財產與所得財產分離，夫妻法定財產制關係消滅時，僅所得財產需分配，為杜絕將來爭議，宜設此類規定。筆者建議於第一千零十九條規定：「夫妻之一方得隨時請求他方共同開具財產目錄清冊辦理公證。」蓋辦理公證即足以明確其財產而保護其權利。

四、為期婚姻共同生活不受危害，並防止他方日後淨益財產分配請求權受侵害，德國民法對於夫妻之一方處分其全部財產或家庭用具，課以應得他方同意之限制（德民一三六五條、一三六九條）㊿68。瑞士民法亦規定：夫妻之一方終止房屋租約或讓與住居房屋或以其他法律行為限制住居房間時，須得他方明示之同意（瑞民一六九條）；為確保家庭經濟基礎之安全或履行婚姻共同生活財產上義務之需要，法院得因夫妻一方之請求，裁定一定財產價值之處分，應得他方之同意（瑞民一七八條一項），並以婚姻共同生活之不受侵害，乃獨立於夫妻財產制之外，而為婚姻之本質目的，故將此等限制規定在婚姻之普通效力中[69]。

魏擬條文第一千零二十條規定：「①除法律另有規定或契約另有訂定外，夫妻之一方得自由處分自己之固有財產或所得財產。②前項如為家庭用物之處分，或其處分妨害其履行關於婚姻共同生活應負擔之

[68] 詳見戴東雄前揭[1]書，頁195以下；魏大喨前揭[39]文，頁68以下。

[69] 戴東雄前揭[1]書，頁215。

義務時，應得他方配偶之同意。法院得因配偶一方之請求為必要之處分。③前項處分配偶同意權之欠缺，不得對抗善意之第三人。」新晴版第一千零二十二條規定：「①除法律另有規定外，夫或妻得自由處分其固有財產及所得財產。②夫或妻為前項處分有妨害其履行婚姻共同生活應負擔之義務之虞，或為家庭用物財產之處分時，應得他方配偶之同意。法院得因他方配偶之請求，為禁止處分之命令，並應即通知該管登記機關登記其事由。③法院未為前項禁止處分之命令者，前項同意之欠缺，不得對抗善意第三人。④他方配偶不能為第二項之同意或無正當理由拒絕同意時，一方配偶得請求法院代為同意之意思表示。」法務部版則未設此類規定。

筆者認為有增設此類規定之必要，並宜仿瑞士民法立法例，規定於婚姻之普通效力中。其條文試擬如次：第一千零零二條之二「夫妻之一方對於住居不動產為處分、變更或設定負擔時，應得他方之同意，對於家庭用物為處分時，亦同。前項同意之欠缺，不得對抗善意第三人。」住居房屋乃婚姻共同生活之根據地，其處分、變更或設定負擔有必要徵得他方配偶之同意，但其同意之欠缺，應使不得對抗善意第三人，以保護交易之安全。至於家庭用物之處分亦須徵得他方配偶之同意，固嫌煩瑣，但為促進婚姻共同生活之和諧，仍宜加以限制。

抑有進者，為使他方配偶剩餘財產分配請求權不致落空，新晴版第一千零二十七條規定：「夫妻之一方有贈與、捐助、浪費財產或其他行為致夫妻所得財產減少，而對他方剩餘財產分配請求權有重大侵害之虞時，法院得因他方之請求為禁止處分之命令，並應即通知該管登記機關登記其事由。」不過，既有前揭處分權之限制，復有追算不當減少所得財產（法務部版一〇二六條）與分配權利人不當得利請求權（法務部版一〇二八條）之規定，又將「夫妻之一方不當減少其所得財產，而對他方剩餘財產分配請求權有重大侵害之虞時」列為宣告改用分別財產制之事由（法務部版一〇一〇條六款），而任意浪費財產等情形，解釋上相當於宣告改用分別財產制之重大事由，已足以保障剩餘財產分配請求權，似不宜亦不必再為此項限制。不過，筆者倒認為應仿照瑞士民法第二百零一條第二項，於法務部版第一千零二十條第二項設「夫妻共有之所得財產，夫妻之一方未得他方之同意，不得處分其應有部分」之規定，以維護婚姻共同生活之和諧，至原第二項宜移於第一項後段。

五、關於家庭生活費用之負擔，我民法規定在夫妻財產制中(一〇二六條、一〇三七條、一〇四八條)，法務部版因之，但就其內容作適當修正（一〇二三條、一〇三七條、一〇四八條)。法務部版第一千零二十三條與第一千零四十八條，規定完全相同；第一千零三十七條與前二條有別，但不妨為相同之規定。申言之，家庭生活費用，基於夫妻人格平等、經濟獨立原理，應由夫妻共同負擔，在對外關係上，為保護第三人利益及維護交易安全，應由夫妻連帶負責清償因該費用所生之債務；而在內部關係上，則除契約另有訂定外，宜由夫妻依各自之資力、家事勞動或其他情事分擔之，在共同財產制，家庭生活費用由共同財產負擔，實質上與由夫妻共同負擔，並無不同。因此，關於家庭生活費用之負擔，宜合併規定於一條，而依其性質，宜規定於婚姻之普通效力中（參照瑞民一六三條、德民一三六〇條、新晴版一千零三條之一)。筆者認為，宜增設第一千零三條之一，照法務部版第一千零二十三條，規定「①家庭生活費用，除契約另有訂定外，由夫妻各依其資力、家事勞動或其他情事分擔之。②因前項費用所生之債務，由夫妻負連帶責任。」而將法務部版第一千零二十三條、一千零三十七條、一千零四十八條刪除。

六、依法務部版第一千零二十八條規定，夫或妻於法定財產制關係存續中，為減少他方對於剩餘財產差額之分配而處分其所得財產，致不足清償他方應得之分配額時，該他方（即分配權利人）對於受領之第三人得請求返還之客體以「價額」為限。反之，魏擬條文第一千零二十六條、新晴版第一千零三十條之一則規定「依不當得利規定請求返還」；詹森林博士於公聽會上亦主張：分配權利人得請求返還該財產之原物（如不動產或動產），而於無法以原物返還時，始限於請求返還其價額（參照民一八一條），而為調和返還權利人與義務人間之利益，可仿效德國民法第一千三百九十條第一項後段規定，第三人得以價額償還分配權利人不足受清償之部分，而拒絕返還其所受領之所得財產之原物⑩。筆者認為宜採價額返還主義，蓋返還其價額，即可維護分配權利人之權益，而且適用上亦比較單純。再者，為明確其法律關係及簡化其文句，似宜將法務部版第一千零二十八條第一項中「對受領之第三人，得就其不足額依不當得利之規定，請求返還其價額」，改為「對於受領之第三人，得請求返還其不足之數額」；第二項「對」字之下，宜加「於」字。

七、瑞士民法第一百六十四條規定：「①配偶之一方管理家務、教養子女或在他方配偶之營業或職業協助時，有向他方配偶請求定期給予相當數額金錢供其自由處分之權利。②前項數額之確定應考慮有請求權配偶之收入，顧及家庭確實應有之需要及營業、職業之情形。」新晴版參照前揭第一項，增列第一千零三條之二，規定：「夫妻之一方從事家事勞動或對他方配偶之營業或職業予以協助時，得向他方配偶請求定期給與相當數額之金錢，供其自由處分。」法務部版則未設此類規

---

⑩ 詹博士惠傳其原稿，特此致謝。

定。然立法院司法委員會審查通過增訂第一千零三條之二草案，規定：「①夫妻之一方從事家事勞動或對他方之營業或職業予以協助時，得向他方請求相當之報酬。②前項報酬給付之內容及方法由夫妻以協議定之，協議不成時，由法院依勞務或協助之程度酌定之。」對此規定，論者肯定其保障家庭主婦所具之意義，但對於果真通過施行，是否確能落實，則有若干疑慮[71]。沈富雄版更率直指摘：家事勞動有給之規定普遍性地強制適用一般夫妻，「在收入較低之家庭，此種規定無異增加紛爭之機會，形成破壞家庭和諧之亂源。蓋夫或妻收入較少時，勢必難以提供他方合理之給付，此不但喪失立法原旨，更將造成另一形式的壓迫。」[72]

按瑞士民法所定者為零用金之請求，立法院司法委員會所通過者則進一步為報酬之請求。第查，自婚姻之本質，夫妻原應互相扶助，導入家事勞動有給制，反而使夫妻間形成僱用人受僱人關係，而汙損婚姻共同體之精神面；又家事勞動之報酬以法律予以強制，反而增加訟源，破壞家庭和諧。管見認為，夫妻之一方從事家事勞動或對他方之營業或職業予以協助時，彼此間之補償問題，宜由夫妻自然調整；其涉及報酬或零用金之請求時，亦應由夫妻自行協議，不宜由法律強制之。其實在整個制度之設計上，家庭生活費用得以家事勞動分擔之（法務部版一〇二三條）；夫妻互負扶養義務（民一一一六條之一、一一一八條）；有法定事由時得請求宣告改用分別財產制（民、法務部版一〇一〇條）；夫妻於法定財產制關係消滅時得平均分配剩餘財產（法務部版一〇二四條）；離婚時得請求給與贍養費（民一〇五七條）配偶

[71] 陳惠馨前揭[26]文，頁23。

[72] 沈富雄國會辦公室，民法親屬編部分條文修正草案，頁3。

互有繼承權（民一一三八條、一一四四條），對於家庭主婦之保護，堪稱相當周到，實無再導入家事勞動有給制之必要。

拾、檢討與分析——其三，法務部版通則、約定財產制是否有待補正

除法定財產制外，通則、約定財產制亦應一併修正。玆以法務部版為中心，就通則、約定財產制，稍加檢討：

一、關於「通則」部分

法務部版將原第一千零六條（夫妻財產制之訂約能力）、第一千零十四條（約定特有財產）刪除；第一千零八條增列第二項「前項夫妻財產制契約之登記，對於登記前夫或妻所負債務之債權人，不生效力。亦不影響依其他法律行為所為財產權登記之效力」，以保護交易之安全；第一千零十條第四款「原有財產」改為「共同財產」；增列第六款「夫妻之一方不當減少其所得財產，而對他方剩餘財產分配請求權有重大侵害之虞時」；原第六款改列第七款；將原第一千零九條（因夫妻一方破產而當然改用分別財產制）移列第一千零四十一條之一；原第一千零十三條（法定特有財產）移列第一千零三十一條之一；原第一千零十五條（特有財產之效力）移列第一千零三十一條之一第二項，大致均堪以贊同，但下列二點應加以考慮：

1. 法務部版第一千零十條第四款及第六款「對」字之下，宜加「於」字，以符法條表達之一般慣例。

2. 法務部版第一千零八條第二項似宜修正為「前項登記，對於登記前夫或妻所負債務之債權人，不生影響。對於依其他法律行為所為財產權之登記，亦同。」似較為簡潔通順有力。

二、關於「約定財產制」部分

（一）為保護第三人之利益及維護交易之安全，約定財產制宜限於法律規定之種類，而由夫妻選擇採用。法務部版將約定財產制限於共同財產制與分別財產制二種，並就其內容予以全面修正，方向相當正確。

（二）在共同財產制，法務部版將第一千零三十五條、第一千零三十六條刪除；第一千零三十二條修正為「①共同財產，由夫妻共同管理。但約定由一方管理者，從其約定。②共同財產之管理費用，由共同財產負擔。」第一千零三十四條修正為「夫或妻結婚前或婚姻關係存續中所負之債務，應就共同財產負清償責任。共同財產不足時，各由夫或妻就其特有財產負清償責任。」第一千零三十七條修正為「家庭生活費用，由共同財產負擔。但共同財產不足時，由夫妻就其特有財產共同負擔。」第一千零四十條修正為「①共同財產制關係消滅時，除法律另有規定外，夫妻各取回其訂立共同財產制契約時之財產。②共同財產制關係存續中取得之共同財產，由夫妻各得其半數。但另有約定者，從其約定。」第一千零四十一條修正為「①夫妻得以契約訂定僅以所得為共同財產，適用共同財產制之規定。②前項所得之範圍與第一千零十八條之規定同。③夫妻於婚姻關係存續中，不屬於所得共同財產之其他財產，適用關於分別財產制之規定。」大致均值得肯定，但下列二點應加以考慮：

1. 在共同財產制，宜承認夫妻得以契約約定特有財產（參照瑞民二二四條、二二五條一項、德民一四一八條二項一款），法務部版將民法第一千零十四條刪除，似有未妥，而宜移列第一千零三十一條之一第二項，規定「除前項財產外，夫妻得以契約訂立以一定之財產為特有財產」，第二項改列第三項，並將「前項」修正為「前二項」（參照沈富雄版一〇二八條二、三項）。

2.關於家庭生活費用之負擔，已如前述，茲不贅。

（三）在分別財產制，法務部版將原第一千零四十五條、第一千零四十七條刪除；第一千零四十四條修正為「分別財產，夫妻各保有其財產之所有權，各自管理、使用、收益、處分。」第一千零四十六條修正為：「①夫妻各自負擔其債務。②夫妻之一方以自己財產清償他方之債務時，雖於婚姻關係存續中，亦得請求償還。」第一千零四十八條修正為：「①家庭生活費用，除契約另有訂定外，由夫妻各依其資力、家事勞動或其他情事分擔之。②因前項費用所生之債務，由夫妻負連帶責任。」大致亦均值得支持，但下列二點應加以考慮：

1.在分別財產制，夫妻各保有其財產之所有權、管理權、使用收益權及處分權，但夫妻營共同生活，必有夫妻誰屬不明之財產，而有加以規範之必要。筆者認為，宜於第一千零四十四條規定：「①夫或妻於結婚時所有之財產，及婚姻關係存續中取得之財產，分別為夫或妻之財產。②夫或妻不能證明為其所有之財產，推定為夫妻共有之財產。」（參考日民七六二條、韓民八三〇條）。

2.關於家庭生活費用之負擔，已如前述，茲不贅。

修正條文芻議——代結論

綜上所述，筆者建議之修正條文如次（**黑體字**部分表示與法務部版不同者）

第二章　婚姻

第三節　婚姻之普通效力

第一千零零二條之一　夫妻為維持共同生活之必要，得使用他方之住居所及家庭用物。

第一千零零二條之二　夫妻之一方對於住居不動產為處分、變更或設定負擔時，應得他方之同意，對於家庭用物為處分時，亦同。

前項同意之欠缺，不得對抗善意第三人。

第一千零零三條之一　家庭生活費用，除契約另有訂定外，由夫妻各依其資力、家事勞動或其他情事分擔之。

因前項費用所生之債務，由夫妻負連帶責任。

第四節　夫妻財產制

第一款　通則

第一千零零四條　（本條未修正）

第一千零零五條　（本條未修正）

第一千零零六條　（刪除）

第一千零零七條　（本條未修正）

第一千零零八條　夫妻財產制契約之訂立、變更或廢止，非經登記，不得以之對抗第三人。（本項未修正）

前項登記，對於登記前夫或妻所負債務之債權人，不生影響。對於依其他法律行為所為財產權之登記，亦同。

第一項登記，另以法律定之。

第一千零零八條之一　前二條之規定，於有關夫妻之其他約定準用之。

第一千零零九條　（移列第一千零四十一條之一）

第一千零十條　有左列各款情形之一時，法院因夫妻一方之請求，得宣告改用分別財產制：

一　夫妻之一方依法應給付家庭生活費用而不給付時。（本款未修正）

二　夫或妻之財產，不足清償其債務，或夫妻之總財產，不足清償總債務時。（本款未修正）

三　夫妻之一方為財產上之處分，依法應得他方之同意，而他方無正當理由拒絕同意時。（本款未修正）

四　夫妻之一方對於他方之共同財產管理顯有不當，經他方請求改善而不改善時。

五　夫妻難於維持其共同生活，不同居已達六個月以上時。（本款未修正）

六　夫妻之一方不當減少其所得財產，而對於他方剩餘財產分配請求權有重大侵害之虞時。

七　有其他重大事由時。

第一千零十一條　（本條未修正）

第一千零十二條　（本條未修正）

第一千零十三條　（本條移列第一千零三十一條之一）

第一千零十四條　**（本條移列第一千零三十一條之一第二項）**

第一千零十五條　（本條移列第一千零三十一條之一第三項）

第二款　法定財產制

第一千零十六條　夫或妻之財產分為固有財產與所得財產。

第一千零十七條　夫或妻之固有財產包括左列各款財產：

一　夫或妻個人使用之財產。

二　法定財產制開始時屬於夫或妻之財產。

三　婚姻關係存續中夫或妻因繼承或其他無償取得之財產。

四　固有財產之代替利益。

五　慰撫金。

第一千零十八條　夫或妻之財產，除前條所列固有財產外，為其所得財產。

夫或妻不能證明為其固有財產者，推定為夫或妻之所得財產。

夫或妻不能證明為其所得財產者，推定為夫妻共有之所得財產。

第一千零十九條　夫妻之一方得隨時請求他方共同開具財產目錄清冊辦理公證。

第一千零二十條　夫或妻對其固有財產及所得財產各保有其所有權。

第一千零二十一條　夫或妻各自管理、使用、收益、處分其固有財產及所得財產。其管理費用，各由夫或妻之固有財產或所得財產分別負擔。

夫妻共有之所得財產，夫妻之一方未得他方之同意，不得處分其應有部分。

第一千零二十二條　夫妻之一方對於他方就其所得財產，互負報告之義務。

第一千零二十三條　夫妻各自負擔其債務。

夫妻之一方以自己財產清償他方之債務時，雖於婚姻關係存續中，亦得請求償還。

第一千零二十四條　法定財產制關係消滅時，夫或妻現存之所得財產，扣除所得財產所負債務，如有剩餘，其雙方剩餘財產之差額，應平均分配。

依前項規定，平均分配顯失公平者，法院得酌減其分配額或不予分配。

第一項剩餘財產差額之分配請求權，自請求權人知有剩餘財產之差額時起，二年間不行使而消滅。自法定財產制關係消滅時起逾五年者，亦同。

第一千零二十五條　夫或妻以其所得財產清償自己之固有財產所負債務，或以其固有財產清償自己之所得財產所負債務，於法定財產制關係消滅時，應分別納入現存之所得財產或所得財產所負債務計算之。

第一千零二十六條　夫或妻於法定財產制關係存續中，為減少他方對於剩餘財產之分配而處分其所得財產者，應將該財產追加計算，視為現存之所得財產。但為履行道德上義務所為之相當贈與，不在此限。

第一千零二十七條　夫妻現存之所得財產，其價值估計以法定財產制關係消滅時為準。應追加計算之所得財產，其價值估計以處分時為準。

第一千零二十八條　於第一千零二十六條之情形，分配權利人於義務人不足清償其應得之分配額時，對於受領之第三人，得請求返還其不足之數額，但受領為有償者，以第三人受領時，知其情事，且以顯不相當對價取得者為限。

前項對於第三人之請求權，自分配權利人知悉其分配權利受侵害時起，二年間不行使而消滅。自法定財產制關係消滅時起逾五年者，亦同。

第一千零二十九條 （刪除）

第一千零三十條 （刪除）

第一千零三十條之一 （刪除）

第三款 約定財產制

第一目 共同財產制

第一千零三十一條 夫妻之財產及所得，除特有財產外，合併為共同財產，屬於夫妻公同共有。（本項未修正）

（第二項刪除）

第一千零三十一條之一 左列財產為特有財產：

一 專供夫或妻個人使用之物。

二 夫或妻職業上必需之物。

三 夫或妻所受之贈物，經贈與人以書面聲明為其特有財產者。

除前項財產外，夫妻得以契約訂定以一定之財產為特有財產。

前二項所定之特有財產，適用關於分別財產制之規定。

第一千零三十二條 共同財產，由夫妻共同管理。但約定由一方管理者，從其約定。

共同財產之管理費用，由共同財產負擔。

第一千零三十三條 （本條未修正）

第一千零三十四條 夫或妻結婚前或婚姻關係存續中所負之債務，應就共同財產負清償責任。共同財產不足時，各由夫或妻就其特有財產負清償責任。

第一千零三十五條 （刪除）

第一千零三十六條 （刪除）

第一千零三十七條 （刪除）

第一千零三十八條 共同財產所負之債務，而以共同財產清償者，不生補償請求權。

特有財產之債務，而以共同財產清償者，有補償請求權，雖於婚姻關係存續中，亦得請求。

第一千零三十九條 （本條未修正）

第一千零四十條 共同財產制消滅時，除法律另有規定外，夫妻各取回其訂立共同財產制契約時之財產。

共同財產制關係存續中取得之共同財產，由夫妻各得其半數。但另有約定者，從其約定。

第一千零四十一條 夫妻得以契約訂定僅以所得為共同財產，適用共同財產制之規定。

前項所得之範圍與第一千零十八條之規定同。

夫妻於婚姻關係存續中，不屬於所得共同財產之其他財產，適用關於分別財產制之規定。

第一千零四十一條之一 夫妻之一方受破產宣告時，其夫妻共同財產制，當然成為分別財產制。

第二目 （刪除）

第一千零四十二條 （刪除）

第一千零四十三條 （刪除）

第三目 分別財產制

第一千零四十四條 夫或妻於結婚時所有之財產，及婚姻關係存續中取得之財產，分別為夫或妻之財產。

夫或妻不能證明為其所有之財產，推定為夫妻共有之財產。

第一千零四十五條 夫妻各保有其財產之所有權，各自管理、使用、收益、處分。

第一千零四十六條 夫妻各自負擔其債務。

夫妻之一方以自己財產清償他方之債務時，雖於婚姻關係存續中，亦得請求償還。

第一千零四十七條 （刪除）

第一千零四十八條 （刪除）

論離婚後之親權及其修正

李玲玲*

壹、序言

貳、離婚後「監護」用語之修正

參、民法第一千零五十一條之刪除

肆、決定親權人之方法

伍、親權人之改定

陸、酌定或改定親權人之基準

柒、會面交往權之明定

捌、離婚後親權之共同行使

玖、酌定父母以外之第三人任子女之監護人

拾、結論

---

*作者為東吳大學法學士，現任東吳大學法律學系講師

論離婚後之親權及其修正

壹、序　言

大清民律草案親屬法第五十條規定，兩願離婚者，離婚後子之監護，由父任之，未及五歲者，母代任之，若訂有特別契約者，依其契約❶。同法第五十一條規定，呈訴離婚者，離婚後子之監護，準用前條之規定，但審判衙門得計其子之利益，酌定監護之人❷。民國四年

❶ 依本條立法說明謂：夫因結婚而生之親屬關係、及家屬關係，至離婚時則皆消滅，獨母子本乎天性，非如妻對於夫之親屬，及夫對於妻之親屬，其關係由人為而結合，至離婚時亦可由人為解消之也。故妻即被離婚，若生有子女，則母子之名分依然，而監護之權利自在。但離婚後夫婦既各異處，則關於其子之監護，究屬誰任？按監護其子之事，兩願離婚與呈訴離婚者，稍有不同。本條規定兩願離婚時，監護其子之任，應屬於其父，是為原則。若其子年幼不滿五歲，此時甫離襁褓，尚難離母而獨存，則監護之任屬於其母，是為例外。既然屬兩願離婚，凡事均可從容籌議，若關於監護其子之事訂有特別契約者，從其契約，如兩造訂定年幼之子至幾歲時止，別託乳母養育等類是也。

❷ 依本條立法說明謂：夫以兩願離婚而論，監護其子之任應屬於其父，若子未滿五歲，則屬於其母，此即呈訴離婚亦可援用。但呈訴離婚與兩願離婚異者，一則以兩造自由意思而定，一則審判衙門得干涉之也。蓋在

民律親屬編草案第四十八條規定，兩願離婚時，不以協議定其子之監護人者，其監護屬於父。監護之範圍外，父母之權利不生變更。同法第五十三條規定，呈訴離婚者，離婚後子之監護，準用第四十八條之規定，但審判衙門得計其子之利益，酌定監護之人❸。至於民國十四年民律草案親屬編第一百零五條規定，則又回到與大清民律草案相類似之內容❹。民國十七年親屬法草案於婚姻章中，未見有關離婚後子女監護之規定，但在第四章父母與子女之關係裡，卻有離婚後親權行使之規定。詳言之，依該法第五十九條規定，父母離婚時，關於親權之行使，準用第五十八條之規定。而第五十八條之規定為，對未成年子女之權利義務，除有特別規定外，由父母共同行使或負擔之，父母不能共同行使或負擔時，依其協議定之，不能協議時，各得請求法院判定之。前項權利義務之行使或負擔，養父養母先於生父母❺。民國十九年民法第一千零五十一條規定，兩願離婚後，關於子女之監護，由夫任之。但另有約定者從其約定。同法第一千零五十五條規定，判決離婚者，關於子女之監護，適用第一千零五十一條之規定。但法院得為其子女之利益，酌定監護人。由規定形式觀之，可知係沿襲草案時之立法方式，將離婚後子女監護人之決定，因離婚形態之不同，而分設不同之規定。此二規定，以父任子女監護人為原則，有違男女平

收訴衙門既有准駁之全權，則關於離婚後監護其子之事。依法律規定，或其父母之契約，審判官見有不利於其子者，得別行選任監護人，要以利益其子為主，此但書之所由設也。

❸ 中華民國民法制定史料彙編下冊，頁52。

❹ 同❸，頁262。

❺ 同❸，頁358。

等。民國七十四年民法親屬編修正時，雖特別揭示「貫徹男女平等原則」為修正重點之一，但對此重大違反男女平等原則之規定，卻未加以修正。

民國七十八年及八十三年最高法院各有一判決針對父母別居時子女監護人之決定，引用民法第一千零八十九條之規定，判決由父任子女之監護人以行使親權❻。由於此二判決之誤用民法第一千零八十九條之規定，而誤打誤撞的造成該條規定被宣告違憲之結果。依大法官會議釋字第三六五號解釋，「民法第一千零八十九條，關於父母對於

❻ 七十八年臺上字八一七號判決謂：「查兩造曾多次協議離婚不成，上訴人以久住之意思，常年居住臺北市，被上訴人則住居新竹市；長期分居，對於所生之女魏申申已不能共同行使親權，雙方又各欲單獨扶養，顯見雙方就對於魏申申親權之行使意思不一致。被上訴人為魏申申之生父現任大學教授，有固定收入，對於魏申申無不能行使親權之情形，亦非無負擔扶養義務之能力，依民法第一千零八十九條規定，被上訴人之請求，應予准許。」再依同院八十三年臺上字四三八號判決謂：「按父母對於未成年子女之權利義務，除法律另有規定外，由父母共同行使或負擔之。父母對於權利之行使意見不一致時，由父行使之，為民法第一千零八十九條所明定。兒童福利法第四十一條第四項固規定父母對監護權行使意見不一致者，得準用同條第一項之規定酌定或改定適當之監護人。惟在法院未酌定或改定監護人前，仍有上開民法第一千零八十九條規定之適用。查兩造對孫萬皓由何人監護，意見不一致，法院尚未依兒童福利法第四十一條第四項準用同條第一項酌定或改定孫萬皓之監護人。且上訴人在原審提起反訴，請求酌定伊為監護人，復經裁定駁回。依上開說明，孫萬皓仍應由被上訴人監護，從而被上訴人請求上訴人將孫萬皓交付與伊，洵屬正當，應予准許。」

未成年子女權利之行使意思不一致時，由父行使之規定部分，與憲法第七條人民無分男女在法律上一律平等，及憲法增修條文第九條第五項消除性別歧視之意旨不符，應予檢討修正，並應自本解釋公布之日起，至遲於屆滿二年時，失其效力」。此大法官會議作成後，促成各界對於離婚後子女監護制度之重視。法務部鑑於上開解釋之時效性、子女監護制度之重要性及修法之迫切性，乃配合民法第一千零八十九條之修正，將之列為民法親屬編第一階段修正之範圍，研提修正草案，陳報行政院轉請立法院審議。而立法院方面，委員們對此問題亦極為重視，相繼提出修正草案，竟出現五個版本之局面，盛況空前。在各方努力之下，終於在民國八十五年九月六日經立法院三讀通過，於同年九月二十五日由總統公布施行。本文擬就關於離婚後之親權，於修正前後之異同加以論述，並就新法之修正作一簡單之評論。

貳、離婚後「監護」用語之修正

日本民法關於離婚後親權之行使與子女之監護，分設不同之條文，前者規定於親權章節內（日民八一九條），後者則被置於離婚規定中（日民七六六條、七七一條）。因此，離婚後子女之監護，係專指身上監護而言❼。而我國並未如日本將離婚後子女之監護與親權之行使，

---

❼ 依日本民法八二〇條規定，親權人有監護及教育子女之權利與義務，而離婚後之監護，是否僅限於該條之監護，或尚包括教育在內，有不同之見解。消極說認為由條文規定觀之，監護既與教育並列，則監護之內容不含教育，應屬當然（立石芳枝，親族法・相續法（與我妻榮共著），頁131）。亦有一面採消極說，但又認為監護主要為肉體上之監護保護，教

分設不同條文，而於修正前僅規定離婚後之監護（舊民一〇五一條、一〇五五條），其用語雖與日本民法相同，但意義是否相同，則不無疑問。

胡長清先生採與日本學者同樣見解，認為所謂監護，原對教育而言，監護即監護督保之謂；教育即教導養育，一屬於消極行為，一屬於積極行為，二者自不相侔，但離婚之監護，解釋上應包含教育在內❽。羅鼎先生亦採同樣見解❾。如此解釋，我國離婚後之監護，亦與日本同樣僅止於人身之監護而言❿。戴炎輝先生更進一步認為，我國民法第一千零五十一條、第一千零五十五條關於離婚後子女監護之

育為精神上之監護保護，但肉體與精神有時難以明白區別，因此監護之中有某種程度之教育，而教育之中亦有某種程度之監護。進而認為，屬於監護範圍中之教育係指中小學程度之普通教育，而其以上之高等或專門教育，則委之親權人（中川善之助，親權，民法演習V，頁128～129）。多數學者則採積極說，認為監護與教育雖屬個別的兩個概念，但二者仍是一個行為的兩面，事實上難以界定二者之範圍，除去教育而為之監護，毫無意義，尤其是幼兒之場合，幾近不可能（神谷笑子，離婚後の子の監護，家族法大系III，頁22；青山道夫，改正民法と子の監護，近代家族法の研究，頁140；我妻榮，親族法，頁143；鈴木祿彌，親族法講義，頁180～181；中川淳，親族法逐條解說，頁149）。

❽ 胡長清，中國民法親屬論，頁210。

❾ 羅鼎，親屬法綱要，頁176。

❿ 羅鼎先生與胡長清先生又仿日本民法第七六六條第三項（舊法八一二條三項）規定，進而謂我民法所規定者僅為子女之監護，而於監護以外父母之權利義務，並不因此而受影響（羅鼎，前揭，頁175～176；胡長清，前揭，頁209～210）。

規定，係踏襲第一次民律草案第一千三百六十六、一千三百六十七條，而民律草案，又是仿原德國民法第一千六百三十五條⑪。然而德國民法之此條文，乃關於人身監護之規定⑫。但在民律草案，於夫妻關係存續中，父（夫）優先於母（妻），單獨行使親權（民草一三七〇條），與現行法之共同行使者不同；且行使親權之母，再嫁後不得行使之（民草一三七八條）。故第一千三百六十六條、一千三百六十七條，專指人身監護而言，而其規定甚為得當。現行民法之上述規定，亦規定人身監護，其不用親權，而用監護之文字，職此之故⑬。至於離婚後之行使親權，其謂關於親權行使，在婚姻關係存續中，如父母意思不一致時，從父之意思（民一〇八九條），而子女之居住所指定權，原則上屬於父（舊民一〇六〇條一項），故於離婚後，亦應解為原則上屬於父。若為招贅婚，則應解為由母行使親權。但不問在兩願離婚與裁判離婚，可以當事人之特約，不依上述原則，而約定為共同行使親權，或由他

---

⑪ 德國舊民法第一六三五條規定，依第一五六五條乃至第一五六八條所定之理由而離婚之場合，僅配偶之一方被宣告有責時，離婚夫婦生存間，關於子女身心之監護，由無責配偶任之。配偶雙方均被宣告有責時，未滿六歲之子女之監護，由母任之，六歲以上之兒子，由父任監護。監護法院基於特別理由，為子女之利益，不妨為不同之處分。無特別處分之必要時，得撤銷之。前項規定不影響父代理子女之權利。此條規定被一九三八年之婚姻法所廢止（田島順、近藤英吉，獨逸民法（IV）親族法，頁332～333）。

⑫ 德國舊民法第一六三一條第一項規定，子女之身心監護，包含教育監督及居所指定之權利義務，再依同法第一六三二條規定，尚包括子女交還請求權（田島順、近藤英吉，前揭，頁327～331）。

⑬ 戴炎輝，中國親屬法，頁184。

方行使。民法第一千零五十一條、一千零五十五條，係關於人身監護之規定，與親權行使無直接關係，但其精神相同，當可類推適用於親權行使⓮。

上述三位學者認為離婚後之監護，係指對未成年子女之身心監護而言，被稱之為狹義說。相對的，認為離婚後之監護等於親權之行使，包括身心監護與財產監護之見解，被稱之為廣義說。而二說中，以廣義說為通說。

陳棋炎教授謂，所謂監護，包括對未成年子女之親權而言，不任監護之父或母，不得行使親權⓯。所謂包括親權，是否尚有親權以外之權利義務，不得而知。史尚寬先生則認為民法第一千零五十一條、一千零五十五條之監護，無作狹義解釋之必要，應從廣義的解釋，包括身上監護及財產管理及子女之代理權在內，親權係就權利本體而言，而身上監護、財產上監護等，係指親權所生之作用而言，因此於監護協定之外，無須更有親權之協定⓰。此見解理論架構清晰，簡短幾語，即道出問題核心，立刻受到多數學者支持。林菊枝教授認為我民法就離婚後子女監護之規定，不問其係仿德舊民法或日本明治民法之規定，也不問其過去是否有別於親權之作用，既然民法離婚後子女親權之歸屬，別無規定，不妨將此監護權視同親權之性質，將監護之範圍解釋與親權內容一致，以免離婚後除決定子女之監護人外，再得另行決定親權人，除去疊床架屋之嫌⓱。黃宗樂教授亦謂監護權乃親權之作用，

⓮ 戴炎輝，前揭，頁185。

⓯ 陳棋炎，民法親屬，頁169。

⓰ 史尚寬，親屬法論，頁454。

⓱ 林菊枝，親權法上幾個疑難問題之研討，親屬法專題研究，頁156。

且使親權與監護權分立，於子女之利益亦無補⑱。而戴東雄教授所舉之理由更見詳盡，詳言之，(一) 從比較法的立場，依德國法或日本法，於必要時，得由父母一方擔任身心監護，由他方為財產上監護，而我國別無規定親權人由父或母擔任，因此父或母之「監護」，乃概括之監護事項，宜包括身心監護與財產上監護及該二者必要之代理權在內；（二）民法第一千零八十四條有關保護與教養之內容，不宜解為身心監護而已，宜解為親權之基本規定，亦即身心之監護與財產之監護乃抽象親權之具體範圍，二者均為實現保護與教養不可或缺之內容，如缺其一，必使保護教養不易實現。可見民法第一千零八十四條之保護教養為親權之上位概念，而身心監護與財產監護為下位之概念，由此二者構成保護教養之目的；(三) 離婚後之監護與民法第一千零九十一條之「監護」有別，而後者之監護人，除另有規定外，於保護、增進受監護人利益之範圍內，行使、負擔父母對於未成年子女之權利義務（民一〇九七條)，若將前者之監護限於身心監護，則其監護之範圍比後者為小，似有不當⑲。林秀雄教授亦從比較法的觀點認為，日本民法將離婚後之監護與親權之行使二元化之規定，已有學者加以批判，有鑑於此，採一元化立法之我國，實無必要受到不當外國立法例之影響，而勉強解釋離婚監護權與親權不同⑳。

⑱ 黃宗樂，離婚後子女之監護與扶養，親子法之研究，頁314；離婚後子女之監護與親權行使，中華法學，第二期，頁225。

⑲ 戴炎輝、戴東雄合著，中國親屬法，頁255～256；戴東雄，親屬法實例解說，頁156～157。

⑳ 林秀雄，離婚後監護人對未成年子女收養行為之同意權，家族法論集㈢，頁128～129。

綜上所述可知，我國學說見解不一，而採狹義說之學者，有從立法沿革的觀點而為主張者。大清民律草案就未滿五歲之子，由母任監護之規定，確實與德國舊民法第一千六百三十五條之規定，有其類似處，謂我大清民律草案之該規定係仿德國舊民法，尚屬可能，但民國十九年民法第一千零五十一條及一千零五十五條之規定，已無年幼由母任之的規定，形式上與德國舊民法規定相去甚遠，實不必與之為同樣之解釋。就規定內容觀之，我國現行民法之規定倒是與日本明治民法第八百一十二條第一項及第八百一十九條有類似之處㉑。但，日本明治民法就離婚後之監護與親權行使分別規定㉒，我國則只有離婚後監護之規定，別無離婚後親權行使之規定，因此，亦不必將日本學說之見解，原封不動導入我國，將二元化制度之解釋，用於一元化制度之我國，只是徒然造成解釋上之矛盾與困擾。換言之，將離婚後之監護之涵義做限縮解釋，然後再以離婚後親權行使，法律無明文規定為由，類推適用離婚後之監護之規定，此種解釋方法，實疊床架屋，徒費周章。倒不如將離婚後之監護解為親權之行使，理論一貫，直接了當。

在立法院立法委員所提修正案有朱鳳芝、潘維剛、蘇煥智、謝啟大及葉菊蘭等版本，均仍沿用現行法之監護用語。如前所述，離婚後

㉑ 日本明治民法第八一二條規定，為協議離婚者，未依其協議而決定子女監護人時，由父任監護人。同法第八一九條規定，第八一二條之規定，於裁判上之離婚準用之，但法院得為子女之利益，就其監護命為不同之處分。

㉒ 依日本明治民法第八七七條第一項規定，子女服從其在家之父的親權，再依同法第七三九條規定，因結婚入他家者，於離婚時，復籍本家，因此，父母離婚時，母離開夫家，子女之親權由父行使之。

之監護與民法第四章之監護，用語相同，意義卻有異，前者實為親權之行使，因此在用語上，實有修正之必要。然於用語明確上言，本應改為「親權之行使」，但我國民法中，並未有「親權」之用語，如於離婚制度中，出現「親權」用語，會顯得唐突，為此，行政院版之草案，乃將現行條文「監護」文字，修正為「對於未成年子女權利義務之行使或負擔」，期與民法第一千零八十九條用語一致。新法之用語與行政院版相同，其文字之使用，雖不若「親權」之簡單明瞭，但與舊法相較，此修正應屬正確。

參、民法第一千零五十一條之刪除

修正前之民法將離婚後子女監護人之決定，分就兩願離婚與判決離婚而做不同之規定。尤其在兩願離婚方面之規定，原則上由父任監護人，有違男女平等及子女利益之原則，早為學者所詬病㉓。且離婚後子女監護人之決定乃屬離婚之效力，不應因離婚形態之不同而異其規定㉔。因此立法委員版草案與行政院修正草案均對民法有所修正，惟修正方法上，略有不同。朱鳳芝委員所提修正條文，先就兩願離婚之情形而規定，而後於民法第一千零五十五條規定，判決離婚者，關於子女之監護，準用第一千零五十一條之規定。此種立法方式係仿日本民法而來㉕。潘維剛委員所提修正案係刪除民法第一千零五十五條

㉓ 林秀雄，離婚後子女監護人之決定，家族法論集㈡，頁124。

㉔ 黃宗樂，協議離婚制度之比較研究，臺大法學論叢，第十卷第一期，頁211。

㉕ 日本民法第七七一條規定，裁判上之離婚，準用民法第七六六條乃至第

而於民法第一千零五十一條規定離婚後子女監護人之決定，而謝啟大及葉菊蘭委員所提修正案則刪除民法第一千零五十一條，而就民法第一千零五十五條為修正。二者理由說明大致相同㉖，惟就論理而言，先有離婚，始生離婚之效力，離婚效力之規定，應置於離婚形態之後，因此刪除民法第一千零五十一條，保留民法第一千零五十五條之立法方式，較為合理。而朱鳳芝委員之修正案，規定判決離婚準用關於兩願離婚之規定，似又多此一舉。至於蘇煥智委員之修正條文，僅有兩願離婚之規定，關於判決離婚的子女監護人之決定，則未置明文，似有缺陋。

行政院草案亦將民法第一千零五十一條刪除，其刪除理由謂：「夫妻離婚後對於子女之親權並未因其係兩願離婚或判決離婚而有不同，故不宜區別兩願離婚或判決離婚而分列兩條規定，宜一併規定之。現行條文分別於第一千零五十一條及第一千零五十五條規定，易滋疑義，為明確計，爰刪除第一千零五十一條，併入第一千零五十五條加以規定。」立法院修正民法親屬編時，將此條規定刪除，實屬正確。

肆、決定親權人之方法

七六九條（協議離婚之效力）。

㉖ 潘維剛委員等修正條文說明：「民法對於離婚後之子女監護權問題，不論離婚之型態為兩願離婚或裁判離婚，均一體適用同一保護規定，即民法第一千零五十一條條文，故本條文應予刪除」。葉菊蘭委員等修正條文說明：「不論兩願離婚或裁判離婚之場合對子女利益之保護相同，故就離婚後子女監護權之決定，應採同一處理方式」。

關於未成年子女親權人之決定方法，行政院版及各立法委員版草案之基本精神大致無異，亦即先依父母協議定之，協議不成或未為協議時，法院得為酌定。惟各草案亦各有特色，例如（一）朱鳳芝委員及蘇煥智委員之草案有「由適任者任之」之規定。何謂「適任者」,並不明確，且既可經由父母協議或法院酌定，則此規定似屬多餘。(二)謝啟大委員、葉菊蘭委員及行政院所提之草案均參考兒童福利法，規定法院得依職權或依父母之一方、主管機關、社會福利機構或其他利害關係人之請求而為酌定。其他草案則未規定請求法院酌定之人的範圍。(三) 葉菊蘭委員所提草案特別規定父母之協議應經法院認可。其理由謂:「離婚父母對子女監護權之行使已有協議時，為子女之最佳利益，法院對其協議亦應加以審查。即父或母就子女之監護可能均不適任（如本身經營妓女戶），故有經法院認可之必要」。惟，此規定有違家庭自治之原則，且協議尚須經法院為實質審查，則直接規定全由法院酌定即可，故此規定似又多此一舉。新法依行政院版草案規定「夫妻離婚者，對於未成年子女權利義務之行使或負擔，依協議由一方或雙方共同任之。未為協議或協議不成者，法院得依夫妻之一方、主管機關、社會福利機構或其他利害關係人之請求或依職權酌定之。」基於家庭自治之原則，國家應儘量避免過份干涉家庭事務，因此對於未成年子女權利義務之行使或負擔，先依協議定之。此協議內容如何，不必經法院認可。若父母未為協議或協議不成（包括不能協議）時，再由法院酌定。惟此項規定，在實際運用上，仍有數個問題點，有待釐清，玆分述如下：

一、請求法院酌定子女親權人者，除夫妻之一方外，尚包括主管機關、社會福利機構或其他利害關係人。如前所述，此規定係仿兒童福利法第四十一條第一項而來。將兒童福利法所規定之請求權人原封不動承受下來，體制上顯得格格不入。蓋兒童福利法上所謂之主管機關，依該法第六條規定，兒童福利之主管機關：在中央為內政部；在省（市）為社會處（局）；在縣（市）為縣（市）政府。少年福利法上所謂之主管機關，依該法第三條規定，少年福利主管機關：在中央為內政部；在省（市）為社會處（局）；在縣（市）為縣（市）政府。惟民法上（一）所謂之「主管機關」究指何者，不得而知。解釋上，參考兒童福利法及少年福利法之規定㉗，即關於未滿十二歲之兒童親權人之決定事件，其主管機關係指兒童福利法第六條所定之主管機關；關於十二歲以上未滿十八歲之少年親權人之決定事件，其主管機關係指少年福利法第三條所定之主管機關；至於十八歲以上之未成年人，則無主管機關之可言。（二）所謂「社會福利機構」之定義及範圍，並不明確，依兒童福利法第二十二條、第二十三條規定，指縣（市）自行創辦或獎勵民間辦理之兒童福利機構，例如托兒所、育幼院、兒童樂園、兒童醫院……等。依少年福利法第十二條規定，各級主管機關為辦理少年福利事業，應設少年教養、輔導、服務、育樂及其他福利機構。

二、本條亦仿兒童福利法規定，法院不待請求，得依職權酌定子女之親權人。惟於兩願離婚時，法院亦得依職權酌定監護，實難想像。誠如楊建華教授之所言，法院處理事務，其程序之開始，必須基於請求為之，民事訴訟如此，非訟事件亦係如此，絕無得由法官自行主動進行訴訟或非訟事件程序之處理，以保持裁判者之超然獨立性。在無離婚之訴訟程序繫屬時，法院不得如檢察官偵查犯罪，發現有父母離婚子女監護事項，即主動開始其程序㉘。

㉗ 黃宗樂，父權條款之過去現在與未來，中華法學，第六期，頁75。

三、關於子女親權人之決定，除民法外，尚有兒童福利法第四十一條及少年福利法第九條第五項之規定。此三法間之關係有待檢討。於修正前，由於民法規定之不當及不備，因此兒童福利法或少年福利法之此等規定，正足以補充民法規定之不足。司法院八十五年二月十三日修正發布之「家事事件處理辦法」第十四條第一項規定，父母離婚者，法院依職權或依聲請酌定或改定子女之監護人時，應審酌一切情狀，切實考慮子女之最佳利益。其子女為少年或兒童者，並應注意少年福利法第九條第五項、兒童福利法第四十一條第一項至第三項之規定。似在強調少年福利法、兒童福利法具有民法特別法之性質。惟，新法修正後，民法關於子女親權人決定之規定，已趨於完善，少年福利法、兒童福利法已失去其補充之機能。若仍將之當作民法特別法加以適用，則將使未成年子女因年齡之不同，而適用不同之法規，徒然造成適用上之困擾，且其規範似已超越行政法規應有之功能，而造成架空民法適用之結果。因此立法論上，少年福利法、兒童福利法之此等規定，有刪除之必要。

伍、親權人之改定

民法修正前，並未如外國立法例設有關於親權人改定之明文，是否得請求改定親權人，於學說上有不同之見解，茲分述如下：

一、肯定說

㉘ 楊建華，兒童福利法第四十一條就父母離婚後子女之監護及於程序法之影響，司法周刊，六二五期。

實體法之學者，大多參考日本民法第七百七十一條及第七百六十六條第二項之規定，而解為不問在判決離婚或兩願離婚，如嗣後情事有變更時，當事人得聲請變更監護人㉙。

二、否定說

姚瑞光教授認為在離婚事件，無論兩願離婚或判決離婚，關於子女之監護，法律均規定「由夫任之」為原則，若以訴請求改由妻監護，則為變更子女之監護人，性質上屬於形成之訴。而提起形成之訴，除須於民法或其他法律上有形成權外，尚須依法律規定，其形成權之行使，必經法院以判決宣告始能達行使之目的者，方得提起，不得依類推之法理提起形成之訴，妻在法律上無訴請法院判決變更子女監護人之形成權，何能提起該項形成之訴㉚。可知，其與前述實體法學者採完全相反見解。

三、折衷說

楊建華教授認為兩願離婚原係基於夫妻之約定由妻為監護人，嗣因情事變更，妻不適於續為監護人時，如離婚之夫妻重行約定改由夫為監護人者，固無不可；若無另行約定，可否由夫提起變更監護人之形成之訴，因兩願離婚現行法律並無得由法院酌定子女監護人之規定，尚無得提起形成之訴之依據㉛。至於判決離婚時，因訴之客觀合併或

㉙ 史尚寬，前揭，頁457；戴炎輝、戴東雄，前揭，頁256～257；黃宗樂，前揭，頁236。

㉚ 姚瑞光，形成之訴，法令月刊，卌九卷十二期，頁3, 5, 6。

㉛ 楊建華，兩願離婚後得否提起酌定子女監護人形成之訴，司法周刊，三

反訴，經法院判決酌定母為監護者，仍係以法院之判決變更法律「由夫任之」之原則規定，此項判決有既判力與形成力，不容任意推翻，縱會嗣後情事變更，由母任監護人已不適當，父因法院之判決已停止之監護權亦不能當然回復行使，必須另有法院判決，始得變更原監護人，……除於離婚時未以判決酌定母為監護人，依法由夫任監護時，夫不能行使監護權者，即當然依法律規定由母行使，無庸再以法院判決變更外，其已以判決酌定監護人，而有情事變更者，應解為夫得另行提起形成之訴，請求法院為子女之利益，變更由父為監護人[32]。

我國實務上關於子女監護人變更之見解，早期係採折衷說。詳言之，關於判決離婚之場合，依最高法院七十年臺上字第一二七二號判決認為，兩造經判決離婚確定後，關於子女之監護，依民法第一千零五十五條之規定，固應由夫任之，惟斟酌該法條但書之規定，嗣後情事有變更時，父母之一方，仍非不得為子女之利益，而向法院請求變更監護之人[33]。至於兩願離婚之場合，依同院七十二年臺上字第二九〇五號判決謂，按民法第一千零五十一條規定，兩願離婚後關於子女之監護，由夫任之，但另有約定者，從其約定。此項規定，於判決離婚者，依同法第一千零五十五條規定亦適用之。至判決離婚者，依同法第一千零五十五條但書並規定法院得為其子女酌定監護人，然既為特別規定，不得又轉而適用於兩願離婚之場合。蓋兩願離婚之場合，亦有必要，何不於同法第一千零五十一條加以規定，其理甚明[34]。此

九六期第三版。

[32] 楊建華，判決離婚酌定子女監護人事件之程序，法學叢刊，一三一期，頁28。

[33] 最高法院民刑裁判選輯，二卷二期，頁299。

判決雖係針對兩願離婚時子女監護人之酌定而為之見解，對子女監護人之變更並無直接論及；惟，既不允許於兩願離婚之場合，請求法院酌定監護人，則自不會准於兩願離婚後請求變更子女之監護人。司法院第一廳（民事廳）七十七年三月十日七七院臺廳一字第〇二〇一七號函亦採上述最高法院判決之見解，認民法第一千零五十五條但書之規定，乃判決離婚之特別規定，不得轉而適用兩願離婚之場合㉟。惟，其後司法院第一廳研究意見變更見解謂：⑴按關於夫妻離婚後子女之監護由夫或妻任之一事，應從保護子女利益之觀點為衡量。民法第一千零五十一條規定：「兩願離婚後，關於子女之監護，由夫任之，但另有約定者，從其約定。」係就有關子女之監護，作原則上之規定，並非謂有關子女之監護，不得變更。⑵次查民法第一千零五十五條規定：「判決離婚者，關於子女之監護，適用第一千零五十一條之規定。但法院得為其子女之利益，酌定監護人。」其但書之意旨，在於為子女之利益，關於子女之監護，得不從民法第一千零五十一條以夫為當然監護人之規定或夫妻間關於子女監護之約定，而得由法院為離婚夫妻子女之利益酌定監護人。本諸該意旨，法院酌定監護人之權限，並應及於嗣後監護人有不能勝任監護情事，而須予以變更之情形。⑶同屬離婚夫妻之子女監護，於夫妻兩願離婚之情形，夫或約定之監護人，如有不能勝任子女監護之情事，為其子女之利益，應得類推適用民法第一千零五十五條但書之規定，而得由夫妻之他方訴請變更監護人（七十八年八月七日七八廳民一字八五九號函復臺高院）㊱。又，七十九

㉞ 司法院公報，廿五卷十期，頁48。

㉟ 民事法律問題研究彙編第七輯，頁255。

㊱ 同上，頁258。

年之第一廳研究意見亦採相同見解（七十九年十月二十九日七九廳民一字九一四號函復臺高院）㊲。此等研究意見終獲最高法院之採納，依八十一年臺上字第四一八號判決謂，兩願離婚後關於子女監護，固得約定由夫或妻任之，第任監護之一方如有未善盡監護職責情事，他方非不得類推適用民法第一千零五十五條但書規定為子女之利益，請求變更監護人，將子女交付於自己任監護之責㊳。自此，實務見解已完全採取肯定說，不論判決離婚或兩願離婚時，均可於嗣後請求法院變更監護。而本採折衷說之學者，亦認為，依現行法並無法律得由法院判決變更父母約定之依據，最高法院類推民法第一千零五十五條但書判決離婚之規定，認為得由法院為子女之利益酌定監護人，而為其父勝訴之判決，以補救法律上之缺漏，在結論上應值稱道，並謂此判決之類推適用之開創性見解，應值贊同㊴。可見，其亦已變更見解，改採肯定說。依民法第一條規定，民事，法律所未規定者，依習慣；無習慣者，依法理。此條規定即在說明以有限之條文，無法規範變化多端之民事案件，因此得依不成文之習慣或法理以補充成文規範之不足。就我國實務見解觀之，不乏類推形成權規定之判例或解釋。詳言之，民國七十四年民法修正前，並無有關收養撤銷之規定，而實務上有為肯定之解釋，例如，收養子女違反民法第一千零七十四條之規定，有配偶之人收養子女未與配偶共同為之者，得類推結婚撤銷之規定（三十年院字二二七一號解釋、三十三年上字三二二五號、四十二年臺上

㊲ 同上，頁251～252。

㊳ 同上，頁251～252。

㊴ 楊建華，再論兩願離婚得否提起酌定子女監護人之訴，司法周刊，六二三期。

字三五七號)；收養子女，違反民法第一千零七十三條收養者之年齡應長於被收養者二十歲以上之規定者，僅得請求法院撤銷（三十五年院解字三一二〇號解釋、釋字八七號解釋)。又，關於離婚請求權得類推適用之判例亦有之，例如舊法時期贅夫受妻之直系尊親屬之虐待，或虐待妻之直系尊親屬而致不堪共同生活者，得類推適用民法第一〇五二條第四款之規定（二十八年上字二一一六號、二十九年上字二〇四三號)；另叛國附敵未反正得類推適用舊民法第一千零五十二條第三款之規定（三十四年院字二八二三號解釋、三十七年上字七五四五號、四十五年臺上字一四三三號)。上舉實務見解均肯定形成之訴得依法理類推適用而提起之。

另外，外國立法例固然得做為法理[40]，但若依類推解釋之方法足以補法律漏洞時，則不必借用外國立法例，而類推適用本國之其他相類似之規定即可。我國舊法關於子女監護人之變更，並無明文規定，子女監護人之變更，若對子女有利益，應有規定之必要，民國七十四年修法時，既以加強對未成年人權益之保護為修正重點之一，則顯見此漏洞未規定非立法者之有意省略，而為無意疏漏。子女監護人之變更亦屬離婚之效果之一，不應因離婚形態之不同，而有所異，無論是兩願離婚或判決離婚，欲變更子女之監護人時，均得類推適用民法第一千零五十五條但書之規定，較為妥當。又，民國八十二年之兒童福利法第四十一條關於子女監護人之變更（改定）已設有明文，不區別離婚形態，法院得為子女之利益，改定適當之監護人。惟兒童福利法

---

[40] 最高法院五十九年臺上字一〇〇五號判決：「本於誠實信用原則，似非不可將外國立法例視為法理而適用。」關於本判決之評釋，詳見王澤鑑，比較法與法律之解釋適用，民法學說與判例研究第二冊，頁4以下。

僅適用於未滿十二歲之子女，十二歲以上之未成年子女之監護人之變更，仍依民法規定，是宜注意。新法修正時，增訂改定親權人之規定。新法第一千零五十五條第二項規定，前項協議不利於子女者，法院得依主管機關、社會福利機構或其他利害關係人之請求或依職權為子女之利益改定之。同法第三項規定，行使、負擔權利義務之一方未盡保護教養之義務或對未成年子女有不利之情事者，他方、未成年子女[41]、主管機關、社會福利機構或其他利害關係人得為子女之利益，請求法院改定之。由此可知，得由法院改定子女親權人之情形有三：一為依協議結果不利於子女者；二為行使、負擔權利義務之一方未盡保護教養之義務者；三為行使或負擔權利義務之一方對未成年子女不利者。第一種情形，即民法第一千零五十五條第二項之規定，為行政院版草案所無，而係於立法院司法委員會審查時，依立法委員提案所列。依委員提案之意見，係認如夫妻雙方有強弱不同之身分時，或一方強迫他方協議，而該協議結果顯然不利於子女時，亦得請求法院改定親權人[42]。但，父母並無義務將子女監護之協議書交由法院、主管機關或社會福利機構審查，法院又如何依職權為子女之利益變更親權人。父母之協議是否不利於子女，單從協議書上，實無法看出，須實際上由親權人行使權利負擔義務後，始能得知，若經行使後，果真有不利子女之情事時，則依同條第三項規定，請求法院改定親權人即可。因此，此規定似屬多餘。又所謂主管機關、社會福利機構之定義應與同條第

---

[41] 有學者認為「為避免未成年子女直接與親權人正面對立及其訴訟能力成為問題，似不宜賦予未成年子女以請求改定親權人之權。」黃宗樂，中華法學第六期，前揭文，頁76。

[42] 法務部印行，民法親屬編及其施行法部分條文修正問答資料，頁12。

一項同。附帶一提者，民法第一千零五十五條第四項規定，前三項情形、法院得依請求或依職權，為子女之利益酌定權利義務行使負擔之內容及方法。此規定為行政院草案所無，此項規定含有法官萬能之錯誤觀念。蓋所謂「權利義務行使負擔之內容」，即為親權之內容，而此內容乃是基於法律規定，不得由法院自由創設或酌定。至於行使權利負擔義務之方法，亦須視實際情形而定，亦即非有具體之情形，無從決定其行使之方法。例如懲戒權行使之方法，可能為告誡、體罰、禁足等，其懲戒之程度，須依子女之性別、年齡、健康及過失之輕重而定。法官須有未卜先知的超能力，否則如何酌定權利行使、負擔義務之方法。可知，法官面對此條文，將無所適從。本項規定徒成具文。

陸、酌定或改定親權人之基準

關於酌定親權人之基準，我國民法、兒童福利法、少年福利法僅揭示子女之利益，惟何種情形下，對子女最為有利，則有賴法院就實際之情形，為具體之判斷。於外國立法例，如德國民法於數個條文中亦提及子女利益之用語；惟，何謂子女利益，民法上亦無明確指示㊸。依德國學者認為於德國已發展出實踐理性之若干原則，惟此等原則，不過是給與實務處理時之指針而已。亦即(1)支持原則，從父母之人格、與子女之關係及外在的種種情形觀之，對子女之照顧及其精神的成長有較好條件者，擔任親權人。(2)繼續性利益，德國民法第一千六百七十一條第二項第二段規定特別要顧及子女與父母或兄弟姊妹間之連繫

㊸ 陳惠馨，比較中、德有關父母離婚後父母子女間法律關係，親屬法諸問題研究，頁276，註68。

關係，依此繼續性利益之原則，在不給與兄弟姊妹關係有深刻負擔之情形下，儘量使兄弟姊妹在一起。⑶應依子女之年齡及成長階段，斟酌子女之性向及意思㊹。一般通說認為決定親權人時，不必考慮父母對離婚之有責與否，惟有學者認為親權人之決定，實際上含有剝奪親權之意義，而且婚姻上之過錯，同時亦意味著對子女義務之違反，因此在無法導出最佳解決之道時，應斟酌婚姻破綻之原因或離婚程序之經過狀態㊺。

日本民法及家事審判法規，亦無指示監護人決定之基準，只在家事審判規則第五四條規定，家事法院於定監護人之場合，子女十五歲以上者，應聽取子女之陳述。依日本審判實務所得知之基準，大致如下，即⑴基於繼續性利益之原則，尊重子女之現狀，以現正監護養育子女者為優先；⑵站在精神醫學之立場，若無特別之情事，則關於乳幼兒之監護，以母為優先，較符合子女之福利；⑶尊重子女之意向、動向；⑷子女之精神面較物質面為重要；⑸婚姻中之有責配偶，並不當然不適任監護；⑹子女有數人時，原則上由一人行使親權㊻。另有學者認為，應斟酌父母雙方過去及現在對子女之監護態度與監護情況，對子女之愛情、監護之意欲、監護方針、能力與收入等生活能力、住居、鄰居等家庭環境、教育環境、父母身心之健全、與子女接觸之時間、與子女之心理交流，若為涉外婚姻關係，應考慮民族的背景、語

㊹ D. シユヴアープ著，鈴木祿彌譯，ドイツ家族法，頁284～285；陳惠馨，前揭，頁277～278。

㊺ D. シユヴアープ著，鈴木祿彌譯，前揭，頁285。

㊻ 沼邊愛一，子の監護・引渡しおよび面接交渉に關する家裁の審判權，家事事件の實務と理論，頁104～105。

言、宗教、習慣等。子女之年齡亦應考慮，乳幼兒以母親為優先，十五歲以上之子女之意思應予尊重㊼。

依我國最高法院判例認為所謂監護，除生活扶養外，尚包括子女之教育、身心之健全發展及培養倫理道德等習性而言，法院應就兩造之職業、經濟狀況、監護能力及其子女之多寡等一切情況，通盤加以考慮（六十九年臺上字二五九七號）。基此判例見解，同院七十五年臺上字第一四〇四號判決認為：「本件導致夫妻雙方離婚之原因，係由於夫甲趁妻乙赴臺北就醫之際，攜帶不詳姓名之女子回家姦宿，即與人通姦所致而其姦情從為其子女撞見，罔顧家庭倫理，已不足為子女表率，其能否教導子女倫理道德之習性，尤非無疑」。最高法院亦注意到子女意思之尊重，早在六十年前即有判決認為法院為其子女之利益酌定監護人，自應酌及子女之意思能力（二十四年上字三六九號判決），而近年來之判決亦認為子女之意願，雖不得作為酌定監護人之唯一標準，但非不得作為重要參考資料（七十五年臺上字一四四〇號判決）。大體而言，於強調監護亦應培養倫理道德習性，而較重視對離婚原因之有責性外，其餘與德、日之判斷標準，並無多大不同。

新法修正時，立法者認為，因我國現制目前並無專業之家事法院之設置，為免法官於裁判時缺乏審酌之參考，及所謂子女之最佳利益原則過於抽象難以落實起見，遂參考刑法第五十七條之規範方式，擬具具體客觀事由作為審酌之參考㊽。乃規定第一千零五十五條之一：

㊼ 野田愛子，子の監護者の指定と子の監護者決定の基準，家族法實務研究，頁317～318。

㊽ 法務部印行，前揭問答資料，頁14。有學者認為「本條規定子女利益之判斷基準，立意甚善，且有其必要，惟性質上似宜將之規定於類似「辦理

法院為前條裁判時，應依子女之最佳利益，審酌一切情狀，參考社工人員之訪視報告，尤應注意左列事項：1.子女之年齡、性別、人數及健康情形。2.子女之意願及人格發展之需要。3.父母之年齡、職業、品行、健康情形、經濟能力及生活狀況。4.父母保護教養子女之意願及態度。5.父母子女間或未成年子女與其他共同生活之人間之感情狀況。法官審理酌定或改定未成年子女親權人之事件時，應本於職權審酌一切情狀而為認定，是其斟酌之事項不受本條列舉規定之拘束。

又，所謂「社工人員」究指何者，並無明確定義。惟於八十四年八月十一日公布之兒童及少年性交易防制條例亦有「社工人員」之用語，依該條例施行細則第五條規定，指1.主管機關編制內或聘顧之社會工作及社會行政人員。2.受主管機關委託之兒童福利機構、少年福利機構之社會工作人員。3.其他受主管機關委託之適當人員。可資參考。

柒、會面交往權之明定

賦與未任親權之一方與子女有會面交往之權利，乃世界各國之趨勢，一九八九年聯合國兒童權利條約第九條第三項規定，締約國在不損及子女最佳利益之情形下，尊重與父母之一方或雙方分離之子女得有定期與父母直接接觸之權利㊾。外國立法例如德國、瑞士、法國、

家事事件應行注意事項」或其他適當法規之中。」黃宗樂，中華法學，第六期，前揭文，頁80。

㊾ 關於一九八九年聯合國兒童權利條約第九條之介紹，詳見永井憲一、寺脇隆夫編，解說子どもの權利條約，頁66；石川稔，親子法の課題，親

或韓國，均有明文規定㊿，日本雖無明文規定，但其最高法院昭和五十九年七月六日之判例認為日本民法第七百七十六條所定家事法院關於子女監護之處分，包含會面交往之決定51。我國舊法關於會面交往

子講座，現代家族法第三卷，頁27～29。

㊿ 德國一九八〇年施行新監護法，全面修正交際權(Umgangsrecht)之規定，其民法第一六三四條之內容大致如下，無身上監護權之一方，有與子女交往之權利，無身上監護權之一方與有身上監護權人，不得侵害子女與另一方之關係或妨害子女之教育；家事法院得決定交往權限之範圍，為子女利益之必要，得排除或限制此交往權；無身上監護權之一方，有正當之利益之情形下，得請求身上監護權人報告關於子女之狀況，但報告之提供須符合子女之利益（山脇貞司，離婚後の親子の面接交涉，婚姻法改正，頁204～205)。法國一九七五年法規定訪問權(Droit de visite)，非親權人有訪問或留宿子女之權利，非有重大事由，此等權利不得被拒絕。一九八七年法導進離婚後之共同行使親權之制度，但仍保留單獨行使親權之規定。新法第二八八條第一項又增列非親權人關於子女生活之重大選擇，有受通知之權利，亦即，課予親權人有通知之義務，非親權人有獲情報之權利（田中通裕，親權法の歷史と課題，頁226～227)。瑞士民法第一五六條第三項規定，不任監護之一方有與子女為適當交往之權利。一九九二年修正預備草案第一三八條第一項規定，法院賦與父母之一方親權，依關於親子關係效力之規定，定會面交往權……；第二項規定於決定親權之歸屬或會面交往時，應以子女之利益為標準，可能之範圍內，考慮子女之意見（松倉耕作，スイス改正予備草案と離婚の效果など，南山法學十七卷二號，頁231)。一九九〇年韓國民法第八三七條之二規定，未直接養育子女之一方，有會面交往權，家事法院為子女之利益而認有必要時，得依當事人之請求而限制或排除會面交往權(權逸、權藤世寧，改正韓國親族相續法，頁290)。

雖無明文規定，但早在民國十四年民律草案即有明定，依該草案親屬編第一百零六條第二項規定，無監護之責者，對於其子有互為相當往來之權利[52]。於一九二五年即有會面交往之規定，與日本相較，可謂進步，惟可惜的是，不被民國十九年民法所採納。立法者或已意識到此點，乃於民國二十年民法親屬編修正草案中，再度提出會面交往之規定，依該修正草案第一千零七十三條規定，判決離婚者，有過失之一方，仍得與子女往來。但有危害子女利益之虞時，無過失之他方得限制或暫時停止之[53]。新法修正前，我國學者早有強調會面交往權存

---

[51] 關於此判例之介紹與評釋，詳見石田敏明，面接交涉權と憲法一三條，家族法判例百選第五版（久貴忠彥、米倉明編），頁108～109。

[52] 中華民國民法制定史料彙編下冊，頁263。

[53] 依該條文之修正要旨謂：「本條規定有過失之一方，判決離婚後，與子女往來之權。本條所謂子女，非特指已成年子女而言，即未成年子女之不歸有過失之一方撫育者，悉包括之，父母子女之親屬關係為天然之聯繫，與通常之親屬不同，必須時時互相往來而維持之，不因父母離婚，或因過失而被判離婚有所影響。故判決離婚者，無過失之一方，不得完全剝奪有過失之他方與子女往來之權，否則，為無過失之一方濫用其撫育權，他方得以訴訟主張其權利，或請求指出子女之所在而與之往來。但他方之往來有危害子女利益之女虞時，無過失之一方，得為子女身體上及道德上之利益計，於不侵害他方之權利範圍內，設法防止其不良之影響，如指定往來之地點、時間與方法，或派人巡視，或限定晤面時間，及其所不得談及之事件以限制之。即使他方與子女往來，並無若何利益，如他方為孌童妓女之類，亦不得完全禁止之。蓋父母子女之情愛出於天性，即使父母因過失而被判決離婚，其天然之聯繫固仍存在，自須常相晤敘，使不生疏。至如他方之往來，有危害子女之生命與健康，如傳染

在之必要性，而認為「所謂天下父母心，就是不任監護之父母，亦希冀與其子女接觸以了解子女之生活狀況，看守子女之順利成長，此乃為父母者極其自然的願望，亦是其最低限度的要求，是以完全剝奪不任監護之父母與其子女之接觸機會，未免失之苛酷；況且父母雙方之愛情對於子女人格之健全形成，均屬必要，因之縱令父母業已仳離，仍宜儘量使未成年子女有機會接受父母雙方愛情之滋潤。會面交往者，正是保障父母愛情及親子關係最後的羈絆，適當而合理的會面交往，似不致於害及子女之利益，反而多少或可彌補子女因父母離婚所招致之不幸。因此，不論就不任監護之父母之立場或就未成年子女之立場，均不宜全面的否定會面交往權，若當事人以之為爭訟之對象法律上縱無明文規定，法院亦應本其造法活動，斟酌情形，予以承認，同時，在立法政策上，會面交往制度之採用亦不無研討價值。」(54)或認為參考外國立法例或判例，活用民法第一條之規定，積極加以承認(55)。實務上，雖未見有關會面交往之判決，但有利用和解方式，間接承認未任監護之一方與未成年子女之會面交往。此次修正，鑑於外國立法例，國際兒童權利條約、我國以往之草案及學說之主張，乃增訂會面交往之規定。依民法第一千零五十五條第五項規定，法院得依請求或依職權，為未行使或負擔權利義務之一方，酌定其與未成年子女會面交往

病等事，則僅得暫時停止其往來，俟危害之可能性消滅，始行回復之而已，要非完全禁止之也。民法對此亦未規定，似以判決離婚後有過失之父或母，不能與子女往來，誠屬誤會，因設本條以修正之。」(前揭史料彙編下冊，頁766～767)。

(54) 黃宗樂，親子法之研究，頁343～344。

(55) 林秀雄，離婚後單親家庭之法律關係，現代社會中家庭的平衡與發展，頁73～74。

之方式及期間。但其會面交往，有妨害子女之利益者，法院得依請求或依職權變更之。所謂「有妨害子女之利益」者，例如，他方不任監護之父母為罪犯、娼妓、或有精神病、傳染病、酗酒癖、或性情粗暴有虐待子女之虞，或對任監護之人反感甚深有煽動子女之虞者[56]。所謂「變更」者，包括限制與排除。明文承認不任親權之一方與未成年子女間之會面交往，頗值得肯定，惟立法技術上，尚有缺點，分述如下：

1.於子女親權人之酌定或改定之場合，均有明定請求人，惟本項僅規定「法院得依請求」，究竟何人得請求酌定會面交往之方式與期間，並不明確，有待解釋。就條文文字解釋，法院為未行使或負擔權利義務之一方，酌定其與未成年子女會面交往之方式及期間，似僅以未任親權之一方為請求人，惟，會面交往權不僅是未任親權人之權利，同時也是未成年子女之權利（聯合國兒童權利條約第九條），因此解釋上，所謂請求人應包括未任親權之一方與未成年子女二者。2.請求變更會面交往之人，亦無明定，解釋上應包括親權人與未成年子女。3.本項明定法院得依職權變更會面交往之方式及期間，但未任親權之一方與未成年子女會面交往時，並不在法院監督之下為之，法院如何能依職權變更。4.會面交往之問題，並不限於離婚之場合，非婚生子女經認領後，亦可能發生會面交往之問題。新法第一千零六十九條之一規定，非婚生子女經認領者，關於未成年子女權利義務之行使或負擔，準用第一千零五十五條、第一千零五十五條之一及第一千零五十五條之二之規定。就文字解釋，似僅限於親權人之酌定及改定始有準用。於認領之場合，未任親權人之一方，亦應有與未成年子女會面交往之

---

[56] 黃宗樂，前揭書，頁344。

權利，解釋上，會面交往之規定亦有準用之餘地。於立法論上，似宜將第一千零六十九條之一改為「第一千零五十五條、第一千零五十五條之一及第一千零五十五條之二之規定，於非婚生子女經認領時，準用之。」

捌、離婚後親權之共同行使

民國十七年親屬法草案於婚姻章中，未見有關離婚後子女監護之規定，但在第四章父母與子女之關係裡，卻有離婚後親權行使之規定。詳言之，依該法第五十九條規定，於父母離婚時，關於親權之行使，準用第五十八條之規定，而第五十八條規定，對未成年子女之權利義務，除有特別規定外，由父母共同行使或負擔之，父母不能共同行使或負擔時，依其協議定之，不能協議時，各得請求法院判定之。前項權利義務之行使或負擔，養父養母先於生父生母。由此可知，本草案首開世界各國之先例，於一九二八年即承認離婚後子女親權，由父母共同行使、負擔之。但或許立法者意識到以當時之社會狀況，要求父母於離婚後共同行使親權之不可行，此草案未見施行，民國十九年民法，已無此條規定。

允許離婚後得由父母共同監護，乃歐美各國之趨勢[57]。日本學者

---

[57] 關於歐美各國之離婚後共同監護之介紹，詳見島津一郎，共同監護はわが民法上可能か——西ドイツおよび英米法との比較檢討，轉換期の家族法，頁277以下；山田美枝子，離婚後の子の處遇をめぐる比較法的考察——フうンスの親權の共同行使とアメリカ・イギリス・西ドイツ共同監護の展開，法學政治學論究，第九號，頁129以下；神谷遊，離

有認為日本民法第八百一十九條規定，離婚時，應決定父母之一方為親權人，採單獨親權制，因此離婚後共同行使親權，在解釋上，恐有困難，但關於身上監護，依日本民法第七百六十六條規定，由父母協議應行監護之人或有關監護之必要事項，並未限定由父母之一方任監護，因此，解釋上由父母協議共同身上監護，並非不能㊿。亦有學者認為應參考德國憲法法院之判例，透過違憲宣告或立法程序，以實現離婚後之共同監護[59]。我國民法修正前並無明確規定，而依民法第一千零五十一條規定，關於子女之監護，得依協議定之，並未限定由父母之一方任監護人，因此有學者主張，得依協議而由父母共同監護[60]。

行政院草案中，亦無明文允許得依協議共同行使親權，但新法卻加以明定，其立法理由，「惟實務上有夫妻於離婚後約定特定事項仍共同行使，以確保未成年子女之權益，或就時間上分配共同行使親權，似無不許之理，且可鼓勵夫妻於離婚後，仍應考量子女之最佳利益予以保護。」父母離婚後，仍為子女之利益而共同保護、教養其子女，固為理想，但父母離婚後，既未同居，共同監護子女，事實上恐有難處。而且父母若未摒棄其因離婚所生相互憎惡之心態者，恐怕難以期待共同監護。我國若欲導進離婚後共同監護制度，則其前提條件須有明確規範之必要。總之，父母若願摒棄彼此間之憎惡與敵意，共同為子女

婚後の父母による子の共同監護についてードイツ法における取扱いを中心として，谷口知平先生追悼論文集(一)，頁183以下；田中通裕，前揭，頁251～257；菊地和典，面接交涉から共同監護へ——子の監護についての新しい動向，家庭裁判所論集，頁158～163。

[58] 米倉明，アメリカの家族——ボストン法學見聞記，頁20～21。

[59] 島津一郎，前揭，頁297。

[60] 戴炎輝、戴東雄合者，前揭，頁256；黃宗樂，前揭新論，頁235。

利益而保護、教養子女時，法律實無明文加以禁止之必要。允許父母離婚後得依協議而共同行使親權之立法，應符合子女之利益。

玖、酌定父母以外之第三人任子女之監護人

民法修正前，關於離婚後子女之監護人，得否由第三人任之，學說上有不同之見解。趙鳳喈先生謂父母於兩願離婚時，固得以協約為子女定監護人，即判決離婚時，亦可由其約定至其所選定之監護人，第三人亦可；又，法院若為子女利益計，以自由裁量之權，為子女酌定監護人，所選定之人，或為母，或為第三人，均無不可[61]。可知，其認為可由父母約定或由法院酌定第三人任監護人。戴炎輝先生亦認為兩願離婚時，可由夫妻約定第三人任監護[62]，至於判決離婚時，法院得否酌定第三人，則未提及。對之，史尚寬先生則認為我國民法就監護涵義既採廣義的解釋，除父母均不能行使親權或其親權均被停止外，不得以第三人為監護人，惟於必要時，得就特定事項（尤其是事實上之照護，例如衣食住之供給、疾病之療養、危害之預防等），代指定第三人行使監護職務（民一〇九二條）[63]。我國實務上亦有採此說者[64]。

---

[61] 趙鳳喈，民法親屬編，頁124。

[62] 戴炎輝、戴東雄合著，前揭，頁256。

[63] 史尚寬，前揭，頁457；黃宗樂等三人共著，前揭，頁236。

[64] 最高法院七十二年臺上字第六〇三號判決謂：「判決離婚者，關於子女之監護，法院依民法第一千零五十五條之規定，為其子女之利益，酌定監護人時，應就父或母，究由誰為其子女盡其保護及教育之義務最為適宜，詳為斟酌。若以子女之祖父母為監護人者，則於父母均不能行使負

日本民法第七百六十六條之「應為監護之人」是否包括第三人，學說上亦有不同見解。多數學者認為父母以外之第三人亦為監護人，所謂第三人不僅限於個人，尚包括托兒所等兒童保護設施[65]。甚至有學者解為此之應為監護之人，專指父母以外之第三人，始有意義[66]。亦有認為第三人固可為監護人，但非指一般的個人，而是經由國家積極關與之兒童保護擔當者，例如兒童福利法所定之寄養家庭、保護受託者、兒童福利設施負責人、及生活保護法所定之受託收容之私人與保護設施之負責人。至於父母協議而委託監護之第三人，非民法第七百六十六條之應為監護之人[67]。雖然日本通說認為離婚後之監護人，包括父母以外之第三人，但其監護僅止於身上監護，並非等於親權。關於離婚後之親權人之決定，依日本民法第八百一十九條規定，僅限於父母之一方始得為親權人。再觀之我國之規定，我國舊法關於離婚後子女之監護，與日本民法第七百六十六條之監護並不完全相同，依通說認為離婚後之監護，即為親權之行使，亦即與日本民法第八百一

擔對於未成年子女之權利義務，或父母死而無遺囑指定監護人時，始有民法第一千零九十四條第一款或第三款規定之適用。原既認定夫已被法院判處有期徒刑四年有半，現尚在監執行。竟以有夫之母可以代為照顧為由，認為夫妻雙方所生之未成年子女，以由夫監護為宜，無異以祖母之監護替代父親之監護，究有未合。」

[65] 立石芳枝、我妻榮共著，親族法・相續法，頁130；青山道夫，前揭，頁147；谷口知平，親子法の研究，頁18；福島四郎，注釋親族法（上），中川善之助責任編集，頁255。

[66] 立石芳枝、我妻榮，前揭，頁131；青山道夫，前揭，頁149。

[67] 沼正也，親子法における親權と扶養の構造，親族法の總論的構造，頁213～214。

十九條之親權同其意義。既為親權之行使，則僅限於父母始得為之。惟在必要時，法院得就特定事項，代為指定第三人行使監護職務。

我國兒童福利法第四十一條規定，法院酌定監護人時，不受民法第一千零五十一條、第一千零五十五條、第一千零九十四條之限制，再依少年福利法第九條第五項規定，法院酌定監護人時，不受民法第一千零九十四條之限制。就後者之規定而言，法院所酌定乃離婚後之監護人，而非父母死亡或不能行使權利負擔義務時而設之監護人，少年福利法之此規定，顯然對民法第一千零五十一條之監護與民法第一千零九十一條之監護之意義，有所混淆[68]。而兒童福利法似注意及此二監護之不同，乃將二者並列於條文之中。行政院草案中，並未規定得由法院選定父母以外之第三人為子女之親權人。但於立法委員所提之草案中，如謝啟大委員、葉菊蘭委員之草案第一千零五十五條均明定第三人得任子女之監護人[69]。立法院一讀通過之第一千零五十五條之二亦規定，「父母均不適合行使權利時，法院應依第一千零九十四條之規定選定第三人為子女之監護人，並指定監護之方法，命其父母負擔扶養費用及其方式」。惟，民法第一千零九十四條之法定監護人之產生，須以未成年人無父母或父母不能行使、負擔對於其未成年子女之權利義務，或父母死亡時而無遺囑指定監護人時，始有可能，且何人

[68] 關於此二監護之不同，詳見林秀雄，前揭，家族法論集(三)，頁132～133。

[69] 謝啟大委員之草案第一千零五十五條第二項規定，「依前項規定決定監護人，必要時得指定父母以外適當之人任之，不受第一千零九十四條之限制」。葉菊蘭委員之草案第一千零五十五條第三項規定，「父母均不適合擔任監護人時，法院應依第一千零九十四條之規定，選定第三人為子女之監護人，並指定監護之方法、命其父母負擔扶養費用及其方式」。

得為法定監護人均有明定，並有一定之順序，則法院如何依第一千零五十五條之二之規定選定第三人為子女之監護人，實不得而知。因此，新法修正時，乃將一讀條文中之「依第一千零九十四條之規定」刪除，而明定：父母均不適合行使權利時，法院應依子女之最佳利益並審酌前條各款事項，選定適當之人為子女之監護人，並指定監護之方法，命其父母負擔扶養費用及其方式。立法目的在於排除現行第一千零九十四條法定監護人之順序，得指定適當之第三人擔任未成年子女之監護人。

本條規定之意旨，固在保護子女之利益，但仍有值得商榷之處，茲分述如下：

1. 法院僅以「父母不適合行使權利」為理由，而不待任何人之請求，即可依職權選定父母以外之第三人為子女之監護人，且可排除民法第一千零九十四條之適用。此種選定子女監護人之裁判，雖未明言是停止父母之親權，但實際上，父母已無法再保護教養其子女，故實質上與停止父母之親權毫無差異。惟，在欲停止父母親權之場合，須具備法定原因且經一定之程序，詳言之，依民法第一千零九十條規定，父母濫用親權時，其最近尊親屬或親屬會議得糾正之。糾正無效時，得請求法院宣告停止其權利之全部或一部。再依兒童福利法第四十條第一項規定，父母、養父母或監護人對兒童疏於保護、照顧情節嚴重或有第十五條第一項或第二十六條行為時，一定權利人，始得向法院聲請宣告停止其親權或監護權，另行選定監護人。依少年福利法第二十三條第一項規定，父母、養父母或監護人對少年有第九條第二項或第二十一條第三項之行為時，一定權利人始得向法院聲請宣告停止其親權。而新法第一千零五十五條之二，卻僅以父母不適合行使權利等抽象原因為由，即可排除父母之親權，兩相比較，有失均衡。且依上述民法、兒童福利法、少年福利法等之規定，須經法院之宣告，始得停止父母之親權，而本條未經法院宣告，即排除父母之親權，於程序上，似有不妥[70]。又，於宣告停止親權之場合，在宣告停止親權之原因消滅後，得聲請撤銷其宣告（民訴五九二條、五九三條），而法院依民法第一千零五十五條之二選定子女監護人後，父母不適合行使權利之情形消失時，因父母之親權未經法院宣告停止，無從依民事訴訟法規定請求撤銷宣告，此時，父母之親權是否當然回復，法無明文，若未當然回復，則父母如何請求法院回復其親權，有待明文。

2.何謂「監護之方法」並不明確，若是監護之內容，係由法律規定，若是執行監護之方法，則須視實際情形而定，非有具體之情形，法院如何決定其行使之方法。

3.法院選定適當之人為子女之監護人後，父母可否請求法院酌定其與子女會面交往之方式與期間，法亦無明文，完全否定父母之會面交往權，亦非妥當。

拾、結論

我國民法修正前關於離婚後親權之規定，既違反男女平等原則，且未顧及子女之利益，稱之為惡法並不為過。由於司法院大法官會議釋字第三六五號解釋之宣告民法第一千零八十九條部分規定違憲，竟意外地帶動離婚後親權制度之修正。因此，此次之修正，釋字第三六五號解釋，可謂功不可沒。而此次之修正，除修改或刪除舊有之規定

---

[70] 兒童福利法第四十一條第一項，少年福利法第九條第五項，也有相同之缺點。

外，並增列親權人之改定，明定酌定或改定親權人之基準，又參考外國立法例，導進會面交往權及離婚後共同行使親權之先進制度，使得離婚後親權之制度，更臻完備，更符合子女之利益。

但，新法部分規定係參考兒童福利法、少年福利法而來，立法時，或未注意及其具有行政法規之性質，與民法在本質上的差異，以致產生種種不協調之結果，徒然造成適用上之困擾，惟整體而言，新法比舊法更見進步、更見充實。又，兒童福利法及少年福利法關於離婚後親權之酌定或改定，於民法修正前，固在補充民法規定之不足，尚有發揮其功能之餘地，民法修正後，似應回歸民法親屬編之適用，始為正途。因此，兒童福利法等之相關規定，實有修正之必要。

最後，值得一提者，親權人之酌定或改定、會面交往之決定等，雖屬法律問題，但與兒童心理學、社會學、精神醫學等有密切關係。民法第一千零五十五條之一，列有法院裁判時應注意之事項，但並非劃一之標準。例如子女人格發展之需要，亦因人而異，此種判斷，非僅具有法學素養之法官所能勝任，而須參考專家之事實調查或診斷意見後，始能為之。因此建議，應儘速成立家事法院，設置具有社會學、心理學等專門知識之調查官，於處理此類事件時，能正確、迅速提供具體的調查資料，俾使法官為正確之判斷，如此，新法所謂「為子女之利益」之良法美意，始能具體實現。

論我國民法上之喪失繼承權

廖國器*

---

*作者為輔仁大學法學碩士，現任輔仁大學財經法律學系講師

論我國民法上之喪失繼承權

壹、概　說

一、繼承權喪失之意義及其立法理由

對被繼承人之遺產，於繼承開始時，是否具有繼承人之資格，依民法規定，視其有否具備一定之要件而定。該要件中有屬積極要件者，例如，同時存在原則（或稱繼續原則，即無論何人均不得為生存人之繼承人，或死亡人由生存人繼承之）、繼承能力、與被繼承人有配偶或血親之身分關係，且位居繼承之順序（民一一三八條）；至於繼承權之喪失（民一一四五條），則屬其消極要件。換言之，對被繼承人之遺產，於繼承開始時，雖具備同時存在原則、繼承能力、與被繼承人有配偶或血親之身分，且位居繼承之順序，但因有民法第一千一百四十五條規定喪失繼承權之事由，而喪失繼承人之資格。所謂繼承權之喪失，係指繼承權人對被繼承人或其他應繼承人有殺害之違法行為，或對被繼承人有重大虐待或侮辱之失德行為，或就有關繼承之遺囑，對被繼承人之遺囑行為或遺囑本身有詐偽之不正行為，依民法第一千一百四十五條規定，剝奪其繼承權，使之喪失繼承人之資格而言。茲再申論其意義如下：

（一）繼承權之喪失，乃剝奪繼承人之繼承權，則此繼承權究屬

繼承開始前之繼承期待權，抑包括繼承開始後之繼承既得權？對此，通說認為，繼承權之喪失，係喪失繼承開始前之繼承期待權❶。其理由或係認為，繼承權喪失之事由，依本條規定，雖多發生於繼承開始前，然亦有發生於繼承開始以後。前者，固喪失繼承期待權；而後者，其失權事由縱使發生於繼承開始後，通說認為，依本條規定喪失繼承權之立法意旨，解釋上仍應溯及於繼承開始時，發生喪失繼承期待權之效力❷❸。

（二）外國立法例有「特留分剝奪」之規定，例如，德國民法規定於第二千三百三十三條以下❹。所謂特留分之剝奪，係指被繼承人對其直系卑親屬（德民二三三三條）、父母（德民二三三四條）、配偶

❶ 戴炎輝、戴東雄合著，中國繼承法，頁18；陳棋炎、黃宗樂、郭振恭合著，民法繼承新論，頁18；史尚寬，繼承法論，頁84；胡長清，中國民法繼承論，頁47；羅鼎，民法繼承論，頁45；李宜琛，現行繼承法論，頁23；奚樹基，繼承法，頁39；辛學祥，民法繼承論，頁41；張繩正，民法繼承編釋義，頁31；程信民，繼承法釋義，頁27。日本學者，亦有採相同見解。例如，中川淳，親族相續法，頁196；中川善之助，民法概要，頁177；於保不二雄，相續法，頁27。

少數說則認為，繼承權之喪失，包括繼承期待權與繼承既得權。參照大陸學者，劉春茂，中國民法學・財產繼承，頁148。

❷ 參照戴炎輝、戴東雄合著，前揭，頁82；陳棋炎、黃宗樂、郭振恭合著，前揭，頁86；史尚寬，前揭，頁100。

❸ 德國民法第一九二四條第三項條文之註解，將繼承權喪失之宣告視同於繼承開始前死亡，亦值參考。參照臺大法律研究所編譯，德國民法，頁892。

❹ 參照戴炎輝、戴東雄合著，前揭，頁73；史尚寬，前揭，頁96～97。

（德民二三三五條）發生法定事由時，以遺囑（德民二三三六條）剝奪其特留分而言。特留分剝奪之效果，僅剝奪其特留分權利，非消滅繼承人之資格❺。我國現行民法採法定繼承主義，有繼承權之人，即有特留分權，喪失繼承權之人，即無特留分權❻，故無須就特留分之剝奪，另設規定。

（三）繼承人之失權事由，若發生於繼承開始後（例如，民一一四五條一項一款、四款），則依通說之解釋，仍應溯及於繼承開始時，發生喪失繼承人之資格❼。此與繼承開始後，繼承人依法拋棄其繼承權（民一一七四條），依民法第一千一百七十五條規定，溯及於繼承開始時發生效力，亦自繼承開始時，即無繼承人之資格。從繼承開始時，即無繼承人之資格觀之，繼承權之喪失與繼承權之拋棄，似無不同。然繼承權之拋棄，係繼承人自願拋棄其已取得之繼承權（繼承既得權），而為不欲為繼承主體之意思表示，法律尊重其意思表示，故規定繼承開始時，即失其繼承人之資格。而繼承權之喪失，則因繼承人發生繼承權喪失之事由，法律為懲罰其失權行為，強制剝奪其繼承權（繼承期待權），故其本質係屬民事制裁。就此而論，兩者自有不同。

---

❺ 戴炎輝、戴東雄合著，前揭，頁73。按喪失繼承人資格之原因，依德國民法規定，有下列兩種情形，一為被繼承人任意以遺囑剝奪法定繼承人之繼承資格（德民一九三八條）；另為繼承人之缺格（德民二三三九條）。

❻ 戴炎輝、戴東雄合著，前揭，頁 311；陳棋炎、黃宗樂、郭振恭合著，前揭，頁462；史尚寬，前揭，頁561。

又，特留分權與繼承權之關係，因各國立法例，係採遺囑繼承主義，抑法定繼承主義，而有不同之效果。對此，請參照林秀雄，論特留分扣減權之性質，家族法論集㈢，頁278。

❼ 同❷。

（四）關於繼承權喪失之事由，各國立法例雖有不同之規定，但因繼承權之喪失，具有民事制裁之性質，故對失權事由之規定，應認為係屬列舉規定，而非例示規定。對該規定，宜從嚴解釋。因而，若繼承人之行為，失權條款並未規定，則應以反面解釋，排除失權條款之適用，實不宜認為係屬法律漏洞，而類推適用相類似失權條款之規定，用以保障繼承人之繼承權❽。

（五）繼承人之喪失繼承權，就人之效力而言，僅及於對特定之被繼承人，對其他之被繼承人，仍不失為繼承人。故其無繼承權之性質，係屬相對之無繼承資格，此與無繼承能力，乃屬絕對之無繼承資格，無論對任何人皆不得繼承，亦有不同❾。

其次，本條何以規定，對發生失權事由之繼承人，予以剝奪其繼承權，其制裁之立法理由為何？對此，學者或謂「繼承人對被繼承人或應繼人，有重大不道德或不法行為，或就遺囑有不正行為時，應剝奪其繼承權，不應使其能逞其志，藉以維持道義。❿」或認為法定繼承人與被繼承人為關係最密切之親屬，「竟對於被繼承人而有悖德或不正當之行為，或對其生命身體自由等加以危害，或妨害其他應繼人之權利。非但為人類道德之所不許，法律亦必予相當之制裁始足維護社會之安全。除刑事上之制裁規定於刑法外，民事上即以喪失繼承權為

---

❽ 參照陳棋炎、黃宗樂、郭振恭合著，前揭，頁80；胡長清，前揭，頁54；羅鼎，前揭，頁55。松原正明，判例先例相續法Ⅰ遺產分割，頁74；中川淳，前揭，頁202。

❾ 參照陳棋炎、黃宗樂、郭振恭合著，前揭，頁86；史尚寬，前揭，頁100；胡長清，前揭，頁49；羅鼎，前揭，頁47。

❿ 戴炎輝、戴東雄合著，前揭，頁75～76。同說，參照史尚寬，前揭，頁89；奚樹基，前揭，頁40。

其制裁方法故也。⑪」或謂「繼承人雖有繼承能力，且可位居繼承順序，但如其與被繼承人之共同生活關係，業已破壞，倘仍許其繼承被繼承人之遺產，即不能維持道義，有違承認繼承制度之本旨。⑫」按繼承權之基礎，依我國民法係採法定繼承之規定，在於繼承人與被繼承人間具有配偶或血親之特定身分關係，故繼承權之性質，係屬身分權⑬。然具有配偶或血親之身分關係，其發生繼承權之依據安在？依我國民法規定係結合意思擬制說、共同生活說、死後扶養說、無主財產說等諸說之思想⑭。繼承人與被繼承人間，結合倫理、經濟而形成繼承之協同關係⑮，該協同關係則因繼承人之違法（民一一四五條一項一款）或失德行為（民一一四五條一項五款）而遭破壞，對該行為顯應受社會倫理道義之非難，民法據此，剝奪該繼承人之繼承權，自屬適當。其次，繼承人出於不法取得遺產之意思，就有關繼承之遺囑，對被繼承人之遺囑行為或遺囑本身，實施詐偽之不正行為（民一一四五條一項二至四款），該不正行為不僅侵害被繼承人之遺囑自由，亦破壞遺產之繼承秩序。民法據此，剝奪該繼承人之繼承權，亦無不可。

二、繼承權喪失制度之沿革

⑪ 羅鼎，前揭，頁48。同說，參照胡長清，前揭，頁50。

⑫ 陳棋炎、黃宗樂、郭振恭合著，前揭，頁79。

⑬ 戴炎輝、戴東雄合著，前揭，頁21；陳棋炎、黃宗樂、郭振恭合著，前揭，頁23。但，亦有認為係親屬關係上之財產權，參照史尚寬，前揭，頁86。

⑭ 史尚寬，前揭，頁6。

⑮ 參照中川淳，前揭，頁201。

（一）外國之沿革及立法例[16]

廣義之繼承權喪失，包括繼承人之缺格與繼承人之廢除。羅馬法上，對於繼承人之缺格，乃指繼承人如有殺害被繼承人、或被繼承人被殺害而不告訴、或以詐欺、脅迫妨礙遺囑之作成或其變更、或並無理由提起非人倫遺囑之訴等之情形，在法律上雖仍為繼承人，但被認為不配為繼承人，遂剝奪其所取得之遺產，沒收（民刑責任尚未分化之制裁）而歸屬於國庫，由國庫清償繼承債務，履行遺贈義務。而繼承人之廢除，乃指被繼承人得隨時，以遺囑廢除繼承人，為避免被繼承人之濫用，並保護被繼承人之近親之利益，得由該近親提起非人倫遺囑撤銷之訴，以之救濟。近代各國對於繼承人之缺格，及繼承人之廢除，各有不同立法例之規定，茲分別說明如下：

1. 繼承人之缺格

以繼承人具備法定缺格之事由時，是否當然發生喪失繼承權之效果，抑尚須有待於法院之判決宣告，始發生喪失繼承權之效果，對此，立法例上有採當然失權主義之規定者，例如，日本民法第八百九十一條、瑞士民法第五百四十條、法國民法第七百二十七條[17]；亦有採宣

[16] 參照戴炎輝、戴東雄合著，前揭，頁71～73；史尚寬，前揭，頁86～88；陳棋炎、黃宗樂、郭振恭合著，前揭，頁79～80。

[17] 日本民法第八九一條規定，下列人不得為繼承人：（一）因故意致被繼承人或繼承在先順位或同順位者死亡或欲致其死亡，而被處刑者；（二）知被繼承人被殺害而不告發或不告訴者。但於其不辨是非時，或殺害人係自己之配偶或直系血親者，不在此限；（三）以詐欺或脅迫，妨礙被繼承人設立、撤銷或變更繼承之遺囑者；（四）以詐欺或脅迫，使被繼承人設立、撤銷或變更繼承之遺囑者；（五）偽造、變造、破棄或隱匿被繼承人之遺囑者。（以上資料參照王書江、曹為合譯，日本民法，頁

告失權主義之規定者，例如，德國民法第二三三九至二三四四條⑱。當然失權，係指繼承人具備法定缺格之事由時，無待於法院之判決宣告，即當然喪失其繼承權。而宣告失權，則指繼承人雖具備法定缺格之事由，然尚未喪失繼承權，須由有繼承利益之人對該繼承人，提起繼承財產取得撤銷之訴，經判決確定，始發生繼承權喪失之效果。

170～171）

瑞士民法第五四〇條規定，有下列情形之一時，不得為繼承人或因死後處分而有所取得，即（一）故意並違法致被繼承人於死或欲致之於死者；（二）故意並違法使被繼承人陷於不能為遺囑之態狀者；（三）因詐欺或脅迫使被繼承人作成或撤回死後處分或妨害之者；（四）故意並違法隱匿或毀棄死後處分，使被繼承人不得再作者（以上資料參照史尚寬，前揭，頁97）。

法國民法第七二七條規定，下列幾種人沒有資格繼承：（一）因殺害被繼承人而被判刑者；（二）控告被繼承人應受死刑而該控告純為誣陷者；（三）成年的繼承人明知被繼承人被謀殺而不向司法機關告發者（以上資料參照劉春茂，前揭，頁160）。

⑱ 德國民法第二三五九條第一項規定：有下列各款情形之一時喪失其繼承權，即（一）故意並違法殺害被繼承人，或意圖殺害，或使被繼承人陷於生前不能作成或廢棄死因處分之狀態者；（二）故意並違法妨害被繼承人作成或廢棄死因處分者；（三）以惡意之詐欺或不法之脅迫，使被繼承人作成或廢棄死因處分者；（四）對於被繼承人之死因處分，有刑法第二六七至二七四條所定應負責之犯罪行為者。第二項規定，如在繼承開始前被繼承人被勸誘作成處分或誘發犯罪行為處分已失其效力時，或被繼承人被勸誘撤銷處分已失其效力時，在第一項第三款及第四款之情形，繼承權不喪失（以上資料參照史尚寬，前揭，頁97；趙文伋、徐立、朱曦合譯，德國民法，頁499）。

2.繼承人之廢除⑲

日本民法關於喪失繼承權，除有繼承人之缺格之規定外，另特設繼承人之廢除之規定（日民八九二條至八九五條）。缺格與廢除，從制裁繼承人，使其發生喪失繼承權之觀點言之，兩者並無不同；但若從下列幾個觀點言之，則兩者仍有如下之區別：⑴從失權情節之重輕言之，前者重而後者輕；⑵從失權程序言之，前者係當然失權，後者係宣告失權；⑶從失權對象言之，前者得就各種繼承人，後者僅對有特留分之繼承人；⑷從失權得否撤銷言之，前者不得撤銷，後者得嗣後撤銷之。

（二）我國繼承權喪失制度之沿革⑳

我國於民法施行前，雖有所謂廢繼㉑或官員襲廕之喪失之規定㉒，然皆非屬民法上繼承權之喪失。蓋前者乃係終止立嗣關係，同時剝奪其繼承家產之權利；後者則為一種身分繼承權之喪失。民法繼承於民國十九年十二月二十六日公布，二十年五月五日施行（關於繼承權喪失之規定，於施行前所發生之事實，依民法繼承編施行法第六條規定，亦適用之）。本法第一千一百四十五條規定繼承權之喪失，其

---

⑲ 日本民法第八九二條規定，有特留分之推定繼承人，對被繼承人加以虐待或重大侮辱，或有其他顯著劣跡時，被繼承人得請求家庭法院廢除該推定繼承人（以上資料參照王書江、曹為合譯，前揭，頁171）。

⑳ 參照戴炎輝、戴東雄合著，前揭，頁73～74；史尚寬，前揭，頁88～89。

㉑ 清律・戶律・戶役門・立嫡子違法條附例：無子立嗣，除依律外，若繼子不得於所後之親，聽其告官別立。

㉒ 明、清律，吏律・職制門・官員襲廕條例：凡文武官員，應合襲廕者，並令嫡長子襲廕。如嫡長子孫有故，或有亡歿、疾病、姦盜之類，嫡次子襲廕。

中第一項第一款至第四款之規定，大致與繼承人之缺格相當，且採當然失權之立法例；至於同條項第五款之規定，其失權原因，大致與日本民法關於繼承人之廢除之規定相當，然在失權程序上，我國民法規定，只要被繼承人對繼承人之失德行為，表示不得繼承，即發生喪失繼承權之效果，勿須經法院之判決宣告，始喪失繼承權。惟當事人對於是否喪失繼承權如有爭執，亦得訴請法院，以判決解決該紛爭㉓。

貳、繼承權喪失之事由

一、當然、絕對之失權事由（民一一四五條一項一款）

所謂當然、絕對之失權事由，係指繼承人發生民法第一千一百四十五條第一項第一款之事由時，無待於法院之判決宣告，亦無待於被繼承人之表示失權，當然喪失其對被繼承人之繼承權；且其喪失繼承權，不因被繼承人之宥恕而回復（民一一四五條二項規定之反面解釋）。按本條第一項規定各款之失權事由中，以本款失權事由之情節最為嚴重，故將本款列為當然、失權事由，用以懲罰發生本款失權事由之繼承人，永遠喪失其繼承權，並藉此杜絕繼承人以非法殺害他人，來圖謀遺產之繼承。

本條第一項第一款規定，故意致被繼承人或應繼承人於死，或雖未致死，因而受刑之宣告者，喪失其繼承權。本款之立法理由，學者或謂「繼承人而有此種行為，可謂罪大惡極。其敢冒大不韙而為之者，蓋希冀繼承之早日實現，或圖謀侵占財產耳。設使如斯心事卑劣之徒

㉓ 參照法務部七十四年八月一日法七四律字第九三二二號函。

竟得繼承遺產，殊違背被繼承人之本意。況以法律明認其有繼承權，不幾等於間接以法律獎勵犯罪乎！故民法定為喪失繼承權之事由之一。㉔」或謂「繼承人對於被繼承人及順序在前或同一順序之應繼承人，皆有一定之身分關係，乃竟殺害致死之事實或雖殺害未遂而已受刑之宣告，違反道義，悖謬倫常，莫此為甚。……於此種情形，繼承人與被繼承人殆已恩情斷絕，自應剝奪其繼承權。㉕」按羅馬法日爾曼古法即有染血之手，不能取得遺產之法諺，蓋繼承人與被繼承人之間，血緣最近，親情最濃，竟以殺害相向，其破壞繼承協同關係，莫此為甚，姑不論其動機如何，其行為顯應受社會倫理道義最大之非難，故依本款規定，剝奪其繼承權。

其次，繼承人為本款失權之行為，須於繼承開始前為之，若於繼承開始後為之，則因與繼承無關，而不適用本款之規定。然繼承人於繼承開始前，已為本款失權之行為，雖其刑之宣告於繼承開始後確定，亦有本款規定之適用。此與同條項第四款失權事由之規定，繼承人之失權行為既適用於繼承開始前，亦適用於繼承開始後，有所不同。

再者，適用本款規定，其應具備之要件，分別說明如下：

1. 須行為人為繼承人本人之所為

繼承人不因其配偶或其他親屬之行為，而喪失其繼承權㉖。至於繼承人，除法定繼承人外，代位繼承人有無本款規定之適用？對此，通說持肯定說；採否定說㉗認為代位繼承人係代替他人之地位而為繼

㉔ 羅鼎，前揭，頁49；胡長清，前揭，頁50，採同一見解。

㉕ 李宜琛，前揭，頁40～41；辛學祥，前揭，頁43；戴炎輝、戴東雄合著，前揭，頁77，亦採相同看法。

㉖ 戴炎輝、戴東雄合著，前揭，頁77；史尚寬，前揭，頁92。

承，並非直接繼承被繼承人，故無本款規定之適用。然被代位繼承人既於繼承開始前死亡，或喪失繼承權，則代位繼承人如何代替其地位而為繼承，故代位繼承人宜認為係本於其固有權，直接繼承被繼承人之遺產。因而，代位繼承人如有故意致被繼承人或應繼承人於死，或未死而受刑之宣告，亦宜有本款規定之適用。

2. 須對被繼承人或應繼承人為之

所謂被繼承人，係指特定之被繼承人而言，並不包括所有之被繼承人。所謂應繼承人，日本民法第八百九十一條第一款明定，故意致被繼承人、先順序或同順序之繼承人於死……者，不得為繼承人。我民法雖無此明文，然通說亦作同樣解釋，其理由或謂「如殺害其人，或可使其繼承順序及於本身或可不受應繼分之拘束。㉘」或謂「蓋非先順序或同順序之繼承人、縱使殺害，尚不能謂其有圖謀遺產繼承之意思也。㉙」至於後順序之繼承人，因繼承須依法定之順序，後順序之繼承人不得超越前順序之繼承人，而為繼承。換言之，若繼承順序在後，則與繼承開始不發生關係，則後順序之繼承人，宜解為不在本款之適用範圍。至於繼承人對於繼承順序在先或同順序之胎兒，為墮胎之犯罪行為，亦有本款規定之適用。其次，中共繼承法第七條第二款規定，繼承人為爭奪遺產而殺害其他繼承人的，喪失繼承權。對於該條所稱其他繼承人是否包括受遺贈人？有學者認為，依我民法第一千一百八十八條受遺贈人之喪失準用民法第一千一百四十五條繼承權喪失之規定，此準用之立法意旨，乃在繼承權喪失之主體上，將受遺

㉗ 胡長清，前揭，頁52；辛學祥，前揭，頁44。

㉘ 陳棋炎、黃宗樂、郭振恭合著，前揭，頁81。

㉙ 胡長清，前揭，頁51～52；羅鼎，前揭，頁49，採同樣見解。

贈人與繼承人同視，則在繼承權喪失之客體上亦應類推解釋，而宜將受遺贈人與應繼承人同等看待，使不法之繼承人受到制裁㉚。惟此種解釋是否適用於本款有關應繼承人之規定，似值斟酌，蓋我民法於第一千一百四十五條第一項所規定之五款失權事由，其規定係屬列舉而非例示之規定，即不合列舉規定之事由，應依反面解釋，排除本項之適用。本款規定被害人僅限於被繼承人或應繼承人，不包括受遺贈人。故似不宜作類推適用，將本款所規定之應繼承人，解為亦適用於受遺贈人。

3.須繼承人有故意致被繼承人或應繼承人於死

⑴所謂故意包括明知並有意使其發生之直接故意，及預見其發生，而其發生並不違背其本意之間接故意（刑十三條）。換言之，繼承人不論係基於殺害之直接故意或間接故意，須於行為時對於其所欲致死之被害人，係為被繼承人或應繼承人，應有所認識。否則，行為時不知其為被繼承人或應繼承人，嗣後雖知，亦屬誤殺，而無本款規定之適用。同理，若繼承人非出於殺害之故意，而因其過失行為致被繼承人或應繼承人死亡之結果；或出於傷害之故意，而生致死之結果，則皆不構成本款失權事由之要件。惟傷害行為，如對被繼承人構成重大之虐待或侮辱，且經被繼承人表示失權時，則屬本條第一項第五款之失權事由。

⑵繼承人出於故意之殺害行為，無論其行為係處於預備階段之預備行為，或已達著手階段且生致死結果之既遂行為，或未生致死結果之未遂行為。又，故意殺害之行為，無論係出於正犯（包括直接及間

㉚ 戴東雄，代位繼承與繼承權喪失，中共婚姻法與繼承法之研究（行政院大陸委員會編印），頁233。

接正犯）之行為，或出於教唆犯或幫助犯之行為，如受刑之宣告，皆有本款之適用㉛。

⑶繼承人故意致被繼承人或應繼承人於死，其動機是否須出於圖謀遺產？對此，多數學者採消極說，認為有致死故意即足，不必論其動機是否圖謀遺產㉜；少數學者則採積極說，認為繼承人故意致被繼承人，或應繼承人於死，須有圖謀侵奪遺產之動機㉝。按犯罪之故意與動機，兩者概念有別。前者係犯罪之主觀構成要件要素，與犯罪之成立有關；後者僅係影響量刑之因素，而與犯罪之成立無關。繼承人欲致被繼承人或應繼承人於死，其動機或因弟含恨兄之橫刀奪愛，而萌殺機；或因子女不滿其父動輒虐待其母，而思弒父以保母；或因夫圖謀妻之鉅額財產，製造假車禍以害妻……等等實不一而足。本款並無如中共繼承法第七條第二款有明文規定，繼承人為爭奪遺產而殺害其他繼承人的，喪失繼承權㉞，能否作同樣解釋，不無疑問。惟從本

㉛ 參照戴炎輝、戴東雄合著，前揭，頁77；陳棋炎、黃宗樂、郭振恭合著，前揭，頁81；羅鼎，前揭，頁50；史尚寬，前揭，頁91；奚樹基，前揭，頁41。

㉜ 史尚寬，前揭，頁91；戴炎輝、戴東雄合著，前揭，頁77；陳棋炎、黃宗樂、郭振恭合著，前揭，頁81；張繩正，前揭，頁32。

㉝ 辛學祥，前揭，頁44；胡長清，前揭，頁52及羅鼎，前揭，頁49，探求其文意，似亦採同樣見解。

㉞ 中共繼承法第七條第一款規定，繼承人故意殺害被繼承人的，喪失繼承權。其動機是否為了爭奪遺產，並未明文規定，大陸學者通說認為只要有殺人之故意，其動機如何，在所不問。參照宋賓慶，繼承法的逐條解釋與適用，頁39；劉春茂，前揭，頁139；劉素萍，繼承法，頁148；張佩霖，中國繼承法，頁40。

款所規定之內容觀之，只要繼承人出於殺害故意，無論其行為之對象，係被繼承人抑應繼承人，亦無論其行為之結果，被害人是否因而發生死亡，或其繼承順序及應繼分額是否因而發生變動，皆在所不問。只要繼承人之殺害行為，受刑之宣告，繼承人依本款規定，當然喪失繼承權。由此得知，本款之規範目的，旨在制裁繼承人之故意殺害行為，因其嚴重破壞繼承之協同關係。至於繼承人之故意殺害行為，其動機究竟係為財、為情、為仇或其他原因，則非所問。

4.須繼承人因上述行為，而受刑之宣告

⑴所謂受刑之宣告，係指諭知科刑之判決業經確定者而言。從而無罪之判決（刑訴三〇一條一項，例如，被告之行為有阻卻違法之事由，或被告未滿十四歲，或有心神喪失等行為不罰之情形）；免訴之判決（刑訴三〇二條，例如時效完成或曾經大赦）；不受理之判決（刑訴三〇三條）等皆不適用本款之規定。其次，諭知科刑之判決業經確定，雖其判決內容有事實錯誤，或違背法令，非依法定程序，予以救濟前，其失權效果仍不受影響。再者，諭知科刑之判決業經確定，即已喪失繼承權，有否受刑之執行，則在所不問。惟繼承人雖受刑之宣告，但併經宣告緩刑者，若緩刑期滿而緩刑之宣告未經撤銷者，則該受宣告人是否仍喪失繼承權？對此，肯定說，認為依刑法第七十六條規定，其刑之宣告雖視為無效，然若不喪失繼承權，則將使他繼承人已得到之權利受意外之影響，殊非法所應許㉟。否定說，主張受緩刑之宣告（刑七十四條），其犯罪惡性已不嚴重，且依刑法第七十六條規定，緩刑期滿，而緩刑之宣告未經撤銷者，其刑之宣告失其效力。既無刑之宣告，自不構成本款規定之要件，其繼承權自不喪失㊱。比較兩說，

㉟ 羅鼎，前揭，頁51；戴炎輝、戴東雄合著，前揭，頁78。

似採後說為宜。

⑵至於受刑之宣告，是否僅適用於雖未致被繼承人或應繼承人於死之情形，抑或包括適用於故意致被繼承人或應繼承人於死之情形？對此，採前者之看法，認為「本款包括四種情事：①故意致被繼承人於死，②故意致應繼人於死，③雖未致被繼承人於死而已受刑之宣告，④雖未致應繼人於死而已受刑之宣告。關於①②兩種，只須有致死之故意及被害人有因而致死之事實，即為構成，其致死之手段如何與曾否受刑之宣告，皆可不問。關於③④兩種，亦須有致死之故意，但被害人尚未因而致死必須已受刑之宣告，始能構成，若為受刑之宣告；則不能受本款之適用。㊲」至於其理由，或謂民法第一千一百四十五條之立法意旨在於制裁不法或不道德之繼承人，故意致被繼承人或應繼承人於死亡，已極為嚴重，宜不待刑之宣告，即剝奪其繼承權較妥㊳。採後者之見解，則認為本款致受刑之宣告一語，係連貫故意致死及雖未致死而者而言，此從法、日民法之規定觀之（法民七二七條一款規定，致被繼承人於死或欲死而受有罪之宣告；日本民法第八九一條一款規定，因故意致被繼承人或就繼承順序在先或同順序之人於死或欲致之於死而被處刑者），殆無疑義㊴。亦有採折衷之見解，認為就本款之文義解釋，採前說為是；而就理論推究之，應以後說為是㊵。

㊱ 史尚寬，前揭，頁91；陳棋炎、黃宗樂、郭振恭合著，前揭，頁81～82；胡長清，前揭，頁51；辛學祥，前揭，頁45。

㊲ 劉鍾英，民法繼承釋義，頁15。

㊳ 戴東雄繼承法實例解說㈠，頁41；陳棋炎，民法繼承，頁70，採同樣見解。

㊴ 參照史尚寬，前揭，頁93；胡長清，前揭，頁55；戴炎輝、戴東雄合著，前揭，頁77；奚樹基，前揭，頁41。

前後兩說之區別實益，試舉例說明之：甲男與前妻婚後生一丙子，甲於其妻因病去逝多年後，再娶乙女為妻，婚後並育有一丁子。乙對丁寵愛有加，丙對乙心生怨恨，與日俱增。某日，乙與丙因故爭吵，丙盛怒之餘，舉刀將乙殺死，隨後逕行逃逸。次日凌晨，丙潛返家中，請求甲給予生活費用，為丁發現，丁難忍喪母之痛，揮棒痛擊丙，且欲致之於死。終因甲在旁力阻，丙始幸免於難。嗣後丙丁二子相繼受法院有罪之判決確定，甲知悉後病發身亡。本例若採前說，繼承人丙故意致應繼承人乙於死，當時雖未受刑之宣告，丙仍喪失繼承權，則繼承人丁嗣後故意殺害已無應繼承人身分之丙，自無本款規定之適用，故丁嗣後雖受刑之宣告，對甲亦不喪失繼承權。反之，若採後說，繼承人丙故意致應繼承人乙於死，於未受刑之宣告前，丙仍未喪失繼承權，則繼承人丁嗣後故意殺害仍具應繼承人身分之丙，並因而受刑之宣告者，自有本款規定之適用，故丙丁嗣後相繼受刑之宣告，對甲皆喪失繼承權。從結論觀之，似採後說為宜，其理由論述如下：⑴從本款之立法目的觀之，本款旨在制裁繼承人違法殺害被繼承人或應繼承人之行為，而是否構成故意違法之殺害行為，則有賴是否受科刑之判決始得確定。繼承人如基於正當防衛，故意致被繼承人或應繼承人於死，若採前說，似有制裁其行為得以阻卻違法之繼承人，此與本款之立法目的，旨在制裁繼承人之違法行為似有牴觸。⑵從本款之文義解釋，及從比較法之觀察，所謂因而受刑之宣告者，實宜解釋，包括故意致被繼承人或應繼承人於死，及雖未致死兩種情形。

二、當然、相對之失權事由（民一一四五條一項二款至四款）

㊵ 劉含章，繼承法，頁88。

所謂當然、相對之失權事由，係指繼承人發生民法第一千一百四十五條第一項第二款至第四款之事由時，無待於法院之判決宣告，亦無待被繼承人之表示失權，當然喪失其對被繼承人之繼承權；惟其喪失繼承權，嗣因被繼承人之宥恕而回復（民一一四五條二項）。當然、相對之失權事由可分為對被繼承人遺囑行為之不正行為，與對遺囑本身之不正行為；而對被繼承人遺囑行為之不正行為，可再細分為積極侵害被繼承人遺囑自由之不正行為，與消極妨害被繼承人遺囑自由之不正行為。茲分別說明如下：

（一）積極侵害被繼承人遺囑自由之不正行為（民一一四五條一項二款）

民法第一千一百四十五條第一項第二款規定，以詐欺或脅迫使被繼承人為關於繼承之遺囑，或使其撤回或變更之者，喪失其繼承權。所謂遺囑，乃指遺囑人為使於其死後發生法律上之效力，依法定方式所為之無相對人之單獨行為。遺囑既係遺囑人最終之意思表示，故被繼承人是否有為或撤回或變更關於繼承之遺囑，則宜完全尊重被繼承之遺囑自由。若被繼承人本無意為或撤回或變更關於繼承之遺囑，因受繼承人之詐欺或脅迫，始為或撤回或變更關於繼承之遺囑，則被繼承人就關於繼承之遺囑自由決定，顯然受繼承人非法侵害。通說據此認為本款剝奪繼承權之立法理由，在於制裁繼承人之詐欺、脅迫行為，因該不正行為侵害被繼承人關於遺產繼承之遺囑自由之行為[41]。惟本款規定之立法理由，除制裁繼承人詐欺或脅迫之不正行為外，仍須斟酌該不正行為之結果，是否足致破壞遺產之繼承秩序。例如，被繼承人受繼承人之脅迫，為有利於該繼承人之自書遺囑，但該遺囑欠缺法

---

[41] 陳棋炎、黃宗樂、郭振恭合著，前揭，頁82；羅鼎，前揭，頁52。

定方式，則被繼承人之遺囑自由縱遭侵害，該遺囑亦因欠缺法定方式而無效，故不致發生破壞遺產繼承秩序之結果，該繼承人於此情形，應無本款規定之適用。

其次，本款之失權行為應發生於繼承開始前，因繼承開始後，不生被繼承人被詐欺或被脅迫之情形。此有別於第四款之失權行為，既可發生於繼承開始前，亦可發生於繼承開始後。

再者，適用本款規定，所應具備之要件，分別說明如下：

1. 須繼承人有詐欺或脅迫之行為

所謂詐欺，係指積極使用詐術，使被繼承人陷於錯誤；或消極利用被繼承人之錯誤，而為意思表示。所謂脅迫，係指以將來惡害之通知，致使被繼承人心理陷於畏懼，而為意思表示。此詐欺或脅迫之行為是否須有不法圖謀遺產利益之動機？對此，學說有正、反兩說[42]，若從本款之規範目的觀之，主要在制裁繼承人，就有關繼承之遺囑，對被繼承人之遺囑行為，實施詐欺或脅迫之不正行為。而為該不正行為之目的，無非在實現不法取得遺產利益，以破壞遺產之繼承秩序。故就此而論，似採肯定說為宜。

2. 須被繼承人因而為或撤回或變更關於繼承之遺囑

(1)被繼承人為或撤回或變更，關於繼承之遺囑，須與受繼承人之詐欺或脅迫行為之間，有因果關係。換言之，若被繼承人為或撤回或變更，關於繼承之遺囑，非因繼承人之詐欺或脅迫行為；或者若繼承人雖有詐欺或脅迫行為，而被繼承人卻未因而為或撤回或變更，關於

[42] 主肯定說者，參照戴炎輝、戴東雄合著，前揭，頁78；劉鍾英，前揭，頁35；陳棋炎，前揭，頁72。主否定說者，請參照史尚寬，前揭，頁94；胡長清，前揭，頁53。

繼承之遺囑時，則皆無本款規定之適用。

(2)所謂關於繼承之遺囑，係指包括一切足以發生直接影響繼承人應取得財產之效力之遺囑㊸。亦即與繼承人之地位及所繼承之權利義務，有影響之遺囑㊹。例如，非婚生子女之認領，即與繼承人之地位有關；應繼分之指定、遺產分割方法之指定、遺贈、捐助行為等，則影響所繼承之權利義務。至於監護人之指定，遺囑執行人之指定，或埋葬墓地之指定等遺囑，皆非關於繼承之遺囑，被繼承人縱因繼承人之詐欺或脅迫，而為上開遺囑，亦不適用本款之規定。

3. 關於繼承之遺囑須具備一般之生效要件

關於繼承之遺囑，通說皆認為須係有效之遺囑㊺，理由或認為「詐欺或脅迫使為無效之遺囑，並無損於被繼承人之利益。尚無予以嚴重制裁剝奪其繼承權之必要。㊻」或謂「倘屬無效之遺囑，……，則無妨害之可能，縱有本款之非行，自無本款之適用。㊼」或謂「如為無效，……，則本款之非行，為不能犯。㊽」然遺囑乃遺囑人最終之意思表示，按其性質係屬死後行為，故民法第一千一百九十九條規定，遺囑，自遺囑人死亡時，發生效力。而本款之失權行為，須於繼承開始前為之，則繼承人以詐欺或脅迫，使被繼承人為或撤回或變更關於

㊸ 史尚寬，前揭，頁94；奚樹基，前揭，頁43。

㊹ 李宜琛，前揭，頁41。

㊺ 陳棋炎、黃宗樂、郭振恭合著，前揭，頁82；戴炎輝、戴東雄合著，前揭，頁78；史尚寬，前揭，頁93；胡長清，前揭，頁52；辛學祥，前揭，頁45；羅鼎，前揭，頁52。

㊻ 羅鼎，前揭，頁53。

㊼ 陳棋炎、黃宗樂、郭振恭合著，前揭，頁82。

㊽ 史尚寬，前揭，頁93。

繼承之遺囑時，被繼承人既尚未死亡，通說所謂須為有效之遺囑，從何而來，令人費解。按遺囑既屬法律行為，自有其成立要件及生效要件。遺囑人、遺囑內容、遺囑之意思表示，係遺囑之成立要件。而遺囑人須有遺囑能力（民一一八六條）、遺囑須依法定方式（民一一八九條）、遺囑之內容必須合法（不違反公共秩序或善良風俗及強制或禁止之規定），遺囑之意思表示須健全，則係遺囑之一般生效要件。至於遺囑人死亡，則屬遺囑之特別生效要件㊾。通說所謂有效之遺囑，是否係指具備一般生效要件之遺囑，固不得而知。然而繼承人以詐欺或脅迫，使被繼承人為或撤回或變更關於繼承之遺囑，何以如其遺囑具備一般生效要件，則繼承人依本款規定，喪失繼承權；如其遺囑欠缺一般生效要件，則繼承人不適用本款規定，而不喪失繼承權。繼承人同樣有詐欺或脅迫之不正行為，同樣積極侵害被繼承人遺囑之自由，何以發生不同之法律效果，其理由或在於前者，於被繼承人死亡後，將發生違背被繼承人意思之繼承效果；而後者，則不致發生違背被繼承人意思之繼承效果。

至於被繼承人嗣後依民法第一千二百十九條規定，撤回其遺囑時，是否仍有本款規定之適用？對此，消極說認為，此時遺囑根本尚未發生效力㊿；肯定說認為，繼承權之喪失係對於詐欺或脅迫行為之制裁，至其行為所生不當之結果已否及時排除，固不生若何影響51。按遺囑之撤回，係基於尊重遺囑人最終之意思表示，由遺囑人於遺囑尚未發生效力之前，為防止其發生效力，得不具任何理由，將其撤回，

㊾ 施啟揚，民法總則，頁199；王澤鑑，民法總則，頁193。

㊿ 史尚寬，前揭，頁93；奚樹基，前揭，頁43。

51 羅鼎，前揭，頁54；戴炎輝、戴東雄合著，前揭，頁78。

而不受該遺囑拘束之行為。被繼承人雖撤回因受繼承人之詐欺或脅迫，而為或變更關於繼承之遺囑，但繼承人既依本款規定，已喪失其繼承權在先，如因被繼承人嗣後之撤回遺囑，致影響繼承權喪失之效果，則有礙繼承關係之安定。換言之，繼承人發生本款事由，致喪失繼承權係屬一事，嗣後被繼承人撤回遺囑又屬另事，各有各之規範功能，從此觀之，上揭問題，似採肯定說為宜。

（二）消極妨害被繼承人遺囑自由之不正行為（民一一四五條一項三款）

民法第一千一百四十五條第一項第三款規定，以詐欺或脅迫妨害被繼承人為關於繼承之遺囑，或妨害其撤回或變更之者，喪失其繼承權。若被繼承人本有意為或撤回或變更，關於繼承之遺囑，因受繼承人之詐欺或脅迫，而未為或撤回或變更，關於繼承之遺囑，則被繼承人之遺囑自由，顯受非法妨害。故本款失權之立法理由，除制裁繼承人之詐欺或脅迫行為，致消極妨害被繼承人之遺囑自由外，尚包括將來足致破壞遺產之繼承秩序。

其次，本款之失權行為，亦應發生於繼承開始前，理由參見第二款失權事由之說明。

再者，適用本款規定，其應具備之要件，茲分別說明如下：

1. 須繼承人有詐欺或脅迫之行為

關於詐欺或脅迫之意義，乃該行為之動機是否須具實現不法取得遺產利益？對此，參見第二款失權事由之說明。

2. 須被繼承人因而未為或撤回或變更，關於繼承之遺囑

⑴被繼承人未為或撤回或變更，關於繼承之遺囑，須與受繼承人之詐欺或脅迫行為間，有因果關係。若被繼承人未為或撤回或變更，關於繼承之遺囑，非因繼承人之詐欺或脅迫行為；或者若繼承人雖有

詐欺或脅迫行為，而被繼承人仍為或撤回或變更，關於繼承之遺囑時，則皆無本款規定之適用。

⑵關於繼承之遺囑，其規範意義，參見第二款失權事由之說明。

3. 關於繼承之遺囑須具備一般之生效要件

參見第二款失權事由之說明。

（三）對遺囑本身之不正行為（民一一四五條一項四款）

民法第一千一百四十五條第一項第四款規定，偽造、變造、隱匿或湮滅被繼承人關於繼承之遺囑者，喪失其繼承權。本款之立法理由，學者有謂「本款所列舉者均為毀損遺囑之真實性或其效用之行為。為此等行為者道義上、公益上，均不應使其有繼承權。[52]」；有謂「所謂偽造、變造，乃使遺囑之內容失其真實。所謂隱匿、湮滅，則使遺囑不能執行。其不正之行為均害及繼承權之存在，故列為繼承權喪失之原因。[53]」；有謂「偽造變造，係使遺囑內容不真實，隱匿、湮滅，係使人無從知悉遺囑之內容，均是影響其他繼承人之權利，故亦為喪失繼承權之事由。[54]」，以上諸說，皆言之成理。然無論使遺囑內容失實之偽造、變造行為，或使遺囑不能執行之隱匿、湮滅行為，均足致被繼承人最終之意思，無法實現，甚而發生違背被繼承人最終意思之繼承效果。此不正行為足致破壞遺產之繼承秩序，本款因而規定，剝奪為該不正行為之繼承人之繼承權。

其次，本款之失權行為，得於繼承開始前為之，亦得於繼承開始後為之[55]。此與第二款、第三款、第五款之失權行為，只能於繼承開

---

[52] 羅鼎，前揭，頁54；同說，參照程信民，前揭，頁30。

[53] 陳棋炎、黃宗樂、郭振恭合著，前揭，頁83。

[54] 奚樹基，前揭，頁44；同說，參照戴炎輝、戴東雄合著，前揭，頁78。

始前，對被繼承人為詐欺或脅迫之不正行為，或為重大虐待或侮辱之失德行為之情形有別；亦與第一款之失權行為，僅能於繼承開始前，對被繼承人或應繼承人為殺害之違法行為，但受刑之宣告，得於繼承開始後確定之情形不同。至於何以繼承開始後，偽造、變造、隱匿、湮滅被繼承人關於繼承之遺囑者，亦有本款之適用，主要理由，或因其破壞繼承人與被繼承人間之遺產繼承秩序之效果，並無不同，故有以致之。

再者，適用本款規定，其應具備之要件，分別說明如下：

1. 須繼承人有偽造、變造、隱匿或湮滅被繼承人遺囑之行為

(1)所謂偽造，係指被繼承人本無遺囑，繼承人不法摹擬，製作形式上或實質上可以冒充有效之遺囑[56]。所謂變造，係指繼承人對具備一般生效要件之被繼承人遺囑，擅自變更其內容之行為（於繼承開始前）；或係對有效之被繼承人遺囑，擅自變更其內容之行為（於繼承開始後）。所謂隱匿，係指繼承人對具備一般生效要件之被繼承人遺囑（於繼承開始前）；或對有效之被繼承人遺囑（於繼承開始後），加以隱密藏匿，使之難以發見或不能發見而言。所謂湮滅，係指繼承人對具備一般生效要件之被繼承人遺囑（於繼承開始前）；或對有效之被繼承人遺囑（於繼承開始後）加以毀損、滅失以及其他妨害證據效力之行為[57]。

(2)偽造、變造、隱匿或湮滅之行為，須出於故意，若因過失湮滅

[55] 史尚寬，前揭，頁95；同說，戴炎輝、戴東雄合著，前揭，頁59；陳棋炎、黃宗樂、郭振恭合著，前揭，頁53。

[56] 羅鼎，前揭，頁54。

[57] 辛學祥，前揭，頁46。

被繼承人之遺囑，則無本款之適用。且該不正行為須皆已完成，如為未遂，亦無本款之適用[58]。若被繼承人之遺囑欠缺法定方式，繼承人以使其具備法定方式之意思而變造者，亦不適用本款之規定，蓋繼承人之行為，在實現被繼承人之真意，而非對被繼承人遺囑之不正行為。其次，繼承人雖有本款行為之遺囑，嗣經被繼承人撤回者，有無本款之適用？對此，參見第二款失權事由之說明。再者，繼承人故意為本款之不正行為，是否須具有不法取得遺產利益之動機；對此，亦參見第二款失權事由之說明。

2. 須繼承人之不正行為，係就被繼承人關於繼承之遺囑

所謂關於繼承之遺囑，其規範意義，請參見第二款失權事由之說明。

三、表示、相對之失權事由（民一一四五條一項五款）

所謂表示、相對之失權事由，係指繼承人對被繼承人有重大虐待或侮辱之失德行為，經被繼承人表示不得繼承，而喪失其對被繼承人之繼承權；但其喪失繼承權，得因被繼承人之宥恕，而回復其繼承權（民一一四五條二項之當然解釋）。按本條第一項規定各款之失權事由中，以本款失權事由，破壞繼承協同關係之情節較屬輕微，故將本款列為表示、相對之失權事由，用以聽任被繼承人之意思表示，來決定對繼承人之失德行為，是否喪失繼承權；如喪失繼承權，亦尊重被繼承人宥恕之感情表示，由法律規定其繼承權不喪失。

本條第一項第五款規定，對於被繼承人有重大之虐待或侮辱情事，經被繼承人表示其不得繼承者，喪失其繼承權。本款之立法理由，

---

[58] 史尚寬，前揭，頁95。

或謂「此兩種行為（指虐待或侮辱），均對被繼承人為悖德之行為，不但為公序良俗所不許，且為法律所不容，故均為喪失繼承權之原因，如經被繼承人表示該繼承人不得繼承時，即喪失其繼承權。[59]」然繼承人虐待或侮辱被繼承人，此失德行為固無影響，繼承人與被繼承人間之遺產繼承秩序，卻難免破壞其繼承之協同關係，若與第一款殺害行為之失權事由相較，其受倫理道義非難之程度自然較低，對此非難程度較低之失德行為，若被繼承人甘於逆來順受，則法律自無必要介入，剝奪該繼承人之繼承權。故唯有結合繼承人之失德行為與被繼承人之失權表示，作為喪失繼承權之處罰依據。

其次，本款之失權行為，須發生於繼承開始前，蓋於繼承開始前，繼承人始有可能虐待或侮辱被繼承人。至於被繼承人之表示失權，若以遺囑為之，則須遺囑生效後，始生喪失繼承權之效果。

再者，適用本款規定，其應具備之要件，說明如下：

（一）須繼承人對被繼承人有重大虐待或侮辱之失德行為

所謂虐待，係指對被繼承人之身體或精神，予以痛苦之行為，該行為且不以積極行為為限，更包括消極行為在內（七十二年臺上字第四七一〇號判決）。所謂侮辱，係指對被繼承人之人格，予以貶損其社會評價之行為。至於是否構成重大之虐待或侮辱，宜依客觀之社會觀念衡量之，不得由被繼承人主觀之認定，用以保護繼承人[60]。所謂客觀情況之具體情形，包括當事人在社會上之身分、地位、教育程度，

---

[59] 辛學祥，前揭，頁46～47。

[60] 參照戴炎輝、戴東雄合著，前揭，頁80；陳棋炎、黃宗樂、郭振恭合著，前揭，頁84；胡長清，前揭，頁54；羅鼎，前揭，頁55；史尚寬，前揭，頁96。

失德行為時所受之刺激、所採之手段，被繼承人受害之結果，繼承人行為後之態度，及當時之社會倫理價值觀念[61]。實務上認為「民法第一千一百四十五條第一項第五款所謂對於被繼承人有重大之虐待情事，係指以身體上或精神上之痛苦加諸於被繼承人而言，凡對於被繼承人施加毆打，或對之負有扶養義務而惡意不予扶養者，固均屬之，即被繼承人（父母）終年臥病在床，繼承人無不能探視之正當理由，而至被繼承人死亡為止，始終不予探視者，衡諸我國重視孝道固有倫理，足致被繼承人感受精神上莫大痛苦之情節，亦應認有重大虐待之行為。（七十四年臺上字第一八七〇號判例）」

（二）須被繼承人對繼承人之失德行為，表示不得繼承

對被繼承人之虐待或侮辱，是否重大，應依客觀情狀加以判斷；而被繼承人對此失德行為，是否表示失權，則尊重被繼承人，由其主觀之意思表示予以決定。若對繼承人之失德行為，表示失權，則繼承人即喪失其繼承權；若對繼承人之失德行為，未表示失權，則繼承人即不喪失其繼承權。

被繼承人之失權表示，其性質為意思表示，即被繼承人有欲使對其有失德行為之繼承人，喪失其繼承權之效果意思，而表示於外之行為。被繼承人之表示失權，無須有行為能力，以有意思能力為已足，亦無須得法定代理人之同意，且不須對特定人為之。表示失權，不以明示為限，亦可默示為之，例如：妻與人通姦，夫訴請法院離婚判決夫於訴訟中死亡，妻因夫之表示失權，而不得繼承夫之遺產。表示失權，既屬意思表示，若有瑕疵，依法自得撤銷其表示。表示失權，無須依一定之方式，不必以遺囑為之，惟若以遺囑表示失權，則須依遺

---

[61] 參照史尚寬，前揭，頁96。

囑之方式為之，且須有遺囑能力（民一一八六條）[62]。

參、被繼承人之宥恕表示與喪失繼承權之關係

一、絕對失權與相對失權[63]

喪失繼承權以得否因被繼承人之宥恕表示，而不喪失繼承權，即回復其繼承人之資格，對此，立法例可分為絕對失權與相對失權兩種類型。前者，係指喪失繼承權不得因被繼承人之宥恕表示，而回復其繼承權，採此立法例者，例如，法國民法第七百二十七條、日本民法第八百九十一條；後者，係指喪失繼承權得因被繼承人之宥恕表示，而不喪失繼承權，採此立法例者，例如德國民法第二千三百三十九條、第二千三百四十三條、瑞士民法第五百四十條。

我民法第一千一百四十五條第一項規定，喪失繼承權之五款事由。同條第二項規定，前項第二款至第四款之規定，如經被繼承人宥恕者，其繼承權不喪失。依此規定，繼承權之喪失，若係基於民法第一千一百四十五條第一項第二款至第四款之事由，則得經被繼承人之宥恕表示，而不喪失繼承權。該款（即二至四款）失權，即屬相對失

[62] 參照陳棋炎、黃宗樂、郭振恭合著，前揭，頁84；戴炎輝、戴東雄合著，前揭，頁79；史尚寬，前揭，頁97～98；胡長清，前揭，頁54。實務上，二十二年上字一二五〇號判例；七十二年臺上字四七一〇號判決。

[63] 絕對失權與相對失權，係通說之分類用語，少數說以終局的喪失與非終局的喪失稱之，參照史尚寬，前揭，頁90；奚樹基，前揭，頁46。

權。其次，繼承權之喪失，若係基於民法第一千一百四十五條第一項第一款之事由，則依同條第二項規定之反面解釋，排除同條項規定之適用。換言之，喪失繼承權縱經被繼承人之宥恕表示，亦無法回復其繼承權，該款（即第一款）失權，即屬絕對失權。再者，繼承權之喪失，若係基於民法第一千一百四十五條第一項第五款之事由，則該款（即第五款）失權究屬絕對失權，抑係相對失權？學者見解不一，少數說，認為第五款失權係屬絕對失權[64]，其意或因第五款失權，未明定於同條第二項，故與第一款失權，同樣排除同條項規定之適用。通說則主張第五款失權應屬相對失權，其理由或謂，第五款失權既係被繼承人之表示而失權，自宜解為亦得因其後之宥恕而回復繼承權[65]；或謂，第五款失權事由較第二款至第四款失權事由為輕，故依論理解釋，被繼承人於嗣後亦得寬恕之[66]。按第五款失權，嗣後得否因被繼承人之宥恕而不喪失繼承權，我民法對此究有無明文規定，若無明文規定，則失權事由情節較重之第二款至第四款失權，民法有規定（一一四五條二項），而失權事由情節較輕之第五款失權，依其內在體系及規範計劃，應積極設其規定，而未設規定者，此即屬公開漏洞[67]，應類推適用同條項規定，第五款失權亦得因被繼承人之宥恕，而不喪失繼承權。然對喪失繼承權，得否因被繼承人之宥恕而不喪失繼承權，失權事由情節較重之第二款至第四款失權，民法第一千一百四十五條

---

[64] 胡長清，前揭，頁54；劉鍾英，前揭，頁35。

[65] 陳棋炎、黃宗樂、郭振恭合著，前揭，頁85；戴炎輝、戴東雄合著，前揭，頁80；史尚寬，前揭，頁99。

[66] 戴東雄，前揭，頁42。

[67] 王澤鑑，民法實例研習叢書第一冊，基礎理論，頁167。

第二項，既有積極之明文規定，此規定自然包括失權事由情節較輕之第五款失權，則第五款失權，依當然解釋，自得直接適用，而非類推適用民法第一千一百四十五條第二項之規定。

由上說明，我民法第一千一百四十五條第二項規定，若與上揭外國立法例相較，則別具折衷立法之特色。蓋立法上將喪失繼承權，按失權事由情節之輕重予以類型化，失權事由情節輕微者，列入相對失權，尊重被繼承人之宥恕表示，而依法律規定回復繼承權。失權事由情節嚴重者，劃歸絕對失權，排除被繼承人之宥恕表示，影響喪失繼承權之效力，用以宣示強制剝奪繼承權之絕對效力。然從立法論言之，民法第一千一百四十五條第二項之規定，有無必要排除第一款失權之適用，仍值斟酌。試分別論述其理由如下：首先，採相對失權之外國立法例，對於被繼承人之宥恕表示，得否適用於全部失權條款，係採全部一體適用之原則，採此原則，似較能貫徹法律尊重被繼承人宥恕表示之立場；其次，「所有的法律，沒有禁止一個人寬恕他人的權利。……凡是相反這種原則的法律，就是殘忍的法律。」[68]民法第一千一百四十五條第一項第一款規定，繼承人有該款事由，當然剝奪其繼承權。其民事制裁之基礎，在於繼承人破壞其與被繼承人間之繼承協同關係，嗣後喪失繼承人歷經種種努力，逐漸改善其協同關係，被繼承人亦有意為宥恕表示，以回復其繼承之協同關係。此時，法律似應尊重被繼承人之宥恕表示，而不宜於民法第一千一百四十五條第二項規定，排除同條第一項第一款之適用，以免阻斷喪失繼承人與被繼承人，回復其協同關係之可能性。再者，形式上，民法第一千一百四十五條第一

[68] 二布都、木台二滴著，林興智譯，回教繼承法與其他繼承法之比較，頁63。

項第一款之失權，固然依同條第二項規定之反面解釋，不因被繼承人之宥恕表示，而不喪失繼承權。然而，被繼承人仍得依生前贈與，或遺贈等方式，使第一款之失權人，獲得「實質上」宥恕之效果。如此，將使本條第一項第一款之失權事由，不適用同條第二項之規範功能，大受影響。既然其規範功能有限，且參酌上述理由，在立法論上，宜否參考外國立法例，於民法第一一四五條第二項，修正為「前項各款之規定，如經被繼承人宥恕者，其繼承權不喪失。」尚值斟酌。

二、民法第一千一百四十五條第二項規定之解釋適用

民法第一千一百四十五條第二項規定，前項第二款至第四款之規定，如經被繼承人宥恕者，其繼承權不喪失。適用本條項，宜注意下列諸點：

（一）本條項之規定，對於同條第一項第五款之失權事由，亦得直接適用之。對此，本章第一節業已說明其理由，於此不復贅述。

（二）本條項規定，所謂宥恕，係指被繼承人對於繼承人之失權行為，表示不予追究之意。惟宥恕之表示，其性質究係意思表示，抑屬感情表示，學者見解並不一致，有採意思表示說[69]，亦有採感情表示說[70]。按所謂意思表示，乃指表意人將其內心欲發生一定私法上效果之意思，表示於外部之行為；而感情表示，乃屬行為人表現其感情

---

[69] 胡長清，前揭，頁54；羅鼎，前揭，頁55；程信民，前揭，頁31；張纘正，前揭，頁34。

[70] 陳棋炎、黃宗樂、郭振恭合著，前揭，頁85；李宜琛，前揭，頁42；奚樹基，前揭，頁46；洪遜欣，中國民法總則，頁233；施啟揚，民法總則，頁194。

意識為內容之感情表現。兩者之差別主要有二：其一，從行為之性質觀之，意思表示係法律行為之成立要素；而感情表示則屬準法律行為。其二，從行為何以發生法律之效果言之，前者係基於表意人之效果意思，而由法律賦予表意人所期望之法律效果；而後者乃因法律為維持法律生活之秩序，對感情表示直接規定發生一定法律效果，至於其效果是否為感情表示之行為人所企圖發生，則在所不問[71]。由上說明，被繼承人對喪失繼承權人之失權行為，為不予追究之表示，其內心是否含有使喪失繼承權人，回復其繼承權之效果意思，實無從得知。其次，民法第一千一百四十五條第一項所規定之失權效果，本質係處罰繼承人不法行為之強制規定。此失權效果，得否依被繼承人宥恕之效果意思，予以排除，亦不無疑問。再者，同樣係屬民法第一千一百四十五條第一項之失權效果，同樣嗣後被繼承人對繼承人之失權行為，皆為宥恕之表示，何以若屬第一款失權，則依同條第二項規定之反面解釋，不生回復繼承權之效果，而若屬第二款至第五款之失權，則依同條第二項規定，遂生回復繼承權之效果。由此推論，喪失繼承權得否因被繼承人之宥恕，而生不喪失繼承權之法律效果，乃是基於法律之直接規定，而非本於被繼承人是否有欲發生此私法效果而定。綜上說明，宥恕表示之性質，似以採感情表示為宜。

其次，宥恕之表示，因其性質既屬感情表示，故無須有行為能力，亦無庸對特定人表示，且並無須一定之方式[72]，繼承人有本條第一項第二款至第五款之行為，被繼承人嗣後仍以遺囑對其為應繼分之指定，

---

[71] 參照洪遜欣，前揭，頁235；施啟揚，前揭，頁194～195。

[72] 以遺囑方式表示失權時，應解釋不因無方式之宥恕而排除。參照史尚寬，前揭，頁99。

或為遺產分割之指定，依通說皆解釋已屬宥恕之表示[73]。

肆、繼承權喪失之效力

一、關於時之效力

繼承人之行為，構成法定失權事由時，是否當然發生喪失繼承權，抑須待法院之裁判宣告，始發生喪失繼承權，對此，立法例上有採當然失權主義，有採宣告失權主義[74]。我民法係採前者立法例，故繼承人之行為，符合民法第一千一百四十五條第一項列舉之事由，即當然發生喪失繼承權之效力，而無待於法院之裁判宣告。

其次，通常情形，失權事由多發生於繼承開始前，然亦有發生於繼承開始時(例如民一一四五條一項五款，被繼承人以遺囑表示失權)，以及繼承開始後（例如，同條一項一款判刑確定在繼承開始後，或同條一項四款）之情形[75]。茲分別申論如下：

（一）事由發生於繼承開始前，其失權效力自何時發生？對此，我民法並無明文規定，有主張在該事由發生時，即生效力[76]；有解釋於繼承開始時發生[77]。兩說區別之實益，試舉例說明：例如，甲夫乙

---

[73] 陳棋炎、黃宗樂、郭振恭合著，前揭，頁85；戴炎輝、戴東雄合著，前揭，頁79。

[74] 參照戴炎輝、戴東雄合著，前揭，頁72；亦有學者稱為當然剝奪主義與剝奪可能主義，參照李宜琛，前揭，頁42；奚樹基，前揭，頁46。

[75] 有學者主張繼承開始前，既無繼承權，何生繼承權喪失之問題，故喪失繼承權自須在繼承開始之後。參照李由義、王作堂，繼承法概論，頁44。

[76] 戴炎輝、戴東雄合著，前揭，頁82；張繩正，前揭，頁34。

妻育有丙、丁二子，繼承人丙對被繼承人甲構成重大侮辱，經甲表示丙不得繼承其遺產，繼承人丁不滿丙對甲之行為，舉刀欲致丙於死，雖未致死，嗣經有罪之判決確定，甲知悉後宿疾身亡。若採前說，丙於甲表示失權時，即喪失繼承權，則丁舉刀欲致已喪失繼承權之丙於死，丁自不適用民法第一千一百四十五條第一項第一款之規定，丁自得與乙共同繼承甲之遺產。反之，若採後說，甲雖對丙表示失權，丙須於甲死亡時，始喪失繼承權，則丁舉刀欲致同順位繼承人之丙於死，後經法院判刑確定，丁自應適用民法第一千一百四十五條第一項第一款之規定，喪失對甲之繼承權。從本例之結論觀之，似採後說為宜；然若貫徹當然失權主義之意旨，應採前說為是。

(二) 事由發生於繼承開始時，其失權效力，自應於繼承開始時，發生效力。

(三) 事由發生於繼承開始後，例如民法第一千一百四十五條第一項第一款之事由，在論知科刑之判決未確定前，繼承業已開始時，仍不失其繼承人之資格。於繼承開始後，論知科刑之判決始告確定者，其失權效力，究從判決確定時發生，抑應溯及既往於繼承開始時，發生效力。對此，通說認為應溯及自繼承開始時，發生失權效力，縱事實上曾為繼承者，亦依法自始非為繼承人[78]。少數說認為，原則上應溯及於繼承開始時，發生失權效力，但為保護交易安全之善意第三人，

---

[77] 史尚寬，前揭，頁100。

[78] 陳棋炎、黃宗樂、郭振恭合著，前揭，頁86；戴炎輝、戴東雄合著，前揭，頁82；史尚寬，前揭，頁100；辛學祥，前揭，頁50。山畠正男，註解相續法（中川善之助監修），頁68；柚木馨，判例相續法論，頁137；中川淳，相續法逐條解說（上），頁93。

例外自裁判確定時，始生失權效力(79)。按喪失繼承權之規範意旨，係強制剝奪繼承人之繼承權，故依通說解釋，溯及於繼承開始時發生失權效力，較符合其制裁之規範意旨。至於對善意第三人，亦應一體適用，以示其對世效力。

二、關於人之效力

（一）對於繼承人自身之效力

繼承人喪失繼承權，除依法得因被繼承人之宥恕（民一一四五條二項），而回復其繼承權者外，其失權與被繼承人之關係，僅具相對效力。亦即繼承人僅對特定之被繼承人，喪失繼承權，對其他被繼承人，仍具繼承人之資格。一般舉例或謂，子女殺害其父，對其父固喪失繼承權，然對其母之遺產，仍有繼承權(80)。但子女弒父，是否宜再斟酌該行為，依當時客觀之社會倫理價值通念，有否對其母構成重大之精神虐待，若依客觀評價，該行為對其母亦構成重大之精神虐待，且經其母主觀表示失權者，則該子女仍不得繼承其母之遺產。

其次，繼承人於繼承開始前，因被繼承人之贈與，所得之財產，不因嗣後繼承人之喪失繼承權，而負返還該財產之義務。不過，繼承人之失權行為，若構成民法第四百十六條至第四百十七條撤銷贈與之規定，並經贈與人或其繼承人撤銷該贈與時，則喪失繼承權人，依民法第四百十九條第二項規定，自應依不當得利之規定，返還該贈與物。至於既為繼承人，又係受遺贈人，如有民法第一千一百四十五條之事

---

(79) 參照羅鼎，前揭，頁57；奚樹基，前揭，頁48。

(80) 參照陳棋炎、黃宗樂、郭振恭合著，前揭，頁86；史尚寬，前揭，頁100；奚樹基，前揭，頁47。

由時，繼承人依該條規定，喪失繼承權，而受遺贈人則依民法第一千一百八十八條準用第一千一百四十五條之規定，亦喪失其受遺贈權[81]。

再者，喪失繼承權人若仍占有遺產，則應返還之，並返還惡意占有後，由該遺產所生之孳息（參照民九五八條）。又喪失繼承權人清償被繼承人之債務時，若不知其無給付之義務者，則得向因而受利益之人，請求返還其利益[82]。

（二）對於繼承人子女之效力

繼承人喪失繼承權，其子女能否代位繼承被繼承人之遺產，我民法於第一千一百四十條有明文規定。其理由或認為代位繼承人係本於對被繼承人之固有權，而非代位被代位繼承人之繼承權[83]，故子女之代位繼承權，不因父母之喪失繼承權而受影響。其次，父母喪失繼承權，民事制裁之效力，僅及於父母本身，實無必要殃及無辜之子女[84]。至於父母於繼承開始後，發生失權事由，其子女是否亦有代位繼承規定之適用？對此，通說認為，雖失權事由發生在繼承開始之後，仍應解釋溯及繼承開始時發生效力，而有代位繼承之適用[85]。另有認為，依本條文字而觀，繼承開始前死亡應為一事，而喪失繼承權又為一事，

---

[81] 參照胡長清，前揭，頁57。

[82] 參照羅鼎，前揭，頁57；奚樹基，前揭，頁48。

[83] 關於代位繼承之性質，有代位權說與固有權說之爭，其詳，請參照戴炎輝、戴東雄合著，前揭，頁56。

[84] 參照劉春茂，前揭，頁147；羅鼎，前揭，頁58。

[85] 參照戴東雄，前揭，頁43～44；史尚寬，前揭，頁79；胡長清，前揭，頁64～65；林菊枝，論我國民法上之代位繼承，政大法學評論，廿三期，頁220。

發生於繼承開始後之失權事由，亦為代位繼承之原因，其子女自有代位繼承之適用[86]。按民法第一千一百四十五條第一項規定之失權事由，依其文義解釋，有發生於繼承開始前者，亦有發生於繼承開始後者，若發生於繼承開始後者，則依目的解釋，其失權效力溯及繼承開始時發生。故適用民法第一千一百四十條有關喪失繼承權之規定，本於體系解釋法，似採後說為妥。

（三）對於第三人之效力

喪失繼承權人對第三人就遺產所為之處分行為，其效力依通說認為，原則上當然無效，第三人並不能取得權利，真正繼承人得對之請求返還該繼承財產。但例外第三人如受民法第八百零一條、第九百四十八條有關動產善意受讓，以及土地法第四十三條有關不動產信賴登記之保護規定，則第三人所取得之權利，自不受影響[87]。然該處分行為，何以無效，其法律依據為何？通說並未具體說明。按喪失繼承權人無論於繼承開始前，就被繼承人之財產，或於繼承開始後，就真正繼承人之繼承遺產，以自己名義，對第三人所為之處分行為，其性質係屬民法第一百十八條第一項之無權處分，該處分行為依同條項之規定，須經有權利人之承認始生效力。故於權利人承認之前，依同條項之反面解釋，其處分行為之效力，係屬效力未定，而非無效。如第三人受上述善意受讓或信賴登記規定之保護，自應排除適用民法第一百十八條第一項之規定，其取得財產之權利，自不受影響。被繼承人或

---

[86] 參照陳棋炎、黃宗樂、郭振恭合著，前揭，頁54；陳顧遠講述，民法繼承編實用（司法官訓練所第九期講義），頁4。

[87] 參照陳棋炎、黃宗樂、郭振恭合著，前揭，頁86；史尚寬，前揭，頁100；胡長清，前揭，頁57；中川淳，前揭，頁204～205。

真正繼承人之財產，若因而受有損害，自得依侵權行為之規定，向喪失繼承人請求賠償。

限定繼承規定之檢討及改進

郭振恭*

壹、問題之所在

貳、對擬制同為限定繼承規定之檢討

參、對為限定繼承期間之檢討

肆、對限定繼承人負賠償責任之檢討

伍、對限定繼承人不得主張限定繼承利益之檢討

陸、結　論

*作者為臺灣大學法學碩士，現任東海大學法律學系教授

限定繼承規定之檢討及改進

壹、問題之所在

我民法第一千一百四十八條規定當然繼承主義，繼承一經開始，非專屬於被繼承人之財產上一切權利義務，當然由其繼承人承受。即繼承之效力於繼承開始時當然發生，不待繼承人之為承認，惟為保護繼承人之利益，許繼承人選擇限定繼承或拋棄繼承。拋棄繼承之人，自始不為繼承人，與限定繼承人之為繼承人者，殊有不同。繼承人如為限定繼承，其責任僅限於遺產，雖繼承債務超過遺產，繼承人並無庸以其自己之固有財產為清償，此與單純承認不同，但如遺產清算結果，尚有剩餘遺產時，仍歸屬於限定繼承人，此則又與單純承認無異。

繼承人為限定繼承，既可保護繼承人，就遺產之早為清算，對繼承債權人亦非不利，且與債權之效力為由債務人即被繼承人以其全部財產負清償責任之本旨，亦為公平合理❶。從而限定繼承制度之存在，自有其價值，則求其規定之周全及妥當，即屬當然。

---

❶ 關於限定繼承於近代繼承法之意義，請參照中川淳著，相續法逐條解說（中卷），頁78～79；中川善之助、泉久雄著，相續法，頁341～343；谷口知平、久貴忠彥編集，新版注釋民法(27)，頁498～499（小室直人）；山崎邦彥著，限定承認，收錄於家族法大系VII相續(2)，頁75～78。

我民法第一千一百五十四條至第一千一百六十三條固已規定限定繼承此一制度，惟在適用上仍有不少疑義或欠合理之處，有待檢討及改進。詳言之，下列規定均有檢討之必要，期其周密：(一) 第一千一百五十四條第二項將未主張限定繼承之人，擬制同為限定繼承，是否周延？(二) 第一千一百五十六條第一項以主張限定繼承之期間為自繼承開始時起三個月內，是否合理？(三) 第一千一百六十一條第一項明定，限定繼承人違反第一千一百五十七條至第一千一百六十條之規定者，應對繼承債權人之損害負賠償責任，有無欠妥之處？(四) 第一千一百六十三條規定，限定繼承人有該條所列不正行為之一時，不得主張第一千一百五十四條所定之利益，其真義若何？是否周延？

本文即針對上開問題，予以分析，並提出改進之意見，以供適用及未來立法之參考。

貳、對擬制同為限定繼承規定之檢討

繼承人僅有一人時，如其為限定繼承，即應依限定繼承之程序進行，毫無疑問。如繼承人有數人，而全體繼承人均為限定繼承之主張時，其繼承關係為限定繼承，亦無疑義。但如繼承人中，有主張限定繼承者，而其他繼承人或為單純承認之表示，或為拋棄繼承之表示，或未作任何之表示時，應如何決定各繼承人之繼承關係而為法律之適用，即須法律之規範。對此我民法第一千一百五十四條第二項固已規定：「繼承人有數人，其中一人主張為前項限定之繼承時，其他繼承人視為同為限定之繼承。」按繼承人中之一人為限定繼承，而其他繼承人未作任何之表示，亦無民法第一千一百六十三條所列不正行為時，其他繼承人即依上開規定視為同為限定繼承人，雖無疑義，但如其他繼承人為單純承認之表示❷，或因有民法第一千一百六十三條所列不正行為之一，而不得主張限定繼承之利益時，或為拋棄繼承之表示時，是否亦應視其同為限定繼承人？依上開規定，即有疑義❸。

依日本民法第九二三條規定，於繼承人有數人時，其限定承認須由全體共同繼承人為之。即不許共同繼承人中之一人單獨為限定承認，以避免繼承法律關係之複雜化及精算上之困難，惟如繼承人中之一人

---

❷ 關於單純承認之性質，有意思表示說與法定效果說之別。如採法定效果說，則縱繼承人為單純承認之明示或默示意思表示，但無法定單純承認之事由發生時，其仍非單純承認之繼承人。惟如採意思表示說，則繼承人為單純承認之表示時，不論其為明示或默示，即生單純承認之效力，繼承之效力對該繼承人無限制的發生。理論上似應以法定效果說為妥，但我國學者均將單純承認依意思表示說為解說，實務見解似亦採意思表示說。以上詳請參照拙著，論單純承認之原因，載臺大法學論叢第廿一卷第一期，頁379 以下。

如以單純承認為意思表示，於繼承人為該表示時，即為單純承認之繼承人，對於繼承債務應無限制的負償還之責，而與限定繼承人僅以遺產為限度償還繼承債務者，有所不同。本文所謂其他繼承人為單純承認之表示，乃從意思表示說之立場，謹此敘明。

❸ 按我民法第一千一百五十四條第二項規定，係以保護繼承人利益之立場，採取瑞士民法五八〇條三項之規定，避免繼承關係之歧異，而對其他繼承人亦無不利。請參照戴東雄著，繼承法實例解說(一)，頁132～133。惟如將其他單純承認之繼承人擬制同為限定繼承人，顯對繼承債權人不利；將拋棄繼承之人擬制為限定繼承人，如遺產清算後有賸餘時，其仍可受分配，顯對原主張限定繼承者不利。即本問題涉及各種利益之調和及考慮。

或數人為繼承之拋棄者，因拋棄繼承者視為自始即非繼承人（日民九三九條），依通說，其他繼承人仍得為限定承認❹。從而共同繼承人中之一人為單純承認，其他繼承人即不得為限定承認，至拋棄繼承以外之其他繼承人全體仍得為限定承認。再者，依日本民法第九三七條之規定:「為限定承認之共同繼承人中之一人或數人有民法第九二一條第一款或第三款所列之事由時，繼承債權人就其不能從繼承財產受清償之債權額，得對於上開繼承人按其應繼分，行使其權利。」即限定繼承人中有處分或隱匿遺產等不正行為時，對於其他無關之繼承人仍維持限定承認之效果，但由不正行為之繼承人按其應繼分，以其固有財產對繼承債權人負清償責任。按該條文係就繼承人須全體共同為限定承認與法定單純承認之規定，予以調和❺。

依上說明，日本民法就共同繼承人與限定繼承間之關係，於法律之適用上，並無爭議。惟我民法並未限制限定繼承須由共同繼承人全體為之，與日本民法不同，繼承人中之一人即得單獨為限定繼承，而又未設有調和擬制同為限定繼承與剝奪不正行為限定繼承人限定繼承利益間之規定，致生法律適用上之疑難。

依民法第一千一百五十四條第二項被擬制同為限定繼承之「其他繼承人」是否包括為單純承認之繼承人、拋棄繼承之人、或有不正行為之繼承人？我國學者之見解不一，受限於現行規定，難有確切之論據❻，允宜在立法上謀求救濟。按拋棄繼承權之人，既自始不為繼承

❹ 參照中川淳著，前揭書，頁89～91。

❺ 同上，頁147～148。

❻ 關於本問題之各種見解，詳請參照陳棋炎、黃宗樂、郭振恭共著，民法繼承新論，頁138～142。

人，其應繼分已歸屬於其他繼承人；且不將拋棄繼承之人擬制同為限定繼承人，對因限定繼承而開始之遺產清算程序，並無困難或不便之處；而於遺產清算後，將賸餘遺產分配於已拋棄繼承之人，亦有未當。是故，此所謂之其他繼承人，應不包括拋棄繼承之人。至單純承認之繼承人及不正行為之繼承人，基於擬制同為限定繼承之立法意旨在保護繼承人之利益，並注重繼承關係適用法律之一致性，宜包括在「其他繼承人」之列。

據上理由，現行民法第一千一百五十四條第二項宜於本文外，增加一但書，即：「繼承人有數人，其中一人主張為前項限定之繼承時，其他繼承人視為同為限定之繼承。但其他拋棄繼承權者，不在此限。」增列該但書，除表明拋棄繼承權之人不擬制同為限定繼承外，又因於限定繼承外，另有單純承認與拋棄繼承之二種態樣，既已明示拋棄繼承排除在擬制之列，則單純承認之繼承人即在擬制之列，解釋上甚為明確。至有民法第一千一百六十三條所列不正行為之一之繼承人，宜在該條明定其應對繼承債權人之未自遺產受償之債權額負清償責任，另如後述。若然，不正行為之繼承人雖另負清償責任，但亦擬制同為限定繼承，甚為明瞭。

參、對為限定繼承期間之檢討

關於為限定繼承之期間，我民法第一千一百五十六條第一項明定為「應於繼承開始時起，三個月內」呈報法院。即考慮為限定繼承之期間，於一般情形為三個月，其起算點為自繼承開始時起算。但依民法第一千一百七十六條第七項規定，因他人之拋棄繼承而應為繼承之人，其為限定繼承之期間，應於知悉其得繼承之日起二個月為之，即於此情形，考慮為限定繼承之期間為二個月，其起算點為自知悉其得繼承之日起算。易言之，上開二種情形之期間及起算點，互有不同。

按我民法於一般情形之限定繼承期間，與法國民法第七九五條規定，定全相同，其與日本民法第九一五條第一項規定限定繼承期間為三個月者，固屬相同，但與其起算點為自知悉其得繼承之時起算者，又有不同。

查限定繼承之效力既為繼承人僅以遺產為限，償還被繼承人之債務，對繼承債權人影響甚大，自迅速確定繼承關係言，予繼承人三個月之考慮期間，使其於調查繼承財產之情形後，決定是否選擇限定繼承，則現行規定為自繼承開始時起算三個月為限定繼承期間，尚非不當。惟：(一) 限定繼承制度既在保護繼承人，則得為限定繼承之期間，本以自繼承人知悉其得繼承之時起算，對繼承人為有利。(二) 現行規定自繼承開始時起算限定繼承之三個月期間，則繼承人可能於不知之間，已因期間之經過，而喪失限定繼承之選擇權，不得為限定繼承，顯欠合理。(三) 如上所述，我民法上之限定繼承期間分為二種，一為自繼承開始時起算三個月，另一為自知悉其得繼承之日起算二個月，互有不同，殊欠允洽，以一致為妥。(四) 我民法上之繼承態樣，以單純承認為本則，繼承人選擇單純承認無庸為積極之表示，但其如選擇拋棄繼承或限定繼承，則須踐行法定之方式（民一一五六條、一一七四條），於被繼承人所遺之債務多於積極財產時，繼承人選擇拋棄繼承或限定繼承為有利，但拋棄繼承之考慮期間為二個月，與限定繼承之三個月期間者，已有不同，而拋棄繼承期間之起算點為知悉其得繼承之時，又與限定繼承期間為自繼承開始時起算者，有所歧異。對繼承人可得選擇拋棄繼承或限定繼承之態樣言，其考慮之期間及期間之起算點，自以二者均為相同為當，便於繼承人之知曉及踐行。

綜上說明，為限定繼承之三個月考慮期間，以自繼承人知悉其得繼承之時起算為妥。再參證日本民法第九一五條規定，限定繼承及拋棄繼承之期間均同為三個月，並同為自知悉其得繼承之時起算。益見我民法第一千一百五十六條規定為自繼承開始時起算限定繼承期間，宜修正為自繼承人知悉其得繼承之時起算該期間，使其與拋棄繼承期間之起算點相同。至民法第一千一百七十四條之拋棄繼承期間為二個月者，似過於短促，以修正為三個月，與限定繼承期間相同為宜，併為說明。

肆、對限定繼承人負賠償責任之檢討

我民法第一千一百六十一條第一項規定：「繼承人違反第一千一百五十七條至第一千一百六十條之規定，致被繼承人之債權人受有損害者，應負賠償之責。」是為限定繼承人負賠償責任之規定。按繼承人為限定繼承後，依法應實行遺產之清算，依順序清償債務及交付遺贈，但如其違反法定之清算，或為不當之清償，致繼承債權人或受遺贈人受有損害，即應負損害責任。

查關於上開規定所生之損害賠償責任，其性質向有侵權行為損害賠償責任或債務不履行損害賠償責任之論爭❼，惟無論解為侵權行為或債務不履行，均為限定繼承人對於繼承債權人或受遺贈人違反一定之義務，始生此之損害賠償責任，至為明瞭。按因限定繼承而開始之

---

❼ 參照戴炎輝、戴東雄合著，中國繼承法，頁193；陳棋炎等共著，前揭書，頁260；史尚寬著，繼承法論，頁282；中川淳著，前揭書，頁133～134。

清算程序，為使繼承債權人依債權之性質、數額平等自遺產受清償，民法第一千一百五十八條規定，繼承人不得在公示催告期限內清償債務、交付遺贈；第一千一百五十九條及第一千一百六十條規定，公示催告期限屆滿後，應依序清償有優先權之債權、普通債權，其後始得交付遺贈。則限定繼承人如未遵守上開期限而為清償，或未依上開順序為清償，致繼承債權人或受遺贈人受有損害時，限定繼承人即屬違反法定之義務，應負賠償責任，自無疑義。惟民法第一千一百六十一條第一項中規定，限定繼承人違反第一千一百五十七條之規定，致被繼承人之債權人受有損害亦應負賠償責任一節，殊有疑問。查第一千一百五十七條係規定，限定繼承人呈報其為限定繼承於法院後，法院應依公示催告程序公告，命繼承債權人（及受遺贈人）報明其債權，其公示催告期限不得在三個月以下。申言之，繼承人之呈報限定繼承如已逾期間或未遵守法定方式，法院予以駁回時，法院固無須踐行公示催告程序；惟如繼承人之呈報限定繼承並無應不予受理之情形，法院即應依職權踐行公示催告程序，亦即此一程序非限定繼承人之義務，而為法院之職權行使，如法院不於限定繼承之呈報後，踐行公示催告程序，並非限定繼承人對繼承債權人或受遺贈人之義務不履行，亦無違法之可言。

民法第一千一百六十一條第一項列入第一千一百五十七條，令限定繼承人因此對繼承債權人或受遺贈人負損害賠償責任，既應無其事，此規定顯為立法上之疏忽。我國學者之多數見解，亦認此一情形為立法上之錯誤❽。雖有認此一規定並無錯誤者❾，其理由為：「第一千一

❽ 參照陳棋炎著，民法繼承，頁183；戴炎輝等合著，前揭書，頁193；史尚寬著，前揭書，頁282；胡長清著，中國民法繼承論，頁117；羅鼎著，

百五十七條雖係定明由法院公告，苟法院為公告，違反該條規定，不依公示催告程序為之或其所定之一定期間違反該條第二項之規定不滿三個月，即難保被繼承人之債權人不因之而受損害。繼承人對於法院之公告方法及公示催告所定期限，即負有特別注意及聲請補正之義務，違反此義務致被繼承人之債權人受有損害，不能謂非繼承人之過失。」惟科限定繼承人糾正法院依職權所踐行公示催告程序違法之義務，於法已無所據，且為過苛之舉，亦為難能之事，殊不應使繼承人因法院之錯誤而對受有損害之繼承債權人或受遺贈人負賠償責任。是此一反對見解，似無可取。

復次，日本民法第九三四條第一項固規定，限定繼承人怠於依同法第九二七條規定為限定繼承之公告或催告者，應對繼承債權人或受遺贈人之損害負賠償責任。惟依其第九二七條之規定，負為限定繼承之公告或催告義務者，並非法院，而為限定繼承人，是其怠於為該公告或催告，即屬違反清算程序之義務，應依第九三四條一項所定，由限定繼承人對繼承債權人或受遺贈人負損害賠償責任。❿此與我民法規定由法院依職權踐行公告催告程序，限定繼承人不負公告或催告者，顯有不同。從而亦不能執日本民法第九三四條一項之規定，資為我民法第一千一百六十一條第一項列入第一千一百五十七條為正確之論據。

據上說明，我民法第一千一百六十一條第一項不應將第一千一百五十七條列入，即應將之刪除，至為明確。從而該條項應修正為：「繼

民法繼承，頁108；李宜琛著，現行繼承法論，頁71。

❾ 參照劉鐘英著，民法繼承釋義，頁32。

❿ 參照中川淳著，前揭書，頁132～133。

承人違反第一千一百五十八條至第一千一百六十條之規定，致被繼承人之債權人受有損害者，應負賠償之責。」以免費解，並期確實。

伍、對限定繼承人不得主張限定繼承利益之檢討

我民法第一千一百六十三條規定：「繼承人有左列各款情事之一者，不得主張第一千一百五十四條所定之利益：一、隱匿遺產。二、在遺產清冊為虛偽之記載。三、意圖詐害被繼承人之債權人之權利而為遺產之處分。」按該條所列之三款不正行為，固無疑義。惟該條所謂之「不得主張第一千一百五十四條所定之利益」，究何所指？共同繼承人中之一人為限定繼承，但他繼承人有上開不正行為之一時，他繼承人是否仍被擬制同為限定繼承人？共同繼承人全體均有不正行為時，如其原已發生限定繼承之效力，是否仍應依限定繼承之遺產清算程序進行？均欠明瞭。

按我民法第一千一百六十三條所謂之「不得主張第一千一百五十四條所定之利益」，有解為其屬法定單純承認者⑪，另有解為僅屬強制的無限繼承，繼承人因此喪失選擇權，不得不受無限繼承之效力，並非視為單純承認者⑫。查日本民法第九二一條列有三款情事發生時，繼承人視為單純承認者。其第一、三款即為處分遺產、隱匿遺產、在財產清冊上惡意為不實記載等不正行為。申言之，於日本民法上，繼承人有不正行為時，即擬制其為單純承認⑬，而如前所述，全體繼承

⑪ 參照戴炎輝等合著，前揭書，頁173；陳棋炎等合著，頁217～218；胡長清著，前揭書，頁93。

⑫ 參照史尚寬著，前揭書，頁287。

人共同為限定繼承後，繼承人中之一人或數人有不正行為時，繼承債權人得對不正行為之繼承人按其應繼分就未受償之債權額為請求，亦為其民法第九三七條所規定。即日本民法明定擬制不正行為之繼承人為單純承認，再配合於限定繼承時，規定不正行為之繼承人應對繼承債權人負清償責任，而仍維持限定繼承之效力，其法律之適用，即不生疑問。

查我民法第一千一百五十四條所定之利益，乃同條第一項限定繼承人僅以遺產為限度償還繼承債務之利益，即僅負物的有限責任之利益。從而繼承人雖已為限定繼承，或尚未為限定繼承，但有上開不正行為之一時，既不許其再主張限定繼承之利益，此際即應對繼承債務負無限責任，亦不得再為繼承權之拋棄，其結果即屬單純承認。由是以觀，我民法第一千一百六十三條中之「不得主張第一千一百五十四條所定之利益」，以改為「視為單純承認」較為明確。

如前所述，依我民法第一千一百五十四條第二項之規定，共同繼承人中之一人得單獨為限定繼承，並因一人之限定繼承而擬制單純承認或未作任何表示之繼承人同為限定繼承人，則如該已生限定繼承效力之繼承人中有上開不正行為時，為不影響依限定繼承進行之遺產清算程序，自宜繼續維持限定繼承之效力，但該不正行為之繼承人應就繼承債權人未自遺產受償之債權負清償責任，既制裁不正行為之限定繼承人，亦保護繼承債權人之利益。從而我民法第一千一百六十三條宜增列第二項，曰：「限定繼承人中之一人或數人有前項各款情事之一者，被繼承人之債權人就其不能自遺產受清償之債權，得對上開繼承人之一人或數人同時、或先後為全部或一部之請求。」⑭⑮

⑬ 參照中川淳著，前揭書，頁51。

立法上如修正我民法第一千一百六十三條第一項，明定視為單純承認，並增列第二項，有如上述，則限定繼承人全體如均有該條第一項各款不正行為時，即全體雖視為單純承認，但仍維持限定繼承之效力，惟其並須對繼承債權人未自遺產受清償之債權負清償責任，適用法律即為明確。

陸、結　論

繼承開始後，因我民法採取當然繼承主義之結果，繼承人須就單純承認、限定繼承、拋棄繼承選擇其一，關乎繼承人之權益。於我現行法以單純承認為繼承本則之情形下，繼承人如選擇限定繼承，須遵守法定期間，並依法定方式，始發生其效力。限定繼承既為重要之制度，但現行法之規定仍有欠合理或疑義之處，基於解釋論之限界，尚待立法上之改進，方可為妥適之解決。未來立法上宜研擬修正者，似有下列各端：

（一）民法第一千一百五十四條第二項宜增加但書，即該條項應為：「繼承人有數人，其中一人主張為前項限定之繼承時，其他繼承人視為同為限定之繼承。但其他拋棄繼承權者，不在此限。」若然，拋棄

---

⑭ 共同繼承人就繼承債務之責任，我民法第一千一百五十三條係採連帶主義，與日本民法第八九九條係採分割主義者，有所不同。則我立法上即不能如日本第九三七條規定為繼承人按其應繼分負責。併為說明。

⑮ 戴東雄教授亦認為，繼承人之一人有不正行為時，其他繼承人之限定繼承利益不受影響，而為制裁不正行為之繼承人，應剝奪其限定繼承之利益，使其就債權人未從遺產受清償之部分，由其負無限之責任。請參照前揭，繼承法實例解說(一)，頁134～135。

繼承之人不在擬制之列，而單純承認或未作任何繼承表示之繼承人即擬制為限定繼承人，解釋上即無疑義。

(二) 民法第一千一百五十六條第一項宜修正為：「為限定之繼承者，應於知悉其得繼承之時起，三個月內，……。」予繼承人以合理之考慮期間，求其妥當。

(三) 民法第一千一百六十一條第一項所列之第一千一百五十七條，顯有違誤，亦為不合理，該條項中之第一千一百五十七條應予刪除。即該條項應為：「繼承人違反第一千一百五十八條至第一千一百六十條之規定，致被繼承人之債權人受有損害者，應負賠償之責。」

(四) 民法第一千一百六十三條第一項宜修正為：「繼承人中有左列情事之一者，視為單純承認：一、……。」以免現行條文中之「不得主張第一千一百五十四條所定之利益」用語，其意義欠明，致解釋上之歧異。

(五) 民法第一千一百六十三條宜增列第二項，曰：「限定繼承人中之一人或數人有前項各款情事之一者，被繼承人之債權人就其不能自遺產受清償之債權，得對上開繼承人之一人或數人同時或先後為全部或一部之請求。」以制裁不正行為之限定繼承人，保護繼承債權人之利益，並明示原已發生之限定繼承之效力，不影響已進行之遺產清算程序，防杜糾紛。

無人承認之繼承

林秀雄*

壹、序　說

貳、無人承認繼承之場合

參、無人承認繼承財產之性質

肆、繼承人之搜索

伍、剩餘財產之歸屬

陸、結　論

*作者為日本明治大學法學博士，現任政治大學法律學系教授

無人承認之繼承

壹、序　說

於古中國，無男性子孫又無寡妻時，縱有在室之女亦為戶絕❶。依唐、宋，喪葬令・戶絕條:「諸身喪戶絕者，所有部曲、客女、奴婢、店宅、資財並令近親（親依本服，不以出降）轉易貨賣，將營葬事及量營功德之外，餘財並與女（戶雖同，資財先別者，亦準此）。無女，均入以次近親，無親戚者，官為檢校。若亡人存日，自有遺囑處分，證驗分明者，不用此令」❷。明，戶令:「凡戶絕財產，果無同宗應繼者，所有親女承分，無女者，入官」❸。清律，戶役門・卑幼私擅用財條・條例三:「戶絕財產，果無同宗應繼之人，所有親女承受；無女者，聽地方官詳明上司，酌撥充公」❹。民法制定前關於戶絕財產之處理，依大理院之判決例謂，戶絕之財產，果無繼嗣可立，由親女承

---

❶ 滋賀秀三，中國家族法の原理，頁395。

❷ 仁井田陞，支那身分法史，頁479；中田薫，養老戶令應分條の研究，法制史論集第一卷，頁52～53。

❸ 滋賀秀三，前揭，頁409。

❹ 清律將明戶令之「入官」改為「酌撥充公」，其理由謂，「以人亡戶絕，非有罪可比，不宜言入官，因改定此案」（滋賀秀三，前揭，頁413）。

受，如並無親女則歸國庫（三年上字三八六號）❺。

按我國民法第一千一百四十七條規定，繼承因被繼承人死亡而開始，再依民法第一千一百四十八條規定繼承人自繼承開始時，承受被繼承人財產上一切之權利義務。此採當然繼承主義，與包括繼承主義之目的，即在避免因人之死亡，而產生無主物之問題，因此於人死亡之時，毫無瞬間的，立即決定其遺產之歸屬❻。惟於繼承人有無不明或顯無繼承人時，為避免遺體或遺產成為無主物，乃須有一套制度加以規範。亦即，於繼承人有無不明時，一面從事繼承人之搜索，一面又對遺產加以管理及清算，以保護可能出現之繼承人、繼承債權人及繼承財產最後歸屬者(國庫)。財產雖可一時無主體，但不可無管理人，俾不至因財產失其管理而發生損失❼。為此，我國民法，乃仿外國立法例，再參酌我國之實情，就無人承認繼承之制度，設有詳細之規定❽。惟現行民法尚有諸多問題點有待明確。例如：一、所謂無人承認繼承之場合，究為何種情形？二、無人承認繼承財產之性質，我國法上並不明確。三、搜索繼承人之公告期間與債權人報明債權之公告期間，長短不一，是否有失均衡？四、繼承人於搜索期間過後，而在公告債權人報明債權期間內承認繼承時，究應如何處理，亦屬問題。五、清償債權，交付遺贈物後，尚有剩餘歸屬國庫，而國庫之取得剩餘財產究為原始取得，或為繼受取得，亦有待檢討。本文擬從立法沿革之探討及外國立法例之介紹，來考察我國關於無人承認繼承制度之

❺ 郭衛編，大理院判決例全書，頁294。

❻ 拙著，繼承權之拋棄與詐害債權，家族法論集㈢，頁249。

❼ 戴炎輝、戴東雄合著，中國繼承法，頁213。

❽ 史尚寬，繼承法論，頁336。

問題點，並提出若干修法之建議。

貳、無人承認繼承之場合

所謂無人承認之繼承係指繼承人有無不明之謂。惟所謂繼承人有無不明，尚須就具體情形判斷之，茲分述如下：

一、繼承人所在不明或生死不明時，並非繼承人有無不明，此時，應依非訟事件法失蹤人之財產管理事件辦理。(非訟事件法四十八至五十七條)❾。

二、先順序繼承人拋棄繼承而次順序繼承人有無不明或共同繼承人全部拋棄繼承權時，依民法第一千一百七十六條第六項之規定，準用關於無人承認繼承之規定。

三、無繼承人與繼承人有無不明，嚴格意義上應有所區別。有學者認為無繼承人不屬於無人承認之繼承❿。惟我國民法與戶籍法並未密切配合，在我國民法上身分關係之成立除兩願離婚外，不以戶籍登記為要件（結婚、收養、收養之終止、認領等)。因此，戶籍簿上無繼承人之記載，並不能即謂絕對無繼承人，為慎重其事，仍有搜索繼承人之必要⓫。我國司法院解釋亦認為無法定繼承人亦無指定繼承人之遺產，應適用無人承認繼承之規定（二十二年院字八九八號)。

---

❾ 史尚寬，前揭，頁337；戴炎輝、戴東雄，前揭，頁214；胡長清，中國民法繼承論，頁160；羅鼎，民法繼承論，頁150。

❿ 戴炎輝、戴東雄，前揭，頁 215；胡長清，前揭，頁 160；羅鼎，前揭，頁150；李宜琛，現行繼承法論，頁73～74。

⓫ 史尚寬，前揭，頁337；戴炎輝、戴東雄，前揭，頁215。

四、戶籍上並無法定繼承人身分之記載，但繼承人有出現之可能時，例如：被繼承人死亡後尚未選定遺產管理人，及搜索繼承人之前，有人出面承認其為被繼承人之配偶，或為血親繼承人，就其資格是否真實有所爭執，而尚未確定者，是否屬於無人承認繼承尚有爭議。我國學者多認為此種情形非無人承認之繼承。惟有認為以適用關於失蹤人財產管理之規定為妥⓬。亦有學者認為如除該繼承人外，並無法定繼承人時，就遺產亦有加以管理之必要。此時，似乎亦應準用關於無人承認繼承之規定，而加以管理⓭。理論上繼承人尚未確定與繼承人有無不明並不相同，若強加適用無人承認繼承之程序，則可能於遺產管理人清算程序完成，而剩餘財產歸屬國庫時，確認繼承人身分之判決尚未確定。在判決確定前，將剩餘財產歸屬國庫，對繼承人極為不利。惟該承認繼承之人現實上並未占有遺產，遺產若無人管理棄之不顧，恐致滅失毀損，對即將出現之繼承人，或債權人有所不利。且於判決確定前不進行清算債權之程序，則債權人之債權無法迅速獲得清償，此對債權人亦有不利。兩相權衡之下，似仍有類推適用無人承認繼承之規定，進行遺產管理人之選任，並為保存遺產之處置。而於繼承人資格爭執之確認判決確定前，不進行繼承人之搜索，藉以保護繼承人及債權人之利益。

五、戶籍簿上登記為被繼承人之唯一繼承人，如養子，惟關於收養關係存在與否，或有無喪失繼承權之事由等，有所爭執時，是否應進行無人承認繼承之程序？日本有學者認為，該繼承人是否為真正繼承人尚未確定，而該繼承人以外，是否有其他繼承人之存在，亦不明

⓬ 史尚寬，前揭，頁339。

⓭ 戴炎輝、戴東雄，前揭，頁216。

知。此種情形應屬繼承人有無不明，因此有進行無人承認繼承程序之必要⑭。惟，該繼承人現實上占有、管理遺產之場合，若有人出面爭執其繼承人地位之合法性，即可依無人承認繼承之規定選任遺產管理人者，對於繼承人之地位極不安定，因此於判決確定前，實不宜否定其繼承人之地位。亦即不宜認為係繼承人有無不明。

參、無人承認繼承財產之性質

於羅馬法上有須為繼承之意思表示，始得為繼承人之任意繼承人。該任意繼承人於承認繼承前，亦即自繼承開始至承繼財產之間必有時間之間隔，此期間之繼承財產稱為「休止繼承財產」，此種繼承財產之主體有種種概念之構成，於優帝法上，以繼承財產本身為法人，瑞士Graubunden民法第四百八十三條，承襲此思想，再由日本民法所承受⑮。

日本民法第九百五十一條規定，繼承人有無不明時，繼承財產為法人，再依同法第九百五十五條規定，繼承人之存在已分明者，法人視為未曾存在，但不妨礙管理人於其權限所為行為之效力。考其立法理由有三。(一) 若不以遺產為法人，則遺產歸屬國庫前究屬何人所有並不明確，遺產管理人為何人之代理人，亦不得而知。(二) 若以國庫為繼承人則會令國庫對繼承債權人及受遺贈人負擔義務，而帶來種種煩雜。既已搜索繼承人，且為保護繼承債權人，已盡相當之努力時，則不必再令國庫負擔債務。(三) 承認家督繼承人之下，以國庫為繼承

⑭ 金山正信，新版注釋民法(27)，頁651。

⑮ 原田慶吉，日本民法典の史的素描，頁253～254。

人亦屬不妥⑯。另外，亦有學者認為，日本民法規定無人承認繼承之清算程序準用限定繼承之規定，乃為使毫無障礙進行清算程序，有必要使遺產具有特別財產之性質。立法者是否已意識到此點理由不得而知，但此亦為成立法人主義之重要原因⑰。

日本民法採法人主義，卻受到學者強烈之批判，將遺產擬制為法人不僅過於技巧性，且繼承人出現時，又須擬制法人未曾存在，並須規定管理人於權限內之行為不因此而失其效力。此種層層擬制難謂為妥善之立法技術⑱。而被評為有殺雞用牛刀之譏⑲。又，遺產法人僅於外部具有法人格，其內部構造並不產生變化，與民法總則所要求之法人內部構造相去甚遠⑳。亦即實體上仍屬一種獨立之特別財產，不得以法人之一般規定加以規範㉑。一面將遺產擬制為法人，一面進行限定繼承之清算程序，以避免國家承繼個人債務而生不利益，此種立法除了立法技術拙劣外，亦屬國家權威主義思想之產物㉒。

於日本舊法時期立法者或已意識到法人主義之不合理，乃於昭和二年臨時法制審議會之民法繼承編中，改正要綱十三之二，「不以繼承人有無不明時之遺產為法人」㉓。此要綱否定法人主義之意思極為明

⑯ 東京博文館藏版，民法修正案理由書，頁307～308。

⑰ 四宮和夫，相續人の不存在，家族法大系Ⅶ相續(2)，頁156～157。

⑱ 我妻榮，立石芳枝，親族法・相續法，頁534；島津一郎，注釋相續法（上），頁343。

⑲ 中川善之助，注釋相續法（上），頁341。

⑳ 四宮和夫，前揭，頁157。

㉑ 金山正信，前揭，頁655。

㉒ 四宮和夫，前揭，頁154。

㉓ 中川善之助博士於昭和九年之著作中，認為日本民法規定繼承人有無不

顯，但遺產究為何種性質並不明確。有學者認為係承認無主之目的財產㉔。亦有學者認為係活用信託制度以遺產管理人為信託之所有人㉕。儘管如此，該改正要綱並未實現。至今日本民法仍維持法人主義。也因此學者一面囿限於法條之明文，而認為遺產於外部上雖屬法人，但實質上乃一獨立之特別遺產㉖。

再觀之我國之制度，大清民律草案繼承法第九十六條規定繼承開始時，無繼承人或第九條之承受人出而承認，不能明其有無者，其繼承財產作為法人，由親屬會議選定管理人管理遺產㉗。再依同法第一

明時，繼承財產為法人，極為正確。而昭和二年之改正要綱主張繼承財產不構成法人，反而難以理解（中川善之助，民法III，頁278）。惟於戰後，變更見解，而認為法人之擬制有殺雞用牛刀之感。

㉔ 我妻榮、立石芳枝，前揭，頁534。

㉕ 青山道夫，改訂家族法論，頁344；柚木馨，判例相續法論，頁300。

㉖ 磯村哲，注釋相續法（上），頁357；四宮和夫，前揭，頁157；金山正信，前揭，頁655。

㉗ 該條規定之立法說明：「本條係規定繼承人或承受人有無不明時之處置。查繼承開始時，無繼承人及承受人出而承認，歐洲多數學說，以為後有繼承人，或承受人出而承認者，財產歸其繼承，始終無繼承人、與承受人出而承認者，財產歸諸國庫，均依普通原則，於繼承開始時發生效力。然考歐洲各國法律，其繼承但有遺產關係，故可依此而行。若日本民法，則特採法人之制，蓋日本繼承法有家督繼承與遺產繼承之別。若依多數立法例學說，則當家督繼承時，茍終無繼承人承認，得以國庫為家督繼承人，於義有所難通。本案繼承雖僅有關於遺產之規定，然按習慣言之，尚有繼承宗祧之事，其情形略與日本相同。此本條規定所以採用日本制也。至選任管理人之權，日本民法屬諸裁判所，本條特委諸親屬會者，

百零一條規定，在搜索繼承人之公告期間內如有繼承人或承受人出而承認，其法人視為未經成立，管理人視為繼承人或承受人之代理人㉘。由草案內容可知，其受日本明治民法之影響，採法人主義，且亦有三段擬制之情形。詳言之，(一) 無人承認繼承時，先擬制繼承財產為法人。(二) 有繼承人或承受人出而承認時，擬制法人未經成立。(三) 管理人於繼承人或承受人承認前所為之行為，擬制為繼承人或承受人之代理人，代理人之權限於承認時消滅。此種立法模式，受民國十五年民律草案繼承編㉙及民國十七年繼承法草案㉚所承襲。惟民國十九

求與吾國習慣相應也。」

㉘ 該條規定之立法說明：「依第九十七條規定，繼承無人承認，遺產既無所屬，故特擬為法人。若有人承認，則其法人應視為未經成立。唯法人既為未經成立，則管理人在法律上係何性質？其管理中所為行為有無效力？應明示之，故本條定管理人為繼承人或承受人之代理人。至其權限，必俟有人承認時始行消滅者，以繼承人或承受人蹤跡雖明，或在遠地，或因他故未能即出而承認者有之，此時若許管理人權限即時消滅，則遺產無人管理，繼承人或承受人必將受損也。」

㉙ 依民國十五年民律草案繼承編第一一一條規定，繼承開始時，無人出而承認不能明其有無者，其遺產作為法人，由親屬會選定管理人管理之。再依同法第一一五條規定，第一一二條公告期內，如有繼承人出而承認，其法人視為未經成立。管理人，視為繼承人之代理人（中華民國民法制定史料彙編下冊，頁300)。

㉚ 依民國十七年繼承法草案第二十六條規定，繼承開始時，有無繼承人不明者，其遺產作為法人，由親屬會議選定管理人管理之。再依同法第二十九條規定，第二十七條所定期間內，繼承人出而承認者，其法人視為未經成立。管理人視為繼承人之代理人（前揭史料彙編，頁370～371)。

年民法草案繼承編則捨棄法人主義，於該草案第一千一百七十九條規定，繼承開始時，繼承人之有無不明者，由親屬會議選定遺產管理人。草案第一千一百八十六條規定，第一千一百八十條所定之期限內，有繼承人承認繼承時，遺產管理人在繼承人承認繼承前所為之職務上之行為，視為繼承人之代理㉛。該草案其後成為民國十九年民法。民國十九年民法何以捨棄法人主義，在立法上並無任何說明㉜。學者羅鼎先生謂，關於無人承認繼承時，遺產之狀態各國法律規定不同，有擬制為法人者，有採非法人主義者，在歐洲諸國多採非法人主義。而日本則擬制為法人。日本之所以如此者，蓋謂無人承認之繼承，其遺產虛懸無所歸屬，關於遺產上有應享之權利或應負之義務，法律上若於無主體之名義。故因認為該遺產為法人使之有獨立人格。而採非法人主義者，則謂無人承認之繼承，其遺產雖一時虛懸，但於一定期限內有人承認繼承時，則歸屬於繼承人。無人承認繼承時，則歸屬於國庫。其歸屬於繼承人時，依繼承法理，溯及於繼承開始時發生效力，則一時之虛懸並無何等妨礙，故無認為法人之必要。兩者相較似乎以後之主義為合理，故我國民法從之㉝。胡長清先生亦採相同見解㉞。或許立法者已意識到以前草案採日本之法人制主義有諸多缺失，且日本學者又已自我批判，實不必再仿日本之制度。惟我國既不以遺產為法人，

㉛ 前揭史料彙編，頁633～634。

㉜ 劉鐘英先生亦謂，歐洲學者多主張非法人主義，而日本民法則採法人主義。本法究採何種主義，並無明文。就本節各條之法文觀察，並不能發現採用法人主義之意旨（劉鐘英，民法繼承釋義，頁99）。

㉝ 羅鼎，前揭，頁151。

㉞ 胡長清，前揭，頁161。

又不採國庫繼承主義，則理論上尚非無問題。依范揚先生之批評，民法持乎二者之間，一方以國庫為剩餘財產之繼承人，而非真正之繼承人，一方廢棄法人主義以遺產管理人純為繼承人之代理（第一一八四條)。其務求切實明顯之立法趣旨未始絕無見地，然依第一千一百八十四條規定，僅以公告所定期限內有繼承人承認繼承者為限，其管理人前此所為職務上行為，得視為繼承人之代理，若期限內竟無人出而承認，則國庫既非繼承人而繼承人又不存在，即前此所為行為，將為何人之代理耶？畢竟期間管理人既無本人可以代理，而遺產上權利義務又無主體可以歸屬。因之，在學理上自難自圓其說，而在立法體例上猶覺驢馬皆非也㉟，李宜琛先生亦有同樣之批判㊱。陳棋炎先生及郭振恭教授亦提出相同之問題，並進而謂將來立法上似應以國庫為最後順序之繼承人，而以遺產管理人為其法定代理人以期合理㊲。

姑且不論未來立法應如何走向，於現行法下，既不以無人承認繼承之遺產為法人，又不以國庫或地方自治團體為其最後順序之繼承人，則無人承認繼承之遺產尤其在經搜索繼承人後，仍無人出面承認繼承

㉟ 范揚，繼承法要義，頁144，轉引自戴炎輝、戴東雄，前揭，頁217～218。

㊱ 李宜琛先生謂，無繼承人承認繼承時，遺產歸屬國庫，則於繼承開始之後，歸屬國庫以前，繼承財產成為無主體之財產，管理人之代理權，自屬無從說明，且財產無體，尤與法理不合。西洋各國法律，多以國庫為最後順序之繼承人，則此一問題，自屬不難解決。日本民法以遺產為法人，則管理人即可解為法人之代理人，亦可自圓其說。至於我國既不以國庫為繼承人，亦不以遺產為法人，則勢難免於上述之非難，不得謂非立法之疏失也（李宜琛，前揭，頁74）

㊲ 陳棋炎，民法繼承，頁 195；郭振恭、陳棋炎、黃宗樂共著，民法繼承新論，頁281。

時，該遺產究屬何種性質有待明確。若為無主財產實非妥當。因此，學者乃採日本我妻榮先生之見解，將之解為目的財產之一種㊳。或認為，無權利能力之財團，並進一步主張，設有管理人時，亦有當事人之能力㊴。至於民法第一千一百八十四條規定，第一千一百八十條所定之期限內，有繼承人承認繼承時，遺產管理人在繼承人承認繼承前所為之職務上之行為，視為繼承人之代理。有學者認為此條規定，乃在擬制遺產管理人為繼承人之法定代理人㊵。但另有學者認為，此不過為保護交易之安全，不許繼承人否認管理人所為職務上行為之意思，非真正之代理人。出而承認之繼承人，如為未成年人，遺產管理人之職務仍立即終止，而應將所管遺產移交於該繼承人之法定代理人。遺產管理人之代理權限，因繼承人之承認而消滅。此為當然之解釋㊶。我國現行民法既已捨棄法人主義，解釋上實不必如日本民法上之解釋，將遺產管理人視為繼承人之代理人。蓋遺產管理人於繼承人出而承認繼承前所為之職務上之行為，其主觀上非代理繼承人為之，客觀上亦非以本人之名義，而以自己之名義為之。此與代理之顯名主義相違背，何能成為繼承人之代理人？況且，若繼承人確不存在時，其為何人之代理人亦生問題。再就條文文字解釋，民法第一千一百八十四條僅將職務上之行為視為繼承人之代理，非將遺產管理人視為繼承人之代理人，亦即，誠如學者之所謂，此乃為保護交易之安全，不許繼承人否

㊳ 戴炎輝、戴東雄，前揭，頁217。

㊴ 史尚寬，前揭，頁340；洪遜欣，中國民法總則，頁142。

㊵ 陳棋炎，前揭，頁195；郭振恭，前揭，頁281。

㊶ 史尚寬，前揭，頁 340；羅鼎，前揭，頁 152；戴炎輝、戴東雄，前揭，頁217。

認遺產管理人所為職務上之行為，乃將其行為之效果擬制及於繼承人而已。又經搜索後，仍無人承認時，管理人仍應本其固有之法定任務，繼續其管理清算之權限。於剩餘財產歸屬國庫前，既無本人自亦不可能代理。又依我國破產法第五十九條規定，可對遺產宣告破產，而以遺產為破產人[42]，則將無人承認繼承之遺產，看做獨立之特別財產，理論上並非不可行。

肆、繼承人之搜索

依德國民法規定，國庫以外之繼承人不存在，為國庫繼承之要件。惟事先須經搜索程序與確定程序。亦即，在考慮國庫為繼承人之前，先課以遺產法院有搜索繼承人之義務，縱然遺產不多，或債務超過，可預見繼承人不承認繼承，但仍應進行搜索。遺產法院基於非訟事件程序法第十二條規定，為了確定事實，應依職權實施必要的搜索，依其自由裁量得擴大相當範圍，期間亦得延長之，為實現此目的，亦得調查證據及詢問證人[43]。搜索經過相當長之期間，繼承人仍然有無不明時，遺產法院應確定除國庫以外無其他繼承人，基於此確定，推定國庫為法定繼承人（德民一九六四條）。又遺產法院於做出確定國庫為繼承人之裁定前，須先行公告於一定申報期間內，為繼承權之申報，公告之方法及申報期間依公示催告之程序定之（德民一九六五條一項）。此公示催告與繼承證書之場合（德民二三五八條二項），同樣以找尋繼承人為目的，而非以排除繼承人之權利為目的。因為確定國庫

[42] 錢國成，破產法要義（修訂十二版），頁73；陳計男，破產法論，頁110。
[43] 增田則子，注釋ドイツ相續法（太田武男、佐藤義彥編），頁164。

為繼承人之裁定僅生推定之效力，並非除權判決。申報期間至少六個星期（德民訴九五〇條）。此期間得依遺產法院之裁量延長之。申報期間已滿三個月內，未向遺產法院證明其有繼承權，或未以訴訟對公庫主張其繼承權者，其繼承權不予考慮。又未為公告者，該三個月之期間，自法院催告應為繼承權或起訴之證明時起算（德民一九六五條二項）㊹。

日本民法於無人承認繼承之場合亦設有搜索繼承人之程序。依日本民法規定，其搜索程序有間接搜索與直接搜索二種。亦即先經兩次之間接搜索後，始行直接搜索繼承人。詳言之，(一) 於繼承人有無不明時，家庭裁判所依利害關係人或檢察官之請求，應選任繼承財產之管理人。家庭裁判所應公告管理人之選任（日民九五二條）。(二) 自第九百五十二條所定公告後之兩個月以內，繼承人之存在仍未分明者，管理人應即對一切之繼承債權人及遺贈人公告，應於一定期間內聲明其請求。但其期間不得少於兩個月（日民九五七條）。此二公告表面上與繼承人之搜索無關，但實際上含有催促繼承人出現之目的㊺。(三) 第二次公告期間屆滿後，繼承人之存在未分明時，家庭裁判所依管理人或檢察官之請求，為如有繼承人則應於一定期間內主張其權利之公告。但其期間不得少於六個月（日民九五八條）。第三次公告係由家庭裁判所基於管理人或檢察官之請求而為之，非基於職權而為公告。蓋第二次公告係由遺產管理人為之，遺產管理人為公告時，並無義務向法院報告，法院未必得知第二次公告期間何時屆滿，自無法依職權公告故也㊻。又遺產之清算應盡可能及早為之，但清算終結後，為避免

㊹ 增田則子，前揭，頁166～167。

㊺ 柳瀨兼助，注釋相續法（上），頁362。

與民爭利，則不必急於將剩餘財產歸屬國庫。因此直接搜索之公告期間不宜過短，以得詳加搜索繼承人。舊法規定公告期間不得少於一年。昭和三十七年修正民法時，立法者認為通訊交通之發達實不必設置如此長之時間。又，為減輕管理人管理遺產之麻煩，且歸屬國庫前另採用特別緣故者之財產分離制度，為儘早採用此程序乃將一年期間改為六個月㊼。此公告期間屆滿前，無人承認繼承時，繼承人及繼承債權人、受遺贈人不得主張其權利（日民九五八條之二）。此公告實含有令此等人發生失權之效果，惟既無財產則公告亦無任何實益。因此清算結果確定無任何剩餘財產時，則無搜索繼承人之必要㊽。

觀之我國之制度，依大清民律草案繼承法第一百條規定，親屬會議選任管理人後，須聲請審判衙門公告。繼承人與承受人使其出而承認，其公告期間須在一年以上㊾。民國十五年民律草案繼承編第一百十二條㊿、民國十七年繼承法草案第二十七條51，均有類似之規定。

㊻ 民法修正案理由書，頁314。

㊼ 谷口安平，新版注釋民法(27)，頁685。

㊽ 我妻榮，立石芳枝，前揭，頁540；柳瀨兼助，前揭，頁364。

㊾ 依本條規定之立法說明謂，本條係規定公告繼承人與承受人之期限。此種期限，比公告債權人受遺人之期限較長。蓋繼承人與承受人本係應得遺產之人，故特定其期限為一年以上，使其在期限中出而承認，以保其應得之權利。至申請公告之責，應委諸親屬會為宜。

㊿ 依民國十五年民律草案繼承編第一一二條規定，親屬會選定管理人後，須將繼承開始及選定管理人事由，呈請法院公告繼承人，使其出而承認；其公告期間，須在一年以上（前揭史料彙編，頁300）。

51 依民國十七年繼承法草案第二十七條規定，親屬會議選定管理人後，應將繼承開始及選定管理人事由呈明，聲請法院依公示催告程序，公告繼民國十九年民法承襲之，依第一千一百七十八條規定，親屬會議選定遺產管理人後，應將繼承開始即選定遺產管理人之事由呈報法院，法院應依公示催告程序公告繼承人，命其於一定期限內承認繼承。前項一定期限應在一年以上。民國七十四年修正時，立法者認為，原定一年公示催告之期限在目前交通發達之時代似嫌過長，乃仿日本民法第九百五十八條之修正，將一年期間縮短為六個月。現行法第一千一百七十八條第一項規定，親屬會議依前條規定為報明後，法院應依公示催告程序，定六個月以上之期限，公告繼承人，命其於期限內承認繼承。同條第二項規定，無親屬會議或親屬會議未於前條所定期限內選定遺產管理人者，利害關係人或檢察官，得聲請法院選任遺產管理人，並由法院依前項規定為公示催告(52)。

依本條規定親屬會議將繼承開始及選定遺產管理人之事由，向法

承人，令其出而承認；其公告期間，應在一年以上（前史料彙編，頁370～371）。

(52) 行政院修正草案說明謂，為保護法定繼承人及利害關係人之正當權益，親屬會議如未於一個月內選定遺產管理人時，宜許利害關係人或檢察官聲請法院選任遺產管理人，並由法院依前項規定為公示催告搜索繼承人，使遺產之歸屬早日確定，爰增設本條第二項（參考日本民法九五二條一項）。立法院修正時，於草案之該項規定加上「無親屬會議」等字，而成為現行法。依立法院審查會說明謂，無親屬會議或不能依第一一七七條選定遺產管理人時，雖已有非訟事件法第七十八條規定可資補救，為使一般易於明瞭起見，爰將其納入本條中一併規定，使上述不能選定遺產管理人之情形，適用本條第二項由利害關係人或檢察官聲請法院選任（立法院公報法律案專輯第八十輯，民法繼承編部分條文修正及民法繼承編施行法修正案，頁199）。

院報明，或利害關係人、檢察官聲請法院選任遺產管理人後，法院即應依職權為公示催告以搜索繼承人。至於遺囑執行人，於執行職務之際，發現繼承人有無不明時，仍應依本法規定，於遺產管理人選任後，始由法院為繼承人之搜索，不能由遺囑執行人向法院聲請繼承人之搜索[53]。此搜索繼承人之公示催告，非基於親屬會議、利害關係人或檢

[53] 遺囑執行人執行職務之際，發現繼承人有無不明，法院得否因遺囑執行人之聲請，類推適用民法第一一七八條規定，為繼承人搜索？關於此問題，基隆地方法院之討論意見中，有肯定說與否定說之對立，依肯定說認為，遺囑執行時，遇繼承人有無不明，如逕就遺產處分，即有侵害繼承人特留分之虞。縱遺囑執行人不聲請，法院亦應依職權為繼承人搜索，且令再依同法第一一七七條以下選定、選任遺產管理人後，始為繼承人搜索，徒增程序上煩瑣。況如選定、選任之遺產管理人與原遺囑執行人為不同時，對於遺囑執行可能會有扞格。又依同法第一一七九條第三款，須定一年以上期間，催告報明債權，更屬耗時費日。故聲請法院為繼承人搜索，應認係同法第一二一五條第一項規定遺囑執行人為執行上「必要行為」之一，而法院得類推適用民法第一一七八條規定，為繼承人搜索。

對之，否定說則謂：遺囑執行，限於有繼承人時，遺囑執行人為管理遺產並為執行，此觀民法第一二一五條第一項、第一二一六條文義自明，且在繼承人有無不明時，遺產管理人之職務，依同法第一一七九條第一項第三、四、五款，似僅在清償債權或交付遺贈物、遺產移交，此與遺囑執行另就遺產運用為細部規劃者，略有不同。次就體系解釋言，亦應分別適用各節不同規定。又觀同法第一一七七條、第一一七八條，應於遺產管理人選定、選任後，法院始為繼承人搜索。遺囑執行人與遺產管理人職務既有所不同，於遺囑執行時，法無明文規定法院得為繼承人搜索，應認係法有意省略，自不得類推適用民法第一一七八條規定，

察官之聲請，乃是法院依職權為之(54)。

搜索繼承人後，若有繼承人出而承認繼承時，遺產管理人自應將遺產移交給繼承人（民一一七九條一項五款）。惟所謂承認繼承，究屬何種意義，亦有待檢討。依日本民法第九百一十五條規定，繼承人於知悉得為繼承之時起三個月內為單純承認、限定承認或拋棄繼承。依日本民法第九百五十六條第一項規定，管理人之代理權於繼承人承認繼承時消滅。此之所謂承認係指單純承認或限定承認，亦即於繼承人為單純承認或限定承認前，管理人之代理權不消滅。至於繼承人出現後為拋棄繼承時，會再度產生繼承人不存在之狀態，因此，遺產管理人於繼承人承認前有繼續管理遺產之必要(55)。

此際，仍應遵行無人承認繼承法定程序，於選定、選任遺產管理人後，始由法院為繼承人搜索。

司法院民事廳研究意見（81.2.27⑻廳民一字〇二六九六號函復臺高院）則採否定說。其理由如下：無人承認繼承而選定遺產管理人之制度，乃因繼承開始時，繼承人之有無不明，為保護遺產債權人、受遺贈人與可能出現之繼承人及最後財產歸屬之國庫並維護社會經濟之利益所設之制度。我國民法繼承編第二章第五節即專設有無人承認繼承之規定，遇有無人承認繼承之情形，縱有遺囑執行人，亦應適用該節之規定。故遺囑執行人發現繼承人有無不明時，依同法第一一七七條、第一一七八條規定，應於遺產管理人選定或選任後，始由法院為繼承人之搜索，不能由遺囑執行人向法院聲請為繼承人之搜索（民事法律問題研究彙編⑧，頁281～284）。

(54) 史尚寬，前揭，頁343；戴炎輝、戴東雄，前揭，頁228；郭振恭，前揭，頁287。

(55) 中川淳，相續法逐條解說（中卷），頁254。

我國學者亦有主張繼承人雖出現，得不為承認而為繼承之拋棄，使再生無人承認之繼承狀態，反足以引起複雜情形。故民法規定以繼承人承認為要件。此之所謂承認不以單純承認為限，限定承認亦無不可(56)。惟我國與日本不同，限定繼承之期間起算點為自繼承開始時起算。對之，日本民法係自繼承人知悉得為繼承之時起起算。因此我國之限定繼承可能於繼承人出現之前，已過三個月之期間，而生失權之效果。此時，繼承人縱然出現亦不得為限定繼承。再者，我國並無日本民法有規定單純承認之意義及效果，是否得依學者之解釋而創設單純承認之用語、意義及效果，亦有疑問(57)。因此，我國民法上之承認並非所謂單純承認或為限定承認，而僅止於承認其為繼承人之身分如此而已。既有繼承人出現表明其身分，若能證明其為繼承人時，遺產管理人自應將遺產移交給繼承人。其後繼承人若有拋棄繼承權者，就其所管理之遺產於遺產管理人開始管理前，仍應與處理自己之事務為同一之注意，繼續管理之（民一一七六條之一）。

於公示催告上雖應記載因不申報權利而生失權之效果（民訴五四一條，非訟六十一條），惟繼承人於公示催告之期間過後，清算終結前

(56) 史尚寬，前揭，頁351。

(57) 我國學者多認為有單純承認，而將之分為二種，一為一般的單純承認，另一為法定的單純承認（史尚寬，前揭，頁285～287；胡長清，前揭，頁92～94；羅鼎，前揭，頁84～85；李宜琛，前揭，頁66；郭振恭，前揭，頁214；戴炎輝、戴東雄，前揭，頁171～172）。惟，我國民法上既無一般單純承認之規定，何來法定的單純承認。透過解釋而創設單純承認之用語、意義及其法效果，是否有超越法解釋之功能，實不無疑問。我國亦有學者對默示的單純承認，採否定之態度。詳見郭振恭，論單純承認之原因，臺大法學論叢，廿一卷一期，頁379～396。

出而承認繼承時，是否已生失權之效果，不無疑問。實體法學者關於此點意見並不明確。實務上曾有一例，即繼承人未於公示催告期限內承認繼承，而於公示催告期間屆滿後，逕向該地政事務所申辦繼承登記，並經登記完竣。就此問題，國有財產局函請法務部表示意見。惟法務部謂，就此問題依民法第一千一百八十五條規定，國庫取得剩餘財產之時間，為公示催告搜索繼承人期間屆滿清償債權交付遺贈後，始確定取得。故本件國庫是否得依前開規定取得所有權，請就具體事實依法認定之（法八十律一六八三四號函）。可知，法務部就此問題並未正面回答，無助問題之解決。二年後，內政部函示：繼承人於公示催告期限屆滿後申辦繼承登記者，應檢附遺產管理人出具尚未依民法第一千一百八十五條規定完成清償債權，並交付遺贈物之證明文件，登記機關方能受理（內政部82. 4. 15. 臺內地字八二七九〇一九號函），似承認繼承人於遺產管理人清算終結前，仍有繼承權之存在。惟有程序法學者謂，法院為搜索繼承人而為公示催告期間，即使確有繼承人存在，因該繼承人未於期限內承認繼承，該繼承人即喪失對該遺產之繼承權[58]。如前所述，外國立法例中，如德國民法第一千九百六十五條，或日本民法第九百五十八條之二均有明定，未於一定之期間內承認繼承者，繼承人不得再主張其權利。我國是否得參考德、日立法例而為解釋，有待檢討。德國於確定國庫為繼承人前，須經遺產法院進行搜索及公示催告兩道程序，而公示催告後之三個月內，國庫仍只是推定繼承人而已，於此期間內有人承認繼承時，國庫仍不得成為繼承人。至於日本須經三道搜索程序，而在第二次公告期間屆滿後，債權

[58] 雷萬來，公示催告程序及除權判決程序，海峽兩岸民事程序法論（楊建華主編），頁549。

人或受遺贈人即可受清償或遺贈之交付。亦即，於第三次公告期間屆滿前，遺產大致已清算終結。對之，我國於無人承認繼承時，公示催告有二種。一為由法院催告繼承人承認繼承之公告，其期間應在六個月以上。另一為由法院依管理人之聲請，催告被繼承人之債權人報明債權，及受遺贈人聲明願否受遺贈之公告，此期間為一年以上。繼承人之搜索係在親屬會議呈報法院後，法院依職權為之。至於後者之公告催告係在遺產管理人就職後，始聲請法院為之。就時間之前後，此二種公示催告，搜索繼承人為先，公告債權人報明債權為後。再就期間長短而言，搜索繼承人之期間為六個月以上，公告債權人報明債權之期間為一年以上[59]。則於搜索繼承人公告期間屆滿時，尚在債權申報期間內。亦即尚未清償債權，交付遺贈物。而依我國民法規定，須在清償債權及交付遺贈後，如有剩餘始歸屬國庫。若解釋繼承人因公告期間屆滿而失去繼承權，則遺產歸屬國庫前確定的成為無主財產。搜索繼承人之目的，係在保護可能出現之繼承人，非在剝奪繼承人之繼承權。既有繼承人存在，卻無法繼承財產，此種解釋實非妥當。債務人知有繼承人存在，亦無從向該繼承人求償，此種結果亦屬不妥。再者，司法院雖解釋剩餘財產歸屬國庫前，不必為除權判決（三十年院字二二一三號)。此解釋亦僅在強調，剩餘財產依法規定歸屬國庫不

---

[59] 依民國十五年民律草案繼承編第一〇八條規定，管理人就職之三個月後，繼承人如尚未立定，管理人須速依公示催告程序，公告繼承債權人或受遺人，令在一定期間內為債權及願否受遺贈之聲明。其期間不得在二個月以下（前揭史料彙編，頁299)。依該法所定搜索繼承人之公告期間為一年以上，因此於清償債權、交付遺贈物之後，仍在搜索繼承人，不致產生現行法之問題。

必再另經除權判決，但未認為過搜索繼承人之公告期間，即令繼承人喪失繼承權。將剩餘財產歸屬國庫係在避免無主物之產生，迴避無主物之先占所生之混亂。若有繼承人出現卻仍剝奪其繼承財產之權利，實與民法第一千一百八十五條之立法本旨相違背，令人有國家與民爭利之感。欲剝奪人民之財產權時，須有法律規定或除權判決。例如：請求權之消滅時效，形成權之除斥期間，或有價證券之除權判決。至於民法第一千一百五十七條，限定繼承時之公示催告，及民法第一千一百七十九條，公告債權人申報債權之公示催告期間內未申報債權者，債權人仍得就剩餘財產行使權利（民一一六二條，一一八二條），其債權並未消滅，因此並非民事訴訟法第五百三十九條第二項之失權效果(60)。至於民法第一千一百八十五條規定，如前所述，其不待法院除權判決而使繼承人喪失剩餘財產之權利，將剩餘財產歸屬國庫，係在迴避無主物之產生。在遺產管理人未清償債權交付遺贈物之前，繼承人出而承認繼承時，則即無產生無主物之可能。若依解釋擬制繼承人失權，反而造成無主物之產生更有違立法意旨。我國民法並未如德、日民法有明文規定之情形下，就形式論而言，實不必與德、日民法做相同之解釋，亦即不必解為過搜索繼承人之公示催告期限後，即令繼

(60) 有訴訟法學者認為繼承債權人不於民法第一一五七條所定期間內報明債權，或繼承債權人、受遺贈人不於民法第一一七九條第一項第三款所定期間內，報明債權或為願受遺贈之聲明者，無待法院為除權判決，當然發生失權之效果（吳明軒，中國民事訴訟法下冊，頁1612）。惟，如文中之所述，未為申報之債權人或受遺贈人，仍得就剩餘財產行使其權利，可知，其權利並未喪失，僅為減弱而已。易言之，債權人或受遺贈人，因遲誤報明期間，僅失去平等受償之權利，並非造成完全的失權效果（雷萬來，前揭，頁550）。

承人喪失繼承權。總之，繼承人於公示催告期間屆滿後，於遺產歸屬國庫前，仍不失其繼承人之地位，在此期間得隨時承認其繼承。至於歸屬國庫後，則依法已生失權之效果，無法再主張其權利，自不待言。

伍、剩餘財產之歸屬

外國立法例中有以國庫為繼承人，例如德國民法第一千九百三十六條規定，繼承開始時，被繼承人無血親，亦無配偶時，以其死亡時所屬邦之公庫為法定繼承人。法國民法第七百六十八條規定，無繼承人時，繼承財產由國家取得。判例上認為此係以國庫為繼承人[61]。義大利民法繼承編第二章第四節為「國家之繼承」，依第五百八十六條規定，無繼承人時，繼承財產歸於國家，此種取得不必承認亦不得拋棄。國家就超過所取得財物價額之繼承債務及遺贈債務不負責任[62]。西班牙民法第九百五十六條亦明定國家為繼承人[63]。另外，不以國庫為繼承人，而明定歸屬國庫者，如日本民法第九百五十九條[64]及奧地利民法第七百六十條[65]。亦有規定歸屬於地方自治團體者，如瑞士民法第

[61] 四宮和夫，前揭，頁159。

[62] 風間鶴壽，相續法論序說，頁99。

[63] 依西班牙民法第九五六條規定，無繼承人時，由國家繼承。由國家決定將三分之一之遺產交給死者住所地之市政、慈善、建設、社會或其他專門機構，三分之一遺產交給死者住所地具有前述相同性質之省政機構，其他三分之一遺產交給國家公債局。

[64] 依日本民法第九五九條規定，未依第九五八條之三所定處分（對特別緣故者之財產分與）之繼承財產，歸屬於國庫。

[65] 依奧地利民法第七六〇條條規定，繼承人均不存在或無人承受之遺產係

四百六十六條⑥⑥。

我國古時就戶絕財產之歸屬亦有明定。如前述唐宋喪葬令戶絕條規定諸身喪戶絕者，無親戚者，官為檢校。所謂「官為檢校」即由官府代為管理財產之意思⑥⑦。清律亦規定戶絕財產「酌撥充公」。所謂「官為檢校」或為「酌撥充公」意味著財產不入國庫，而適當的補助公益事業之資金⑥⑧。大清民律草案繼承編第一百零二條規定，第一百零一條公告期滿如無繼承人或承受人出而承認，其遺產歸屬國庫，他人不得主張權利⑥⑨。民國三年，大理院判決例亦謂：戶絕財產，果無繼嗣可立，由親女承受，如並無親女則歸屬國庫。民國十五年民律草案繼承編第一百十八條，及民國十七年繼承法草案第三十條，均規定剩餘財產歸屬國庫⑦⓪。

無繼承人之遺產，應歸屬國庫。

⑥⑥ 依瑞士民法第四六六條規定，無人對被繼承人有繼承權者，遺產歸屬於被繼承人最後住所所在地之州，或依該州法律規定有權取得遺產之地方自治團體，但應保留曾祖父母或祖父母之兄弟姊妹之使用收益權。

⑥⑦ 依日本學者仁井田陞博士之見，「檢校」含有種種之意思，而此之「檢校」，與唐大詔令集中「如有莊宅店舖奴婢六畜產業等、各任如舊……如全家沒在淮西，更無親族為主者，即官為檢校，待當主復，即時檢付」同樣為管理資產之謂（仁井田陞，前揭，頁482）。

⑥⑧ 滋賀秀三，前揭，頁409。

⑥⑨ 依該條規定之立法說明謂，本條係規定公告期滿，繼承無人承認時，最後處置遺產之法，律內所為他人不得對國庫主張權利者，以國庫地位與繼承人、承受人不同，且第一〇一條公告之法，已極詳明，於期內不行聲明，視為舍棄權利，無再設保護規定之必要。

⑦⓪ 依民國十五年民律草案第一一八條規定，搜索繼承人之公告期滿，如無

我國民法係採歸屬國庫之立法主義。依民法第一千一百八十五條規定，遺產於清償債權並交付遺贈物後，有剩餘者當然歸屬國庫，不以除權判決為此項效果之發生要件。況依民事訴訟法規定，除權判決應本於公示催告聲請人之聲請為之（民訴五四五條）。親屬會議不過將繼承開始及選定遺產管理人之事由呈報法院，並非聲請公示催告，自無從聲請除權判決（三十年院字二二一三號）[71]。亦即繼承人自剩餘

繼承人出而承認，所繼人之祖宗神主、祭具、墳墓、家譜及其他有宗祧之設置以外之遺產歸屬國庫，他人不得主張權利（前揭史料彙編，頁300～301）。依民國十七年繼承法草案第三十條，搜索繼承人在公告期滿，無繼承人出而承認時，其遺產於清償債權並給與遺贈後，尚有剩餘者，概歸國庫，充地方公益事業之用（前揭史料彙編，頁371）。

[71] 司法院三十年院字二二一三號解釋：「繼承開始時繼承人之有無不明者，依民法第一一七七條及第一一七八條第一項之規定，應由親屬會議選定遺產管理人，並將繼承開始及選定遺產管理人之事由呈報法院，並未認檢察官有此職權，即在親屬會議無人召集時，國庫雖因其依民法第一一八五條於將來遺產之歸屬有期待權，得以民法第一一二九條所稱利害關係人之地位召集之，但遺產歸屬國庫時由何機關代表國庫接收，現行法令尚無明文規定，按其事務之性質，應解為由管轄被繼承人住所地之地方行政官署接收，則因繼承開始時繼承人之有無不明須由國庫召集親屬會議者，亦應由此項官署行之，未便認檢察官有此權限。再依民法第一一八五條之規定，遺產於清償債權並交付遺贈物後有賸餘者，於民法第一一七八條所定之期限屆滿無繼承人承認繼承時，當然歸屬國庫，不以除權判決為此項效果之發生要件，民法第一一七八條所謂法院應依公示催告程序公告繼承人於一定期限內承認繼承，僅其公告之方法，應依公示催告程序行之，非謂期限屆滿無繼承人承認繼承時，尚須經除權判決

財產歸屬國庫時起，喪失其對遺產之權利。此種依法律規定而生權利之移轉，動產不必受交付，不動產亦不必登記，即由國家取得剩餘財產之所有權。遺產管理人於清償債權交付遺贈物後，應即將剩餘財產移交國庫（民一一七九條一項五款），並為管理之計算，於交付前應以善良管理人之注意保管之[72]。遺產管理人不為移交時，國庫自得向法院提起請求履行之訴[73]。又剩餘遺產除了物權外，尚包括債權，若強制執行開始後，債權人死亡而無人承認繼承時，遺產管理人於清償債權並交付遺贈物後，將所剩餘者移交國庫，該強制執行事件自應繼續進行（三十一年院字二二九九號）。至於遺產中有商標權、專利權或著作權等無體財產權者，則因無人承認繼承而消滅[74]。

日本民法規定，於搜索繼承人之公告期間內，無人主張繼承人之

之程序，況依民事訴訟法第五四一條以下之規定，除權判決應本於公示催告聲請人之聲請為之，親屬會議不過將繼承開始及選定遺產管理人之事由呈報法院，並非聲請為公示催告，亦無從聲請為除權判決，則檢察官不得聲請為除權判決尤無疑義。」

[72] 史尚寬，前揭，頁352。

[73] 司法院三十一年院字二二九五號解釋：「遺產依民法第一一八五條規定歸屬國庫時，遺產管理人依民法第一一七九條第一項第五款應向國庫為遺產之移交，此項私法上之義務如不履行，國庫自得向法院提起請求履行之訴。」

[74] 商標法第三十四條第三款規定商標專用權人死亡，而無繼承人者，商標專用權當然消滅。專利法第七十條第二款規定，專利權人死亡無人主張其為繼承人者，專利權於依民法第一一八五條規定歸屬國庫之日起消滅。著作權法第四十二條第一款規定，著作財產權人死亡，其著作財產權依法應歸屬國庫者，著作財產權縱在存續期間內亦歸消滅。

權利時，繼承人及管理人所不知之繼承債權人或受遺贈人，不得行使權利（日民九五八條之二）。又，對於特別緣故者為財產分與後，尚有剩餘者歸屬國庫（日民九五九條）。至於國庫對此剩餘遺產究為原始取得或為繼受取得，則有爭論，多數學者採繼受取得說(75)。惟近來之論著則少有提及。我國學者則多認為國庫為原始取得，而主張剩餘遺產歸屬國庫後，繼承債權人及受遺贈人不得對國庫行使權利(76)。惟亦有學者認為自歸屬於國庫積極財產上之負擔，因與歸屬同時消滅之點觀之，以原始取得為當，然於歸屬國庫前，第三人已完成取得不動產之時效，雖尚未聲請登記為所有人，如係佔有他人之不動產，則不妨請登記為所有人。又基於與被繼承人所訂立租賃契約之租賃權，亦不因其標的物之歸屬於國庫而消滅，則又以繼受取得為宜(77)。

觀諸我國民法，不僅未如日本民法規定於搜索繼承人公告期間後，令管理人所不知之債權人或受遺贈人生失權之效果，而且規定債權人或受遺贈人雖於公告期間內未為報明或聲明，但仍得對剩餘財產行使權利（民一一八二條）。亦即，未報明之債權人及未聲明之受遺贈人其權利並未消滅，僅為減弱而已。若與日本民法做相同之解釋，則民法第一千一百八十二條之規定，幾乎毫無存在之意義。且會產生諸多不當之結果。例如租賃權雖屬債權，但無從報明清算，若隨標的物歸屬國庫而消滅，則對承租人實有保護不周之處。又若被繼承人曾以

(75) 柳瀨兼助，前揭，頁367；四宮和夫，前揭，頁160；田中實，親族法・相續法──重要問題と解說，頁299。

(76) 胡長清，前揭，頁173；羅鼎，前揭，頁166；李宜琛，前揭，頁77；戴炎輝、戴東雄，前揭，頁230；郭振恭，前揭，頁288。

(77) 史尚寬，前揭，頁352。

其所有之動產設定質權向他人借貸，若質權人一直未申報債權，而質權人因質物歸屬國庫後，其債權歸於消滅，質權自無從附麗，則國庫本於原始取得之物權人之身分有權請求質權人返還該質物。如此解釋對質權人頗為不利。另，為擔保債務之履行，而有物上保證人或保證人時，債權人因信賴物上保證乃未報明債權而致債權消滅，實屬不當。另外被繼承人之財產為他人設定抵押時，因他人之債務未至清償期，抵押權人無從行使其權利，若於清償期前，國庫為原始取得者，則抵押權人又無從行使其抵押權，此對抵押權人而言，亦屬不利。總之，為避免國家與民爭利，宜解為債權人或受遺贈人於剩餘財產之範圍內，仍得對剩餘財產之歸屬人——國庫，行使其權利。

陸、結　論

綜上所述可知，我國民法關於無人承認繼承之規定，尚有諸多缺失，某些規定雖可藉由法解釋之方法以為彌補，但法解釋仍有其極限，無法彌補得完整無缺，因此，未來透過立法修正，才是根本的解決方法。以下，僅就本文所探討之問題點，提出若干修法之建議以做為本文之結論。

一、關於無人承認繼承財產之性質，我國民法並未明確規定。日本係採法人主義，但此種多重擬制而過於技巧性之立法，頗受日本學者之批判。我國未來立法時，自不必重蹈日本民法之覆轍，而採法人主義。我國學者有建議仿德國民法採國庫繼承人主義，而以國庫為最後順序之繼承人。惟，我國自古至今，均以有一定身分關係之自然人為繼承人，以國家為繼承人，似與國情不符。如前所述，我國有學者將無人承認繼承之財產，解為無權利能力之財團。就無權利能力財團之法律地位，有認為：「依現行法之解釋，無法人資格之財團，僅係權利之客體而已；又任何財產，皆須有其應歸屬之主體。故無法人資格財團之財產，實質上雖屬於財團本身，但法律上該財團不得為其財產之主體。換言之，無法人資格之財團，解釋上僅係捐助人對財團管理人所信託之財產，法律上乃屬管理人之所有，不過在捐助人（信託人）與管理人（受託人）間，發生信託契約上之權利義務而已」[78]。此段發人深省之論述，令人想起英國繼承法上「人格代表者」(personal representative) 之制度，將繼承財產先信託的歸屬於遺產管理人 (administrator)，待其清算後尚有剩餘財產時，將其移交給繼承人或國家[79]。我國於民國八十五年一月公布信託法，除意定信託外，尚承認法定信託（信託二條）[80]。若能活用信託制度，參考英國之法例，將無人承認繼承之財產信託給遺產管理人，由其進行清算程序，則可避免法人主義或國庫繼承人主義之缺失，且可避免現行法「驢馬皆非」之批判。

二、現行法搜索繼承人之公告期間，僅為六個月，而命債權人報明債權之公告期間，卻長達一年，兩相對照，顯得有失均衡。按日本民法之公告報明債權之期間僅二個月，我國民國十五年民律草案繼承編第一百零八條亦僅規定二個月。又，限定繼承時，其公告報明債權之期間亦僅規定不得在三個月以下（民一一五七條）。同樣皆為報明債權之公告期間，何以在無人承認繼承時，須在一年以上，立法理由實

[78] 洪遜欣，前揭，頁139～140。

[79] 關於英國法上之「人格代表者」之制度，詳見内田力藏，イギリスにおける遺言と相續，頁79～84。

[80] 賴源河、王志誠，現代信託法論，頁22。

不得而知[81]。立法上，實有必要將「一年」改為「三個月」，以求與限定繼承之公告期間相配合。

三、現行法搜索繼承人之公示催告，與報明債權之公示催告之順序，原則上以前者為先，後者為後。再加上前者期間較短，後者期間較長，也因此造成搜索繼承人之公告期間已屆滿，但仍在進行報明債權之公告期間。於此期間內，若有繼承人出而承認繼承時，究應如何處理，會造成困擾。因此，除了應縮短報明債權之公告期間外，尚應調整搜索繼承人與報明債權之先後順序。換言之，應先進行報明債權之公告，待公告期間屆滿後，再進行搜索繼承人之公告，同時為債權之清償及遺贈物之交付。於搜索繼承人之公告期間內，完成遺產之清算，此時，未申報債權之債權人或受遺贈人，仍可就剩餘財產行使其權利。

---

[81] 公告期間過長，不無使被繼承人之債權人及受遺贈人，感受不得早受清償之苦痛（羅鼎，前揭，頁154）。

民法親屬編施行法增列條文第六條之一之商議
——夫妻財產溯及效力之評議

魏大喨*

壹、前　言

貳、問題之發生

　　一、法定聯合財產制本質上之缺失

　　二、舊法關於聯合財產所有權規定之缺失

　　三、最高法院見解之缺失

參、司法院大法官會議第四一〇號解釋

　　一、節錄內容

　　二、分　析

肆、修正案之內容與大法官會議解釋文之比較

　　一、修正文內容

　　二、比　較

---

*作者為臺灣大學法學博士，現任臺北地方法院法官，輔仁大學法律學系兼任副教授

伍、修正案之檢討

一、修正案有無違憲之疑義

二、一年期間性質為何

三、訴訟之性質

四、修法範圍方面之檢討

陸、問題解決之我見

民法親屬編施行法增列條文第六條之一之商議——夫妻財產溯及效力之評議

壹、前　言

立法院八十五年九月六日三讀通過民法親屬編部分條文及其施行法修正案，其中關於子女親權行使及離婚後子女權利義務之行使與負擔問題，均有重大變革，在確保子女之最佳利益基礎下，並兼顧男女平等原則，深值贊許。本法案雖由立法委員直接向立法院提出，但其使用之版本實為由戴大法官東雄擔任召集人主持之法務部民法親屬編修正委員會多次研修所得結論之內容。著者有幸，得以在會議中聆聽　恩師浩瀚法學理論，委員會中修正條文之爭議，均得以在主席精湛見解下得到全體委員支持。謹以本文敬祝大法官福如東海、壽比南山。

為因應大法官釋字第四一〇號認為民法親屬編施行法第一條不溯及既往雖不違憲，但對親屬編七十四年六月三日修正前已發生現尚存在之聯合財產中不屬於夫之原有財產及妻之原有財產部分，應儘速修正以符合男女平等原則之解釋，修正委員會在大法官主持下著手修法，並於八十五年三月四日確定草案內容，該草案內容後即成為八十五年九月六日立法院三讀通過之施行法第六條之一之藍本。

修正草案乃以男女平等為依歸，但無可諱言者，仍有若干疑義尚待釐清，何如涉及夫妻財產所有權歸屬變動方面，以立法方式直接使夫妻財產所有權歸屬發生變動，是否將侵害人民財產權之違憲問題。其次，施行法規定之範圍亦僅及於不動產，而未含括其他財產權，理論上有無缺陷。條文中所謂「一年期間」其性質為何，亦待說明。實務上，夫妻於一年內提起本件訴訟者，該如何適用舉證責任；且如有不可歸責於自己之事由不能於一年內提本件訴訟者，有無救濟之途；一年內夫如未為返還財產之請求，其財產所有權是否即當然歸於登記名義人一方，真正所有權人能否以信託登記等其他原因請求登記名義人返還；在在值得研究。

貳、問題之發生

一、法定聯合財產制本質上之缺失

我國法定財產制採聯合財產制，眾所周知本制有家父長封建歷史色彩，淵源於古代日耳曼民族所謂之撒克遜典範，並建立在所謂三大原則上，即財產分立、財產結合及財產維持上。蓋夫自妻之財產所有權關係以分別財產制基礎，自始各自分離獨立。又妻除其特有財產外，均與夫之財產結合為一聯合財產，並專由夫管理，以實現所謂夫妻婚姻生活中不能有兩相分離財產之特質。又因婚姻生活關係中增加之財產為夫所有，妻財產之收益用以分擔生活費用，故妻之財產不增加，但也因婚姻生活費用原則上由夫負擔，故妻之財產於聯合財產關係消滅後得取回自己財產，其財產亦不會減少❶。此種夫居於妻財產權監

---

❶ 參看和田于一著，夫婦財產法の批判，大同書店，昭和十年版，頁462，

護人地位之財產制，本質上自難期其公平。

二、舊法關於聯合財產所有權規定之缺失

姑不論聯合財產制中於管理權等權利有何不公平之處，僅以財產所有權關係為論。我國親屬法民國七十四年六月四日修正前舊法第一千零一十七條規定，聯合財產中，妻於結婚時所有之財產及婚姻關係存續中因繼承或其他無償取得之財產，為妻之原有財產，保有其所有權（第一項）。又規定聯合財產中夫之原有財產及不屬於妻之原有財產，為夫所有（第二項）。

依上開立法上解釋，夫妻於婚姻關係存續中取得之財產，除妻之特有財產（本即不列入聯合財產範圍）或因繼承或因其他無償取得之財產，得認係妻所有之財產外，其餘則全屬夫所有，而不論妻於婚姻關係存續中亦可能因其他原因而取得財產，或可能與夫共同協力取得，其所有權地位之不平等者不言可喻。

三、最高法院見解之缺失

實體法上，舊民法第一千零一十七條本於聯合財產制上述所謂三大原則，就夫妻財產權之歸屬做一劃分，但並未論及舉證責任分配之程序上問題。惟最高法院歷次判例、判決中均指出，妻於婚姻關係存續中始行取得之財產，妻如不能證明為其特有或原有財產，即屬聯合財產，其所有權應屬於夫❷。質言之，妻主張為其原有或特有財產者，

463。

❷ 最高法院五十五年臺抗字一六一號判例；五十六年臺上字一五七八號、二一七〇號判決。

應負舉證責任。再者，依土地法所為之登記，縱以妻名義為之，實務上仍先推定為夫所有，如妻主張為其所有，應負舉證責任，除強將舉證責任加諸妻一方外，復又將不動產登記制度之公信原則徹底否定。

無論舊民法第一千零一十七條第二項所規定之內容如何不公平，但根本上並未否定妻於婚姻關係存續中尚有可取得財產之能力，例如承認妻因自己勞力所取得之財產為其特有財產，不屬於聯合財產，當然不屬夫所有財產，故如妻於婚姻關係存續中以自己勞力取得之不動產，如登記於自己名義下，當然屬妻所有。質言之，舊法並未先推定為夫所有，然而實務運作時，在舉證責任分配方面，強課妻之舉證責任，不但欠缺依據，無疑對夫妻財產不平等更是雪上加霜。

參、司法院大法官會議第四一〇號解釋

一、節錄內容

司法院大法官於八十五年七月十九日第一〇五三次會議中，就聲請人廖吳素梅為就最高法院八十二年度臺上字第一〇五三號判決所適用之七十四年六月三日修正前民法第一千零一十六條、第一千零一十七條第二項及五十五年臺抗字第一六一號判例抵觸憲法疑義；及何張景雲為行政院八十四年判字第二一五〇號判決及八十四年判字第三二二三號判決所適用之法律有無牴觸憲法之疑義，聲請解釋案，作成第四一〇號解釋，其解釋文為：

民法親屬編施行法第一條規定「關於親屬之事件，在民法親屬編施行前發生者，除本施行法有特別規定外，不適用民法親屬編之規定；其在修正前發生者，除本施行法有特別規定外，不適用修正後之規定」，

旨在尊重民法親屬編施行前或修正前原已存在之法律秩序，以維護法律安定之要求，同時對於原已發生之法律秩序認不應仍繼續維持或須變更者，則於該施行法設特別規定，以資調和，與憲法並無牴觸。惟查關於夫妻聯合財產制之規定，民國七十四年六月三日修正前民法第一千零十七條第一項規定「聯合財產中，妻於結婚時所有之財產，及婚姻關係存續中因繼承或其他無償取得之財產，為妻之原有財產，保有其所有權」，同條第二項規定「聯合財產中，夫之原有財產及不屬於妻之原有財產部分，為夫所有」，第三項規定「由妻之原有財產所生之孳息，其所有權歸屬於夫」，及最高法院五十五年臺抗字第一六一號判例謂「妻於婚姻關係存續中始行取得之財產，如不能證明其為特有財產或原有財產，依民法第一千零一十六條及第一千零一十七條第二項之規定，即屬聯合財產，其所有權應歸屬於夫」，基於憲法第七條男女平等原則之考量，民法第一千零一十七條已於七十四年六月三日予以修正，上開最高法院判例亦因適用修正後之民法，而不再援用。由於民法親屬編施行法對於民法第一千零一十七條夫妻聯合財產所有權歸屬之修正，未設特別規定，致使在修正前已發生現尚存在之聯合財產，仍適用修正前之規定，由夫繼續享有權利，未能貫徹憲法保障男女平等之意旨，對於民法親屬編修正前已發生現尚存在之聯合財產中，不屬於夫之原有財產及妻之原有財產部分，應如何處理，俾符男女平等原則，有關機關應儘速於民法親屬編施行法之相關規定檢討修正。

二、分 析

分析大法官會議解釋文，有幾點提示：

1. 七十四年修正案中未於施行法中對第一千零一十七條所有權歸屬之修正設特別規定，致修正前已發生現尚存在之聯合財產，仍適用舊法之規定，有違男女平等。質言之，大法官會議認應於施行法中特設規定，使修正後之新法可適用於修正前聯合財產所有權之歸屬方面。使之有溯及效力，並認如原有法律秩序不應維持或須變更者，於施行法中規定溯及效力規定，在調和男女平等，與憲法規定不違背。

2.大法官會議解釋本文僅就聯合財產所有權說明，但於解釋理由書中更進一步指出「修正前已發生且現尚存在聯合財產中不屬於夫之原有財產部分，仍由夫繼續享有其所有權；及對妻原有財產所生孳息之所有權暨對聯合財產之管理權未能貫徹男女平等意旨。」理由書所含括範圍較本文為廣。質言之，理由書認除所有權關係外，管理權等問題仍應一併解決。

3.但應注意者，大法官會議解釋文要求修改施行法之對象為「修正前已發生現尚存在之聯合財產中，不屬於夫之原有財產及妻之原有財產部分」，應不及於原即為夫所有，但登記為妻名義下之財產。實則，施行法修正案中則已將夫所有之財產但登記妻名義下之財產，一併修正適用（詳後述）。

肆、修正案之內容與大法官會議解釋文之比較

一、修正文內容

為因應大法官會議上開解釋，於民法親屬編施行法增列第六條之一「中華民國七十四年六月四日以前結婚，並適用聯合財產制之夫妻，於婚姻關係存續中以妻名義在同日以前取得不動產，而有左列情形之一者，於本施行法中華民國八十五年九月六日修正生效一年後，適用中華民國七十四年民法親屬編修正後之第一千零十七條規定：一、婚

姻關係尚存續且該不動產仍以妻名義登記者。二、夫妻已離婚而該不動產仍以妻之名義登記者。」

二、比 較

修正案雖係因應大法官會議而成，但兩者內容仍不盡相同。解釋文內容認為違憲之財產範圍部分不僅限於不動產，凡七十四年六月三日修正前已發生現尚存在之聯合財產，如動產或其他財產權均應於施行法中規定修正檢討。但修正案僅限於不動產又限於該不動產仍以妻名義登記者為限，如不動產現已不存在或已變更為其他種類財產者，似不予適用。再者，如夫妻一方或雙方均已死亡者或夫妻已離婚該登記在妻名義下之不動產已被處分不在妻名義下者，均無適用餘地。又上述解釋文係以不屬於夫之原有財產及妻之原有財產部分為範圍，但修正文，則凡登記在妻名義下之不動產均屬之，而不論是否本即屬夫所有而登記妻名義之不動產。

伍、修正案之檢討

一、修正案有無違憲之疑義

於大法官會議解釋文中即已說明，法律不溯及既往原則，旨在尊重施行前之法律秩序，以維護法安定性，但原已發生之法律秩序認為已不應繼續維持而應予變更者，則設特別規定以資調和。雖解釋文隱未明白宣示溯及效力，但已有上開意思存在。因此似認法律設特別規定直接使財產權利義務關係發生變動，並無侵害人民財產權之違憲問題。

原屬妻原有或特有財產，並登記在妻名義下之財產，於施行法修正前仍推定為夫所有之財產，但妻仍可舉證證明為其原有財產或特有財產；而於施行法修正公布一年後，則當然屬妻所有之財產。如是於實體上財產之歸屬，修正前後並無不同，只是程序上舉證責任歸屬不同而已。但如民國七十四年六月四日前以妻名義取得之財產，該不動產又非前開妻原有或特有財產者，依舊民法規定，其所有權屬夫。但因修正後施行法規定，此類財產，夫未於一年內起訴者，即歸妻所有，實體上夫妻之財產權乃發生了變動。如此因法律規定而使夫喪失其財產權，有無侵害人民憲法保障財產權之違憲情形，實不能漠視。

再者，施行法於八十五年九月六日修正生效一年後，適用七十四年民法親屬編修正後之第一千零一十七條規定。而新民法第一千零十七條第一項規定聯合財產中，夫或妻於結婚時，所有財產及婚姻關係存續中取得之財產，為夫或妻之原有財產，各保有其所有權。其第二項規定聯合財產中，不能證明為夫或妻所有之財產，推定為夫或妻共有之原有財產。在此首先應先探討者，登記為夫或妻名義之不動產，是否即為夫或妻之財產，夫妻之一方得否以反證證明為其一方之財產。按土地法第四十三條之登記有絕對效力，目的在使善意第三人權利取得受到保護，因此於直接當事人間，自仍得主張其為真正權利人。是以夫妻之一方為登記名義人，如他方配偶能舉證證明為其財產，亦應許其主張權利。

然而依法務部之見解，修正生效一年後除夫妻有訴訟於法院繫屬中者外，依登記之公示性認定所有權之歸屬，即登記於妻名義之不動產，所有權即為妻所有❸。但登記在妻名義下之財產可能有以下幾種

---

❸ 參看法務部，民法親屬編及其施行法部分條文修正問答資料「親權及夫

情況：

第一種、原屬於妻所有之財產，登記於妻名義下之不動產。又可分為甲乙二類，即甲原屬於妻原有財產或特有財產；與乙非妻原有或特有財產，但實質上為妻取得之財產，婚姻關係存續中妻取得之財產，此類財產，於舊民法仍屬夫所有。

第二種、原屬於夫妻共有之財產，登記於妻名義下之不動產。

第三種、原屬於夫所有之財產，登記於妻名義下之不動產。

以上三種，依法務部見解，如夫未於一年內起訴者，則一年後從此歸屬於妻所有。然而第一種情形除甲類不因此使財產權發生變動外，其餘乙類情形以及第二種或第三種類型之關係，已直接涉及人民財產權變動，其依據為何，有無違反憲法財產權保護之精神，殊堪疑慮。

如前所述，大法官解釋文上係就不屬於夫之原有財產及妻之原有財產部分，認應在施行法中做相關檢討修正，如本已屬於夫之財產，應無強加剝奪其所有權之理。簡單而言，大法官會議文之目的無非在保障上述第一種甲及乙類型妻在財產上之地位（嚴格而論，第一種乙類，夫之既得權亦應保護），以彌補七十四年六月四日前結婚之女性，其原意當值得肯定，但修正文連同第二及第三種類型，均予含括，似有矯枉過正之嫌。

二、一年期間性質為何

夫妻間長久共同生活，其間財產所有權之歸屬為何人所有，認定上本有困難，如有爭議而以訴訟方式解決者，不外舉證上之困難而已。登記妻名義財產，當應推定為妻所有，夫主張為其所有之財產，當由

妻財產溯及效力」，民85.10.，頁23。

夫舉證。因此除非時效已完成，否則夫妻之一方能舉證證明為其所有之財產，應任其隨時主張其權利。因此修法規定強制夫需於一年內提起訴訟，否則喪失其權利，該一年之性質為何應加檢討。

民法關於因一定時間不為權利行使而生權利變動者，如消滅時效是。或因一定時間永續行使權利，而生權利變動者，如取得時效是。

在上述第一種類型之甲類，本即為妻之財產，一年內起訴者與否應不影響所有權之歸屬，只是一年內起訴者，妻仍應負舉證之責而已。但第一種類型之乙類以及第二或第三種類型，夫不於一年內提起訴訟行使權利即當然歸妻所有，乍視之而有消滅時效之影子存在，但仍有不同。依我國民法消滅時效規定，僅生請求權喪失之結果，權利本身不消滅，相對人亦僅生抗辯權，並非當然取得權利。其次不動產消滅時效，需係權利有不行使情形，而所謂權利有不行使者，當以所有權人之權利有受侵害者為要件，如其權利未受侵害，何來權利不行使，因此所有物返還請求權等物上請求權其請求權消滅，當以權利受侵害為前提，然而本條僅因將不動產登記於妻名義而已，並非夫有何權利不行使，竟因登記在妻名義，不於施行法公布後一年起訴請求，而致其財產喪失。

又其是否為取得時效？我國民法關於取得時效，於不動產是以所有之意思，和平繼續占有他人未登記之不動產為要件，因此其要件客觀上需有占有之事實與主觀上所有之意思，其標的又以他人未經登記之不動產。然而，本條之規定僅因一年未起訴即足使妻當然取得所有權，顯見本條與取得時效者有所差異。依法務部之見解此規定之一年非時效期間者，乃一法定期間❹。但是所謂法定期間究為何物，又何

❹ 法務部編，前揭書，頁21，22。

以能因一年期間經過，而使夫妻間之權利義務關係發生如此重大變動，惜未見說明。

夫如因其他事由，如精神喪失，在監服刑、或身處國外不知有此修正案，而未能於一年內起訴者，應否給予回復原狀權利，不無疑義。

三、訴訟之性質

夫所有而以妻名義登記之不動產，如夫主張為所有之財產，該如何處理，依法務部問答資料，如夫妻同意該不動產之所有權為夫所有，夫須於施行生效後一年內向當地機關辦理更名登記，如未辦理該項登記，於一年期間屆滿後，該不動產所有權即依登記名義歸妻所有。如夫妻同意該不動產所有權歸屬於妻，一年內無須作任何之行為，一年期間屆滿，該不動產所有權即為妻所有。夫妻對於所有權有爭議時應向法院請求確認該不動產之所有權及辦理更登，其適用之法律以訴訟繫屬時為準，如法院於本施行法修正生效一年後始判決確定，仍應適用民國七十四年修正前之民法第一千零十七條規定，不當然依登記結果認定為妻所有。

依上開說明，夫妻之一方對於其財產之歸屬有爭議，則應於一年內以訴為之，該訴之性質屬確認之訴，如確認屬妻之財產，則無庸再為更名登記，如屬夫所有則應辦理更名登記。但設已確認為夫所有，於更名登記前，其財產自仍應屬夫所有，只是不得對抗善意之第三人。在訴訟上所應適用之法律，是以訴訟繫屬時為準，因此一年內起訴者仍適用七十四年修正前之民法第一千零十七條規定。質言之，於實體法上，該財產所有權關係，如於婚姻關係存續中所取得者，除妻之原有財產或以無償原因取得者外，其餘仍均屬夫所有。於訴訟上，如妻主張為其原有之財產時，該訴訟之舉證責任，依前述最高法院判例見解，妻主張為其原有或因贈與而取得之財產時，舉證責任仍在妻一方。當然妻所受之不公平待遇，依然如故。且應注意者，如夫妻感情本即不睦時，是否可能加速夫決定起訴之時間。如夫妻感情尚可者，夫是否可能因本法之修正引發危機意識，決定起訴。

四、修法範圍方面之檢討

不動產通常價值較大，且因有登記制度配合，所以較諸動產、有價證券等顯而易現。該不動產是否於夫妻於婚姻關係存續中取得舉證較容易，但夫妻婚姻關係存續中取得之財產，並不僅不動產而已，本法修正或許可以解決夫妻七十四年以前結婚之配偶，夫妻間不動產歸屬之不公平，但其他之財產權不公平現象仍繼續存在。

其次該不動產必須是婚姻關係存續中且仍登記在妻名義下者，以及夫妻已離婚而該不動產仍以妻名義登記者。因此不動產現已移轉於夫或第三人而不登記在妻名義者不包括在內。且如夫妻之一方於修法前已死亡（無論夫死亡或妻死亡），因涉及繼承問題，與第三人權利義務有重大影響，本次修法並未將之納入範圍內。修法後一年內夫或妻死亡者亦應如何適用新舊法，亦未獲解決。

陸、問題解決之我見

為解決七十四年六月五日修正前聯合財產制，夫妻婚姻關係存續中取得之財產，除妻證明為其原有財產外或特有財產外，均認屬夫所有所造成之不公平，大法官會議做成第四一〇號解釋。又配合解釋文，立法院於本次施行法修正案中增列一項使七十四年六月四日以前結婚並取得之財產，其所有權歸屬問題得以適用六月五日生效之新民法親屬編規定，特設規定使之有溯及效力。但個人淺見與立法規定之旨意，略有不同。如前所述七十四年六月四日以前取得之財產，並登記為妻名義下之財產，並非全然屬妻之財產。

於本文所列三種類型中：

1.第一種之甲類，妻原有或特有財產，登記在妻名義下之不動產，屬妻所有並無爭議，適用修正後之施行法結果，只是將舉證責任由妻換為夫而已。

2.第一種之乙類，非屬妻原有或特有財產（亦非下述之夫所有財產），但登記在妻名義下之財產，該部分財產，施行法修正前，解釋上屬夫所有財產，修正後則認係妻所有財產。此類型之財產，舊法固對妻不公平，但因係實體法規定結果，如遵守法秩序原則及夫之既得權利，應不使之有溯及效力，而侵害夫之財產權，但大法官會議認溯及效結果，並無違憲情形。

3.在第二及第三種情形，夫所有財產部分，因施行法修正結果而將夫所有財產，一年後悉歸妻所有，反而害及夫之財產地位。登記在妻名義下之財產，並不當然為妻之財產，可能為夫之財產因信託登記或其他原因登記為妻所有，雖施行法公布後一年內，夫得為起訴請求返還，以為緩衝，但法律強制人民應於一年內訴訟，其訴訟之對象又係婚姻配偶，其妥當否?

實則本件問題之根由在於最高法院上開判決舉證責任分配造成之錯誤。茲假設上開判例不存在，則登記在妻名義下之不動產，應先推定為妻所有之財產，如夫或夫之債權人主張為夫之財產者，即應由夫或夫之債權人負舉證責任，不能證明者，當然為妻之財產；能證明為夫之財產者，當然為夫之財產，亦無限制夫應於一年內起訴之理。不動產如此解釋，其他動產亦得以其占有關係決定舉證責任之所在。

如此並無所謂以一年決定財產命運之現象，理論上亦較周延。如是第一種之甲類，以及第二種與第三種問題應可迎刃而解。而前述第一種類型之乙類中，固非因舉證責任分配不公平結果，乃為立法上之不公平，但因尊重夫在聯合財產制中既得之權利，個人以為仍應予維持。

筆者學植不深，仍蒙　恩師不棄，指導博士論文撰寫，終至有成順獲學位，師恩難忘，值　大法官六十壽誕，而為本文，同頌南山之壽。

基礎規則與法律詮釋

——一個理論與實務的綜合檢討

顏厥安*

壹、序　論

貳、基礎規則理論

參、反基礎規則理論之立場

肆、基礎規則理論的修補方案

伍、詮釋的法概念

陸、綜合檢討

　一、最高法院之決議得為違憲審查之對象嗎?
　　——對釋字第三七四號之思考

　二、舊聯合財產制的規定應繼續適用嗎?
　　——對釋字第四一〇號之檢討

柒、附論：對法學教育之思考

---

*作者為德國慕尼黑大學法學博士，現任臺灣大學法律學系副教授

基礎規則與法律詮釋

——一個理論與實務的綜合檢討

Das Höchste wäre zu erkennen, dass alles Faktische schon Theorie ist.

–J. W. v. Goethe

壹、序　論

法理學向來的古典問題一直都是在追問:「法是什麼?」❶即使到了二十世紀後期，美國最主要的法理學家Ronald Dworkin的代表作法律帝國中，仍是以法是什麼作為其論述的起點與終點❷。但是在這至少看似同一的問題傳統下，歷來的法理學理論卻提出了許多迥然不同的理論論述，這些不同的論述又各自交織在其所屬的法學、哲學、神學或宗教傳統中，使得法理學的理論呈現了極為紛雜多彩的風貌，但是同時卻也形成了法理學研究的雙重沉重負擔。一方面，這意味著法理學研究者必須除法學研究外同時進行對哲學問題之探討，這當然不是一件輕鬆的工作。但是另一方面更重要的是，這也使得法理學的研究成果往往不是過往法哲學學說的編纂註釋，就是充滿了艱澀語彙的哲學論文，而使得絕大多數的法律人不是望之卻步，就是興起一股「干

❶ Matthias Kaufmann, *Rechtsphilosophie* (zit. Rechtsphilosophie), Freiburg 1996, S.13.

❷ Ronald Dworkin, *Law's Empire*, Cambridge 1986 (zit. LE), p.1, 410.

我何事」的態度，而認為法理學的問題意識與研究是法律工作可有可無的裝飾品，也使得法理學好像成了法學院的異類(alien)。

就第一方面的負擔而言，這是所有學術工作者的共同命運，不值得驚訝；但是就第二方面的負擔而言，卻直接涉及到法理學的理論本身。亦即當法理學自我宣稱在研究「法是什麼」的時候，為什麼會與同樣是在各個具體領域探討法律是什麼的實證法研究工作那麼嚴重的脫鉤?有一種說法是認為法理學是哲學的一部門而非法學的一部門❸。但是這種說法一來還是沒有指出法理學與法學的關係，二來它似乎更支持了法理學的異類地位。另一種說法則是認為法理學是在研究「法的基礎」(the grounds of law)，其它的實證法學則是在研究某一個案問題中正確的法律命題(proposition of law)為何。而法律人之所以常常輕忽前者，是因為在一個特定法系中，法的基礎是實際存在於法律實務(legal practice)的共同默示承認中，法律工作者一般而言對之並無爭議，只不過法律人往往僅知其然而不知其所以然，因此如果就一理論的興趣而言，就需要法理學的研究來加以澄清❹。這是一個很強有力的理論看法，而且這是一個直接涉及法律實務，就此而言當然也直接涉及法學教育的主張。本論文將以這個看法為主要背景，首先說明檢討環繞此一見解的主要正反意見，再嘗試由理論與實務爭議問題（主要是大法官會議的解釋）的角度進行綜合檢討，最後再立基於

---

❸ Arthur Kaufmann, Rechtsphilosophie, Rechtstheorie, Rechtsdogmatik, in Kaufmann/Hassemer (hrsg.): *Einführung in Rechtsphilosophie und Rechtstheorie der Gegenwart*, 6. Aufl. Heidelberg 1994, S.1～29, S.1.

❹ Vgl. H. L. A. Hart, Postscript (zit. Postscript), in derselbe: *The Concept of Law* (zit. CL), second edition, Oxford 1994, pp.238～176, p.254.

此一基礎上提出對法學教育興革之道的一些建議。

貳、基礎規則理論

所謂的基礎規則理論(theory of fundamental rule)，是一種綜合的稱呼，它泛指一種法理學的理論觀點，這種觀點認為任何的法律體系內都必然包含有一個、一些或一組規則（或更廣泛地說，規範norm），而我們可以透過這個（或這組，以下簡約地以單數稱之）規則來鑑別 (identify) 或檢驗 (test) 那些規範是屬於此一法體系的法規範❺。由於這個規則形成了這個法體系的效力與統一性基礎，因此我們在理論上可以將其統稱之為基礎規則，或者也有人稱之為宗師規則(master rule)❻。

這種基礎規則理論就其最一般性的理論意義而言，至少有兩個非常重要的理論爭議點。首先，如果基礎規則理論是對的，那麼這個規則的性質是什麼？可以通過何種理論觀點來解明其意義？針對這個爭議的最主要理論貢獻，一個是Kelsen的基本規範(Grundnorm)理論❼，另一個則是Hart的承認規則(Rule of recognition)理論❽。兩者都對法

❺ Ronald Dworkin, *Taking Rights Seriously* (zit. TRS), 6. Impr. 1991, p.17, p.22: a single fundamental test for law.

❻ Dworkin, TRS, p.40; derselbe, Legal Theory and the Problem of Sense (zit. Legal Theory), in R. Gavison (ed.): *Issues in Contemporary Legal Philosophy. The Influence of H.L.A.* Hart. (zit. Issues), Oxford 1989, pp.9～20, p.11.

❼ Hans Kelsen, *Reine Rechtslehre* (zit. RR), 2. Aufl. Wien 1960, S.196ff.

❽ Hart, CL, p.94.

理學研究有著持續性的影響。Kelsen的基本規範由於其本人前後就使用了好幾個不同的說法來加以闡述，因此對基本規範的各種詮釋自然就系出多門。筆者本人仍較傾向於Kelsen在其純粹法學第二版所提出之超驗預設的看法❾。而Hart對承認規則的敘述就較為一致清晰，因此詮釋方面的爭議較小。引起問題的倒是由Hart的理論所引發針對整個基礎規則理論正確與否的爭論（詳下）。

第二個重大爭議則是由規範論的角度切入，指出所謂基礎規則的「規則」，是一種過分窄化的看法，這個基礎規則的範圍應該擴張及於所謂的「原則」(principle)。規則與原則都是規範，但是其邏輯性質與作用方式是非常不同的，在大部分較為高度發展的法體系中，用以鑑別法規範的標準並不限於規則，還應該包括有原則❿。

這兩個爭議所處的理論層次是不同的。基本上參與第一項爭議的各方都對基礎規則理論的根本構想抱持贊成的態度。而且至少由前述的說明中我們感覺到，基礎規則理論的支持者好像都是法實證主義者（Kelsen與Hart）。其實不然，影響西方法思想最大的自然法論(natural law theory)，由於其最主要的類型總是主張實證法之外的某種法體系或法原則具有影響實證法規範效力的作用，因此這類超越實證法的自然法，當然就扮演起基礎規則的角色。由此觀之，自然法論的典型思考模式，更是不折不扣的基礎規則理論模式⓫。

---

❾ Kelsen, RR, S.204ff. 並請參閱，顏厥安，再訪法實證主義，載：法理學論叢──紀念楊日然教授，臺北，月旦出版公司，1997，頁539～642，頁586以下。

❿ Dworkin, TRS, p.22.

⓫ 典型的代表為St. Thomas Aquinas的法律位階說，Vgl. M. Kaufmann,

由上述的初步分析我們可以看到，「基礎規則理論」這樣一個稱呼的提出，在研究的進路上可說嘗試超越傳統「自然法論vs.法實證主義」的對立框架，而將理論反省推進到另一個層次。說得哲學一點，這個層次的反省可說直指西方在各個不同領域致力於探究其「根基」(Fundament)的思想傳統。所有的理論都是要去追求其根本的元素或基礎，而哲學則是去追問所有基礎的根基，這就是「存有」(Sein)。說得文學一些，這就好像我們是否可以找到能吸引所有鳥類的魔笛(Zauberflöte)，或足以號令天下的屠龍刀倚天劍。由此觀之，所謂的「基本主義派」(Fundamentalist)，並不一定只是指那些多少具有宗教狂熱傾向的人物，凡是志在追求根基、根源，或者是以任何此類信念、術語來論述或行動者，都可以稱作是某種的基本主義派。

因此就法學言我們真正面對的難題，不再是自然法論與法實證主義的爭執，而是我們到底還可不可能，或者以如何的程度、方式，來延續某種的基本主義計畫(fundamentalist programme)。在這個考量下，Hart的理論是特別具有參考價值的論述。Hart的承認規則理論之所以持續地擁有廣泛的吸引力，一個很重要的原因正是因為他是一個不十分基本主義的基本主義者，為什麼？這可以分下列幾個層面來說明。首先，Hart的承認規則是一個經驗層面的事實(an empirical fact)，承認規則是一個法體系中多數成員或多數執法人員事實上所共同接受用以鑑別法規範的標準，因此不帶有任何形上的神秘色彩⑫。其次，承認規則是多數社會成員所共同「接受」(acceptance)的一項基礎規則⑬，因此所謂基礎也者，乃來自於我們自身的認知(cognition)與意

Rechtsphilosophie, S.47ff.

⑫ Hart, CL, p.110.

願(volition)[14]。它既不是理論的預設，也不是主權者的命令，更不是實證法之上之外的自然法，而是被法律所規範的人們實際參與的結果。第三，正是這樣的一種經驗的內在觀點，使得Hart的理論成為一種所謂「法的實踐理論」(practice theory of law)[15]，法在社會運行當中實際的實踐履行構成了法的基礎，因此一方面唯實論(realistic)的觀點在此獲得了深入的理論改造，更重要的是，絕大部分從事法律實務工作的法律人——法官、律師、公務人員等，可以由此了解，正是由他們每日的工作中得以確認法律的基礎何在。

Hart的理論貢獻非常卓著，當然不是任何的短文所能盡述[16]。不過就本文的研究重點而言，Hart等於為基本主義的計畫提出了一種貼近社會、描寫實務的理論風貌，因此頗能贏取後形上學時代廣大法律人的同意。但是也正是在這種法的社會實踐理論中，法律體制的新危機亦告浮現。為什麼？為什麼一種描寫實務的法理學理論會蘊含著新的深層危機呢？這就必須由基礎規則理論的性質談起。

參、反基礎規則理論之立場

在進一步談基礎規則理論的危機前，筆者首先想以較不理論化的

---

[13] Hart, CL, p.108.

[14] Vgl. N. MacCormick, *H. L. A. Hart*, Standford 1981, p.30; derselbe, *Legal Reasoning and Legal Theory* (zit. Legal Reasoning), Oxford 1978, p.275；顏厥安，再訪法實證主義，頁610。

[15] Hart, CL, p.108.

[16] Vgl. Gavison, *Introduction*, in dieselbe (hrsg.): *Issues*, pp.1～5.

方式來說明Hart承認規則理論的基本想法。Hart認為，任何一個法體系都擁有一個承認規則，我們可以使用這個規則來決定某個規範是否為屬於這個法體系的法規範。例如，為什麼「因故意或過失，不法侵害他人之權利者，應負損害賠償責任」這是一個中華民國的法規範？我們可以回答：因為這是一個明定於民法中的規範（民一八四條），而民法是經由立法院通過，總統公布的法律。依照中華民國憲法第一百七十條的規定，經立法院通過總統公布的為法律⓱。而中華民國的執法人員及人民都共同接受憲法為承認規則（或其一部分），因此前述之「因故意或過失，不法侵害他人之權利者，應負損害賠償責任」可被鑑定為中華民國之法規範。

Hart認為一個法體系之所以可以形成為「一個」體系，必定需要一個鑑定標準來協助該法體系的執法人員與人民來進行所謂「法的檢驗」(test for law) ⓲，通過這個檢驗的規範，我們即可認定為此一法體系的法規範。不通過者，它就不是這一法體系的法規範。當然它仍可能是其它法體系的法規範，例如「人之尊嚴不可侵犯」(Die Würde des Menschen ist unantastbar)，是德國基本法第一條第一項第一句的規定，它是德國的法規範，但是卻不是中華民國的法規範。它也可能是其它種的社會規範，例如道德規範。譬如說前述之人之尊嚴不可侵犯，雖然不是中華民國的法規範，但卻可能是一種在我國亦具有影響力之道德規範。Hart的承認規則，並不為任何法體系規定什麼是不可

⓱ 當然由於我國之民法為立憲前就已制定之法律，因此是否可以直接適用憲法第一百七十條是不無疑問的。但是在此為簡化問題，暫時不考慮此一層面。

⓲ Hart, CL, pp.100～110; Dworkin, TRS, p.17.

侵犯逾越的最高法 (highest law)，它只是在理論上指出在每一個法體系中都已經存在的法的檢驗標準。每一個法律人也許並不一定能非常徹底完整地敘述這個標準，這個標準也總是帶有某種的模糊地帶，但是大致而言在絕大多數的情況裡，法律人是懂得如何運用這個標準來進行法的檢驗，以確定那些規範是法規範⓳。

敘述至此我們可以發現，Hart的這種社會實踐的承認規則理論雖然初看非常具有吸引力，也好像忠實描述了法律人工作的實況，而不多做評價，但是它所隱含的缺點及可能引起的質疑卻也已經浮現。第一種質疑是指出，並不是所有的法規範都可以透過類似前述那種「個別規範－民法－憲法－承認規則」的系譜(pedigree)⓴的方式來加以鑑別。例如中華民國民法第一百九十五條第一項前段規定：「不法侵害他人之身體、健康、名譽或自由者，被害人雖非財產上之損害，亦得請求賠償相當之金額」，這是一個非常清楚的法規範。但是如果是被害人之親友，因為在現場目擊被害人遇害深受驚嚇而導致心神喪失，這種所謂休克損害是否亦可請求賠償，亦即「不法侵害他人致死，對被害人之親友因目擊或聞訊所產生之休克損害，應負賠償之責」此一規範是否為法規範？應如何判斷㉑？這些問題似乎無法簡單地透過系譜的方式來鑑別。因此隨之而來的第二個困難，就在於應如何解決這類艱難案件(hard case)。

⓳ Hart, CL, p.115.

⓴ Dworkin, TRS, p.17.

㉑ 此一休克損害之例的想法來自 Dworkin 所舉之 McLoughlin Case, s. LE, p.23；中文文獻有關此一問題之討論請參考曾世雄，非財產上之損害賠償，臺北，自印，1995，頁71以下。

Hart 認為此時法官應參酌社會政策的需要，來行使司法裁量(judicial discretion)，以創造出一新的法律——因為透過系譜的方式找不到可資適用的法律——來解決難題㉒。但是反對者則指出，在這類案件當中法官必須去找出某個原已存在的「原則」，透過這個原則來確定某個能對法整體 (law as integrity; legal practice as a whole) 提供最佳證立(best justification)的方案㉓。例如在休克損害的例子中，我們應嘗試闡述「生命法益之加害人應對與被害人有特別關係之第三人所受之休克損害負賠償之責」。此一原則對於法整體能提供最佳證立，因此原來就已經存在於法體系中，所以我們應依據此一原則做出裁判，而不是配合社會政策的需要，由法官自行行使裁量來創造新的法律。

這兩個對基礎規則理論的質疑，主要都是因為Dworkin的提出而揚名國際。但是Dworkin並不是這些見解的原創者。以原則與規則的問題而言，德國學者Josef Esser即已在其名著*Grundsatz und Norm*中提出了類似的見解㉔。以艱難案件的解決方式而言，德國法學方法論之「法之續造」(Rechtsfortbildung)的方法，雖然強調漏洞理論與法官之創造性作用，但是透過所謂內在價值體系的理論，㉕這種法官造法與漏洞填補的理論似乎也已頗接近Dworkin的方案。因此Dworkin的理論的真正重大貢獻，並不在於單純的規範論或方法論的意義，而在於他提出了「法是一種詮釋的概念」(Law is an interpretive concept)㉖

㉒ Hart, CL, pp.127～136.

㉓ Dworkin, LE, p.90, p.225.

㉔ Esser, *Grundsatz und Norm*, 4. Aufl. Tübingen 1990, S.1～13 und passim.

㉕ Vgl. Claus-Wilhelm Canaris, *Die Feststellung von Lücken im Gesetz*, Berlin, 1983, S.93ff, S.144ff.

此等法概念論意義下的見解。這是一種真正深刻的哲學洞見，也只有透過這種見解，法理學才產生了對各種基礎規則理論真正有意義的另類方案 (alternative programme)。但是為了進一步了解這種另類方案，我們必須先就基礎規則理論針對前述質疑所提出的修補方案進行討論。

肆、基礎規則理論的修補方案

對基礎規則理論可以有許多種不同的修補方案，但是其中最主要的類型都擁有下列兩個特色：第一，它們主要都針對法體系與原則的關係進行論述；第二，它們都試圖以某種方式重新為法實證主義的主張——法與道德並無概念上的必然聯結，即分離命題㉗——提出辯護。就這兩個特色來看，我們可以說這些理論都是Hart理論的後裔。因為Hart本人在針對Dworkin的批判進行反駁時，所採取的最重要論點就是指出，在法的概念一書中雖然未曾強調，但是確實已經明確表明承認規則可以包含原則在內。而且這些原則可以包含有我們現在普遍認為不正義的原則——例如種族歧視的原則——在內，而我們仍然認為這是法律，因此法實證主義的主張仍然是正確的㉘。

在其他Hart後裔的理論中，依照學者研究，主要又可以區分成兩大類型的理論：剛性的法實證主義理論與柔性的法實證主義理論㉙。

㉖ Dworkin, LE, pp.87～96.

㉗ R. Alexy, *Begriff und Geltung des Rechts*, Freiburg 1992, S.15ff.

㉘ Hart, *Postscript*, pp.259～261.

㉙ Vgl. J. -R. Sieckmann, *Regelmodelle und Prinzipienmodelle des*

剛性的法實證主義論述主張，法的效力與內容完全必須透過形式性的標準來加以確定。而柔性的法實證主義則允許內容實質性的標準作為法體系的效力標準。由於在這兩大類型下又各有許多不同的理論論述，在此並無必要一一加以介紹，因此以下將只就其中筆者認為較具代表性的論述加以說明。

剛性的法實證主義理論是希望透過形式性的標準來全盤檢驗出所有具有法效之法原則。這裡所謂形式性的標準可以包括例如國會議決、法院的裁判、執法人員共同的接受等㉚。Neil MacCormick認為，在一個法體系中所有的規則都可以透過承認規則來確定其效力。而承認規則應該包括下列四個部分：(i)憲法；(ii) 立法機關的決議；(iii)不牴觸(i)與(ii)的其它獲授權之立法；(iv)不牴觸(i)、(ii)與(iii)的上訴法院的判決先例，當然這些判決先例必須依照法院之層級接受修正或撤銷㉛。MacCormick 進一步認為，法律原則雖然不像法律規則般直接由承認規則來鑑定其效力，但是它們之所以是法律原則，而不是個人的價值信念，是因為這些原則在該法體系中承擔起證立與說明法律規則的功能。因此它們在此意義下亦與承認規則有著間接的關係㉜。MacCormick 的這個方案在大方向上是以防衛 Hart 版的法實證主義為主，因此仍然固守承認規則的說法，只不過加以修正補充Hart所較忽視的法律原則的部分。但是我們也可以發現在這個方案中，原則只是被用以作為合理化規則之功能㉝，所以規則是可以被系譜所鑑定，原

Rechtssystems (zit. Regelmodelle), Baden-Baden 1990, S.172ff.

㉚ Sieckmann, *Regelmodelle*, S.181f.

㉛ MacCormick, Legal Reasoning, p.244.

㉜ MacCormick, Legal Reasoning, p.152.

則只是額外地來證立規則。因此規則猶如枝幹，而原則只是葉片，枝幹若落，葉也不存。但是如此一來，前述休克損害賠償規範之例，若非修法，就只能透過法院創設，那麼休克損害當事人的主張，就不是在主張他自己的權利，而是在主張法院應該創造一個權利給他。

至於柔性的法實證主義方案，則以安置命題 (Inkorporationsthese) 為核心的規範法實證主義 (normativer Rechtspositivismus) 理論為代表㉞。規範法實證主義主張，法體系最高的效力規範必須僅具有形式之標準，而形式的效力標準則可以包含權威的創設或承認。規範法實證主義並不認為法體系內所有的規則都必須透過某種形式性標準的聯繫才得以確立其效力，法律規則可以僅通過對實質之法律原則的衡量結果來確認。但是就原則部分而言，則只有能以某種方式透過法體系形式之效力標準鑑別的原則，才是此一法體系的法律原則㉟。所以Ralf Dreier就嘗試以德國基本法為例指出，由於德國之基本法包括有人的尊嚴、自由、平等、民主、法治與社會國等原則，因此這種憲法已經成為一種「司法的宇宙」(Juristische Weltenei)，所有的法律原則都可以某種方式透過上述之原則來加以證立㊱。因此所有的裁判，包括所有艱難案件的裁判，都可以在這個意義下獲得形式性標準的效力支持。這種規範的實證主義由於已經大幅放寬了（或重新詮釋了）

㉝ MacCormick, Legal Reasoning, p.233.

㉞ Sieckmann, Regelmodelle, S.193.

㉟ Sieckmann, ebenda.

㊱ R. Dreier, Begriff des Rechts, in derselbe: *Recht-Staat-Vernunft*, Frankfurt a. M. 1991, S.95～119, S.107. 司法的宇宙一詞出於Forsthoff, Vgl. Sieckmann, Regelmodelle, S.195.

Hart 承認規則的鑑別範圍，一方面維持了基礎規則理論的構想，一方面卻又好像能因應來自於原則理論的質疑，因此頗具吸引力。例如在休克損害的案例裡，當事人可以主張基於人的尊嚴、社會國等法律原則，應該得出「生命法益之加害人對於其合理得預見範圍內之間接損害亦應負賠償之責」的法律原則，進而主張其擁有損害賠償請求權。此一原則來自於一些憲法原則，而憲法的效力是透過制憲議會議決，因此是一種形式的標準。在這種觀點下，休克損害賠償的請求權雖非直接可由形式標準鑑定，但是證立其基礎的法律原則的效力，卻可追溯至可透過形式標準鑑定之憲法。

柔性的法實證主義大概已是法實證主義，甚至是基礎規則理論能「柔性化」的極致了。不過這種理論建構是很可疑的，因為要從諸如人的尊嚴、法治國原則等等極為抽象的表述中「得出」所有可能於解決個案所需要的一切法律原則，這種得出或導出一定不可能是邏輯演繹或字義包含，而是某種證立論述 (justificatory discourse)的建構。既然如此，真正的關鍵問題應在於這種論述的性質以及其建構的方式，而不在於其是否非要枝幹相連地聯結到憲法不可。規範的法實證主義之所以一直要斤斤計較這個聯結，完全是因為其理論性格脫離不了基本主義的框框，認為法規範的效力非要從某種基礎規則出發不可。

伍、詮釋的法概念

Dworkin 的理論方案就從完全不同的角度去看問題。他認為「法律是什麼?」這個問題的重點，並不在於研究一般人民或法律專業人員該如何使用「法律」這個概念才是正確的用法，也就說不是一種語義規則的界定問題[37]。「法律」是一種詮釋的、爭議的概念，它涉及到我們每個談到、使用「法律」一詞的人對於法律應該是什麼所抱持的態度與想法。當我們在說到:「某某行為是合法的」、「某人擁有權利請求國家賠償時」，我們並不是如談到這是一張桌子，這是一個橘子般，單純地透過經驗的特徵來加以鑑別、判斷，而是在表達一種我們對於法律這種制度，或者說國家運用公權力範圍這件事的想法與態度。因此不同的想法與態度，就會提出對於法律是什麼不一樣的回答與見解——即使我們談的是完全同樣的一條法律條文[38]。例如前述之民法第一百九十五條第一項第一句的規定，它是白紙黑字寫的清清楚楚，但是一個認為「除非國家明文規定，否則人民不對任何行為負有損害賠償之責」的人，與另一位認為「加害人之損害賠償範圍並不限於國家法律明文規定者」的人，他們的差異並不是對同一法律的不同見解，而是他們看到了完全不同的法律。因此任何基礎規則所能鑑別的只是前詮釋的法律 (preinterpretive law)[39]，而不是法律本身。由不同的態度所做的詮釋，你就會看到不同的法律。因此重點不在於那一種法律概念意義之用法是正確的，而在於那一種詮釋法律的態度是正確的。Dworkin 主要提出並檢討了三種詮釋法律的態度：慣例主義 (Conventionalism)、實用主義(Pragmatism)以及法律作為整體 (Law as Integrity)。而Dworkin認為只有法作為整體的這種態度才是正確的。

---

[37] Dworkin, LE, pp.31～43.

[38] Dworkin, LE, pp.90～96. 此處即為 Dworkin 所稱之初始同意 (initial agreements) 及對其之詮釋的問題。Dworkin 認為透過詮釋才能看到法律是什麼。

[39] Ibid.; LE, pp.65～68.

依照Dworkin的說明，慣例主義有兩個重要的主張，第一個主張是一個積極性的主張，認為法官應該尊重其社群所建立的法律慣例(legal convention)。法官必須遵守依社群之慣例認為是法律的那些規範，亦即慣例界定何為法律。第二個主張則是一種消極性的主張，此一主張認為：在依據慣例被認為是法律的範圍以外，就不存在任何法律。因此如果休克損害賠償請求權無從依據成文法或判決先例或任何慣例所界定之方式來加以確定，那麼對此一問題就缺乏法律規定。而法官在此一狀況下就必須依據超乎法律以外的價值標準來針對此等個案行使裁量以做出裁判。法官也不應偽裝他是在依據任何法律慣例的默示內含(implicit extent) 來裁判㊵。Dworkin則認為，當我們要使用慣例及其所界定之規範時，一定會面對默示內含的挑戰，這不僅是文義的清晰問題，而是當我們要依據慣例時一定會要求一致性 (consistency)，而一致性的要求則不僅要求策略的一致性 (consistency in strategy)——如慣例主義所主張，簡單說，即不牴觸已建立之規則的情況下建立新規則——，更會引起原則的一致性 (consistency in principles) 的問題。後者要求國家對公民行使強制力的標準在意義上必須一致，即表達一種對正義全面性與一體性的看法。這種看法則為法律作為整體的態度所要求㊶。

至於實用主義,Dworkin則將其描述為一種懷疑主義(Skepticism)，因為這種立場認為，一個社群過去的決定並不保障任何真正的權利存在。與過去的立場或決定相一致這件事並不代表任何的價值。因此法官實際上，而且也應該做出他認為能產生社會之最佳未來的裁判㊷。

㊵ Dworkin, LE, pp.116～117.

㊶ Dworkin, LE, pp.132～135.

法律權利只是社會最佳未來的僕人，我們並不需要特別追求法律原則的一致性。所以即使法院曾經做出判決肯定直接目擊之休克損害之賠償請求權，這個判決對於非直接目擊之休克損害案件也不構成任何意義。一切重新開始，法官只需對未來負責。但是在必要的時候——例如為避免造成民眾心理的影響——法官可以表現得「好像」(as if)他所做的裁判是依據法律來做的㊸。實用主義雖然是一種法律與權利的懷疑論，但是由於它以社會最佳未來為取向，因此比慣例主義更具吸引力與破壞力。針對實用主義，Dworkin 則認為其一方面不能提供對法律實務的妥當說明（法官於依法審判時都在說謊嗎?）㊹，另一方面 Dworkin 指出，政治社群或國家作為一個整體負有公正對待每一個社群成員之責任㊺，法院或任何公權力機關不應以社會之最佳未來來肯定或否認一個公民的權利（例如為避免因運輸業成本增加價格上漲而造成全社會的不利益，所以非直接之休克損害不擁有賠償請求權）。

至於Dworkin 本人所支持的法律整體性的基本主張，則可以以下面的一段話作為代表：

> 整體性的判決原則啟示法官在說明權利和義務的理由時，儘可能以下列的假定為依據：這些權利與義務都由一個單一的作者，即人格化的社群所創造，而對正義與公平的構成作出相互貫通的表述(coherent conception)。我們將重新論述這個啟示，視之為關於法律基礎的論點，由此形成了我們關於法律的第三種論點，即權

㊷ Dworkin, LE, p.95.

㊸ Dworkin, LE, p.152, pp.154～157.

㊹ Dworkin, LE, p.155.

㊺ Dworkin, LE, p.175.

利與義務來自於過去的政治決定。依照作為整體的法律的觀點，如果法律的命題包括或遵循正義、公平及訴訟正當程序 (Justice, fairness and procedural due process) 的原則而對社群的法律實踐提供最佳建設性的詮釋，那麼這個法律命題是正確的㊻。

Dworkin 的這個法律作為整體的思想，其中包含了一套內容相當複雜的詮釋學理論。簡要地說，Dworkin 認為法律就像一部永不結束的連貫小說，每個法官（或每個公權力執行者）都是作家。他們都必須像同一個作家般，在過往已經完成的部分之基礎上，繼續去延續撰寫這部小說㊼。因此：

作為整體的法律以其當代的問題開始，追溯過去，而且以它在當代集中的問題及其同樣的方式去探索。即使就現在的法律而言，它的目的並不在於重新捕捉最初制定法律的政治家們的理想或實際目的，而毋寧是為了以一部值得現在敘述的故事去證立他們當時的行為（有時還包括他們當時的言語）是正當的。這個故事含有一個複雜的主張：那些足以鼓舞我們去成就光榮未來的諸原則能組成並證立當前的實踐 (that present practice can be organized by and justified in principles sufficiently attractive to provide an honorable future)㊽。

㊻ Dworkin, LE, p.225.

㊼ Dworkin, LE, pp.228～232.

㊽ Dworkin, LE, pp.227～228.

陸、綜合檢討

Dworkin所提出的理論可說是對基礎規則理論之思考方式的一種徹底批判。正因為法體系需要統一性，而統一性又似乎非要透過某種基礎規則不可，所以產生了各種的基礎規則理論。但是這種理論的性格，卻是相當拘謹地自我限縮為「說明」(explain)所有法體系都共同具有的效力基礎。Hart就始終認為他所建立的柔性法實證主義的理論目標與Dworkin念茲在茲的詮釋學理論是處於不同的理論層次。Dworkin可能要求的更多更高，但不能據此認為前者是錯的。相反的，Hart認為Dworkin在談前詮釋的法律(preinterpretive law)時，實質上必定預設了某種基礎規則的想法㊾。那麼到底誰的說法比較正確呢?

如果就一種較為經驗直觀的看法來思考，Hart式的基礎規則理論（只要加上一些修飾）確實具有相當大的說服力。任何法律人都會同意我們需要一套共所共認的標準（承認規則）來幫助我們鑑別法規範，只有在法規範之意義不清的時候（此即Hart所稱之open texture或penumbral area）㊿，我們才進行解釋。但是如果沒有這一套標準，就連解釋的對象都無從確定，何來詮釋理論之運用可言。這麼看來，Dworkin所提出的似乎就是一種詮釋法律文本的理論，而不是一種說明法律現象的理論。前者當然不能說後者是錯的，反而要預設它。但是Dworkin（及其他之法詮釋學派的學者）顯然又不認為如此。以下筆者嘗試透過一些爭議案件來對這一問題進行檢討，並提出自己的看

㊾ Hart, *Postscript*, pp.269～272.

㊿ Hart, CL, p.124.

法。

一、最高法院之決議得為違憲審查之對象嗎？——對釋字第三七四號之思考

司法院大法官會議第三七四號解釋（1995年3月17日）[51]所處理的實體問題為土地法第四十六條之一至第四十六條之三之地籍圖重測的法律效力問題。不過此號解釋的標的卻為最高法院於一九八六年四月二十二日第八次民事庭會議所做的一個決議：「為貫徹整理地籍之土地政策，免滋紛擾，自不容土地所有人於事後又主張其原指界有誤，訴請另定界址」。關於本案此處關心的自然並非其實體爭議，而是職司解釋憲法的大法官會議是否有權針對最高法院之決議有無牴觸憲法之疑義進行解釋。因為依據司法院大法官審理案件法第五條第一項第二款的規定，大法官會議規範審查之範圍為「確定終局判決所適用之法律或命令」，其中並未提及最高法院之決議（以下簡稱「決議」）。如今大法官會議也將決議作為其違憲審查的對象，是否逾越了其權限。

對於此一大法官會議是否亦得審查決議的問題當然可有肯定與否定兩種見解。多數的大法官當然是持肯定的見解（否則就不會做出解釋，而會以程序駁回聲請）。其主要的理由有三：

第一，大法官會議過去在做命令的違憲審查時，並不以形式意義的命令或使用法定名稱者（中央法規標準法三條）為限，凡中央或地方機關依其職權所發布之規章或對法規適用所表示之見解，雖對獨立審判之法官並無法律上之拘束力，若經法官於終局裁判所引用者，即

[51] 請參閱司法院大法官解釋續編㈨（簡稱續編㈨），臺北，司法院，1996，頁38～65。

屬前開法條（指司法院大法官審理案件法第五條）所指之命令，得為違憲審查之對象（參考釋字第二一六、二三八、三三六等號解釋）。

第二，司法機關於具體案件之外，尚可透過判例與決議兩種方式表示其適用法律之一般見解。而依據自釋字第一五四、一七七、一八五等多號解釋以降大法官會議的見解，只要經人民指摘為違憲，大法官會議一向將判例視同命令予以審查。

第三，最高法院之決議原僅供院內法官辦案之參考，並無必然之拘束力，與判例不能等量齊觀，惟決議之製作既有法令依據（法院組織法第七十八條及最高法院處務規程第三十二條），又代表最高法院之法律見解，如經法官於裁判上援用時，自應認與命令相當，得為違憲審查之對象[52]。

對於這號解釋，幾位原本任職於最高法院的大法官（陳計男、孫森焱、林永謀）紛紛表示了不同意見，並分別寫了不同意見書。綜觀這幾篇不同意見書，可以整理出以下幾個主要的反對意見：

第一，決議僅供法官辦案時之參考而已，並無規範法官審判具體個案時之效力。因此最高法院於其自身所出版之決議全文彙編中即明示「本院決議原在統一本院民、刑事庭各庭之法律見解，俾供各庭辦案參考，與本院判例係經報經司法院核定，具有司法解釋性質者迥異，亦不具拘束力」[53]。

第二，法官對於決議所表達之法律上意見，依據法官獨立審判之原則本即擁有取捨之自由，縱令採為其判決之法律上意見，亦僅為該法官依其確信認為該法律上意見為正當，於其裁判時作為其裁判之法

[52] 續編(九)，頁39。

[53] 續編(九)，頁42，43，46，54。

律上意見而已。即令法官於判決理由中，引述最高法院之決議，仍僅在說明其確信之緣由，加強該判決理由之說服力，並非因該會議決議具有規範效力受其拘束，而據該決議為判決基礎之結果[54]。

第三，最高法院之決議所表達之法律上之見解，雖多為法官、學者及國家考試所參考採用，但此乃因該決議係由學經驗豐富之最高法院法官討論後作成，為大眾信其較具權威性而予採取所致。但其與學者權威著作中之意見，常為法官辦案時所採用者本質上並無差異[55]。

第四，最高法院決議因無拘束力，如果確定裁判所採法律見解與之牴觸，亦不得認為適用法規顯有錯誤，對之提起民事再審之訴。亦不得指為違背法令，對之提起刑事非常上訴[56]。

第五，實質之命令除應具備發布或下達的條件外，亦應具備一般性與抽象性，但決議並不具有此等性質[57]。

第六，所有各級法院之判決依法皆應定期出版、刊載。而判決中所表達之見解幾乎無不具代表性，設某法院所為判決之見解為另一法院之判決所採取而予以援用，豈非亦在大法官審查之範圍。果真如此，現行之訴訟制度將無所適從。因此援用即可審查之說辭乃錯誤之論證[58]。

第七，大法官對於司法院大法官審理案件法第五條所稱之「命令」

---

[54] 續編(九)，頁43。

[55] 續編(九)，頁43。

[56] 續編(九)，頁47；並請參考民訴第四九六條第一項第一款，五十七年臺上字第一〇九一號判例；刑訴第四四一條。

[57] 續編(九)，頁53～54。

[58] 續編(九)，頁55。

的概念固然可以為適當之擴張，但是仍不得與命令之基本概念相乖離，否則已非立法者所謂之命令矣！蓋立法者基於價值體系暨相關之考量所建立之法律性規範，殊不容以司法作用將之改變。如果立法者已將大法官審查之範圍限於法律與命令，大法官若予逾越將「見解」亦予納入，如此已非法之適用，而為對法律之修正，此已侵害立法機關之職權。司法機關若不自制，將與民主制度全面對立。畢竟任何機關均不具有主權性，亦非全能，主權屬於國民，且亦僅屬於國民，是故任何機關均不能獨擅強行自己的意思，不然權力之均衡必將遭受破壞[59]。

這是一號其中具有高度法理學意義的解釋[60]，大法官們透過討論「最高法院之決議是否為相當於命令之法規範」等於間接在爭論「法律（法規範）是什麼?」這個法理學問題。以本文的主題而論，大法官們似乎都是在運用一些基礎規則來進行法之檢驗，來確定那些規範是法規範，那些不是。最具共識的是，所有人都同意司法院大法官審理案件法是法規範，因此大法官會議應依照此一程序法來進行案件審理。但是最高法院之決議是否可視為該法第五條第一項第二款所稱之「命令」，就起了很大之爭議。有人認為決議是相當於命令的一種法規範，但也有人認為決議根本就不是法規範。此時是否大法官們也在嘗試運用某個基礎規則來回答此一問題呢？如果是，此一可資依據之基礎規

---

[59] 續編(九)，頁56～57。

[60] 其實所有的裁判都具有法理學的意義，只不過依其艱難與爭議程度的高低，而有不同強度的關聯。當然法律人往往並未意識到其所作裁判之法理學意義。Dworkin就將法理學稱之為所有裁判之總論，s. Dworkin, LE, p.90.

則是什麼呢?

如果依照Hart模式的理論來解析，可以有幾種不同的說法，第一，我國法體系的承認規則中確實包含有判斷此一問題的標準，雖然並非明文規定，但我們可以透過某種經驗的方式去確認它（因為承認規則為一經驗事實），我們也應該根據這一標準判斷最高法院之決議是否應視為相當於命令之法規範。大法官們的爭議，只不過是對於此一包含於承認規則中的標準到底是什麼有不同的看法。第二，我國法體系的承認規則並不包含有決定此一問題的標準，因此大法官們是在運用自己的價值判斷、社會的需要等因素進行一種裁量(discretion)。至於最後採用了那一種看法，是透過大法官三分之二的多數決來決定。一旦決定之後，我國法體系的承認規則就多了這一部分。這兩種說法在Hart模式的理論下都可以成立，差別僅在於前者認為已經有標準，所以肯定說與否定說中一定會有一種是錯的（當然並不一定多數說就是對的）。而第二種說法則認為並沒有既存的標準存在，因此依據審理法，三分之二之多數決定了某一種見解是對的，也從此創造了一個標準。

筆者認為，如果採取第二種見解，等於是說對於高爭議性的艱難案件 (hard case)，法官可以依據自己認定的標準來加以裁判，因為反正可資依據的法律標準是不存在的。在前述提及的不同意見書中，也確實曾提到法官應依據學識、經驗或良知來裁判[61]。但是如此一來等於是沒有對錯可言（或多數意見僅因其為多數就是對的），不同意見書其實也就不需要寫了。因此第一種見解似乎是比較對的。因為依據此一見解，對於艱難案件畢竟還是有標準可供依據，只不過因為沒有明文寫出，因此大家對之產生了不同的看法。

---

[61] 彙編(九)，頁42，47。

但是如果參酌Dworkin以及其他法詮釋學的理論來進一步察考，我們卻可以發現前述兩種Hart模式的說法其實差別不大，因為一種說標準不清楚，另一種說標準不存在。但是這麼不清楚的標準我們為何還要認為它存在呢？如果它真的存在，難道我們可以透過工具或儀器的改進，像透過顯微鏡的發明而看見細菌般，逐漸看清楚這個標準嗎？很有趣的是，雖然就問題本身筆者是贊成大法官會議可以審查最高法院決議的合憲性，但是就問題的論述而言，筆者卻認為三位大法官透過不同意見書的全面反擊，雖然不免有些論述不清之處，卻更深刻地顯示了法律爭議問題的真正性質。亦即透過對艱難案件的審理與思考，我們並不是要澄清一個已經存在於經驗界的標準，而是促使我們重新論述我們對於法律制度、對於國家權力之界限、對於法官的職責、對於艱難案件應如何裁判、對於權利與責任之分配方式、對於民主制度的意義等等許多基本法律原則的看法與見解，並在此基礎上提出對於當前爭議案件的裁判方式。Hart的承認規則其實並沒有真正幫助我們鑑別法規範，它最多只是指出了一些素材，一些初步的資料，一些前詮釋的法律，或者用Arthur Kaufmann的話，一些「可能性」[62]，我們在進行法律詮釋時，甚至不是那麼侷限地在詮釋這些資料而已。

這是一個非常重要的差別，因為依照各種Hart版的基礎規則理論，基礎規則或指出一些法規範，或指出一些有待解釋的法規範，或界定解釋法律時應予參考的法律原則，或指出某一問題根本沒有法規範。簡言之，基礎規則總是嘗試去界定，去畫出一條分界線，去區分這些

[62] Arthur Kaufmann, *Die "ipsa res justa"–Gedanken zu einer hermeneutischen Rechtsontologie*, in derselbe: *Beiträge zur Juristischen Hermeneutik*, Köln, Berlin u.a. 1993, S.53～64, S.61.

是法律的規範，那些不是法律的規範。但是依據參與的、建構的詮釋學的想法，任何對基礎規則的陳述，例如「立法院通過，總統公布的是法律」，雖然並不是一句錯誤的陳述，但都只是一種轉述或引述(citation)而已，並不能真正完成對法律規範三段論法之大前提的證立(justification)工作[63]。亦即在一般案件中對法條的引述，反而隱藏了真正的、但透過法體制的設計所簡化的證立。只有在遇到艱難案件時，才促使我們積極地去面對此一證立的要求。以前述釋字第三七四號之例，持不同意見的大法官們至少提出了以下幾個重要的爭議點(argumentative points)：

（一）效力與權威性；

（二）形成法官法律見解之緣由與法規範之拘束力；

（三）爭議之標的（最高法院之決議）過去在其他相關制度中之運作意義；

（四）法官（法院）與立法者（立法機關）之權限；

（五）司法作用與主權。

其中（一）、（二）、（四）、（五）都涉及兩個相關卻又應相互界定的概念。第（三）則涉及法體系制度史之評價詮釋問題。所有這些爭議點都直指「法律是什麼?」這一問題的核心，對這些爭議點的看法與主張，其實正是一個法律人對於法律制度基本意義的深層告白。因此法律是在艱難案件中，透過不同法律人的不同詮釋見解始逐漸形成浮現其輪廓。而我們又是在這一詮釋過程中各自追尋證立一最佳的裁判

[63] 這個對三段論法大前提之論證是外部證立(external justification)最主要的部分。Vgl. R. Alexy, *Theorie der juristischen Argumentation* (zit. TJA), Frankfurt a.M. 2. Aufl. 1991., S.283ff.

方案。所以透過各種形式的基礎規則所能鑑別出來的規範，即使我們可以在一種日常使用的意義上將其稱之為「法律」，但是此等法律就一法詮釋學的觀點，只是非常原初的材料或資訊而已，就一較嚴格的法學觀點，當然尚稱不上法律[64]。正如同磚石與鋼筋等建材，也許我們建造房屋少不了這些材料，但是它們絕非房屋本身。

以上述所提出的爭議點而言，筆者對本案的看法可以簡述如下：

（一）具有法效力之規範當然具有對法官之拘束力，而單純權威性本身當然不等於法效力。因為學術權威、藝術權威等皆擁有權威，但是並不自動形成法效力。但是這也並不表示所有的權威性皆與法效力之成立無關。

（二）透過法律制度所構成的權威性，應視其所處之制度位置與結構關聯，而可能形成法效力之根據。例如各國最高級法院之判決先例，正因為其為最高層級之司法機關（而不是因為最高法院法官之學識），因此其他各級法院之法官普遍承認接受其權威性，此際即構成法效力之來源，並不需要其他法律明文規定。因為法律的明文規定只不過是透過另一個制度上所構成的權威機關（國會）再多一層宣示而已。除非我們認為只有國會明示通過之規範才具有法效力，否則其他的途徑亦可成為法效之根據。

（三）我國之判例亦然，最高法院選編後呈司法院核定，此為踐行制度上要求之程序，但這並不表示只有透過此等程序，最高法院之見解才具有法效。最高法院作為最高層級之審判機關此一制度定位，就已經使得其所做裁判具有相當強之權威，更何況透過會議討論所作成之決議，又經特別編纂出版，且最高法院明示此乃為統一法律見解

---

[64] Dworkin, LE, p.91.

所為。此時此種雙重之權威性，即已充分構成法效力之根據（因為所有法官與律師都將接受並認真看待這些決議），是否呈請司法院核備並非重點。

（四）即使過去最高法院認為違背決議不能構成提起再審或刑事非常上訴之理由（即並非適用法規顯有錯誤或違背法令），亦不妨礙現在改變這一見解（本人亦認為應改變這一見解），或作為人民基本權利之保障者的大法官會議在此採取不同之認定標準。

（五）至於民主原則與國民主權在此與司法機關之可能衝突方面，本人認為盡可能強化對人權保障之範圍才是憲法設立釋憲制度之本意。真正應該檢討的反而是，在國會與司法機關之權限劃分下，最高法院為何可擁有選取判例或開會決議以統一法律見解之形同立法的權限？如果嚴格解釋憲法，這些行為都是違憲的行為。如果我們認為憲法亦不排斥最高法院或司法院的此等作為空間，那麼憲法亦將允許，甚至是要求大法官會議亦應審查最高法院之判例及決議，以避免人權保障制度發生漏洞。

二、舊聯合財產制的規定應繼續適用嗎？——對釋字第四一〇號之檢討

在上述討論的背景下，我們可以進而考察大法官會議釋字第四一〇號解釋（1996年7月19日）[65]。本號解釋主旨在審查民法親屬編施行法第一條：「關於親屬之事件，在民法親屬編施行前發生者，除本施行法有特別規定外，不適用民法親屬編之規定。其在修正前發生者，除本施行法有特別規定外，亦不適用修正後之規定。」及最高法院五十

[65] 請參見司法院公報第三十八卷八期，民85. 8.，頁45～46。

五年臺抗字第一六一號判例：「妻於婚姻關係存續中始行取得之財產，如不能證明其為特有財產或原有財產，依民法第一千零一十六條及第一千零一十七條第二項之規定，即屬聯合財產，其所有權應屬於夫」之合憲性。其主要爭點在於，民國七十四年六月三日修正後之民法親屬編雖然已對夫妻之法定財產制（即聯合財產制）在平等原則之考量下做了重大修正，但是由於前述民法親屬編施行法之規定，使得於修正前已發生現仍繼續存續之聯合財產關係（一般而言即為結婚於74年6月3日前之夫妻的財產關係）不但無法適用修正後之規定，反而因適用舊法的緣故也仍要繼續適用上述之判例。

釋字第四一〇號針對此一問題，一方面認為「民法親屬編施行法第一條……旨在尊重民法親屬編施行前或修正前原已存在之法律秩序，以維護法安定之要求，同時對於原已發生之法律秩序認不應仍繼續維持或須變更者，則於該施行法設特別規定，以資調和，與憲法並無牴觸。」另一方面則宣告前述最高法院之判例因適用修正後之民法，不應再予援用。針對親屬編修正前已發生現尚存在之聯合財產，仍適用修正前之規定，由夫繼續享有權利，未能貫徹憲法保障男女平等之意旨，大法官會議則認為「有關機關應儘速於民法親屬編施行法之相關規定檢討修正」「以俾符男女平等原則」。

針對這號解釋並沒有任何大法官提出不同意見書或協同意見書。也就是說全體大法官不但全數贊成第四一〇號解釋的結論，也一致同意其理由。如果用基礎規則的角度來看這個問題，我們可以說民法親屬編施行法與最高法院之判例皆被鑑別為法規範。但是由於憲法平等原則之考量及民法親屬編相關規定之修正，使得該號判例失去效力，即被鑑別出不再是法規範了，因此不應再予援用。但是同一號判例為什麼會又被鑑定為法規範，又被鑑定為不是法規範呢？最為簡明的一種回答是：因為民法親屬編相關規定（民一〇一七條、一〇一八條）已經經立法院修正了，所以原先作為對其解釋之該號判例，當然也因為這個修正而失效。這個說法對不對呢？

筆者認為不對。我們不要忘了，大法官會議在這號解釋中，一方面也多次提及憲法第七條所要求之男女平等原則，另一方面也在審理施行法第一條的合憲性，並且於結論中肯定了施行法第一條的合憲性。如果施行法第一條是合憲的，那麼發生於修正前已發生之聯合財產適用舊規定也是合憲的，既然如此，舊的民法第一千零一十七條之規定也是合憲的（因為釋憲機關不會指示我們適用違憲之法律）。那麼只要舊的聯合財產關係發生有要適用民法第一千零一十七條之情形，那麼舊民法第一千零一十七條就繼續有效，如此一來最高法院臺抗字第一六一號判例的解釋對象就繼續存在，這一號判例就不應該，也不會因為民法的修正而失效。相反地，它會因為施行法第一條後段之規定而繼續有效至所有依舊法所成立之聯合財產關係皆不存在為止。因此這號判例只會因為違反憲法而失效。亦即，對釋字第四一〇號（就審理判例部分）之正確理解似乎應該是，自民法親屬編於民國七十四年六月三日修正後，所有依舊法所成立之聯合財產關係在適用舊民法第一千零一十七條時，不能再援用臺抗字第一六一號判例，因為該號判例違反憲法第七條之平等原則。對於妻於婚姻關係存續中所取得之財產，不論其取得之時在民法修正前還是修正後，皆應適用修正後之規定（民一〇一七條一項），亦即應直接認定為妻之原有財產，由妻保有其所有權，不發生任何證明的問題。

但是依據這個看法，依舊法所成立而現仍存續之聯合財產關係中，就不會有「不屬於夫之原有財產及妻之原有財產部分，應如何處理」的問題（或屬於夫妻之一方，或推定為共有）。但是顯然大法官會議並不如此認定，所以才有對「有關機關應儘速於民法親屬編施行法之相關規定檢討修正」之指示。筆者認為在這裡顯示了釋字第四一〇號是一個既不一致 (not consistent)，亦不貫通 (not coherent)[66] 的解釋。它不一致，是因為它無法基於民法之修正而認定臺抗字第一六一號判例失效，但如果基於平等原則認定該判例因違憲而失效，卻又忽視了這號判例是對舊民法第一千零一十六及一千零一十七條第二項之當然解釋，因此如果該判例違憲，舊民法這兩條條文當然也違憲，但大法官會議卻又不直接如此宣告。

就貫通性而言，如果以聲請人真正關切的親屬編施行法第一條後段之合憲性來看，解釋書中所稱之「維護法安定之要求」根本不是重點，重點在於，此項規定讓成立於親屬編修正前的聯合財產毫無保留的適用舊民法的規定，而舊民法相關規定如果違反平等原則，那麼豈不讓結婚早於民法修正前之聯合財產永遠受違憲法律之規範。這不但違反男女平等，其實也違反了婦女（修正前結婚）與婦女（修正後結婚）平等之原則。那麼大法官是否認為舊規定違憲呢？很顯然是的，否則它不會要求有關機關應針對此一問題儘速檢討修正。更奇怪的是，職司違憲審查之大法官會議竟然只勸告有關機關應檢討修正違憲法

[66] 一致性就是邏輯無矛盾性。貫通性則是更高標準的要求，它的意義也許可藉由瑞典法理學家 Aleksander Peczenik 的定義來初步說明：The more the statements belonging to a given theory approximate a perfect supportive structure, the more coherent the theory. 簡言之，即為理論內部陳述之相互支持程度。Vgl. A. Peczenik, On Law and Reason, Dordrecht u. a. 1989, S.158ff.

律[67]，而不是宣告其無效、失效或定期失效。凡此種種皆顯示大法官會議在這號解釋中對平等原則及其自身司法違憲審查機關之權限未能做一貫通的立場堅持。

我們可以發現，對釋字第四一〇號我們當然仍然可以用「基礎規則存在但不清楚」的說法來加以了解或詮釋。例如「所有經鑑別之法律規範仍不得牴觸平等原則與法安定性原則，否則無效」。至於如何決定法規範是否牴觸平等原則，以及平等原則與法安定性原則衝突時應如何解決，則屬於基礎規則不清楚的部分。但是這種對艱難案件的了解方式或詮釋態度，永遠註定會得到「基礎規則存在但不清礎」的結果，而不清楚的部分就只好委諸法官的「正義感、法感或良知」或「社會福祉之需要」或「多數人的意見」來解決（如果認為對系爭問題既有的基礎規則根本沒有規定，其結果是一樣的）。但是超越基礎規則理論的法詮釋學立場卻認為，這既不是沒有標準也不是標準不清的問題，而是我們如何在這一涉及男女平等與法安定性要求的爭議問題中，重新敘述並肯認原已存在於我國法制背後之背景價值(background morality)，及此一價值所原已肯定賦與每位公民之背景權利(background rights)為何，以及——尤其對法律解釋特別重要——這些背景價值與背景權利乃具體透過那些制度性權利(institutional rights)來保

[67] 大法官會議的這個勸告當然可以說是有一些作用的，所以立法機關即快速地修正通過，並於一九九六年九月廿五日公布了民法親屬編施行法第六條之一，針對舊聯合財產關係下之不動產部分做了新規定。但是正因為大法官會議的曖昧態度，所以這一新條文仍然是對妻不平等的規定。筆者認為這顯示了大法官會議的某種懷疑主義(Skepticism)與機會主義(Opportunism)傾向。

障公民，來促使背景價值之真正實踐[68]。這樣一種關懷的態度，則不啻要求法官進行一場直接涉及「法律是什麼」此一法理學問題的政治哲學論述。但是由此等論述所得到的對某種裁判方式的證立，雖然並非直接引述(citation)實證法的規定，卻也絕非創造一新法。因為這是一組由我國法制之背景價值、背景權利，配合我國法制之具體制度設計所獲得的一種貫通性的見解。因此這個裁判確實是依據某種既有的標準來裁判，只不過這個標準並非事實性的標準，而毋寧是反事實性(counter-factual)的標準，亦即它不可能以任何經驗事實（不論是承認規則還是多數人的意見）直接加以鑑別，而只能透過合理之論證加以追求[69]。

就釋字第四一〇號所處理的問題而言，筆者本人的看法簡短而言則是：我國法制有兩個重要的背景價值：人權保障與民主原則。前者的基礎為對每個人平等之關懷與尊重 (equal concern and respect)[70]，

---

[68] Dworkin, TRS, pp.90～130.

[69] 此一方面請參考幾部代表性之經典著：Alexy, TJA; Jürgen Habermas, Faktizität und Geltung (zit. FG), Frankfurt a.M. 1992.; Aarnio, Alexy, Peczenik, *Grundlagen der juristischen Argumentation*, in Krawietz/Alexy (hrsg.): Metatheorie juristischer Argumentation, Berlin 1983, S. 9～88. 並請參閱顏厥安，法、理性與論證——Robert Alexy 的法論證理論（上）（下），分別載：政大法學評論第五十二期，臺北，1994.12.，頁33～58及第五十三期，臺北，1995. 6.，頁1～44；顏厥安，法效力與法解釋——由Habermas及Kaufmann的法效理論檢討法學知識的性質，發表於「文科學術理論」研討會，Nov. 2～4, 1996，臺大法學院國際會議廳（尚未出版）。

[70] Dworkin, TRS, p.180.

後者則是國民主權原理(71)。由前者所引申的權利為包括平等權、自由權與社會權等在內之人權系譜(72)，後者則指向國民參政權。就系爭之問題而言，聲請人在我國法制下之制度性權利則是憲法第七條之平等權以及可訴請釋憲機關審查可能侵害其平等權之法律。但是釋憲機關則也負有尊重並保障立法機關基於民主原則所擁有之權威性與其所制定法律之安定性的憲法義務。因此解決本案之關鍵在於：既然立法者本身已經為了貫徹憲法男女平等原則而修正了舊民法聯合財產制之規定，那麼立法者所同時修正的親屬編施行法第一條後段的規定，就蘊含了要在保障舊法法安定性的考量下，盡最大可能實踐貫徹男女平等的要求，這意味著，依舊法成立之聯合財產關係，應自親屬編修正後全盤適用新法有關聯合財產制的規定。否則不但男女繼續不平等，更使得婦女與婦女產生新的不平等。這顯非立法者修法所要追求之意旨。因此大法官會議應宣告自民國七十四年六月三日起，舊聯合財產制全面失效，所有聯合財產制應適用新的規定。亦即對民法親屬編施行法第一條後段做一限縮解釋，而不是強要符合法律表面文字上之意義。筆者認為，這樣的一種解釋，才真正達成了人權保障與民主兩大原則在法體制運作實踐中首尾一貫（即 coherent）的要求。而這樣的一種解釋方案，是任何模式的基礎規則理論既不能提供，也不能充分說明其意義的方案。更有進者，這樣一種以背景價值、背景權利、制度性權利為主軸，將立法者權限與法官權限、平等之關懷與尊重與國民主權、相關制度之歷史實踐經驗、權威性與有效性等因素直接拉進法律詮釋的做法，更實質推進拓展了傳統法詮釋學所未見的重要詮釋向度。

(71) Habermas, FG, S.112ff., 129ff.

(72) Habermas, FG, S.154～165.

簡言之，這不只是一個法學方法上的問題而已，而是對法體系與政治秩序基本價值之不同觀點的辯論[73]。

柒、附論：對法學教育之思考

綜合前述之基礎規則理論與法詮釋學兩種立場，我們可進而檢討法學教育的一般意義與可能之改革之道。

由基礎規則理論的角度來看，法律就是透過基礎規則（以Hart的理論來說就是承認規則）所鑑別的規範。因此既然法學教育是要訓練知道法律是什麼的專業人士，那麼法學教育之任務依其優先順序是：

（一）訓練學生熟知法律體系之承認規則（即法源）是什麼，以及

（二）了解透過承認規則所鑑別的一些主要法律規定或判決及其意義是什麼。

（三）至於承認規則所沒有辦法清楚界定之規範爭議問題，如果已經被司法或行政實務所處理過，那麼學生就應該知道實務的見解回答是什麼，這其實也是承認規則運用的一部分；

（四）如果實務界並未處理過，但是學界已經設想過此一問題，那麼學生就應該學習最具權威性的學說的見解。至於誰的學說是最具權威的學說，可由法學界社群自行發展認定（例如國家考試命題者之學說；這也可以是承認規則的一部分）；

---

[73] 就這一方面而言，筆者認為德國戰後較為貧乏的領域是政治哲學與分析方法。因此似乎可嘗試將德國所擅長之哲學詮釋學、法詮釋學之法學方法論，與英美所擅長之政治哲學與分析倫理學相互結合，以做為新時代法理學整合之根基。

（五）如果沒有最權威的學說，而只有幾種都具某種說服力之學說，或者如果碰到全新的艱難案件時，法學教育可以告訴學生依照良知、理性、經驗、正義理念、社會福祉、社會需求、社會成本(74)等等非關法律的標準來加以決定，因為此時已無可透過承認規則所鑑別的法律(75)。

以上的幾個法學教育的內容及其順序，筆者相信，其實是絕大多數法律系教育的基本方針，甚至是全部內容。而且我們初看也不會覺得這個方案有什麼不對。甚至各種強調應加強法學教育中之非屬法律知識部分（例如強化其他社會科學知識）的改革建議，多數也都可將其視為對第五項能力之強化。但是當然我們從來都沒有想過，這整套的想法其實是植基於某種的基礎規則理論，而如果以其當代最具代表性的Hart理論為本，這更是值基於一種法實證主義的理論——雖然有許多法學教育工作者並不認為自己是法實證主義者，或不認為法學教育與法實證主義有什麼關係。

但是如果由法詮釋學的立場來加以思考，那麼前述之（一）到（四）的內容也許不用改，但是其動詞部分應改為讓學生「學習如何閱讀並詮釋」(Learn how to read and interpret)，以與單純地認識並了解(simply know and understand)相區別。因為在這種觀點下，重要的

---

(74) 請參閱法律經濟分析之名著：寇斯 (R. H. Coase)，社會成本問題，載：寇斯著，陳坤銘／李華夏譯，廠商、市場與法律，臺北，遠流，1995，頁113～180；並請參考，王文宇，財產法的經濟分析與寇斯定理——從一則古老的土地相鄰判決談起，載月旦法學，十五期，1996. 8.，頁1～9。

(75) Dworkin認為，法學教育對法律人認為法律主要由規則所組成扮演了重要的影響角色，Vgl. TRS, p.38.

是讓學生掌握一國法律制度的背景價值、背景權利及其在各個具體法律領域內與具體制度之關聯為何，以使學生除會引述法條、判決先例與權威學說以解決普通案件外，更具備能積極建構詮釋法律原則，以求以貫通之方式解決隨時可能碰到之艱難案件的能力。因此上述之第（五）應改為：「透過在每個重要法域裡對高度爭議艱難案件的討論、思考與嘗試解決，使學生了解法律制度與政治秩序的基本意義，並使其掌握我國法律制度的背景價值、背景權利及其在各個具體法律領域內與具體制度之關聯。」這個主張也許乍看陳義過高、不切實際，但是如果法詮釋學的觀點是對的，那麼被動地去背誦知道（一）到（四）的素材，就根本不算學習了法律。因為法律的文字文本(verbal text)是隨時會改變的。相反地，只有當學生（至少初步地）能夠閱讀並詮釋法律文本時，他才算是知道並了解了這些素材。

在這個基礎上如果要更深入談法學教育，我們需要的可能就是某個更為完整的法詮釋理論架構。以下筆者嘗試提出一組法詮釋學理論的基本命題，在本論文之中當然無法對這組命題進行甚至是很初步的說明與證立。之所以提出，是希望讓讀者了解本人對法律詮釋的一些基本想法[76]，如此也許更能說明筆者對法學教育之理念：

（一）所有的法律解釋都以某種方式包含著憲法解釋。

（二）所有的憲法解釋都同時包含著統治正當性之證立。

（三）所謂統治正當性之證立包含著機關管轄權限正當性之證立與公權力行使正當性之證立。

（四）裁決內容正當性之證立，是在平等規則的支持下，進行對實質正義的反思，以及基於此反思，對當前之個案或問題在其制度定

[76] 筆者將在另一篇文章進一步證立並討論這幾點之法詮釋學主張。

位下之所以做出如此裁決之證立。

（五）對實質正義的反思又引導我們回溯重構我們此一社群之所以如此被統治的意義，其中至少包括了對於社群與個別成員關係之重新思考與界定（尤其是成員的權利與責任），及對於我們自身與此一社群法制度史之詮釋與檢討。

（六）此一思考與界定又必定要求我們（作為一共同的社群）反思，我們是什麼樣的人與社群（即identity問題），我們為何要如此生活，以及我們要追求如何的未來。這要求我們要對倫理學與政治哲學進行討論。

（七）以上之解析使我們認識，法律詮釋的對象並非法律文字文本，而是其意義文本(sense text)。

以上七點當然不能窮盡一個完整之法詮釋理論之全貌，但是它已足夠為法學教育提出一份基本的藍圖：

（一）法學教育之目標是使學生能了解法律之意義文本，並能貫通地延續詮釋與創造之（包括立法能力）。

（二）學生首先仍應先接觸法律之文字文本，並同時開始學習閱讀並詮釋它。

（三）對憲法文本之閱讀與詮釋在其中應占有一特殊之地位。

（四）應使學生能在不同的法域中嫻熟並具反思地掌握運用法律體制的基本概念：權利、權限、義務、責任、權力。

（五）應在詮釋法律體制之架構下導入倫理學與政治哲學之反思。經濟分析及各種社會科學之途徑(approach)亦可為其一環。

（六）使學生獲致上述各項能力的最佳方式，是透過法律之文字文本與案件實例的交互參照（尤其是艱難案件），在兩者之對話中促使學生逐步領略洞視意義文本之各種可能層次[77]。

法學是一種高度複雜及綜合的學問，因此法學之教育當然不可能是一種簡單地訓練而已。隨著不同法學院或法律系所各自設定教育目標的層次與程度不同，各個學校當然會有非常不同的教育方式。但是我想有一點應該是共同的，那就是法律系是一個國家培養其公共事務人才最重要的場所，法律人在一現代化的社會裡必定要肩負起領導處理各種複雜政治社會衝突與資源分配之任務，這不只是法官與律師，更是行政人員、學校教師、國會議員與政府首長。因此法律意義文本之詮釋初看似乎只是一種法官觀點而已，但是其中其實已涉及「法律是什麼?」這個根本的問題，或者用Dworkin的話來說，法律終究而言，是「為了我們想成就的人民，以及我們旨在享有的社會。」[78]

---

[77] 從語義學之規範概念 (semantischer Normbegriff) 來看，規範與規範語句(Normsatz; normproposition)原本就是分離的。前者應被了解為後者的意義。因此一個規範語句，例如憲法第十一條，憲法第二十三條，刑法第二百七十一條第一項等，可以包含有一個以上之規範。這可以初步說明為什麼文字文本與意義文本是兩件不同之對象 。而意義文本在透過詮釋後又 可以呈現出相當複雜的層次。請參考以下幾個由不同理論背景討論此一問題之經典作，Hans Kelsen, Allgemeine Theorie der Normen, Wien 1979, S.76ff. u. passim; G. H. von Wright, Norm and Action, London 1963, S.70ff.; Arthur Kaufmann, Analogie und “Natur der Sache”, 2. Aufl. Heidelberg 1982, S.18ff; N. Luhmann, Das Recht der Gesellschaft, F.a.M. 1995, S.124ff.

[78] Dworkin, LE, p.413.

我國人工協助生殖立法規範之檢討與展望

陳美伶*

---

*作者為國立政治大學法學博士，現任法務部法律事務司專門委員

我國人工協助生殖立法規範之檢討與展望

壹、前　言

我國第一個試管嬰兒於一九八五年四月十六日在臺北榮民總醫院誕生，轉眼已歷十二年餘。此舉帶給生育機能障礙之夫妻得有傳宗接代機會之希望，但同時也引起醫學界、法律界及宗教界等投注特別的關心❶。十餘年來雖無任何官方統計資料顯示，經由人工協助生殖所生子女之確切數字，但從媒體不斷發表新科技之成果，表示我國在生殖醫學方面的成就，似不亞於其他先進國家❷。在科技上有足以傲視於世界的成就雖令人安慰，但快速進步的背後，隱藏著法制規範不足的隱憂，尤其在細胞可以複製情況下，美麗新世界的人類浩劫似有提前到來的可能，故法制的建立誠有必要且迫切，以尋求科技與人倫

---

❶ 榮民總醫院於第一個試管嬰兒成功後，邀請參與試管嬰兒醫療過程的醫師、成員各抒感想及甘苦，彙編成試管嬰兒乙書，內容涵蓋法律層面的探討及媒體報導情形，為歷史留下見證。鄒濟勳編著，試管嬰兒，黎明文化事業公司出版，民74.10.。

❷ 例如八十三年元月廿五日聯合晚報第五版報導，亞洲第一位以超高速冷凍胚胎術培植的試管嬰兒在臺中市中國醫藥學院附設醫院誕生，為全世界第三個成功國家，另二個國家為奧地利及比利時。類似報導時有所聞。

秩序之平衡點。

行政院衛生署於我國第一個試管嬰兒誕生後，即著手研擬相關規定，於民國七十五年四月十四日以衛保字第五八七五一一號公告❸「行政院衛生署人工生殖技術管理諮詢小組設置要點」，並著手研擬「人工生殖技術倫理指導綱領」,於同年七月八日以衛署保字第五九七三〇一號函發布❹。並繼續研擬人工生殖技術管理辦法，該草案於七十六年初即告完成，但一直未正式發布施行❺。復因人工生殖所涉層面相當廣，前揭「指導綱領」有若干牴觸法律及不明確之處，故該署於七十八年十月廿日，以衛署保字第八二四二七七號公告修正之❻。民國八十一年復就「管理辦法」重新檢討，並將名稱變更為「人工協助生殖管理辦法」草案於八十三年十一月廿三日發布施行。惟鑑於行政命令雖可對醫療院所產生管制作用，但因人工生殖所引發之問題，包括子女婚生地位之認定、精卵之法律性質及人工協助生殖契約之法律性質等均非行政命令所能涵括，制定相關法律，誠有必要，為求審慎,行政院衛生署自八十四年十月起委託司法院戴大法官東雄草擬「人工協助生殖法草案」,該草案於八十五年底完成,目前正由該署人工生殖技術諮詢委員會審查中，筆者有幸追隨戴大法官參與研究草擬該法案，謹將心得撰述本文，以祝賀戴師六秩壽辰。

貳、行政院衛生署發布相關行政命令之檢討

❸ 行政院衛生署公報，第十五卷，第十七號，頁31。

❹ 行政院衛生署公報，第十五卷，第二十二號，頁28～29。

❺ 聯合報，七十六年一月廿七日及同年二月十一日報導。

❻ 行政院衛生署公報，第十九卷，第五號，頁9～11。

茲就行政院衛生署發布有關人工協助生殖之相關行政命令，分別檢討如下：

一、人工生殖管理諮詢小組設置要點

本要點於七十五年四月十四日公告，距離我國第一個試管嬰兒出生正好屆滿一年，採任務編組方式，並聘請專家學者擔任委員，依該要點第二點之規定，諮詢小組之任務有 1. 蒐集各國人工生殖技術資料；2.研擬人工生殖技術指導綱領；3.研擬人工生殖技術管理辦法草案；4.檢討研議現行相關法規，以配合人工生殖技術之發展；5.策劃人工生殖技術管理辦法之實施步驟及 6.其他有關人工生殖技術管理諮詢事項。該小組之成立固為規範人工協助生殖之管理層面邁開一大步，但因成員偏向醫學與法律兩種專業，似嫌不足，而任務範圍過廣，採會議方式，又無幕僚專職人員，顯然不能在功能上有所發揮。復依上開要點第七點之規定，諮詢小組於人工生殖技術管理辦法發布施行後裁撤之，其屬階段性功能設計，自不待言。

二、人工生殖技術倫理指導綱領

七十五年七月上揭諮詢小組研擬完成「人工生殖技術倫理指導綱領」，強調「倫理」，屬指導性質且無強制力。本綱領揭示四大原則❼，

❼ 所謂四大原則為：一、人工生殖乃於不得已之情況下所施行的必要性醫療行為（包括施術夫妻、醫療機構、醫師、生殖細胞之安全與保存等均應符合一定之條件）； 二、人工生殖乃非商業性之慈善行為，精、卵及胚胎禁止買賣；三、人工生殖技術屬任意性與和平性之協同行為，故有配偶者應得其同意，且施術者應事前簽署手術同意書；四、人工生殖技

並在前言首先肯定人工生殖之必要性，認生殖原為天賦本能，但對於部分罹患不孕症不能自行生育，或罹患遺傳性疾病不宜自行生育子嗣之人，醫學科技有必要為其解決子嗣綿延及繼承問題。但為避免此項科技遭到濫用，對於人員資格、機構設備、技術上加以嚴密管制，一方面使醫事人員有所遵循，另一方面使社會大眾有所共識，以避免副作用的產生及引導人工生殖技術於正途。

綜觀本倫理指導綱領因屬指導原則(Guideline)性質，為抽象的規範內容，涵蓋面相當廣，但僅具提示性，且名為倫理規範，內容實不止於此❽。尤其排除民法有關婚生子女認定之規定，顯已超過行政命令可規範範圍，屬於人民權利義務事項，應以法律定之。再者所謂人工生殖技術通常包括體內、體外授精以及精子、卵子及胚胎的捐贈排列組合在內，但本綱領並未加以界定，範圍甚為模糊。又許多禁止行為因欠缺法律效力，致無罰則之規定，違反時是否有醫療法或刑罰處罰之適用，未臻明確，實難達其規範目的與功能。

鑑於指導綱領之缺失，行政院衛生署七十八年加以修正，修正後除將排除民法有關父母子女認定適用之部分刪除，以符法制外❾，最重要的是絕對禁止代理孕母行為，是一重大政策，足以影響醫療人員之行事準繩。

三、人工協助生殖技術管理辦法

術乃違反自然之擬制行為，故禁止違反倫常之行為。詳請參閱拙著，人工生殖之立法規範，政治大學博士論文，民83.6.，附錄，頁2。

❽ 戴東雄，孩子，你的父母是誰？法學叢刊，第一二五期，頁23以下，對於此指導綱領有非常詳細之檢討意見可資參考。

❾ 戴東雄，前揭文，頁24。

本辦法於八十三年十一月廿三日發布施行，共二十一條，第一條明定訂定之目的在於確保人工協助生殖技術之正確使用，並對本辦法專用名詞，例如「人工生殖技術」、「受術夫妻」、「代理孕母」等加以定義（第三條），原則上應經主管機關核准之醫療機構始得從事此項技術（第三條），實施之前不論受術夫妻或捐贈人均須接受一定之評估且符合一定之要件始可為之（第五條、六條、十條），並禁止代理孕母、一定親屬間之捐贈或使用培育超過十四天之胚胎等有違倫常行為（第七條）。除此之外，並規定施術之程序與要件（第九條、十一條）、捐贈生殖細胞之處置（第十二至十五條）及其他相關事項。

針對因不孕所需人工協助生殖之情形屢增不減，並為避免因過度濫用造成人倫秩序的混亂，研擬人工協助生殖技術管理辦法符合階段性之功能需求，值得肯定。但就法律位階以觀，以行政命令方式規範人工生殖如此龐大問題似有不足，尤其法律效果及制裁恐不能落實。茲就本管理辦法之規定，研提檢討意見。

（一）專責機關的設立

為使實施人工生殖技術之醫療機構有一套完善的規範加以管理，管理辦法第四條規定：「醫療機構應報請中央衛生主管機關核准始得施行人工生殖技術。但配偶間精子植入術不在此限。醫療機構非經前項核准，不得接受精子、卵子之捐贈；亦不得貯存或提供精子、卵子。第一項核准之程序及標準，由中央衛生主管機關定之。」依此規定，如以行政院衛生署之現行組織架構將其歸納於行政層面的審核程序，而無專業人士的參與，事實上難克竟其功，而依本辦法第二條所成立之諮詢委員會，性質上屬顧問，並無決策能力，所以成立一個類似英國人類生殖與胚胎研究認可局 (Human Fertilization and Embryology) 之專責機關[10]，誠屬必要。

（二）實施人工生殖之範圍

1.受術夫妻之要件

本辦法第六條規定受術夫妻之要件為須一、夫妻之一方經診斷罹患不孕症且無法治癒或罹患遺傳性疾病有生育異常子女之虞者；二、夫妻至少一方應有生殖細胞，並僅需接受他人捐贈精子或卵子者；三、妻方能以其子宮孕育生產胎兒者；四、依規定檢查及評估結果，適合接受人工生殖技術者。換言之，單身、離婚、同居或鰥寡者[11]均不得實施，為避免因非婚生子女造成社會問題，且在現行法並不承認同居之事實上婚姻關係前提下，此一規定，洵屬正確，惟因行政命令，對於因人工生殖所生子女之法律地位不能加以規範，致使這種事實上無父之子女，解釋上僅能依現行民法之規定，由生父透過認領或準正方式使該子女取得婚生地位。或參考德國收養法之規定，對於有血統連繫者仍可藉收養方式取得婚生地位，因收養制度多有公權力之介入(法院認可制度)，足以保障子女之權益，但在我國收養法尚未修正前，

[10] 英國為制定有關人類胚胎及該胚胎後續發展之法律條文、禁止有關於胚胎及配子之使用方式、建立人類受精及胚胎研究之主管機關，並以條文明定特定人在特定狀況下應認為係胎兒之法定父母，及修正一九八五年代產安排法(Surrogacy Arrangements Act)，於一九九〇年十一月一日公布施行人類生殖與胚胎研究法(Human Fertilization and Embryology Act)，有關本法之介紹，詳見前揭拙著，頁59～65；有關本法之中文譯文，詳請參見人工協助生殖法草案（各國相關法規彙編），衛生署委託研擬人工協助生殖法草案計畫小組彙編，頁91以下，民85.12.。

[11] 關於單身女性是否可以使用第三人捐贈之精液實施人工授精，在學理上頗有探討之餘地，詳見拙著，前揭文，頁155～157。

此種解釋似不足採。

2.代理孕母的禁止

代理孕母係指接受受術夫妻之精子、卵子或胚胎植入其生殖器官並代為孕育生產胎兒者，即俗稱之「借腹生子」，由於此種人工生殖方式打破傳統「分娩者為母」之婚生事實認定方式，且攸關倫常，各國莫不慎重，顯少全面開放⓬。本管理辦法規定妻須有懷胎之能力，即間接排除代理孕母之合法性。事實上對於此一部分，行政院衛生署之政策一直搖擺不定，例如七十五年人工生殖技術倫理指導綱領原則四第六點之三，規定原則上禁止代理性質之孕母行為，但經醫師證明無法正常生育者，可例外准許之。其次在七十六年研擬之管理辦法草案第二十條第五款，延續上開意見規定較為詳細，認使用代理孕母方式為主治醫師依醫師法第二十五條規定之業務上不正當行為，但經診斷無法正常生育，並具備夫妻雙方及代理孕育者之書面同意者，不在此限，即在一定條件下，承認代理孕母之行為，但在本管理辦法第七條第五款即明示禁止施行代理孕母方式。由寬而緊的政策導向，其理由安在，無從得知。事實上代理孕母型態之生殖方式有高度之可非難性，不僅倫常觀念之爭，在執行上也有若干困難，不論法律體系、道德觀念均遭受空前的挑戰，故絕大多數的學者，包括醫學界及法律界多持否定見解⓭。當然在全面禁止之情形下，對於天生無子宮或子宮業已

⓬ 拙著，前揭文，頁180～190；黃義豐譯，借腹生子契約之研究，司法周刊，三四七期，民76.12.30.；借腹生產的立法趨勢──英倫記事之二，法務通訊，一二一五期，民74.5.24.。

⓭ 顏厥安，沒有臉龐的權利主體──由法理學檢討生物科技與人工生殖技術，月旦法學雜誌，第二期，民84.6.，頁9以下，有不同之見解。

切除之婦女將有所遺憾，筆者以為如為適度開放實施代理孕母之人工生殖方式，宜先考量以下各點：一、需有一套完善的法律規範，明定實施之條件、效果、違反之法律制裁；二、客觀上民眾對於生育應有正確的觀念；三、禁止商業性之代理孕母行為，包括仲介、廣告等；四、成立專責之管理與監督機關。除此之外，「分娩者為母」之婚生認定方式，宜重新檢視。

3. 人工生殖之種類

依本辦法第六條第二款之規定，夫妻至少一方應有生殖細胞，並僅需接受他人捐贈精子或卵子者，換言之，實施人工生殖之種類雖包括配偶與非配偶間二種型態，且人工生殖子女至少與不孕夫妻之一方有血統連繫，胚胎之捐贈（精卵均來自第三人）似不在許可之列。復依本辦法第四條第一項但書之規定，配偶間精子植入術(AIH)，視為一般醫療行為，醫療機構不須特別核准，是依本辦法核准後，可實施之人工生殖種類有：捐精之配偶以外體內授精(AID)、捐精之配偶間與非配偶間體外授精、捐卵之配偶與非配偶間之人工授精。惟對於人工協助生殖所生子女之法律地位，因管理辦法之位階關係，只能透過民法解釋⑭，故有待法律加以填補。

4. 捐贈者之要件與管制

生殖細胞精卵之捐贈，在人工協助生殖技術中扮演非常重要的角色，依本辦法第十條之規定，捐贈者有年齡的限制（男女均須年滿二十歲以上、女性上限年齡為四十歲以下，男性為五十歲以下）、須經評估與檢查合格者、僅能在一處捐贈，屬無償行為並願將捐贈之精卵之

---

⑭ 拙著，前揭文，第四章，有關人工生殖子女婚生地位之認定有詳細之說明。

所有權移轉與負責保存之醫療機構等要件。

捐贈者年齡的限制係基於優生之考量，法國 CECOS 規範之基準，除年齡（未滿五十五歲）外，尚須為已婚且育有一健康子女始可，條件相當嚴格，雖然各國對於捐贈者之條件限制未見一致，但應接受生理及心理之評估及遺傳性疾病等之篩選 (Donor screening) 以作為客觀之評價，則似無不同。

捐贈處所之限制，其目的在於有效管制捐贈資料及避免因捐贈過多造成同一血統過多子女之紊亂情形，立意頗佳，惟如通報系統未臻完備，此限制規定將形同具文，反之，通報系統健全，此一限制又無必要。外國立法例多未就此作限制規定。

茲有疑問者，在於本辦法第十條第四、五款規定，捐贈實乃贈與之意，依民法有關贈與之規定，其性質屬無償契約，該贈與物交付後即歸屬受贈人所有，而此處之受贈人應為負責保存之醫療機構而非不孕之受術夫妻。換言之，贈與之當事人應為精卵提供人與醫療機構，而第四款所稱「受贈對象」係指受術夫妻，為避免法律文字解釋上容易產生混淆及捐贈人多為匿名之考慮，不宜稱受贈對象，以免解釋上認可直接贈與予受術夫妻。

捐贈之精子或卵子於贈與生效後，其所有權歸屬醫療機構所有，為當然之解釋，亦即捐贈人不得附條件，亦不得指定使用對象，捐精情形較無疑問，但捐卵時，則多因來源不足、手術繁雜，特定捐贈與指定使用對象較為普遍，則是否可例外許可逕行捐贈不孕之受術夫妻，以符實際，容有研究之餘地。

本辦法第十條第五款所稱精卵之所有權移轉之規定，間接確認生殖細胞之所有權概念，依通說之見解，係認精卵在未與人體分離前應為人體之一部分，屬於權利主體所有，並非權利客體，而處分尚未與人體分離之身體某一部分時，在不違反公序良俗下，即為有效[15]，故精卵在治療不孕之人工協助生殖目的下，得為處分之客體，與身體分離後，其所有權之歸屬應可類推適用民法第七百六十六條有關物的成分及其天然孳息，除法律另有規定外，仍應歸屬於其物之所有人[16]。惟其捐贈通說均認係一種慈善行為，除不得請求報酬外，並不得適用民法有關贈與撤銷之規定，以杜爭議[17]。

5. 捐贈精卵之使用、保存與銷毀

本辦法第十一條規定，醫療機構接受捐贈時應取得捐贈人之書面同意，捐贈人有配偶時，並應取得其配偶之書面同意。按贈與契約乃不要式契約，為求慎重，捐贈生殖細胞涉及人倫秩序，應有書面之同意，應可贊同，惟同意書是否使贈與契約成為要式契約，則尚有疑問。

精卵使用之限制，本辦法第十四條規定，捐贈之精卵不得同時提供二對受術夫妻使用，且於該不孕夫妻成功懷孕時，應即停止使用該捐贈人之精子或卵子。即所捐贈之精卵僅能提供一次活產機會，其目的固在避免重複使用，造成過多血統相同而互不知情之子代，增加亂倫機會，但此一限制結果在精卵來源不足情形下是否過苛？此一規定較之國外嚴格許多。又同辦法第十五條第一項規定剩餘精卵或胚胎應於成功活產後二個月內銷毀之，目的在於避免倫理危機的產生，故解釋上似僅指限制捐贈之非配偶間人工生殖始有適用，而配偶間之剩餘胚胎，在醫療經濟之前提下，似可考慮再使用，但應有法律明文規定

[15] 王澤鑑，民法實例研習叢書，第二冊，民法總則，民72，頁165～167；胡長清，中國民法總論，頁173。

[16] 王澤鑑，前揭書，頁166；梅仲協，民法要義，民44，頁55～56。

[17] 拙著，前揭書，頁219。

為妥。衛生署於86年3月19日修正本辦法第十五條增訂，保存未逾十年之冷凍胚胎於完成活產一次後，經同一受術夫妻要求，醫療機構得協助其再完成活產一次，不以受術夫妻活產一次為限，亦即斯旨。

關於精卵之保存期限，依本辦法第十五條第二項第一款之規定為十年，逾十年者即應予銷毀，此十年之期限是否適當，或見仁見智。英國瓦諾克 (Warnock) 委員會建議為十年，法國則為十至十五年，日本學者則認卵子之保存期限不超過母親之生殖年齡，但胚胎得永久保存，以示對夫妻所有權之尊重。綜合言之，生殖細胞之保存期限長短，除與醫學科技的發展有關外，尊重秩序、倫理關係亦不容忽略，故保存期限之規定，應不限於捐贈情形，配偶間精卵之提供亦應一併納入。

精卵除逾保存期限及提供活產機會後應予銷毀外，本辦法草案第十五條第二項第二款復規定捐贈人死亡時，所捐贈之精卵為避免產生死後尚生育下一代之違反自然現象，故應銷毀之。此一規定之落實在於捐贈人資料紀錄的掌握，除捐贈時之靜態資料外，尚須有其動態資料，否則如何知悉其業已死亡，又為保障當事人之隱私，恐無法採取戶籍通報方式，則如何確實掌握似有疑問？又如使用已死亡者所捐贈之精卵，其法律效力如何？加重醫療機構之責任，是否影響捐贈人之意願，而配偶間精卵提供後，如發生死亡或離婚之情形，又應如何適用，付之闕如，均有待法律補充之。

6. 精卵捐贈人與受術夫妻間一定親屬之限制

精卵或胚胎攸關血緣之連繫，為避免血統相混淆有必要限制一定親屬間生殖細胞之捐贈，立法例中有明確禁止直系親屬之精卵子結合及四親等內旁系血親之精卵結合，至姻親部分則無限制⑱。本辦法在

---

⑱ 拙著，前揭書，頁84。

草擬時，曾於第十九條規定捐贈人與受贈人有民法第九百八十三條之親屬關係作為限制，在邏輯上產生謬誤，按禁婚親及限制男女間之一定親屬關係，而人工生殖之捐贈人與受贈人係屬同性相互間，故二者之規範目的不同，後者所應禁止者為基因之組合結果有民法第九百八十三條之範圍，故正式發布施行之本辦法第七條第一款規定：「捐贈人與異性之受術夫妻間有民法第九百八十三條之親屬關係不得施行人工生殖技術。」即矯正上開謬誤。至以禁婚親之範圍作為人工生殖避免血統過近之限制，其範圍似乎過廣，殊無必要。

7. 其他規定

人工生殖技術因有高度倫理上之要求，精卵的來源與管制應有一套完善之制度，為保障捐贈者之隱私權，揭示或提供之要件，應明定之，目前國內尚無政府資訊公開之立法，人工生殖子女可否申請查閱，均有必要明定，惟本辦法可能限於行政命令之位階，故不能完備。

實施人工生殖後病歷的保存期限依本辦法第十六條第二項之規定為二十五年，雖較醫療法規定之十年為長，但與國外相較仍嫌過短。蓋此一病歷之保存除醫事需要外，人工生殖子女將來有查閱之可能，如無立法准許其在某一年齡時得探知其來源，將難以避免近親結婚所造成之困擾。

綜合上述對於管理辦法規定之檢視，亟須以法律規定者有以下幾項：

一、人工生殖子女之法律地位

配偶間之人工生殖不論係體內或體外授精，依現行民法之規定，受胎在婚姻關係存續中者，即推定為婚生子女，係採血統主義，生父與子女之關係以血統為判斷依據，生母與子女之關係則以分娩之事實認定之，無須另行規定。非配偶間之體內授精，因母之夫與人工生殖子女並無血統連繫，如採現行民法之規定，雖推定為婚生子女，但得提起否認之訴，則可否以收養方式成立擬制父子關係，固為解決方法之一，立法例通說則均以當事人之意思作為補充，即事前同意實施第三人捐贈之體內授精時，依誠實信用原則或禁反言原則，受術夫妻雙方均不得提起否認之訴，即所生子女為婚生子女。至精子提供者與該人工生殖子女不發生任何法律上之權利義務關係，該子女亦不得請求捐贈人認領，以保護子女之權益。此同意權之行使，現行法並無明文，故應立法補充。

非配偶間之體外授精，尚有捐卵之情形在內，因此，「子宮之母」與「卵之母」分離情況下，何人為法律上之母，應如何解決。通說仍以子宮之母為法律上之母，但應有推定之效力作為補充，並以同意權之行使為前提，並基於誠信原則不得提起否認之訴。卵子提供人不得認領該子女，至分娩母之夫如為精子提供人，雖實施體外授精，但因在婚姻關係存續中，故仍應受婚生之推定。

此外，政策上如開放代理孕母之人工生殖方式，則對於所生子女之法律地位更應有特別之規定，自不待言。

二、配偶間人工生殖精卵之保存期限。

三、配偶一方或雙方死亡或離婚時，其精卵或胚胎的處置。

四、明定禁止使用混合精液。

五、人工生殖紀錄之揭示與提供。

參、人工協助生殖法芻議

針對現行人工協助生殖管理辦法之種種缺失，主管機關本於責任政治、全民福祉之理念，決定草擬「人工協助生殖法草案」，且為求周延特委託司法院戴大法官東雄負責研擬，首先確定本法之立法原則在於一、人工生殖技術係以治療不孕為目的，非作為創造生命之方法；二、對於生殖細胞——精子、卵子及胚胎應予尊重，不得任意作為人類品種改良之實驗；禁止為商業目的而實施之各種人工生殖技術與其相關之行為，以維護生命來源與起源的倫理性；四、修正傳統婚生子女地位認定之方式，以解決人工生殖子女之婚生地位；六、規範之內容包括醫事法層面的管理、當事人間之權利義務關係及可能產生之法律責任，屬於綜合性之立法模式。茲就筆者研究心得，認本草案應有之內容說明如下：

一、總則部分

（一）立法目的

本法之立法目的係為確保不孕夫妻與人工生殖子女之權益，健全人工協助生殖技術之發展而制定。又本法之法律定位應為人工生殖之基本法，本法未規定時始適用其他法律之規定。

（二）主管機關

本法所稱主管機關為行政院衛生署。行政院衛生署宜設置專責機關，例如人工生殖管理局，掌理醫療機構從事人工生殖之許可、管理、監督及其他相關業務。其組織另以法律定之。

（三）用詞定義

本法與醫學科技息息相關，為避免爭議，對於特定之用詞宜給予立法定義，內容包括：

1. 人工生殖技術：指利用非性交之人工方法達到受孕生育目的之技術。
2. 受術夫妻：指符合本法規所定得接受人工生殖技術之夫妻。

3.生殖細胞：指精子或卵子。

4.胚胎：指受精卵分裂未逾八週者。

5.捐贈人：指符合本法規定捐贈精子或卵子供受術夫妻孕育生產胎兒者。

6.代理孕母：指與受術夫妻約定提供子宮，接受精子及卵子或胚胎，並代為孕育生產胎兒者。

7.無性生殖：指非經由精子與卵子之結合，而利用單一體細胞培養產生後代，其後代彼此間與親代間具有完全相同之基因組成者。

二、實施人工協助生殖技術之醫療機構

（一）從事人工生殖醫療機構之條件

醫療機構應向人工生殖管理局申請許可後，始得從事人工生殖技術及接受生殖細胞之捐贈、貯存或提供。但配偶間人工授精，在臨床實務上已視為一般醫療行為，故可予以排除。

前項申請許可之程序及標準由人工生殖管理局訂定，並報請主管機關核備後施行。

（二）人工生殖相關資料庫管理系統的建立

為管理、保存實施人工生殖資料完整，維護受術夫妻、捐贈人及人工生殖子女之權益，醫療機構應建立人工生殖資料庫管理系統，並指定專人負責之。前開系統之建立應與人工生殖管理局通報管理系統連線。

說明：鑑於生殖細胞之來源可能不同，對於人工生殖子女之身分影響至鉅，為避免因資料不全造成血統之混淆，應建立完整之資料庫管理系統，並指定專人負責，以確保當事人之權益，惟各個醫療機構

之資料庫系統係獨立個別建立，在管理上仍可能有疏忽之處，故應與主管機關之系統連線，以健全資料之完整性。

（三）生殖細胞之篩選

醫療機構於接受生殖細胞捐贈後，應予篩檢，並作成紀錄，並得按受術夫妻之生理特徵，為其選擇適當之生殖細胞。必要時，並得聽取受術夫妻之意見。

說明：生殖細胞的品質，攸關人工生殖技術所生子女之健康，如有遺傳上之不良基因應予以限制，以利種族之健康與優生保健。又選擇生殖細胞乃醫療機構之權限，惟為維護受術夫妻之權益，且顧及所生子女之身心發展，責成醫療機構於必要時，得按受術夫妻之生理特徵，選擇適當之生殖細胞，並聽取受術夫妻之意見。

（四）受術夫妻實施人工生殖技術後之追蹤檢查

醫療機構於受術夫妻懷孕後，應協助其接受例行之產前檢查及必要之產前遺傳診斷。

說明：人工生殖技術雖於植入母體使其懷孕，其工作業已告一段落。惟為使人工生殖子女健康出生，醫療機構應有附隨之義務，協助其接受產前之必要檢查與遺傳診斷，以利優生。

三、實施人工生殖之條件

（一）受術夫妻及捐贈人之檢查與評估

受術夫妻及捐贈人實施人工生殖技術前，醫療機構應為下列之檢查與評估：

1. 一般心理、生理及家庭、社會狀況評估。

2. 家族疾病史，包括本人及二親等以內之直系血親尊親屬及兄弟姐妹之遺傳性疾病紀錄。

3.有礙優生之疾病及傳染性疾病檢查。

4.其他經主管機關公告之事項。

（二）受術夫妻之資格

符合下列各款情形之夫妻，醫療機構始得為其實施人工生殖技術：

1.夫未滿五十五歲，妻未滿五十歲者。

2.經檢查及評估結果，適合接受人工生殖技術者。

3.夫妻之一方經診斷罹患不孕症難以治癒或罹患遺傳性疾病有生育異常子女之虞者。

4.夫妻之一方具有健康之生殖細胞，並僅需接受他人捐贈精子或卵子者。

5.妻能以其子宮孕育生產胎兒者。

未成年已結婚之受術夫妻，實施人工生殖應經其法定代理人之同意。

說明：受術夫妻之資格及條件應予明定，以杜爭議，又未成年已結婚之受術夫妻，雖在民法上具有行為能力，但實施人工生殖技術，關係下一世代之健康，應經法定代理人同意始得實施人工生殖，以維護未成年受術夫妻之權益。

（三）捐贈人之資格

符合下列各款情形者，醫療機構始得接受其捐贈精子或卵子：

1.女性二十歲以上，四十歲以下者；男性二十歲以上，五十歲以下者。

2.經依規定實施檢查及評估結果適合捐贈者。

3.未曾於其他醫療機構捐贈者。

（四）告知之義務

醫療機構實施人工生殖技術前，應向受術夫妻據實說明該項人工生殖技術之成功率、可能發生之併發症及危險，並於受術夫妻瞭解後取得其書面同意。前開同意書之格式，由主管機關訂定之。

說明：知的權利乃基本人權，實施人工生殖技術非一般之醫療行為，醫療機構有義務將此一技術之相關問題，詳實告知受術夫妻，以滿足其知之權利，並於告知使其瞭解後取得其書面同意，作為依據，此一同意書因涉及當事人之權益及日後發生糾紛之舉證，應有公權力之介入，訂定一定之格式為要。

（五）捐贈人之書面同意

醫療機構接受捐贈生殖細胞時，應取得捐贈人之書面同意，並對捐贈人之姓名、出生年月日、國民身分證統一編號或護照號碼及其他實施人工生殖所需之相關資料建檔，並通報人工生殖管理局以供查核。如捐贈人有配偶時，並應取得其配偶之書面同意。

說明：生殖細胞一旦捐贈，不得請求返還，為免爭議，應有書面之同意，並將捐贈人之相關資料建檔，以保障捐贈人權益，有配偶時亦同。

（六）捐贈人之指定

受術夫妻不得指定捐贈人。但四親等內同輩分之同性別旁系血親相互捐贈時，不在此限。

說明：按捐贈人多為匿名，為保護捐贈人之隱私權及人工生殖子女之權益，原則上受術夫妻不得指定捐贈人。惟實務上，因捐贈細胞來源未必充裕，如相當親屬相互間願意捐贈時，在不妨礙血統之混亂前提下，例外使四親等內同輩分之同性別旁系血親得相互捐贈，以符實際需要。

（七）受術夫妻與捐贈人親屬關係之限制

禁止下列親屬間精子與卵子之結合：

1.直系血親。

2.直系姻親。

3.四親等內之旁系血親。

說明：現行民法第九百八十三條有關禁婚親之規定，其立法意旨在於維護種族之健康與倫常觀念，人工生殖亦有產生血統混亂之虞，故應加以限制，惟生殖細胞之捐贈乃同性間之行為，所禁止者為一定親屬精卵之結合，可較民法之規定放寬，僅限制直系血親、直系姻親及旁系血親四親等內之精卵結合，以符實際。

（八）捐贈生殖細胞提供使用之限制

捐贈之生殖細胞於提供一位受術妻成功懷孕後應停止使用，並不得同時提供二位以上受術妻使用。但受術夫妻同意接受精卵捐贈後之胚胎，得不適用前揭規定。

說明：捐贈生殖細胞之連續使用，可能造成同一人繁殖後代人數過多，對社會產生不良影響，各國均規定在捐贈一次活產成功後，該捐贈之生殖細胞應即停止使用，亦不得同時提供二位以上受術妻使用。但受術夫妻接受他人捐贈生殖細胞所完成之胚胎，如數量為多數時，為節省醫療資源，且不致造成多數受贈影響當事人權益，得再次使用相同之捐贈，不受前開規定之限制。

（九）禁止實施人工生殖之行為

有下列情形之一者，醫療機構不得實施人工生殖技術：

1.子女性別選擇。但為預防性遺傳疾病及配偶間人工授精者，不在此限。

2.使用培育超過十四天之胚胎。

3.使用供實驗研究用途之生殖細胞。

4.實施代理孕母方式。

5.使用混合精液。

6.使用自國外輸入之冷凍精液。但經人工生殖管理局核准者，不在此限。

7.實施無性生殖方式。

說明：為避免人工生殖技術遭濫用，影響人類生命之永續，禁止從事之人工生殖行為宜明文規定。

四、生殖細胞之保護

（一）生殖細胞權利之歸屬

生殖細胞經捐贈後，捐贈人不得請求返還。

配偶間因實施人工生殖存放於醫療機構之生殖細胞，受術夫妻得請求返還。但受術夫妻離婚後或受術夫妻之一方死亡時，不得請求返還。

說明：生殖細胞是否具有人格，在立法例、學說上尚有爭議，但為保護捐贈人及人工生殖子女之權益，明定生殖細胞捐贈後不得請求返還，以杜爭議。而配偶間之體外人工生殖技術，係為治療配偶間之不孕而為，如配偶認為其他醫療機構更為合適時，自無不得使其取回其生殖細胞之必要。反之，如受術夫妻離婚或一方死亡時，為避免生殖細胞成為雙方爭奪之目標，及維護人工生殖子女不致成為確定單親子女，於此情形不得請求返還。

（二）生殖細胞銷毀之要件

醫療機構對於捐贈之生殖細胞有下列情形之一者，除法律另有規定外，應予銷毀：

1.保存逾十年者。

2. 提供受術夫妻成功活產一次。

說明：生殖細胞保存之技術日益精進，惟為避免保存過久影響其品質及世代之間隔造成人倫秩序之乖違，逾一定期限者應予銷毀。又為避免同一捐贈者繁衍過多之子孫，於捐贈人提供受術夫妻成功活產一次時，亦應銷毀。

（三）配偶間人工生殖剩餘細胞之處置

配偶間因實施人工生殖而存放於醫療機構之生殖細胞，有下列情形之一者，應予銷毀。但法律另有規定者，不在此限：

1. 受術妻年滿六十歲者。

2. 受術夫妻離婚或一方死亡者。

說明：人工生殖技術之實施往往非一次即可成功，故實務上多有保存多數生殖細胞於醫療機構之情形，剩餘生殖細胞儲存於醫療機構應有一定期限，否則應予銷毀，以免不當使用發生爭議。

（四）禁止剩餘生殖細胞之處置

醫療機構除應予銷毀生殖細胞外，得依約定供作醫療實驗之用。但不得為下列行為：

1. 與動物生殖細胞之雜交而施於人體試驗者。

2. 從事無性生殖之複製技術。

3. 其他非關治療不孕而危害人類生存之行為。

惟醫療實驗之範圍，應報請主管機關核准之。

說明：剩餘之生殖細胞由醫學角度而言，可供作實驗，藉以提高人口品質，促進生殖科技的發展。但生殖細胞涉及生命之尊嚴，如不當利用時，將對人類生存產生威脅，故應明定禁止處置剩餘生殖細胞之情形。又醫療實驗之範圍，不宜由醫療機構自行訂定，應有統一之標準，明定實驗範圍應由主管機關核准，以符合人工生殖之目的。

五、人工生殖子女之婚生地位

（一）受術夫妻提供生殖細胞且由妻受胎之體內體外授精子女法律地位

妻之受胎係以人工方式將受術夫妻之精卵為體內或體外受精者，其所生子女為婚生子女。

說明：人工生殖最大之挑戰在於所生子女之婚生地位，其決定方式會因生殖細胞來源的不同、受精場所在體內或體外之不同而有不同之組合，應以法律明文以排除民法上有關婚生認定之規定，並依人工生殖方式的不同分別其規定。現行民法第一千零六十一條、第一千零六十三條第一項規定，妻之受胎係在婚姻關係存續中者，推定其所生之子女為婚生子女，並未規定受胎之方式為人工受胎或自然受胎，且該子女之血統來自夫妻雙方，不論生物學血統上之父母與法律上父母之概念均無不同，故其所生之子女為婚生子女，應無疑義。

（二）受術夫妻接受捐贈精子之人工生殖子女法律地位

妻於婚姻關係存續中，經夫之同意，以他人捐贈之精子受胎分娩所生子女視為婚生子女。但未經夫之同意或其同意係受詐欺或脅迫者，適用民法第一千零六十三條、第一千零六十五條之規定。為求慎重，前揭同意，應作成書面並經法院公證。

說明：現行民法規定，妻之受胎係在婚姻關係存續中所生之子女，即受婚生推定，但夫妻之一方能證明非自夫受胎時，得於知悉子女出生後一年內提起婚生否認之訴（民一〇六一條、一〇六三條），係採血統真實主義。惟為兼顧所生子女之利益及維護婚姻之安定與和諧，參考各國立法例，對於精子捐贈之人工生殖子女之身分認定，以實施該人工授精是否經血統上之父同意為婚生子女之判斷依據。如血統上之父同意使用第三人捐贈之精子實施人工授精時，依誠信原則及禁反言之法理，規定所生之子女視為婚生子女，以確保該人工生殖子女之身分。但未經夫之同意或該同意係受詐欺或脅迫者，則應適用民法有關否認之訴及認領之規定，以確定子女之婚生地位，而為但書之例外規定。為避免爭議及舉證責任之分配對夫妻之一方不利，同意為要式行為，應作成書面並經法院公證，以維護當事人之權益。

（三）受術夫妻接受捐贈卵子之人工生殖子女法律地位

妻於婚姻關係存續中，同意以夫之精子與他人捐贈之卵子受胎分娩所生子女，視為婚生子女。但妻之同意係受詐欺或脅迫時，得於發現詐欺或脅迫終止後一年內提起否認之訴。但自子女出生滿六年者，不得為之。

前項同意，應作成書面並經法院公證。

經否認之訴確定後，血統上之母得認領或收養該子女。

說明：傳統上卵子與子宮有其不可分離性，故基於「分娩者為母」之原則，認凡女性懷孕且分娩子女，即被視為所生子女之母親。但人工生殖使卵子與子宮分離，卵子如係由第三人捐贈，且在夫同意實施此種人工生殖方式之前提下，為保護所生子女及本於誠信原則，規定所生之子女，視為婚生子女。惟生殖細胞非來自受術妻，故其同意如係受詐欺或脅迫時，得提起否認之訴，以維護子女血統真實，並參考民法親屬編部分條文修正草案將否認之訴提起之期間規定為自子女出生後六年內為之[19]。

妻之同意為實施捐卵之人工生殖方式要件，為避免舉證上困難，

---

[19] 有關民法第一〇六三條否認之訴提起期間之限制規定，行政院業已於八十四年十月間會銜司法院將修正草案送請立法院審議中。

影響所生子女之權益，規定同意應作成書面並經法院公證，以求審慎。

經否認之訴判決確定之人工生殖子女，即成為無母之子女，為維護子女之權益，規定其血統上之母得認領或收養該子女，使其取得與母間之婚生關係。惟關於此點有反對說，主要在於「認領」制度係使生父與非婚生子女產生親子關係之制度，生母(捐卵者)得否認領，尚有爭議。

（四）禁止強制認領

民法第一千零六十七條之規定於前二種婚生認定之情形不適用之。

說明：強制認領制度係基於血統真實主義，如生父不願任意認領其非婚生子女時，法律規定得請求強制認領，以確保非婚生子女之權益。惟人工生殖之捐贈生殖細胞者多為匿名，無為該子女生父母之意願，為避免影響捐贈意願，使生殖細胞捐贈之來源不足，不論捐精或捐卵時，均不適用強制認領之規定。

六、人工生殖資料的保密與公開揭示原則

（一）人工生殖資料之內容及保存期限

醫療機構實施人工生殖技術應製作病歷，除成功活產者其病歷至少保存二十五年外，其餘病歷依醫療法第四十八條第一項之規定保存十年。

前項病歷應記載下列事項：

1. 受術夫妻部分：

⑴受術夫妻之姓名、住址、國民身分證統一編號或護照號碼、出生年月日、身高、體重、血型、膚色、髮色。

⑵依本法規定所為之檢查與評估紀錄。

(3)相關捐贈人之國民身分證統一編號或護照號碼、在醫療機構之病歷號碼。

2.捐贈人部分

(1)捐贈人之姓名、住址、國民身分證統一編號或護照號碼、出生年月日、身高、體重、血型、膚色、髮色。

(2)捐贈項目、數量、日期。

(3)依本法規定所為之檢查與評估紀錄。

(4)所捐贈精子或卵子之使用紀錄。

前二項規定之病歷保存於醫療機構，但該醫療機構裁撤、停業、歇業或解散時，應轉移至人工生殖管理局保存之。

說明：訂定人工生殖實施之病歷應保存之期限，因其涉及人工生殖子女之權益，故各國立法例中均規定其保存期限較一般病歷資料為久（如瑞典為七十年），故成功活產之人工生殖病歷應保存二十五年，惟如未有活產紀錄，即無人工生殖子女，則無必要為此期間之保存，依醫療法之相關規定即可。

病歷保存攸關當事人之權益甚鉅，病歷應記載事項可資確定當事人間與醫療機構權利義務關係，以釐清將來發生爭議之責任歸屬。

因病歷所需保存之期限相當長，如原保存之醫療機構有所變動時，應移轉至人工生殖管理局繼續保存之。

（二）人工生殖資料的陳報

醫療機構實施人工生殖者，應於主管機關所定期間內向人工生殖管理局通報下列資料，但配偶間人工授精，不在此限：

1.實施人工生殖技術出生嬰兒之出生年月日、性別、妊娠週數及體重。

2.該受術夫妻、捐贈人之國民身分證統一編號或護照號碼。

3.實施人工生殖技術之種類、項目、次數及成功率。

4.其他經主管機關公告之事項。

說明：人工生殖資料應建立完整之資料庫系統，故各醫療機構應定期通報相關資料俾便查詢。

（三）人工生殖子女請求知悉資料

有下列情形之一者，人工生殖子女成年後得向醫療機構或人工生殖管理局申請查詢其出生資料，但查詢前應經心理醫師諮商至少一次：

1.人工生殖子女結婚時是否違反民法第九百八十三條之規定者。

2.人工生殖子女被收養時是否違反民法第一千零七十三條之一之規定者。

3.其他法令有限制一定親屬範圍之規定者。

4.主管機關核定之查詢範圍。

申請查詢之程序與方式由人工生殖管理局訂之。

說明：為尊重人工生殖子女之隱私權，並滿足其知之權利，參考外國立法例，在該子女成年後，得申請查閱其個人資料，惟為避免當事人產生不必要之疑慮或擔憂，爰定查閱該出生資料前應經心理諮商，以確立其瞭解查閱之目的與相關之法律規定。

此項查閱資料攸關人工生殖子女之權益，應十分慎重，申請查閱之程序與方式應由人工生殖管理局訂定之。

查閱權之目的在滿足人工生殖子女知之權利，並不因此課以捐贈人法定義務或責任，故人工生殖子女知悉其出生資料後，不得提起親子確認之訴，以兼顧身分之安定性及捐贈人捐贈之意願。

（四）人工生殖資料的保密與提供

人工生殖管理局、醫療機構及其人員對於業務上持有或知悉之人工生殖資料應予保密，不得無故洩漏或交付，離職後亦同。

人工生殖管理局或醫療機構非依法律規定或法院之請求，不得提供、交付所持有之人工生殖資料。

七、罰　則

（一）違反本法之刑事責任

意圖營利，從事生殖細胞或代理孕母仲介之商業行為者，處五年以下有期徒刑得併科罰金新臺幣五十萬元以下罰金。

以犯前項之罪為常業者，加重其刑至二分之一。

犯前二項之罪者，所得之利益沒收之。如全部或一部不能沒收時，追徵其價額。

（二）媒介廣告之處罰

利用宣傳品、出版品、廣播電視或其他媒體刊登或播送廣告，媒介人工生殖或仲介代理孕母者，處三年以下有期徒刑，得併科新臺幣三十萬元以下罰金。

說明：從事人工生殖或代理孕母之媒介廣告或仲介，不僅影響當事人權益，且不能維護人性之尊嚴，外國立法例多科以刑罰。

（三）主管機關對於醫療機構之行政罰

肆、結　語

大自然的定律乃造物者的傑作，破壞自然的定律往往要付出相當代價。人工生殖係對傳統性交生育方式的挑戰，但因環境文明造成人類面臨不孕的痛楚，只有在例外的情況下，在衝擊最小的方式上為不孕夫妻找出一條可行且可被接受的途徑，人工生殖技術遂成為醫學科技的一條不歸路。現行人工協助生殖技術管理辦法所規範之內容，因限於職權命令，位階過低，不但不能解決人工協助生殖所可能產生之權利義務與責任問題，更不能有效約制醫療機構，故有立法之必要。筆者係站在較保守之立場思考此一問題倫理之複雜性，因此對於代理孕母之議題上採取較為保留，本文所研擬之草案內容亦以禁止代理孕母為內容，併此敘明。

附錄一、戴東雄教授簡歷

出生：民國26年8月21日

籍貫：臺灣省屏東縣

現職：司法院大法官（民國84年10月迄今）

學歷：臺北市龍安國小；師大附中；臺灣大學法律系畢業（民國45–49年）；德國邁因滋(Mainz)大學法學博士（53–58年）

經歷：臺大法律系助教（50–53年）、客座副教授（58–59年）

臺大政治系副教授（60–61年）

臺大法律系副教授（61–62年）、教授（63–84年）、系主任、法律研究所所長（72–78年）、法學院院長（79–84年）

法務部民法修改委員會委員（66年迄今）

法務部司法官訓練所民法講座（70年迄今）

法務部親屬編男女平等法修正委員會召集人（85年迄今）

曾兼任輔仁大學、政治大學、中興大學法律系教授

社團活動：中國法制史學會理事、德國宏博臺灣聯誼會會長、中德文經協會理事、

家庭背景：父戴炎輝（已逝）；母戴張緞；妻周美惠，實踐設計管理學院講師、新環境基金會秘書長；長女戴瑀如，臺大法律系畢業，赴德深造；長子戴楠青，臺大造船系畢業，目前服兵役中。

學術專長：民法親屬、民法繼承、中國法制史、西洋法制史、建築物區分所有權法

附錄二、戴東雄教授著作目錄

一、專書

書名	出版	日期
1. 從法實證主義之觀點論中國法家思想	作者印行	民國62年4月
2. 財產之繼承(正中實用法律講座)	正中書局	民國65年10月
3. 中世紀意大利法學與德國的繼受羅馬法	國立臺灣大學法學叢書(28)	民國70年10月
4. 民法親屬與繼承 戴東雄、劉得寬合著	五南圖書出版公司	民國71年6月
5. 管子的法律思想	文化復興運動委員會主編	民國74年5月
6. 繼承法實例解說(一)	國立臺灣大學法學叢書(31)	民國74年10月
7. 中國繼承法 戴炎輝、戴東雄合著		民國75年3月
8. 中國親屬法 戴炎輝、戴東雄合著		民國75年8月
9. 民法概要 戴東雄、邱聰智、劉宗榮合著	空中大學出版社	民國76年10月

10. 親屬法論文集	東大圖書公司	民國77年12月
11. 親屬法實例解說	國立臺灣大學法學叢書(60)	民國79年1月

二、論文

1. 霍布期之法律概念	法學叢刊，第五十八期	民國59年4月
2. 蔡勒(Franz v. Zeiller)的自然法思想對奧國民法典的影響(德文)	政大法學評論，第二期	民國59年6月
3. 從法實證主義之觀點論中國法家思想(一)～(八)	中華文化復興月刊，第四卷第三期至第十期	民國60年3月到10月
4. 論德國繼受羅馬法之本質精神	臺大法學論叢，第一卷第一期	民國60年10月
5. 從人性的觀點論中國法律思想	政大法學評論，第五期	民國60年12月
6. 論中國固有法上家長權與尊長權的關係（上）（下）	臺大法學論叢，第二卷第一期	民國61年10月
	第二卷第二期	民國62年4月
7. 清末民初之親屬及宗族制（上）（下）	法學叢刊，第十九卷第二期	民國63年4月
	第十九卷第三期	民國63年10月

8. 清末民初之家制	法學叢刊，第廿卷第三期	民國64年7月
9. 夫妻財產制之研究（上）（下）	法學叢刊，第廿一卷第一、二期合訂本	民國65年6月
	第廿一卷第三期	民國65年12月
10. 論夫妻財產制之立法準則	法治學刊，創刊號	民國65年6月
11. 從西德新離婚之規定檢討我國現行裁判離婚原因	臺大法學論叢，第七卷第一期	民國66年12月
12. 德國新親屬法上別居制度與我國民法需要別居制度	法治學刊,第五、六期合訂本	民國67年2月
13. 現代人應有的法律	幼獅月刊，第四十七卷第三期	民國67年3月
14. 西德新婚姻法的立法趨勢與立法精神	臺大法學論叢，第七卷第二期	民國67年6月
15. 論表兄弟姊妹之結婚	臺大法學論叢，第八卷第一期	民國67年12月
16. 論聯合財產制財產所有權之歸屬	法學叢刊，第九六期	民國68年12月
17. 論我國民法上結婚之形式要件——從修正草案談起	陳棋炎先生六秩華誕祝賀論文集	民國69年10月
18. 論父母對於未成年子女財產上之	臺灣大學法學論	民國69年12月

權限	叢，第十卷第一期	
19.論我國收養法之現代化(一)(二)(三)	臺灣大學法學論叢，第八卷第二期	民國68年6月
	第九卷一、二期	民國69年6月
	第十卷第二期	民國70年6月
20.法定繼承人與其應繼分	法學叢刊，第廿六卷第三期	民國70年9月
21.代位繼承	法學叢刊，第廿八卷第四期	民國70年12月
22.論中國家制的現代化	中央研究院國際漢學會議論文集	民國70年10月
23.從德、瑞新法定財產制論我國財產制之修正草案	臺灣大學法學論叢，第十一卷第一期	民國70年12月
24.繼承回復請求權	法學叢刊，第廿七卷第一期	民國71年3月
25.我國離婚之現代化	臺灣大學法學論叢，第十一卷第一期	民國71年6月
26.共同繼承之財產	法學叢刊，第廿七卷第二期	民國71年6月

27. 民法親屬編修正草案上之男女平等	軍法專刊，第廿八卷第六期	民國71年6月
28. 限定繼承之實例研討	軍法叢刊，第廿八卷第八期	民國71年8月
29. 拋棄繼承	法學叢刊，第廿七卷第三期	民國71年9月
30. 論我國結婚要件之現代化	中華文化復興月刊，第十五卷第十一期	民國71年11月
31. 論建築物區分所有權之理論基礎(一)(二)	法學叢刊，第一一四期、一一五期	民國73年4月、7月
32. 非婚生子女之認領	臺灣大學法學論叢，第十三卷第二期	民國73年6月
33. 論立法院對我國聯合財產制的修正	軍法專刊，第卅一卷第四期	民國74年4月
34. 新聞自由與司法獨立	律師通訊，第六十九期	民國74年4月
35. 民法親屬編修正法律解釋之基本問題——民法第一〇五〇條兩願離婚之方式	法學叢刊，第一二九期	民國76年7月
36. 民法親屬編修正法律解釋之基本問題——民法第一〇五九條子女之稱姓	法學叢刊，第一三〇期	民國77年元月

37.我國婦女在現代生活中的法律保障	東吳法友，第十四期	民國77年6月
38.二十八年的老公怎麼沒了？——從鄧元貞重婚撤銷案談起	法學叢刊，第一三三期	民國78年元月
39.民法親屬編之修正提高那些婦女之法律地位	社會建設，第六十九期	民國78年3月
40.民法親屬編修正法律解釋之基本問題——聯合財產制聯合財產之組成管理及其所有權之歸屬	法學叢刊，第一三四期	民國78年4月
41.親屬法實例解說——婚約之解除與損害賠償	軍法專刊，第卅五卷第八期	民國78年8月
42.親屬法實例解說——盈餘財產分配之請求權	軍法專刊，第卅五卷第九期	民國78年9月
43.民法親屬編修正法律解釋之基本問題——民法第一〇三〇條之一剩餘財產之分配	法學叢刊，第一三七期	民國79年1月
44.民法親屬編修正法律解釋之基本問題——民法第一〇七九條收養方法與法院認可	法學叢刊，第一三八期	民國79年4月
45.民法親屬編修正法律解釋之基本問題——違反婚約損害賠償之過失責任與禮物之返還	法學叢刊，第一五三期	民國83年元月
46.民法親屬編修正法律解釋之基本問題——民法第九八三條禁止結婚之親屬	軍法專刊，第四十卷第三期	民國83年3月

47. 民法親屬編修正法律解釋之基本問題——生父與非婚生子女的血統關係	法學叢刊，第一五四期	民國83年4月
48. 從公寓大廈管理條例草案論建築物區分所有大樓搭蓋屋頂建築物及懸掛廣告牌之法律問題	法令月刊，第四十五卷第十二期	民國83年12月
49. 中共婚姻法上結婚條件與結婚程序	司法院中國大陸法制研究第六輯	民國85年6月
50. 中共婚姻法上結婚之效力	司法院中國大陸法制研究第七輯	民國86年6月

本書論文作者簡介

固有法學

王泰升　美國華盛頓大學法學博士
　　　　臺灣大學法律學系副教授

黃源盛　臺灣大學法學博士
　　　　政治大學法律學系副教授

韓毓傑　輔仁大學法學博士
　　　　國防管理學院法律學系副教授

財產法學

謝銘洋　德國慕尼黑大學法學博士
　　　　臺灣大學法律學系副教授

謝哲勝　美國威斯康辛大學法學博士
　　　　中正大學法律學系副教授

詹森林　德國法蘭克福大學法學博士
　　　　臺灣大學法律學系副教授

邱聰智　臺灣大學法學博士
　　　　臺灣省政府法規會主任委員
　　　　輔仁大學法律學系教授

林誠二　美國伊利諾州立大學法學博士
　　　　中興大學法律學系教授兼主任

吳光明　臺灣大學法學博士
　　　　中興大學法律學系副教授
蘇永欽　德國慕尼黑大學法學博士
　　　　政治大學法律學系教授
劉宗榮　臺灣大學法學博士
　　　　臺灣大學法律學系教授

身分法學

郭明政　德國慕尼黑大學法學博士
　　　　政治大學法律學系副教授
陳惠馨　德國雷根斯堡大學法學博士
　　　　政治大學法律學系教授
黃宗樂　日本大阪大學法學博士
　　　　臺灣大學法律學系教授
李玲玲　東吳大學法學士
　　　　東吳大學法律學系講師
廖國器　輔仁大學法學碩士
　　　　輔仁大學財經法律學系講師
郭振恭　臺灣大學法學碩士
　　　　東海大學法律學系教授
林秀雄　日本明治大學法學博士
　　　　政治大學法律學系教授

魏大喨 臺灣大學法學博士
臺北地方法院法官
輔仁大學法律學系兼任副教授

顏厥安 德國慕尼黑大學法學博士
臺灣大學法律系副教授

陳美伶 政治大學法學博士
法務部法律事務司專門委員

國家圖書館出版品預行編目資料

固有法制與當代民事法學：戴東雄教授六秩華誕祝壽論文集／戴東雄教授六秩華誕祝壽論文集編輯委員會編. --初版. --臺北市：三民，民86
面； 公分
ISBN 957-14-2676-8 (精裝)
ISBN 957-14-2406-4 (平裝)

1.法律-論文，論詞等

580.7 86009638

國際網路位址 http://sanmin.com.tw

編　者　戴東雄教授六秩華誕祝壽論文集編輯委員會
發行人　劉振强
著作財產權人　三民書局股份有限公司
發行所　三民書局股份有限公司
地　址／臺北市復興北路三八六號
電　話／五〇〇六六〇〇
郵　撥／〇〇〇九九九八——五號
印刷所　三民書局股份有限公司
門市部　復北店／臺北市復興北路三八六號
重南店／臺北市重慶南路一段六十一號
初　版　中華民國八十六年八月
編　號　S 58463
基本定價　拾貳元
行政院新聞局登記證局版臺業字第〇二〇〇號

ISBN 957-14-2406-4 (平裝)